Мулдашев Эрнст Рифгатович

Доктор медицинских наук, профессор, директор Всероссийского центра глазной и пластической хирургии Минздрава России, заслуженный врач России, обладатель медали «За выдающиеся заслуги перед отечественным здравоохранением», хирург высшей категории, почетный консультант Луисвильского университета (США), член Американской академии офтальмологии, дипломированный офтальмолог Мексики, мастер спорта по спортивному туризму, трехкратный чемпион СССР.

Э. Р. Мулдашев — крупный российский ученый с мировым именем. Он является родоначальником нового направления в медицине — регенеративной хирургии, т. е. хирургии по «выращиванию» человеческих тканей. Им впервые в мире успешно проведена операция трансплантации глаза. В настоящее время ученый работает над основами клонирующей хирургии, т. е. хирургии по регенеративному созданию целых органов.

Ученым разработано 90 новых видов операций, изобретено и внедрено в производство 60 видов биоматериала «Аллоплант», опубликовано более 300 научных работ, получено 56 патентов России и многих стран мира. С лекциями и операциями он побывал более чем в 40 странах мира. Ежегодно проводит 600 — 800 сложнейших операций.

Э. Р. Мулдашев признает, что до сих пор не может полностью понять суть своего главного изобретения — биоматериала «Аллоплант», который стимулирует регенерацию человеческих тканей. Понимая, что «Аллоплант», изготовленный из тканей умерших людей, несет в себе глубинные природные механизмы по созданию человеческого тела, Э. Р. Мулдашев в процессе исследований контактирует не только с учеными разного толка (физиками, молекулярными биологами и др.), но и обращается к основам религий и эзотерических знаний.

Именно поэтому им были организованы 4 научные гималайские и тибетские экспедиции, которые принесли много пользы в понимании проблем регенеративной хирургии. Но эти экспедиции сопровождались еще и сенсационными открытиями философского и исторического толка. По результатам первой гималайской экспедиции Э. Р. Мулдашевым написана книга «От кого мы произошли?», которая многократно переиздавалась и переведена на многие языки мира.

Предлагаемая читателю новая книга автора «В поисках Города Богов» написана в увлекательном стиле, но по своей сути она глубоко научна и затрагивает глобальные философские проблемы.

Р. Т. Нигматуллин,
доктор медицинских наук,
профессор, академик РАЕН

Эрнст Мулдашев

В ПОИСКАХ ГОРОДА БОГОВ

Том I. Трагическое послание древних

6666

Санкт-Петербург
Издательский Дом «Нева»
2004

УДК 133
ББК 86.42
М90

Охраняется законом РФ об авторском праве. Воспроизведение всей книги или любой ее части воспрещается без письменного разрешения издателя. Любые попытки нарушения закона будут преследоваться в судебном порядке.

Мулдашев Э. Р.
М90 В поисках Города Богов: Т. 1: Трагическое послание древних. (2-ое изд.) – СПб: Издательский Дом «Нева», 2004. — 544 с.

ISBN 5-7654-3535-1

УДК 133
ББК 86.42

© Мулдашев Э. Р., 2004
ISBN 5-7654-3535-1   © Издательский Дом «Нева», 2004

Том I

Трагическое послание древних

Глава 1. Сфинкс смотрит на Город Богов

Глава 2. Легенда о Городе Богов

Глава 3. Монах Арун

Глава 4. Мировая система пирамид и монументов древности

Глава 5. Трагическое послание древних

Глава 6. 6666 – знак апокалипсиса. 9999 – знак гибели Земли

Глава 7. Молодец, Таня!

Глава 8. Мировая система пирамид и монументов древности спасла нас от конца света, но...

Глава 9. Пирамиды сокращают продолжительность жизни людей

Глава 10. Гора думает

Глава 11. Что же ждет нас в Городе Богов?

Предисловие автора

Я считаю, что на свете не бывает гениальных или сверхталантливых людей, а бывают просто чистые внутри и работящие люди, которым Бог в виде интуиции дает научные открытия. Любой ученый, сделавший открытие или изобретение, положа руку на сердце скажет, что мысль об открытии пришла к нему исподволь, в виде необъяснимого интуитивного шепота, сила которого оказалась столь велика, что перевернула всю его научную жизнь. И наверное, каждый настоящий ученый когда-нибудь в порыве романтических чувств, глубоко утаиваясь от коллег, поднимал глаза к небу и мысленно говорил: «Спасибо тебе, боженька!»

У меня есть два кумира: в офтальмологии — Владимир Петрович Филатов, в жизни и путешествиях — Николай Константинович Рерих. Мне все время кажется, что эти два человека, сделавшие исторические открытия, обладали той степенью душевной чистоты, что их имена до сих пор ассоциируются с чем-то святым и романтически приятным.

В моем кабинете висит одна из картин Рериха. Когда я смотрю на нее, то все время ощущаю какую-то величественную недосказанность.

— Что же недосказал Рерих? — все время думал я.

Но только после того как нам удалось организовать четыре научные гималайские и тибетские экспедиции, я понял, что одним из многих глубинных и важных посулов к поискам являлась недосказанность Рериха. Этот ученый обладал научной мудрос-

Том I

Трагическое послание древних

Глава 1. Сфинкс смотрит на Город Богов

Глава 2. Легенда о Городе Богов

Глава 3. Монах Арун

Глава 4. Мировая система пирамид и монументов древности

Глава 5. Трагическое послание древних

Глава 6. 6666 – знак апокалипсиса. 9999 – знак гибели Земли

Глава 7. Молодец, Таня!

Глава 8. Мировая система пирамид и монументов древности спасла нас от конца света, но...

Глава 9. Пирамиды сокращают продолжительность жизни людей

Глава 10. Гора думает

Глава 11. Что же ждет нас в Городе Богов?

Предисловие автора

Я считаю, что на свете не бывает гениальных или сверхталантливых людей, а бывают просто чистые внутри и работящие люди, которым Бог в виде интуиции дает научные открытия. Любой ученый, сделавший открытие или изобретение, положа руку на сердце скажет, что мысль об открытии пришла к нему исподволь, в виде необъяснимого интуитивного шепота, сила которого оказалась столь велика, что перевернула всю его научную жизнь. И наверное, каждый настоящий ученый когда-нибудь в порыве романтических чувств, глубоко утаиваясь от коллег, поднимал глаза к небу и мысленно говорил: «Спасибо тебе, боженька!»

У меня есть два кумира: в офтальмологии — Владимир Петрович Филатов, в жизни и путешествиях — Николай Константинович Рерих. Мне все время кажется, что эти два человека, сделавшие исторические открытия, обладали той степенью душевной чистоты, что их имена до сих пор ассоциируются с чем-то святым и романтически приятным.

В моем кабинете висит одна из картин Рериха. Когда я смотрю на нее, то все время ощущаю какую-то величественную недосказанность.

— Что же недосказал Рерих? — все время думал я.

Но только после того как нам удалось организовать четыре научные гималайские и тибетские экспедиции, я понял, что одним из многих глубинных и важных посулов к поискам являлась недосказанность Рериха. Этот ученый обладал научной мудростью в том смысле, что ничего не утверждал с видом пророка, а оставлял простор для будущих исследований, подталкивая своей мыслью чужие мысли.

Сейчас, когда я пишу эти строки, экспедиция уже позади, научный материал обработан, получены результаты. Но меня не покидает мысль, что Рериху

Николай Константинович Рерих

было значительно труднее, чем нам: коммунистический разброд в России, напряженная международная обстановка, лошади вместо автомобилей, тяжелые брезентовые палатки, отсутствие консервированных продуктов и тому подобное. Я представляю, как этот смелый человек, обуреваемый всего лишь порывом научного познания, среди пылевых бурь на высотах 4—6 километров пробирался к святыне Тибета — горе Кайлас. Немного не дошел, а может быть, время еще не подошло для открытия. Но я знаю точно, что, если бы Рерих дошел до Кайласа, он бы увидел то, чего не видят и чему поклоняются паломники, он бы смог открыть таинственный Город Богов.

Мне не по себе и немного страшно оттого, что именно нам — небольшой группе уфимских ученых — выпала доля открыть легендарный Город Богов. Оказывается, человек может бояться того, что на его долю выпало открытие. Комплекс внутренней человеческой неполноценности, наверное, давит.

А неполноценность я хорошо помню. В детстве, когда я жил в небольшой уральской деревеньке, я испугался змеи и стал заикаться, да так сильно, что не мог произнести слово «мама». Стараясь помочь, меня определили на лечение в интернат для неполноценных детей, где я жил в многолюдной комнате. В эти годы я находил радость только тогда, когда, взяв ружье, один уходил в лес. Я был приспособлен к тайге и ничего не боялся. Я боялся лишь людей, с которыми надо было разговаривать. Пытаясь научиться говорить, я натаскал на зиму в одно место много хвороста, потом прибегал туда, разводил костерок и по многу часов вслух учился произносить звуки «а... э... о... у...» и даже простые слова. Но деревенские пацаны подпасли меня, сожгли весь мой хворост, а на снегу лыжной палкой написали: «Х... тебе, заика». Увидев это, я упал в пепел и навзрыд заплакал.

— За что так жестоко! Ведь я же ничего Вам плохого не сделал! Я ведь неполноценный! Я ведь тоже хочу говорить! — думал я, лежа на пепелище и захлебываясь слезами.

Потом я поднялся, вытер слезы и по колено в снегу побрел менять место моих «неполноценных костров» на более укромное.

— Ы... ы... ы... — смог лишь я выкрикнуть, желая сказать что-либо грозное в адрес моих обидчиков.

Постепенно я все же научился говорить, вначале плохо, потом лучше. Я закончил Медицинский институт и вскоре после этого защитил кандидатскую диссертацию.

— Неужели я кандидат наук! Неужели я смог! — думал я тогда.

Я понимал, что я могу с какой-то неполноценной обреченностью много работать. Но я все время ждал плохого, а хорошее и победоносное было для меня чуждым, — слишком сильным было детское клеймо неполноценности.

Плохое не заставило себя долго ждать. После изобретения «Аллопланта», когда к нам стали приезжать больные со всего Советского Союза и нам стало удаваться возвращать зрение некоторым безнадежным больным, пожаловала именитая московская комиссия.

— Ну-ка, посмотрим, что придумал этот уфимский чучмек. Ну-ка, выведем его на чистую воду! — говорили, наверное, члены комиссии между собой.

Я был обвинен в экспериментах на людях. После этого отдел был расформирован, наука разрушена, а в Минздрав РСФСР было отправлено представление о лишении меня диплома врача, и... я уехал в Якутию, где решил остаться работать оленеводом. Там среди простых и чистых людей было легче.

— Оленевод Мулдашев, — начал уже было представляться я людям.

Но диплома врача меня все же не лишили, зато потянулись долгие годы жизни с опороченным именем, когда ты, как изгой, должен доказывать, что не идиот и снова все начинать с нуля. Только друзья-соратники верили, что все будет хорошо:

Амир Салихов, Ришат Булатов, Клара Захваткина, Рафик Нигматуллин, Сагит Муслимов, Юра Васильев, Венера Галимова, Натан Сельский, Валя Яковлева, Ляля Мусина и другие.

Когда нам удалось восстановить научный потенциал и создать в Уфе Всероссийский центр глазной и пластической хирургии, вроде-бы все урегулировалось. Но осталось четкое ощущение того, что в жизни ничего не удается добиться без борьбы и тяжелой изнуряющей работы. Люди очень странные: все ведь делается для них, а они как бы не хотят и сопротивляются. Постепенно я понял, что добро обязательно переплетено со злом, что при отсутствии зла появится не менее страшная опасность — праздность, что люди склонны к самовозвеличиванию, переходящему в грех — считать себя Богом.

Даже сейчас, когда наши позиции в российской офтальмологии уже не оспариваются, все равно имеют место высокомерные выпады, например по поводу операции трансплантации глаза, которую мы впервые в мире произвели 28 января 2000 года пациентке Тамаре Горбачевой.

— Мулдашев опозорил российскую офтальмологию, сделав авантюру по пересадке глаза. Всем хорошо известно, что это невозможно. «Не-воз-мож-но!» — слышалось с трибуны Всероссийского съезда офтальмологов.

— Ну почему Вы так судите, почему даже не дали выступить, Вы что — Боги? — думал я. — Вы не хотите понять, что трансплантация глаза является результатом сложнейших научных расчетов, включающих не только медицинские знания, но и данные физики и молекулярной биологии, а также древние тибетские истины. Ну, разве Вам объяснишь, что внутри глаза, во время операции, я делал из «Аллопланта» конструкции, похожие на те, которые я видел в Городе Богов на Тибете — «зеркала», сжимающие время! А ведь время и в самом деле сжалось, и в трансплантированный глаз за невероятно короткое время вросли крове-

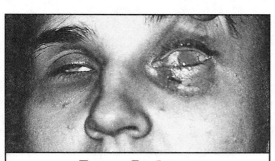

Тамара Горбачева
с трансплантированным глазом

носные сосуды, вот уже полтора года обеспечивающие его питанием. Ну разве объяснишь, что операцию по трансплантации глаза невозможно было бы рассчитать без религиозных знаний, полученных в гималайских и тибетских экспедициях; ведь тибетские ламы и индийские свами называют эти знания переданными через века знаниями предыдущих земных цивилизаций! Если бы я об этом говорил на съезде офтальмологов, меня бы в лучшем случае посчитали чокнутым.

Почему я хожу в экспедиции? Это далеко не спортивное хобби. Обычно я объясняю это людям тем, что не понимаю глубинную сущность моего главного изобретения — Аллопланта, как бы странно это ни звучало. Я и в самом деле очень туго представляю механизм того, как мертвая человеческая ткань (а именно из нее приготовлен Аллоплант) способна запустить огромный информационный пул по созданию новых человеческих тканей в другом организме, то есть стимулировать регенерацию. Даже представить трудно, насколько сложна каждая человеческая клетка, а эти клетки выстраиваются по каким-то законам в стройные структуры, образуя кровеносные и лимфатические сосуды, нервы, волокна и многое другое. Ясно, что все это происходит по строгой бесперебойно работающей программе, в сравнении с которой самый современный компьютер кажется елочной игрушкой. Где локализованы эти программы? Конечно же, не только в генах, — это скажет любой молекулярный биолог. По последним данным физики, эти программы записаны в тонкой энергии, которую на Востоке называют божественной энергией, а также в воде организма.

Кто же создал эти удивительные программы, по которым идет воссоздание человеческих тканей? Мне неловко говорить это слово перед консервативными и ортодоксальными учеными, но ответ напрашивается сам — эти программы создал Бог. Но если это принять в расчет, то мы вынуждены принять религиозную трактовку проис-

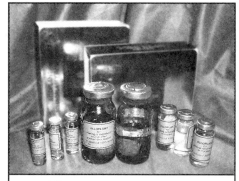

Трансплантационный биоматериал «Аллоплант»

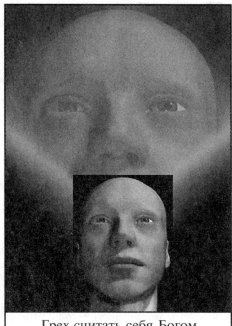

Грех считать себя Богом

хождения человека, то есть то, что человек был создан, а не самоорганизовался с «обезьяньим» промежуточным периодом.

Тогда почему же многие ученые считают зазорным изучать религиозные знания? Почему же они считают религию детским лепетом, сказкой для тупых и малограмотных людей? Почему же они так легко и убежденно говорят — «этого не может быть»? Да потому, что они под влиянием своих научных чинов приобрели самый большой грех перед Богом — считать себя Богом. Поэтому для этих маститых ученых даже упоминание слова Бог неприятно и чуждо, так же как и для коммунистов, создавших своего «ленинонодобного» бога. Ревность-то возникает к настоящему Богу!

Тем не менее, как бы я ни объяснял свое увлечение экспедициями с позиций пополнения медицинских знаний за счет религиозных воззрений, я вынужден признать, что это далеко не так. В подтверждение этого можно привести далекие от медицины исследования: анализ сведений о Генофонде Человечества, попытки осознать феномены дематериализации и материализации, исследование йогов, поиски «живой» и «мертвой» воды и, наконец, изучение пирамид.

А если сказать честно, то я не знаю, почему я хожу в тибетские и гималайские экспедиции. Что-то манит туда, а что — я не знаю.

Видимо, в человеческом существе заложен дух романтического поиска, в основе которого лежит безбрежность познания, определенного величием матушки Природы. Досужее выражение недавних лет «Мы покорим Природу», очевидно, имеет такой же подтекст, хотя по своей сути оно глупо, так как дитя

Природы не может покорить мать Природу. Я убежден, что именно по причине природной романтичности, выражающейся в простых словах «Это любопытно и интересно», русский мужик осваивал просторы Сибири и Аляски, Пржевальский, Арсеньев и Джеймс Кук совершали свои полные приключений путешествия, и, конечно же, этим чувством был переполнен Николай Рерих.

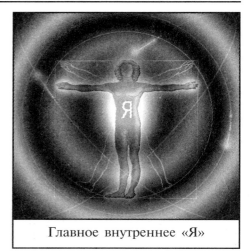

Главное внутреннее «Я»

Николай Рерих отличался от всех путешественников не только тем, что он исследовал самый загадочный и полный тайн регион земного шара, а прежде всего тем, что он создал на базе экспедиционных исследований свою непритязательную и очень глубокую философию, нашедшую выражение в его книгах и картинах. Наверное, многие из нас признаются, что не читали Рериха, а картины его видели лишь мельком, но тем не менее глубоко почитают его и испытывают во время разговоров о нем какое-то странное ублажающее душу и внутреннее очищающее чувство. Редко, кто задумывается над этим феноменом. Но этот феномен существует, и, мне кажется, в основе его лежит то, что Рерих дал возможность каждому человеку соприкоснуться с его собственным глубинным и затаенным «Я», которое пришло из загадочного и в то же время родного Того Света и которое живет по законам, отличным от нашего физического существования. Оно очень заманчиво и притягательно — это внутреннее «Я», которое в религиях называют Духом. Оно, это внутреннее «Я», контактирует с другими внутренними «Я» по необычным принципам, суть которых мы узнаем на Том Свете. Но эти принципы работают и на Этом Свете, иногда выражаясь в виде щемящих желаний или прекрасной притягательности, которую мы называем Любовью. Именно поэтому мы как бы не знаем, а в то же время хорошо знаем Рериха, потому что он написал как бы две книги — для земных людей и для внутреннего затаенного «Я» людей.

Картины Рериха в основном посвящены изображению гор. Но мало, кто знает, что у Марины Цветаевой есть «Поэма горы», суть которой в том, что... «гора думает». Не потому ли столь притягательны и глубоки картины Рериха! Ведь йоги говорят, что человеческое мышление в Этом Мире треугольное, а горы — это треугольники.

Мне думается, что Рерих знал значительно больше, но написал интуитивно только то, что было дозволено и не принесло бы вреда человечеству. Это очень благородно с его стороны, потому что в те годы злые силы в виде коммунизма и фашизма витали над Землей. Рерих не понадеялся на человеческое благородство, он знал древние знания и как бы заглубил их в исконное внутреннее человеческое «Я».

Говорят, что после 2000 года на Земле наступит «Золотой Век», когда древние знания начнут открываться людям и в корне изменят нашу жизнь. Может быть поэтому нам, на рубеже веков, удались экспедиции, которые привели к сенсационным находкам и выводам. Все мы под Богом! Но я всегда вспоминаю Рериха: каково было ему с тяжелыми брезентовыми палатками, на лошадях и с грузом в душе, что еще не наступило время открывать все людям. Это напоминает альпиниста, который почти дошел до вершины, но решил, что брать ее не стоит. А мое

Н. К. Рерих. «Священные Гималаи»

«детское клеймо неполноценности» помогает, оно не дает закружиться голове от успешных находок и позволяет осознать то, что значат высшие божественные предначертания, которые понимал Рерих. Нам просто повезло больше... по времени.

По следам первой гималайской экспедиции мне удалось написать книгу «От кого мы произошли?». Во второй и, особенно в третьей гималайских экспедициях мы получили много интереснейших фактов, но по ним книг я еще не написал, хотя планирую написать две — «Кто они — йоги?» и «В поисках живой и мертвой воды». Однако четвертая экспедиция (на Тибет) изменила мои планы, — результаты поисков Города Богов оказались столь интересными и необычными, что я решил написать вначале книгу по следам тибетской экспедиции, а уже потом возвратиться к указанным двум книгам.

Я слишком много оперирую, мне хронически не хватает времени для литературной работы. В 1999 году, например, я сделал 760 операций. Устаешь после операций как собака, и в голову ничего не лезет. Но больные! Их так много! Они ведь приезжают к нам с последней надеждой. Я понимаю, что всех больных прооперировать невозможно, что научная работа, монографии и книги даже важнее, а посмотришь в невидящие глаза человека, услышишь «пожалуйста, прооперируйте, профессор» и снова идешь в операционную.

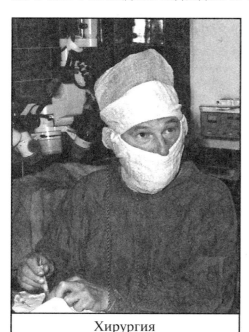

Хирургия

Сейчас я сижу и пишу в башкирском санатории «Янган-тау». Человек я небогатый, поэтому не могу позволить себе много тратиться. Уфимский нефтеперерабатывающий завод «Новойл», новому руководству которого (Н. Р. Сайфулину, Ф. И. Гарееву) понравилась моя первая книга, оплатил прекрасный люкс-номер с жалюзи. Чувствую себя очень важным, жаль, что нет живота. Но все равно мне больше по душе палатка и костер, ведь даже психология общения в нашем хирургическом коллективе пронизана духом туристской группы. Зато в номере «люкс» нет комаров и есть где разложить научные бумаги. Когда у меня будет большой кабинет, я обязательно заведу себе камин, чтобы смотреть на огонь. Огонь, ведь, он притягивает.

Эту книгу я решил назвать «В поисках Города Богов». Но получилась не одна, а три книги под этим названием. В первом томе («Трагическое послание древних») читатель познакомится не только с легендой о Городе Богов, но и узнает о многих невероятных математических и географических совпадениях, возникающих в том случае, если предположить, что на Тибете, в районе горы Кайлас, есть пирамиды и монументы древности.

Второй том книги («В объятиях Шамбалы») посвящен путешествию по Тибету и описанию Города Богов. В этом томе представлены многочисленные фотографии и рисунки, включая также те рисунки, которые были сделаны в полевых условиях. Я не исключаю, что именно эти черновые рисунки могут иметь наибольшую ценность, так как никаким фотоаппаратом или видеокамерой невозможно увидеть то, что видит человеческий глаз.

В третьем томе книги («Матрица жизни на Земле») представлены философские размышления, составленные по результатам работ тибетской экспедиции, подводящие читателя к тайнам параллельных миров, голографической земной жизни и созданию нового человека на Земле.

Тибетскую экспедицию спонсировал Башкирский сберегательный банк (Ю. В. Кинзебулатов), а газета «Аргументы и факты» (Н. И. Зятьков) вела нас информационно. Кроме того, много людей сделали свои бескорыстные денежные вклады в организацию экспедиции; я не буду называть имен этих людей, потому что это деньги бизнеса, а бизнес имеет свои непререкаемые законы. Но эти средства были внесены от чистой души. Мы были прекрасно экипированы, и мы гордились тем, что представляем Россию.

Эту книгу я пишу от своего имени, поэтому везде и всюду «Я-каю». Но это не означает, что я считаю свое мнение окончательным и непререкаемым, напротив, я беру всю ответственность за свои слова и ошибки только на себя и не перекладываю на коллег. Я ничего не утверждаю, никого не поучаю, а просто представляю свое мнение на суд читателей.

Э. Р. Мулдашев

Р. Ш. Мирхайдаров

Р. Г. Юсупов

С. А. Селиверстов

В тибетской экспедиции нас было четверо; каждый имел свое собственное мнение и свое видение происходящего, каждый был личностью и имел свои, присущие только ему черты. Равиля Мирхайдарова можно было назвать «Энергия», Сергея Селиверстова — «Душевность», а Рафаэля Юсупова — «Мудрость и Осторожность». Рафаэль Гаязович Юсупов — кандидат наук, работает во Всероссийском центре глазной и пластической хирургии заместителем директора по диагностике. Равиль Шамильевич Мирхайдаров заведует лабораторией «Аура» нашего центра. Сергей Анатольевич Селиверстов — уфимский предприниматель, бывший военный летчик.

После экспедиции нам очень помогли наши дизайнеры — Ольга Ишмитова и Алексей Савельев, которые стали как бы «послеэкспедиционными» членами экспедиции.

Мы, все четверо участников тибетской экспедиции, решили посвятить эту книгу памяти великого русского исследователя Николая Константиновича Рериха.

*Посвящается памяти
Николая Константиновича Рериха*

Глава 1

Сфинкс смотрит на Город Богов

У меня есть друг. Фамилия его — Васильев. Юрий Иванович Васильев работает в нашем Всероссийском центре глазной и пластической хирургии главным инженером, хотя высшего образования не имеет и, как говорится, институтов не кончал. Но это человек того сорта или пошиба, про которых в народе говорят — русский Левша. Юрий Иванович Васильев английского языка, конечно же, не знает, но удивительно, что он совершенно запросто ориентируется в инструкциях к приборам на английском языке и налаживает их так, что мы, имея огромный комплект сложнейшего импортного медицинского оборудования, за много лет ни разу не вызывали иностранный сервис.

— Флейш, наверное, барахлит, — бурчит он себе под

Юрий Иванович Васильев

нос, налаживая прибор и путая произношение английского слова flash (флаш), что означает вспышка.

Юрий Иванович пришел к нам тогда, когда мы были еще никем и ничем, и с тех пор бессменно работает у нас. Юрий Иванович, конечно же, выпивал, но бросил и говорит, что навсегда. Мы с ним большие друзья и на «ты», но меня он всегда называет «шеф».

Мои хирургические инструменты затачивает только Юрий Иванович, нередко матерясь по поводу качества стали.

— Ну что за сталь, что за сталь! Я же им, изготовителям, звоню и говорю, что сталь для глазного инструмента должна быть крепкая, очень крепкая. А они о марках стали говорят, оправдываются, но любой технарь должен чувствовать сталь на ощупь, чувствовать, какая она — крепкая или не крепкая, — нередко причитает Юрий Иванович, затачивая инструмент.

Юрий Иванович Васильев, естественно, в марках стали разбирается хорошо. Но он каким-то седьмым чувством способен определить качество стали и способен делать это безошибочно. Меня всегда удивляла эта его способность, которая казалась странной и необычной.

— Юрий Иванович, скажи, а как ты определяешь качество стали и, собственно, качество заточки инструмента? — помню, спрашивал я его.

— А черт его знает, шеф! Не знаю, чувствую, какая сталь, крепкая или нет. Задним чувством ощущаю. А что тут странного? Говорят, вон, внутри пирамид инструменты сами затачиваются. Потрогаешь инструмент, призадумаешься, внимательно призадумаешься, и чувство такое идет: если хорошее ласковое чувство — сталь хорошая, если плохое чувство — плохая сталь. Крепкая сталь всегда дает хорошее чувство.

Крепкая пирамида

Не помню точно, по-моему, в 1989 году, мы втроем — Юрий Иванович Васильев, я и Амир Юсупович Салихов — хирург и заместитель директора нашего центра, поехали в Египет для проведения глазных операций по нашей технологии «Аллоплант». Мы с Салиховым оперировали, а Юрий Иванович помогал нам, настраивая операционные микроскопы. Когда выдался свободный денек, нас повезли к египетским пирамидам на экскурсию.

Пирамиды Гизы, особенно пирамида Хеопса, поразили нас своим величием. Все мы трое невольно замолчали, видимо, погрузившись в такие глубинные чувства, которые, как нам казалось, исходили от самых истоков человеческого бытия. Эти чувства были приятны и в то же время носили необычайно грандиозный характер, связанный с ощущением того, что ты, человек, являешься не просто пылинкой, а представляешь собой достойную частицу мироздания. Эти чувства напоминали грезы, но они имели конкретный исторический оттенок, как бы констатируя величие человека. Амир Салихов сосредоточенно смотрел вниз, а Юрий Иванович теребил мочку уха...

— Сэр, плиз, бай ит (Сэр, пожалуйста, купите это), — раздался голос надоевшего торговца сувенирами, которые, как и таксисты в Москве, атакуют любого иностранца.

— Уходи к черту, уходи, понимаешь, у-хо-ди, — сердито по-русски сказал Юрий Иванович.

— Вери, вери гуд (очень, очень хорошо), — вторил торговец, подсовывая под нос Юрия Ивановича какую-то статуэтку. — Вери чип (очень дешево), вери, вери чип.

— По-английски надо говорить, Юра, скажи «ноу» или «гоу», — порекомендовал Амир Салихов.

— Ноу, я тебе говорю, — наконец произнес Юрий Иванович.

Мы подошли к пирамиде Хеопса. Огромные каменные блоки с высочайшей точностью уложенные друг на друга, простота и монументальность конструкции прежде всего обратили на себя внимание.

Египетские пирамиды

«Кто же ее построил? Люди, что ли?» — думал я, трогая и ощущая почему-то свою собственную тупость. Ощущение тупости было столь явным и неприятным, что я четко акцентировал на нем внимание. В то время я не понимал, что пирамиды выполняют на Земле очень разнообразные функции, одна из которых сводится к контакту земного разума с космическим разумом.

— Амир, Юра, я, почему-то, чувствую себя очень тупым, — сказал я.

Оба удивленно посмотрели на меня, но промолчали.

Юрий Иванович Васильев пощелкал по пирамиде, постучал по ней пальцем, призадумался и сказал:

— Крепкая... крепкая пирамида.

В этот момент мне, несмотря на нахлынувшее ощущение собственной тупости, казалось, что я счастлив оттого, что стою рядом с великой пирамидой, что мне, деревенскому парню, довелось побыть рядом с ней и почувствовать ее величественное влияние. Я чувствовал себя значительным, большим и... в то же время очень тупым. Мне мерещилось, что пирамида смотрит на меня, копается в моих мозгах.

Крепкая пирамида...

Усилием воли прогнав сентиментальные мысли, я спросил:

— Что ты сказал, Юрий Иванович?

— Крепкая пирамида, говорю, очень крепкая.

— А как ты это определяешь? Так же, как и сталь инструмента?

— Не знаю, но чувствую, что она крепкая.

В то время я вряд ли задумывался над тем, что блоки, из которых изготовлена пирамида, были принесены сюда за десятки километров, что современная техника не способна перетащить их и так уложить друг на друга, что в зазор между ними не входит даже лезвие ножа. Я просто об этом не думал, а был поглощен непонятно откуда нахлынувшим чувством собственной тупости. В то время я, естественно, не читал «Тайную Доктрину» Елены Блаватской и не знал, что по ее провидению египетские пирамиды были построены 75 — 80 тысяч лет тому назад, тогда, когда на острове Платона в Атлантическом океане жили атланты, обладавшие способностью вызывать антигравитационный эффект за счет своей психической энергии. Из популярной литературы я знал, что египетские пирамиды были построены 4—5 тысяч лет тому назад египтянами, которые даже не знали колеса. По понятным причинам, в глубине души, я удивлялся тому, как полудикие рабы под руководством жестоких жрецов смогли сделать эту титаническую и одновременно высокоинтеллектуальную работу, но я тут же прогонял эту крамольную мысль, искренне веря в то, что написано в советской литературе — то правда.

— Пирамида, по-твоему, крепкая как конструкция или крепкий камень, из которого она построена? — задал вопрос Юрию Ивановичу Амир Салихов.

— Камень — он везде одинаков. Крепко она сделана, невероятно крепко! Я поражаюсь технической мысли! Вот возьми, Амир, два одинаковых инструмента; по виду они могут не отличаться, но один сделан талантливо, другой — нет. Это невозможно изменить, невозможно вычислить, это можно только прочувствовать. Вот и здесь, я чувствую, гениально сделана пирамида, крепко, на века, — ответил Юрий Иванович и снова постучал по пирамиде скрюченным пальцем.

Курирующие нас египетские офтальмологи наконец-то договорились, и гид повел нас внутрь пирамиды Хеопса к гробнице фараона. Проход, по которому мы шли, был высотой не более метра, поэтому приходилось идти не только согнувшись, но и пригнув колени. Было очень неудобно, хотелось встать на колени и идти на четвереньках, но было жалко брюки. Проход под углом градусов в тридцать поднимался вверх и казался нескончаемым.

— Неужели древние египтяне были такими низкорослыми? — прокряхтел идущий сзади Юрий Иванович.

Наконец появился зал, в котором мы увидели гробницу фараона. Она была пустая. Мы стояли в этом зале внутри пирамиды и хотели лишь одного — быстрее выйти отсюда.

— А вдруг свет погаснет? — неожиданно сказал Юрий Иванович, показав на ряд тусклых лампочек, подвешенных к потолку прохода и зала.

— У них здесь, в Египте, со светом плохо, то гаснет, то загорается. А мы фонариков не взяли.

Там, в глубине великой пирамиды, я ощущал только одно — чувство необъяснимой тревоги. Я понимал, что, даже если свет погаснет, мы отсюда все равно выберемся, даже на ощупь.

Гробница фараона

Но тревога и смешанное с ней чувство глубинного негодования были какими-то наведенными, не поддающимися реальному осознанию. В тот момент я даже и подумать не мог о том, что через несколько лет стану серьезно изучать пирамиды и углублюсь в физику тонких энергий. В тот момент мне казалось, что вся моя жизнь будет связана только с хирургией, а пирамиды я воспринимал как грандиозную экзотику. Мне и в голову не могло прийти, что трансплантационный материал «Аллоплант», который мы уже широко применяли в хирургии и наблюдали, как на его месте растут новые человеческие ткани, опосредованным логическим путем связан с пирамидами, так же как и многое другое в этой жизни.

Вниз по проходу идти было легче. Вскоре мы выбрались наружу, на свет божий.

— Ух, хорошо-то как, — честно сознался Юрий Иванович.

Далее нас подвели к статуе сфинкса. Автоматически говоря надоедливым торговцам сувенирами «ноу», мы встали напротив головы сфинкса.

Взгляд сфинкса

Громадный сфинкс лежал, горделиво подняв голову. Египтяне рассказывали, что они его называют стражем пустыни. Было омерзительно слушать, как французские солдаты стреляли в сфинкса из пушки и отбили часть его носа.

Взгляд сфинкса

Помню, что меня привлек взгляд сфинкса. Я стоял и смотрел ему в глаза. Мне казалось, что он не замечает никого и смотрит куда-то вдаль. В этом взгляде можно было прочесть не только горделивость, но и какую-то тоску, какую-то тягу туда, куда он смотрит.

— Амир, куда он, по-твоему, смотрит? — обратился я к Салихову.

— Не знаю. Но взгляд как живой. Такое ощущение, что он никогда не предаст того, кто его создал. Надежность и монументальность видна.

С Амиром Салиховым мы подружились в студенческие годы, а потом всю жизнь вместе — и в походах и на работе. Даже оперируем в одной операционной. Уроженец маленькой уральской деревеньки, сын ссыльных кулаков, Амир невероятно приспособлен к деревенской работе: он может скакать на лошади без седла, может срубить избу, прекрасный рыбак и охотник. Будучи одним из крупнейших российских офтальмологов, Салихов признан за рубежом. Любимой его страной является Бразилия, где он умудрился однажды порыбачить на пираний и поохотиться на крокодилов. Но главной чертой Амира является его надежность в жизни и в дружбе. Этот человек знает цену сове-

Салихов Амир Юсупович

сти и никогда не запятнает ее. В период разгрома нашего научного направления он был одним из первых, кто пошел со мной поднимать все с нуля в ущерб карьере и заработной плате. Амир никогда не предаст, это уж точно. Поэтому его мнение о взгляде сфинкса показалось мне любопытным.

— А почему, Амир, ты сказал, что сфинкс никогда не предаст того, кто его создал?

— Не знаю, но у меня такое чувство. Оно возникло здесь, перед ним.

— А кто, по-твоему, создал сфинкса?

— Ну уж, по крайней мере, не египтяне, — ответил Амир.

Ощущение собственной тупости, возникшее у меня рядом с пирамидой Хеопса, несколько уменьшилось. Я задумался. Крайнее любопытство, сравнимое с исследовательским инстинктом животных при встрече с неизведанным, обуревало меня. Великая тайна сквозила во всем облике сфинкса. Я попытался, как это нередко делаю в медицине, проанализировать ситуацию и выдвинуть какие-то предположения, но в голову ничего не шло, в связи с чем надоевшее чувство собственной тупости опять обострилось и начало злить. В то время я, конечно же, не знал, что даже

Сфинкс — загадка веков

великая Посвященная Елена Блаватская не смогла дать объяснений происхождению сфинкса и назвала его «Великой Загадкой Веков». Я даже предположить не мог, что через несколько лет начну исследовать Генофонд Человечества, то есть законсервированных людей в Сомати, сидящих в глубоких подземельях, и что одним из предполагаемых мест локализации Генофонда Человечества будут подземные пустоты, найденные при сканировании пространства под сфинксом и пирамидами Египта.

— Скажите, а кто и когда построил сфинкса? — обратился я к гиду.

— Сфинкс был построен древними египтянами 4—5 тысяч лет тому назад, — уверенно ответил гид.

— А куда смотрит сфинкс?

— Вы, сэр, не первый, кто задает такой вопрос. Я интересовался об этом у историков. Много разных мнений существует по этому поводу, много разных легенд. Но они, эти легенды, очень похожи на сказку. Говорят, что сфинкс смотрит на то место, где на Землю спускались Боги.

— А где то место, куда на Землю спускались Боги? Земля хорошо изучена, — не унимался я.

— Извините, сэр, — озадачился гид, — я — египтянин и никогда не выезжал за пределы Египта. Моя работа находится здесь, в Каире, у пирамид.

— Давайте так! Сфинкс смотрит на восток, так ведь? — настаивал я.

— Да.

Место, где на Землю спускались Боги

— Значит, то место, где на Землю спускались Боги, находится на востоке отсюда, от Египта?

— Поймите, сэр, это всего лишь легенда, сказка, — смутился гид. — Я, конечно, верю в Аллаха, но, может быть, никакие Боги и не спускались на Землю.

— Может быть, конечно, — кивнул я и стал мысленно прочерчивать линию от сфинкса на восток, вспоминая географию. Та-ак, — думал я, напрягая мозги, — на востоке от сфинкса располагаются река Нил, Красное море, Аравийский полуостров, Ирак, Иран, Афганистан и Тибет... далее Китай и Тихий океан, после чего Америка. В каком же месте Боги могли спуститься на Землю? Может быть, в Ираке? Там Месопотамия и древний Вавилон. Иран — это пристанище религиозного фанатизма, направленного на удержание личной власти и не имеющего ничего общего с истинным пониманием Бога. Тибет? Ну, что Тибет? Это каменная высокогорная пустыня, мало пригодная для жизни...

— Шеф, пойдем, жарко очень, — услышал я голос Юрия Ивановича.

— Сейчас, сейчас, — пробурчал я и тут же подумал про себя самого: «Что я, чокнулся, что ли? Думаю о Богах, которые спускались на Землю, стараюсь определить место, куда они спускались. Конечно же, я не очень доверяю атеизму, по которому я в институте получил четверку, но тем не менее серьезный ученый и, тем более хирург, не должен апеллировать к сказкам про Богов, которые спускались на Землю. Несерьезно это как-то! Засмеют еще!» Но эта фантастическая мысль накрепко засела в моей голове и всплыла вновь через много лет, когда я услышал легенду о Городе Богов.

— Может быть, Вы сможете вспомнить, — обратился я снова к гиду, — и сказать, в каком месте по легенде Боги спускались на Землю?

— Сэр, это же всего-навсего сказка! Откуда я помню! — усмехнулся гид. — Вот сфинкс — это не сказка. Он перед Вами.

В этот момент я подумал о том, что именно сфинкс и египетские пирамиды являются настоящей сказкой, сказкой наяву, той сказкой, к которой можно прикоснуться руками. Люди строят дома, чтобы в них жить. Люди строят дворцы, в которых проводят торжественные собрания. Люди воздвигают памятники и увековечивают себя, иногда сажая себя на коня, чтобы за счет грации и размеров этого животного казаться солиднее и значимее. Но люди никогда не строят пирамид, ведь в них нельзя жить и проводить торжественные собрания, и тем более люди никогда не будут строить сфинкса, который символизирует далеко не величие очередного революционера или президента страны. Люди предельно приземлены и заботятся прежде всего о своем собственном уюте и о своей собственной значимости.

Тогда почему, почему были построены пирамиды и сфинкс? С какой целью? Ведь досужие объяснения цели построения пирамид в качестве гробниц для фараонов не выдерживают критики, так как до сих пор ни в одной пирамиде еще не найдено ни одной мумии фараона, а таинственное умение грабителей проникать внутрь пирамид вызывает сомнение. А кого символизирует сфинкс?

Непонятно. Волей-неволей напрашивается вывод о том, что жизнь значительно сложнее, чем мы думаем, что легенды о Богах или Сынах Богов могут иметь под собой реальную почву. Ведь видим же мы пирамиды и сфинкса наяву, в реалиях... Ведь их до сих пор невозможно построить с помощью современной техники.

— Шеф, идем, жарко, мозги расплавятся, — услышал я голос Юрия Ивановича.

Это мы построили пирамиды

Вечером этого дня египтяне достали две бутылки виски. Поскольку распитие спиртного в стране запрещено, мы заперлись в гостиничном номере и без закуски начали пить. Та доза, которую мы приняли, для нас, россиян, была нормальной, но редко пьющие египтяне быстро опьянели и начали шуметь, галдя на своем языке.

— Запретный плод сладок, — ухмыльнулся Юрий Иванович, показав на египтян и отхлебнув из стакана.

— А что они так галдят, смотри, один даже за нож хватается, — заметил Амир Салихов.

И в самом деле, один из египтян, раскрасневшись, периодически хватал лежащий на столе нож, махал им в воздухе и что-то громко выкрикивал.

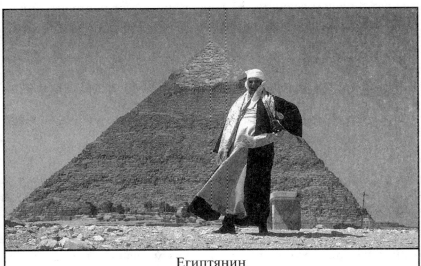

Египтянин

— Шеф, спроси, чо этот-то с ножом раздухарился, — послышался голос Юрия Ивановича.

Как только я вмешался в разговор, египтяне перешли на английский язык и начали с жаром объяснять причину своего возбуждения. Причиной оказалась неприязнь к Израилю.

— Как это так, — говорили они, — страна величиной с копейку воевала с нами. Они, евреи, хотят захватить весь арабский мир и всех арабов сделать рабами. Не будет этого, не будет! Если даже наши войска не смогут справиться, когда Израиль снова нападет на нас, мы все возьмемся за ножи и перережем всех евреев.

После этих слов один из египтян снова взял нож со стола и сделал два-три колющих движения в воздухе, имитируя, видимо, процедуру убиения израильтянина.

— Все нормально, шеф? — тревожно спросил Юрий Иванович, для которого арабский и английский языки были одинаково непонятны.

— Нормально, Юра. Это они евреями возмущаются.

— Среди нас евреев вроде нет, — вытаращил глаза Юрий Иванович.

— Мы древнейшая нация на Земле, — все так же возбужденно продолжал один из египтян, — мы построили великие пирамиды, построили великого сфинкса. Пирамиды и сфинкс говорят о нашем величии. Кто еще в мире смог построить пирамиды? Никто. Скоро наша нация возродится, мы не можем не быть первыми в мире, потому что к этому нас ведут великие пирамиды.

Я слушал это и думал о глубоком заблуждении египетских арабов. Я знал, что арабские племена пришли на территорию Древнего Египта в сравнительно недавнее историческое время, тогда, когда великая империя египетских фараонов уже пришла в упадок. Но как легко грандиозные достижения древности приписать самим себе! Жить бок о бок с пирамидами еще не означает уметь их построить или хотя бы знать — для чего они были построены. Только потом, когда я после первых гималайских экспедиций несколько поумнел, я, вспоминая эту египетскую сцену с ножами, стал удивляться тому, насколько легко у людей возникает самомнение, что они способны сравнивать себя с Богами. А пирамиды стоят тысячелетиями и всем своим обликом молчаливо говорят людям, что мир и разум значительно сложнее, чем думают люди.

Прошло несколько лет. Шел 1993 год. Последние два года мы часто бывали в Мексике, показывая в этой стране наши новые операции при куриной слепоте и других заболеваниях сетчатки. Обычно мы выезжали втроем — я, хирург Венера Галимова и электрофизиолог Рафаэль Юсупов.

Венера Узбековна Галимова работает у нас заместителем директора центра, она доктор медицинских наук, профессор и является хирургом суперкласса. Порой удивляешься, сколько сил у этой маленькой красивой женщины. Она у нас делает самые сложные и самые ответственные операции. Я неоднократно наблюдал, как в моменты особого хирургического напряжения спина ее становилась мокрой, и от этого мне было ее жалко, хотелось сказать, что не женское это дело — оперировать.

Венера Узбековна Галимова

Обладая исключительным обаянием и моложавостью, Венера Узбековна Галимова нравится мужчинам всех возрастов, как говорится, от эмбриона до глубокого старика. Но, будучи чрезвычайно строгой женщиной, она никогда не допускает того, чтобы мужчина перешел рамки приличия. Мне периодически любопытно наблюдать, как представители мужского пола перед ней начинают петушиться, стараясь казаться лучше, чем они на самом деле есть. Помню, как в Испании знаменитый офтальмолог Барракер целыми днями держал нас около себя, а когда мы куда-то отходили, искал нас по внутрибольничному радио: «Докторас руссас, докторас руссас!» — все из-за Венеры. Нам с Юрием Ильичом Кийко, директором нашего московского филиала, было даже обидно.

— Мы как телохранители, — сказал Юрий Ильич.

А в Мексике мы проводили операции так называемым безнадежным больным, а специально созданная комиссия Министерства здравоохранения Мексики, независимо от нас, оценивала их результаты. Мы очень подружились с двумя операционными сестрами — Сильвией и Марией и анестезиологом Хосе Луисом. По моим наблюдениям, Хосе Луис долго держался, но тем не менее тоже пал ниц перед Венерой Галимовой. Однажды он спросил нас с Рафаэлем Юсуповым о том, что мог бы ли он ухаживать за доктором Венерой. Мы ответили что-то наподобие того, как «попробуй, только вряд ли из этого что получится».

Хосе Луис начал свою, видимо, ночами подготовленную речь, когда мы после операций пили чай.

— Вы знаете, Венера, что я чистокровный ацтек?

— Да? Неужели? А я думала — испанец!

— Нет, я — представитель древнейшей нации на Земле, той нации, которая построила великие мексиканские пирамиды. Неужели я похож на испанца?

— Ну, как вам сказать, похож чуть-чуть.

— Хочу Вам объяснить, — продолжал Хосе Луис, — что ацтеки отличаются от майя. Внешне мы вроде бы схожи, но именно мы, ацтеки, построили пирамиды. Вы были на мексиканских пирамидах?

— Да, уже несколько раз.

— Ну, как впечатление?

Ацтек

— Грандиозное. Я даже залезла на пирамиду Солнца, а на пирамиду Луны не решилась, там ступеньки очень высокие, — отвечала Венера.

— Пирамида Солнца олицетворяет Солнце, а пирамида Луны — Луну, — нелепо решил внести ясность Хосе Луис. — Когда залезешь на пирамиду Солнца, надо смотреть на Солнце, а когда залезешь на пирамиду Луны — на Луну. У нас, ацтеков, так принято. Вы смотрели, Венера, на Солнце, когда залезли на пирамиду Солнца?

— Ой, уж не знаю. Было жарко, Солнце было везде...

— Я приглашаю Вас на пирамиды; мы залезем на пирамиду Солнца и будем смотреть на Солнце, дальше, ближе к вечеру, мы залезем на пирамиду Луны и будем смотреть на Луну. Тогда Вы поймете душу ацтека! Не зря ацтеки поклонялись Солнцу и Луне и построили пирамиды, чтобы созерцать их. Тогда Вы поймете всю древность и величественность ацтеков. Поедемте!

— Ой, наверное, не получится. Мы же все время думаем о больных, об операциях, потом у нас много планов по научной работе, — кокетничала Венера.

— Послушай, Хосе Луис, а почему у мексиканских пирамид вершины обрезаны, а египетские пирамиды остроконечные, — перебил Рафаэль Юсупов — тот самый Юсупов, который в будущем станет членом тибетской экспедиции.

— Я не знаю точно... Но ведь люди, чтобы любоваться на Солнце и Луну с вершины пирамиды, должны стоять там, а как будешь стоять на остроконечной вершине? Поэтому мы обрезали вершины пирамид...

— Сомнительно, — многозначительно произнес серьезный по натуре Юсупов, забыв, что вопрос состоит в душевном порыве Хосе Луиса, а не в конструкции пирамид. — Очень сомнительно, чтобы мексиканские пирамиды были построены в качестве смотровых площадок. Нерационально это. Что говорит об этом история древнего ацтекского государства?

Мексиканская пирамида

— История говорит... говорит... — озадачился попавший в замешательство Хосе Луис, которого явно не устраивал перевод разговора в историческое русло. — История говорит о том, что когда-то ацтекское государство было очень мощным и владело секретами, которыми никогда не владели европейцы.

— А почему же ацтекское государство пришло в упадок? — не унимался Юсупов.

— Потому что в Америку пришли испанцы и захватили нас, — начал уже злиться Хосе Луис.

— Ну, если бы ацтекское государство было очень мощным... И вообще, исторические факты говорят, что эти пирамиды построили майя, а не ацтеки.

— А все-таки, наверное, очень романтично встретить закат на вершине пирамиды Луны, — прервал я, пытаясь помочь Хосе Луису и сохранить розово-романтическую направленность разговора в отношении Венеры Галимовой.

— Романтично-то оно романтично, — не умолкал Юсупов. — В науке существует понятие золотого сечения пирамиды. Любопытно было бы посмотреть, не по золотому ли сечению обрезаны вершины мексиканских пирамид.

— У вас в Мексике молодожены, наверное, ходят на пирамиды и смотрят на Солнце и Луну, — еще раз попытался я спасти положение в угоду душевному настрою Хосе Луиса.

— Не всегда, — буркнул уже обидевшийся Хосе Луис. — Кстати, Вы знаете, что все южные штаты Соединенных Штатов Америки раньше принадлежали Мексике, но дядя Сэм отвоевал их у нас? Америка пока сильнее нас, она пока давит нас. Но у США нет истории. А наша ацтекская история уходит корнями в древность. Да, мы утеряли свою былую силу, но это пока, временно, мы восстановим свою мощь, потому что мы — народ, построивший великие пирамиды. Пирамиды влияют на нас и никогда не позволяют нам стать слабыми. Мы ведь смогли построить пирамиды, которые никто не может построить...

Слушая этот монолог, я вспомнил египетских арабов, которые размахивали ножами и говорили примерно те же слова, искренне веря, что именно они построили пирамиды. В то время, в 1993 году, нами уже были завершены офтальмогеометрические исследования, которые показали, что мексиканские индейцы (ацтеки и майя) являются составной частью одной из ветвей распространения человечества по земному шару из Тибета, той ветви, которая проходит через Сибирь, Чукотку, Аляску и даже идет через весь Американский континент до мыса Горн. Поэтому с некоторой степенью достоверности можно думать, что ацтеки, как и египетские арабы, пришли на землю пирамид тогда, когда пирамиды были уже построены. Очень сомнительно, чтобы ацтеки вечно жили на одной и той же территории, ведь история человечества переполнена перемещениями народов. Я опять же подумал о том, что жить рядом с пирамидами еще не означает уметь их построить или хотя бы знать — для чего они были построены.

Я глубоко уважаю мексиканцев (будь то ацтеки, майя или испанцы) за то, что они не потеряли своей самобытности, не «американизировались» и с гордостью говорят о своих исторических корнях. Этот народ будет иметь будущее, так как у них нет великодержавного апломба, который я считаю первым признаком загнивания общества. Поэтому, я думаю, мы простим им маленькую слабость, связанную с пирамидами, и поймем, что пирамиды невольно затягивают в пучину веков и возвеличивают человека.

Один мексиканский ученый говорил мне, что мексиканские пирамиды построены из каменных блоков, которые нанизаны на длинные, по многу метров, каменные штыри толщиной в палец. Этого невозможно сделать с помощью современной техники, это могли сделать только древние.

Рыбалка на карасей

В очередной раз, возвратившись из Мексики и мучаясь от того, что день и ночь поменялись местами, я позвонил Юрию Ивановичу Васильеву и пригласил его порыбачить на карасей. Был конец июня 1993 года. Было жарко.

Поехали на рыбалку втроем: я, Юрий Иванович и водитель Дима — простой черниковский парень (Черниковка — рабочий район города Уфы). Поставили сети, озираясь по сторонам и боясь рыбинспекции. Потом развели костер, поставили палатку, достали бутылку водки и сели ужинать.

— Ну, за Россию и за российских карасей, — предложил я тост, смакуя приятное чувство возвращения на Родину, по которой я искренне скучаю во время длительных зарубежных поездок.

Юрий Иванович вкусно опрокинул рюмку, закусил огурчиком и, чавкая, спросил:

— Чо там, шеф, в Мексике-то? Говорят, бабы там страшные, как война. Зато пирамиды есть. Бывал на пирамидах-то?

— Бывал, Юра, бывал.

— Ну, как они, больше египетских? А то мы тут в техотделе спорили, я им говорю, что египетские больше, а они — мексиканские. Чьи больше-то, шеф?

— Египетские больше.

— Ну что, давай за мексиканские пирамиды выпьем. Помнишь, в Египте, один араб наклюкался и ножом махал. Ну, дурак, а! Чо тут, шеф, рюмками мелочиться, давай по полстакана ахнем, — сказал Юрий Иванович, уже наливая водку в стаканы.

— Давай, — ответил я, чувствуя, что меня клонит ко сну, и надеясь, что после водки я смогу уснуть в российскую ночь, когда в Мексике в это время день.

Мы выпили. Водитель Дима тоже выпил.

— Эх, Димка, — нравоучительно сказал Юрий Иванович, пожевывая колбаску с зеленым луком, — темнота ты черниковская, темнота. Ты даже не знаешь, сколько в мире чудес-то! Вот когда мы с шефом были в Египте, видели мы чудо одно — пирамида называется. Большая — у...! Кто построил — никто не знает! Египтяне хорохорятся, что они построили, а на самом деле это не так. Боги построили пирамиды, Димка, Боги! Вот шеф и в Мексике пирамиды видал. Тоже большие. Тоже Боги построили. Не бывал ты, Димка, в Египте, не бывал...

— Может, я еще побываю в Египеде...

— Не в Египеде, а в Египте, темнота ты черниковская. Через

У костра

«т» пишется, а не через «д». Египет, понял, а не Египед. Наливай лучше, темнота ты черниковская.

Мы выпили еще.

— Юра, Дима! Я, наверное, пойду в палатку, поcплю. Что-то на сон тянет. Может, перевернуться смогу со дня на ночь, — попросил я.

Я залез в палатку, перебил комаров и улегся спать. Вначале я вроде бы начал засыпать, но потом сон прошел, и я стал мучиться, пытаясь уснуть.

— Черт побери, — думал я, — как бы уснуть, а! Даже водка не помогает. Буду-ка думать о пирамидах, о чем уж пошел разговор.

Находясь в полудреме, я стал думать о пирамидах. В голову лезли фантастические мысли, которые я, засыпая, никак не мог отделить от реальности. Мне мерещилось, что на Земле существует какая-то другая, параллельная жизнь, что в этой параллельной жизни все по-другому, все не так, как у нас. Там, в этом параллельном мире, живут люди огромного роста, которые перемещаются на овальных летательных аппаратах и иногда залетают в наш мир, наблюдая за нами и относясь к нам как к неразумным детям. Мир, в котором они живут, неразрывно связан с Космосом и с глубинами Земли, и они, эти люди огромного роста, способны путешествовать там, уходя под землю или мгновенно исчезая в далях Космоса. Время в этом мире течет по-другому, там другая природа, другая погода и только пирамиды, только величественные пирамиды находятся одновременно и в этом, и в том, параллельном, мирах. Именно используя пирамиды, люди огромного роста переходят в наш мир. Они их построили в строгом соответствии с законами Космоса и по строгим математическим законам разместили на Земле. Им неважно, где находится пирамида — на поверхности земли, под водой или под землей, важно, чтобы она была. Эти люди огромного роста построили пирамиды столь прочно, что они никогда не разрушатся ни в нашем, ни в параллельном мире, и если какая-либо пирамида разрушится, они построят новую, такую же. Они, эти необычные люди огромного роста, создали в глубинах Земли специальные каналы, которые приближаются к земной поверхности в районе пирамид и других монументов древности. Они не обращают внимания на то, что обычные люди нашего мира, подчиняясь глубинному зову Космоса, стараются строить небольшие и нелепые пирамиды в качестве усыпальниц для своих царей, мечтая приблизить тем самым своих царей к ним — людям великой и древней земной параллельной цивилизации. Их не интересует, что люди нашего мира приписывают строительство пирамид себе...

— Фу ты, — проснулся я. — Ну и сон! Интересный какой...

— Юрий Иванович, а что такое сфинкс? — послышался голос Димы-водителя. Они, как я понял, продолжали сидеть у костра и пить водку.

— Сфинкс — это животное такое, большое. Из камня.

— Статуя, что ли?

— Да нет, темнота черниковская. Это не статуя. Это сфинкс.

— А... а... а какой он, сфинкс?

— Сфинкс, он как собака, которая лежит, но лапы у него кошачьи, голова у него человеческая — на деревенскую бабу похожая, а уши слона, — важно произнес Юрий Иванович. — Головешку-то подай, прикурить хочу!

Послышался специфический звук, из которого я понял, что Юрий Иванович смачно выдул дым своих любимых сигарет «Вега».

— Сфинкс, он очень большой, такой большой, — продолжал Юрий Иванович, — что ты таких больших зверей и не видел, Димка. Подкинь дровишек-то в костер, видишь — тухнет. Молодой, а не видишь.

— Он, сфинкс-то, как слон большой? — спросил Дима.

— Эх, Димка! Слон с один его ноготь будет. Понял, какой большой?

— О... о... А он живой, сфинкс?

— Эх, темнота ты черниковская, Димка! Каменный, я же тебе говорю, он каменный, а может, был живой, но окаменел.

— А... а...

В разговоре произошла некоторая пауза, после чего Юрий Иванович сказал:

— Окурки, Димка, в костер кидать надо, а не разбрасывать как сволочь последняя по сторонам.

— А кто он, Юрий Иванович, сфинкс?

— Не твоего ума это Димка, не твоего. Тебе, вон, баранку только крутить. Костер даже разжечь толком не умеешь. Сфинкс, он — загадка, Димка, загадка. Вон, шеф, стоял и в глаза ему смотрел и спрашивал, куда же он смотрит.

— Кого спрашивал, сфинкса?

— Да нет, египтян, темнота ты черниковская.

— Так куда он смотрит?

— Смотрит он туда, куда никому не дозволено смотреть. Тебе вот, Димка, нельзя туда смотреть, а сфинксу можно. Страна там есть — Шамбала называется. Боги там живут. Вот туда и смотрит сфинкс. А тебе смотреть туда нельзя, спекешься, Димка.

Слушая и посмеиваясь над этим пьяным разговором, я опять вспомнил египетского гида, у которого пытался выяснить, куда же смотрит сфинкс. Почему-то это мне показалось интересным, может быть, оттого, что я офтальмолог и понятие «взгляд» для меня профессионально близко. Может быть, то место, куда Боги спускались на Землю, и в самом деле существует! Может быть это не сказка! Может быть, Юрий Иванович прав, говоря о Шамбале! Может быть, там есть прекрасный необычный город, который построили Боги!

Естественное человеческое любопытство разбирало меня; хотелось верить в чудеса, хотелось пойти туда, куда смотрит сфинкс... Ночью человек всегда романтичнее, чем днем, в реалиях.

— Вот я пощелкал по пирамиде мизинцем, — послышался голос Юрия Ивановича, — и чувствую, крепкая она.

— Как камень, крепкая?

— Крепче.

— Как железо?

— Еще крепче.

— А сфинкса трогал, Юрий Иванович?

— Трогал.

— Ну, как он? — не унимался Дима.

— Тоже крепкий.

— А что крепче, Юрий Иванович, сфинкс или пирамида?

— Оба крепкие.

Я чувствовал, что пирамида и сфинкс по непонятным причинам все более увлекают меня. Простым любопытством объяснить это было трудно, так как в медицине тоже много интересных и животрепещущих загадок. Интерес этот, начавшийся в Египте и продолжавшийся в Мексике, странной доминантой сидел в голове. И самым главным во всем этом был вопрос — куда же смотрит сфинкс?

Тогда я не понимал, что человек не есть только физическое тело, наделенное сознанием, что главную сущность человека составляет его внутреннее и вечное «Я», называемое Духом, которое живет в своем подсознательном мире и подсознательно общается с другими внутренними и вечными «Я» людей, будь то живых, будь то мертвых. Законы, по которым живет этот подсознательный мир, иные, чем на Земле; здесь нет места материальным ценностям и вещественным устремлениям человека, здесь главенствуют Добро, Любовь и Зло, а мощь и сила каждого из внутренних и вечных «Я» определяется Знанием, которое накапливается и, что очень важно, интенсивно используется для совершенствования этого подсознательного мира.

Сейчас, когда я пишу эти строки, идет 2000 год. С того времени (1993 год), мне кажется, я немного поумнел, хотя чувствую, что не очень. Но, по крайней мере, я уже понимаю, что подсознательная жизнь человека, составляющая единое целое с волновой формой жизни Того Света, и в самом деле существует; в противном случае невозможно было бы объяснить многие медицинские, физические и философские парадоксы, с которыми мне приходилось сталкиваться в ходе научных исследований. Эта подсознательная жизнь течет как бы независимо от человеческого внешнего «Я», снабженного всепоглощающим и столь привычным для нас сознанием. Но внутреннее и вечное «Я» человека ведет свою потаенную деятельность, напоминая внешнему «Я» о себе интуитивным шепотом или чувством непонятных устремлений, вначале досаждающих человеку, но потом захватывающих его и ведущих в новом, порой неожиданном направлении.

Вот и тогда, в 1993 году, когда я лежал в палатке, интуитивный шепот и непонятные устремления начинали завлекать меня в загадочный и неожиданный для меня ракурс жизни, связанный со сфинксом, пирамидами и поиском Города Богов.

Я очнулся и снова прислушался к пьяному разговору, происходившему у костра.

— Юрий Иванович, — говорил Дима, — вот ты — большой человек, главным инженером работаешь в Центре. В Японии и Египте бывал! Скажи, а как у них по-английски будет «спасибо»?

— Эх, темнота ты черниковская! И этого не знаешь! Сэнк ю, — ответил Юрий Иванович.

— А... а... А как, Юрий Иванович, у них будет «пожалуйста»?

Наступила секундная пауза: чувствовалось, что Юрий Иванович забыл слово «плиз».

— Тоже «сэнк ю», — вдруг ответил Юрий Иванович.

— А чо, у них и «спасибо» и «пожалуйста» одинаково, что ли?! — удивился Дима.

— У них одинаково, — многозначительно произнес Юрий Иванович.

Я расхохотался и выкатился из палатки, выкрикивая: «Плиз будет, плиз!»

Оба удивленно смотрели на меня, потом, поняв, в чем дело, тоже расхохотались.

— А ты чо, Юрий Иванович, по-английски только одно слово знаешь, что ли? — вытаращил глаза водитель Дима.

Утром, снимая сети, мы обнаружили, что одна из сетей уплыла вместе с травяным островком, к которому я вчера ее подвязал.

— Ох и дурак же я, — хмыкнул я, — не догадался, что островок-то плавучий.

Чувство собственной тупости вновь нахлынуло на меня.

— Вроде бы я не такой тупой, что же это чувство так мучает? Неужели это связано с неудачной установкой сети? — думал я, свесившись с лодки и ковыряясь в водорослях руками в поисках пропавшей сети. Тогда я еще не понимал, что нужно радоваться вдруг нахлынувшему чувству тупости, поскольку это означает, что твое внутреннее «Я» недовольно твоим уровнем восприятия действительности и начинает вести свою внутреннюю работу, чтобы вытолкать тебя на новый виток научной деятельности, который внешне будет казаться нелепым и чудаковатым, но будет иметь глубокий смысл, реализующийся только через много лет. В тот момент я даже и представить не мог, что мое внутреннее «Я» заставит меня всерьез заняться изучением необычных глаз, нарисованных на непальских и тибетских храмах, и уведет в дебри Гималаев и Тибета в поисках загадочных пещер с законсервированными людьми, а также... в поисках легендарного Города Богов. Все это в корне изменит философское восприятие жизни, что выльется, как следствие, в изменение моего медицинского мышления и приведет к таким удивительным хирургическим достижениям, как трансплантация глаза.

А в то лето 1993 года, когда я с матом ковырялся в водорослях в поисках уплывшей сети, я ощущал только чувство беспробудной тупости, нервировавшей меня.

Сеть я все же нашел. В нее попало больше всего карасей. И вообще улов оказался хорошим.

Водка у нас кончилась. А Юрий Иванович намекал, что, несмотря на жару, выпить-то хочется. По пути домой мы заехали

Пойманные караси

в деревню, купили бутылку дешевой водки и выпили по паре рюмок без закуски.

— Шеф, а куда все же смотрит сфинкс? — спросил Юрий Иванович, занюхивая вторую рюмку рукавом.

— Бог его знает, Юра! Не знаю. Это очень загадочно. Там что-то есть, Юра! — промолвил я.

Мы доехали до дома, разделили рыбу. В бутылке еще оставалась водка.

— Мужики, выпейте, чо оставлять-то, — посоветовал Димка, показав на бутылку.

— Жарко ведь...

— Ну, вы же крепкие мужики, как пирамиды, — важно произнес Дима.

Мы выпили. Дима откуда-то вытащил кусок хлеба и протянул его нам для закуски.

— Сэнк ю, — ответил Юрий Иванович.

Глава 2

Легенда о Городе Богов

Наступил 1996 год. Удалось организовать первую гималайскую экспедицию. А потом — в 1997 году — вторую экспедицию. В ходе этих двух экспедиций, которые оказались весьма информационно насыщенными, у меня полностью изменилась психология восприятия жизни. Я не могу сказать, что я стал умнее и в научном отношении солиднее, но я стал смотреть на жизнь не только с точки зрения строгих научных постулатов, а стал придавать значение интуиции, про которую один индийский свами сказал, что это на сто процентов верно. Я даже научился в какой-то мере ей доверять, хотя, как ученому, это мне давалось с трудом. Но я никак не мог подумать, что по одному очень важному вопросу интуиция со мной сыграет любопытную шутку.

Где же я слышал эту легенду?

Вопрос касался Города Богов. Собираясь в очередную экспедицию 1998 года, я занимался разработкой поисковых планов. Помню, я очень колебался, выбирая основное направление экспедиционных поисков — искать в Гималаях «живую» и «мертвую» воду или идти на Тибет по следам легенды о Городе Богов. Второй вариант мне казался интереснее. Где же я видел описание этой легенды или слышал о ней? Я не могу пожаловаться на свою память, но какая-то сумятица и круговерть в голове мешали мне сосредоточиться. Четко помнил я лишь одно, что об этой легенде было сказано очень кратко, наподобие того:

«Где-то на Тибете затерялся Город Богов».

Я даже хотел наплевать на поиски источника этой легенды и искать вчистую, но что-то меня сдерживало, да и привычка работать в науке по документам давала о себе знать.

— Ох и авантюрист же, — думал я про себя, — собираюсь в экспедицию, увлек за собой ребят, а вспомнить источник легенды о Городе Богов не могу. Позор какой-то...

Я начал злиться. За несколько дней переворошил все экспедиционные записи — ничего не нашел. Пересмотрел все доступные книги — ничего нет. Опросил всех членов экспедиций и людей, которые были причастны к ним, — все отвечали, что слышали эту легенду от меня.

— Да что это, — негодовал я. — Не мог же я придумать эту легенду!

Я рассказал обо всем этом Юрию Ивановичу Васильеву.

— Помню, шеф, ребята в техотделе день рождения Мишки-инженера отмечали. Я в завязке, как ты знаешь, не пил. Ребята эту легенду обсуждали. Ты же о ней часто рассказывал. Говорили, что какой-то лама тебе ее послал, — начал Юрий Иванович.

— Да нет, Юра! Я уже все свои дневники экспедиций перерыл. Нет там этого. Сам знаешь, я скрупулезный, все записываю, — ответил я.

— Подожди, не перебивай! Ребята, пьяные, правда, говорили, что ты эту легенду по телепатическим каналам получил от ламы. Витька, когда наклюкался, из себя даже ясновидца начал изображать, пальцы веером растопыривал и над головами руками водил. А мне-то, трезвому, смешно, подзюзюкиваю его, а Витька и старается, — рассмеялся Юрий Иванович.

— Да какие телепатические каналы, Юра! Нет у меня этих способностей. После издания первой книги по Гималаям, когда стали приезжать много чудаков и шизофреников, я от таких людей вообще шарахаюсь.

— Они и к нам в техотдел захаживают, про тебя спрашивают, сеансы иногда устраивают. Вот, Витька-то, и научился.

— Чего, чего?

— Сеансы, говорю, устраивают. Тебе что-то телепатируют на третий этаж с первого. К тебе ведь не пробиться через секретаршу, — смачно сказал Юрий Иванович.

— К вам что, лама, что-ли, приходил? — удивленно спросил я.

— Да был тут один, разодетый как петух и в тапочках на босу ногу. Он-то пальцы и растопыривал.

— Как он был одет?
— В платье, как баба, но сам мужик.
— Какого цвета было платье?
— Оранжевое, стираное-перестираное, но грязное. С накидкой.
— Так это не лама! Ламы всегда носят вишневую одежду. Кришнаит, наверное.
— Во-во, что-то такое было, — вспоминая, произнес Юрий Иванович.
— А какой цвет кожи у него? — поинтересовался я.
— Сизый какой-то.
— Как понять?
— Серо-буро-малиновый, может...
— Такой кожи у людей не бывает.
— Больной он какой-то, что ли, в угрях весь, Витьке даже выдавить хотелось.
— Так он был белым или негром?
— Белым, но сизым...
— А... а...

Кришнаит в техотделе

Я немного отвлекся и стал думать о том, что, может быть, мне и впрямь послали информацию о Городе Богов по телепатическому каналу, — не нашел же я устного или литературного подтверждения этой легенде. Изучая по восточным религиям всевозможные психические феномены, я знал про телепатию и, в принципе, верил в нее. Атланты, как описывалось в восточных религиях, в совершенстве владели этим феноменом и даже во время военных действий, в качестве главного оружия, использовали телепатическое усыпление противника. Но мы, арийцы, то есть пятая человеческая раса, обладаем значительно более низким духовным потенциалом, поэтому реализация таких качеств, как телепатия, весьма ограниченна и проявляется в слабом виде лишь у редких людей. А если акцептор, то есть человек, принимающий мысленный телепатический сигнал, не обладает высокой чувствительностью к подобного рода воздействиям, то эффект телепатии вообще сводится к нулю.

Про себя могу сказать, что акцептор я никудышно-слабый, то есть уровень моего восприятия мысленных сигналов находится на дубово-низком уровне. Помню, как два-три года назад на одной из крупных международных конференций, когда мой доклад о научном расчете облика атлантов и лемурийцев вызвал повышенный интерес, в кулуарах ко мне подошли несколько ясновидцев, телепатов и прочих подобных людей и начали наперебой говорить непонятную для меня фразу: «Его надо тестировать!»

— А что это такое, тестировать? — наивно спросил я у них.

— Сейчас узнаете, — ответили они хором и начали по очереди растопыривать пальцы, выкатывать глаза и принимать экзотические позы, видимо, посылая в мою сторону энергии.

— Чувствуете что-нибудь? — спрашивали они.

— Нет, — отвечал я.

— Неужели ничего не чувствуете?

— Нет.

Особенно изощрялась одна ведьмоподобная женщина в длинном, до пят, красном платье. Она так расщеперилась передо мной, что мне даже стало страшно. Потом она растопырила веером пальцы и начала делать руками пульсирующие движения в мою сторону, наверное, посылая потоки энергии.

— Чувствуете энергию? — спросила она.

— Нет.

— Совсем не чувствуете?

— Совсем.

— Ну как же так...

Потом она подошла ко мне, установила растопыренные руки у меня над головой, слегка присела и, глядя мне в лицо, бешено вытаращила глаза, двигая губами и издавая звуки наподобие «бу, бу, бу...»

— Что чувствовали? — спросила она после этого.

— Ничего.

— Как ничего?

— Ну... мне было интересно и весело, — откровенно сказал я.

— М... да... А тепло от рук чувствовали?

— Нет.

— М... да...

По-видимому, я обладаю высокой непроницаемостью по отношению к чужой психической энергии. Тем не менее я вынужден признать, что в периоды сильной и за долгое время накопленной усталости, некоторая чувствительность такого рода появляется, вплоть до того, что мне везде и всюду мерещатся энергетические вампиры. А более чувствительные люди, на мой взгляд, действительно могут стать мишенью для воздействия доброй или злой психической энергии.

Иллюстрацей последнему замечанию может стать случай, произошедший на этой же конференции. Та самая ведьмоподобная женщина в красном платье после неудавшегося со мной сеанса, очевидно, была не на шутку раздосадована: ну как же, так расщепериться — и никакого эффекта. Когда мы с Валей Яковлевой (она член гималайских экспедиций) отходили от них, эта женщина в красном платье, как мне потом объяснили, «стрельнула» Вале глазами во вторую чакру — точку жизненной силы человека. Вскоре Валя почувствовала упадок сил и в гостинице вообще слегла. Приглашенная по настоянию Вали «добрая фея» (а там, на конференции, собрался полный спектр «сказочных персонажей», от добрых фей до нечистой силы) диагностировала, что у Вали эта чакра «пробита». На следующий день силы у Валентины постепенно восстановились.

Итак, размышляя о телепатической передаче информации о Городе Богов, я пришел к выводу, что вряд ли это могло быть. Но вопрос, почему эта информация так крепко засела в моей голове, продолжал мучить меня.

— Я думаю, Юра, что никакой телепатической передачи легенды о Городе Богов не было. Дуб я в этих делах! — сказал я Юрию Ивановичу утвердительно.

— Ну, как сказать, дуб. Вспомни, что Петька-то Гаряев на своем аппарате достиг телепатического переноса генетической информации. Что уж тут говорить о передаче мысли! — засомневался Юрий Иванович, видимо, вспоминая рассказы о двух гениальных российских ученых — Петре Петровиче Гаряеве и Георгие Георгиевиче Тертышном, которые создали установку по передаче генетической информации на расстояние.

— Нет, Юра, даже если информация о Городе Богов была послана кем-то в мою сторону, был бы эффект «как об стену горохом». Нечувствительный я к этому. Сам знаешь, у меня нет никаких йоговских способностей, простой я человек, деревенский, даже музыкальной школы не закончил. Да и профессия моя — хирургия — далека от потусторонних мыслей и сверхчувствительности. Когда режешь глаз, Юра, никакие мысли тебя не должны колыхать, надо оградиться от всяких внешних воздействий, все внимание должно быть на операционном поле. Я ведь даже маму родную способен прооперировать, — настолько оттренировал концентрацию внимания во время операции. Куда уж тут пробить меня посланной мыслью! Во время оргазма, говорят, человек становится восприимчивым к чужим психическим воздействиям, но от операций-то оргазм я не испытываю.

— У меня тоже, кстати, от ремонта аппаратуры оргазма не бывает, а от заточки инструмента чуть ли не оргазм ловлю, шеф, — засмеялся Юрий Иванович.

— Одного не знаю, Юра, почему эта легенда о Городе Богов так крепко засела у меня в голове.

Рассказ зэка

— Хочу рассказать тебе еще одну историю, — сделав паузу, сказал Юрий Иванович. — В общем, зэк один к нам в техотдел приходил. Очень любопытное рассказал.

— Да что у вас там, в техотделе! Всякий сброд собирается, что ли?

— Да ладно, шеф, не возникай! Сам-то, вон, в операционной все время тюремные песни слушаешь. Как ни зайдешь в операционную, одно и слышно: «...а далеко, далеко, уходил от погони, человек в телогрейке или просто зэ-ка...»

— Да, уж. Душевные они и каким-то примитивным фанатизмом от них веет, что как бы упрощает ситуацию во время операций. Однажды, Юра, оперировал я одного высокопоставленного человека. Перед операцией под местным обезболиванием ему говорю: «Вы не волнуйтесь! Музыку слушайте! Весь акцент на музыку переведите, от ощущений в ране постарайся отвлечься...» А после операции он мне и говорит: «А я-то, Эрнст Рифгатович, думал, что Вы под классическую музыку оперируете!» Стыдно мне даже стало, — проговорил я.

— Так вот, — продолжал Юрий Иванович многозначительно, — приходит, значит, к нам в техотдел зэк. К тебе не решился идти, узнал откуда-то, что мы с тобой друзья, вот ко мне и пришел. Сел и начал рассказывать. Мужики-то у меня, особенно Витька с Мишкой, душевные, сам знаешь. Сидят, точат инструменты, а если им кто что и рассказывает, точат и слушают, радио не надо. Дисциплина у меня что надо, хорошая...

— Что рассказал зэк-то?

— Этот зэк, бывший, конечно, и рассказал, что сидел в зоне, где особая аномалия была.

— Как понять — в зоне была аномалия?

— Зона была в аномальной зоне.

— А... а...

— В этой зоне, расположенной в аномальной зоне, происходили события, рассказывал зэк, не укладывающиеся в человеческое воображение.

— Он нормальный, этот зэк-то? — перебил я.

— Да нормальный. Интеллигентный даже. Худой такой, как рыбья кость. Говорил, что незаслуженно сидел, всего-навсего на шухере стоял, — сказал Юрий Иванович.

— И что он рассказал?

— Стоят, говорит, автоматчики в «ПШ»...

— Что такое «ПШ»?

— Полушерсть, то есть полушерстяная одежда охранников в тюрьме.

— А... а...

— Стоят они, значит, в «ПШ», а корешам по камере кажется, что они в саванах, но с автоматами. Никто не делал попыток бежать. Не автоматов боялись, а саванов. Автоматчиков мертвецами называли.

— Бред какой-то...

— Да, бред, но массовый. Всем зэкам в зоне так казалось, говорит. Но самое главное не в этом. Всем летающие тарелки мерещились... и пирамиды. Даже мысль была на летающей тарелке из зоны сигануть, до пирамиды долететь и в ней скрыться. А один из корешей по камере, говорит, постоянно общался с пилотом летающей тарелки. Тот ему и говорит следующее...

— Кто кому говорит?

— Пилот летающей тарелки говорит зэку.

— А... а...

— Мы, говорит, люди, до вас жившие на Земле. В свое время нас оставалось очень мало. Но мы построили пирамиды и через них обрели большую силу. О некоторых пирамидах ваши люди знают, о некоторых нет. Мы решили не жить рядом с вами и с помощью пирамид перешли в другой, параллельный мир, где и живем сейчас. Иногда мы появляемся в вашем мире и наблюдаем за вами.

— Значит, о некоторых пирамидах мы не знаем, говоришь...

— Так говорил зэк, то есть пилот летающей тарелки говорил зэку.

— А... а... А где находится эта зона?

— Где-то в Сибири, говорил зэк, — ответил Юрий Иванович.

— А где конкретно? — спросил я.

— Не помню. На юге Сибири вроде...

— Не в районе ли знаменитой Кашкулакской пещеры в Хакасии, про которую рассказывают много легенд?

— Не помню, не уточнял. Понимаешь, водители Володька с Серегой вошли, перебили, а потом меня в операционную вызвали, лампочка в микроскопе перегорела. А когда я возвратился, зэк уже ушел.

— Египетского сфинкса зэк, то есть пилот летающей тарелки, не упоминал? — задумчиво спросил я.

— Нет.

— Куда же все-таки смотрит сфинкс? — произнес я. — Уж не на Город Богов ли?

— Не знаю.

— Кстати, Юра, откуда зэки узнали про нас?

— Зэки в тюрьме прочитали твою книгу. Хотели даже хором в Сомати войти, чтобы быстрее время заключения пролетело, — ответил Юрий Иванович.

— Ясно.

В этот момент мне совсем не хотелось думать на тему фантастичности этого рассказа. Все, в том числе и зэки, имеют право высказать все, что они пожелают. Чванливое высокомерие — худший союзник исследователя. Этот зэк вызвал у меня даже уважение: приехал же откуда-то, чтобы рассказать.

В этот момент мои мысли сумбурно бродили вокруг все той же легенды о Городе Богов, вокруг надоевшего вопроса — почему же эта легенда так накрепко засела в моей голове? Рассказ зэка почему-то нервировал, и ощущение собственной тупости опять подступило ко мне. Тогда я решил разложить все, как говорится, по полочкам.

Я все же понимал, что кроме сознательной оценки действительности существует еще и подсознательный пласт знаний, который до поры до времени себя ничем не проявляет и глубоко затаен, но когда-нибудь, по какому-то высшему велению, начинает проявляться и будоражить тебя. Ничем иным объяснить откуда ни возьмись появившуюся мысль о существовании Города Богов я не мог. Да и в самом деле, почему мы должны верить в литературные источники, древние манускрипты и мнения авторитетных чинов, а не верим самим себе? Ведь каждый из нас является составной частью бытия, как и другие, каждый из нас имеет Душу и Дух, соединенные с нашей главной Родиной — Тем Светом, и каждый из нас имеет одинаковый потенциал интуитивного проявления вечных подсознательных знаний. Каждый человек, я думаю, чувствовал в ходе своей жизни множество волнующих, похожих на сон, глубинных ощущений и мыслей, но далеко не каждый, видимо, акцентировал на этом внимание, и, конечно же, только единицы из многих принимали эти подсознательные мысли как руководство к действию.

— Юра, я думаю, что мысль о существовании Города Богов пришла ко мне подсознательно, — промолвил я после некоторого молчания. — Что делать, искать или нет? Ведь на воде вилами писано, да и мистика сплошная...

— Искать, шеф, искать! Смотри вон, зэк-то, когда его корешу по камере мысль пришла, не стал сидеть сложа руки. Как только справку об освобождении получил, сразу приехал к нам. Активный... Пример бери...

— Мы с Юрием Ивановичем закурили. Я стал продолжать мыслить.

— Если принять во внимание, что Город Богов существует на самом деле, — думал я, — то вполне логичен вопрос: какой он из себя?

Напрягая мозги что есть силы, я пришел к выводу, что Город Богов вряд ли может состоять из домов. Скорее всего, под названием «Город Богов» понимается ансамбль монументов древности, которые были выстроены далеко не для красоты или возвеличивания самих себя, а с целью управления энергиями, о которых еще плохо известно науке и которые йоги называют тантрическими силами. Что из себя могут представлять эти монументы древности, входящие в состав Города Богов? Скорее всего, это пирамиды; ведь именно пирамиды своими корнями уходят в глубокую древность и роль их пока плохо осознаваема, хотя уже имеются гипотетические выкладки относительно их влияния на тонкую или, говоря эзотерическим языком, «божественную» энергию. А может быть, в Городе Богов есть другие необычные конструкции... А может быть, именно там находятся легендарные «золотые пластины», в которых записано так называемое «истинное знание»... А может быть, именно Город Богов является местом перехода в параллельные миры...

Параллельные миры

— Юра, нельзя исключить, что твой зэк в чем-то прав, говоря о том, что пирамиды являются местом перехода в параллельные миры, — произнес я, стараясь хоть как-то систематизировать мысли, бессистемно возникающие в голове. — А в параллельные миры я верю. Я об этом много читал в работах Козырева и Тимашева. Но, честно говоря, так и не понимаю, вернее, не могу представить параллельный мир.

— Зэк-то, — встрепенулся Юрий Иванович, — на меня серьезное впечатление произвел. Не фантазирует, чувствуется, а то, что ощущал, рассказывает. Да и смысл у зэка на это обращать внимание был, — убежать из тюрьмы в параллельный мир хотелось...

— А... а...

Мысли продолжали вертеться вокруг вопроса о параллельных мирах. Тем не менее ничего вразумительного в голову не приходило, сумбур сплошной.

— Вот, наверное, египетский сфинкс знает все про параллельные миры, — подумалось мне с налетом фантастической мистики. — А все-таки мне кажется, что сфинкс смотрит на Город Богов, где сходятся воедино наш и параллельные миры! Сфинкс лежит рядом с великими египетскими пирамидами. Но не здесь находится его прародина. Египетские пирамиды, возможно, тоже существуют одновременно в нашем и параллельном мирах, но главное объединяющее начало всех пирамид мира находится там, на востоке, куда смотрит сфинкс. Это Город Богов. Может быть, так, а может быть, и не так! Не знаю. Догадки одни...

— Может, он утонул в океане. А то бы люди обнаружили...

— А может быть он на Тибете? Что-то так мне кажется! Тибет огромен, труднодоступен, плохо обследован. Да и Рерих там что-то искал, о чем ничего конкретного так и не сказал.

Мысль о тибетской локализации Города Богов все более увлекала меня, хотя никаких доводов у меня не было и только подсознательное ощущение будоражило мое воображение.

В пространных рассуждениях о Городе Богов оставался еще один вопрос: кто его построил? Ответ на него был однозначен — Боги. Но тогда возникал другой вопрос — кто они — Боги?

Кто они – Боги?

Я прекрасно понимал, что понятие «Боги» весьма относительно, люди склонны словом «Боги» называть людей с особыми способностями, не задумываясь над тем, что Бог есть прежде всего Высший Космический Разум. Взять хотя бы знаменитого Бхагавана Сатья Саи

Сатья Саи Баба

Бабу (Индия), обладающего удивительной способностью материализации. Многочисленные паломники, которые тысячами приезжают, чтобы увидеть Саи Бабу, называют его воплощением Бога на Земле. А если более точно перевести с английского указанное выражение (The God embodiment), то это означает «телесное воплощение Бога». Все эти паломники вегетарианского толка даже не думают над абсурдностью данного выражения и, перекусив с утреца риса с хлебом, идут отрешенной гурьбой вперед к воротам святыни. Им, этим людям, имеющим, в принципе, высокий духовный потенциал и глубокую веру в Бога, и в голову не приходит, что Бог — это прежде всего Создатель вселенского масштаба, а Земля является лишь частицей его творений, не говоря уж о человеке, заложенном как саморазвивающееся начало.

Об этом парадоксе я расспросил, будучи на юге Индии, господина Мурти, работающего в системе Саи Бабы кем-то вроде заместителя по науке. Господин Мурти, который произвел на меня весьма благоприятное впечатление, ответил, что Бхагаван Сатья Саи Баба есть пророкоподобный человек с экстраординарными способностями и пропагандирующий прежде всего Любовь.

— Ну, что же поделаешь, если экзальтированные паломники начали называть Сатья Саи Бабу «воплощением Бога на Земле», — говорил господин Мурти. — Мы-то понимаем, что это не так, мы-то знаем религию... Но разве им что-либо докажешь! Они слишком возбуждаются при виде необычных способностей Сатья Саи Бабы. Более того, поклонники Саи Бабы пишут статьи, книги и везде говорят о «воплощении Бога на

Господин Мурти

Земле». Что же поделаешь... Пусть это так... Зато Саи Баба пропагандирует главный божественный постулат — Любовь.

— В бывшем Советском Союзе была республика — Туркменистан. Сейчас это отдельная страна, — сказал я. — Президента Туркменистана зовут Сафармурад Ниязов. Так вот, именем Сафармурада Ниязова стали называть при его жизни улицы, детские дома, районы и тому подобное. Вроде бы собираются поставить даже памятник, и вообще, формируется его богоподобный имидж. На вопрос — почему он допускает такое при жизни, Сафармурад Ниязов, говорят, ответил так: «...ну что ж поделаешь, если народ этого хочет...» Я понимаю, что, наверное, Сафармурад Ниязов является добрым человеком и ему трудно обидеть людей, которые искренне возвеличивают его. Но, с другой стороны, факт чрезмерного возвеличивания личности является грехом перед Богом, похожим на идолопоклонничество, с чем борются все религии мира, будь то индуистская, буддистская, мусульманская, христианская или другие. Не думаете ли Вы, что с Саи Бабой происходит подобное?

— Не думаю, — без раздражения ответил господин Мурти. — Во-первых, Саи Баба обладает экстраординарными способностями, а ваш президент Туркменистана, наверное, нет. Во-вторых, Саи Баба сам осознает факт своего восхваления, но мирится с этим во имя более широкой пропаганды Любви для повышения духовного уровня простых людей. А что вы хотите, чтобы Саи Баба выходил на народ и говорил, что его надо воспринимать как несколько необычного человека и не возвеличивать его? Тогда чего будут стоить его проповеди о Любви? Ничего или почти ничего. Поэтому тут как посмотреть!

— Да уж. Впрочем, не исключено, что и Сафармурад Ниязов понимает это. Суть лишь в том, как человек внутренне воспринимает его личное возвеличивание до уровня богоподобного человека.

Думая на эту тему, я вспомнил Ленина и Сталина. Может быть, и они допускали собственное возвеличивание с благородной целью во имя, например, пропаганды Любви? Но почему они разрушали церкви и мечети, не желая в своем богостремительном экстазе даже в малейшей степени соперничать с верой в настоящего Бога? Почему они допускали массовые репрессии — во имя благородной цели? Уровнем репрессий, что ли, измеряется степень «благородности» выдающейся личности?

Человек, как божье творение, склонен верить в Бога и ему трудно жить без этой веры и вездесущего стремления познать Бога, но как же обидно, когда эта чистая, натуральная вера подменяется на ненатуральную, искусственную веру. Очень обидно, ведь без веры жить нельзя! Поэтому я не обвиняю коммунистов, так как вера, как духовный символ, заложена в сущности человека. Только обидно очень...

А сейчас, после философской выкладки на тему «Кто они — Боги?», я постараюсь окунуться в древнюю историю Земли и проанализировать этот вопрос с точки зрения характеристик существовавших земных цивилизаций. При этом я буду опираться в основном на книгу «Тайная Доктрина» Елены Блаватской, потому что эту книгу я хорошо изучил, да и мысли, изложенные в ней, во многом совпадают с религиозными постулатами.

Мне бы сразу хотелось напомнить читателю принятую во всех религиях и особенно четко сформированную Еленой Блаватской классификацию существовавших земных цивилизаций или, как пишется, Коренных Человеческих Рас:

I Раса — ангелоподобные люди;
II Раса — призракоподобные люди;
III Раса — лемурийцы:
    — ранние (четверорукие);
    — поздние (двурукие);
IV Раса — атланты;
V Раса — арийцы (то есть мы).

Как описывается, I Раса (ангелоподобные люди) была создана на Земле путем уплотнения Духа. Они были огромного размера и имели больше характеристик волновой формы жизни, чем физической земной.

II Раса (призракоподобные люди) была уже более плотной за счет появившегося материального компонента. Люди II Расы, имевшие тоже огромные размеры, могли проходить через стены, были однополы и размножались почкованием.

III Раса (лемурийцы) считается самой высокоразвитой расой людей на Земле, использовавшей в земных условиях технологии, основанные на волновых тонкоэнергетических принципах. Они уже имели плотное физическое тело.

Ранние лемурийцы были четверорукие, двулики, имели на затылке третий глаз, рост их составлял 40—60 метров. Они были однополы.

Поздние лемурийцы имели рост 10—20 метров, были однолики, двуруки и двуполы. Все основные достижения земных технологий исходят от них. Свои знания они оставляли на так называемых «золотых пластинах», сокрытых по сей день в тайниках.

Лемурийская цивилизация просуществовала много миллионов лет и исчезла, скорее всего, 2—3 миллиона лет тому назад.

IV Раса (атланты) была также высокоразвитой расой, но в меньшей степени, чем лемурийцы. Атланты имели рост 5—6 метров, внешне были схожи с современными людьми, хотя имели много отличительных признаков (перепонки, длинный язык, втягивающийся половой член, 40 зубов и пр.). Основная часть атлантов погибла во время Всемирного Потопа 850 000 лет тому назад, но некоторые группы атлантов дожили до периода в 12 000 лет тому назад.

V Раса (арийцы) появилась в недрах атлантической цивилизации около миллиона лет тому назад. Арийцами называются все современные земляне, а не германцы. Ранние арийцы имели рост 3—4 метра, далее рост уменьшался.

Елена Блаватская, описывая в своей книге «Тайная доктрина» (т. II. Антропогенезис. Изд. Рига, 1937, с. 340) причины гибели цивилизаций лемурийцев и атлантов (III и IV Рас), отмечала в этом роль приписывания божественных качеств людям:

> *«Тогда третья и четвертая возгордились. Мы цари, мы Боги... Они построили храмы для тела человеческого. Мужей и жен стали боготворить они. Тогда третий глаз перестал действовать...»*

Из этой фразы Елены Блаватской можно сделать вывод, что склонность к стремлению считать себя Богом присуща не только нам — арийцам (или людям V Расы), но была присуща и более высокоразвитым людям предыдущих цивилизаций — лемурийцам и атлантам. Видимо, эта сладостная склонность заложена в самой сущности человека, несмотря на ее величайшую греховность, и является как бы испытательной пружиной духовного развития каждого человека. У Елены Блаватской на эту тему тоже имеется упоминание (Тайная Доктрина, т. II. Антропогенезис. Изд. Рига, 1937, с. 340, 341):

> *«Каждый, будучи одарен божественными силами и чувствуя в себе самом своего Бога, сознавал, что по природе он богочеловек, хотя и животное в своей физической самости. Борьба между этими двумя естествами началась с самого дня вкушения ими плода древа Мудрости; борьба за жизнь между духовным и психическим, психическим и физическим.*

Любой человек, достигший каких-либо крупных успехов в чем-либо, подвергается, как говорится, испытанию «медными трубами», когда его начинают боготворить. Как выдержать это испытание? Как избежать восторженного обожествления тебя?

Ответить на эти вопросы чрезвычайно сложно и тем более дать рекомендации. Тем не менее, мне кажется, что главным постулатом здесь может стать постоянно задающийся самому себе вопрос: «Уж не зазнался ли я?» — с последующим самоанализом и осознанием высокой греховности обожествления человека.

Рассуждая на тему «Кто они — Боги?», чтобы попытаться теоретически подойти к проблеме поисков гипотетического Города Богов, я стал анализировать индийскую литературу, посвященную их эзотерическим Богам. При анализе этой литературы выяснилось, что существует огромное многообразие Богов. Кому только не поклоняются индийцы! Бог обезьян, четверорукие люди, человек с головой слона и даже фаллос. Последний,

Бог Обезьян

Ганеш

Монумент Фаллоса

то есть половой член, устанавливаемый в Индии в виде стилизованных монументов огромного размера в вертикальном положении, вызывает у европейцев эмоции особого рода, но отнюдь не приводит их в боготрепетное состояние. А индийцы, имеющие, кстати, в собственном варианте то же самое, о чем свидетельствует этот монумент, трепетно поклоняются ему, и причину своего поклонения объясняют тем, что половой член является главным божьим творением и поэтому ассоциируется с самим Богом.

Поклонение фаллосу, конечно же, похоже на идолопоклонничество и справедливо вызывает нарекания со стороны других религий (буддизма, христианства, мусульманской религии и др.), но оно существует и имеет, видимо, какой-то непонятный для нас подсмысл.

А вообще анализ истории возникновения эзотерических Богов Индии был бы весьма интересен и мог бы открыть многие страницы до сих пор таинственной истории человечества на Земле. Удивительно лишь то, что религии индуистского толка высоконаучны и в подробностях описывают Высший Космический Разум, различные миры, энергию сознания и явно склонны к осознанию существования единого Бога. Тогда почему же при признании постулата «Бог един» индийцы словом Бог называли различных экзотического вида человекоподобных существ? Видимо, люди были склонны обожествлять тех людей или человекоподобных существ, которые обладали экстраординарными способностями или внесли особый вклад в развитие человечества.

Стараясь понять выражение «Город Богов» и, в связи с этим, анализируя понятие «Боги», я нашел у Елены Блаватской (Тайная Доктрина, т. II. Антропогенезис. Изд. Рига, 1937, с. 368) следующее выражение:

> «Утверждение, что позднейшее человечество гермафродитов было четвероруко объясняет, вероятно, тайну всех изображений и идолов эзотерических Богов Индии».

Позднейшими гермафродитами были, как известно, ранние лемурийцы, имевшие четыре руки, два лица, огромный рост и другие необычные отличительные признаки. Поздние лемурийцы имели тоже огромный рост, но были уже однополы, двуруки и однолики.

Мысль о том, что Богами могли называть лемурийцев, показалась мне любопытной, так как лемурийцы, как самая высокоразвитая цивилизация на Земле, могли оказаться теми самыми строителями Города Богов. Я снова начал вчитываться в «Тайную Доктрину» Елены Блаватской.

Мне бы еще раз хотелось попросить прощения у читателя, что цитирую в основном Елену

Изображение четвероруких и двуликих людей (Индия). Ранний лемуриец?

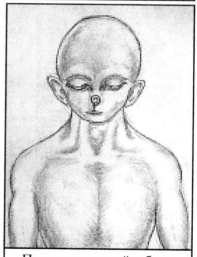

Предполагаемый облик позднего лемурийца (рис. автора)

Блаватскую. Ее книга «Тайная Доктрина» чрезвычайно информативна. Для того чтобы понять эту книгу, нужно не только вчитываться в каждую строчку, но и прочувствовать каждое слово. А это занимает массу времени. Кстати, в последующем я буду цитировать дополнительно Библию и Коран, в понимании которых мне обещали помочь два видных религиозных деятеля. А пока я буду ссылаться на Елену Блаватскую.

Анализируя историю лемурийцев (III Расы) и их позднейшей субрасы — лемуро-атлантов, по Елене Блаватской, мне удалось найти много любопытных факторов, свидетельствующих о том, что они и в самом деле обладали божественными способностями. Вот что она писала (Тайная Доктрина, т. II, Антропогенезис. Изд. Рига, 1937, с. 329, 340, 278):

«...высоко разумной и интеллектуальной расы позднейших лемурийцев...»

«...как только ментальный глаз человека раскрылся для познания, Третья Раса почувствовала свое единство с вечно сущим, но также с вечно непостижимым и невидимым Всем, Единым Всемирным Божеством»

«...они рождались со способностью ясновидения, охватывающего все скрытые вещи и для которых не существовало ни расстояния, ни материальных препятствий, зрение их было неограниченно, и они познавали вещи мгновенно. Другими словами они были лемуро-атлантами, первыми, которые имели Династию Духовных Царей... Сыны Богов...»

Итак, лемурийцы, обладавшие удивительными способностями и, видимо, имевшие необычные высочайшие технологии, могли быть строителями гипотетического Города Богов. Более того, Елена Блаватская называет их «Сыны Богов», что вполне сопоставляется со смыслом выражения «Город Богов».

Лемурийская цивилизация, как известно, существовала на Земле много миллионов лет тому назад. Поэтому, если брать в расчет, что Город Богов был построен лемурийцами, то надо признать его невероятную древность. Сохранился ли он до сих пор? Или вереница тысячелетий уже стерла его с лица Земли?

Обуреваемый сомнениями, я стал анализировать по Е. Блаватской историю атлантов (IV Расы), задаваясь тем же вопросом: не могли ли и атланты быть теми самыми «Богами», построившими Город Богов? Этот вариант мысли показался мне привлекательным, потому что цивилизация атлантов существовала на Земле в сравнительно недавнее историческое время, поэтому имело смысл рассмотреть этот вопрос подробнее, вплоть до организации наземных поисков.

Напомню читателю, что, по литературным данным, основной материк Атлантиды погиб во время Всемирного Потопа 850 000 лет тому назад, но атланты сохранялись на Земле вплоть до периода в 12 000 лет тому назад. В этом отношении приведу несколько выдержек из «Тайной Доктрины» Е. П. Блаватской (т. II, Антропогенезис. Изд. Рига, 1937, с. 178, 384, 278):

Предполагаемый облик атланта (рис. автора)

Изображение Будды (Индия)

«...эта версия относится к событиям Атлантического (Всемирного) Потопа, когда Ману Вайсвата, великий Мудрец на Земле, спас Пятую Коренную Расу от истребления вместе с остатками Четвертой...»

«...Вайсвата Ману — имя собирательное — воистину был Ноем...»

«...Атланта Ноя...»

«...Эти «Будды», хотя часто обезображенные символическим изображением длинных висячих ушей, обнаруживают очевидную разницу... от типа статуй на острове Пасхи. Они могут быть одной расы, но первые — «Сыны Богов», последние — «порождение мощных Колдунов».

Остров Пасхи. Кого изображает эта статуя?

Из этих выдержек явствует, что легендарный Ной, спасший человечество, был атлантом. Поэтому можно думать, что среди атлантов были люди, обладавшие особыми способностями и которых могли тоже называть «Боги». Более того, Елена Блаватская называет атлантов, имевших облик Будды*, тоже «Сыны Богов», что опять-таки, как и в случае с лемурийцами, сопоставимо с выражением «Город Богов».

Несколько отвлекаясь, хочу сказать, что в то время я не придавал значения загадке острова Пасхи и не знал, что этот таинственный остров особой логической нитью будет связан с Городом Богов... Об этом я буду писать позже.

Атланты, особенно в поздний период существования их цивилизации, обладали тоже высочайшими технологиями, хотя и более низкими, чем лемурийцы. Елена Блаватская писала об этом следующее (Тайная Доктрина, т. II, Антропогенезис. Изд. Рига, 1937, с. 533):

«...они были глубоко сведущи в первоначальной Мудрости и тайнах Природы...»

«...именно от Четвертой Расы получили арийцы свое знание и массу замечательных вещей... искусство летать в воздушных повозках... наиболее ценные науки о сокрытых свойствах драгоценных и других камней, также химию...»

Итак, атланты тоже могли быть строителями гипотетического Города Богов, как и лемурийцы.

Однако при анализе сведений о достижениях цивилизаций лемурийцев и атлантов мы нашли некоторые факты, запутыва-

---

* Сопоставительный анализ облика Будды и описаний внешности атлантов приведен в моей книге «От кого мы произошли?».

ющие нашу логику. У Елены Блаватской есть упоминание о том, что в период лемурийской и атлантической цивилизаций на Земле появлялись Боги, которые общались со смертными. Вот что писала она об этом касательно лемурийской цивилизации (Тайная Доктрина, т. II, Антропогенезис. Изд. Рига, 1937, с. 342):

> «...это был Золотой Век тех дивных времен, Век, когда Боги ходили по Земле и свободно общались со смертными. Когда Век этот кончился, Боги удалились, т.е. стали невидимыми, — и позднейшие поколения начали поклоняться их царствам — Стихиям».

Касательно атлантической и нашей цивилизаций Е. Блаватская писала (там же, с. 439):

> «... не многие остались [после Всемирного Потопа]: несколько желтых, несколько коричневых и черных и несколько красных. Пятая, происшедшая от священного рода, осталась; она стала управляться первыми Божественными Царями...»

Вполне понятно, что у меня возникали вопросы такого рода, как: «Кто они — Боги, которые ходили по Земле и свободно общались со смертными?» или «Кто они — Божественные Цари?» Ответа на эти вопросы у Елены Блаватской я не нашел. Я попытался читать Библию, Коран и Тору, но окончательно запутался в сказочно-аллегорическом изложении текстов. Тем не менее складывалось впечатление, что миры очень многообразны и что представители других миров, может быть параллельных с нашим, могут иногда появляться на Земле, ассоциируясь, ввиду своей высокоразвитости, с Богами. Не исключено, что прав муфтий Талгат Таджутдин (духовное управление мусульман европейской части России), который сказал, что в одном из приложений к Корану написано, что существует 18 000 миров. А Бог един и является создателем всех этих миров.

После этого я стал анализировать научную литературу об иноземных пришельцах. Литературы этой оказалось на удивление очень много. Маститые ученые разного толка наперебой доказывали, что во Вселенной мы не можем быть одни, что существуют другие разумные миры и что с ними нужно установить контакт. Приводились математические выкладки, предлагалось постоянно направлять в космос особые сигналы и тому подобное. Единственное, чем, на мой взгляд, грешили эти работы, это непониманием того, что наше любопытство во вселенском масштабе многого не стоит, и то, что надо осознавать существование единого Создателя всех миров, который сам решает — допускать контакт представителей различных миров или нет.

Из всех этих работ интересной мне показалась статья Ю. В. Селенок, опубликованная в одном их сборников школы выдающегося русского ученого Влаила Казначеева. В этой статье приведен анализ древних шумерских текстов, из которых явствует, что Солнечная система имеет дополнительную десятую планету, называемую Набиру, а обитатели этой планеты — ануаки, высадившись в древности на Землю, клонировали земного человека, используя инопланетные и земные гены.

Пришелец

Шумерские тексты, найденные в легендарном Вавилоне, являются очень ценным историческим материалом и не могут быть просто списаны под плод фантазии шумеров. Но тогда, в 1998 году, я проявил лишь естественное любопытство и даже подумать не мог о том, что город Вавилон находится в единой системе, объединяющей Город Богов, египетские пирамиды и многое другое, а на Тибете в древности существовал город йогов, называемый тоже... Вавилон.

Продолжая размышления на тему того, что гипотетический Город Богов мог быть построен инопланетными пришельцами, я начал злиться на самого себя, потому что всегда все непонятное и необъяснимое можно свалить на непонятных и необъяснимых пришельцев из космоса. Несомненно, контакты землян и инопланетян были, об этом упоминает даже Елена Блаватская («Змии, которые вновь спустились... которые учили и наставляли

Пятую Расу» — с. 445 того же издания), но было бы, наверное, несправедливым все основные земные деяния приписывать представителям чужих миров; как говорится, и в своем мире дел полно, да земной человек создан как саморазвивающееся начало и должен прежде всего сам обустраивать свой мир.

Подводя итог попыткам найти более или менее вразумительный ответ на вопрос: «Кто они — Боги?», я был вынужден констатировать свое полное бессилие. Ясно, что не сам Бог строил Город Богов, а чьими-то руками. Именно их люди стали называть Богами. Но кого? Лемурийцев? Атлантов? Инопланетных пришельцев? Мои мысли разбегались в разные стороны, не хватало фактов, которым я так привык доверять, будучи ученым. Да и осознание того, что я стараюсь подвести логическую базу под мысль, невесть откуда взявшуюся в моей голове, вызывало неприятные эмоции.

Тем не менее, превозмогая этот негативный потенциал, я постарался подойти к гипотезе о Городе Богов с точки зрения представления о его характере и внешнем виде.

Каким может быть Город Богов?

Начав теоретически рассуждать на эту тему, я опять вспомнил свои мысли, навеянные рассказом зэка в изложении Юрия Ивановича Васильева. Тогда мне подумалось, что Город Богов должен представлять собой ансамбль монументов древности, созданных с целью управления тонкими или «божественными» энергиями.

Я стал искать подтверждения этой мысли у Елены Блаватской. Особых подтверждающих данных я не нашел. Но две фразы этой Великой Посвященной, словами которой, по мнению индийских свами, говорил Высший Разум, показались мне любопытными. А именно (Тайная Доктрина, т. II, Антропогенезис. Изд. Рига, 1937, с. 427, 397):

«...Циклопические развалины и колоссальные камни, свидетельствующие о существовании великанов...»

«Древнейшие остатки циклопических сооружений все были произведением последних субрас лемурийцев».

Здесь прослеживалась та деталь, что именно лемурийцы построили так называемые циклопические сооружения по типу

Великая Посвящённая Елена Блаватская

монумента Стоунхендж (Англия), египетских пирамид и других. В то же время именно лемурийцев можно было бы назвать Богами ввиду их необычайно высоких способностей. Поэтому оба предложения стали как бы складываться воедино. Можно было думать, что лемурийцы, используя свои экстраординарные техно-

Циклопическое сооружение, состоящее из огромных установленных друг на друга камней. Стоунхендж, Англия

логии, где-то на Земле построили Город Богов, состоящий из громадных циклопических сооружений.

Но почему в этом случае Город Богов до сих пор не обнаружен? Огромные монументы, если бы они существовали, были бы, наверное, видны из космоса. Да и географические открытия, наверное, уже давным-давно сделаны. А искать по легенде, которую, возможно, знали старцы и которая непонятным образом появилась у меня в голове, было как-то несерьезно.

— У меня ведь нет ничего, кроме чувства и желаний, — признался я себе и опять начал думать об источнике этой засевшей в голове мысли о Городе Богов. Мое воображение опять начало уводить в мир подсознания, в этот загадочный мир глу-

На Тибете существовал Город Богов

бинных ощущений, интуитивного шепота и вожделенных чувств. Чем больше я думал о подсознательном мире, тем больше мне казалось, что этот мир, живущий по неведомым нам законам, является очень красивым, упорядоченным и в высочайшей степени разумным, а мы, земные люди, являясь его составной частью, лишь иногда соприкасаемся с подсознательным интеллектуальным потенциалом.

В этот момент я не знал, что через некоторый промежуток времени нам удастся найти логические доводы существования на Земле еще одной формы жизни, а эти доводы будут исходить из анализа легендарного Города Богов.

По натуре я могу считать себя довольно волевым человеком. По крайней мере, начатое дело я всегда довожу до конца. Так и здесь, когда я начал строить гипотезы в отношении легенды о Городе Богов, я, несмотря на умозрительность и надуманность моих рассуждений, решил все же довести дело до конца и проанализировать последний вопрос: где может располагаться Город Богов?

Где может располагаться Город Богов?

Я опять углубился в чтение Елены Блаватской, понимая, что Коран и Библию одолеть за короткое время мне не удастся. А времени не хватало, катастрофически не хватало!

У Блаватской я нашел упоминание о семи колыбелях человечества (Тайная Доктрина, т. II. Антропогенезис. Изд. Рига, 1937, с. 275), которое звучит следующим образом:

«...к той части нашей планеты, которую наука согласна теперь признать колыбелью человечества — хотя в действительности она была лишь одной из семи колыбелей».

К сожалению, читая Елену Блаватскую, мне не удалось выяснить, о какой части нашей планеты идет речь. Тем не менее выражение «колыбель человечества» показалось мне интригующим, и мои мысли начали бродить вокруг предположения о том, что гипотетический Город Богов, может быть, был построен именно с целью стать колыбелью человечества. Я быстренько отогнал от себя эту мысль, памятуя о том, что уже слишком долго занимаюсь наворачиванием одной гипотезы на другую. В то время я даже не мог представить, что «крамольная» мысль о роли Города Богов как колыбели человечества окажется узловой.

В то время более предпочтительными выражениями для анализа казались словосочетания «Город Богов», «Страна Богов» и тому подобное, в поисках гипотетической локализации которых я углубился в «Тайную Доктрину» Елены Блаватской. На эту тему мне удалось найти два любопытных выражения Великой Посвященной (Тайная Доктрина, т. II, Антропогенезис. Изд. Рига, 1937. с. 365, 501):

> *«...там [в Аарьяна-Виэджо, где строится Вара] звезды, луна и солнце поднимаются и заходят лишь однажды [в году] и год кажется как один день [и ночь]. Это ясный намек на «Страну Богов» или иные полярные области».*
> *«Благодетельное воздействие исходит от Севера; каждое пагубное влияние исходит от Южного полюса».*

Из приведенных выражений явствует, что на Севере, считающемся благодетельным, а именно в полярной области, находится «Страна Богов», где строилась некая «Вара». Может быть, «Вара» и есть «Город Богов», построенный в «Стране Богов» на Северном полюсе.

Но Северный полюс является замерзшей водной пустыней! Что же там можно строить? А может быть, тогда, когда строилась «Вара», Северный полюс располагался в другом месте? Елена Блаватская, описывая Всемирный Потоп, произошедший 850 000 лет тому назад, пишет (Тайная Доктрина, т. II, Антропогенезис. Изд. Рига, 1937, с. 439):

> *«...когда полюса двинулись...»*

Отсюда можно заключить, что до Всемирного Потопа Северный полюс располагался в другом месте. Там, в районе бывшего Северного полюса, возможно, и находится гипотетический Город Богов. Но где это место? Блаватская в том же издании пишет следующее о последних атлантах (с. 276):

> *«... там, где сейчас встречаются соленые озера и безлюдные бесплодные пустыни, находилось обширное внутреннее море, простиравшееся через Среднюю Азию к Северу от горделивой Гималайской гряды и ее западных отрогов. На нем остров, который в своей несравненной красоте не имел соперников во всем мире и был обитаем последними остатками Расы, предшествовавшей нашей... остров этот, по преданию, существует и посейчас, как оазис, окруженный страшным безлюдьем пустыни Гоби...»*

Может быть, на этом несравненном по красоте острове располагался Город Богов? Если это так, то Город Богов нужно искать к северу от западных отрогов Гималайской гряды, то есть на Тибете, а пустыня Гоби, как известно, является продолжением Тибета на север.

Кроме упоминания здесь последних атлантов Елена Блаватская связывает с этим районом земного шара «Великих Учителей Мудрости» и «Бессмертных Людей» (то же издание. с. 466, 556, 556):

> «...оставшиеся из числа этих Бессмертных людей — спасшихся, когда Священный остров стал черным от греха и погиб, — нашли пристанище в великой пустыне Гоби, где они пребывают посейчас, невидимые для всех и защищенные от доступа к ним целыми «Воинствами Духов...»
>
> «...кто знает это, исключая Великих Учителей Мудрости, но они хранят молчание по этому вопросу, подобно снежным вершинам, высящимся над ними...»

Кто они — Бессмертные люди и Великие Учителя Мудрости? Исходя из наших исследований в первой гималайской экспедиции, можно подумать, что они есть люди, вошедшие в состояние Сомати. Феномен Сомати, который подробно описан в моей книге «От кого мы произошли?», представляет собой самоконсервацию человеческого тела за счет внутренней энергии человека в условиях пещер (+4^{0}С) и, как утверждают ламы, может длиться тысячи и миллионы лет. В состояние Сомати, как выяснилось при изучении тибетских текстов, могли входить лучшие представители атлантов и лемурийцев, а люди нашей цивилизации (арийцы) во многом утеряли эту способность. Именно люди, способные входить в состояние Сомати, как утверждается в Индии и Непале, были посвящены в «первичную Мудрость» и сохраняли свои тела в глубоких пещерах Гималаев и Тибета.

Поэтому выражения Елены Блаватской «Бессмертные Люди» и «Великие Учителя Мудрости», которые «хранят молчание подобно снежным вершинам, высящимся над ними» и которые «нашли пристанище в великой пустыне Гоби, где пребывают и посейчас», можно интерпретировать как существование и по сей день атлантов и лемурийцев в состоянии Сомати в районе Гималаев (...снежные вершины...), Тибета и Гоби. Нельзя исключить и того, что эти люди, как лучшие представители атлантов и лемурийцев, могли быть строителями Города Богов, выйдя и вновь войдя в состояние Сомати. И все это должно было происходить (если, конечно, это так!) в районе Гималаев, Тибета и Гоби.

Таким образом, попытки логически локализовать Город Богов привели нас к гипотетическому заключению о наиболее вероятном расположении искомого объекта в районе Гималаев, Тибета и Гоби. Но этот район огромен! Где там искать? Что конкретно искать? Не хватало фактов...

Я не поверил своим догадкам

Шел сентябрь 1998 года. Полным ходом шла подготовка к новой экспедиции. Юрий Иванович Васильев сидел у меня в приемной и пил чай с мармеладом.

— Зеленый вкуснее, чем красный, — смачно проговорил он, откусывая мармелад в завитушку. — Ты, значит, решил не искать Город Богов. А зря, между прочим.

— Юра, ну не сходится у меня, — грустно ответил я. — Наворочено как-то! На невесть откуда взявшуюся мысль о Городе Богов я наворотил кучу гипотез, пытаясь разложить все по полочкам. Но слишком уж все вилами на воде писано.

— Посмотри, — Юрий Иванович показал на кусок мармелада, — спиралью закручен мармелад-то; вначале идет большой круг, потом круги сужаются, сужаются и сходятся в одну точку. Так и у тебя — ходишь вначале кругами, а потом придешь в точку, где и будет Город Богов.

— Но кругами ходить по Гималаям и Тибету... Тяжеловато...

— Тяжеловато, конечно, а куда деваться.

— Самое главное, Юра, даже не в этом. Осмысление гипотезы о Городе Богов приняло слишком многогранный характер, что в голове не умещается. Тут и монументы древности, и пирамиды, и лемурийцы, и атланты, и подсознательный мир... Голова лопается, не могу все привести в систему.

В тот момент я не знал, что через год, когда мы найдем Город Богов, все это выстроится в стройную систему и многие загадочные и непонятные явления станут четкими и хорошо осознаваемыми. И особенно любопытным будет то, что сказки про ангелов неожиданно для нас примут реальные научные очертания.

— Значит, «живую» и «мертвую» воду идешь искать в Гималаях? — спросил Юрий Иванович.

— Да, Юра. Йогов еще будем изучать там, — ответил я.

— Но про Город Богов не забудь!

Глава 3

Монах Арун

Третья гималайская экспедиция (1998 год) подходила к концу. Мы уже свыклись с индийскими Гималаями. Остались позади лавиноопасные склоны, озеро с «мертвой» водой на высоте 5000 метров, ручеек с «живой» водой среди поднебесных заснеженных скал, йоги, сидящие в пещерах... Наш джип, урча мотором, петлял по узким гималайским дорогам. Оставался последний этап работы экспедиции — изучить пещеру Вашист-гуфа, которую йоги считают Сомати-пещерой, то есть пещерой, в которой находятся люди в состоянии самоконсервации.

Но в этой книге я не ставлю целью повествовать о ходе нашей третьей гималайской экспедиции (об этом будут написаны две книги), здесь я хочу обратить внимание читателя лишь на детали, имевшие принципиальное значение в отношении поиска Города Богов. Эти детали связаны с пещерой Вашист-гуфа.

Пирамидальные лучи

Как выяснилось, пещера Вашист-гуфа имеет три входа и тянется в длину более чем на 22 километра. Говорят, что пещера имеет много ответвлений и из этого лабиринта никто не может выбраться. Эта пещера овеяна ореолом загадочности. Предания гласят, что в пещере до сих пор находятся очень древние люди в законсервированном состоянии и что доступ к ним возможен только избранным йогам. Как утверждают йоги, их охраняют так называемые асури. Один из входов называется «ямой страха», так как люди и животные, которые подходят к этому провалу в земле, испытывают необъяснимое чувство сильного страха. Другой вход в пещеру был замурован людьми много лет назад, чтобы никто не мог войти, поскольку люди, входившие в пещеру, погибали.

Когда мы подходили к этому замурованному входу, монахи из монастыря, расположенного неподалеку на берегу Ганга, предупредили нас: «Осторожно, асури!» Ничего не поняв, мы вошли в глубокий 50—60-метровый грот и стали озираться по сторонам, выискивая этих самых асури. Но ничего не было. В глубине грота мы увидели неправильной формы цементную стену, которая перегораживала вход в пещеру. В ней было отверстие, в которую можно было просунуть руку. Я подошел к стенке, встал на корточки на уступ и почему-то просунул в отверстие руку.

— Сэр, осторожно, асури! — послышался сзади голос сопровождавшего нас монаха по имени Арун.

— Это что, змеи? — спросил я, обернувшись и выдернув руку из отверстия.

— Змей здесь нет, — ответил монах Арун.

— А что же такое асури? — переспросил я.

— Вам, европейцам, этого не понять...

У замурованного входа в пещеру горели две свечи. Я сделал несколько снимков, как со вспышкой, так и без вспышки с упора. Выйдя на поверхность и приняв посильное

Замурованный вход в пещеру

участие в подготовке аппаратуры для изучения ауры человека внутри пещеры, я отошел в сторону и заглянул в цифровую камеру. Первый снимок четко показал замурованный вход в пещеру, но второй, тот, который был сделан без вспышки, был сплошь исчерчен световыми линиями, исходящими от обеих свечей.

— Что это? — удивился я, вглядываясь в снимок.

Эти световые лучи нельзя было назвать бессистемными; они явно тяготели к образованию треугольных форм, похожих на пирамиды.

— Странно, — почесал я затылок.

В то время я был уже достаточно прилично образован по вопросу о тонких энергиях и стал анализировать фотографию с этой точки зрения.

— Значит, тонкие энергии у входа в пещеру тяготеют к формированию пространственных пирамидальных конструкций, вдоль которых распространяются лучи света от свечи, — размышлял я. — Получается, что я ходил через эти прозрачные пирамидальные образования. То-то я себя неважно там чувствовал!

Пирамидальные лучи в Сомати-пещере

Может быть, именно пирамидальным искривлением пространства характеризуются знаменитые психоэнергетические барьеры Сомати-пещер? Может быть, эти самые асури искривляют пространство?

— Мистер Арун! — позвал я монаха. — Посмотрите, пожалуйста, на эту фотографию.

Монах Арун посмотрел на фотографию с лучами, поднял на меня выразительные глаза и сказал:

— У меня есть такая же. И еще одна схожая фотография, но совсем другая, с Тибета.

— Как понять схожая, но совсем другая? — спросил я.

— А я сейчас сбегаю и покажу их Вам, — промолвил Арун и, шлепая босоножками, пошел по тропке в Монастырь.

В этот момент наша экспедиционная группа занималась внутри грота измерением ауры человека.

— Повлияют, наверное, эти прозрачные пирамидальные образования на ауру, — констатировал я про себя, поджидая Аруна.

Монах Арун возвратился и протянул мне фотографию, на которой был изображен тот же замурованный вход в пещеру и были видны подобные пирамидально-искривленные лучи, идущие от свечек.

— Как по-вашему, что это? — спросил я Аруна, показывая на лучи.

— Мне трудно сказать, сэр. Но на Тибете ламы мне говорили, что все пирамиды исходят от Тибета, — ответил Арун.

— Как понять?

Тут меня позвали в пещеру для проведения исследования ауры. Наш разговор прервался.

Ольга Ишмитова

Исследование ауры на аппарате Короткова, созданного на принципе так называемого «эффекта Кирлиан», показали, что у замурованного входа в пещеру аура человека буквально разрушается. Особенно сильно пострадала аура у члена экспедиции Ольги Ишмитовой: от светящейся сине-голубыми тонами ауры у нее осталось два-три клочка.

Ольга почувствовала себя плохо, стала терять сознание. Мы быстренько вывели Ольгу из грота, отвели на берег Ганга на свежий воздух, положили на песок, измерили артериальное давление, посчитали пульс, дали понюхать нашатыря.

— Что со мной было? — спросила Ольга.

— Обморочное состояние, Оль.

— Почему?

— Пещера забрала твою энергию.

— А-а...

Ольга постепенно пришла в себя, села на песок, понуро повесив голову.

— Ох и слабость, — вздохнула она.

— У меня тоже слабость, — сказала Валя Яковлева, член экспедиции.

Ольга Ишмитова

— Я тоже себя неважно чувствую, — добавил я. — У меня такое впечатление, что эта пещера действует как вампир, отсасывая энергию человека. Психоэнергетический барьер этой Сомати-пещеры более коварен, чем той Сомати-пещеры, которую мы обследовали в 1996 году. Там на первый план выступали пугающие чувства страха и негодования вместе с головной болью и слабостью, а здесь происходит постепенное «обесточивание» организма. Пещера забирает энергию человека. Не зря вход в пещеру замурован; наверное, люди, заходившие в пещеру, постепенно теряли силы и погибали.

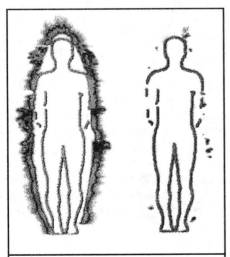

Аура Ольги Ишмитовой до и после пребывания в пещере

— Что, пещера живая, что ли, чтобы забирать энергию? — промолвила Ольга.

— Не знаю. Может быть, забирают энергию эти самые асури, о присутствии которых предупреждал монах Арун, — ответил я. — Волей-неволей мне вспоминается выражение Елены Блаватской в отношении защиты Сомати-пещер: «...они защищены целыми Воинствами Духов...» Но что такое Духи? Может быть, это особая бестелесная форма жизни? Не знаю...

— Кстати, — сказала Ольга, — когда я теряла сознание или, может, почти теряла, перед глазами у меня стояли какие-то треугольники или пирамиды.

— Что? Повтори!

— Мерещились треугольники или пирамиды...

Эти строки я пишу у себя дома на кухонном столе, отодвинув недопитую чашку чая и плошку с земляничным вареньем, которое я не люблю. Я знаю, что дизайнерскую обработку этой книги будет делать та же Ольга Ишмитова, которая возглавляет в нашем институте дизайн-отдел. Мне думается, что ей, увидев эти строки о себе, будет приятно вспомнить гималайские похождения и будет, наверное, несколько жутковато еще раз пропустить через себя описанный момент. Эта умная и красивая женщина с большими серьезными глазами обладает той особенностью, что создает вокруг себя творческую и душевную атмосферу, когда мысли прут как из рога изобилия. В экспедиции она подружилась со знаменитой Еленой Масюк — тоже членом экспедиции, и чувствовалось, что объединяющим началом для них стало столь редкое по нынешним временам сочетание творческого потенциала и серьезности.

А тогда, на берегу реки Ганг рядом с пещерой Вашистгуфа, я стоял, возвышаясь над сидящей Ольгой Ишмитовой, и думал о загадочных прозрачных треугольниках и пирамидах в этой пещере. Из головы не выходила нелепая фраза монаха Аруна о том, что все пирамиды пришли из Тибета.

Пирамидальная гора

Я снова нашел монаха Аруна и попросил его поговорить со мной. Он познакомил меня со своим учителем. Мы уселись в кружок и начали разговор. Мне не терпелось начать расспрашивать Аруна про его упоминание о Тибете, а также попросить показать вторую фотографию, о которой он говорил. Но из уважения к учителю я предложил ему вначале рассказать о пещере,

Монах Арун (в белом) с учителем

рядом с которой расположен его монастырь.

— Пещера Вашистгуфа овеяна любовью, — начал рассказывать учитель, — а любовь есть понятие духовное, такое же духовное, как злость, но противоположное. Любовные устремления людей освятили эту пещеру, в результате чего пещера стала иметь свою духовность, сравнимую с божественной духовностью, осквернить которую могут только самые греховные люди, дьявольский компонент духа которых не вызывает сомнения. В пещеру надо заходить с любовью, такой же любовью, какую имеет мать к ребенку или мужчина к женщине. Космические посылы любви должны быть собраны в душе и раскрыться в нужный момент так, как раскрываются лепестки лотоса, а сорвать банан с дерева любви имеет право только человек, способный отречься от забот бренного тела...

Слушая речь учителя, я понял, что он повторяет давно заученную речь в виде проповеди, что ничего путного в научном отношении он не скажет, а если он и знает секрет этой пещеры, то об этом умолчит, услаждая слух европейца переплетением красивых слов. Я понимал, что когда-то в древности кто-то наложил покров тайны на древние мистерии (типа Сомати-пещер и пирамид) и облек их в аллегорическое сладословие, поскольку это сладословие есть лучший способ сокрытия тайн. А учителя разных времен и народов несут это сладословие через века.

Наконец, мне удалось деликатно перебить учителя и попросить монаха Аруна показать фотографию. Арун протянул ее мне.

Разговор с монахом Аруном и учителем

— Это священная гора Кайлас. Я ходил туда паломником, — гордо сказал он.

Я пригляделся к фотографии, поднял голову и тут же сказал:

— Это не гора, это пирамида.
— ...?
— Это пирамида, а не гора. Таких гор не бывает!
— ...?
— Очень похоже на искусственное сооружение, но на очень необычное. Даже не пирамида, а что-то типа пирамидоподобного сооружения, — не унимался я.
— ...?
— Какова высота горы Кайлас?
— 6666 метров.
— Ничего себе! Вот это пирамидка!

Встав и прохаживаясь с фотографией в руках, я стал расспрашивать Аруна о горе Кайлас.

— Я из семьи богатых людей, даже, можно сказать, очень богатых. Я получил высшее образование в Дели, но решил посвятить себя религии и стал монахом, — рассказывал Арун. — А для индийского монаха высшим достижением является паломничество к священной горе Кайлас и поклонение ей. У нас в Индии считается, что гора Кайлас является самым священным местом мира. Более священного места в мире нет. Я был там и знаю, что Бог мне позволил подойти близко к этой святыне. Более того, я горд тем, что мне удалось дойти до священной горы пешком, перевалив через Гималайский хребет в районе Бадрината. У нас в Индии говорят, что монах, совершивший паломничество к священному Кайласу пешком, пользуется особой благосклонностью горы и она позволяет увидеть себя в полном обличии без облаков.

— Вы говорите о горе как о живом существе, — промолвил я.

— А я верю, что она живая. В нашей религии написано, что священная гора Кайлас связана с Богом, что она мыслит космическим разумом и что она является центром тантрических сил планеты, регулируя их, — вдохновенно сказал Арун.

Это не гора, это пирамида...

— А-а, — выдавил я из себя, ничего не поняв и не представляя того, что гора, пусть даже необычной пирамидальной формы, может мыслить.

У меня тогда и малейшей мысли не возникало о том, что я был глубоко не прав, напрочь отвергая внутри себя постулат о горе как о мыслящем существе. Я понимаю читателя, что этот мой сантимент вряд ли может быть доверительным даже в плане приключенческого развития событий. Тем не менее где-то ближе к концу этой книги читатель поймет в ходе развития мысли, что древняя притча о священной горе Кайлас как о мыслящем существе имеет под собой вполне реальные научные основы, и, наверное, пойдет в книжный магазин, чтобы купить произведения Марины Цветаевой, творчество которой, как ни странно, связано в одном из узловых вариантов с невесть откуда взявшимися мыслями о мыслящей горе.

— Мы в Индии верим в Кайлас и в то, что он руководит нами, — нелепо произнес монах Арун.

— М... да... скажите, Арун, а может быть Вы считаете гору Кайлас священной потому, что она похожа на пирамиду или на необычную конструкцию пирамидального типа искусственного происхождения? — спросил я.

Арун взял фотографию в руки, вгляделся в нее и сказал, широко раскрыв свои выразительные глаза:

— Мы никогда не думали о том, что гора Кайлас является пирамидой. А она на самом деле похожа на пирамиду, очень похожа... У нас считается, что все пирамиды исходят от Кайласа.

— Тогда скажите, — въедливо спросил я, — почему Вы считаете, что все пирамиды происходят от Кайласа?

— Так у нас считается.

— Об этом где-нибудь написано?

— Так у нас считается.

— Извините, Арун, Вам не дозволено этого говорить или Вы не знаете?

— Так у нас считается.

— М... да...

— Те треугольные и пирамидальные лучи в пещере, — встрепенулся монах Арун, — являются проявлением тантрических сил. А я уже говорил, что священная гора Кайлас регулирует все тантрические силы на Земле.

— Значит, тантрические силы связаны с пирамидальными конструкциями, а Кайлас в центре... — как бы для самого себя выговорил я, мало что понимая. — А что Вы понимаете под тантрическими силами?

— Это особые духовные силы, обладающие огромной мощностью. Только редкие йоги способны владеть тантрическими силами. Это невероятная сила...

— Ваша Сомати-пещера, значит, защищена от доступа тантрическими силами? Может быть, с их действием связано разрушение ауры человека при входе в эту пещеру? Может быть, поэтому миссис Ольга теряла сознание?

— Да. А еще и асури.

— ...??? Вы, Арун, говорите, что священная гора Кайлас является центром тантрических сил планеты и регулирует их. Но Ваша пещера далеко от Кайласа!

— Для тантрических сил нет расстояний.

Мысли судорожно и бессистемно бродили у меня в голове. Неприятное чувство собственной тупости опять подступило к горлу. Как я мало знаю! Разве мог я в тот момент даже подумать, что на следующий год, в ходе тибетской экспедиции, у нас появятся сведения о том, что до 7—8 веков нашей эры на Земле существовало государство йогов, состоящее из людей огромного роста, умевших пользоваться тантрической силой Кайласа. А мы не умеем! Духовность наша низка!

Я молчал. Приятный ветерок с Ганга обдувал наши обжженные высокогорным солнцем лица. Чтобы прервать молчание, монах Арун протянул мне еще одну, третью фотографию.

Еще одна пирамида

Я взглянул на эту фотографию. На ней был изображен горный хребет, а на его гребне было видно как бы высеченное из части хребта пирамидальное образование.

— Дорогой Арун, Вы удивились, когда я сказал, что священная гора Кайлас похожа на пирамиду. А сами почему-то сфотографировали часть хребта, на которой видно пирамидальное образование. Мне кажется, у Вас была мысль, что гора Кайлас является пирамидой. Именно поэтому Вы сфотографировали это дополнительное пирамидальное образование. Скажите, Вы знали о пирамидах Тибета?

— Нет, сэр, ничего не знал, — искренне ответил Арун. — Просто на фоне однотипного Гималайского хребта эта часть очень четко выделялась. Мне это показалось интересным, и я сфотографировал.

— Извините, Арун, я не могу здесь выступать в качестве поучающего мэтра, я и вся наша экспедиция приехали сюда учиться у вас древней мудрости. Тем не менее я бы хотел задать вам принципиальный вопрос — почему вы принесли нам фотографии треугольных и пирамидальных лучей в пещере, священной горы Кайлас и этого пирамидального образования на Гималайском хребте? Почему именно эти фотографии привлекли Ваше внимание?

Еще одно пирамидальное образование в районе Кайласа

— Я чувствовал, что эти фотографии изображают что-то очень важное. Они все время стояли у меня перед глазами, — сказал монах Арун.

— Вы чувствовали подсознательно? — спросил я.

— Да.

— Как по-вашему, что такое подсознание?

— Это главное мыслящее начало человека, — уверенно констатировал Арун.

— Но мы стремимся осмыслить подсознательное сознательно...

— Хотим, но нам не всегда это удается, потому что подсознание идет от Бога. Но мы хотим... Вот и я принес эти фотографии вам, чтобы вместе с людьми чужой страны постараться осмыслить их. Они давно будоражат мое воображение.

— Давайте возвратимся к последней фотографии, — предложил я. — Где располагалось это пирамидальное образование по отношению к горе Кайлас?

— Оно располагалось на юго-западе от Кайласа. Я возвращался из Тибета в Индию и старался найти перевал через Гималайский хребет. Погода была плохая, я заплутал и зашел в другую долину. Поднявшись по этой долине высоко в горы, я дошел до озера, обрамленного ледниками, а напротив этого озера на вершине разделяющего хребта я увидел высеченную в камне фигуру в виде пирамиды. Перевала здесь не было. Мне даже стало страшно. Я возвратился обратно. А фигуру эту я сфотографировал несколько раз, — рассказал Арун.

— А как вы ходили в горах? С рюкзаками? Яками?

— Нет, мы, паломники, берем с собой только несколько горстей риса, посох и чашку. Мы, в отличие от вас, европейцев, хорошо переносим голод и холод.

Ласковый ветерок с Ганга наводил умиление. Чувствовалось, что Аруну этот разговор был приятным. А его учитель, молча просидевший во время нашего диалога рядом с Аруном, перебирал в руках четки. Может быть, он в душе приветствовал то, что ученик превосходит учителя, а может быть, нет. Чуть-чуть в стороне наша экспедиционная группа, под командованием Валерия Лобанкова, заканчивала работу над изучением ауры человека перед входом в Сомати-пещеру.

Город Богов, над гипотезой о котором я так долго и безуспешно размышлял перед началом этой третьей гималайской экспедиции, начал приобретать в результате рассказа монаха Аруна некоторые реальные черты. Нельзя было исключить того, что священная гора Кайлас является супергромадным и супервеличественным монументом древности, вокруг или в районе которого располагаются многочисленные пирамидальные образования по типу того образования, которое сфотографировал Арун. «Город», состоящий из пирамид! Если это так, то для чего он создан? Может быть, на самом деле для регулирования тантрических сил планеты? Кем создан этот «Город»?

Вопросов накапливалось слишком много. Нужна была новая экспедиция на Тибет. А здесь, в Гималаях, на берегу реки Ганг, у загадочной пещеры Вашист-гуфа надо было остановиться еще на одном вопросе — асури.

Асури

— Учитель! Мистер Арун! Напоследок я бы все же хотел спросить Вас — что такое асури? Не думайте, что я, европеец, буду насмешливо относиться к вашим восточным аллегорическим представлениям. Я верю, — вежливо сказал я.

— Асури — это бестелесные существа, — недоверчиво взглянув на меня, сказал учитель.

— Они живут в пещере?
— Не только, но в пещере их больше.
— А кто их может увидеть?
— Йоги.
— Какие они из себя?
— Асури напоминают головастика с закругленной головой и хвостом.
— Каков их размер?
— Они мелкие.
— Чем они питаются?
— Энергией человека и других живых существ.
— Не они ли разрушили ауру членов нашей экспедиции в пещере? — задал я очередной вопрос.
— Они, — коротко ответил учитель.
— Я думаю, — перебил диалог с учителем Арун, — асури связаны со священным Кайласом и оттуда черпают свою энергию. Асури могут пропустить человека, владеющего тантрическими силами, а человека, не владеющего этими силами, асури могут уничтожить. Асури — разумные существа.
— А другие бестелесные существа бывают?
— Конечно, — ответил учитель. — Это ангелы, духи и привидения.
— М... да... — чуть не перебил я скептическим замечанием.
— Мы верим, что на Земле существует бестелесная жизнь. И она разумна, а во многих случаях более разумна, чем мы — люди, — утвердительно вставил монах Арун.
— Давайте постараемся провести параллель между бестелесными асури этой пещеры и священной горой Кайлас, — предложил я и начал размышлять. — Вы считаете, что Кайлас регулирует так называемые тантрические силы планеты. Можно думать, что асури пользуются именно этими тантрическими силами, — не зря в том месте пещеры, где вы предупреждали «Осторожно, асури!», на фотографии выявились треугольные и пирамидальные лучи. Если принять в расчет, что тантрические силы, как один из вариантов тонких энергий, формотропны, то есть меняют свое состояние в зависимости от формы предмета, то можно прийти к заключению, что тантрические силы формируются на пирамидоподобных образованиях, по типу горы Кайлас, и телепортируются в те места, где соответствующим образом искривляется пространство. А бестелесные асури, видимо, способны

искривлять пространство и концентрировать около себя тантрические силы Кайласа. Отсюда получается, что священная гора через асури защищает пещеру.

Возможно, не все поняв из произнесенного монолога, учитель сказал:

— У нас в Индии многие люди поклоняются Кайласу и считают, что его сила распространяется на всю Землю.

— У нас считается, — добавил Арун, — что от священной горы Кайлас в небо идет огромный поток энергии. Если человек

От священной горы Кайлас в небо уходит столб энергии

умирает рядом со священной горой, то его Дух легко и беспрепятственно возносится в небо и попадает в рай. В том районе есть так называемая «Долина Смерти», куда приходят йоги, чтобы умереть. Но эта долина доступна только йогам.

— Долина Смерти, значит... — задумался я.

Мы стали прощаться. Я уже знал, что на следующий год мы пойдем на Тибет в район горы Кайлас, чтобы искать Город Богов. А может быть, побываем и в «Долине Смерти».

Неожиданно навалилась усталость. Когда мы уходили, казалось, что асури гонятся за нами.

Бегу к зеленым городам

В Уфе, когда навалилась череда хирургических операций, эпизод третьей гималайской экспедиции начал постепенно стираться из памяти и всплыл снова одним из зимних вечеров. Закончив долгое научное совещание, посвященное изучению информационной структуры воды, я вошел к себе в приемную. Там сидел Юрий Иванович Васильев и слушал музыку.

— Рюмку будешь, Юра?
— Нет, ты же знаешь, я в завязке.

Играла кассета из серии тюремной лирики. Известный тюремный бард, по-моему Жаров, пел:

Бегут деньки, бегут неведомо куда,
Зовут меня, туда, где в дымке зеленеют города.
А я ушаночку поглубже натяну
И в свое прошлое с тоской загляну.
Слезу смахну,
Тайком тихонечко вздохну.

Бегу, один, бегу к зеленым городам
И вдруг гляжу, собаки мчатся по запутанным следам.
А я ушаночку поглубже натяну
И в свое прошлое с тоской загляну.
Слезу смахну,
Тайком тихонечко вздохну.

— Романтичный зэк-то! — сказал Юрий Иванович, прислушиваясь к песне. — Один солидный мент, умный, не мусор, говорил, что 90% песен посвящены любви, а вот песен про душу человека почти нет. В тюрьме, говорит, душевные порывы обостряются, поэтому песни из серии тюремной лирики очень душевные.

— Да уж! Как ему, беглому зэку, хочется достичь зеленых городов. Он мечтает о них, — добавил я.

— Ты про Город Богов-то не забыл? Скажи честно, ведь это главная мечта твоей жизни — найти и добраться до Города Богов, если он, конечно, есть на Земле.

— Да, Юра.

— Как у зэка этого — добраться до зеленых городов...

— М... да...

— Около горы Кайлас, говоришь, должен быть Город Богов-то. Логично. Уж больно на пирамиду похожа эта гора! Но огромная, мать ты моя! Я, вот, газету «Скандалы» часто читаю и удивляюсь, что загадок-то в мире еще полным-полно, — вдохновенно сказал Юрий Иванович, искренне верящий в то, что в газете «Скандалы» пишут правду.

Я постарался представить себе Тибет, священную гору Кайлас и Город Богов. Получалась мрачная картина: пустынное тибетское плато, серые скалы, огромная заснеженная пирамидальная гора, серые каменные конструкции... Невесело как-то! Да еще и упоминание монаха Аруна о «Долине Смерти» Это тебе не зеленые города! Но мечтательные мысли будоражили в голове представление о Городе Богов как о зеленом, полном жизни и счастья городе.

Как были правы эти мечтательные мысли! Сейчас-то я уж знаю, что это «зеленое» представление о Городе Богов было спровоцировано еще не осознанными тогда мыслями о том, что Город Богов является одним из узловых факторов создания жизни на Земле. А жизнь, она всегда ассоциируется с деревьями, птичками и утонувшими в зелени домами.

— Таинственными силами, значит, командует Кайлас, — перебил мысли Юрий Иванович, вспоминая мои рассказы. — А силы эти, они, ведь, вокруг Земли крутятся. Значит, Землей командует, можно сказать, Кайлас.

С этого момента пройдет несколько месяцев. Наступит весна 1999 года. И по совершенной случайности удастся выяснить общемировую закономерность, связанную со священной горой Кайлас, которую поймет простой школьник.

Глава 4

Мировая система пирамид и монументов древности

Мою операционную сестру зовут Оксана. Этой молодой девушке не удалось получить достойного образования, и несколько лет назад она устроилась на работу к нам в операционный блок санитаркой. Оксана оказалась столь толковой и предприимчивой, что маститые операционные сестры стали наперебой говорить о том, что ее хоть сейчас можно ставить работать операционной сестрой.

— Жаль, что нет медицинского образования у Оксанки-то, а то бы такая операционная сестра получилась, — причитали они.

Тогда я позвонил директору медицинского училища и спросил о возможности ускоренного обучения профессии медицинской сестры. Оказалось, что такая возможность есть: при наличии диплома о среднем специальном образовании и соответствующего направления биржи труда можно закончить медучилище за один год. Зная, что Оксана такого диплома не имеет, я стал уговаривать директора принять ее без диплома, уповая на ее толковость. Я так долго ныл, что директор в отчаянии сказал:

— Ну, купите диплом, в конце концов! Времена-то какие — криминал сплошной и беспредел!

Мне вообще нравится ходить по рынкам и разговаривать с продавщицами, задавая им неожиданные вопросы типа: «А Вы влюблялись в покупателей?» или «Вам нравится торговать?». Ответы носят столь развлекательный и в то же время глубинный характер, что можно было бы составить целую картотеку торговой психологии. Но самым коронным моим вопросом для продавцов является вопрос «А у вас есть брюки для голубых?» Почему-то все продавцы этот вопрос воспринимают серьезно и, как правило, показывают на какие-то дурацкие штаны с рюшками или висюльками, иногда приговаривая: «Чо спрашивает? На голубого-то не похож!» или конкретно отвечая: «У нас кончились, но вон в том отделе вроде бы есть».

Поэтому покупка диплома на рынке была для меня психологически любопытной.

— Неужели продают, а? — думал я, шагая с Оксаной по вещевому рынку.

— У вас дипломы техникума есть? — стал громко спрашивать я, подходя к разным отделам рынка.

Некоторые стоящие рядом покупатели дико озирались на меня, но продавцы непроницаемым голосом отвечали: «Нет, пока еще не завезли», «Это не в нашем отделе» или «Скорее всего это в школьно-письменных товарах». Криминал и вседозволенность в России уже наложили свой отпечаток на психологию людей.

Тогда, вконец обнаглев, я подошел к милиционеру неказистого вида и, как мне показалось, не обладающего высокими умственными способностями, и спросил:

— Не подскажете, где у вас здесь дипломы продают?

— Вон там, за углом, — не моргнув глазом и с чувством собственного достоинства ответил милиционер и показал рукой.

Оксана

Пойдя в этом направлении и громко спрашивая: «Где здесь дипломы продают?», мы наконец услышали желанное: «Здесь».

— Вам какие, с отличием или без? — задала вопрос продавщица, оценивая взглядом нашу покупательную способность. — С отличием, сами понимаете, дороже... на тыщу...

— Простой, с четверками, — пролепетал я, сконфузившись.

— Чо с четверками-то, бери пятерашный, — хмыкнула продавщица и показала на покрасневшую от стыда Оксану. — Вишь, на отличницу похожа, серьезная, сразу видать.

— Нет, четверашный.

— Обычно у нас пятерашные берут. А троешных дипломов мы не держим, — гордо заметила продавщица, войдя в роль ректора института. — Институтских дипломов не надо?

— Нет.

— Какой техникум-то?

— Да любой.

— Выбирай.

Мы выбрали диплом какого-то техникума со специальностью, по-моему, «Оператор нефтеперерабатывающих установок». Я начал расплачиваться.

— А он настоящий или поддельный? — нелепо озадачилась Оксана.

— Конечно, настоящий, — взбеленилась продавщица. — Вишь, печать-то синенькая, да и подпись есть. Фамилию только впишите тушью.

С этим дипломом мне удалось устроить Оксану на ускоренные курсы медицинского училища. Оксана стала старостой группы и окончила медучилище с отличием, после чего устроилась работать к нам операционной сестрой. А сейчас все сложные операции проходят через ее руки. Так что, наверное, даже хорошо, что дипломы продавали на рынке.

Планируя взять Оксану с собой в хирургический вояж за рубеж, я предложил ей купить самоучитель и начать учить английский язык. Через день Оксана сказала:

— Эрнст Рифгатович, самоучителей в книжном магазине много. Не знаю, какой выбрать.

Мы поехали с ней в книжный магазин. Хорошего самоучителя не оказалось. Зато я купил глобус, которого у меня никогда не было.

Глобус Пока мы ехали в машине, я крутил глобус в руках, рассматривая те страны, в которых мне удалось побывать. Вот Индонезия, вот Бразилия, вот Япония. А какая Западная Европа маленькая! А какая наша страна большая! Жизненное пространство — хорошо или плохо? Странно, что в Европе тесноты не чувствуется... А какой океан большой, намного больше, чем материки!

Вдруг я представил, что после Всемирного Потопа весь глобус стал голубым; везде вода, одна вода, и только Гималаи и Тибет торчат над водой да еще несколько островов. Я стал вспоминать «Тайную Доктрину» Елены Блаватской; не могу сказать точно, но вроде бы она писала о том, что после Всемирного Потопа вся планета представляла собой огромную водную пустыню, а цивилизация атлантов, уничтоженная Потопом, все же не погибла полностью — некоторые из атлантов успели улететь

Книжный магазин

на своих воздушных кораблях, называемых «вимана», на Тибет и... еще куда-то. Куда? Почему-то в моем воображении всплыл остров Пасхи, хотя я прекрасно понимал, что Елена Блаватская не писала об этом острове как о месте высадки последних атлантов и указывала на остров Пасхи как на «обитель злобных колдунов».

Тем не менее в голове четко вырисовывались в отношении воображаемой ситуации после Всемирного Потопа два участка земного шара — Тибет и остров Пасхи. Это меня даже стало смущать. Понятно, Тибет, — там, на берегах Внутреннего Моря последние из атлантов, как писала Елена Блаватская, построили прекрасные города и прожили еще много тысячелетий. Но причем здесь остров Пасхи? Про него ведь ничего подобного не написано... Я понимал, что мысль об именно этих двух участках земного шара накрепко засела где-то в подсознании, но перевести ее в сознательное русло я не мог. Тибет, Тибет... там священная гора Кайлас... А Пасхи? Там каменные истуканы...

В тот момент, в машине, когда я вертел в руках глобус, я не догадывался внимательнее посмотреть на него. В нем была вся разгадка. Я стал думать о бедных атлантах, волей судьбы заброшенных на Тибет, стал жалеть их, представил планету в виде водной пустыни...

— Красивый глобус-то, — вздохнул я.
— Да, голубенький такой. Только уж больно дорогой, — сказала Оксана.

Кайлас и Пасхи находятся на одной оси

Приехав на работу, я стал смотреть больных и решать кучу административных дел. Но мне все время хотелось еще раз взглянуть на глобус. Закончив дела, я взял в руки вожделенный глобус и нашел на нем точку, где должна располагаться гора Кайлас.

— Так, так! Кайлас, значит, находится здесь, — промычал я для самого себя и, наслюнявив палец, положил его на искомый участок Тибета. — А что же находится на противоположной стороне земного шара?

Я послюнявил палец другой руки и положил его на противоположный конец глобуса, стараясь максимально выдержать диаметральную ось, идущую от горы Кайлас через земной шар. Когда мой наслюнявленный палец подлип к этому месту, я, удер-

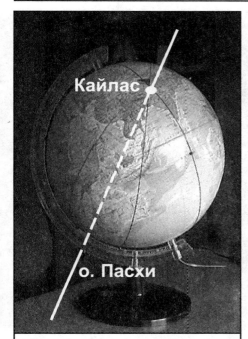

На противоположной стороне горы Кайлас находится остров Пасхи

живая его, повернул глобус и, изогнувшись, заглянул под палец. Под ним находился... остров Пасхи!

В голове вновь пронеслись мысли, возникшие в машине. У меня не оставалось никаких сомнений, что мысль ученого зарождается не от его гениальности, а по какому-то высшему велению, которое появляется вначале подсознательно, далее мучительно управляет поведением человека и подводит его к простой и оригинальной разгадке. Взялась же откуда-то мысль об острове Пасхи в тот момент, когда я рассматривал район горы Кайлас на Тибете! А потом я, как по щучьему велению, заглянул на противоположную сторону глобуса.

Про остров Пасхи я знал только то, что на нем находятся огромные каменные истуканы, которых Елена Блаватская, как я уже говорил, назвала чем-то вроде «изваяний злобных колдунов». Парадокс! С одной стороны земного шара — священная гора Кайлас, а с другой — «изваяния злобных колдунов». Неужели верно восточное изречение, что Север является обителью Богов, а Юг — царством темных сил? Неужели Земля является живым разумным организмом, тоже созданным по вездесущему Природному принципу баланса светлых и темных сил в угоду предупреждения величайшего греха — считать себя Богом? Неужели даже планета является божьим созданием и, в сравнении с Богом, тоже похожа на дитя, как и мы, люди, населяющие Землю? Кто выстроил эту ось — «Кайлас — Пасхи»? Зачем она нужна? Какова ее роль?

Этот сумбур заполнил мою голову, не находя каких-либо разрешений. Как много тогда я не знал! И только надоедливое

Истуканы острова Пасхи

чувство собственной тупости ярко выступало вперед. Должно было пройти около полугода времени, чтобы в результате экспедиционных поисков несколько набраться ума и найти удобоваримые ответы на эти вопросы, суть которых, как ни странно, сводилась к существованию еще одной затаенной формы жизни на Земле.

Наконец я отвлекся от мыслей и снова стал рассматривать глобус.

— Вот египетские пирамиды! Вот мексиканские! А они-то как... Нет ли какой-либо системы? — озадачился я.

Мировая система пирамид и монументов древности

Я попытался соединить ниткой гору Кайлас с египетскими пирамидами, но нитки, которую я вытянул из подклада пиджака, не хватало в длину. Я позвонил в нашу лабораторию «Аура» и важно сказал:

— Пусть Равиль подойдет ко мне.

Равиль Мирхайдаров, молодой талантливый врач, возглавляет научное направление по введению специального аллопланта в акупунктурные точки человека и достиг в этом деле больших успехов. Со своим бессменным студенческим другом Русланом Уразбахтиным он пришел в наш Центр в 1997 году, увлекшись публикациями о гималайских экспедициях в газете «Аргументы и факты». Эти два деревенских парня, впервые нелепо появившиеся в приемной в шортах, вскоре стали работать у нас, показывая недюжинные способности.

Когда Равиль подошел, я обратился к нему с просьбой помочь мне и найти нитки. Равиль сходил в операционный блок и принес хирургический шелк.

— Неси еще липкий пластырь!

Когда все было готово, я прилепил начало нитки к месту расположения горы Кайлас на глобусе и протянул ее к египетским пирамидам. Продолжение этой линии точно вывело... на остров Пасхи. Мы закрепили эту нитку.

Другую нитку мы протянули от острова Пасхи к мексиканским пирамидам; продолжение этой линии точно вывело... на гору Кайлас.

— Равиль! Смотри! Система какая-то вырисовывается, — недоуменно произнес я. — Если линию по глобусу вести от горы Кайлас к египетским пирамидам, то продолжение ее выводит к острову Пасхи. То же самое, если вести линию от горы Кайлас к мексиканским пирамидам, то продолжение опять-таки выводит к острову Пасхи. Четкая система вроде бы...

— Удивительно! — вытаращил глаза Равиль.

— Посмотри, посмотри, Равиль, мне кажется, линии, соединяющие гору Кайлас и остров Пасхи через египетские и мексиканские пирамиды очерчивают 1/4 площади земного шара, — изумился я, поворачивая глобус. — Давай позвоним Юрию Ивановичу Васильеву, может быть, он не ушел домой. Пусть принесет транспортир, циркуль, линейку; это все у него есть.

Равиль Мирхайдаров

Я соединил Кайлас с **мексиканскими пирамидами**... линия вывела на о. Пасхи.
Я соединил Кайлас с **египетскими пирамидами**... линия вывела опять на о. Пасхи. Очертилась ровно **1/4 земного шара**...

Когда я соединил мексиканские пирамиды с египетскими, эта 1/4 земного шара разделилась на **2 равных треугольника**.

Расстояния «Кайлас – египетские пирамиды» и «о. Пасхи – мексиканские пирамиды» составляли ровно **1/4 длины линии «Кайлас – о. Пасхи».**

Стало складываться впечатление, что на Земле существует строгая пирамидально-географическая схема, кем-то созданная...

Юрий Иванович вошел ко мне в кабинет и, после коротких объяснений, начал измерять.

— Ровно одна четверть площади земного шара, — сказал он, показав на участок, очерченный вышеотмеченными линиями.

Мы с Равилем переглянулись.

Я опять вгляделся в глобус, потом изумленно откинулся и сказал:

— Юрий Иванович, измерь, пожалуйста, расстояния «Кайлас — египетские пирамиды» и «Пасхи — мексиканские пирамиды». Они должны быть одинаковы.

Юрий Иванович принялся измерять, после чего удовлетворенно сообщил:

— Они одинаковы.

— Юра, Равиль, давайте-ка подсчитаем, какую часть длины линии «Кайлас — Пасхи» составляют одинаковые расстояния «Кайлас — египетские пирамиды» и «Пасхи — мексиканские пирамиды». Не одну четверть ли? Похоже, что так, — сказал я, как бы тренируя свой глазомер.

Юрий Иванович снова принялся измерять и считать, пришептывая губами и выводя цифры на листе бумаги:

— Одна четверть — кивнул он, гордо глядя на нас.

Юрий Иванович с глобусом

Мы с Равилем переглянулись опять. Система начала приобретать конкретные математические параметры. Мне очень хотелось пуститься в рассуждения, но что-то затормозило меня, и я вновь стал вглядываться в глобус.

— Давайте, давайте...— начал я осторожно, — соединим линией египетские и мексиканские пирамиды внутри этой «четвертушки» земного шара. По-моему, по-моему, «четвертушка»... разделится на два равных треугольника.

Мы соединили линией египетские и мексиканские пирамиды, после чего Юрий Иванович снова занялся измерениями.

— Ну что, одинаковые треугольники или нет? — нетерпеливо спросил Равиль.

— Они одинаковы, — констатировал Юрий Иванович.

И в самом деле, указанная «четвертушка» земного шара разделилась на два абсолютно равных треугольника. Сомнений не оставалось, египетские и мексиканские пирамиды, священная гора Кайлас и истуканы острова Пасхи были созданы на Земле по какой-то четкой схеме.

— А что будет, если эту «четвертушку» земного шара разделить на две части линией «Кайлас — Пасхи»? — не унимался я.

Мы протянули еще одну нитку и увидели, что схема приобрела еще более сложные математические контуры.

— Измерь, Юрий Иванович!

— А что измерять-то, и так видно, что со всех сторон будет одинаковая комбинация треугольников: хоть справа и слева, хоть сверху и снизу.

Мы все трое стояли и смотрели на глобус, и каждый из нас, наверное, удивлялся, почему до нас никто этого не сделал. Научное возбуждение не проходило.

— Мужики, давайте водки выпьем, — предложил я.

Равиль кивнул, а Юрий Иванович с сожалением вздохнул:

— Ты же знаешь, я в завязке.

Выпив немного водки, отдохнув, мы опять стали рассматривать глобус.

— Послушайте, мы забыли про монумент древности Стоунхендж в Англии. Не входит ли он в эту систему? — заметил я. — Давайте соединим гору Кайлас с монументом Стоунхендж!

— Соединять не надо, — тут же отозвался Равиль, — Стоунхендж находится точно на линии, соединяющий Кайлас с Пасхи и разделяющий нашу «четвертушку» земного шара на две части по вертикали. Эту нитку мы уже протянули. Посмотрите, вот она, Англия.

— Стоунхендж — это серьезно, — заявил Юрий Иванович. — Я про эти висячие камни в Англии много читал. Кто-то когда-то огромные камни поставил на попа, да еще сверху на них огромные глыбы положил. Камни эти такие большие, что никакая техника поднять их не может. Когда я на трассе работал, были у нас большие трактора — «Катерпиллеры» и «Чувашпиллеры»...

— А что такое «Чувашпиллеры»?

— Да... трактора такие, в Чувашии делаются. Мы их так прозвали. Попытались, в общем, наши-то американские «Катерпиллеры» заменить и сделали этого монстра — металла до хрена, а силы ни хрена. Но суть не в «Чувашпиллере». На трассе, на Северном Урале, хотели мы тракторами кусок скалы, оставшийся после взрыва, сбросить под обрыв. Фигушки! Не получилось. Куда уж тут «Чувашпиллеру», там и двум «Катерпиллерам» делать было нечего. А в Англии кто-то огромные скалы на попа ставил, да и огромные скальные плиты наверх них забрасывал. Другие технологии тогда были, другие. Дух тогда как сила работал.

— Да... уж...

— А люди сейчас в Англии, — продолжал Юрий Иванович, — ходят вокруг Стоунхенджа, пшеницу фермеров мнут ногами и голову ломают, как эти камни-то были установлены. Мозги преют от вида этих камней, наверное. Тут, небось, и почувствуешь себя обезьяной. Вот и Дарвин, я думаю, походил вокруг Стоунхенджа, почувствовал человеческое ничтожество и выдвинул теорию о том, что человек произошел от обезьяны.

— М... да...

— Читал я еще, что под Стоунхенджем подземные каналы есть, — декларировал Юрий Иванович. — Они, каналы эти, всю Землю пронизывают на большой глубине, а около Стоунхенджа-то к поверхности подходят. Вытянет экстрасенс руки ладош-

Монумент древности Стоунхендж (Англия)

ками вниз, настроится на волну подземных каналов и определяет глубину залегания канала...

— Пальцы при этом экстрасенс растопыривает? — нагло перебил Равиль.

— Неважно, растопыривает или не растопыривает, — Юрий Иванович сердито взглянул на Равиля, — важно, что экстрасенс определяет эти каналы. А там, в этих подземных каналах, говорят, Шамбала расположена. Поэтому Шамбала близко от Стоунхенджа находится, то есть близко к поверхности. Не зря в этих краях, в Англии, на пшеничных полях необычные круги встречаются. Вроде как летательные аппараты жителей Шамбалы круги эти вырисовывают, отмечая это место.

— Вы, Юрий Иванович, это в «Скандалах» читали? — снова не удержался Равиль, провоцируя Юрия Ивановича и подвергая сомнению информацию, публикуемую в газете «Скандалы».

— В «Скандалах», не «Скандалах», — рассердился Юрий Иванович, — читал, в общем. Люди глупости писать не будут. Что чувствуют, то и пишут. Один чувственный, другой — бесчувственный как дерево. Вон, коммунисты-то, религию опиумом для народа обзывали, за глупость выдавали, а что, мы Бога пощупать, что ли, можем, поговорить с ним...

— Послушайте, — вмешался я, — давайте возвратимся к глобусу. Юра, измерь, пожалуйста, расстояние от горы Кайлас до монумента Стоунхендж. Какую часть расстояния «Кайлас — Пасхи» оно составляет?

После недолгих измерений Юрий Иванович сообщил:

— Ровно одну треть.

— Ровно?

— Да, ровно одну треть.

— Посмотрите, расстояния «Кайлас — египетские пирамиды» и «Пасхи — мексиканские пирамиды» составляют ровно одну четверть расстояния «Кайлас — Пасхи». Здесь — ровно одна треть. Давайте попробуем отложить эту одну треть расстояния с другой стороны — от острова Пасхи — по той же центральной линии «четвертушки» земного шара. Что там будет находиться? — задумчиво промолвил я.

Мы вперились глазами в глобус и почти хором сказали:

— Бермудский треугольник!

— Ничего себе! Все загадочные места планеты свелись в одну систему, — не мог скрыть удивления Равиль.

Мировая система пирамид и монументов древности 101

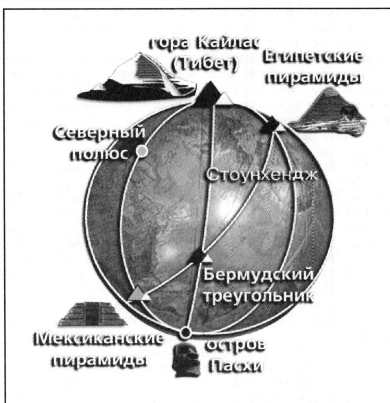

Я соединил Кайлас со Stonehange (Англия)... линия вывела точно на о. Пасхи. Расстояние «Кайлас – Stonehange» составляло ровно **1/3 длины линии** «Кайлас – о. Пасхи», а еще через **1/3** на этой линии располагался **Бермудский треугольник**.

... **на Земле существует строгая система, охватывающая пирамиды и загадочные монументы древности...**

— А в основе всей системы стоит гора Кайлас, — заметил я. — Без нее никакой схемы бы не получилось. Не зря Кайлас называют священной горой.

— Я много читал про Бермудский треугольник, — заговорил Юрий Иванович. — Много мистических вещей понаписано про треугольник этот. Там и корабли исчезают, самолеты падают, осьминоги, говорят, водятся величиной с паровоз, а может и больше, и даже, пишут, видели там чудовище по типу лохнесского...

Равиль не удержался и опять вставился:

— Это пишут в газете «Скан...»?

— Не перебивай, Равиль! Остановись! — я грозно посмотрел на него.

Юрий Иванович хмыкнул, еще раз строго взглянул на Равиля и продолжал:

— Что это за треугольник, Бермудский-то! Одна вода на поверхности и больше ничего. Вот если бы было так, как пел Высоцкий про русского алкаша «... надо... выпить треугольник...», то вот тогда бы мы увидели, что там на дне-то. А на дне, об заклад бьюсь, монумент древности какой-то торчит и электромагнитную смуту вокруг наводит. Вот и корабли падают...

— Не корабли, а самолеты падают, — с удовольствием поправил Равиль.

— Ну, самолеты, но и корабли... тоже...

— Подождите! — воскликнул я. — Юрий Иванович, ты молодец, что про дно Бермудского треугольника заговорил. Точно помню, что в книге Проскурякова я читал о том, что там есть затонувшая пирамида. Книга здесь. Сейчас я найду это место.

Я начал листать книгу известного русского ученого С. Б. Проскурякова «Строители пирамид из созвездия Большого Пса» (Орел, 1992) и на странице 115 нашел следующее:

«В начале 1977 года эхолоты рыболовецкого судна зарегистрировали на дне океана, несколько в стороне от Бермудских островов, неровность, напоминающую пирамиду. Это послужило поводом для американца Чарльза Берлица организовать специальную экспедицию. Эта экспедиция обнаружила на глубине 400 метров пирамиду. Чарльз Берлиц утверждает, что ее высота почти 150 метров, длина стороны основания 200 метров, а наклон боковых граней такой же, как и пирамиды Хеопса. Одна из сторон этой пирамиды длиннее другой...»

— Помнишь, — обратился Юрий Иванович ко мне, — в Египте врач-араб, когда нас водили на пирамиды, рассказывал,

Затонувшая пирамида

что какой-то чудак-альпинист поднялся на вершину пирамиды Хеопса. Как сейчас помню, что у него на макушке Хеопса...

— Пирамиды Хеопса, — поправил Равиль.

— Да, на макушке пирамиды Хеопса, — Юрий Иванович покосился на Равиля, — галлюцинации начались, мерещилось всякое и вообще он в параллельный мир погрузился. Когда слез с макушки-то, долго еще ему этот мир снился, еле вышел из него. Так вот я и думаю, что корабли и самолеты, плавающие или летающие над вершиной подводной бермудской пирамиды, тоже впадают в такое состояние...

— Не корабли впадают в такое состояние, а люди на корабле, — опять вмешался Равиль.

— М... да... Люди, плавающие на корабле, или люди, летящие на самолете, — отчетливо выговорил Юрий Иванович, — впадают в такое состояние, потому что с параллельным миром контачат. Кому-то контакт впрок идет, кому-то — нет. Кто-то гибнет, а кому-то, может, и там неплохо становится. Вот и загадки всякие о Бермудском треугольнике возникают.

Я задумался над словами Юрия Ивановича. В самом деле, существуют сведения о необычном влиянии вершин пирамид на психику и физиологию людей. Поэтому мнение Юрия Ивановича о влиянии описанной Берлицем пирамиды в районе Бермудского треугольника не могло считаться безосновательным.

— Вот это схема получилась! — воскликнув, перебил мысли Равиль.

— И в основе этой схемы, охватывающей основные монументы древности и пирамиды мира, находится Кайлас — священный Кайлас. Наверное, там и расположен Город Богов — проговорил я, еще раз констатируя ранее высказанную мысль.

— Помнишь, шеф, — сказал Юрий Иванович, — когда мы были в Египте, мы думали над тем, куда же смотрит сфинкс. Сейчас, когда эта схема на глобусе появилась, я убежден, что сфинкс смотрит на Город Богов. Точно говорю, туда он смотрит. По-другому и быть не может! Все пирамиды, да сфинкс тоже, изошли от Города Богов. Он, Город Богов со священной горой Кайлас, во главе всего мира был... а, может быть, и сейчас...

— Монах Арун говорил, что все пирамиды пришли из Тибета, — добавил я.

Мы замолчали, вглядываясь в схему на глобусе.

— Между прочим, — перебил я молчание, — если такая схема существует на одной половине земного шара, то на другой стороне должна быть подобная.

Мы опять вооружились нитками, липким пластырем и вскоре сделали симметричную схему на другой половине глобуса, отметив места, симметричные по осям для египетских и мексиканских пирамид, монумента Стоунхендж и Бермудского треугольника. Когда работа была закончена, мы увидели, что все эти симметричные места находятся в пределах воды океанов. Отсюда можно было сделать вывод, что предполагаемые симметричные пирамиды и монументы древности утонули в океане.

— Вот почему никто и никогда не находил пирамид и монументов древности на другой половине земного шара! — воскликнул Равиль, показав на глобус. — Они все под водой, то есть утонули.

— Помнишь, шеф, — дернул меня за рукав Юрий Иванович, — в 1991 или в 1992 году ты собирался в кругосветный перелет на вертолете вместе с Аккуратовым и Колошенко. Авантюра была, что и говорить-то! Хорошо, что Миша Горбачев в Беловежской пуще власть отдал, после чего денег вам не выделили, и все завалилось. А то бы, как пить дать, на Северном полюсе обледенели бы и погибли. А еще, помню, ты рассказывал, боялись вы участка между Индонезией и Австралией. Валентин Аккуратов рассказывал, что там много самолетов гибнет. Так это же место, симметричное Бермудскому треугольнику, то есть австралийский «Бермудский треугольник».

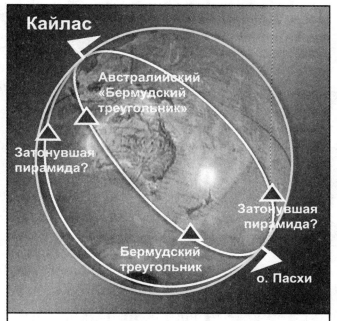

...если строгая схема расположения монументов древности существует на одной половине земного шара, то она должна быть и на другой стороне...

Мы рассчитали места расположения симметричных пирамид и монументов древности, но они оказались утонувшими в океане.

— Да, нельзя исключить того, что там под водой тоже находится пирамида или монумент древности. Кто знает...
— Смотрите на глобус, — возбужденно произнес Равиль, — участок, симметричный египетским пирамидам, — под водой в Тихом океане, участок, симметричный мексиканским пирамидам, — под водой в Индийском океане, участок, симметричный монументу Стоунхендж, — под водой в Тихом океане, а об авст-

На Земле в древности была построена стройная система пирамид и монументов

ралийском «Бермудском треугольнике» мы уже говорили. Понятно, что их не могли найти. Но зато мы можем точно указать место, где искать эти подводные пирамиды и монументы древности.

— Вроде бы я где-то читал про затонувшие пирамиды, — озадачился я. — Точно не помню, то ли у Блаватской, то ли в тибетских текстах у непальских лам. Если поискать, наверное, я найду. Но суть не в этом, система расположения пирамид и монументов древности удивительно четкая, что сомнений почти не остается — она была кем-то создана в древности.

Мы сидели и смотрели на глобус. Болела голова, как это бывает после сильного умственного напряжения. Ощущалось какое-то приятное внутреннее опустошение. Водка не шла. Мы заварили чай.

— А мармелада у тебя, шеф, нету? — спросил Юрий Иванович. — Зелененький в завитушку был вкусным. Помнишь, какой он, мармелад-то этот: спирально вьется и в точку приходит. Вот сегодня мы одну точку поставили. А сколько еще этих точек будет...

Как была построена мировая система пирамид и монументов древности

Попивая чаек, я стал размышлять на тему о происхождении обнаруженной на глобусе системы пирамид и монументов древности. В этой системе прежде всего бросалось в глаза то, что часть пирамид и монументов находится на поверхности земли, а часть, как мы предположили, затонула в океане. Причем та часть, которая затонула, приходится как раз на те районы земного шара, где, по эзотерическим данным, находились основные материки легендарных Лемурии и Атлантиды.

Про Лемурию рассуждать было трудно, так как мы располагали лишь расплывчатыми данными о ее местонахождении в районах Индийского и части Тихого океанов. А вот про основной материк Атлантиды, по результатам исследований в трех гималайских экспедициях, мы знали больше: Атлантида занимала большую часть Тихого океана, включая Австралию, а в Атлантическом океане был «остров Платона», тоже населенный атлантами.

Принимая во внимание сомнительность того факта, что мировая система пирамид и монументов древности могла быть построена только на одной половине земного шара, и сомнительность того, что одна часть пирамид и монументов могла быть построена над водой, а другая — под водой, представлялось вполне логичным предположить, что мировая система пирамид и монументов была построена еще во время Атлантиды, когда материки имели совершенно иные очертания. Но основной материк Атлантиды погиб, по Елене Блаватской, 850 000 лет тому назад в результате Всемирного Потопа! А современные данные показывают древность, например, египетских пирамид всего в 5000 лет!

Парадокс! Тем не менее я был больше склонен верить, ничего не утверждая, что эзотерические сведения имеют больше шансов на правдоподобность, чем радиоуглеродный метод определения возраста чего-либо. Я, как ученый, могу сказать, что любой метод измерений имеет свои погрешности и допуски и только логика способна соединить мысль исследователя и оценку этих погрешностей. А в случае изучения основ обнаруженной мировой системы пирамид и монументов логика говорит за исключительную древность этой системы. А логика эта была следующей.

Во-первых, нужно учесть, что, по литературным данным, (прежде всего по С. Б. Проскурякову), современные достижения строительных технологий не способны добиться построения пирамид по типу египетских, не говоря уж о пресловутых объяснениях строительства их египетскими рабами, без колеса и без железных инструментов. Блоки, из которых построена пирамида

Хеопса, весят от 2,5 до 600 тонн. Перенос таких тяжестей легче объяснить бытующими в эзотерической литературе сведениями об антигравитационном эффекте психической энергии, которой в совершенстве владели лемурийцы и атланты, чем мудрить по поводу деревянных катков и веревочной тяги строителей-рабов.

Во-вторых, роль пирамид как усыпальниц царей или фараонов подвергается сомнению хотя бы на том основании, что ни в одной из пирамид пока не обнаружено ни одной мумии. С. Б. Проскуряков по этому поводу пишет в вышеотмеченной книге (с. 34): «Прежде чем говорить о гробницах фараонов, необходимо обнаружить хотя бы одну мумию какого-либо фараона в самой пирамиде, а таковых пока не найдено». Поэтому легче думать о том, что предыдущие цивилизации атлантов или лемурийцев построили мировую систему пирамид и монументов с какой-то, пока непонятной для нас целью, сообразно их технологиям преимущественного использования тонких энергий, чем фантазировать на тему сверхвозвеличивания себя фараонами путем строительства колоссальных сооружений. Бог бы не позволил так возвеличить себя! Грех это! А знания наши в ходе научного прогресса быстро меняются и, невероятное сегодня становится естественным завтра.

И наконец, надо подчеркнуть целесообразность построения единой мировой системы пирамид и монументов не под водой, а на материках, что было возможно только при ином очертании материков. Возможно, при Атлантиде вся мировая система пирамид и монументов находилась на поверхности. А может быть, это было еще при Лемурии.

Итак, логически можно было думать о построении мировой системы пирамид и монументов не людьми нашей цивилизации, а атлантами или лемурийцами. Кем же из них конкретно?

Лемурийская цивилизация, как известно, существовала на Земле много миллионов лет тому назад. Огромного роста лемурийцы в совершенстве владели «силой духа» и в своих технологиях, основанных на этом, пользовались, видимо, антигравитационным эффектом психической энергии. Поэтому для них, очевидно, не составляло труда построить мировую систему пирамид и монументов. Однако надо признать, что миллионы лет наложили бы свой отпечаток на пирамиды и монументы и многие из них были бы разрушены.

Более логично было предположить, что система пирамид и монументов на Земле была построена атлантами. В различных литературных источниках нам удалось найти сведения о том, что атлантами в какой-то промежуток времени были открыты знания лемурийцев, записанные на так называемых «золотых пластинах», и они создали технологии, позволяющие, например, с помощью небольшого приспособления, умещающегося на ладони, поднимать в воздух огромные каменные глыбы и перемещать их в пространстве. Поэтому атланты тоже могли построить систему пирамид и монументов.

Кто построил эту систему?

2,5 – 600 тонн

Мировую систему пирамид и монументов построили, несомненно, люди предыдущих цивилизаций, потому что даже современный уровень науки не позволяет передвигать блоки, из которых, например, построена пирамида Хеопса

Несмотря на то, что основной материк Атлантиды погиб 850 000 лет тому назад (по Е. П. Блаватской) в результате Всемирного Потопа, часть атлантов, как известно, выжила и еще долго просуществовала на Земле, локализуясь преимущественно в районах Тибета и Гоби, а также на «острове Платона» в Атлантическом океане. В связи с этим можно было думать о «возрасте» мировой системы пирамид и монументов ориентировочно в 850 000—1 000 000 лет, хотя совершенно нельзя было исключить того, что она достраивалась или ремонтировалась и в более близкие времена. Например, вполне возможно, что подводная пирамида в районе Бермудского треугольника, описанная Берлицем, была построена оставшимися после Потопа атлантами на «острове Платона», который (по Е. П. Блаватской) погрузился в океан всего 12 000 лет тому назад.

Эти рассуждения пространного характера, вызванные видом глобуса с нанесенной на него системой пирамид и монументов древности, волей-неволей коснулись в тот вечер и вопроса о цели построения этой системы.

С какой целью была построена мировая система пирамид и монументов древности

Естественно было думать, что система этих исполинских сооружений, охватывающая весь земной шар, не могла быть построена только для демонстрации потомкам технологической мощи атлантов. Несомненно, она выполняла какую-то конкретную роль. Отчасти обращает на себя внимание тот факт, что все математические закономерности построения этой системы видны только на глобусе, как бы при взгляде на Землю из космоса. Поэтому космическая цель построения мировой системы пирамид и монументов древности казалась вполне очевидной.

Говоря о космическом контексте наших рассуждений, можно было вывести множество предположений фантастического характера типа земных ориентиров для пришельцев из космоса. Но все эти предположения грешили бы привычным для людей желанием объяснить необъяснимое путем использования обычных понятных критериев.

Стараясь отойти от такого привычного хода мысли, я вспомнил целый ряд интересных сведений, изложенных в восточной эзотерической литературе и уже находящих некоторое подтверждение в современной физике. Дело касалось прежде всего иной энергетики людей предыдущих цивилизаций, которые использовали на практике принцип, что человек является самой мощной «энергетической машиной» на Земле, поскольку в соответствии с религиозными суждениями человек определяется как «микрокосм макрокосма». То есть космическое начало заложено в самом человеке, поэтому человек способен использовать неиссякаемый источник космической энергии, а не пользоваться нефтью и газом. «Сила Духа», как известно, состоит в искренней и осознанной вере в Бога, но этот извечный постулат может иметь даже энергетический смысл в том случае, если в человеке открывается божественный космический канал использования тонкой энергии. Подсчеты известного русского физика А. В. Акимова показали, что если человечество будет пользоваться только тонкой энергией, то за 10 лет будет выбрана энергия только 1 см^3 Абсолюта — основного субстрата тонкой энергии.

В этой связи мне показалось, что мировая система пирамид и монументов древности каким-то, пока еще непонятным образом регулирует тонкую энергию нашей планеты, делая ее более доступной для человека. Где-то в закоулках моей памяти я отыс-

кал отрывочные знания о том, что тонкая энергия не подчиняется закону сохранения энергии, что пирамиды являются коллекторами («собирателями») тонкой энергии, что космос пирамидален и тому подобное. Мне думалось, что глобальная система пирамид и монументов древности была создана для того, чтобы обеспечивать земные нужды необходимыми видами тонких энергий. Образно я представлял систему пирамид и монументов чем-то наподобие единой энергетической системы нашей страны, где вместо проводов и высоковольтных столбов выступали пирамиды и монументы.

Сейчас, по прошествии времени, эти мысли в чем-то конкретизировались и в чем-то дополнились. Единственное, чего мы не могли предусмотреть тогда, вместе с Юрием Ивановичем и Равилем, — это вопроса об энергии времени, того вопроса, который, оказывается, является основополагающим для жизни на Земле и который способен в корне изменить нашу жизнь в будущем через коррекцию времени с помощью пирамидоподобных строений. Но на этом я подробно остановлюсь в последнем томе книги.

Но я и представить не мог, что тонкая энергия напрямую связана с нашими с вами мыслями, а энергия мысли регулируется пирамидами, направляясь в созидательное русло или разрушаясь.

А тогда, в тот вечер, чай уже остыл, а мысли все вертелись вокруг системы пирамид и монументов древности, во главе которой находится священная гора Кайлас.

Кайлас – основа мировой системы пирамид и монументов древности

— Послушай, Эрнст, как по-твоему почему до нас в голову не приходила мысль отметить на глобусе все пирамиды и монументы древности и соединить их линиями? — спросил Юрий Иванович, ткнув пальцем в глобус. — Ведь все так просто!

— Юрий Иванович, я абсолютно убежден, что люди пытались это сделать, — охотно заговорил я. — Я даже вроде читал, что, соединив на глобусе египетские и мексиканские пирамиды, нашли какую-то математическую закономерность. Но полной системы не было. Почему? Никто не брал в расчет священную гору Кайлас! Никто не предполагал, что эта гора является огромной пирамидой! Как только мы это предположили, все встало на места: на одной оси с Кайласом, с другой стороны земного шара, оказался легендарный остров Пасхи, и все пирамиды и монументы древности выстроились в стройную систему. Спасибо монаху Аруну, который показал фотографию священной горы!

— Да, без Кайласа бы ничего не получилось, — подтвердил Равиль, разглядывая глобус.

— Одно только невероятно, — продолжал я, — что Кайлас является пирамидой, — слишком уж она громадна. Пирамида высотой 6666 метров! Основание ее, наверное, располагается на уровне тибетского плато высотой 4000—5000 метров, но и так, представить даже трудно, что на Земле может существовать никем не обнаруженная пирамида высотой около 2000 метров! Это при том, что высота великой пирамиды Хеопса в Египте составляет всего 146 метров. Надо идти в экспедицию на Тибет, чтобы во всем убедиться на месте! Судить только по фотографии, которую показал монах Арун, — несерьезно. А вдруг Кайлас — обычная гора?

Юрий Иванович поежился и обратился ко мне:

— Что сомневаться-то, пирамида или нет! Пирамида это, Кайлас-то, об заклад бьюсь — пирамида. Я, шеф, больше тебя шурупию в математике. Ты — врач все же. Так вот пирамиды самые разнообразные бывают, — сравни хотя бы мексиканские пирамиды с египетскими. А Кайлас, сразу видно, очень сложная по конструкции пирамида...

— Наверное, лучше называть Кайлас не пирамидой, а пирамидальной конструкцией, — предложил я.

— Хоть как называй, но не обычная гора это, Кайлас-то, — не унимался Юрий Иванович. — Скажу тебе, что в математике ничего просто так не бывает; если уж есть симметрия, то она есть, а если эта симметрия на глобусе образована пирамидами и монументами древности, то с чего это Кайлас, тоже входящий в эту симметрию, будет обычной горой. По закону симметрии Кайлас должен быть пирамидой или монументом древности. Посмотри, одна четверть расстояния «Кайлас — Пасхи» — египетские пирамиды стоят, три четверти этого расстояния с другого бока — мексиканские высятся. И все это по границам четверти земного шара. А центральную линию от Кайласа возьми: треть расстояния «Кайлас — Пасхи» — Стоунхендж, еще одна треть — Бермудский треугольник. Так что Кайлас — это основа мировой системы пирамид и монументов древности.

— Убедительно, — сказал Равиль.
— Да уж... — удовлетворенно произнес Юрий Иванович.
— Ты, Юра, наверное, прав — согласился я. — Не зря на Востоке Кайлас называют священной горой и считают самой великой святыней мира.
— На Востоке люди мудрее, — заметил Равиль.
— Кстати, существует парадоксальность восточного и западного стилей мышления, — продолжил я разговор. — Западный тип мышления характеризуется верой только в факты, а для восточного типа характерна витиеватая аллегоричность. Например, восточный человек, будь то индиец или непалец, объясняя что-либо сложное, будет долго говорить о любви, божественности и приводить множество примеров, что вконец запутает западного человека, привыкшего к более конкретному типу мышления. В то же время фактическое изложение материала западным человеком будет воспринято человеком с Востока как бездушное и никогда не вызовет у него энтузиазма. Поэтому существует некая грань умственного понимания между Востоком и Западом. Я так думаю...
— Согласен, — кивнул Юрий Иванович.
— С этим, на мой взгляд, связано то, что западные ученые не обращали внимания на факт массового поклонения священной горе Кайлас на Востоке, — сказал я. — Ну, вроде как поклоняются индийцы и тибетцы какой-то горе, ну и пусть поклоняются, ради Бога! Но ведь, как говорится, дыма без огня не бывает! С другой стороны, восточные люди, полнос-

Юрий Иванович Васильев:
— Когда атланты, после Всемирного Потопа, на Тибете начали кучковаться, они махом стали духовными

тью входя во власть духовного порыва при поклонении священному Кайласу, даже, видимо, не задумывались над причиной своего поклонения. Вот и возник парадокс, который привел к тому, что никто не обратил внимания на гору Кайлас с научной точки зрения и никто не подумал о том, что священная гора может быть монументом древности. К счастью, мы обратили внимание, и этому помогли предыдущие гималайские экспедиции, которые во многом изменили наш западный тип мышления и заставили уважать древние заповеди Востока.

— Читал я где-то, по-моему, в газете «Версия», — вновь заговорил Юрий Иванович, — что после Всемирного Потопа атланты на Тибете кучковались. Они, атланты-то, стараясь искупить свой грех перед Богом, который привел их к Потопу, махом все стали духовными и свои технологии стали соизмерять с душевными ощущениями. То есть к подсознанию начали прислушиваться. Но было поздно... Так написано было в древней бумаге, которую нашел какой-то лама, говорится в газете. Вот я и думаю, а может быть, не стоит рассказывать о Кайласе и системе пирамид! Народ-то злой, а вдруг осквернят чего?!

— Да, вообще-то, — поддакнул Равиль.

Я задумался и неожиданно для самого себя отмахнулся, сказав:
— Не бойтесь, Кайлас сильнее нас.

Кайлас сильнее людей

— Ты к нему как к живому относишься.

В душе бродил конгломерат радостных и тревожных чувств. Сознанием я понимал, что немного приоткрылась тайна одного из величайших творений древности, простота и оригинальность которого была заложена умами предыдущих цивилизаций, но подсознательно я ощущал внутреннее смятение, которое бывает при встрече с неизведанным и непонятным.

— Как же сложна жизнь! Сколько еще неизведанного! — думал я, будучи во власти этих чувств. — А Город Богов, я чувствую — там, около Кайласа.

— Посмотрите, — перебил мысли Равиль, — линия, идущая от Кайласа к мексиканским пирамидам, проходит через Северный полюс.

Я посмотрел на глобус, удостоверился в этом, но не придал данному факту должного внимания. Я уже обдумывал план повторения проведенных измерений на большом глобусе и компьютерной модели глобуса. Пройдет около трех недель, в течение которых мы выполним эти работы и убедимся в нашей правоте. После этого факт, отмеченный Равилем, касательно Северного полюса, заиграет новыми красками и даст много интересной информации в отношении истории легендарной Атлантиды.

А в тот вечер, когда мы уже расходились по домам, чувства, вызванные видом разлинованного глобуса с нанесенной схемой пирамид и монументов древности, переполняли меня, и я, таясь от других, поднял глаза к небу и сказал про себя: «Спасибо тебе, Боженька!»

Прошу читателя обратить внимание на эту главу.

Автор.

Глава 5

Трагическое послание древних

Два разлинованных глобуса, один большой, другой среднего размера, стояли в моем кабинете. Юрий Иванович Васильев поменял на глобусах нити, очерчивающие контуры мировой системы пирамид и монументов древности, а сами места расположения пирамид монументов пометил красными флажками. Получилось очень красиво.

Я периодически рассматривал какой-нибудь из двух глобусов, стараясь поймать новую мысль. Но никаких новых мыслей не возникало. Изображенная мировая система пирамид и монументов древности завораживала и уводила в мир чувств. Эти чувства, как правило, носили грандиозно-величественный характер и казались мне чем-то вроде соприкосновения с ушедшими цивилизациями. Иногда я, представляя гигантский размах строительства мировой системы пирамид и монументов, чувствовал себя маленьким и никчемным, но чаще всего эти грандиозно-величественные чувства были для меня приятны, особенно после тяжелого операционного дня, то ли успокаивая, то ли вводя в иной ракурс душевного состояния.

Я ждал. Ждал, когда мое подсознание с моим внутренним и неподвластным сознанию «Я» выйдет на новый виток знаний и начнет изнутри, как бы исподволь, подталкивать тебя к осознанию чего-то нового, чтобы ты когда-то мог воскликнуть «Идея! Посмотрите!». Но мое внутреннее «Я» молчало, а умиротворенность и благодушие начинали раздражать меня. Из ученого-исследователя я стал превращаться в «хирургический аппарат» по производству сложных операций. Я еще плохо понимал то, что свое внутреннее «Я» тоже надо подталкивать путем усиленных попыток мыслить, несмотря на их периодическую бесплодность, что простое ожидание интуитивного всплеска может продлиться бесконечно долго.

Неужели древние оставили знак?

Шел июнь 1999 года. Народ поговаривал о конце света, предреченном Нострадамусом. Я вовсю выбивал деньги для новой экспедиции, на этот раз на Тибет — в поисках Города Богов. Кайлас манил к себе, как бы предрекая, что Город Богов находится рядом с ним. Но оставалось что-то недосказанное, что-то оригинальное, простое и очень умное. Что? Я не знал. Подсознательно я уже чувствовал, что атланты, построившие мировую систему пирамид и монументов, оставили для нас, потомков, какой-то знак, разгадка которого была бы очень желательна в преддверии экспедиции. Тогда бы и экспедиция могла повернуться в иное русло. Но какой знак? Мое более «умное» внутреннее «Я», видимо, уже знало, какой это знак, а я сам никак не мог «разродиться» в осознанную мысль. Я лишь ощущал, что древние избрали

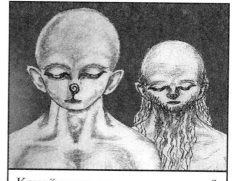

Какой знак оставили древние?

суперооригинальный способ подачи информации, но я и представить не мог, что этот знак будет знаком великой трагедии.

«Разродиться» я все же смог. Теперь я знаю этот знак. И в этом своеобразными соучастниками стали мои секретари-референты Гульнара и Татьяна.

Гульнара и Татьяна

В моей натуре есть одна дешевая черта — иногда, к счастью не часто, я люблю рисоваться. Понимая, что внешность моя банальна и посредственна, я реализую в жизнь эту черту путем того, что корчу из себя умного. Конечно же, я не могу себе этого позволить в кругу маститых ученых, зато в кругу людей, далеких от науки, я с важным видом сажусь заниматься наукой в самый неподходящий момент, приговаривая «Мысль пошла...». Я к тому же сажаю кого-нибудь записывать мои мысли, а сам важно разгуливаю с сигаретой, диктуя и выделяя слова «запятая» или «точка». Хорошо, что у меня нет мобильного телефона, от прикосновения к которому я моментально надуваюсь, как гусь, и начинаю ходить, чеканя шаг и выпячивая локоть руки, удерживающей телефон.

Идеальной атмосферой для такого типа мыслительного процесса является какой-нибудь праздник или день рождения, когда вокруг люди уже веселенькие, а ты вроде бы уж очень умный — наукой занимаешься.

Эту мою черту нельзя в полной мере назвать отрицательной. Например, когда я делаю демонстративные операции за рубежом и много врачей через монитор наблюдают за ходом операций, я не волнуюсь, а, наоборот, оперирую лучше, стараясь придать движениям рук особую элегантность. Честь России, представителем которой я выступаю, в этом случае защищается с некоторым пафосом, но никто не догадывается, что важную роль в этом играет личностное и с дешеватым оттенком качество характера хирурга.

Лучше всего эту мою черту характера знают мои секретари — Гульнара и Татьяна. Они относятся к моим «рисовальным» повадкам философски, памятуя, видимо, принцип — чем бы дитя ни тешилось, лишь бы не плакало. Ведь именно их чаще всего я засаживаю писать под диктовку, унизительно декламируя «запятая» и придавая значимость ситуации, когда, как говорится, «мысль пошла». После очередного «мозгового штурма» я нередко оправдываюсь перед Гулей и Таней, объясняя все это студенческой привычкой готовиться к занятиям в шумной шестиместной комнате общежития, где я прожил все годы учебы в Медицинском институте. Мы все, втроем, иногда вспоминаем сценарий одного режиссера, который хотел создать фильм обо мне и в котором были написаны такие слова: «...Мулдашев стоит в контровом свете у окна. Тишина. Думает. Потом, резко развернувшись, закрывает дверь и садится писать, приложив руку ко лбу...»

— Такого никогда не было, — смеется Гуля. — Кавардак вокруг, шум, телевизор работает... А чтобы в тишине, в контровом свете... — не было.

С тоскою или без тоски взглянув на свое прошлое, я могу констатировать, что тем не менее основные мысли в моей научной карьере возникали именно в такой, до идиотизма ненаучной атмосфере. Так уж Бог дал! Видимо, элементы «рисовального» характера подталкивают мыслительный аппарат к работе.

Был теплый июньский вечер 1999 год, пятница. Справлялся день рождения одной из операционных сестер. Веселые и возбужденные люди то заходили в операционный блок, то начинали танцевать в ординаторской для врачей, то входили ко мне в приемную. Я вроде бы уже начал веселиться со всеми, но отмеченная выше черта подстегнула, и я важно сказал:

— Таня, возьми бумагу, пиши, мысль пошла!

Начав думать, я поймал себя на том, что никакой мысли не пошло. Я просто стоял и радостно осознавал тот факт, что у меня наконец-то появились хорошие секретари. А вообще, по жизни, мне с секретарями не везло: для одного секретаря — работы слишком много, а приму вторую и третью, обязательно начинают ругаться между собой так, что мне самому приходится мыть чашки и ложки. Гуля же с Таней подружились с первого дня и, по-моему, ни разу не ругались, глубоко уважая и любя друг друга.

Татьяна и Гульнара

Гульнара по

натуре очень энергична, прекрасно готовит, никогда ничего не забывает, деликатна и все время с шумом носится на своих высоких каблуках. Когда я появляюсь на работе, то она обязательно оглядывает мою одежду с головы до пят и красивым движением убирает какую-нибудь нитку или соринку. А еще Гуля умеет садиться на шпагат. При шквале звонков она умудряется отвечать всем тепло и ласково. Она любит людей и не устает от них.

Татьяна очень похожа на певицу Наташу Королеву, но сравнения этого не любит, намекая на женскую индивидуальность. Таня души не чает в знаменитой Терезе Дуровой, которая, прозрев после операции у нас, сказала, хорошо зная Наташу Королеву, что Танечка лучше. Другие женщины говорят, что Таня очень стильная девушка и что даже дурацкая серая кофта с нелепо завернутыми краями рукавов является последним писком моды. Таня все время учит меня одеваться и тоже все время находит эти вездесущие нитки на моей одежде. Она способна плакать, соболезнуя больному, очень ответственна в работе и говорит вместо слова «да» слово «конешно» с нажимом на букву «ш». А еще Таня, будучи москвичкой, очень любит Москву, и особенно Химки, где она родилась, приговаривая, что лучшая станция метро в мире — Речной вокзал.

— Итак, Таня, пиши... м... м... — произнес я. — Думая о знаке, который должны были оставить атланты нам, потомкам, можно сказать... м... м... что этот знак... м... м...

— Прямо так и писать — м... м...? — подковырнула Таня.

— М... да... м... м...

Мысль уже плавала вокруг, но никак не выходила наружу, в зону сознания. Наконец, еще несколько раз сказав «м... м...», я начал говорить нормально, без этого звука из одной буквы.

Кайлас – точка древнего Северного полюса

— Пиши, Таня! В свое время, анализируя гипотезу о существовании на Земле Города Богов, — начал диктовать я, — мне удалось прийти к предположению о возможности его местонахождения в районе Гималаев и Тибета...

— Почему так много однотипных слов — гипотеза, предположение, возможно? Может, писать более конкретно?

— Таня! Город Богов вначале надо найти, чтобы говорить конкретно. Пиши дальше!

— Пишу.

— Это предположение о тибетской локализации гипотетического Города Богов* основывалось на многих вероятностных фактах, полученных из «Тайной Доктрины» Елены Блаватской и свидетельствующих о том... запятая...

— Поставила уже.

— ...что именно в этом районе земного шара располагалась легендарная «Вара», находятся «Великие Мудрецы» и «Страна Богов»... Подожди!

Татьяна вскинула на меня глаза. Я вдохновенно сказал:

— Блаватская писала, что «Страна Богов» располагалась в полярной области. Выражения «Страна Богов» и «Город Богов» можно считать синонимами. Если принять во внимание, что Город Богов сочетан со священной горой Кайлас, то можно думать, что древний Северный полюс был на Тибете! Уж не Кайлас ли являлся точкой древнего Северного полюса? Давай подумаем.

До Всемирного Потопа Северный полюс располагался в районе Гималаев и Тибета? Не была ли гора Кайлас точкой древнего Северного полюса?

---

* См. главу 2 первой книги.

— Давайте. Писать?
— Нет. Послушай вначале. Блаватская во многих местах своей «Тайной Доктрины» писала, что Северный полюс и полярные области являются «Обителью Богов», «Страной Богов», местом действия позитивных сил и тому подобное. С другой стороны, очень много данных сходится на том, что священная гора Кайлас является особым древним мистическим местом, похожим на необычную пирамиду, и находится в центре мировой системы пирамид и монументов древности. Отсюда можно провести логическую параллель, что священная гора Кайлас в древности была точкой бывшего Северного полюса. А Северный полюс, будучи, по Блаватской, «Обителью Богов», в древности был местом локализации Города Богов. Значит, в далеком прошлом на Северном полюсе был город, но особый город — Город Богов, со своим главным монументом — священной горой Кайлас. Давай запишем это!
— Пишу.

Я продиктовал эту мысль, используя сложные научные обороты, а потом спросил:
— Таня, понятно то, что я говорил?

— В принципе, да. Значит, получается, что в древности был другой Северный полюс — на Тибете. Там, среди полярного холода, вокруг горы Кайлас, был расположен Город Богов, — подытожила она.

— Итак, в соответствии с нашей гипотезой, — продолжал я диктовать, — в древности, когда Северный полюс располагался в районе горы Кайлас, была иная магнитная сетка Земли и компас показывал по-другому. Есте-

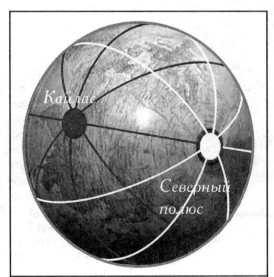

Может быть, гора Кайлас являлась древним Северным полюсом?

ственно, иным было месторасположение Южного полюса, а именно его точкой был остров Пасхи, поскольку этот остров находится на одной оси с горой Кайлас, на противоположной стороне земного шара. Любопытно то, что в древности на Северном и Южном полюсах были выстроены монументы, а современные полюса представляют собой ледяную пустыню.

— Можно спросить? — перебила Татьяна. — А не может быть так, что монументы есть и на наших современных полюсах, но они подо льдом?

— Вполне возможно.

Я поставил на стол глобус, развернул его так, чтобы были видны одновременно современный Северный полюс и гора Кайлас, и вдруг представил, как ось Земли смещалась, меняя место расположения полюсов. В голове мелькнула фраза Блаватской — «полюса двинулись». Что же тогда происходило на Земле? Понятно, что катастрофа была колоссальной.

— Таня, пиши, — сказал я после некоторого молчания. — Если принять во внимание факт смещения полюсов в древние времена от Кайласа до места расположения современного Северного полюса, то это должно было вызвать колоссальный катаклизм на Земле. Какой катаклизм? Скорее всего, это Всемирный Потоп. По данным Елены Блаватской, Всемирный Потоп произошел 850 000 лет тому назад, более того, она написала применительно к Всемирному Потопу фразу

Всемирный Потоп 850 000 лет назад произошел в результате смещения оси Земли

«...полюса двинулись...». Эта дата, видимо, и является датой смещения полюсов Земли. Написала?
— Конешно.

Смещение Земной оси произошло на 60⁰

— Вполне логичен вопрос, — продолжал диктовать я, — на сколько градусов сместилась ось Земли? Давай измерим!

Мы вооружились транспортиром и стали измерять.
— Ровно 60⁰, — сказал я, подняв голову. — Это очень интересно, очень... Ровно 60⁰! 60⁰ — это третья часть полуокружности Земли. Если 60⁰ умножить на 3, то получится 180⁰. У меня такое чувство, что эти 60⁰ являются какой-то единицей измерения. Но доказать этого я не могу.

— У меня тоже получилось 60⁰, — проговорила Татьяна с транспортиром в руке. — К тому же, 60⁰ х 6 = 360⁰... — «шестерки» везде.

— Удивительно, Таня, то, что смещение оси Земли во время Всемирного Потопа произошло ровно на 60⁰, или ровно на одну треть полуокружности земного шара. Возникает впечатление, что ось Земли сместилась не бессистемно из-за какого-то планетного воздействия, а сместилась по четкому, заранее намеченному плану, когда через определенные промежутки времени Земля меняет положение своей оси на 60⁰, то есть на одну треть своей полуокружности. А каждое такое смещение оси — колоссальная катастрофа, колоссальная трагедия! Вот тебе и 60⁰...

— Шестерка там есть — зловещее число. И еще два нуля, — заметила Таня.

— Какие два нуля? — не понял я. — Там вроде один нуль, ведь 60.

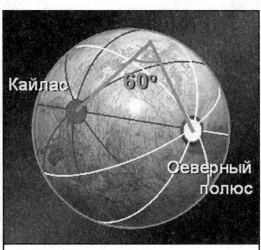

При Всемирном Потопе смещение оси Земли произошло на 60⁰

— Ну... один большой нуль, а второй — маленький, тот, который градус обозначает.
— А... а...

Непальские ступы ориентированы по древней магнитной сетке

— Слушай — встрепенулся я, — во время первой гималайской экспедиции в 1996 году, будучи в Непале, я по компасу определял ориентацию религиозных ступ, тех ступ, на которых изображены огромные необычные глаза. Я пытался ответить на вопрос — куда смотрят эти глаза? А эти необычные глаза, как удалось выяснить, принадлежат лемурийцу. Так вот, большин-

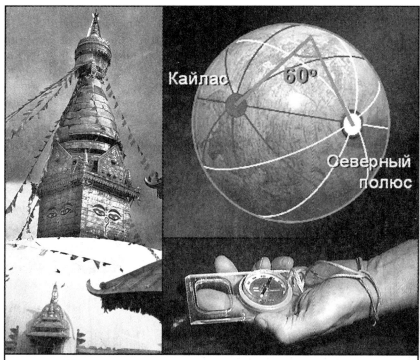

Непальские ступы ориентированы по линии, отличающейся на 60⁰ от оси «север — юг»... возможно, по древней магнитной сетке...

ство непальских ступ ориентированы по линии, отличающейся на 60⁰ от оси «север — юг», то есть по древней магнитной сетке, той магнитной сетке, когда Северным полюсом была гора Кайлас.

Тогда, в 1996 году, я многого не понимал. А сейчас я стал понимать, что непальские ступы за счет своей ориентации на 60⁰ от современной земной оси как бы намекают на то, что необычные глаза, являющиеся «визитной карточкой» этих ступ, принадлежали людям, которые жили при ином расположении полюсов.

— А откуда непальские ламы узнали это? — спросила Татьяна.

— Все религиозные строения, будь то ступы, будь то церкви или мечети, строятся по определенному плану, пришедшему из древности. Религиозные служители свято сохраняют этот план и проносят его через века. Любопытно то, что в непальских ступах, которые, кстати, чем-то похожи на гору Кайлас, по древнему плану заложено два принципиальных момента — ориентация по древней магнитной сетке Земли и глаза древнего человека. Непальцы, входя в ступу, поклоняются, значит, древним людям, жившим при ином расположении полюсов, когда Северным полюсом был священный Кайлас. Эти люди, глаза которых изображены на ступах, были как Боги и были достойны поклонения. Это лемурийцы — величайшая человеческая раса; именно лемурийская цивилизация достигла невиданного развития и оставила свои знания на «золотых пластинах», таящихся в глубоких тайниках Гималаев и Тибета, а мо-

Глаза древнего человека, изображенные на непальских ступах

жет быть... и других мест... а может быть... в узловых точках мировой системы пирамид и монументов...

Я задумался. Мне казалось, что когда-нибудь кто-нибудь найдет «золотые пластины» лемурийцев, кто-нибудь расшифрует их, и тогда человечеству откроются Великие Знания, которые перевернут нашу жизнь. Даже хотелось начать такой поиск. Но я осознавал, что Высшие Силы никогда не позволят преждевременно приоткрыть завесу тайны над этими Знаниями, что личные усилия исследователя мало что значат, а главным является уровень Добра в человеческом обществе, чтобы не обратить Великие Знания во Зло ради достижения Власти. В тот момент я даже и предположить не мог, что вскоре, в ходе тибетской экспедиции, мы найдем место одного из тайников и воочию увидим, как защищен этот тайник с помощью, как это странно ни звучит... времени. Древние были не только умны, но и оригинальны.

— А может быть, и атланты поклонялись лемурийцам? — неожиданно задала вопрос Таня.

Я поднял на нее глаза и в ответ спросил:
— Откуда к тебе пришла такая мысль?
— Не знаю.
— Интересно, — тут же стал рассуждать я, — и в самом деле существует множество литературных данных о том, что цивилизация атлантов — людей предыдущей цивилизации — получила развитие тогда, когда их жрецам стали доступны «золотые пластины» лемурийцев. Тогда они создали технологии, основанные на использовании божественной тонкой энергии. Поэтому вполне логично, что атланты тоже поклонялись лемурийцам. Не являются ли непальские ступы подобием религиозных культовых сооружений атлантов?

— Эрнст Рифгатович, интересно это все, — давайте записывать!
— Давай.

Записав изложенное выше, я стал размышлять вслух дальше. Таня писала на ходу.

— Если принять во внимание предположение, что план строительства непальских ступ «дошел» до нас со времен Атлантиды, то становится вполне объяснимой их ориентация на 60^0 от современной оси Земли. Я еще не видел Кайлас воочию, но по фотографии, подаренной монахом Аруном, можно судить о схожести непальских ступ со священной горой Кайлас; а на этих ступах изображены глаза лемурийцев. Отсюда можно предположить, что атланты поклонялись Кайласу и лемурийцам, которые построили эту священную пирамидальную гору.

— Сейчас, сейчас, не успеваю писать!
— Так... Логическая цепочка подводит к мысли, что Кайлас и, возможно, расположенный вокруг него Город Богов были построены лемурийцами. Но ведь совсем недавно, анализируя мировую систему пирамид и монументов древности, нам удалось прийти к выводу, что Кайлас был построен атлантами* 850 000—1 000 000 лет тому назад! Какое из предположений верно? Мне кажется, что истина лежит посередине: Кайлас и другие монументы древности были построены атлантами, которые получили знания от лемурийцев, вышедших из состояния Сомати (самоконсервации тела), в котором они пребывали тысячелетия, а может быть, и миллионы лет в глубоких пещерах Тибета и Гималаев. Атланты называли их Сынами Богов, о чем свидетельствуют Елена Блаватская и восточные религии.

Татьяна положила ручку, взглянула на меня и сказала:
— Здорово! Ни разу не было сказано «запятая» или «точка».
— М... да... А вообще, Таня... Не пиши это! Представь себе цивилизацию атлантов. Пяти-шестиметровые атланты с перепонками между пальцами живут на Земле. Они, так же как и мы, влюбляются, женятся, рожают детей, кушают... Их ученые ведут исследования и вместе с их жрецами приходят к выводу о наступлении времени перемен. И вдруг появляются огромные десяти-двадцатиметрового роста люди — лемурийцы. Атланты, падая ниц перед ними, восклицают — Сыны Богов, Сыны Богов! Лемурийцы, не отвечая на вопрос — откуда они появились — и сохраняя достоинство, отбирают наиболее продвинутых ученых — атлантов и открывают им секрет «золотых пластин», обучая методам овладения «Силой

А еще они называют атлантам знак древних...

---

* См. главу 3 этого тома книги.

Духа». Далее они рисуют план построения Города Богов и всей мировой системы пирамид и монументов, приговаривая «Скоро Земля должна повернуться на 60^0!». Они показывают то место, куда должна сместиться ось Земли. А еще они называют атлантам... знак древних... и уходят неведомо куда.

— Знак древних?

В этот момент шум и музыка, раздававшиеся из соседней комнаты, усилились, открылась дверь и несколько веселеньких женщин потребовали, чтобы мы с Таней разделили их компанию.

— Ну что такое! Где мужчины-то! Один Селиверстов нас развлекает, да и тот пьяный.

Атлантида погибла оттого, что ось Земли сместилась на 6666 км

Мы присоединились к компании. Селиверстов и в самом деле был, как говорится, никакой и в основном кивал. Я сказал какой-то тост и сел перекусить.

— Ой, серьезный-то какой, — показала на меня одна из женщин. — Чо вы хоть там намыслили? Расскажите, нам тоже интересно.

— Девчонки, потанцуйте лучше.

— А кто приглашать-то будет? Дама даму, что ли?

— Ну, быстрые танцы танцуйте.

На другом конце стола трое женщин, удерживая рюмки в руках, увлеченно беседовали о чем-то. Одна из них плакала.

— Ну, вы понимаете, — всхлипывала она, — когда принесли обе шубы, я сразу выбрала, какую я куплю. Эта шуба — просто прелесть, длинная, с окантовкой внизу и на рукавах, я в ней — просто королева. А вторая — фиолетовая такая, противная, с капюшоном и жесткая, как дерево, я в ней — дура-дурой. Так вот она... она говорит, чтобы я купила вторую. Понимаете, вторую... чтобы я кикиморой казалась. И объясняет это тем, что вторая шуба на четыре тыщи дешевле. За кого меня принимает-то!

Я поднялся, позвал Таню и пошел в соседнюю комнату работать. Вслед послышалось:

— Дверь хоть не закрывайте! Мы хоть слушать будем, что вы там умного будете говорить.

— Ладно.

Таня раскрыла бумаги. Я закурил.

— На чем мы остановились?

— На знаке древних.

— Может быть, знак древних и есть те самые 60°? — стал размышлять я. — Сомнительно. Что-то не то! Слушай, Таня, давай подсчитаем — сколько километров будет в этих 60° окружности Земли.

Итак, 60° есть одна треть полуокружности Земли (180°), или одна шестая часть окружности Земли (360°). Из школьной географии мы знаем, что окружность Земли составляет 40 000 километров. Подсчитай, пожалуйста, сколько километров составляет 60°?

Таня взялась считать, после чего по-школьному отчеканила:

— 60° будет 6666 км.

— Чего?

— 6666 километров. А что?

— Если «666» считается дьявольским числом, то «6666» — еще хуже!

Я замолчал. Из другой комнаты слышалась музыка. Известная певица Алена Апина пела:

Он уехал прочь на ночной электричке,
В тишине шагов ты все ждешь по привычке...

Раздавался топот и крики «у-ух». Женщины танцевали. Послышался голос:

— ... ни слова больше о шубе. Обещаешь?

Я не очень склонен верить мистике, но здесь мне стало жутковато: окружность Земли составляет 6 участков по 6666 километров. Везде шестерки... одни шестерки... Неужели, если верить в магию чисел и признавать шестерку плохим числом, в планете Земля заложено плохое негативное начало? Или фатальное?

В тот момент я не понимал того, что рядом с нами на Земле существует еще один мир — мир, в котором числа и их отноше-

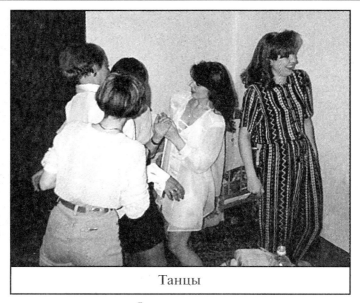

Танцы

ния играют значительно большую роль, что законы существования этого мира совершенно иные, что Земля является матушкой не только для нас, но и для них — представителей этого мира, что Город Богов был создан не столько для нас, сколько для них... В тот момент я просто растерянно стоял, пытаясь осознать значение этого шесterочного ряда вокруг Земли.

— Всемирный Потоп, понимаешь, Таня, произошел оттого, что ось Земли сместилась на 60^0 или... на 6666 километров. Атлантида погибла оттого, что ось Земли переместилась на 6666 километров. Четыре шестерки как бы символизируют величайшую катастрофу на Земле. Неужели все было предопределено? — выдавил я из себя.

Я почувствовал себя маленьким и никчемным. Но вдруг до меня дошел философский смысл четырех зловещих шестерок, вернее, мистически-философский смысл этого. Во всем мире наряду с добрым началом обязательно заложено плохое, негативное начало, в борьбе с которым рождается Знание и происходит Прогресс. Поэтому негативное начало надо считать тоже «божьим даром», так как без борьбы с ним не будет прогресса и человек не сможет реализоваться как саморазвивающееся начало, предопределенное Богом. Человек — живое существо! А Земля? В самой Земле, значит, тоже заложено это негативное начало в виде четырех шестерок (6666), и Земля тоже должна бороться с этим злом, чтобы иметь прогресс, чтобы тоже реализоваться как саморазвивающееся начало. Отсюда следует, что Земля не просто планета, на которой мы живем, а живое существо, которое способно...

Я помахал головой, как бы освобождаясь от слишком уж мистических мыслей.

— Таня, давай запишем все, что мы говорили!
— Я уже записала. Я успеваю, когда Вы не говорите «запятая» или...
— Атланты, видимо не смогли войти в контакт с Землей, что-то не учли, может быть, себя Богами почувствовали, может быть, посчитали матушку-Землю простой бездуховной твердью, на поверхности которой можно беспрепятственно сводить счеты друг с другом. Им, атлантам, не хватало одной шестерки — зла, двух шестерок — сильного зла, трех шестерок — дьявольского зла, и... появились четыре шестерки — катастрофическое зло. Земля сместила свою ось на 6666 километров, произошел Всемирный Потоп, и Атлантида прекратила свое существование. И только небольшая группа духовно продвинутых атлантов осталась на Земле.
— Жалко атлантов, — загрустила Таня. — Наверное, среди них тоже была любовь...
— Землю любить надо прежде всего, — резко отрезал я.

Танцы в соседней комнате закончились. Слышались бессистемный шум, звон рюмок и бокалов, возгласы «наливай», «давай еще немножко» или «эх, девчонки!».

— Чо шуба-то! Хорошая ведь в итоге досталась, а не та, фиолетовая. Мы тут все о шмотках говорим, а вон люди над наукой корпят, мысли пишут. И Танька тоже приобщается, умную из себя корчит, — отчетливо раздалось из моей приемной.

— Может, закроем дверь, а? — покраснела Таня. — О трагедии говорим все же, а тут...

— Не надо. Так веселее. О трагичном еще будем говорить. А сейчас пойдем ко всем, выпьем, потанцуем.

Трагическое послание древних

Мы встали. И тут я неожиданно сказал:

— Садись, Таня, пиши! Мысль появилась.

— Хорошо.

— Какова высота священной горы Кайлас? Высота этой горы в одних литературных источниках определяется как 6714 метров, в других — 6668 метров. Уж не 6666 метров ли?

— Опять эти четыре шестерки?

— Да. Но вначале давай порассуждаем о методах измерения высоты гор и о геологии. Я ведь турист и кое-что знаю. Измерение высоты горы есть не такой уж простой процесс и грешит целым рядом неточностей, поэтому вполне возможно, что священная гора Кайлас была заложена высотой именно 6666 километров. С другой стороны, насколько я знаю, Гималаи и Тибет являются молодыми горами, а молодые горы растут. Поэтому нельзя исключить того, что первоначальная высота Кайласа была именно 6666 метров. За прошедшие тысячелетия гора выросла до 6668 метров или даже до 6714 метров, — решил я внести ясность.

— Странное сочетание, — озадачилась Татьяна, — поворот Земли при Всемирном Потопе тоже связан с четырьмя шестерками! К чему бы это?

— «6666» — это трагическое послание древних! — сказал я неожиданно для самого себя.

— ???

— Высотой священной горы Кайлас древние отобразили главную причину величайшей катастрофы Земли.

— Причина катастрофы в этих шестерках?

— Да.

— Почему?

— Не знаю точно. Но я думаю, что Кайлас был построен в связи со Всемирным Потопом — или до него, или после него. В Кайласе отображен апокалипсис, в нем отображен Всемирный Потоп! Кайлас был построен для предупреждения апокалипсиса! Город Богов вместе с Кайласом играют главную роль...

Я задумался, запутавшись в своих мыслях. В соседней комнате продолжалось веселье. Мне больше всего не хотелось, чтобы кто-нибудь зашел и перебил ход мыслей.

— Но высота Кайласа — это метры, а расстояние «Кайлас — Северный полюс» — километры, хотя везде 6666, — заметила Таня.

— Я думаю, — стал собираться я с мыслями, — что Кайлас был построен для каких-то целей, связанных с тонким миром. А в тонком мире все относительно, там нет абсолютных цифр, там главную роль играют числа, а не единицы их измерения. Это трудно представить образно, но такова суть так называемой фрактальности тонкого мира, то есть разномасштабности. Фрактальность — это тогда, когда и микрон, и метр, и километр, по сути,

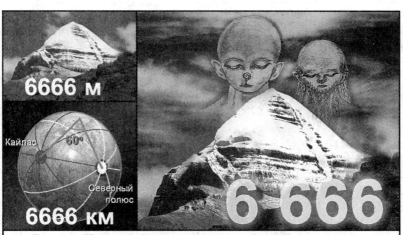

Высота Кайласа в метрах соответствует расстоянию от Кайласа до Северного полюса в километрах. Неужели древние люди знали о смещении оси Земли на 6666 км и... построили на месте старого Северного полюса пирамиду высотой, соответствующей этой цифре, для...

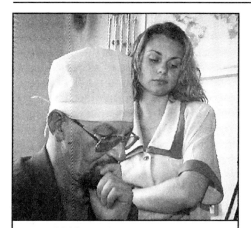

«6666» — это трагическое послание древних. Высотой горы Кайлас древние отобразили главную причину величайшей катастрофы Земли

одинаковы, характеризуя в разных масштабах какое-либо число. Поэтому ответ на твой вопрос касательно километровых или метровых характеристик числа «6666» может прозвучать так: если в физическом мире здесь есть разница, то в тонком мире здесь разницы нет. А из всего сказанного можно сделать вывод, что священная гора Кайлас играла какую-то роль во Всемирном Потопе через тонкий мир — мир тотальной относительности, где нет расстояний и где все происходит мгновенно, но происходит мощно и грандиозно.

— Интересно было бы побывать в тонком мире, — промолвила Татьяна.

— Мы будем там после смерти и узнаем его на Том Свете.

— Я тут посчитала и получила вот что, — Таня протянула мне бумажку, на которой было написано:

6 + 6 + 6 + 6 = 24
2 + 4 = 6

— Ничего себе! — воскликнул я. — Тотальная шестерка, вездесущая шестерка, от шестерок деться некуда! Если мы имеем дело с четырьмя шестерками (6666), то сумма обязательно выведет к символичной шестерке (24 или 2 + 4 = 6). А в тонком мире все относительно и символично... Если верить, что шестерка олицетворяет зло, то четыре шестерки являются в тонком мире символом тотального всепоглощающего зла — зла глобальных катастроф!

— А что будет, если сложить три шестерки? Ведь «666» считается плохим символом, — сказала Татьяна и принялась считать.

— Вот, тоже интересно получилось.

6 + 6 + 6 = 18
1 + 8 = 9

— М... да... перевернутая шестерка...
— Я читала, что «9» считается дьявольским числом. Тоже дьявольское «666» приводит к дьявольской «9».
— Получается, что три шестерки символизируют дьявольское зло.
— Две шестерки не очень интересны, — Татьяна протянула еще один листочек:
6 + 6 = 12
1 + 2 = 3
— Возможно, «66» символизирует зло, а возможно, и нет, не знаю, — пролепетал я. — Кстати, давай также посчитаем девятки.
Мы принялись считать и получили вот что:
9 + 9 + 9 + 9 = 36;   9 + 9 + 9 = 27;   9 + 9 = 18;
3 + 6 = 9;   2 + 7 = 9;   1 + 8 = 9.
Мы удивленно смотрели на этот цифровой ряд.
— «9999» — символ гибели самой Земли, а не просто людей, живущих на Земле. При числе «9» всегда все фатально... — неуверенно выговорил я.
В тот момент мне казалось, что такая мистическая периодика цифр очень завлекательна, но не имеет под собой никакой научной основы. Чуть позже, когда мы с Татьяной начнем от-

кладывать эти числа на глобусе, то увидим такие четкие закономерности, что волей-неволей начнём верить в магию цифр и в существование тонкого мира. А тогда Таня, съёжившись и расширив глаза, произнесла:

— Я боюсь тонкого мира.

— Не бойся, Таня! В этом относительном и символичном тонком мире ведь есть не только числа «6» и «9», а и другие числа — добрые. Давай обсчитаем число «7»!

9999 символ гибели Земли

— Давайте!

7 + 7 + 7 + 7 = 28;   7 + 7 + 7 = 21;   7 + 7 = 14;
2 + 8 = 10; 1 + 0 = 1;   2 + 1 = 3;   1 + 4 = 5.

— Видишь, ни одной шестёрки или девятки.

— Да.

— А что будет с цифрой «8»?

8 + 8 + 8 + 8 = 32;
3 + 2 = 5;
8 + 8 + 8 = 24;
2 + 4 = 6;
8 + 8 = 16;
1 + 6 = 7.

— Две комбинации добрые, а одна — злая...

— Если обсчитать все цифры, — задумался я, — то, наверное, будет баланс «добрых» и «злых» чисел. Таким Бог создал мир, в том числе и тонкий символично-относительный мир. Но, Таня, не надо думать, что числа есть толь-

— Я боюсь тонкого мира!

ко символы, в этих числах заложена сила, огромная сила. Силы тонкого мира несравнимо выше физических сил; эти тонкие силы могут не только стереть человека с лица Земли, но и сместить Землю с орбиты, напрочь все дематериализовать и творить чудеса. А тонкими силами управляют цифры, простые известные цифры.

Мы замолчали. Какая-то грандиозность сквозила от исписанных цифрами листочков.

— Мы вам помешаем! — раздались веселые голоса в двери. Две женщины несли по рюмке водки и еще две рюмки для нас. Было понятно, что они хотели выпить с нами.

— Девчонки, поставьте пока рюмки. Сейчас, допишем. Таня! Взяла бумагу?

— Конешно.

— Тонкоэнергетическая субстанция человека, — начал диктовать я, — имеет, очевидно, каналы связи со всем остальным тонким миром. Если бы Бог открыл эти каналы, то человек мог бы пользоваться энергией тонкого мира, мысленно перебирая какие-то комбинации цифр и усилием воли направляя свое зашифрованное желание куда-либо. Тогда можно было бы взглядом сдвинуть каменную глыбу, поднять ее в воздух и переместить в пространстве. Но Бог не открывает нам эти каналы! Пока! Не хватает у нас чистоты души! Ведь мы можем использовать тонкую энергию в негативных целях, а это страшно! В восточных литературных источниках я нашел описания

Если бы человеку были открыты тонкоэнергетические каналы, то он мог бы пользоваться энергией тонкого мира, мысленно перебирая комбинации цифр

того, как атланты и лемурийцы пользовались тонкой энергией, — всего-навсего взглядом они могли творить чудеса, потому что взгляд, наделенный каналом тонкой энергии, является мощнейшим орудием, способным сдвигать горы,

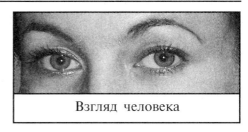

Взгляд человека

строить пирамиды и дома и делать многое другое. Взгляд может быть разным: разрушительным или созидательным, животворящим или убивающим, добрым или злым, но главное состоит в том — является ли взгляд действенным? А взгляд приводится в действие комбинацией цифр, перебираемых в голове. Настроился ты, например, на доброе деяние, посмотрел на человека, перебрал в голове нужные комбинации «семерок», и твой взгляд окажет на человека мощное животворящее действие. А если ты настроился на злое деяние, перебрал в голове нужные комбинации «девяток» или «шестерок», то твой взгляд может оказаться и смертельным. Так что, возможно, и хорошо, что нам не открыт этот тонкоэнергетический канал действенности взгляда. Доброты пока у нас маловато!

— Хорошо, что он не открыт, а то какая-нибудь женщина, когда я надену новое платье, посмотрела бы на меня и перебрала в голове «девятки» или «шестерки»..., — почти серьезно промолвила Таня.

— А мы уже столько времени взглядом показываем Вам на это, скоро «шестерки» перебирать начнем, — рассердилась одна из двух стоящих рядом с нами женщин, показывая на полные рюмки.

Я выпил рюмку, сказав что-то во здравие именинницы и убеждая ее в том, что надо еще поработать.

— Вам хорошо, Эрнст Рифгатович, Вы, похоже, не пьянеете, сколько бы ни выпили, а я-то что... — пролепетала Таня, деланно пригубив рюмку.

— Пиши, Таня!
— Пишу.
— Однажды, когда я встречался с великим пророкоподобным человеком и магом Саи Бабой, я обратил внимание на необычность и силу его взгляда. Я даже спросил, посмотрев ему в глаза: «Who are you?» (Кто ты?), после чего он так посмотрел

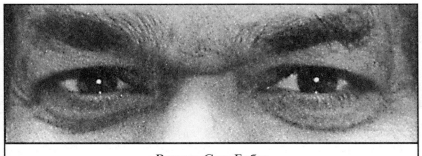

Взгляд Саи Бабы

на меня, что стало жутко. Этот человек владеет феноменом материализации и при встрече материализовал мне в руку пепел. Поэтому я думаю, что взгляд может обладать даже материализующим или дематериализующим действием, то есть под взглядом материя может появляться или исчезать. Кто-то из приближенных Саи Бабы обмолвился, что Саи Баба знает секрет каких-то чисел.

В это время, когда я, отвлекаясь от основной линии рассуждений, начал анализировать взгляд человека, я не мог и подумать о том, что вскоре, когда буду смотреть на священный Кайлас, мои мысли полностью погрузятся в невообразимость создания такой конструкции и в то, что только сила взгляда способна сделать это, а желание обрести действенный творящий взгляд будет щемить внутри вперемешку с генетической обидой на предков, имевших глупость посчитать себя Богами.

— Эрнст Рифгатович, я Вас приглашаю на танец, — раздался требовательный голос одной из женщин, продолжавших стоять рядом с нами.

— Я не пойду, надо дописать мысли...

— Если бы Таня пригласила, наверное, пошли бы, — с обидой ответила она и, цокая каблучками, гордо удалилась в другую комнату.

— Пиши, Таня! Итак, возвращаясь к трагическому посланию древних, отраженному в высоте священной горы Кайлас (6666 метров), относительно соответствующему расстоянию смещения земной оси при Всемирном Потопе (6666 километров), можно думать, что священная гора была построена после Всемирного Потопа оставшимися в живых атлантами (или лемурийцами?) с целью предупреждения следующего смещения оси Земли. Поэтому гора Кайлас должна... я думаю, иметь очень сложную конструкцию, которая бы оказывала влияние на тонкую энергию через ее формотропность (влияние формы предмета), чтобы с помощью божественной (тонкой) энергии стабилизировать ось Земли и дать спокойно жить потомкам.

Говоря эти слова, я представлял сложность конструкции горы Кайлас и, как мне думалось, сложность конструкций, входящих в Город Богов пирамид и монументов. Но то, что я увижу через несколько месяцев, превзойдет все мои фантазии и еще раз подведет к осознанию себя как мелкого малосведущего в чем-либо существа, в сравнении с которым технологическая мощь атлантов (или лемурийцев) казалась сказкой. Поэтому просквозившая мысль о том, что даже атланты не уберглись от какого-то сильного греха с запахом глобальной катастрофы, показалась мне сумрачной и фатальной в аспекте критической оценки духовного уровня нашей цивилизации.

— А кто придумал метры и километры? — неожиданно спросила Татьяна.

— Интересный вопрос, — озадачился я. — Я не знаю его истории. Но если даже поднять соответствующую литературу, то все равно останется сомнение, поскольку я убежден, что мысли ученому даются Богом. Поэтому, как бы мистически это ни звучало, я думаю, что указанные единицы измерения были спущены на Землю Высшим Разумом или дошли до нас со времен Атлантиды. Трагическое число «6666» отображено, как мы указывали, в метрах и километрах. А если мы будем измерять высоту Кайласа и расстояние от Кайласа до Северного Полюса в чисто «человеческих» еди-

Кто придумал метры и километры?

ницах, например в футах (длина ступни) или в локтях (длина локтя), то у нас, наверное, ничего не получится.

— Грустно, видимо, было строить священную гору высотой, соответствующей трагическому числу, — вздохнула Таня.

— Видимо, да, — ответил я.

Сразу оговорюсь, что по окончании экспедиции я получил серьезные консультации у топографов и геологов, чтобы удостовериться в правомерности того, чтобы считать высоту горы Кайлас как 6666 метров. Выяснилось, что высоту гор определяют с помощью приборов, называемых теодолит и нивелир. Суть такого измерения состоит в определении угла на вершину искомой горы от вершины с уже известной высотой и последующим пересчетом угловых градусов в метры. Но точность такого измерения не может быть высокой, так как на вершину Кайласа залезть нельзя (святотатство), да и стартовая высота какой-либо другой вершины вряд ли может быть определена точно, учитывая суровые условия Тибета.

Измерение высот с помощью аэрофотосъемки осуществляется путем серийного фотографирования ландшафта с двух позиций с последующей накладкой фотоснимков друг на друга и получением стереоэффекта, который далее обсчитывается. Но в условиях Тибета, учитывая большую высоту, может применяться только высотная аэрофотосъемка, которая грешит неточностью. Также неточностью грешат космические съемки.

Кроме того, геологи убеждены в том, что в Гималаях и Тибете до сих пор идет процесс горообразования, поскольку это молодые горы. За счет тектонических сдвижек многие горы в этом районе могут расти на 0,5—1,0 см в год. Естественное разрушение тоже накладывает свой отпечаток на высоту горы, но при указанном темпе роста, скорее всего, идет повышение гор.

В связи с этим становится понятным, почему на картах отмечено два варианта высоты священной горы Кайлас — 6668 м и 6714 м, — погрешности методов измерения. Нельзя также исключить того, что Кайлас «вырос» за прошедшие тысячелетия. Поэтому логически выведенная высота горы Кайлас (6666 м) может быть истинной первоначальной высотой.

— Эрнст Рифгатович, значит, через Кайлас древние люди сделали нам трагическое послание. Они предупредили нас, чтобы мы, как и они, не попали под Всемирный Потоп. Они указали нам причину Всемирного Потопа — 6666, — тихим голосом сказала Таня.

— Мне грустно осознавать это, Таня, — промолвил я. — Засекреченное и введенное в гору трагическое послание...
— Мне тоже грустно.
— Но вот отчего мне становится еще грустнее, Таня, — наша цивилизация еще далека от понимания тонких энергий и научного осознания Бога, а у нас уже возник апломб, базирующийся на успехах физических технологий, в основе которых лежит нефтяная и газовая энергетика. Нефтяной король для нас звучит столь гордо, что мы забываем, что нефть и газ создал Бог, а не нефтяной король. Если степень техногенного апломба нашей цивилизации обретет глобальные черты, то

мы погибнем, не успев понять загадки четырех шестерок — трагического послания древних.

— Почему же люди так быстро заносятся и зазнаются?

— Это особый разговор, Таня. А теперь мне бы хотелось обсудить еще один вопрос — как соотносится высота священной горы Кайлас (6666 метров) со всей мировой системой пирамид и монументов древности? Я думаю, что здесь мы найдем тоже много любопытного.

Башня Дьявола

— Писать?

— Да. В прошлый раз, когда мы обсуждали мировую систему пирамид и монументов, Равиль Мирхайдаров заметил...

«Э-эх!» — раздался возглас в дверях. Проснувшийся Селиверстов нес на руках кого-то из женщин, продолжавших праздновать день рождения в соседней комнате.

— Она хочет поговорить с Вами, — ухмыльнувшись, сказал он. — Я не могу удержать.

— Сейчас, сейчас... Таня, позвони и предупреди Алексея Савельева и Ольгу Ишмитову, чтобы не уходили домой. Нам понадобится Интернет. Ну что?

— Мы тут, девчонки, обсуждали, — неровным голосом проговорила дама, — что есть сигареты «555» и духи «555», что бы это могло значить?

— Сергей Анатольевич Селиверстов это хорошо знает, он и объяснит, — перекинул я инициативу, подмигнув протрезвевшему Селиверстову. — Таня, позвонила?

— Позвонила, они скоро придут.

— Равиль Мирхайдаров заметил, что линия, соединяющая гору Кайлас с мексиканскими пирамидами, проходит через Северный полюс. Тогда я не обратил на это особого внимания, но что-то в голове отложилось. Складывается впечатление, что мексиканские пирамиды были построены с какой-то целью именно на этой линии. С какой?

Таня вопросительно посмотрела на меня, не обращая внимания на Селиверстова, сидевшего на диване и объяснявшего уже двум дамам загадку духов и сигарет «555».

— Цель построения мексиканских пирамид на линии «Кайлас — о. Пасхи», проходящей через Северный полюс... — размышлял я, — состоит... в... Слушай! Расстояние от священной

Линия, соединяющая Кайлас с мексиканскими пирамидами, проходит через Северный полюс

горы Кайлас до Северного полюса составляет 6666 километров. Давай отложим на этой же линии от Северного полюса еще раз 6666 километров в сторону мексиканских пирамид! Что получается? Пошли измерять!

Сразу оговорюсь, что при измерении я допустил ошибку, но... счастливую ошибку. Если бы этой ошибки не было, мы бы не смогли обнаружить Башню Дьявола и сделать целый ряд весьма интересных и важных умозаключений, которым будут посвящены следующие главы. Ошибку я вскоре обнаружу и буду удивляться причине ее возникновения, упрямо мотая головой и пытаясь освободиться от мистического наваждения. А тогда...

Мы подошли к глобусу, взяли циркуль. В это время вошли Ольга Ишмитова и Алексей Савельев. Об Ольге Ишмитовой — заведующей дизайн-отделом в нашем Центре — я писал в главе «Монах Арун». А Алексей Савельев, молодой врач и кандидат медицинских наук, увлекся компьютерами до такой степени, что решил посвятить себя не практической медицине, а этому. Учитывая его талантливость, мы создали для него отдел медико-информационных технологий, очень хорошо оборудовали его, и сочетание врача с компьютерщиком сразу стало оправдывать себя.

— Подключайтесь к нам, вникайте, — обратился я к Ольге и Алексею. — Мысль просквозила — не является ли смещение оси Земли на 6666 километров периодическим феноменом, присущим нашей планете, и не ждет ли нас очередное изменение положения земной оси с очередным Всемирным Потопом? Давайте-ка отложим 6666 километров, начиная от Северного полюса!

— Интересная мысль, — сказал серьезный Алексей и покосился на людей, сидевших на диване и обсуждавших проблему духов «555».

Я поставил одну ножку циркуля к Северному полюсу и отложил эти 6666 км; вторая ножка циркуля встала на Америку в район штата Вайоминг, который находится на севере США.

— Неужели это и есть то дьявольское место, куда может сместиться ось Земли, подчиняясь закону четырех шестерок? — подумал я, глубоко тая в себе эту крамольную мысль. — Ничего особенного — обычный штат в Великих равнинах США!

Алексей Савельев

— Ольга, Алексей, войдите в Интернет, найдите штат Вайоминг (США) и посмотрите, что там находится, — попросил я.

Ольга с Алексеем ушли, а мы с Татьяной решили еще раз отмерить на глобусе расстояние 6666 км по этой же линии в сторону острова Пасхи; удивлению нашему не было предела — следующей точкой оказался, вроде бы точно, остров Пасхи. Вроде бы точно...

— Полуокружность Земли состоит из трех расстояний 6666 километров! — воскликнул я.

— А что здесь удивительного, — пожала плечами Таня, что-то подсчитывая на листе бумаги, — из школьной географии известно, что окружность Земли 40 000 километров, а полуокружность — соответственно 20 000 километров. Посмотрите, 6 666 x 3 = 19 998, то есть всего два километра не хватает до 20 000. А если 6666 умножить на 6, то получится 39 996, то есть без четырех километров 40 000.

— Интересно! Окружность Земли состоит из шести расстояний по 6666 километров, — невольно поежился я. — К чему бы это? Я понимаю, что все это не совсем точно, потому что Земля эллипсовидна, но в принципе это так.

Вбежала Ольга.

— Нам легко удалось войти в Интернет и найти информацию по штату Вайоминг. Главной достопримечательностью там является так называемая Башня Дьявола.

— ???

— Сейчас достанем более подробную информацию, — сказала она и убежала.

Я замолчал и стал думать о фатальной предрешенности всего того, что происходит на

Я думал, что меридиан «Кайлас — остров Пасхи» делится Северным полюсом и Башней Дьявола на 3 части по 6666 км

Земле. Почему окружность Земли исчисляется как 6 раз по 6666 км? Почему такое плохое сочетание цифр? Кем задумывалась такая окружность Земли? Почему к дьявольской высоте Кайласа в 6666 м через два раза по 6666 км приплюсовалась Башня Дьявола? Что находится под водой на Северном полюсе — еще одна Башня Дьявола?

Возглас «Эх-ма, надо ноги размять!» прервал мои мысли. Обе дамы, сидевшие на диване рядом с Селиверстовым, поднялись, подошли к пишущей Тане сзади и стали упорно сверлить меня взглядом. Вдруг одна из них наклонилась, потом откинула голову и гордо сказала:

— Все понятно!

— Что?

— Все ясно!

— Что?

— «Кензо»!

— ???

— Понюхай, — показала она на волосы Тани другой даме.

— «Кензо»!

Я сразу смекнул, что попал впросак из-за того, что передарил на дни рождения многим женщинам нашего центра эти самые духи со смачным названием «Кензо», поскольку это были единственные духи, которые я знал и поскольку я, из деликатности, видимо, умалчивал, что дарю эти духи всем подряд.

— Точно, «Кензо», — ответила вторая дама, понюхав Танину голову.

— Ну, «Кензо» так «Кензо», — послышался хриплый голос Селиверстова с дивана, — что из этого?

— Все понятно, «Кензо»! Между прочим, Эрнст Рифгатович... м... м...

Обе дамы ушли в другую комнату. Я, превозмогая конфуз, начал было диктовать вновь Тане, но она строго заметила:

— Духи, кстати, надо дарить индивидуально!

— Ну откуда я знаю, какие духи хорошие, а какие нет, — взмолился я. — Единственное, что я знаю, это духи «Красная Москва» и «Тройной одеколон». «Шипр» еще знаю; Юрий Иванович говорил, что его пил, пена, говорит, при этом изо рта шла. Ну, «Кензо» еще... А у тебя, кстати, какие любимые духи?

— Я предпочитаю «Хуго» и «Гуччи», ну и «Дюпон» неплохой.

— А... а...

Мне все же удалось отвлечься от мнений про виды женских духов, и я вновь возвратился к анализу загадок истории Земли, отраженных на глобусе.

— Трагическое послание древних, отраженное высотой священной горы Кайлас (6666 м), — думал я, — имеет и общеземное значение, подсказывая закономерности нашей планеты. Но почему эти закономерности связаны со зловещими цифрами 6666? Ведь Земля добрая и зеленая планета!

Я ушел в мысли. Таня молчала. В соседней комнате шло обсуждение женских духов, и оттуда вперемежку со звоном бокалов доносились слова «Исмияси», «Фиджи» и опять-таки «Кензо».

Вскоре появились Алексей с Ольгой и протянули мне пачку бумаг, распечатанных на принтере.

— Кстати, Башня Дьявола весьма интересна, — сказал Алексей.

— Давай посмотрим.

Из описаний стало ясно, что Башня Дьявола представляет собой огромный каменный вырост необычайно правильной формы, похожий на пирамиду со срезанной вершиной и высотой 290 метров (для сравнения высота пирамиды Хеопса составляет 146,6 метра). Этот огромный каменный вырост расположен на плоскогорье, столь резко выделяется и не вписывается в окружающий ландшафт, что про него сложено много легенд. Одной из главных легенд является повествование о гигантском медведе-дьяволе, который жил в этих местах и охотился на людей. Люди спасались от него на этой каменной башне, а медведь, стараясь влезть на башню, царапал ее когтями, поэтому поверх-

Башня Дьявола (США)

Легенда о гигантском медведе и Башне Дьявола

ность Башни Дьявола стала полосатой. Иногда Башню Дьявола называют «жилищем медведя».

Название «Башня Дьявола» дал в 1875 году полковник Ричард Додж, основываясь на индейском названии «Башня плохих Богов». Индейские племена не жили рядом с Башней Дьявола, а те индейцы, которые попадали в этот район, старались как можно быстрее уйти отсюда.

Миллионы людей узнают Башню Дьявола по фильму «Закрытое столкновение Третьего Рода», где Башня представлена местом посадки главного (материнского) космического корабля.

Башня Дьявола является первым природным национальным памятником США, утвержденным президентом Рузвельтом 24 сентября 1906 года. Этот национальный памятник находится на северо-востоке штата Вайоминг в графстве Крук и расположен в 9 милях от населенного пункта Хьюлет, 24 милях от города Алладин и 27 милях от города Санданс.

Башня Дьявола является Меккой для альпинистов. Более 5000 альпинистов покоряют Башню Дьявола ежегодно, проложено более 200 путей восхождения на Башню Дьявола.

Выяснилось также, что близлежащие к Башне Дьявола регионы США тоже имеют много любопытных особенностей: гора Дьявола, Долина Смерти, озеро Пирамид и тому подобных.

— Удивительно, — подумал я, — зловещие четыре шестерки (6666 км), отложенные от Северного полюса в сторону мексиканских пирамид, выводят на то место, где все символизирует Дьявола и «Плохих Богов». Мистика какая-то! Но мистика, подтверждаемая целым рядом математических закономерностей и совпадений. Наша земная жизнь не так уж проста и безоблачна. Мы, люди, как и все остальное в этом мире, подчиняемся каким-то неведомым и мощным законам Космоса, которые мы не в силах изменить и... наверное, даже хорошо, что мы не задумываемся над этими законами, а живем, осознавая свое маленькое земное счастье, как, например, там, в той комнате, где бурно кипит земное счастье, поскольку обсуждается вопрос значимости в жизни женских духов. Но жизнь идет по пути прогресса, заложенного Богом, и мы, хотим того или не хотим, все равно приближаемся к Истиным Знаниям, исходящих от самого Создателя, хотя мы знаем, что никогда их не достигнем. И нам, рано или поздно, становится тесно в рамках маленького земного счастья, пусть оно даже «одухотворено самым прекрасным запахом женских духов».

— Я считаю, что это очень плохо, — убежденно сказала Ольга, — очень плохо подниматься и покорять Башню Дьявола. Ведь 5000 альпинистов делают это ежегодно, 5000 человек ежегодно ликуют, празднуя свою победу над Башней Дьявола! Победу над Дьяволом? Как бы это не было «пирровой» победой! Дьявольское начало присутствует в жизни везде и всюду, его надо принимать как естественную составляющую нашего бытия и бороться с ним путем добра и, особенно, путем сильных добрых деяний. Как бы не оказалось так, что человек, поднявшийся на Башню Дьявола, приближается к дьявольскому началу, потому что побывал там — на вершине Башни, рядом с Дьяволом, и впитал энергию Дьявола. Не зря индейцы уходили с этого места...

— А может быть, наоборот, покорение Башни Дьявола есть победа, пусть маленькая победа над Дьяволом, — возразил Алексей.

— Черт — он лукав, — вдруг глубокомысленно произнесла Татьяна.

— Кстати, знаете, как переводится словосочетание «графство Крук»? — задал я вопрос и тут же ответил на него: — Слово «крук» в английском языке имеет два значения — крюк, кривизна и плутовство, нечестность. Потому «графство Крук» может по-русски означать «кривое плутовское графство».

— Королевство кривых зеркал, — подытожила Таня. — По-русски так лучше звучит.

Слова Татьяны о королевстве кривых зеркал неожиданно оказали на меня сильное глубинное впечатление. Тогда я уже знал о зеркалах времени Николая Козырева, об его удивитель-

Королевство кривых зеркал. К чему бы это?

ных опытах с энергией времени, но никак не мог подумать, что вскоре, в тибетской экспедиции, в Городе Богов, я увижу громадные каменные зеркала времени, часть из которых будет направлена в сторону Башни Дьявола. И именно тогда, замерзая от вечернего тибетского холода и напоминая собой букашку перед колоссальным каменным зеркалом, я буду думать о том, что Дьявол есть прежде всего Время — особое, искривленное и разрушающее Время. Одновременно с этим я впервые задумаюсь над проблемой времени, того времени, которое тикает на наших часах и неумолимо отсчитывает секунды, минуты, часы, дни и годы, и вдруг, неожиданно для самого себя, пойму еще и жизнетворящую роль времени, которая была внедрена на Землю с помощью Города Богов в противовес дьявольскому течению времени. После этого я начну с уважением смотреть на свои собственные часы, а ночное тиканье будильника на тумбочке у изголовья перестанет нервировать меня.

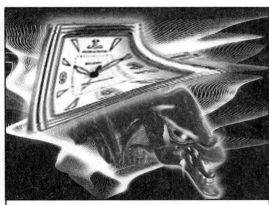

Дьявол — это Время, особое искривленное и разрушающее время

— Знаете, что я заметила, — Таня пристально посмотрела на всех нас, — время учреждения Башни Дьявола национальным памятником США очень плохое: дата «24.09.1906» имеет сплошные «шестерки» и «девятки», — 2 + 4 =6, месяц сентябрь — 9-й, год имеет числа 9 и 6. Сумрачная дата! Могли бы подождать, например, до 1907 года и учредить национальный памятник в июле (07 месяц) седьмого числа. Такое ощущение, что дьявол велел им учредить Башню Дьявола национальным памятником во время полноценного стечения «девяток» и «шестерок», по две каждая. Может быть, таким путем вселился дьявольский дух в эту страну?

— Нельзя верить полностью в магию чисел, — сказал Алексей. — Могут быть простые совпадения.

— А вот еще, — Таня взяла лист с описанием Башни Дьявола, — расстояние от городка Хьюлет до Башни Дьявола — 9 миль, от города Алладин — 24 мили, то есть 2 + 4 =6, от города Санданс — 27 миль, то есть 2 + 7 =9. Опять «девятки» и «шестерки»!

— Ну, здесь мили, а расчет закономерностей земного шара связан с четырьмя шестерками — 6666, которые измеряются в километрах, — парировал Алексей.

— Эрнст Рифгатович говорил, что все в тонком мире относительно, поэтому все одинаково — мили или километры, все равно, — в ответ парировала Татьяна. — Главное — числа!

— Тем не менее, — заговорила Ольга, — не слишком ли много плохих совпадений вращается вокруг Башни Дьявола! Давайте перечислим: Башня Дьявола находится в районе, отстоящем на 6666 километров от Северного полюса в «кривом и плутовском графстве», название «Башня Дьявола» произошло от индейского названия — «Башня Плохих Богов», вокруг находятся места, названные тоже в дьявольском варианте (гора Дьявола, Долина Смерти), индейцы не жили рядом с Башней Дьявола, дата учреждения ее национальным памятником США пестрит «шестерками» и «девятками» и даже расстояние от ближайших населенных пунктов имеет отношение к «шестеркам» и «девяткам». А в народную мудрость про отрицательное значение чисел «6» и «9» я верю.

— Мне кажется, Башня Дьявола есть место будущего Северного полюса, — сказал я утвердительно и тут же засомневался в своих словах. Потом я узнаю, что сомнения были верны.

— Очень логично, — промолвил Алексей.

— Древние отметили это место Башней Дьявола! Сюда сместится ось Земли?!

— А когда это будет? Не скоро? — пролепетала Таня.

— Не знаю.

Башня Дьявола

Место будущего Северного полюса???

— Давайте разложим все по полочкам, — предложил я нерешительно и начал говорить, будучи неуверенным в своих словах: — Таня, записывай! Древним Северным полюсом, по всем логическим измышлениям являлась гора Кайлас, далее ось Земли сместилась на 6666 километров, следствием чего явился Всемирный Потоп, чуть было не погубивший всю жизнь на Земле. Скорее всего, следующее смещение оси Земли произойдет по тому же меридиану и тоже на 6666 километров. Место будущего Северного полюса уже отмечено Башней Дьявола (?). Возможность смещения оси Земли в другое место противоречит логике. Значительно логичнее предполагать, что планета Земля имеет периодический цикл изменения положения своей оси по одному меридиану и каждый раз на 6666 километров. Поэтому при следующем смещении земной оси Соединенные Штаты Америки могут превратиться в ледяную пустыню. Об этом мы получили трагическое послание древних.

— Это можно назвать законом четырех «шестерок» — сказала Ольга.

— Честно говоря, я вполне серьезно отношусь к этим мистическим «шестеркам» и «девяткам» — признался я, продолжая разговор. — Если засунуть нашу человеческую научную гордость в карман и признать божественное толкование мироздания, то мы вынуждены согласиться, что наш материальный мир, основанный на «земной тверди», есть лишь небольшая часть того, что создал Бог, а главные миры находятся за пределами материального, там, где голографические и волновые формы жизни имеют свои технологии, в корне отличающиеся от наших, и где действуют совершенно иные законы, в которых все относительно и в которых главным действующим началом являются комбинации разных чисел. Поэтому, я думаю, нельзя ничего отрицать и особенно нельзя высокомерно относиться к народной мудрости, потому что в ней заложены знания, приходящие из подсознания, а подсознание связано с другими мирами, из поколения в поколение нашёптывая людям то, чего надо бояться, или то, чему можно доверять, поскольку весь наш земной мир, имея свои законы, одновременно находится под влиянием законов всего Живого Космоса и других миров. Мы не можем быть изолированными.

— Как мы еще мало знаем! — вздохнул Алексей.

— Поэтому, а именно в связи с подсознательной передачей общемировой информации, — продолжал я, — можно верить американским индейцам, назвавших эту Башню, расположенную в районе, отстоящем на 6666 километров от Северного полюса, «Башней Плохих Богов», поскольку негативные энергии Космоса могут сместить ось Земли сюда со всеми вытекающими отсюда последствиями. Я даже не могу отрицать мистического стечения чисел при учреждении Башни Дьявола национальным памятником США — 24 сентября 1906 года и при строитель-

Иные миры влияют на нас. Мы не можем быть изолированными

стве ближайших населенных пунктов на определенном расстоянии от Башни Дьявола, где на первый план выступают вездесущие и трагические «шестерки» и «девятки»; кто знает, не повлиял ли непонятный для нас разум планеты Земля на подсознательное поведение людей. Академик Казначеев считает Землю живым существом и приводит этому ряд...

Раздался цокот каблучков. Те самые две дамы, которые обнаружили у Тани духи «Кензо», вошли в кабинет, и одна из них, наклонившись, приставила к моему носу свою голову.

— Какие духи? — спросила она.

— «Кензо», — произнес я первое пришедшее на ум название духов.

— Да нет же! Это «Шанель № 5».

— А... а...

— Кстати, с чего это «Кензо» да «Кензо»? Не всем же нравятся духи, которыми пользуется Таня, — возмутилась дама.

— А у меня какие духи? — спросила другая дама, тоже ткнувшись мне в нос своими волосами.

— Не знаю, — взмолился я, — ну не «Шипр» же или «Тройной одеколон».

— Э-эх, это же «Маже нуар»!

— А... а...

— Эрнст Рифгатович, как Вы думаете, что будет с Землей, если ось Земли переместится на 6666 километров? — спросила Таня, всем своим видом показывая, что серьезный разговор еще не окончен.

Что будет с Землей, если ось ее сместится на 6666 км?

— Что будет с Землей? — задался я вопросом. — А будет страшное, Таня! Смещение оси Земли приведет в движение водные массы океанов. Огромная волна высотой, я думаю, не менее километра обойдет весь земной шар, сметая все на своем пути. При этом надо иметь в виду, что вода является довольно плотным веществом, поэтому разрушающая сила такой волны будет огромна. Не останется ни одного дома, ни одного дерева, и... только пирамиды будут стоять, как стояли. Плотность воды я ощущал на самом себе, когда в городе Акапулько в Мексике я пошел купаться в шторм; меня так ударило двухметровой волной, что я чуть было не потерял сознание. А на второй день я с ужасом на-

При смещении земной оси огромная волна обойдет земной шар

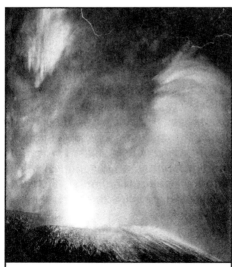

При смещении оси Земли всколыхнется магма, активизируются вулканы

блюдал, как упал в море человек, летевший на параплане; упал-то всего с высоты 40—50 метров, а разбился насмерть. Так что можно представить, что может сделать волна высотой в километр, несущаяся со страшной скоростью.

— Страшно очень, — вздохнула Таня.

— При смещении оси, — продолжал я, — всколыхнется магма Земли и через жерла вулканов будет выплескиваться наружу. Непрерывные землетрясения будут сотрясать материки и океаны. Вулканическая активность приведет также к выбросу в атмос-

Непрерывные разряды молний будут сверкать в воздухе при смещении оси Земли

феру огромного количества пепла; причем извержения будут столь сильными, что пепел поднимется в верхние слои атмосферы и сильными ветрами разнесется во все стороны, загораживая солнце. Непрерывные разряды молний будут сверкать в воздухе. Лава, изливающаяся из жерл вулканов, будет контактировать с водой и образовывать пар; темные облака окутают Землю. Земля погрузится во тьму. Везде, даже в тропическом поясе, наступит полярный холод.

— Неужели это будет! — опять вздохнула Таня. — Я никогда не видела вулканов, поэтому не представляю всего этого.

— А я представляю, — продолжал я возбужденно говорить, — потому что я видел вулканы. Мой второй чемпионский поход был посвящен траверсу вулканов Камчатки. Ох и насмотрелся я на жерла вулканов на высотах 3—5 километров! Из одного жерла, как из адского котла, валил черный дым и временами «выплевывалась» лава. В другом жерле кипело озеро соляной кислоты, из которого на высоту 300 метров вырывались струи пара — фумаролы, издававшие невообразимый шум, что гул самолета в аэропорту показался бы тихим свистом. В третьем жерле среди необычайной красоты синих, зеленых, бирюзовых и желтых камней скопился ядовитый газ, от действия которого я чуть было не умер, спустившись в жерло. Четвертое жерло было заполнено лавой, уже покрытой черной коркой; это я смог выяснить только тогда, когда загорелся мой альпеншток, — зато мы на лаве вскипятили чай. Вокруг вулканов был сплошной пепел, не было воды, потому что любой ручеек превращался в грязевой поток. Если назвать все то, что я видел на вулканах Камчатки, словом «грандиозно», то этого будет мало... а что может быть при смещении оси Земли — вообразить даже трудно!

На одном из вулканов Камчатки

При смещении оси Земли в материках образуются огромные трещины

— А что будет с материками? — спросила Таня.

— Огромные трещины образуются в материках, вбирая в себя дома, дороги, людей, животных. Трещины будут столь глубокими, что из них начнет вырываться магма, сжигая все на своем пути и испаряя воду. Трещины появятся и на дне океанов, превращая море в паровой котел. Поверхность земли будет трескаться все время, пока будет идти смещение оси Земли. Некоторые материки разделятся широкими многокилометровыми трещинами, в которые тут же будет вливаться испаряющаяся вода. Некоторые острова и даже материки погрузятся в воду, зато из воды поднимутся новые острова и материки, вынося вместе с собой кораллы, ил и водоросли.

— Пойдемте, — раздался требовательный голос Сергея Селиверстова, обращавшегося к двум дамам, слушавшим меня и на время забывшим проблему женских духов. Сергей Анатольевич свято выполнял данное нам обещание развлекать женщин и делал это хорошо, несмотря на кратковременный конфуз с засыпанием на диване.

— Нет, мы будем слушать, — утвердительно заявила одна из дам и понюхала волосы второй дамы. Селиверстов сел рядом с ними на диван.

— Итак, — заговорил я вновь, — Земля после смещения оси многие годы, не знаю сколько — десятки или сотни лет, будет находиться во тьме. Невообразимый холод приведет к оледенению большинства участков земного шара. Но постепенно вулканический пепел, поднятый в атмосферу, рассеется, станет выглядывать солнце и температура поднимется. Все то немногое, что останется в живых, начнет радоваться солнцу. Но за этим

После смещения оси на Земле наступят тьма
и невообразимый холод, произойдет оледенение

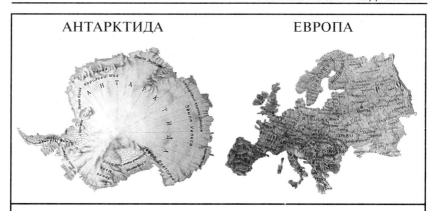

Размеры Антарктиды и Европы в одинаковом масштабе

придет очередная беда — начнут таять ледники Антарктиды, Гренландии и всех остальных бывших полярных областей. Таяние ледников приведет к повышению уровня океанов. Причем это повышение уровня океанов будет значительным, на много сотен метров, поскольку Антарктида и Гренландия содержат огромные запасы воды в виде льда. Я думаю, не каждый заглядывал на дно глобуса и рассматривал материк Антарктиду, — размеры его больше, чем Европа. Поэтому, если представить, что Европа, начиная от Урала и кончая Лондоном, покрыта ледяным покрывалом толщиной в сотни метров и даже, возможно, больше, то можно понять, сколько воды в виде льда содержится в Антарктиде.

— Неужели Антарктида такая большая? — простодушно удивилась Таня.

— Возьми глобус и посмотри.

Татьяна взяла глобус и стала рассматривать Антарктиду. В это время одна из двух сидевших дам встала и тоже присоединилась к Татьяне разглядывать дно глобуса. Головы их почти сомкнулись у глобуса.

— Скажи честно, Танька, — донесся до меня голос дамы, смотревший на Антарктиду, — это у тебя «Кензо» или нет?

— «Кензо», а что?

— Вроде бы запах другой. А может, не «Кензо»?

— Да «Кензо» это! Но четвертый тип, он редкий.

— Редкий, значит, говоришь! Трудно найти, значит...

Духи «Кензо»

— Да. Сейчас в продаже свободно появился пятый тип «Кензо». Но он, понимаешь, чем-то запах гвоздики напоминает, тяжеловатый запах. Я его не люблю. А четвертый... свежестью пахнет, такой весенней свежестью, хотя люди говорят, что он пахнет арбузными корками, но это не так, это запах свежести. Я обычно пользуюсь «Хуго» под брючный костюм или джинсы, а под вечернее платье использую «Дюпон»... А «Кензо», четвертым типом, конечно, пользуюсь, когда надеваю что-то среднее. Кстати, цена четвертого типа такая же, как и остальных типов «Кензо» — по тыще сто, — расфилософствовалась Таня перед глобусом.

— Таня! Посмотрела размеры Антарктиды? — перебил я диалог о духах.

— Да, большая очень.

Размеры Гренландии и Казахстана в одинаковом масштабе

— А для меня — хоть Антарктида, хоть Байкал. В географии я все равно ничего не понимаю, — сказала дама и снова села на диван.

— Итак, — привлек я к себе внимание, — вторым по размерам хранилищем льда на планете является Гренландия. Кстати, вы знаете, что Дания является одной из наиболее крупных стран по площади территории?

— Как? — удивилась Ольга, сидевшая на стуле рядом. — Это же маленькая страна в Европе!

— Дело в том, что территория Гренландии находится под протектором Дании и относится к ней, — нравоучительно произнес я.

После смещения земной оси планета станет водной пустыней

— Так вот, возвращаясь к ситуации при возможном смещении оси Земли, можно сказать, что растаявшие льды Гренландии добавят свою значительную долю в повышение уровня океанов. Ведь размеры Гренландии примерно такие же, как и Казахстана. Представляете, если бы территория от Оренбурга до Алма-Аты была покрыта многометровым слоем льда и этот лед растаял; то же самое будет, если растают льды Гренландии. А когда растают еще и льды других бывших полярных областей, а также горные ледники, то уровень океанов на Земле поднимется настолько, что большинство материков затонут. Непрерывные дожди будут идти на Земле. Огромные волны будут ходить по единому общеземному океану. Планета станет воистину голубой.

— Неужели затонут все материки?

— Материков уже не будет и останутся отдельные острова, соответствующие наиболее возвышенными частям земных материков. Давайте посмотрим, что будет, например, с Европой, Ближним Востоком и Африкой! Взгляните на глобус! В Африке,

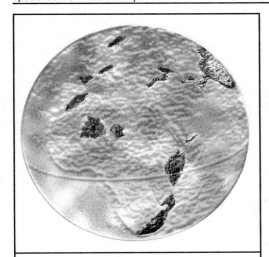

Если произойдет смещение оси Земли, то от Европы, Ближнего Востока и Африки останется группа островов (предполагаемая схема)

мне кажется, останутся в виде островов часть Драконовых гор на юге, вулкан Килиманджаро с прилегающими к нему горами на территориях Кении и Эфиопии, часть Атласных гор в Марокко, а также два нагорья в Сахаре — Ахаггар и Тибести. Египетские пирамиды утонут.

— Интересное название — Тибести. Тибет напоминает, — заметил Алексей.

Я тогда не придал значение словам Алексея. Зато потом, когда мы будем анализировать так называемый «знак апокалипсиса», нагорье Тибести в Сахаре заиграет особыми красками и это похожее на Тибет название станет нам казаться глубоко предопределенным и вызовет эмоции о возможности существования там монументальных сооружений.

— На Ближнем Востоке, — продолжал я, разглядывая глобус, — останутся часть гор на территориях Йемена (горы Хадрамаут), Ирана (хребет Копетдаг) и Турции (хребет Тавр), а также знаменитая гора Арарат, про которую армяне говорят, что во время Всемирного Потопа спаситель человечества Ной высадился именно там со своим кораблем, имевшим на своем борту все виды животных и растений. Саудовская Аравия, Израиль, Иордания, Объединенные Арабские Эмираты и другие страны утонут.

— А в Европе?

— В Европе, — я вгляделся в глобус, — останутся в виде суши, скорее всего, часть Альп, Пиренейский хребет в Испании, линия хребта в Норвегии и часть Кавказа. Все остальное утонет. Под водой окажутся Великобритания, Франция, Германия, Голландия, Бельгия, Италия, Греция, Болгария и другие страны. Спасутся часть Австрии, Швейцарии и Испании.

— А Россия?
— Европейская часть России тоже утонет, так же как и Украина, Белоруссия, страны Прибалтики, Казахстан и другие страны бывшего СССР. Останутся часть Ставропольского края вместе с частью Грузии и Армении, а также часть Киргизии и Таджикистана.
— А Москва? — спросила Таня, расширив глаза.
— Москва тоже утонет. Утонут Уфа, Казань, Самара, Санкт-Петербург и другие города.
— Страшно это!

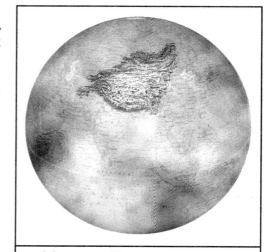

Материк «Вечный», который должен остаться после смещения оси Земли

— Восточная часть России, — не умолкал я, — тоже в основном окажется под водой, кроме нескольких гористых островов в районах Саян, Забайкалья, Верхоянского хребта, Станового хребта и хребта Черского.
— А Байкал? Что будет с Байкалом?
— Не знаю. Может быть, он сохранится, а может быть, нет.
— Париж, значит, тоже утонет, — раздался женский голос с дивана.
— Да.
— А кто же тогда будет выпускать французские духи?!
— Наверняка останутся Гималаи и Тибет, как наиболее возвышенные районы земного шара, — прокомментировал Алексей и покосился на женщин, сидящих на диване.
— Несомненно, — убежденно сказал я. — Здесь, по всем прикидкам, останется наибольшая площадь земной тверди, останется чуть ли не материк величиной почти с Австралию. Посмотрите на глобус! Останется вся гряда Гималаев, начиная от государства Бутан на востоке и кончая штатом Кашмир в Индии. В этот единственный материк на Земле войдут горы Гиндукуш в Пакистане и Афганистане, Памир в Таджикистане, Тянь-Шань в Киргизии и Китае, Алтай и, возможно, хребты Саян и Хангай

в России и Монголии, а также, естественно, Тибет, плавно переходящий в пустыню Гоби. На юго-западной окраине этого материка будет находиться священная гора Кайлас... с... Городом Богов. Так что не вся земная твердь будет затоплена.

— Логично, — сказал Алексей.

— Эх, Алешка, уж больно ты серьезный, — послышался женский возглас с дивана.

— Между прочим, — Алексей снова покосился на диван, — при предыдущем Всемирном Потопе, наверное, сохранилась в виде тверди именно эта часть земной поверхности.

— Я думаю, этот материк, о границах которого мы сейчас говорим, я бы назвал «Вечным». «Вечный материк» — звучит-то красиво. Не зря Тибет и Гималаи называют цитаделью земли, не зря считают, что жизнь исходит отсюда, не зря наш анализ глаз людей различных рас мира привел к тому, что «среднестатические глаза имеет тибетская раса с закономерной изменчивостью геометрии глаз на других континентах Земли! Все исходило от «Вечного Материка»! Жизнь после предыдущего Всемирного Потопа вновь зародилась именно на «Вечном Материке»!

— Послушайте, — вмешалась Ольга, — мы ведь сейчас, собственно, говорим о новом Всемирном Потопе, описывая предполагаемый сценарий развития событий, которые, не дай Бог, произойдут.

— Да, — согласился я, — мы и впрямь, начав рассуждать на тему — что же будет, если ось Земли сместится на 6666 километров, по сути дела, начали описывать картину событий на Земле при новом Всемирном Потопе. Я, вспоминая описания предыдущего Всемирного Потопа, изложенные у Елены Блаватской и в ряде других источников, могу сказать, что они во многом совпадают.

Я задумался. Дамам на диване, видимо, наскучила наша нескончаемая серьезная беседа, и они принялись щекотать Селиверстова, а потом поднялись и ушли в другую комнату, где сразу же раздался звон бокалов.

— Ух, хорошо-то как! — выдохнул Селиверстов, спасавший нас все это время.

— Я, кстати, все кратко записываю, хоть мне никто об этом не говорил, — ухмыльнулась Таня и с укором посмотрела на меня.

— Удивительно, — поежился я, — что, столько времени говоря о Земле при возможном (не дай Бог!) смещении ее оси, у меня и мысли не возникало провести параллель с предыдущим

Всемирным Потопом. Хотя подсознательно, наверное, я проводил ее. Молодец, Ольга!

— Да уж, вам хорошо, Вы делом занимаетесь. А я развлекаю, — ревниво кинул реплику Селиверстов.

— Интересно, — задался я вопросом, — какой же будет судьба Земли в том случае, если земная ось сместится и новый Северный полюс окажется в районе Соединенных Штатов Америки? Давайте порассуждаем на эту тему.

— Давайте.

— Итак, — продолжал я, — после смещения оси Земли на 6666 километров в район США и после того, как Земля переживет общемировое цунами, извержения вулканов, землетрясения, разделение материков, кромешную тьму, полярный холод и Всемирный Потоп, после этого начнется похолодание в районе новых полюсов. В районе нового Южного полюса, который должен располагаться на юге Индийского океана, образуется ледяной покров, но он не будет очень толстым, потому что вода, имеющая минимальную температуру +4^{0}С, будет подогревать лед снизу (толщина льда будет примерно такой же, как на нынешнем Северном полюсе в Северном Ледовитом Океане). Зато будущий

Ольга Ишмитова и Сергей Анатольевич Селиверстов у меня в кабинете

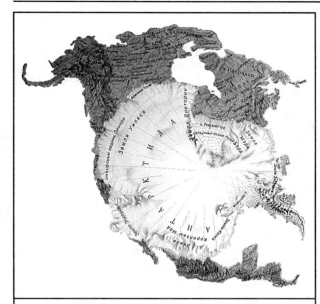

Таким должно быть оледенение Северной Америки при смещении оси Земли

Северный полюс, расположенный в зоне материка в Северной Америке, станет накапливать на себе огромное количество льда за счет непрерывных осадков, выпадающих там в виде снега, который будет уплотняться и превращаться в лед. Количество льда будет постепенно увеличиваться, и вскоре там, в современной Северной Америке, накопится столько же льда, как и в современной Антарктиде и, возможно, плюс в Гренландии.

— Можно, я перебью? — вмешалась Таня.

— Подожди, дай закончить мысль. В результате накопления льда на новом Северном полюсе территория современных Соединенных Штатов Америки покроется толстым, не менее нескольких сотен метров, а может быть, и километров, слоем льда. То есть ледяной купол покроет США. Размеры этого «американского ледника» будут сопоставимы с размерами современной Антарктиды. Статуя Свободы, если она удержится во время всех катаклизмов, постепенно погрузится в лед и... погрузится навсегда.

— Я бы хотела... — опять вмешалась Таня.

— Подожди еще чуть-чуть. Пиши! Накопление льда в Америке, — важно диктовал я, прохаживаясь с сигаретой, — приведет к снижению уровня Мирового океана. Вода морей и океанов будет как бы «уходить» в «новую Антарктиду» — Соединенные Штаты Америки и частично Мексику. Постепенно от воды будут

Статуя Свободы погрузится в лед

освобождаться старые материки и новые материки и острова, возникшие в результате тектонических сдвижек земной коры. Поверхность всех материков будет вначале завалена водорослями, кораллами, погибшей рыбой... но постепенно, год за годом, «сухопутная» форма жизни на Земле будет брать свое: появятся трава, деревья, насекомые и вскоре жизнь на обновленных материках забьет ключом. Жизнь опять начнет брать свое. Но все будет несколько другим: другими будут материки и острова, живые существа во многом мутируют, приспосабливаясь к новым условиям планеты, в результате чего появятся, например, стрекозы величиной с вертолет или коровы величиной с зайца или... Но все существа, живущие на суше, будут иметь своеобразный «долг» перед Северной Америкой, оледенение которой послужило «счастливой» причиной освобождения материков от воды. Но все...

— Эрнст Рифгатович, я хочу сказать, — настойчиво потребовала Татьяна.

— Подожди, еще несколько слов, — взмолился я. — При смещении Северного полюса в район Северной Америки, скорее всего, произойдет поляризация лучей Солнца в ином ракурсе, вследствие чего небо, скорее всего, перестанет быть голубым, а станет зеленым или еще каким-либо. Из некоторых источников (Нострадамус, Блаватская) известно, что во времена Атлантиды небо было красным, а весь растительный мир жил в багряно-красных тонах, — это тогда, когда Северный полюс располагался в точке Кайласа. А сейчас, при современном Северном полюсе, небо голубое. Каким оно будет при новом Се-

Небо станет зеленым (?)

верном полюсе? Я не знаю. Почему-то кажется, что оно будет зеленым. Какими тогда станут растения? Фиолетовыми или синими... Я не знаю. Все! Я закончил. Что хотела сказать, Таня?

— Когда я рассматривала Антарктиду, — многозначительно начала Татьяна, — ну тогда, когда я говорила о видах духов «Кензо»... тогда я обратила внимание на то, что длина Антарктиды равна, мне кажется, расстоянию от мексиканских пирамид до острова Пасхи. Интересно это?

— Любопытно. Давайте-ка измерим!

После подсчетов мы констатировали факт — расстояние «Пасхи — мексиканские пирамиды» составляет 4999 км, а усредненная длина Антарктического континента равна ориентировочно этой же цифре.

— Такое ощущение, что строители мексиканских пирамид учли размер Антарктиды и вложили этот размер в какую-то сложную систему закономерностей на Земле, — проговорила Татьяна.

— Очень накручено, но интересно, — заметила Ольга.

— Кто знает, — отозвался я, — может быть, атланты, строившие пирамиды, рассчитали размер оледенения материка на новом Северном полюсе по каким-то неизвестным нам законам. Давайте-ка... давайте отсканируем Антарктиду и наложим ее на глобусе на Северную Америку, выдерживая единый масштаб.

Алексей сбегал за цифровой камерой, снял Антарктиду на глобусе и, введя информацию в компьютер, вскоре принес отпечаток материка Антарктиды. Мы его вырезали ножницами, положили на место Северной Америки и стали крутить. Возникали разные позиции. Тогда я один из концов отпечатка Антарктиды приложил к мексиканским пирамидам и стал рассматривать, куда же выведет другой конец по диагонали отпечатка. Другой конец вывел на Канаду в район озера Атабаска.

— Озеро Атабаска. Нет ли там чего-нибудь?

Мы вошли в Интернет, но ничего интересного не обнаружили; озеро как озеро в лесотундровой зоне Канады, каких полным-полно в окружности Гудзонова залива, рядом — городок Ураним-сити (по названию можно думать, что там добывают уран), да и, наверное, очень много комаров. Вот и все.

— Да уж, — раздосадовано крякнул Алексей.

— М... да... — сказала Ольга и искоса посмотрела на Алексея. — А ведь ждали чего-то! Хоть и мистика все это!

— Подождите, подождите, — взъерошился я, — давайте измерим расстояние до этого невзрачного озера с блеклым названием Атабаска от горы Кайлас. Таня, измерь, пожалуйста! Кстати, имей в виду, что... — я взглядом прикинул на глобусе, — это озеро находится на одной линии, соединяющей гору Кайлас с Северным полюсом и далее, с мексиканскими пирамидами и островом Пасхи. Имей в виду, что, как мы установили, расстояние «Кайлас — Северный полюс» составляет 6666 километров, то есть одну треть полуокружности земного шара, а расстояние «мексиканские пирамиды — остров Пасхи» — 4999 километров, то есть одну четверть этого расстояния. Сделай пересчет и измерь для контроля, так точнее будет.

Таня взялась подсчитывать на листе бумаги, для контроля все перемерила портняжной лентой со странным название «сантиметр», после чего подняла голову и гордо сказала:

— 9999 километров.

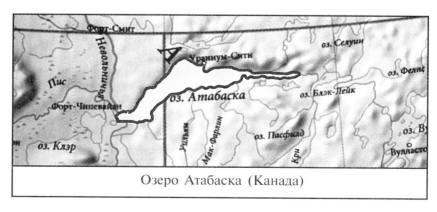

Озеро Атабаска (Канада)

— Чего?

— 9999 километров. Посмотрите: полуокружность Земли можно представить как «6666 км х 3 =19998 км». Мы высчитывали, что расстояние от мексиканских пирамид до острова Пасхи составляет 4999 километров, что примерно соответствует длине диагонали Антарктиды. Если отпечаток Антарктиды наложить от мексиканских пирамид на север, то получится «4999 + 4999 =9998 км». Это без одного километра половина полуокружности земного шара — 9999 километров, ведь 9999 + 9999 =19998 километров — то же самое, что и 6666 х 3 =19998 километров.

— Молодец, Таня! Красиво получилось. Значит, размеры Антарктиды укладываются в расстояние «мексиканские пирамиды — точка 9999 км».

— Вот тебе и озеро с блеклым названием Атабаска, — на пике «четырех девяток» сидит, — сказал Алексей.

— Неужели все на Земле предопределено? Неужели даже размеры Антарктиды предопределены... старой или новой? Почему на Земле все связано с этими «шестерками» и «девятками»? Жить даже страшно! — воскликнула Таня.

— Так уж получается, — промямлил я и подумал о том, что «новая Гренландия» вряд ли приплюсуется к «новой Антарктиде», — слишком уж четко садится Антарктида на свое

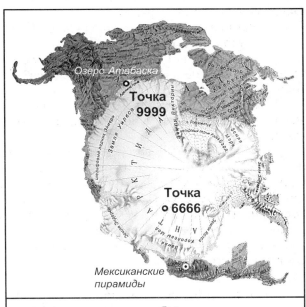

Антарктида на глобусе по размерам соответствует расстоянию между точкой 9999 (оз. Атабаска, Канада) и мексиканскими пирамидами

место между точкой 9999 и мексиканскими пирамидами. Скорее всего «новой Гренландией» будет обледеневший остров Мадагаскар или другой остров.

В тот момент я не подозревал, что через несколько дней мы обнаружим такую комбинацию шестерок и девяток, расположенных в строжайшей закономерности, что у нас даже возникнет мысль о неустойчивости нашей планеты. Но чуть позже мы поймем, что эти «шестерочные» и «девяточные» болевые точки Земли кем-то блокированы для сохранения жизни нас — современных людей.

Такого рода мысли, протекавшие в моей голове, начали вводить меня в состояние, когда себя чувствуешь как «никакой». Мне захотелось пообщаться с дамами, справлявшими в соседней комнате день рождения, чтобы окунуться в атмосферу банальной земной жизни. Я вышел туда. Веселье уже угасало, все устали. На столе стояли недопитые рюмки и недоеденный салат. Все дамы уютно ворковали между собой. Сильно пьяных не было. Окурков в салате не торчало.

— Рюмочку выпьете? — спросила одна из них.
— С удовольствием.
— Кстати, Эрнст Рифгатович, есть еще и мужское «Кензо». Почему бы Вам не начать им пользоваться? — раздался женский голос.

Я вернулся в кабинет. Алексей, Ольга и Таня взглянули на меня, всем своим видом показывая, что уже поздно и пора бы заканчивать.

— Я понимаю, что все устали, — улыбнулся я, — но давайте обдумаем еще один фрагмент предполагаемой ситуации «Нового Всемирного Потопа» — что станет с людьми нашей цивилизации? И сравним себя с атлантами, пережившими предыдущий Всемирный Потоп. При этом хочу заметить, что основной сценарий будет разворачиваться при «Новом Всемирном Потопе» на вышеотмеченном «Вечном Материке», на котором, кстати, смогли выжить атланты.

Смогли ли бы современные люди выжить на «Вечном Материке»?

Каким он будет, «Вечный Материк»? Можно ли там выжить, когда вся остальная Земля будет представлять собой водную пустыню, за исключением немногих островов?

Обдумывая этот вопрос в тот момент, когда Алексей, Татьяна и Ольга вышли в другую комнату немного развеяться, я постарался представить условия жизни на «Вечном Материке», который по размерам, в принципе, довольно велик (почти как Австралия), чтобы быть достаточным для жизнеобеспечения спасшейся части человеческой популяции на Земле.

Разглядывая глобус и подробный атлас мира, я обратил внимание на то, что предполагаемый «Вечный Материк» со всех сторон ограничивается высочайшими горами мира, а в центре имеет так называемую центрально-азиатскую впадину, включающую пустыни Такла-Макан и Гоби. С юга этот «Вечный Материк» ограничивается горделивой грядой Гималайских гор, с запада — горами Гиндукуш, Памир и Тянь-Шань, а с севера — горами Алтай, Хангай и Саяны, а на востоке, в районе пустыни Гоби, будет постепенно спускаться в огромный единый океан.

Несомненно, в центральной части «Вечного Материка» будет внутреннее море, расположенное на месте пустыни Гоби, пустыни Такла-Макан и в виде заливов и озер захватывающее

Предполагаемая география «Вечного Материка»

большую часть Тибета. Внутреннее море не может не образоваться по причине существования здесь центральной впадины, которая должна заполняться водой как за счет сильнейших осадков во время катаклизма, так и за счет возможного притока воды из окружающего «Вечный Материк» единого океана. Надо также отметить, что, по литературным источникам, в частности по Блаватской и по религии Бонпо, после Всемирного Потопа атланты жили по берегам внутреннего моря в районе Тибета и пустыни Гоби. Да и сейчас на Тибете остались множество громадных соленых озер, имеющих признаки когда-то существовавшего здесь внутреннего моря.

Сразу надо сказать, что условия жизни на «Вечном Материке» были бы не очень-то хорошими: везде скалистые и крутые склоны, спускающиеся во внутреннее море или в единый океан. Здесь будет возможно развивать террасное земледелие, такое, какое в современности применяется в Гималаях, Японии и в других горных странах. Это огромный труд — сделать бордюр из

Предполагаемое внутреннее море на «Вечном Материке»

На Тибете осталось множество громадных соленых озер, имеющих признаки когда-то существовавшего здесь моря

Террасное земледелие в Гималаях

камней, разровнять небольшую горизонтальную площадку и на нее внести плодородную почву, буквально горстями собирая ее между камней со склона. Но, в принципе, за счет террасного земледелия можно выжить, ведь живут же люди, например, в Гималаях, выращивая ячмень, рис, маис, кукурузу и картофель. Но урожайность всех культур там очень низка; например, в Гималаях никогда нельзя встретить картофель крупнее, чем шарик для настольного тенниса. На «Вечном Материке» урожайность сельскохозяйственных культур должна быть еще ниже, так как средний уровень более или менее пригодной для жизни суши будет колебаться в пределах 3000—5000 метров. Кстати говоря, в Гималаях сельскохозяйственные культуры возделываются на террасах горных склонов преимущественно до уровня 2000 метров и лишь эпизодически до уровня 3000 метров. Но более влажный климат «Вечного Материка» в условиях Всемирного Потопа должен дать возможность получать некоторый урожай и на уровне 3000—5000 метров. Тем не менее жизнь будет голодной, очень голодной.

Высокогорный бычок

Животноводство в высокогорных условиях имеет одну особенность: там, в так называемых «альпийских лугах», вроде бы и травка с вершок, а животные отъедаются до предельной степени. На Саянах, например, я наблюдал, что буряты на все лето загоняют бычков в высокогорные луга, где они прибавляют в весе с такой скоростью, что вскоре превращаются в малоподвижных бегемотоподобных созданий. Они, конечно же, чаще всего оказываются кормом для волков, почти не сопротивляясь хищнику и перед смертью издавая лишь звук «му... у...», но и частично достаются хозяину, обеспечивая и его пропитание. Поэтому можно думать, что даже в условиях «Вечного Материка», где пастбища будут, видимо, не столь привольными, животноводство может иметь место. По крайней мере выживут козы, имеющие привычку залезать на скалы и стоять там как монументы, да и бараны, которых мы знаем, прежде всего, по особенности перебегать дорогу в тот момент, когда вроде бы надо отбежать в сторону. Но переживут ли животные все катаклизмы, которые будут сопровождать смещение земной оси?

Минеральными ресурсами, которые тоже необходимы для полноценной жизни человека, район «Вечного Материка», к сожалению, не богат. В Индии и Непале люди мне говорили, что хоть и в Гималаях мало минеральных ресурсов, зато гималайские горы богаты своей духовностью, утверждая, что духовность исходит не только от людей, живущих в этих горах, но и от самих гор. Более богаты минеральными ресурсами Саяны, Алтай и хребет Хангай. Но и здесь, а также на всей территории «Вечного Материка», как мне известно (если я не ошибаюсь!), почти нет нефти и газа. Поэтому в условиях изоляции развитие технологий, свойственных для современного человечества, будет весьма проблематично, поскольку они основаны прежде всего на энергетике нефти и газа. В этом случае, например, нельзя построить асфальтовые дороги, привести в движение автомобили, поезда, самолеты и так далее.

Условия высокогорья, характерные для района «Вечного Материка», имеют ту особенность, что если в летний период днем здесь может быть жарко, то вечером и ночью наступает такой холод, что пробирает до костей. А зимой ветра и холода здесь такие, что местное население старается перекочевать в районы, расположенные на более низком уровне гор. Поэтому требуется обогрев помещений. Но с дровами в этом регионе плохо; на Тибете, в пустынях Гоби и Такла-Макан их нет, в высокогорных Гималаях встречаются преимущественно кустарники, и только в Саянах и на Алтае можно будет встретить отдельные участки хвойного леса. Отопление за счет нефти и газа, как я уже говорил, вряд ли возможно, а про каменный уголь я не могу ничего сказать по причине незнания этого вопроса. Постоянный холод должен наложить свой жуткий отпечаток на жизнь людей в условиях «Вечного Материка».

Все сказанное о предполагаемых условиях жизни на «Вечном Материке» может привести к выводу о том, что современные люди, волей судьбы (не дай Бог!) оказавшиеся там, начнут деградировать из-за потери привычных для жизни технологий. Можно представить, например, группу людей, живущих на каком-нибудь отдаленном хуторе; они не могут прожить только за счет натурального хозяйства и везде и всюду применяют достижения современных технологий, такие, как стекло, гвозди, одежда и многое другое. А для производства того же стекла нужно построить завод, для производства гвоздей нужно выплавлять металл и так далее. Поэтому любой человек зависим от инфраструктуры своей страны и всего мирового хозяйства, а исторический прогресс входит в суть и нутро каждого человека. Утрата привычных критериев в хозяйствовании неизбежно будет способствовать моральному упадку, который перерастет в растерянность перед жизнью и постепенно вызовет переход к примитивному образу существования, вплоть до одичания.

Со временем полудикий образ жизни войдет в привычку, а последующие поколения будут слагать легенды о своих предках, летавших на огромных железных птицах. Я даже по себе знаю,

Современные люди, волею судьбы оказавшиеся на «Вечном Материке» в условиях изоляции, начнут деградировать из-за потери привычных для жизни технологий

сколь быстро идет процесс одичания. Когда уходишь в поход на месяц в тайгу или горы, то костер и примитивная еда становятся столь родными, что по возвращении домой никак не можешь пользоваться фарфоровыми тарелками, скатертью и салфетками, продолжая вытирать рот рукавом. Процесс одичания идет быстро, а прогресс технологий и культуры очень медленно, растягиваясь на тысячи лет.

Так и атланты, зародившиеся в недрах великой лемурийской цивилизации, в какой-то момент растеряли весь свой величавый потенциал лемурийского уровня, а потом тысячи и даже миллионы лет старались его достичь, но так и не достигли. Так и мы, арийцы, зародившись в недрах высочайше развитой цивилизации атлантов и владея их удивительными тонкоэнергетическими технологиями, после Всемирного Потопа враз растеряли все и одичали и потом сотни тысяч лет старались достигнуть этого уровня, но так и не достигли.

Костер — обитель диких и цивилизованных людей

Дисбаланс регресса и прогресса несправедлив! Почему? Может быть, Земля, если она есть огромное живое существо, считает людей чем-то вроде муравьев, судьба которых малозначима для нее?! Может быть, человек устроен так, чтобы получать тысячелетнюю дикарскую расплату за грех посчитать себя Богом?! Может быть, мы не осознаем того, что, кроме любви к матери, ребенку и другому человеку должна быть глубинная внутренняя любовь к Земле-матушке?! Мы так многого не знаем и так многого не ощущаем душой! Эх, хорошо было бы, если бы на свете было поменьше зажравшихся людей, живущих во власти гордыни!

Сидя и размышляя у себя в кабинете обо всем этом, я, не обращая внимания на хохот в соседней комнате, куда ушли Алексей, Ольга и Татьяна, стал думать о принципиальной возможности выживания человечества в случае смещения земной оси. Если в ходе описанных рассуждений мне удалось прийти к выводу о том, что в условиях «Нового Всемирного Потопа» оставшаяся горстка людей на «Вечном Материке» скорее всего бы одичала, то было любопытно также постараться ответить на вопрос — смогло ли бы современное человечество пережить все катаклизмы, сопровождающие смещение земной оси?

Можно представить, что огромное километровое цунами, являющееся следствием того момента, который Блаватская назвала «полюса двинулись», уничтожит значительную часть населения Земли, поскольку оно живет преимущественно на низко расположенных под уровнем моря равнинах. Землетрясения, разделение материков, извержения вулканов унесут жизни также большого количества людей.

Поменьше было бы на Земле людей, живущих во власти гордыни!

Но потом наступит холод, на десятки или сотни лет жестокий полярный холод, выжить в условиях которого смогут лишь немногие. Можно представить людей где-то на Тибете на высоте 4000—5000 метров, сотни лет находящихся в кромешной тьме при температуре минус 80—100 ⁰C! Собственно говоря, шансов на выживание человечества останется немного.

А может быть, сможет все же выжить хотя бы горстка людей? Да, такая возможность есть, если... Если люди будут знать о предстоящем смещении земной оси и специально, загодя, подготовятся к испытаниям, обеспечив себя сверхкапитальным убежищем и запасом продуктов на сотни лет. А также в том случае, если в живых останется достаточно большое количество людей, способных к воспроизводству будущих поколений в тяжелых условиях выживания. Давайте подумаем обо всем этом более подробно.

Смогут ли люди узнать о предстоящем смещении оси Земли и заранее подготовиться к жутким катаклизмам? На этот вопрос можно ответить так — на современном уровне наука о Земле (Земле-матушке!) столь плохо развита и представляет собой лишь комплекс малосистематизированных геологических и астрономических знаний, в которых изолированно рассматриваются недра планеты и ее местоположение в Солнечной системе. И лишь совсем недавно гениальный, как я часто повторяю, российский ученый академик Влаил Казначеев выдвинул гипотезу о том, что Земля является живым существом, в связи с чем есть полный смысл создания новой науки — биологии Земли, в которой бы рассматривались анатомия, физиология и даже психология Земли. Но... как много утечет времени, пока мы не перестанем смеяться над этим, ступая по земной поверхности или вскапы-

... есть полный смысл создания новой науки — биологии Земли

вая огород. Сколько времени еще нужно для того, чтобы мы поняли суть времени, тикающего на наших часах, и суть пространства, придающего нашим помятым после сна лицам объемность и индивидуальность, чтобы осознать их основополагающую роль в многообразии форм жизни, созданных Великим Космическим Разумом, начиная от муравья и кончая самой планетой Земля, на поверхности которой мы имеем честь жить. Когда-нибудь мы это поймем, когда-нибудь мы будем сравнивать «норов и характер» нашей Земли с другими планетами, когда-нибудь мы начнем искренне любить Землю, глубоко ощущая мощнейшую энергетическую силу любви... Но когда? Лишь бы не слишком поздно. В противном случае поворот Земли на 6666 километров застигнет нас врасплох, и платой за наше незнание Земли будет гибель человечества.

На Земле, к счастью, живет одна категория людей, которые имеют наибольшие шансы выжить в условиях катаклизмов при смещении оси Земли. Эта категория людей живет преимущественно на территории «Вечного Материка». Эти люди называются йоги. Изучению йогов будет посвящена моя следующая книга под названием «Кто они — йоги?», но уже сейчас, несколько забегая вперед, я могу сказать, что йоги — это зародившийся в недрах нашей цивилизации новый тип человека — человека будущего. Только они, эти странные жители Гималаев и Тибета, имеющие неказистый вид и чудаковатость, способны мобилизовать в себе «божественную внутреннюю энергию», чтобы превозмочь в голом виде страшный горный холод и многолетний голод, а также войти в состояние Сомати — самоконсервации

Пещерный йог. Гималаи

человеческого тела, чтобы сохранить тело для будущего и чтобы заново дать росток человеческой популяции, которая, как и тогда, в далекие времена легендарной Атлантиды, после гибели человечества также распространится из Тибета по всему земному шару, населяя освобождающиеся от воды материки. Мы, я думаю, дети тех древних йогов, переживших тот Всемирный Потоп. И мне очень неприятно, что люди путают гималайских йогов с клоунирующими людьми, «канающими» под йогов и гнущими металлический прут животом или горлом. Это не йоги. Йоги в пещерах «Вечного Материка». Они страхуют нас, они зарождены на случай Всемирного Катаклизма.

Однако давайте отвлечемся от загадочных йогов и представим ситуацию, что мы заранее знаем дату смещения оси Земли и знаем, что надо спасаться именно на «Вечном Материке», где надо организовать капитальные убежища, запасы пищи и топлива на сотни лет и многое другое, необходимое для выживания. Я был на Тибете, Гималаях, Саянах, Алтае, Тянь-Шане (все они — составные части «Вечного Материка») и могу сказать, что организовать все это там чрезвычайно трудно. На Саянах и Алтае, как на наиболее низких частях «Вечного Материка», из воды будут торчать только самые высокие хребты, где дорогами,

Дорога через Гималаи

как говорится, и не пахнет. На Тибет через Гималайский хребет можно проехать лишь по одной дороге, столь узкой и в столь ужасном состоянии, что в условиях критической переброски грузов и паники там образуется непроходимый затор. На Тибете дорог почти нет, а те, которые есть, похожи на проселочные.

Самолетная переброска грузов на Тибет в принципе возможна, поскольку там можно соорудить взлетно-посадочные полосы. Но я не уверен, что самолеты могут приземляться и взлетать на высотах 4000—5000 метров. Я также сомневаюсь, что вертолеты могут летать на этих высотах; по крайней мере, вертолетов я там никогда не видел.

Убежища могут быть устроены только в больших пещерах, а таковых в Гималаях и Тибете не так уж много. К тому же часть из них являются так называемыми «Сомати-пещерами» с древними людьми в состоянии Сомати внутри, которые защищены от пришельцев «психоэнергетическим барьером», непроходимым для людей (это подробно описано в моей книге «От кого мы произошли?»). Поэтому будет иметь место дефицит надежных убежищ.

Пещерные убежища надо еще оснастить освещением и отоплением, что весьма трудно сделать, поскольку электростанция, расположенная снаружи, будет подвергаться всем разрушающим факторам катаклизма. Запасы пищи можно заготовить надолго, но вряд ли на сотни лет. Внутри пещеры, в условиях изоляции, могут начаться болезни, вплоть до эпидемических, да и проживание внутри пещеры может психологически сломить людей.

Животных от гибели может спасти только человек. Очень сомнительно, чтобы люди внутри пещер устроили бы загоны для коров, баранов, яков и прочих животных и заготовили бы для них кормов на сотни лет.

Итак, подводя итог возможности выживания современного человека в

Одна из гималайских пещер

При смещении земной оси человечество безвозвратно погибнет (К. П. Брюллов. «Последний день Помпеи»)

условиях «Вечного Материка» при смещении земной оси, можно сказать, что эта возможность весьма сомнительна во всех аспектах, какие только можно предусмотреть. Скорее всего, человечество безвозвратно погибнет.

Эта мысль о безвозвратной гибели человечества неприятной черной полосой прошла по моему сознанию.

Вошла Татьяна и спросила:

— Ну что, будем продолжать? А то меня там этими злополучными духами «Кензо» уже замучили.

— Понимаешь, Таня, обдумывая вопрос о судьбе человечества в случае смещения земной оси на 6666 километров, я пришел к выводу, что человечество полностью погибнет.

— Полностью-полностью?

— Да.

— Я видела фильм «Замороженный», — задумавшись, сказала Таня. — А в замороженном виде люди не могут пережить это черное время?

— Нет, это фантастика. Медики и биологи знают, что даже глубокое замораживание приводит к образованию мельчайших кристалликов льда внутри клеток, которые разрушают клетки. Поэтому однажды замороженный человек обязательно умрет. Это не Сомати, когда человек самоконсервируется путем мобилизации внутренней энергии, которая, как мы с Валей Яковлевой думаем, переводит воду организма в четвертое неизвестное науке состояние. Именно эта удивительная вода способна полностью остановить обменные процессы в клетках, перевести тело в так называемое «каменно-неподвижное состояние», которое при температуре +4 ^{0}C может сохраняться тысячи и миллионы лет, а потом ожить. Я не буду об этом подробно рассказывать, ты ведь, Таня, читала книгу «От кого мы произошли?».

— Да, конечно. Но я хотела спросить о рыбках, которых иногда находят во льдах и они оживают после размораживания через тысячи лет. А почему же рыбки оживают после размораживания?

— Ты знаешь, — попал я в замешательство, — что... м... м... в природе существует понятие гибернации, то есть спячки. А в основе спячки, на мой взгляд, лежит природный феномен Сомати; в противном случае трудно объяснить способность огромного чукотского медведя спать по 8—9 месяцев в году. Ну не лапу же он сосет! Так вот, рыбы, наверное, тоже могут входить в состояние Сомати, не зря караси зарываются в ил. А в Сомати вода гипотетического четвертого состояния, видимо, не замерзает и не образуются разрушающие клетки кристаллики льда.

— Я знаю, что современные люди не умеют входить в Сомати, поэтому они не смогут пережить ну... как бы в спячке... время катаклизмов, — проговорила Татьяна.

— Да уж! Таня, я немного подумаю, а ты иди

Сомати

пока туда и не пускай ко мне никого. Я чуть-чуть подумаю, ну хотя бы минут двадцать.

Я ушел в мысли. Невозможность выживания человечества в условиях глобального катаклизма вызывала сомнения в том, чтобы Высший Разум не предусмотрел некие пути сохранения Человека на Земле. Причем, я был убежден, что эти некие пути имеют совершенно оригинальный характер, как и все остальное, сотворенное Богом. Эти некие пути выживания человечества должны были быть решены по принципу «все гениальное просто».

Один из этих путей я, в принципе, уже знал — это Сомати. Я уже понимал, что феномен Сомати и связанный с ним Генофонд Человечества, включающий самозаконсервированных представителей лемурийцев, атлантов и арийцев, сохраняющихся в глубоких гималайских и тибетских пещерах, страхует человечество от полной гибели в условиях возможного глобального катаклизма: эти люди оживут (как утверждают ламы) и дадут новый росток человечеству. Потомки этих оживших и вы-

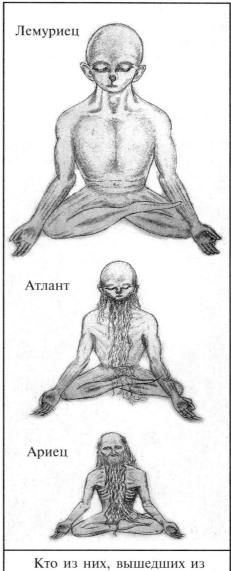

Кто из них, вышедших из Сомати, даст новый росток человечеству? (рис. автора)

шедших из пещер людей размножатся и после этого распространятся от «Вечного Материка» по земному шару по мере освобождения других материков от воды, как это уже было после Всемирного Потопа, погубившего Атлантиду 850 000 лет тому назад. Это нам удалось с той или иной степенью достоверности доказать по анализу глаз различных рас мира. Мне как-то неловко слишком часто ссылаться на свою первую книгу «От кого мы произошли?», тем не менее я вынужден отметить, что все это подробно изложено там.

Но здесь возникал целый ряд вопросов. Правы ли ламы, утверждающие, что люди в Сомати могут без вреда для тела пребывать в пещерах тысячи и миллионы лет? Не разрушатся ли пещеры с людьми в состоянии Сомати во время следующего (не дай Бог!) смещения земной оси? Какая из человеческих рас, сохраненных в Сомати, может дать новый росток человечеству — арийцы (мы), атланты или лемурийцы? Или все вместе?

На все эти вопросы я мог отвечать только одинаково — не знаю! Я бы мог, конечно же, пуститься в пространные рассуждения, но они имели бы смысл, подобный поговорке «на воде вилами писано». При всем этом я не мог отрицать роли феномена Сомати, изучению которого в гималайских экспедициях было посвящено много времени.

Тем не менее меня смущал один принцип, в

Все, что создано Богом, имеет минимум двойной контроль обеспечения бесперебойности работы

котором я удостоверился в ходе всей моей научной жизни, — все, что создано Богом, будь то молекула, будь то ДНК, будь то биохимическая реакция, будь то человеческий орган, будь то человек или планета Земля, все имеет двойной контроль обеспечения бесперебойности работы.

Поэтому в отношении сохранения человечества и земной жизни при возможном смещении оси Земли с глобальным катаклизмом должен быть создан, кроме феномена Сомати, минимум еще один механизм предупреждения гибели человечества.

— Какой же это механизм? — думал я, будучи убежден, что Создатель обязательно должен был предусмотреть двойной контроль. — Двойной контроль, двойной контроль... — копошилось в моей голове. Но ничего, кроме фантастических мыслей, типа открытия люков в подземную Шамбалу и пропуска туда людей, в голову не лезло. Наконец, прекратив свои бесплодные научные потуги найти гипотетический ответ, я усилием воли остановил мыслительный процесс. Вошла Таня. Я немного еще посидел и разочарованно пошел вместе с ней в другую комнату в компанию, продолжавшую устало веселиться.

В глубине этого разочарования, как я чувствовал, таилась тонюсенькая ниточка какой-то глубинной и очень важной мысли. Вскоре, в ходе тибетской экспедиции у Города Богов, эта тонюсенькая ниточка превратится в реальную мысль, от которой я вздрогну и начну понимать, что на Земле уже создан еще один вид человека, в связи с чем мне станет биологически грустно. А создан он Городом Богов!

Присоединившись к компании, я

Эта тонюсенькая ниточка мысли, возникшая в этот момент, вскоре превратится в реальную мысль, от которой я вздрогну

понял, что тема купленной шубы уже исчерпалась, а тема женских духов от злополучного слова «Кензо» перешла к тому, что дамы перебирали виды духов, которыми пользовались их знакомые женщины.

— Вы знаете, Венера Узбековна, женщина, конечно, со вкусом, долгое время пользовалась дешевыми болгарскими духами «Сигнатюр» и «Может быть». Денег, что ли, не хватало? Вроде бы нет. Женскую индивидуальность, наверное, хотела подчеркнуть. Сейчас, правда, «Маже нуар» предпочитает, хотя говорит, что, если бы был «Сигнатюр», и сейчас бы пользовалась ими, — послышался философствующий женский голос.

— А друг мой, Юрий Иванович, — вторил я этому голосу, — раньше все время пользовался «Шипром», и после бритья и внутрь, а потом перешел на «Огуречный лосьон», приговаривая, что, как выпьешь, прямо таки как огурцом закусишь.

— А Вы-то, Эрнст Рифгатович, каким одеколоном пользуетесь?

— Ну... — вошел я в замешательство, — какой подарят, такой и брызгаю. Но последнее время жена мне «Маже нуар» покупает...

— Как? «Маже нуар»? Это же ночные женские духи!

— Вроде не так. Вот... как их... «Фаренгейт».

— А... а...

Опять послышались воркующие женские голоса:

— Я уверена, что «Фиджи» — духи проституток. Подушилась было однажды, дешевые мужики на улице сразу стали липнуть. «Опиум» и «Анаис-Анаис» тоже так, мне кажется, на мужчин действуют.

— К счастью, это нестойкие духи.

— А вот Гузель Галеевна только «Сальвадор Дали» использует, а Наташка Макеева — только «Пуазон»...

— Дезодоранты тоже надо подбирать к духам. Дезодорант, он почти без запаха должен быть. А то вон иногда так набрызгаются дезодорантом, прямо таки уксусом пахнет, близко не подойдешь. Или вон дезодорант «Маже нуар» и духи «Опиум» совмещают — адская смесь получается.

Как выжили атланты и ранние арийцы на «Вечном Материке»

Поняв, что тема разговора начала принимать новый увлекательный для женщин вариант, связанный с дезодорантами, я удалился в другую комнату, позвав с собой Таню и Ольгу. Алексей, утонченно воспринимающий запахи, остался с дамами по моей просьбе.

— Я прошу прощения, Оля, Таня, — начал я, перейдя в другую комнату, — что отвлекаю вас от разговоров о столь увлекательном и загадочном мире запахов, но я бы хотел попросить поучаствовать вас в разговоре о не менее интересном и не менее загадочном древнем мире атлантов. А именно мне бы хотелось ответить на вопрос, как же выжили атланты во время Всемирного Потопа? А ведь они и в самом деле выжили, — об этом говорят все серьезные литературные источники. Вместе с ними выжили еще и арийцы (мы), уже зародившиеся в недрах атлантической цивилизации и жившие вместе с атлантами. Они, арийцы, как описывается у Блаватской, даже вели войны с атлантами на территории «Вечного Материка», оставшегося после Всемирного Потопа 850 000 лет тому назад. Как же они, атланты и первые арийцы, смогли перенести землетрясения, сотни лет холода и многое другое, сопровождавшее смещение земной оси? Таня, пишешь?

— Пишу.

— Видимо, и ранние арийцы обладали теми же способностями, что и атланты, не то что мы, — задумчиво проговорила Ольга. — Поэтому и выжили.

— А чем отличались ранние арийцы от нас? — спросила Таня.

— По результатам исследований в гималайских экспедициях, а также по отрывочным сведениям, найденным у Елены Блаватской*, можно заключить, что ранние арийцы зародились около 1 000 000 лет тому назад. Вначале эти люди казались атлантам низкорослыми (всего 3—4 метра ростом) и неказистыми, но потом количество их стало увеличиваться, а через несколько десятков тысяч лет эти казавшиеся уродцами люди стали составлять приличную по численности часть атлантической популяции. Если атланты были приспособлены больше к полуводному образу жизни, добывая пищу со своих подводных плантаций, то ранние арийцы ловко бегали по гористой местности, были более проворными и ловкими в наземной работе. На земле высокие

---

* «... раскопки некоторых пещер и курганов уже обнаружили группы скелетов в 9—12 футов ростом (3—4 метра), скелеты эти принадлежат племенам ранней пятой расы арийцев...» (Е. Блаватская, «Тайная Доктрина», том II. Изд. Рига, 1937, с. 367).

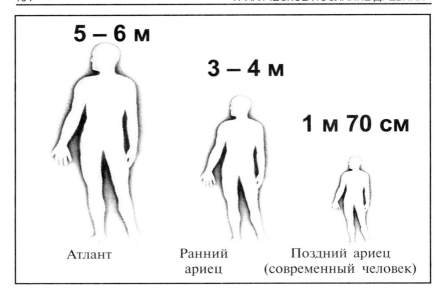

пятиметровые атланты уступали трехметровым «карликам» — арийцам. Но все они, как атланты, так и арийцы, помнили «Сынов Богов», которые когда-то появились на Земле и передали им «Золотые Пластины», где было записано Истинное Знание о возможностях использования человеком неиссякаемого источника тонкой энергии Космоса.

— Я уже знаю, — воскликнула пишущая Таня, — что «Сынами Богов» атланты и арийцы называли лемурийцев.

— Вышедших из состояния Сомати или... пришедших из Шамбалы, — неуверенно добавил я.

— Значит, мы, современные арийцы, деградировали в сравнении с ранними арийцами в ходе эволюции, — разочарованно произнесла Ольга.

— Не просто деградировали, а вначале почти одичали и лишь постепенно начали идти по пути прогресса. А тогда, около 1 000 000 лет тому назад, атланты и арийцы жили вместе, имели единые технологии, были во сто крат более развиты, чем мы — современные люди — и вместе смогли пережить 850 000 лет тому назад Всемирный Потоп на «Вечном Материке».

— А почему же сейчас нет атлантов? — наивно спросила Таня.

Я задумался. Этот простой вопрос оказался очень сложным. Как много в этот момент я не знал! Я даже представить не мог, что атланты сохранялись на Земле еще очень долгое историческое время, вплоть до 7—8 веков нашей эры, что они построили много удивительных строений и монументов, спасших нас, арийцев, что до места последнего на Земле города атлантов нам во время экспедиции не удалось дойти всего 70 км, что атланты несколько чурались «дичающих» арийцев, но и учили их многому.

— Не знаю, почему сейчас нет атлантов, — честно сказал я Татьяне.

— А как же все-таки атлантам и ранним арийцам удалось спастись во время Всемирного Потопа? За счет чего? — задала вопрос Ольга.

— Перед тем как постараться ответить на этот вопрос путем логических рассуждений, — стал размышлять я, — надо принять во внимание аксиому, что современные технологии и энергетика не позволили бы выжить человечеству в условиях Всемирного Потопа. Об этом мы уже говорили подробно. Атлантам и ранним арийцам, я думаю, позволили пережить Потоп 5 факторов:

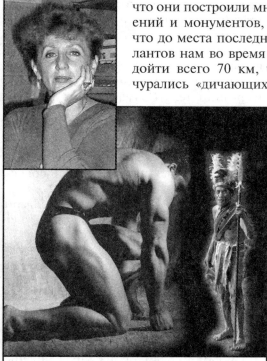

— Значит, мы, современные арийцы, деградировали в сравнении с ранними арийцами, — разочарованно произнесла Ольга

1. Очень высокий уровень знаний о планете Земля, позволивший прогнозировать точное время наступления начала смещения ее полюсов, в связи с чем удалось заранее подготовиться к глобальному катаклизму.

2. Использование тонкоэнергетических технологий, позволявших добиться работы механизмов, летательных аппаратов, обогрева помещений и многого другого за счет неиссякаемого источника космической тонкой энергии.

3. Практическое владение феноменом клонирования, когда можно сделать запасы семян и клеток всего живого на Земле, законсервировать их на долгий срок, а в нужный момент клонировать не только овечку Долли, но и все живое, созданное Богом на Земле.

4. Умение входить в состояние Сомати, чем владели большинство духовно продвинутых атлантов и ранних арийцев. Войдя в состояние самоконсервации тела (Сомати), можно было переждать самые тяжелые времена глобального катаклизма.

5. Кто-то помог атлантам и ранним арийцам выжить. Скорее всего, это «Сыны Богов» — вышедшие из состояния Сомати лемурийцы.

К сожалению, ничем из названных пяти факторов современное человечество не владеет, купаясь в материальных утехах и смакуя дешевые боевики вперемежку с тупой рекламой о величайшей роли жевательной резинки «Orbit» в жизни человека.

— Неужели мы столь низкопробны в сравнении с древними? — горько спросила Татьяна, отведя взгляд от листа бумаги.

— Я не пророк, я — обычный человек, поэтому ничего не могу утверждать, а могу только говорить то, о чем думаю, не будучи уверенным в своей правоте, — произнес я. — Но всем высказанным пяти постулатам выживания человечества при глобальной катастрофе есть косвенные подтверждения у Великих Посвященных, и особенно у самой Великой из них — Елены Блаватской.

Я начал рыться в свих бумагах, отыскивая выписки из «Тайной Доктрины» Блаватской. Сзади послышалось:

— А почему все время мы ссылаемся на Блаватскую?

— Да потому, что я ее книги лучше всего знаю! — бросил я в ответ. — Но я уверен, что в Библии и Коране написано примерно то же самое. Я найду все очень быстро; я чуть ли не наизусть помню все те узловые выписки, которые сделал из второго тома «Тайной Доктрины».

Я разложил все эти выписки на столе, взглянул на Татьяну с Ольгой и предложил еще раз проанализировать высказанные 5 факторов выживания атлантов и ранних арийцев во время Всемирного Потопа с точки зрения Елены Блаватской.

— Начнем с первого пункта, касающегося иного уровня знаний атлантов о планете Земля, в результате чего они могли предугадать время наступления глобального катаклизма. Вот посмотрите, что пишет Елена Блаватская о знаниях древних людей про Землю (Тайная Доктрина, том II. Антропогенезис. Изд. Рига, 1937, с. 502).

«...Она [вода] течет вокруг ее тела [Матери Земли] и оживляет его. Один из ее истоков исходит из ее головы и становится мутным у подножья ее [Южный Полюс]. Он очищается [по возвращении] к ее сердцу, которое бьется у подножья священной Шамбалы, которая тогда [в начале] еще не была рождена...»

— Любопытно, — заметила Ольга.
— Вроде бы на первый взгляд ничего не понятно, — продолжал я, — но из всего сказанного Блаватской явствует, что древние относились к Земле как к живому существу, применяя для ее характеристики такие слова, как «сердце», «голова» и «тело». Из современных ученых академик Влаил Казначеев тоже пришел к такому выводу. А если мы будем относиться к Земле как живому существу, то мы сможем предугадать ее поведение, а... может быть... даже войти с ней в контакт.

— С этим можно согласиться, — задумчиво отозвалась Ольга.

— А я свою землю люблю, я никогда не уеду в Америку, — восторженно заговорила Таня. — Мне кажется... мне кажется... — правый глаз Татьяны почему-то скосился вниз, — наша страна находится около сердца Земли. Не смейтесь, пожалуйста, я ведь от души... Люди ведь у нас сердечные все, в беде не бросят.

Я тепло взглянул на Татьяну и вымолвил:

— Один йог в Гималаях мне говорил, что над

Где они и что это — сердце, голова и тело Земли?

Россией висит хорошая тонкоэнергетическая аура... но... как мало мы знаем... геология, геофизика...

Все на мгновенье замолчали. Из другой комнаты донесся голос Алексея:

— ...в мире запахов особую роль играют обонятельные галлюцинации. Вот если у кого-то вам не понравился запах дезодоранта или духов, то другой раз вам будет мерещиться именно этот неприятный запах...

— Ха, содержательный разговор, — съязвила Ольга. — Давайте дальше.

— Итак, — посмеиваясь про себя над обонятельными галлюцинациями, продолжал я, — при знании времени наступления глобального катаклизма надо было построить убежище. Об этом у Блаватской написано много. Посмотрите! Вот, вот, вот, а именно (Тайная Доктрина, том II. Антропогенезис. Изд. Рига, 1937):

«...когда полюса двинулись... это не затронуло тех, которые были охранены...» (с. 439).

«...прочитайте приказ Ахура Мазды к Иима, духу Земли, символизирующему Три Расы, после того, как ему было указано построить Вара — огороженное место, Арчха или Вместилище» (с. 364).

«...там [в Аарьяна-Ваэджо, где строится Вара] звезды, луна и солнце поднимаются и заходят лишь раз в году и год кажется как один день [или ночь]...» (с. 365).

«...надвинулись первые великие воды... Все благочестивые спасены были, все нечестивые истреблены...» (с. 438).

— Насколько я понимаю, «Вара» есть убежище или Вместилище, в котором спаслись люди от глобального катаклизма, — сказала Ольга.

— Причем, — добавил я, — имеется ясное указание на то, что «Вара» строилась на бывшем Северном полюсе, точкой которого была...

— Священная гора Кайлас, — воскликнула Татьяна.

— Так под горой Кайлас, что ли, находилось убежище атлантов и ранних арийцев? — удивилась Ольга.

— Получается что так... А ведь где-то там, как мы думаем, находится и Город Богов. Неужели Город Богов есть «Вара»? Но никогда не бывает так, чтобы Бог направил людей создавать что

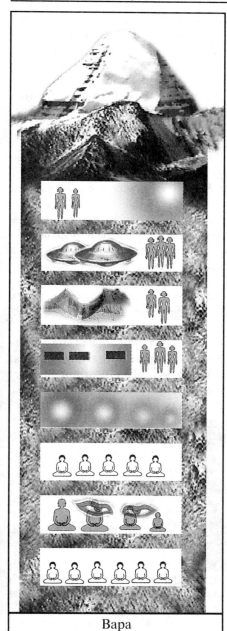

Вара

либо только с одной целью; как минимум преследуется одновременно две цели. Какова же вторая цель? Двойная цель, двойной контроль... — размышлял я вслух, не находя никакого ответа. — А может быть, было три или четыре цели...

— А какая она, интересно, «Вара»? Мне почему-то кажется, что «Вара» очень красивая, розовая и нисколько не напоминает угрюмое подземелье, — живо отозвалась Таня.

— Я ничего не могу сказать, — стал я рассуждать, выйдя из некоторого замешательства, — но если «Вара-убежище» существовало, то оно должно быть чрезвычайно мощно укрепленным, чтобы противостоять землетрясениям и движению земной магмы при смещении полюсов. Какими же технологиями надо обладать, чтобы сделать такое укрепление! Как надо хорошо знать геологию Земли! Кто знает, а может быть, под землей есть огромные пространства пустот, может, там и в самом деле существует легендарная Шамбала? Существует ведь даже гипотеза полой Земли. Мы так мало знаем! Так мало!

— Я представляю, какую колоссальную работу надо было произвести, чтобы построить этот необычный подземный город с целью сохранения лучшей части человечества, так называемых «благочестивых» людей, — невольно поежилась Ольга.

— Для этого должны были быть другие технологии. Давайте обсудим второй высказанный нами фактор выживания человечества — высокий технологический уровень атлантов и ранних арийцев. Посмотрите, что об этом пишет Елена Блаватская (Тайная Доктрина, том II. Антропогенезис. Изд. Рига, 1937):

> «...*греческая, римская и даже египетская цивилизации ничто в сравнении с цивилизациями, которые начались с Третьей Расою. Четвертая Раса имела свои периоды высшей цивилизации*» *(с. 537).*
>
> «...*именно от Четвертой Расы получили первые арийцы свое знание и массу интересных вещей, — искусству летать в воздушных повозках, наиболее ценные науки о скрытых свойствах драгоценных и других камней, а также химию...*» *(с. 533).*
>
> «...*грех заключается не в пользовании этими новоразвитыми силами, а в злоупотреблении ими...*» *(с. 378).*

— Мне кажется, — продолжал я, — под «новоразвитыми силами» можно понимать, говоря современным языком, тонкую энергию. Современные ученые (А. Акимов, Г. Шипов и другие) уже доказали, что мощь этой энергии колоссальна, но сложность состоит именно в возможности злоупотребления ею. С помощью этой энергии можно переносить огромные тяжести (антигравитационный эффект) делать полости в камнях (лазерный эффект), и многое другое. Любопытно то, что тонкую энергию в действие приводит сам человек, который, по выражению Блаватской, является «микрокосмом макрокосма», то есть существом, способным использовать космическую энер-

Атланты и ранние арийцы летали на бесшумных «воздушных повозках», называемых «вимана»

гию. Поэтому, я думаю, атланты могли построить подземный город «Вара», обеспечить его светом, теплом, создать подземные плантации и так далее. Но насколько все должно быть сделано совершенно! Каркас подземного города, например, должен быть очень прочным и эластичным, чтобы противостоять движению грунта, а многое другое должно быть предусмотрено и рассчитано с высочайшей степенью гарантии. Нам это пока недоступно.

— А какими были их «воздушные повозки»? — спросила Таня.

— Не могу сказать определенно, но из тибетских текстов и книг Лобсанга Рампы я вынес мнение, что «воздушные повозки» атлантов напоминали летающие тарелки. А летающие тарелки, как пишется в многочисленной литературе, могут летать на любой высоте, приземляться где угодно, им не нужны взлетно-

Когда воды уже двинулись, множество вимана полетели к «Вечному Материку», чтобы укрыться в «Вара»

посадочные полосы. В связи с этим можно думать, что в тот момент, когда «полюса двинулись», атланты и ранние арийцы на своих летательных аппаратах, называмаемых «вимана», могли добраться до заранее сделанного подземного города «Вара» на «Вечном Материке» и укрыться там. Обо всем в аллегорической форме написала и Елена Блаватская (то же издание, с. 534, 535):

> «...и выслал он свои воздушные корабли [вимана] с благочестивыми людьми в них... когда... воды уже двинулись, народы уже пересекли сухие земли. Цари их настигли в своих «вимана» и повели в Землю «Огня и Металла» [Восток и Север]».

— Насколько же гениальна Блаватская! Она знала почти все! — воскликнула Ольга.
— Подожди-ка, — произнес я.
— Что?
— Еще одна идея относительно «Вара» есть. Но она слишком фантастична, — смутился я. — Но я все-таки скажу. Не смейтесь только. Посмотрите, — я полистал выписки из «Тайной Доктрины», — Блаватская называла «Вара» еще и «огороженным местом». В уфологической литературе, то есть в литературе про летающие тарелки, много говорится о том, что НЛО способны создавать вокруг себя непроницаемую энергетическую ограду, останавливающую моторы автомобилей и искажающую показания магнитных приборов. В существование НЛО верят почти уже все; слишком много в мире наблюдений.
— К чему вы ведете?
— А к тому, что «Вара» со всеми людьми, механизмами, животными, жилищами и многим другим представляла собой шаровидное пространство, включающее небо, землю и подземелье, огражденное от окружающего пространства мощной энергетической оболочкой. Вокруг этого энергетического шара бушевали катаклизмы — разверзалась земля, страшные ураганы сносили все на своем пути, сверкали молнии, лава заливала землю, полярный холод замораживал все, кромешная тьма длилась сотни лет, — а внутри шара было тепло, светло и уютно.
— Ну, это слишком фантастично, — кинула реплику Ольга.
— Так-то оно так, Ольга, но я уже давно стараюсь разобраться в этих тонких энергиях. Честно скажу, что понимаю еще мало, однако могу с уверенностью сказать, что тонкие энергии

в миллиарды раз мощнее физических энергий, даже тех, которые вызывают глобальные катаклизмы. Только владеть ими надо уметь... может быть, с помощью комбинаций чисел... Древние владели секретами тонких энергий.

— Эрнст Рифгатович, расскажите про тонкие энергии! — попросила Таня.

— Таня, поздно уже. Об этом мы еще будем говорить. А сейчас давайте..

— Я хочу спросить, — не унималась Татьяна, — а может быть, «Вара» и есть Город Богов?

— Может быть, не знаю.

Нельзя исключить и того, что «Вара» была ограждена огромным энергетическим шаром, защищающим от всех видов катаклизмов

В этот момент в голове мелькнула мысль о том, что Город Богов был построен не только для сохранения человечества (Вара), но и еще с какой-то целью. Какой? Вскоре в ходе экспедиции в Городе Богов я увижу на одном из монументов что-то похожее на огромную дверь (в подземелье?), но о других целях построения Города Богов догадаюсь значительно позднее, мучительно разбираясь в своих рисунках и записях.

— Давайте подумаем о третьем факторе выживания атлантов и ранних арийцев — <u>умении клонировать</u>, — сказал я. — Елена Блаватская довольно много пишет об этом (см. то же издание «Тайной Доктрины»):

«...прочтите приказ Ахура-Мазды к Иима-Духу Земли... туда [в Вара] ты принесешь семена мужей и жен, избранных

из родов самых великих, лучших и самых прекрасных на этой Земле; туда ты снесешь семена всякого рода скота и т.д... ты снесешь все эти семена по два от каждого вида, чтобы они сохранились там и не исчерпывались до тех пор, пока люди эти пребудут в Вара» (с. 364).

«...Ахура-Мазда... о, творец материального мира, Ты, Пресвятой» (с. 366).

«Они [Атланты] впадают в грех и порождают потомство чудовищ» (с. 284).

— Любопытные вещи написаны Блаватской, так ведь? — обратился я к Татьяне с Ольгой.

— Меня удивило то, что... как его... — Татьяна посмотрела на лист с выпиской из «Тайной Доктрины», — Ахура-Мазда приказал Духу Земли по имени... как его... Иима принести в «Вара» семена людей, животных и всего остального. Что, Дух Земли сам носил, что ли, эти семена? Ну ... как его... — Таня опять посмотрела на листок, — Ахура-Мазда, наверное, есть Бог, раз написано, что он — творец материального мира.

— А меня удивило то, что атланты породили потомство чудовищ. Посмотрите, мы уже сейчас можем клонировать овечку Долли, а если что-то изменить в генах овечки, то можно клонировать, например, овцу с куриной головой, то есть неестественных уродцев, — отозвалась Ольга.

— Мой друг, Юрий Иванович Васильев, часто показывал мне газету «Скандалы», где нередко публикуют фотографии человеко-лошадей, тигро-коров и прочих мутантов, которых, я думаю, нетрудно сделать с помощью компьютерной графики, — добавил я.

— Эрнст Рифгатович, я все-таки не медик, поясните, пожалуйста, что такое клонирование. Я много читала, но не совсем все понимаю, — попросила Таня.

— Каждая клетка, понимаешь, Тань, содержит информацию обо всем организме, поэтому из одной клетки, причем любой, можно вырастить весь организм — овцы...

— Из любой клетки обязательно овца вырастет?

— Да нет же! Из овечьей клетки — овца, из лягушачьей — лягушка и так далее. А вообще, по последним научным данным, информация обо всем организме (о каждой ее молекуле, атоме, клетке, ткани, органе) заложена не столько в ДНК клетки, сколько в ее голограмме. А клеточная голограмма, я думаю, есть сотворенная Богом тонкоэнергетическая программа по созданию физического тела. Но это отдельный разговор. Давайте вернемся к атлантам.

— Давайте!

— Да, складывается впечатление, что атланты и ранние арийцы в совершенстве владели процедурой клонирования, если уж принесли в «Вара» семена и, видимо, клетки всего живого, что было создано Богом на Земле, а не сами живые существа. Причем процедура клонирования, очевидно,

Можно клонировать неестественных уродцев

была столь отработанной и надежной, что хватало двух «семян» от каждого вида, женской особи и мужской. Отработана, по-видимому, была и процедура консервирования (сохранения) этих «семян» на долгое время. Особое внимание заслуживает тот факт, что «семена» брались от лучших избранных родов, что вполне естественно для предупреждения возникновения генетических болезней. Всего этого мы сделать пока не можем.

— Получается так, — заметила Ольга, — что после того, когда все катаклизмы закончились, все живое на Земле было заново «выращено в пробирке» — и

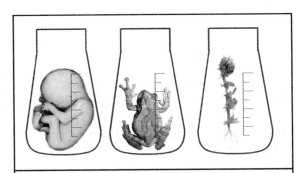

Когда все катаклизмы закончились, все живое на Земле было «выращено в пробирке»

люди, и животные, и растения, и насекомые и так далее.

— Да, и именно эти «пробирочные» живые существа заново заселили освобождающиеся от воды материки, — сказал я.

— Так что же, значит, наши далекие предки вышли из пробирки? — недоуменно задала вопрос Татьяна.

— Да. Вначале они, эти «пробирочные люди», заселили Тибет и весь остальной «Вечный Материк», а оттуда заново разошлись по всему земному шару. Наши исследования глаз различных рас мира показали, что «среднестатические глаза» имеет тибетская раса, — та раса, которая «появилась из пробирки» и распространилась по нашей планете, изменяя свой облик в соответствии с климатическими условиями.

Тибетская раса — первые «пробирочные люди»

— Удивительно, но ведь логично! — воскликнула Ольга.

— Но в отношении клонирования есть, — горячо продолжал я, — еще три важных, на мой взгляд, момента: клонирование чудовищ, роль Духа Земли Иима и роль спасшихся в «Вара» людей. Давайте подумаем об этом! То, что атланты до Всемирного Потопа клонировали чудовищ, названо Еленой Блаватской грехом. Почему? Да не только потому, что эти чудовища могли быть опасны, а в основном потому, что человек не имеет права вмешиваться в созданную Богом гармонию земной жизни, в которую он входит сам. Бог создал огромное многообразие земных форм жизни, создал пока неведомый для нас баланс, святость сохранения которого продиктована даже не досужим постулатом движения «зеленых» — охранять природу, а тем, что здесь же, на Земле, по моему подсознательному ощущению, существует еще множество невидимых и непонятных форм жизни, значение которых в общеземной жизни не менее значимо, чем значение привычных для нас обезьян, волков, деревьев, жуков и всего прочего, изучаемого пока еще примитивно развитой наукой под названием «биология».

Я на мгновение замолчал, войдя в некоторое смятение от четко произнесенной мною мысли о существовании невидимых и непонятных форм жизни на Земле, вышедшей из подсознания. Эта мысль как-то закрутилась, завертелась и стала с мощной силой тянуть туда — в экспедицию к священной горе Кайлас в поисках Города Богов. В этот момент, когда Таня и Ольга сидели напротив меня, а в соседней комнате шло увлекательное пьяное обсуждение роли дезодоранта в жизни человечества, я не знал, что

Атланты клонировали чудовищ

кольнувшая мысль о неведомых формах жизни на Земле станет доминировать при анализе всего огромного экспедиционного материала.

— Мой папа говорит, — прервала молчание Татьяна, — что никогда не надо кушать картошку большого размера каких-то там «тра-та-та-та» сортов, завезенных из Голландии и выведенных путем... клонирования, я думаю. Мы на своей даче растим только нашу башкирскую картошку; пусть мельче, зато...

— Кстати говоря, — заметил я, — что целый ряд высокоразвитых стран собрали, по-моему, около 6 миллиардов долларов и создали многолетнюю научную программу под названием «Геном». Успехи генной инженерии в этой программе вроде бы невелики и сводятся опять-таки к выведению нового вида картофеля и чего-то еще. Но я убежден, что программа «Геном» опасна и антибожественна! Грех вмешиваться в дела Бога! Я не против генетики, я за генетику под флагом Бога! Под флагом осознания того, что человек по своей сути не может быть умнее Бога и не должен менять сотворенное им! Ученые атлантов, скорее

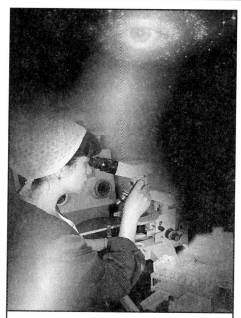

Я не против генетики, я за генетику под флагом Бога

всего, руководствовались благими намерениями, клонируя, например, мясную породу огромной ящеры, но потом... в научном азарте, забыв про Бога, сотворили чудовищ. Но самое опасное, — добавил я неожиданно для самого себя после некоторого молчания, — что можно склонировать невидимых и неведомых биороботов, которых мы не сможем исследовать из-за их недосягаемости, а они могут начать разрушать созданный Богом на Земле баланс. Невидимые чудовища...

Говоря эти слова, я не знал, что после экспедиции к Городу Богов они будут доминировать в моей голове, вызывая массу сомнений по поводу того — писать или не писать эту книгу; слишком многое откроется.

— Не зря Дух Земли Иима сам решал, какие «семена» приносить в «Вара», — вмешалась Татьяна. — Он не верил атлантам. Они ведь баловались клонированием чудовищ.

— Вот и набаловались, что случился Всемирный Потоп, чтобы уничтожить всех этих чудовищ, которые не от Бога, а от Дьявола. Вмешиваться в дела Бога — дьявольское дело! Те, кто «балуется» клонированием, — сподвижники Дьявола! Еще раз повторяю, что наше научное любопытство многого не стоит и особенно многого не стоят усилия прогрессивных

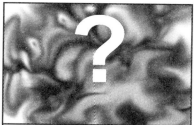

Можно клонировать невидимых чудовищ

Стремиться стать академиком я никогда не буду. Это принцип. Я не смогу долго корчить из себя всезнающего

ученых доказывать «задубевшим» и вкусившим греха научной власти солидным профессорам и академикам, считающим свое мнение выше Божьего. История, как говорится, рассудит. Надо просто писать, долбить, выступать, исследовать, не унижаясь перед теми, которые с дьяволоподобным величием произносят: «Этого не может быть!» Главное, чтобы ученый сам в душе верил в результаты своих исследований, а там уж, как говориться, Бог рассудит.

— А почему Вы, Эрнст Рифгатович, не академик, а просто профессор? — спросила Таня.

— А потому что я никогда не подавал документов на вступление в члены Российской Академии медицинских наук. Да и не приняли бы меня туда никогда.

— Почему?

— Чужой я для них. А стремиться стать академиком я ни за что не буду. Это принцип.

— Почему?

— Как пел Владимир Высоцкий — «там климат иной», не по мне... Не романтично там, а солидно. Я не смогу долго корчить из себя всезнающего.

— М... да...

— Давайте возвратимся к фразе Елены Блаватской о том, что по приказу Творца Материального Мира Ахуры-Мазды Дух Земли Иима принес в «Вару» «семена» лучших мужей и жен, животных, растений и так далее. Из этой фразы, на мой взгляд, явствует, что все формы земной жизни находятся не только под неусыпным контролем Духа Земли, но и под контролем самого Космического Разума. То есть имеет место концепция «Живого Космоса» и «Живой Земли». Я в это верю как ученый...

— Я тоже верю, — сказала Ольга.

— Я тоже, — промолвила Татьяна.

— Я вас уверяю, — вновь заговорил я, — что человек не может жить без окружающей его среды с микробами, вирусами и прочей живностью. Например, в кишечнике человека живет бактерия «коли», играющая важную роль в пищеварении. Если ее не будет, то человек умрет. Так и планета Земля живет в симбиозе со всеми своими формами жизни. Возможно, для нее, Земли, человек так же необходим, как и для нас, людей, бактерия «коли». Человек, как известно, имеет Тело, Душу и Дух; так и Земля, я думаю, имеет свой Дух, свое Тело и свою Душу. Существует строжайший баланс, сотворенный по программе Бога, и его нарушать нельзя.

— А что будет, если его нарушить? — задала вопрос Ольга.

— А то, — я задумался, — что Земля будет «лечиться», избавляясь от клонированных чудовищ, зарвавшихся и дерущихся людей... а способом «лечения» будет смещение оси Земли на 6666 километров со Всемирным Потопом. И только то, что является хорошим и добрым, будет внесено в «Вару» в виде «семян» с последующим клонированием из них различных форм земной жизни. Итак, Всемирный Потоп есть не геологический катаклизм, а способ «самоисцеления» живого существа — Земли.

— А каким способом Дух Земли Иима сможет собрать все эти «семена» и принести их в «Вару»? Ведь он же Дух! — спросила Татьяна.

Всемирный Потоп есть не геологический катаклизм, а способ «самоисцеления» живого существа Земли от клонированных чудовищ и впавших в гордыню людей

— Я думаю, что на Земле были и есть люди, способные войти в контакт с Духом Земли. Прежде всего, на мой взгляд, это люди, умеющие входить в состояние Сомати, поскольку это могут сделать только Лучшие — лучшие духовно. Да еще и... загадочная Шамбала.

— А в современности такие люди есть? — спросила Ольга.

— Наверное, есть... среди йогов, которых мы изучали в ходе третьей нашей гималайской экспедиции. Йоги часто говорили мне, что ими управляют сверхлюди...

— Я помню это, — сказала Ольга, участвовавшая в этой экспедиции.

— Так вот, эти «лучшие люди», способные войти в контакт с Духом Земли, видимо, выполняют работу по сбору «семян» всего живого на Земле и внесению их в «Вара» для последующего клонирования. И именно они, эти люди, сохраняясь в период катаклизма в состоянии Сомати, после улучшения условий жизни на Земле «оживают» и производят работу по процессу клонирования с восстановлением обновленной земной жизни. Эх, как хочется быстрее в экспедицию, туда, где была «Вара»! Но пока, в июне, там сезон дождей. Пойдемте в компанию, немножко отдохнем.

Женская компания, среди которой были Селиверстов и Алексей, перешла в то уютное вечернее состояние, когда от шумного веселья все уже устали, а расходиться не хотелось. Шло, если так можно выразиться, смакование праздничного настроения, что на русском жаргоне называется «расслабуха наступила». Алексей с придыхом рассказывал медицинские аспекты мира запахов под эпитеты и поддакивания Селиверстова:

Йоги способны войти в контакт с Духом Земли

— Существует два типа потовых желез — амокриновые и апокриновые. Именно они выделяют на поверхность кожи жидкость с целью ее испарения и охлаждения человеческого тела. Ну мы ведь потеем во время жары.

— А чем отличаются эти... как их... мамакриновые железы от как их... не помню?

— Не мамакриновые, а амокриновые, — поправил Алексей. — Они выделяют пот, не меняясь морфологически. Название другого вида потовых желез — апокриновые — происходит от латинского слова «apex», то есть верхушка. В процессе потоотделения верхушки апокриновых клеток отрываются и падают на поверхность кожи, распадаясь и издавая специфический запах пота.

— Гниют, вобщем, они на теле, оттуда и запах, — добавил Селиверстов.

— Вот это да! — удивилась одна из дам. — Гниют?

— Гниют, — утвердительно кивнул Селиверстов.

— Ну уж, не совсем так — не гниют, а подвергаются процессу распада, — смутился Алексей.

— Когда я работала раньше секретарем, — отозвалась сидевшая на краю дивана дама, — мой шеф, как щас помню, так вонял потом, что мне тяжело становилось. Апокринок, значит, у него было много, — понятно сейчас. Но самое удивительное было в том, что его запах в кабинете оставался и тогда, когда он уходил. Я понимаю; значит, его апокринки падали на пол и продолжали гнить там. А... а... А может, он их сам стряхивал?

— Вряд ли стряхивал, сами падали, — подал реплику Селиверстов.

— Э-эх, мне надо было тогда все дезодорантами обрызгивать...

— Адская смесь получилась бы, — отрезал Алексей.

— А что делать?

— Мыться надо чаще. У одних людей превалирует амокриновые железы, у других — апокриновые. Вот апокринового типа людям мыться надо чаще, — многозначительно заметил Алексей.

Перекусив, я, Татьяна, и Ольга, тихонько, не привлекая к себе внимания, удалились в соседнюю комнату.

— Нам осталось разобрать еще два фактора выживания атлантов и ранних лемурийцев во время Всемирного Потопа. Три фактора мы уже разобрали. Посмотри, Таня, какой там четвертый фактор в записях? Запамятовал я!

— Сомати, — ответила Татьяна, полистав записи.
— Ну... о Сомати мы много говорить не будем, — начал я, расхаживая по кабинету, — этому феномену и связанному с ним Генофонду Человечества была посвящена моя книга «От кого мы произошли?», где были тоже приведены выписки из «Тайной Доктрины» Елены Блаватской. Я, наверное, повторюсь, но приведу две-три фразы Великой Посвященной, чтобы картина выживания атлантов и ранних лемурийцев на «Вечном Материке» была более полной. Итак, — я достал выписки, — вот что есть любопытного в этом отношении у Блаватской (Тайная Доктрина, т. II. Антропогенезис. Изд. Рига, 1937):

> *«Конечно, мы намекаем не на пещеры, известные каждому европейцу, а на факт, известный всем посвященным браминам Индии и особенно йогам, именно, что нет ни одного пещерного храма в этой стране [Гималаях], который не имел бы своих проходов, расходящихся по всем направлениям, и что есть подземные пещеры и бесконечные коридоры, которые, в свою очередь, имеют свои пещеры и коридоры. Кто может сказать, что погибшая Атлантида не существовала в те дни» (с. 277).*
>
> *«...надвинулись первые великие воды... Все благочестивые спасены были, все нечестивые истреблены, вместе с ними большинство огромных животных...» (с. 438).*
>
> *«...и выслал он свои воздушные корабли [вимана] с благочестивыми людьми в них...» (с. 534).*

— Я выбрал именно эти фразы Елены Блаватской потому, что здесь представляют интерес два момента, — сказал я, разглядывая выписки. — Первый из них — огромная сеть пещер и пещерных храмов в Гималаях, где можно укрыться от катаклизма довольно большому числу людей, но... только тем, кто умеет входить в состояние Сомати. Причем надо знать, какие из пещер во время смещения оси Земли не разрушатся. Это, видимо, знали те из атлантов и ранних арийцев, которые могли входить в телепатический контакт с Духом Земли, а также, наверное, знают некоторые из современных йогов и посвященных браминов.

— А какой второй момент? — спросила Ольга.
— Второй — это то, что спаслись только «благочестивые» люди. Под словом «благочестивые» я понимаю людей с важнейшей в восточных религиях компонентой, называемой «Чистой

У входа в одну из Сомати-пещер Гималаев протяженностью 22 км

В пещерах «Вечного Материка» могли укрыться атланты и ранние арийцы, умеющие входить в Сомати (рис. автора)

Душой». Именно эти люди обладают способностью входить в состояние глубокого Сомати, длящегося тысячи лет и более, так как главным условием Сомати является полное избавление от негативной психической энергии.

— Короче говоря, те атланты и ранние арийцы, умеющие входить в Сомати... ну... как бы... пересидели время Всемирного Потопа, а потом вышли из пещер, — прокомментировала Татьяна.

— Да.

— Мне кажется, что часть людей могли войти в Сомати внутри «Вара», а часть — в надежных пещерах, — добавила Ольга.

— Вполне возможно. Но принципиальным моментом является то, что, исходя из вышесказанного, человечество после Всемирного Потопа было заново восстановлено за счет двух факторов:

А — клонирование людей в «Вара»;

Б — размножение людей, вышедших из состояния Сомати.
— А остальные люди? — спросила Таня.
— Они погибли.
— У нас остался пятый пункт нашей, как Вы говорите, Эрнст Рифгатович, «мозговой атаки» — помощь «Сынов Богов» в выживании человечества, — сообщила Татьяна, листая свои записи.
— Вот что писала Елена Блаватская об этом применительно ко Всемирному Потопу в «Тайной Доктрине» (то же издание):

> «Эта версия относится к событиям Атлантического Потопа, когда Вайсвата, великий Мудрец на Земле, спас Пятую Коренную Расу от истребления вместе с остатками Четвертой...» (с. 178).
> «Ману Вайсвата — имя собирательное, воистину был Ноем арийцев и прототипом библейского Патриарха...» (с. 378).
> «Лишь горстка этих Избранных, Божественные Наставники которых удалились на «Священный Остров», откуда придет последний спаситель...» (с. 439).
> «Пятая [Раса], происшедшая от священного Рода, осталась, она стала управляться первыми Божественными Царями...» (с. 440).

— Что вы думаете обо всем этом? — спросил я Ольгу и Татьяну, разглядывающих выписки.
— Мне кажется, — бойко сказала Таня, — что «Священный Остров» есть «Вечный Материк», о котором мы говорим. Туда, — она снова посмотрела выписку, — удалились «Божественные Наставники», вначале появившись среди атлантов и избрав людей, которых надо спасти.
— А ты, Ольга, что думаешь?
— Я думаю... м...'м... что легенда о Ноевом Ковчеге имела место быть верной. Именно на этом ковчеге, как я помню с детства, было вывезено все «живое», чтобы спасти земные формы жизни. Блаватская говорит, что Ной или он же, — Ольга посмотрела в выписку, — Вайсвата Ману, спас человечество. Легенда и сведения из «Тайной Доктрины» совпадают!
— Кстати, вы знаете, что многие ученые, особенно из Армении, утверждают, что Ноев Ковчег пришвартовался к горе Арарат, когда все вокруг было затоплено? Там вроде бы до сих пор находятся останки ковчега, — добавил я.

Ноев Ковчег

— Да, да, что-то такое было в газетах.

— Отрицать эту легенду мы не можем, поскольку по нашим предыдущим расчетам гора Арарат вместе с Кавказом должна была остаться в виде острова, который должен был соединяться тонким участком гористой суши с «Вечным Материком» через Иран и Афганистан (горы Загрос, Копетдаг и Гиндукуш). Но... скорее всего, Ноев Ковчег прибыл на сам «Вечный Материк», туда, где уже была построена «Вара», куда и были принесены «семена» всего живого на Земле.

— Логично.

— Можно, я постараюсь подвести итог рассуждениям о «Божественных Наставниках», спасших человечество от гибели во время Всемирного Потопа 850 000 лет тому назад? — попросил я.

— Да, конечно.

— Постараемся ответить сначала на вопрос — кто они — «Божественные Наставники»? Вполне понятно, что ими не могут быть даже лучшие представители атлантов или ранних арийцев. Тогда кто же? Я думаю, что это Великие Лемурийцы, выходившие в преддверии катаклизма из Генофонда Человечества, где пребывали в состоянии Сомати, или... приходившие из загадочной подземной Шамбалы. Эти огромные, десятиметрового роста люди, которых атланты называли «Сыны Богов», обладая невообразимыми для нас способностями и знаниями, руководили процессом подготовки спасения человечества. Я ничего не утверждаю, я так думаю.

— ???

— Другой вопрос, на который мы постараемся гипотетически ответить, — продолжал я, — каким образом шел процесс руководства этой подготовкой со стороны «Сынов Богов»? Здесь можно много фантазировать ввиду отсутствия реальных фактов. Но одно сведение, почерпнутое у знаменитого Свами Премананды во время гималайской экспедиции 1998 года, может пролить на это свет. Этот великий мыслитель, знающий «язык» зверей и растений, рассказывал, что йогические способности приходят к людям неожиданно и невесть откуда, после чего человек уходит в горы, поселяется в пещере и начинает делать то, чего не могут делать другие, постоянно тренируя и совершенствуя свои способности. Этот человек подчиняется воле какого-то «сверхчеловека», которого йоги иногда уважительно называют «Он». Йоги постоянно имеют телепатические контакты со «сверхчеловеком». Эта телепатия для йогов есть и источник знаний, и источник способностей, и руководство к действию.

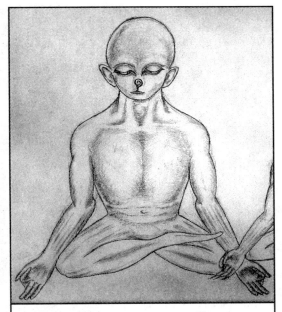

Лемуриец в состоянии Сомати (рис. автора)

— Я хорошо помню этот разговор со Свами Премананада. Все на самом деле так, — перебила Ольга.

— А я помню, что в вашей книге «От кого мы произошли?» есть даже рисунок под названием «Он», — проговорила Таня.

— Эрнст Рифгатович, Вы ведь уже начали писать книгу «Кто они — йоги?». Когда она будет закончена? — спросила Ольга.

— После тибетской экспедиции, наверное. Не знаю точно... Сейчас ведь к новой экспедиции готовимся.

Говоря эти слова, я не предполагал, что результаты тибетской экспедиции в поисках Города Богов будут столь невероятными, что я отложу недописанную книгу «Кто они — йоги?» и после экспедиции начну писать новую (эту) книгу «В поисках Города Богов».

— Давайте возвратимся к теме нашего разговора, а именно к «Божественным Наставникам», — требовательно сказал я, превозмогая усталость. — Не кажется ли Вам, что Елена Блаватская, говоря о «горстке Избранных», наверное, имела в виду древних людей, которых избирали, как избирает современных йогов легендарный «сверхчеловек» или «Он». А я верю в существование «сверхчеловека»,

Свами Премананда, 1998 год, Гималаи

слишком много необычных йогов удалось увидеть и слишком много удивительных знаний удалось получить в третьей гималайской экспедиции!

— Получается, что «сверхлюди» являются теми же «Божественными Наставниками» или «Сынами Богов», отмеченными в книге Блаватской, — живо отозвалась Ольга.

— Да. Древность и современность переплетаются.

— А кто же они — «сверхлюди»? — раскрыв глаза, задала вопрос Таня. — Где они живут? Я видела фильм «Супермен...».

— Откуда я знаю, мы ведь просто люди, а они — сверхлюди.

— Сложно-то как все в этом мире!

— Позвольте мне рассказать гипотетическую концепцию, — попросил я и, получив кивок, начал говорить. — «Сверхлюди»,

«Он», «Божественные Наставники», «Божественные Цари» или «Сыны Богов» — синонимы названия одного и того же высочайшего уровня разумного существа, кем могут быть или представители загадочной подземной Шамбалы, как я думаю — продолжающие жить под землей лемурийцы, связанные с Генофондом

«Он» (рис. автора)

Человечества, или... представители более высокоразвитого параллельного мира на Земле. Я не могу ничего доказать, потому что, еще раз повторяю, я просто человек, а они — «сверхлюди».

— Да уж, мы не «сверхлюди»...

— Эти «сверхлюди», имеющие прямой контакт с Духом Земли Иима, информационным полем Того Света и Богом, заранее будут знать о предстоящем смещении оси Земли и глобальном катаклизме и, в соответствии с указаниями Бога и Духа Земли, начнут предпринимать меры по спасению человечества и всего живого на Земле с одновременным... очищением (!) от нечестивых и заболевших гордыней людей. Способ деятельности «сверхлюдей» будет, видимо, таков: они, проанализировав людей, выберут «избранных» и им (как и в случае с йогами) начнут телепатически передавать знания и особые способности, после чего эти «избранные» будут выполнять весь огромный объем работ по подготовке спасения земной жизни, включающий строительство «Вара», сбор «семян» всего живого, подготовку клонирующих устройств и многое другое. Они же, эти «сверхлюди», дадут сигнал «избранным» о времени необходимости вхождения в состояние Сомати, укажут надежные пещеры, кого-то пустят в «Вара». Я не исключаю и того, что некоторые из «сверхлюдей»

Николай Рерих писал о людях, неожиданно появляющихся и исчезающих на недоступных скалах. (картина Н. Рериха)

будут появляться и среди людей, руководя работами, а не только управлять ими по телепатическим каналам.

— Рерих писал о людях, неожиданно появляющихся на недоступных скалах и неожиданно исчезающих. Не имел ли он в виду «сверхлюдей»? — произнесла через некоторое время Ольга.

Я промолчал.

— А если будет «Новый Всемирный Потоп», то «сверхлюди» нам тоже помогут? — спросила Таня.

— Не знаю, Таня, не знаю... Одна надежда на йогов... Кроме того, у нас пока нет летательных аппаратов по типу «вимана», плохо развита наука о клонировании. А самое главное — мы еще плохо верим в Бога.

Мы еще плохо верим в Бога

— Грандиозно, но грустно, — сказала Ольга.

— Давайте-ка посмотрим, где будет новый экватор, если при следующем смещении оси Земли Северным полюсом будут Соединенные Штаты Америки.

Новый экватор

Мы взяли шнур и, отложив равные расстояния от «нового Северного полюса», перевязали им глобус в районе «нового экватора».

— Все, все, все, — раздались в дверях нетрезвые женские голоса, — давайте по последней вместе с нами и пора ехать домой. А то от рассказов Алексея про апокринки в носу начало свербить. Селиверстов еще поддакивает...

— А Танька-то какая! Прямо профессор! — сказала одна из дам, подойдя к Татьяне, — и «Кензом» уже не пахнет, вынюхали, что ли, все?

— Девчонки, — обратился я к ним, — помните, я всех женщин домогал вопросом «Где находится озеро Байкал?».

— Помним.

— Хотите еще немного географии?

— Ну, как сказать...

— Конец Света, если он будет, произойдет оттого, что Северный полюс сместится в район Соединенных Штатов Америки, — назидательно сказал я, показывая на глобус. — Тогда экватор будет вот здесь, где протянут шнур.

— Неужели Конец Света будет?

— Это только Бог знает, — пожал плечами Селиверстов.

— А вы знаете, что Россия будет тропической страной! — громко пресек я болтовню. — Посмотрите на глобус! Экватор будет проходить примерно на середине расстояния между Северным полюсом и горой Кайлас, то есть в районе Тюмени.

— Ничего себе! — воскликнула операционная сестра Инна.

— У меня в Тюмени подруга живет, Ирина. Вот счастливая-то, в тропиках жить будет.

— Дальше, — продолжал я, глядя вдоль «нового экватора» в сторону Африки. — «Новый экватор» будет проходить через Уфу...

— Уфу? Ура! Значит, в тепле будем жить. Шубы, значит, не надо будет покупать! А то мы столько о них говорим! Давайте за это выпьем, — раздались женские голоса. — Никаких нет, никаких... Пойдемте, пойдемте в ту комнату. Наливай, Алексей!

Мы выпили по рюмке. Я возвратился к глобусу. Все при-

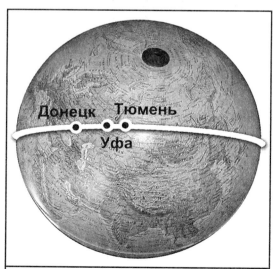

«Новый экватор» будет проходить примерно на середине расстояния между Северным полюсом и горой Кайлас, то есть в районе Тюмени

«Новый экватор» пересечет Сахару в районе нагорья Ахаггар, одного из двух нагорий Сахары. Второе нагорье имеет странное название «Тибести»

шли за мной и, выстроившись в кружок, стали смотреть. Я начал диктовать:

— Таня, пиши! Далее «новый экватор» пройдет через Саратов, Донецк, Афины и пересечет Сахару в районе нагорья Ахаггар.

— Кстати, — заметил Алексей, — «новый экватор» проходит через одно из двух нагорий Сахары. Второе имеет любопытное название — Тибести.

В этот момент я подумал о том, что нагорье со странным названием «Тибести», возможно, тоже будет иметь какой-то смысл при анализе планеты Земля, но откинул эту мысль и стал дальше прослеживать ход «нового экватора».

— Так! «Новый экватор» по диагонали пересечет Атлантический океан и

«Новый экватор» по диагонали пересечет Атлантический океан и точно через мыс Горн уйдет в безбрежные просторы Тихого океана

«Новый экватор» пересечет Токио, Владивосток, озеро Байкал и Красноярск

точно через мыс Горн уйдет в безбрежные просторы Тихого океана, проходя через бесчисленные острова Микронезии в сторону Японии. Кстати, «новый экватор» пройдет через остров Фиджи.

— О! — воскликнули женщины, вспомнив одноименные духи.

— Далее «новый экватор» пересечет Японию, в районе Токио, Владивосток, север Китая, Читу, озеро Байкал, Красноярск и возвратится к Тюмени, откуда мы начали прослеживать его ход.

— Значит, Россия будет как Бразилия, — вставила кто-то из женщин.

— Посмотрите! — воскликнул я. — Расстояние от горы Кайлас будет почти одинаковым от современного и «нового» экваторов. Значит, «Вечный Материк» мало чем изменится...

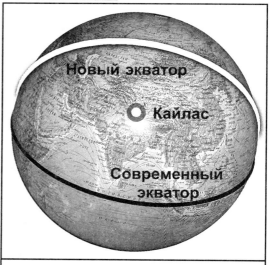

Расстояние от горы Кайлас будет почти одинаковым от современного и «нового» экваторов на то он и «вечный», не зря его называли «Священный Остров».

— А какие места будут лучшими для жизни при «новом экваторе» и «новом Северном полюсе»? — задал вопрос Селиверстов.

— Экватор вряд ли является лучшим местом для жизни — там слишком жарко. В тропиках тоже жарковато. Лучше всего жить в субтропиках или умеренном климате, — сказал я и посмотрел на глобус. — Итак, лучшими местами для жизни на Земле при «новом экваторе» будут побережье теплого «Северного-Ледовитого океана», полуостров Таймыр, Якутия, Колыма, Чукотка, Камчатка...

— Вот хорошо зэкам-то будет на Колыме, — раздалась реплика.

— М... да... Неужели и зэки будут клонированы? — проговорила себе под нос Ольга.

— Баланс добра и зла, — отозвался Алексей и, приподняв голову, искоса посмотрел на Ольгу.

— Мы здесь, вообще-то, не о тюрьме говорим, а о научной географии живой Земли, послушайте лучше, — строго сказал Селиверстов, окинув всех

Таким должно быть побережье теплого «Северного Ледовитого океана» при «новом Северном полюсе»

Бассейны рек Оби, Енисея и Лены станут «новой Амазонией»

Пиранья, которую я привез с Амазонки

Так будут выглядеть Гренландия и Антарктида

сердитым взглядом и нахмурив брови. — Тихо! Продолжайте, Эрнст Рифгатович!

— Бассейны рек Оби, Енисея и Лены покроются обильной тропической растительностью, там будет, так сказать, «новая Амазония»...

— И пираньи, значит, у нас появятся, — вставился кто-то.

— Тихо! — еще сильнее нахмурив брови, бросил Селиверстов.

— Извините, Сергей Анатольевич, я их очень боюсь. Я, извините, сегодня могу говорить все, что хочу, я все-таки именинница. Вот захочу, чтобы Вы женились на мне! Что? Откажитесь, что ли? А?

Селиверстов взял засушенную пиранью, привезенную мною с Амазонки, стоявшую в шкафу и, издав звук «р... р... р...», сделал пугающее движение в сторону именинницы. Все женщины с визгом выскочили из кабинета.

— Ух! Хорошо-то как! — выдохнул Селиверстов и закрыл дверь. — Пиранья будет у меня в руке, если зайдут, сразу буду пугать. Обидно, понимаете, я, член экспедиции на Тибет, сижу там и развлекаю. Мне ведь интересно здесь. Я ведь не шут!

— Спасибо, Сережа. Позови, пожалуйста, Таню с Ольгой, а Алексей пусть развлекает. Шепни ему на ухо.

— Ладно.

— Таня, пиши! — сказал я через минуту и посмотрел на Селиверстова, вперившегося в глобус.

— Итак, очень хорошими местами для жизни будут Аляска, север Канады и Гренландия, где будет умеренный или субтропический климат.

— Не зря Гренландию назвали так; «green» означает зеленый, «land» — страна, то есть Зеленая Страна. Те, кто давали это название, наверное, подразумевали, что так будет, — убежденно произнес Селиверстов, явно желавший наверстать упущенное в научном обсуждении после долгого периода пребывания в качестве вынужденного развлекалы.

Амазония порастет хвойным лесом

— Очень хорошим местом с тропическим и субтропическим климатом будет Антарктида.

— Вне сомнения, — сказал Селиверстов, рассматривая дно глобуса.

— Амазония порастет хвойным лесом по типу того, который сейчас растет вдоль рек Оби и Енисея. А остальная территория Южной Америки будет иметь субтропический и даже тропический климат. К сожалению, вся территория США и почти вся территория Мексики будет покрыта толстым слоем льда — таким, какой сейчас в Антарктиде.

В этот момент опять раскрылась дверь, вошла толпа женщин и обступила глобус, не обращая внимания на звуки «р... р...

Сахара, скорее всего, переместится на юг Африки

р...» и размахивания чучелом пираньи.

— Пираньи из Амазонки переплывут в сибирские реки и даже заведутся в башкирской реке — Белой, — произнес Селиверстов с пугающим видом.

— Девчонки, тише! Помолчите, мы заканчиваем, — строго сказал я. — Что будет с Африкой? Скорее всего, на месте Сахары вырастут густые тропические леса, а на юге Африки образуется большая пустыня. Климат Индии, Таиланда и ряда близлежащих стран Тихоокеанского региона будет прохладнее, но вполне пригодным для жизни. В Китае станет жарче. Озеро Байкал будет окружено густым тропическим лесом, где начнут водиться анаконды, крокодилы и прочая тропическая живность...

— Я видела фильм «Анаконда» и могу точно сказать, что Селиверстова анаконда не смогла бы проглотить, — он слишком большой, — перебила именинница.

Селиверстов, гипнотизируя, посмотрел на нее и издал пугающий звук «ш... ш... ш...», видимо, имитируя анаконду.

— А я тебя сейчас проглочу, — перешла в атаку именинница и, подойдя к Селиверстову, крепко поцеловала его в губы, приговаривая, что в каждой женщине присутствует в той или иной степени змея.

В районе Байкала будут водиться анаконды и прочая тропическая живность

— Да уж, — смутился Селиверстов.

— А это все записывать? — с подковыркой спросила Татьяна. — Ну давайте закончим, а потом потанцуем, а!

— Итак, — очередной раз пресек я болтовню, — хорошо будет жить в Москве, Перми, Мурманске, Швеции, Финляндии, Норвегии; зимы там не будет, природа будет напоминать Канарские острова. В Западной Европе будет чуть-чуть холоднее, но все равно тепло.

— Я всю жизнь мечтала побывать на Канарских...

— Т... с... с, — издал звук Селиверстов, войдя в роль цербера. — А что будет с Австралией?

— Австралия, мне кажется, мало чем изменится. Но я думаю, из моря вновь поднимется огромный основной материк бывшей Атлантиды, крайними точками которого будут Австралия и остров Пасхи, — рассуждал

Зимы в Москве не будет

Таким, наверное, был основной материк бывшей Атлантиды

я гипотетически, покручивая глобус. — Этот огромный материк будет включать в себя все современные острова Микронезии, Полинезии, Индонезии, Новой Зеландии, Филиппин, Новой Гвинеи, Гавайские и Маршалловы острова.

— Имейте в виду, — Селиверстов поднял указательный палец, — что не надо путать Атлантиду с Атлантическим океаном.

— Кстати, — поддержал я Селиверстова, — Атлантида, существовавшая около миллиона лет тому назад, имела много материков и островов. Основной материк находился в районе Тихого океана, он включал и Австралию. Этот материк легендарной Атлантиды утонул, по Блаватской, 850 000 лет тому назад. Это было во время Всемирного Потопа, вызванного смещением оси Земли.

— А почему Атлантический океан назван словом, похожим на слово «Атлантида»? — спросила Татьяна.

— А дело в том, что именно в Атлантическом океане, я думаю, в районе Бермудского треугольника, существовал большой остров, на котором после Всемирного Потопа, как и на «Вечном Материке», смогли выжить атланты (а может быть, атланты переселились туда с «Вечного Материка»!). Этот остров описал, пользуясь древними манускриптами, великий Платон, поэтому в эзотерической литературе он и называется «островом Платона». Атланты на «острове Платона» прожили очень долгое время, имея контакты с арийцами (египтянами и др.), а именно они жили там в период 850 000 — 12 000 лет тому назад. «Остров Платона» затонул 12 000 лет тому назад, когда прилетела комета Тифона и

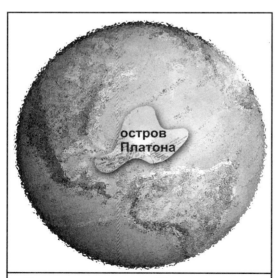

Возможно, «остров Платона» вновь появится из пучин океана

ударила прямо в этот остров. Из-за этого острова, на котором жили последние из атлантов, Атлантический океан назван Атлантическим. А мне почему-то кажется, — задумался я, — что... после нового смещения земной оси и «нового Всемирного Потопа» (не дай Бог!) «остров Платона» вновь появится из пучин океана. А вместе с ним, не исключено, «выплывут» пирамиды и другие строения последних из атлантов.

В тот момент я и предположить не мог, что вскоре, в экспедиции на Тибет, мы обнаружим достоверные сведения о том, что на «Вечном Материке» атланты прожили значительно более длительное время, организовав так называемое «государство йогов».

— Естественно, — продолжал я, — в связи с увеличением площади сухой земли, по причине появления нового «Атлантического континента» в районе Тихого океана, поднимется уровень океанов. Поэтому низко расположенные земли затопятся. Утонут, на мой взгляд, Великобритания, Голландия, Бельгия, северная часть Германии, Польша, Болгария, часть Италии, часть Украины, часть Франции...

— Ой, а как же духи...

— Далее,— громко сказал я, — должны утонуть часть Сахары, Конго, Габон, Ангола, Египет, Судан, часть Саудовской Аравии и Ирака. Значительная часть дельты Амазонки тоже дол-

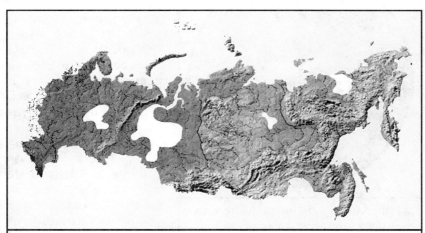

На территории России должны образоваться несколько теплых морей

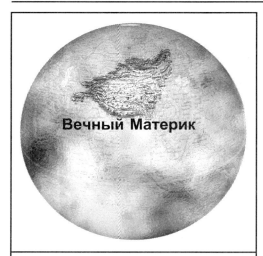

«Вечный Материк», на мой взгляд, останется там же

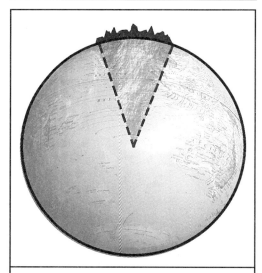

Может быть, «Вечный Материк» имеет мощную твердую ось, неподвластную воздействию движения магмы

жна превратиться в море. Должны утонуть районы Канады, прилегающие к Гудзонову заливу.

— А в России что утонет?

— В районах устья рек Обь, Печора, Енисей, Оленёк, а также в районе Санкт-Петербурга должны образоваться теплые моря. Расширится Каспийское море, затопив часть Волги, часть реки Урал и часть Казахстана. На месте Казахстана, почему-то мне кажется, будет пустыня.

— Петербург утонет?

— Да.

— А что будет с «Вечным Материком»? — задала вопрос Ольга.

— Я тоже хотел спросить это, — сказал Алексей, исподлобья посмотрев на Ольгу и получив такой же взгляд.

— «Вечный Материк» или, как называет его Блаватская «Священный Остров»... — задумался я.— По моему мнению, он останется таким же... на то он и «Вечный». Почему-то мне думается... сам не знаю почему... что «Вечный Материк» имеет мощную твердую ось, уходящую в глубину Земли, которая неподвластна движению магмы Земли при смещении ее оси. Не могу ничем доказать и никогда, видимо, не смогу сделать этого, но я так думаю.

— Поняли, что будет с Землей, если ось Земли сместится и Северный полюс «переедет» в район Соединенных Штатов Америки? — назидательно произнес Селиверстов и, подняв голову, высокопарно посмотрел на женщин.

— Хорошо будет, а чо! — ответила именинница.

— Хорошо-то, хорошо, только нас не будет! Не будет Москвы, Уфы, Парижа, Нью-Йорка... будут совсем другие люди, будут совсем другие города, — грустно выговорил я.

— Люди из пробирки, — почесав затылок, добавила Ольга.

— Вернее сказать, реклонированные люди, — уточнил Алексей, понимая, что никто из справлявших именины женщин ничего не поймет.

— А... а...

Озеро Байкал

Включили музыку. Мужчинам вроде бы настало время приглашать женщин на танец. Работа закончилась. Но танцевать не хотелось. Алексей сделал движение в сторону именинницы, но на пути оказался проходивший мимо Селиверстов, сбивший попытку Алексея пригласить ее на танец.

— Ну что, девчонки, — громко спросил я, — именины-то вперемешку с географией получились? А что? Оригинально! Помните историю про озеро Байкал?

— Помним! Еще как помним! Вы этим озером три месяца нас допекали.

— Где оно находится? — весело спросил я.

— Не знаем и не хотим знать, — хором ответили дамы.

А история про озеро Байкал была такова. Года четыре назад, когда я вышел из операционной, я застал своего тогдашнего секретаря Наташу Макееву в обществе двух дам — Гульнары Перлевской и Ларисы Юрченко. Они о чем-то разговаривали. Я попил чай, а потом, не знаю почему, спросил у них:

— Где находится озеро Байкал?

Наташа Макеева округлила и так круглые глаза и неуверенно сказала:

— Под Москвой.

Наташа Макеева

Гульнара Перлевская расхохоталась и со смехом выдавила:

— Ну, Наташа, ты даешь! Сколько у тебя в школе по географии-то было? Всем хорошо известно, что Байкал находится в Казахстане.

— Ничего подобного, — возразила Лариса Юрченко — Байкал, он в Киргизии, — точно знаю.

Я вытаращил глаза. Такое незнание географии со стороны женщин показалось мне поразительным и любопытным. Я даже решил провести социологический опрос на тему знания месторасположения озера Байкал.

Опросив 100 женщин и 100 мужчин города Уфы, мне удалось вывести удивительную «половую» закономерность в отношении знания географии этого озера. Мужчины, как правило, знали, где находится озеро Байкал и отвечали:

— В Восточной Сибири, рядом с Иркутском.

А российские женщины... Более 60% женщин представления не имели, где находится это озеро, наугад перебирая географические названия регионов бывшего СССР, начиная от Белоруссии и кончая Владивостоком. Около 30% женщин все же знали, что озеро Байкал находится в Сибири, но название ближайшего к Байкалу города путали, склоняясь чаще всего к Новосибирску. Чуть меньше 10% женщин знали, где находится озеро Байкал.

Но самым интересным моментом оказалось то, что последняя малая группа женщин, которая знала место расположения озера Байкал, чаще всего имела отношение к категории неудачниц в личной жизни по типу старых дев.

Учитывая это, я даже сделал вывод о «вредности знания для женщин месторасположения озера Байкал» и как-то однажды громогласно провозгласил:

— Дорогие российские дамы! Если даже вы знаете, где находится озеро Байкал, то забудьте это.

Озеро Байкал

Русская женщина

Такой же социологический опрос, тоже 100 женщин и 100 мужчин, я провел в США, пребывая долгое время в Вашингтоне и в Далласе (Техас). Я им задавал вопрос:

— Где находится озеро Мичиган?

Для справки скажу, что озеро Мичиган является самым большим озером США, на берегу которого расположен город Чикаго.

Результаты эксперимента оказались примерно такими же, как и в России, подтвердив «половое» различие знания географии. Почти 100% мужчин четко и твердо отвечали:

— Озеро Мичиган находится на севере США рядом с Чикаго.

А американские женщины... Почти 70% женщин представления не имели, где находится это озеро, называя даже такие фантастические варианты, как Мексика и Пакистан, причем многие из них думали, что Мексика является штатом США, а не отдельной страной. А одна продавщица перепутала название штата Айова со страной Анголой, уповая на наличие негритянского населения. Около 20% женщин знало, что озеро Мичиган находится на севере США, но затруднялось ответить на вопрос о ближайшем к этому озеру городе, чаще всего называя Бостон. И тоже только около 10% женщин знало точно, где находится озеро Мичиган, и тоже, к сожалению, в эту группу чаще всего входил контингент одиноких женщин.

На одной из вечеринок, куда меня позвали американцы, я рассказал всю эту историю и тоже громогласно провозгласил:

— Дорогие американские дамы! Если даже вы знаете, где находится озеро Мичиган, то забудьте это!

Отмечу только то, что я не брал в расчет в ходе эксперимента тех людей, которые посещали эти места — озеро Байкал для россиян и озеро Мичиган для американцев.

Американская женщина

Озеро Мичиган

Эти эксперименты меня так удивили, что я даже сочинил стихотворение на эту тему, некоторые выдержки из которого я приведу здесь.

Часть I
Три девицы выпивали
Даже песни распевали
Было весело вокруг
Тут я спрашиваю вдруг
Мне вот очень интересно
Вам известно, неизвестно
Где там озеро Байкал
И поднял за то бокал

Ой, ответила Наташа
В детстве ела много каши
Проходили еще в школе
И отличник в классе, Коля
Помню точно, отвечал
Не мычал и не молчал
В общем, знает всяк, любой
Что Байкал, он — под Москвой

Ха, тут вставила Гульнара
Ставлю я Наташе пару
Ты, Наташа, хороша
Но не смыслишь ни шиша
Только талию ты крутишь
А с Байкалом так накрутишь
В общем, знай ты — «тонкий стан»
Это место — Казахстан

Ой, девчонки вы даете
Вы меня с ума сведете
Говорит в ответ Лариса
Эх Вы, глупые «сосиски»
Ведь в Киргизии оно
Там оно всего одно
Вся Киргизия в Байкале
А киргизы как шакалы
Все живут по берегам
Да и рыбу ловят там

Я подумал вненарок
Получил же я урок
Все три женщины красивы
И умны и не спесивы
Но киргизские шакалы
Вокруг озера Байкала
То, что прямо под Москвой
Это просто волком вой
В общем, ты, Эрнест, отстань
Лучше съезди в Казахстань

Стал я проводить опрос
Где был этот же вопрос
Быстро понял, что Байкалы
Как все женские вокалы
Многочисленны в природе
На Урале оно вроде
В Белоруссии оно
Ну, а вон, грузин Вано
Говорит мне как-то Света
Он же знает все на свете
Вспомнил, что оно в Телави
Можно плюс ему добавить
Что совсем не прав Вано
Рядом с Питером оно

А узбек Махмуд Каримов
Что женат на нашей Римме
Говорил, что под Аралом
Где ловил он рыбу тралом
Видел озеро Байкал
Воду пес его лакал
В Сырдарье, что вытекает
Ангара, что, вродь, впадает
Из Арала берет воду
Разрушает всю природу
В общем, высохнет Арал
Из-за озера Байкал
Ну а доктор наш, Венера
Что красива вся без меры

Говорит оно одно
Где находится оно?
Говорит там рядом Бирск
Ой, прости, Новосибирск

Где же озеро Байкал
Может знает аксакал
С ними он не заодно
В общем, в космосе оно
Только, вот... Иркутска нет
Вот и весь тебе ответ

      Часть II
Прилетаю в Вашингтон
И совсем понизив тон
Задаю вопрос мадаме
Очень даже знатной даме
Где у Вас лейк* Мичиган
Хоть приставь к затылку ган*
Говорит, что под Нью-Йорком
Рядом с Англией и Йорком
А Чикаго где у Вас?
Уже перейдя на бас
Удивленно говорю
А в ответ, ой не совру
Говорит, была там дважды
Озеро там было даже
В штате Мексика оно
Там оно всего одно
Ветер воет, аж зашкалит
Мексиканцы как шакалы
Все живут по берегам
Да и рыбу ловят там

Я подумал вненарок
Получил же я урок
Вашингтонки все умны
Хоть красивы, не стройны
Но когда в мозгах зашкалит

---

* лейк — озеро (англ.); ** ган — пистолет (англ.).

С мексиканцем — как шакалом
Что в Чикаго под Москвой
Это просто волком вой
В общем, ты, Эрнест, отстань
Съезди в штат наш Пакистань

Стал я проводить опрос
Где был этот же вопрос
Быстро понял Мичиганы
Как в натуре уркаганы
Многочисленны в природе
В Калифорнии оно
А еврей-то, вон, Зино,
Говорит одна мне мисс
Вы поверьте, точно, плиз
Вспомнил, что Израиль там
Видел это точно сам
Что еврейки — мичиганки
Из России уркаганки
Все живут по берегам
И арабов грабят там

А ковбой наш — Родней Джон
Очень точно знает он
Говорит совсем не сон
Есть река такая — Дон
С Мичигана вытекает
И в Атлантику впадает
Ну, а русский субмарин
Взяв на борт штук сто Марин
Втихаря туда вплывает
И шпионок выпускает
А Марины все красивы
И хитры, и не спесивы
Даже он, ковбой наш Джон
Рассказал, что знает он
В общем, плиз, понизьте тон
Это очень страшно — Дон
Ну, а Джек наш — педераст
В географии горазд
Говорит, ошибка Джон

Нет там этой речки — Дон
Амазонка вытекает
И в Атлантику впадает
А бразильский субмарин
Не возил совсем Марин

Где же этот Мичиган?
Дайте в руку мне наган
Говорит ему вдруг Джон
Точно знаю — это он
Он есть рашен, он шпион
Выйди, сволочь, выйди вон
То залив от речки Дон

Только вот, Чикаго нет
Вот и весь тебе ответ

Часть III

Этой третьей частью стихотворения, где ведется сопоставительный анализ женского счастья в зависимости от их познаний в географии, я решил не утомлять читателя. Там слишком много серьезной философии. А серьезного в этой книге и так очень много. Более того, серьезное, философское и приключенческое только начинается.

А в тот июньский вечер, когда мы с Татьяной, Ольгой и Алексеем, уставшие от глубокомысленных рассуждений по поводу трагического послания древних, сидели перед женщинами, тоже уставшими от справленного дня рождения при церберском участии Сергея Селиверстова, я думал о том, что женщины психологически все же сильно отличаются от мужчин. Это, конечно же, касается не только их гипертрофированного внимания к проблеме духов или загадки злополучного озера Байкал, а прежде всего того, что женщины в большей степени живут душой, акцентируясь преимущественно на чувствах, вызванных даже каким-то ерундовым фактором, мало обращая внимание на конкретные факты по типу географической локализации чего-либо.

А чувства являются прежде всего атрибутом подсознания, приводимым в действие божественным внутренним «Я» человека. Поэтому женщины как бы ближе к Богу, значительно реже, чем мужчины, являются причиной злых деяний, таких, как вой-

Женщины ближе к Богу, значительно реже, чем мужчины, являются причиной злых деяний

ны, и тому подобных. А мелкие женские негодования, такие, как слезы по поводу неискреннего совета при покупке шубы или при обнаружении духов «Кензо» у другой женщины, можно простить, — это мило и уютно.

— После ваших расспросов про озеро Байкал мы вначале себя такими дурами почувствовали! А потом, когда Вы рассказали, что только несчастливые знают, где оно находится, мы не то что не хотим этого знать, мы туда поехать боимся, — со смехом сказала именинница.

Мы не знаем, где находится озеро Байкал!

— Ну и ладно. Давайте собираться домой. Водитель уже в машине?

— Да.

Когда спускались по лестнице, сзади послышался голос:

— Целый вечер только и слышали — 6666. Кстати, надо бы ей шубу за 6 тыщ 666 рублей купить.

Дьявольский элемент трагического послания древних

Пока мы развозили всех людей по домам на машине «скорой помощи», я уютно уселся в углу и стал опять думать о трагическом послании древних.

Когда все размышления о фатальной судьбе современного человечества в случае возможного (не дай Бог!) смещения земной оси, припудренные анализом выживания атлантов в этих же условиях, закончились, у меня возникло генетическое чувство нашей с вами неполноценности перед атлантами. Это свербящее в душе чувство генетической неполноценности вперемешку с мыслью об обделенности нас Богом неожиданно переросло в негодование. Чем? Я попытался сконцентрироваться, чтобы понять причину негодования, и где-то со второй-третьей попытки понял, что причина этого банальна и проста, о чем мне как-то даже неудобно говорить и тем более повторяться. А это наличие в человеческом обществе большого числа «зарвавшихся» и «зажравшихся» людей или, как говорится, страдающих «звездной болезнью». У этих людей глаза-то другие, дьявольские какие-то, игнорирующие все вокруг и самовлюбленные, им, этим людям, все «Мое» кажется божественно совершенным, вплоть, наверное, до своей прямой кишки.

«Звездная болезнь» возникает тогда, когда человек, чаще всего, занимает лидирующее положение в обществе. Поэтому вред от таких «больных» людей увеличивается в геометрической прогрессии, учитывая их руководящую роль. Чтобы понять это, представьте себе то, что предприятием или страной руководит душевнобольной человек, например шизофреник. К причудам шизофренического характера еще можно приспособиться, зная время и характер возникновения «бзиков» у шефа, а вот к дьявольскому началу больного «звездной болезнью» приспособиться нельзя, потому что невозможно все время только угождать и быть «серой мышью», задавливая все хорошее у себя.

Но главная беда, исходящая от «звездной болезни», — это то, что «Бог-самозванец» в облике, например, нефтяного короля или кого-либо еще, превращая людей в угодников, насильно отворачивает их от настоящего Бога, препятствуя духовному развитию. Только власть над людьми, власть любыми средствами. В этой ситуации представьте себе, что удивительные тонкоэнергетические технологии, основанные прежде всего на «силе Духа» и божественной сущности человека, выражающейся как «микрокосм макрокосма», попадут в руки «звездно больных» людей, — они в одно мгновение обратят их в орудие удержания и увеличения личной Власти. Духовных тормозов не хватит. Ведь «звездной болезнью» той или иной степени тяжести в мире страдает огромное количество людей, и даже некоторые страны (в настоящее время США, после распада СССР) заболевают этой болезнью «хором всей страной». Будет сотворено мощнейшее психотропное оружие, будут клонировать чудовищ... и расплатой этому будет «самоочищение» Земли путем смещения оси на 6666 км с очередным Всемирным Потопом. «Звезднобольные» люди погубят всех остальных.

«Звездная болезнь»

Почему я, начав подытоживать размышления о трагическом послании древних, вдруг стал думать о «звезднобольных» людях и сделал вывод о том, что именно они являются главным «ядом человеческого общества», способным привести к глобальной катастрофе? Может быть, эти завистливые и корыстные «самосветящиеся звезды» так достали меня по жизни, что я, имея личную неприязнь к ним, гипер-трофирую их вредную значимость. А может быть, я прав. Жизнь рассудит.

Тем не менее, прав я или не прав, мне думается, что трагическое послание древних в виде чисел «6666», переданное через высоту священной горы Кайлас и свидетельствующее о способности Земли повернуться на это число километров, прозрачно намекает еще на один аспект — дьявольский. Большинство из нас, надеюсь, верят в существование Дьявола, Сатаны и прочих злых сил, которых ученые называют негативной психической энергией. Эти дьявольские силы стремятся вселиться в человека, вызывая прежде всего признаки «звездной болезни». Если дьявольской энергии в людях становится слишком много, то это уже влияет на Землю как на живое существо, на ее Дух, поэтому возникает необходимость для Земли очиститься от дьявольского начала.

Каков путь очищения от дьявольской энергии? Ответ один — поворот на 6666 км. Почему именно на 6666 км? Это, видимо, определено Создателем.

Поэтому число «6» в народе считается плохим числом, «66» — еще хуже, «666» — еще хуже, «6666» — совсем плохо.

Трагическое послание древних, отображенное в числах «6666», имеет еще один аспект — дьявольский. Если дьявольской энергии в людях становится слишком много, то Земля очищается от нее поворотом на 6666 км

Число «6666» — число глобальной катастрофы или число апокалипсиса, вступающее в действие тогда, когда дьявольское начало внедрено в обитателей Земли уже беспредельно сильно.

От дьявольского начала, символизированного числом «6», человек может освободиться сам, числами «66» — группой людей (страной), числами «666» — всем человечеством, а числами «6666» — только с помощью планеты Земля, почему-то подумалось мне, но я положил эту мысль в «загашник», чтобы сегодня не возвращаться к ней.

Если принять во внимание ту мысль, что Земля освобождается от дьявольского начала путем поворота на 6666 км, то можно

«Шестерки» есть числа освобождения от дьявольской энергии, хотя... дьявольский элемент в «шестерках» все равно присутствует, раз он был допущен в Душу и его надо изгонять

подумать, что «шестерки» являются не дьявольскими числами, а положительными, так как связаны с освобождением от дьявольской энергии. Почему же в народе «шестерки» считаются дьявольскими числами?

Ответить на этот вопрос не так-то легко. Верующие люди знают, что любое освобождение от дьявольской энергии сопровождается страданиями. Поэтому люди, страдая и ощущая изгнание из себя дьявола, ассоциируют эти «шестерки», выплывшие из глубины подсознания и неведомым для нас путем связанные с законами тонкого мира, как дьявольские числа. В этой связи, возможно, «шестерки» есть числа освобождения от дьявольской энергии, хотя дьявольский элемент в «шестерках» все равно присутствует, раз этот элемент был допущен в Душу и его надо изгонять.

Нельзя исключить и того, что «шестерки» и в самом деле являются дьявольскими числами, а отмеченное освобождение

Земли от дьявольской энергии путем поворота ее на 6666 км имеет механизм философского закона — отрицание отрицания. То есть дьявольский элемент изгоняется путем создания механизма, подобного дьявольскому, но отрицающего его.

Кстати говоря, закон отрицания отрицания довольно часто используют психотерапевты для лечения больных неврозом, выводя раздражающий фактор, вызвавший невроз. Совсем недавно я на фоне хронической усталости, работая ежедневно до трех ночи, был глубочайше унижен одним человеком, после чего у меня развился невроз, который я ощущал как своеобразный ком в душе. Лекарства не помогали. Вылечил меня психотерапевт Евгений Иванович Максимов, который заставил вспоминать этого человека, приговаривая: «А ну-ка попробуй, вызови у меня невроз! Сволочь!»

Говоря о дьявольском аспекте «шестерок», я не в состоянии ответить утвердительно относительно их причастности к дьявольской энергии или, напротив, высказаться положительно об «изгоняющей» роли «шестерок», освобождающей от негативного (дьявольского) компонента в душе. Мой разум для этого слишком слаб. Я могу лишь сказать, что в мире, созданном Богом, любой элемент жизни выполняет как минимум две функции, порой даже взаимно противоположные. Это может иметь отношение и к овеянным народными преданиями «шестеркам». А в этих «шестерках» что-то есть! Не зря высота священной горы Кайлас равна 6666 м, а расстояние от Кайласа до Северного полюса составляет 6666 км.

Психотерапевт Евгений Иванович Максимов, использующий в своей практике закон отрицания отрицания

Но, дорогой читатель, повествование о «шестерках» (и «девятках») касательно строения Земли только начинается; дальнейший научный анализ этой мистической темы, от результатов которого у меня волосы встанут дыбом, будет изложен в последующих главах, по прочтении которых мы все, наверное, воскликнем: «Спасибо вам, Атланты!»

Машина «скорой помощи», на которой мы все ехали, подскочила на кочке, и я больно ударился головой о какой-то выступ.

— Андрей, не гони, не дрова везешь! — послышался голос.

Захотелось поболтать о чем-то приземленном, например, посводить Селиверстова с именинницей. Но я усилием воли заставил себя не отвлекаться от хода мыслей о «шестерках».

— Пусть я немножко даже пофантазирую, не имея пока реальных научных доказательств, — мысленно сказал я сам себе, — но, продолжая тему о дьявольском аспекте «шестерок», постараюсь осмыслить по отдельности роли одной, двух, трех и четырех «шестерок».

Мысль моя закрутилась, заметалась, не находя исходной точки для такого мистико-философского анализа, но потом, после очередного подпрыгивания машины на кочке, вдруг четко и легко нашла эту исходную точку — страдание, о чем я уже упоминал выше.

Надо прямо сказать, что страданию и состраданию на Востоке придают огромное значение. «Чем больше страдает человек, тем лучше» или «Страдайте на здоровье» или «Страдающий человек — лучший человек» — так, несколько образно, звучат основные постулаты многих тысяч индийских школ, специализирующихся на страдании и заставляющих людей страдать. Очень любопытно отношение этих «страдательных школ» к нищим, которое можно выразить так: «Какие они счастливые люди — страдают всю жизнь». Сострадание в этих индийских школах считается главным методом лечения, которое вначале обостряет страдания человека, а потом помогает ему очиститься, после чего, наконец-то,

«Какие они счастливые люди — страдают всю жизнь»

наступает облегчение за счет изгнания негативной дьявольской энергии, причем чем больше страдает человек, тем в большей степени он освобождается от дьявольской энергии.

Философский корень этих странных индийских школ, заставляющих людей страдать и этим очищаться, по-видимому, очень глубок и пришел из древности, когда, в незапамятные времена, люди, будучи духовно ближе к Богу, осознавали опасность накопления в людях дьявольского начала, способного привести к бедам, вплоть до глобальной катастрофы.

А «шестерки»? Число «6», мне кажется, служит единицей измерения дьявольского начала в душах живых существ, являясь одним из важных компонентов в существовании таинственного и непостижимого пока для нас божественного тонкого мира, создавшего Тот Свет, где мы все будем и наша душевная чистота будет измеряться наличием или отсутствием этих относительных «шестерок». Там, на Том Свете, мы станем совсем другими, хотя и останемся самими собой, ожидая следующей реинкарнации на

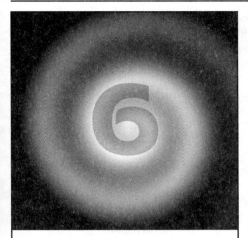

Число «6», мне кажется, является единицей измерения дьявольского начала в душах живых существ

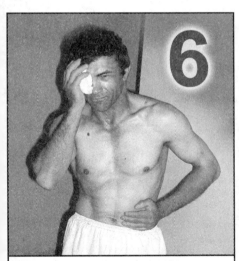

Число «6» символизирует дьявольское начало в душе отдельного человека, платой за что является его страдание

Землю. И, вполне возможно, там мы будем немного грустить, что в прошедшей земной жизни мы маловато страдали и не смогли очиститься, изгнав из себя дьявольское начало.

Не могу ничем доказать, но я почему-то думаю, что существует следующая градация «шесterочного ряда», связанного со страданиями. А именно, число «6» в единственном варианте (то есть одна «шестерка») символизирует наличие дьявольского начала в душе отдельного человека, платой за что является его страдание при изгнании этой негативной дьявольской энергии. Если это дьявольское начало не будет изгнано, то возникает телесная или психическая болезнь или, что еще хуже, «звездная болезнь».

Число «66», на мой взгляд, является символическим олицетворением наличия группового дьявольского начала в душах людей, например отдельной страны, платой за что является самоистязание народа путем внутренних репрессий или развязывания войны. Примерами такого группового дьявольского влияния могут быть коммунизм, начавшийся в России со странной фразы «Призрак бродит по Европе, призрак коммунизма» и германский фашизм с лозунгом «Deutschland uberalles!». Оба народа, как российский, так и германский, подверглись тяжелейшим испытаниям, послужившим платой за групповую «звездную болезнь» коммунистического (мировая революция) или фашистского (высшая раса) характера.

Число «66» символизирует групповое дьявольское начало, платой за что является самоистязание народа путем репрессий и войн

Число «666», по моему мнению, символизирует и является единицей измерения наличия общечеловеческого дьявольского начала, платой за что служит деградация и одичание людей. Существует среди людей мнение, что тупые и недалекие люди более счастливы, чем умные. Но задайтесь вопросом — хотели бы Вы стать тупым? Вы, не задумываясь, ответите — нет. Тупых людей, тем более эволюционных деградантов, все время гложет зависть, а ощущение собственной неполноценности исподволь точит изнутри, вызывая сильные страдания подсознательного характера, поскольку подсознание помнит величие предков и как бы укоряет за «дьявольскую роскошь деградировать». Тупой деградант, конечно же, не способен осознать всего этого и выражает замучившую его внутреннюю неполноценность изданием в лунную ночь отчаянного воя «у... у... у...», в который вкладывается вся его обида на далеких предков, не сумевших

Число «666» символизирует и является единицей измерения наличия общечеловеческого дьявольского начала, платой за что служат деградация и одичание людей

У... у... у...

избавиться от общечеловеческого дьявольского начала и заболевших «общечеловеческой звездной болезнью». В этом отчаянном вое «у... у... у...», сопровождаемом замахами каменного топора на невидимого противника, будет выражено глубинное подсознательное негодование тем, что потерять и разбазарить все достижения прогресса можно в одно мгновение, а для восстановления потерянного уровня потребуются сотни тысяч лет кропотливой работы, полной опасностей и унижений.

Одичавший человек никогда не может быть счастливым, потому что Человек создан Богом как разумное, интеллектуальное и божественное существо, и этот природный дисбаланс в душе никогда не умолкнет, мучая, мучая и еще раз мучая деграданта. Волк, мышь или лягушка намного счастливее одичавшего человека, потому что они сотворены Богом именно такими, в связи с чем имеют свой волчий, мышиный или лягушачий душевный покой.

Прогресс научных технологий естественен и логичен, но и опасен не только потому, что может быть применено орудие массового уничтожения, но и потому, что люди могут заболеть «общечеловеческой звездной болезнью», вслед за которой страшное «трехшестерочное» дьявольское начало незамедлительно появится в виде неведомых болезней или чего-то совершенно неожиданного (падение кометы и т. п.), расплатой за что будут одичание и деградация оставшегося человечества.

Число «6666», мне думается, символизирует наличие глобального дьявольского начала, когда оно внедряется не только во все человечество, но и во все формы земной жизни, включая и саму планету Земля как живое существо. Платой за внедрение гло-

Число «6666» символизирует внедрение глобального дьявольского начала, платой за что является апокалипсис

Клонированная огромная корова

бальной «четырехшестерочной» дьявольской энергии является апокалипсис, вызванный смещением земной оси на 6666 км, в результате чего погибает вся земная жизнь, включая человечество (кроме «семян» всего живого на Земле и «благочестивых» людей, сохраняющихся в «Вара»), а сама Земля испытывает тяжкие страдания по причине разверзания материков, смещения магмы и многого другого.

В отношении внедрения глобального дьявольского начала во все формы земной жизни мне бы хотелось отметить роль клонированных мутантов, которые могут быть созданы, на первый взгляд, с благородной целью — огромные коровы, сверхкрупный картофель, сверхурожайная пшеница и другое. Опасность создания таких «рукодельных творений» состоит даже не столько в наличии в них так называемых мутагенов, нарушающих обмен веществ, сколько в том, что человек не имеет права путем генной инженерии вмешиваться в дела Бога, создавшего весь сбалансированный комплекс природы. Для того чтобы этого не делать, нужно не только искренне верить в Бога, но и уважать весь его огромный созидательный труд. В противном случае на Землю внедрится мощнейшая «четырехшестерочная» дьявольская энергия с уже описанными последствиями.

К сожалению, международная программа «Геном» уже работает, и она базируется преимущественно в США, которую гималайские йоги называют самой безбожной страной мира. Если успехи этой программы будут велики, то останется недолго ждать конца света.

— Вот и еще одну даму довезли до дома, — послышался голос. — Алексей, проводи ее до подъезда!

Машина поехала дальше. Какая-то железяка все время бряцала под сиденьем. Никто, чувствовалось, не обращал на это внимания. А меня эта железяка нервировала.

— Если я все мысли, пришедшие за сегодняшний вечер, опубликую, то многие люди, воскликнув «А ты мне прямые доказательства подавай!», будут считать меня чем-то наподобие той бряцающей железяки, — подумал я нервно.

А потом я взял себя в руки, перестал обращать внимание на бряцание железяки под сиденьем и углубился в мысли о том, что на все прямых доказательств найти нельзя, что, обнаружив интересный факт, например относительное соответствие высоты горы Кайлас и расстояния от нее до Северного полюса, совершенно не зазорно логически развивать мысль, слушая свое подсознание и делая общечеловеческие выводы; умные и божественные люди это поймут, а те, которые, высокомерно задрав голову, будут глумиться над мыслями и логикой, те, наверное, уже имеют в душе «шесторочку» дьявольской энергии, считая свое мнение единственно верным во всей Вселенной.

— Как опознать тех людей, у которых в душе уже есть дьявольский элемент? — задался я вопросом и тут же нашел ответ на него. — Этих людей нервируют разговоры о Боге. Они способны переносить случайные проповеди, они даже могут молиться, но осознание Бога в научном контексте их бесит. «Шесторочка» дает о себе знать.

Мне почему-то кажется, что существует 6 уровней злой дьявольской энергии. О четырех из них мы сегодня говорили, а две

Как опознать людей с дьявольским элементом в душе?

Этих людей нервируют разговоры о Боге

другие остались непостижимыми для моего разума, слабость и маломощность которого я особенно остро ощутил в конце этого длинного бурного вечера, когда переплелись трагическое послание древних, духи «Кензо» и многое другое.

А ведь все плохое начинается с одной «шесторочки» в душе! Если ее не изгнать, самокритично посмотрев на самого себя или прибегнув к помощи искренних людей, то появится прецедент размножения этой «шестерки». Если же этих «шестерок» станет много, то рано или поздно количество перейдет в качество и дьявольское зло перейдет на другой уровень — «66». По такой же логике может появиться уровень «666» и даже уровень «6666».

— Наверное, это главное, что хотели сказать нам атланты своим трагическим посланием. Они предупреждали нас, — подумал я.

Машина остановилась у подъезда моего дома. Я стал прощаться.

Как многого я не знал в этот момент! И как много предстояло еще узнать!

Но я никак не мог предположить, что в этот вечер мы допустили одну техническую ошибку, которую через несколько дней мы обнаружим и ее анализ выведет нас на новый виток знаний о планете Земля и таинственном Городе Богов.

— А ты, Таня, что такая задумчивая? — спросил я напоследок.

— Неужели все мы из пробирки вышли? — проговорила она.

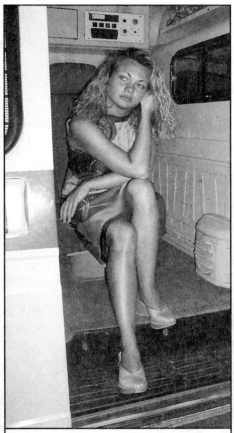

Неужели мы все из пробирки вышли?

Глава 6

6666 — знак апокалипсиса.
9999 — знак гибели Земли

Техническая ошибка, о которой я упоминал в предыдущей главе, выявилась при следующих обстоятельствах.

Рим Анварович Хамзин

Шел июнь 1999 года. В тибетскую экспедицию мы планировали отправиться в середине августа. Я очень торопился. Кроме большого объема подготовительных работ (снаряжение, эмблемы, билеты, финансы и многое другое), я чувствовал острую необходимость максимально осмыслить затронутые вопросы о планете Земля и мировой системе пирамид и монументов древности, понимая, что от этого во многом будет зависеть успех экспедиции в поисках Города Богов. Кроме того, я планировал еще съездить в город Новосибирск — для изучения так называемых «зеркал Козырева».

Как назло среди больных распространился слух о том, что я ухожу в какую-то страшно рискованную экспедицию, откуда вряд ли вернусь, в связи с чем пациенты исступленно уговаривали меня прооперировать их именно сейчас, не откладывая на осень или зиму. В душе началась такая сумятица и неразбериха, что я, забыв о своей до идиотизма нелогичной привычке заниматься наукой в условиях шума и веселья, решил уехать на несколько дней куда-либо, чтобы смочь спокойно сосредоточиться и осмыслить поставленные вопросы.

Я позвонил своему другу, Риму Анваровичу Хамзину — главе администрации Туймазинского района Башкирии с просьбой разместить меня на какой-нибудь турбазе. Одновременно мы договорились, что в конце моего уединения я проведу конференцию для жителей района на тему наших гималайских экспедиций.

С Римом Анваровичем мы познакомились в 1990 году, когда мы оба были избраны народными депутатами РСФСР первого созыва. Он был ярым коммунистом, а я — умеренным демократом, входя в блок «Демократическая Россия». Тем не менее мы подружились, несмотря на расхождения в политических взглядах. А потом... в октябре 1993 года, за день до расстрела «Белого Дома», часть депутатов собралась в гостинице «Россия» для поддержки членов российского парламента, блокированных в «Белом Доме». Многие депутаты побоялись приехать, но многие, как говорится, не струсили. Среди этих «неструсивших» был и Рим Анварович. Меня арестовали в гостинице «Россия» в ночь на расстрел «Белого Дома», избили и в 5 часов утра выпустили, пнув меня кованым сапогом в зад. А вскоре президент Башкирии Муртаза Рахимов прислал специальный самолет, на котором вывезли башкирскую депутацию в Уфу. Смогли улететь и наши члены парламента (Борис Хакимов, Петр Моор и другие), на долю которых досталось столько страданий, что мой арест показался бы детской шалостью. В самолете было шампанское, присланное нам.

Турбаза, на которой расположил меня Рим Анварович, находилась на берегу живописного озера Кандрыкуль. А комната, в которой я поселился, имела два предмета, относящихся к теме исследований глубокой древности, — холодильник «Атлант» и сливной бачок «Сфинкс». Кроме того, Рим Анварович, будучи уверен в том, что для мозговой работы нужны витамины, привез мне такое количество фруктов, съесть которые не представилось бы возможности и за месяц.

— Смотри, как жизнь изменилась, — в любой деревне можно купить любые тропические фрукты, — прокомментировал я.

— Мой район передовой. Народ работящий. А вообще, вскоре я почти все отдам в частные руки, — заметил бывший коммунист Рим Анварович Хамзин.

Я поставил на стол глобусы, разложил бумаги, книги и сел работать. В открытое окно влетела синичка и, не боясь меня, уселась на глобус.

Холодильник «Атлант»

Счастливая техническая ошибка

Начав перебирать в голове предыдущие размышления о возможном новом смещении Северного полюса на 6666 км в район Башни Дьявола (США), я был уверен в том, что расстояния «Кайлас — Северный полюс» и «Северный полюс — Башня Дьявола» равны и составляют по 6666 км каждое. Я взглянул на глобус и... вдруг мне показалось, что эти расстояния не равны. Я еще раз пристально посмотрел на глобус, но ощущение неравенства этих расстояний усилилось.

Тогда я взял гибкую измерительную ленту, заново измерил эти расстояния и убедился в том, что на большом глобусе расстояние «Кайлас — Северный полюс» на целых 5 см больше расстояния «Северный полюс — Башня Дьявола». Я перемерил все еще раз — получилось так же.

Расстояние «Северный полюс — Башня Дьявола» меньше расстояния «Северный полюс — Кайлас»

— Что я, с ума сошел, что ли, когда измерял?! — воскликнул я вслух, испугав синичку. — Так... а почему же допустили ошибку Татьяна, Ольга и Алексей? Они ведь тоже измеряли!

В душе возник ком негодования, который начал мучить меня. Чтобы успокоиться, я вышел на берег озера, заплыл метров на 300, а на обратном пути, запутавшись в водорослях, чуть не утонул. Сумятица и негодование в душе не проходили.

Решив позвонить в Уфу, я пришел на телефонную станцию, где выяснил, что вчера где-то упал столб, поэтому связи с Уфой пока нет.

Окончательно разнервничавшись, я зашел в свою комнату, выпил полстакана водки и, не сумев успокоиться, пошел в соседнюю деревню, расположенную в 7 км от турбазы, надеясь дозвониться до Уфы, чтобы поговорить по этому поводу с Алексеем, Ольгой или Татьяной. Шагая по пыльной дороге, я с ненавистью смотрел на телеграфные столбы, имеющие склонность падать. Мысль, которая глодала меня все это время, сводилась к тому, что разваливалась гипотеза о том, что все точки «6666» Земли блокированы пирамидами или монументами древности.

— В главной исходной точке «четырех шестерок» — на Тибете — расположена громадная пирамида (Кайлас), — думал я. — Нельзя исключить того, что в следующей точке «6666», а именно на Северном полюсе, под водой тоже находится какой-нибудь монумент древности. Следующая за Северным полюсом точка «6666», как мы думали, обозначена Башней Дьявола, а следующая за ней точка «6666» — район острова Пасхи — обозначена каменными истуканами. Как было все красиво! Но... Башня Дьявола находится не в точке «6666»! Эта точка «6666» располагается в штате Техас (США) значительно южнее Башни Дьявола.

С обочины дороги неожиданно с шумом вылетел тетерев. Я вздрогнул.

— Надо дозвониться до Уфы, — причитал я про себя, шагая, — чтобы через Интернет узнать — а может быть, и в этом районе Техаса существует какой-либо монумент древности? Надо спросить, почему ошиблись при измерении не только я, но и Ольга, Алексей и Татьяна.

Дойдя до искомой деревни, я нашел почту, узнал, что столбов больше не падало, и смог дозвониться до Уфы. Трубку взял Алексей. Неожиданно, выслушав мой рассказ, он начал убеждать меня в том, что ошибки быть не могло, а подошедшие к трубке Ольга и Татьяна тоже принялись убеждать в моей неправоте.

— Как мы можем проверить! Ведь глобусы и большой атлас у Вас там! — кричала в трубку Ольга, стараясь перебить хрип и треск в телефоне.

В итоге мы договорились о том, что завтра они приедут ко мне, взяв с собой компьютер «Note-book» для выхода в Интернет.

Шагая обратно на свою турбазу, я, конечно же, испытывал чувство неловкости оттого, что заставил людей приехать ко мне за 200 км, бросив свои семьи и дела, чтобы помочь мне разобраться в допущенной ошибке.

— Как барон себя веду, пользуясь статусом директора Центра! — подумал я и со злостью пнул камень, лежащий на дороге, подпрыгнув от боли.

Постепенно успокоившись, я стал размышлять о причинах допущенной нами ошибки. На расстоянии в 21 см, что составляет ориентировочно 6666 км в масштабе нашего глобуса, мы ошиблись почти на 5 см. Причем ошиблись все четверо! Зато... мы нашли Башню Дьявола, о которой ничего не знали, живя в России.

— Мистика какая-то! — воскликнул я про себя. — Как будто бы кто-то заставил всех нас ошибиться, чтобы мы обратили внимание на Башню Дьявола. В противном случае мы бы все не ввели ее в расчет всей системы пирамид и монументов древности на Земле.

Я, конечно же, искренне верю в то, что ничего случайного на свете не бывает, что все мысли ученого приходят из глубин подсознания, стимулируясь божественным внутренним «Я» че-

Мы все ошиблись при измерении, зато нашли на глобусе Башню Дьявола, о которой ничего не знали, живя в России

ловека, воспринимающего подсказку Высшего Разума. Я везде и всюду повторяю, что гениальных и талантливых людей не бывает, а бывают работящие и чистые душой люди, которым Бог в виде интуитивной подсказки дает научные мысли. Не могу оценить нашу душевную чистоту, зная, в частности, что моя жизнь полна глупостей и прегрешений, тем не менее я с уверенностью могу заявить, что все мы четверо являемся исключительно работоспособными людьми. Поэтому, наверное, Бог и дал нам... эту ошибку, которая точно вывела на Башню Дьявола. Бог всегда оригинален!

— Ох, интересный же расклад получится на глобусе! Очень будет интересно! Очень! — стал приговаривать я, убыстрив шаг и повеселев.

Я уже чувствовал жажду нового «мозгового штурма», но в этот момент я не знал, что именно эта «счастливая ошибка» вскоре приведет нас к заключению о том, что точки «6666» и «9999» являются «болевыми точками планеты», от которых весьма оригинальным способом отводится негативная энергия, а тибетский Город Богов, который мы будем искать, окажется не единственным на Земле.

Дойдя то турбазы, я помыл в придорожной луже запыленные кроссовки, спугнув лягушку.

— Тоже божье творение! Создание на первый взгляд никчемной лягушки тоже, видимо, входило в невероятную по сложности программу создания земной жизни, где все сбалансировано, начиная от этого прыгучего земноводного и кончая «болевыми точками» всей планеты, — мелькнула у меня мысль и тут же почему-то перекинулась на гипотезу о Городе Богов в аспекте созидательной его роли в жизни на Земле.

Вечер я провел за телевизором с одновременным безрезультатным рассматриванием глобуса. На следующий день приехали Алексей и Татьяна, которых привез Ришат Булатов.

Ришат Булатов, кандидат медицинских наук и один из ведущих хирургов нашего Центра, очень близок и дорог мне. Научный мир очень жесток, а хирургический научный мир к тому же еще и завистливо жесток, будучи сродни искусству, потому что хирурги склонны завидовать не столько научному званию, сколько рукам хирурга. А руки, как известно, бывают от Бога. Когда московская комиссия вместе с директором Уфимского НИИ глазных болезней растоптали, размазали и заплевали наше новое хирургическое направление, а меня превратили в «господина Ничто», то Ришат Булатов, не задумываясь, связал свою судьбу с этим «Ничто», руководствуясь всего лишь человеческой честью и дружбой, как и Амир Салихов и другие ребята, о которых я уже писал выше. А недавно Ришат сбривал свою бороду, став сразу каким-то чужим и неузнаваемым, после чего начал отращивать ее снова.

Ришат Булатов

— Ну что, давайте измерим расстояние от Северного полюса до Башни Дьявола и сравним с расстоянием от горы Кайлас до Северного полюса, — сказал я, посмотрев на Алексея и Татьяну.

После измерений они оба, подняв головы от глобуса, недоуменно посмотрели на меня.

Алексей Савельев:
— Наваждение какое-то было!

— Я точно помню, что при первом измерении я попал на штат Вайоминг (США), а сейчас — в Техас, в район города Сан-Антонио, — проговорил Алексей. — Вайоминг значительно севернее. Наваждение какое-то было!

— Странно это очень, — добавила Таня. — Кстати, при измерении попадаем рядом с Сан-Антонио точно на городок под названием Одесса, американский городок, но с нашим названием — Одесса.

— Наверное, одесские евреи переехали туда и организовали там городок с родным названием, — кинул реплику Ришат Булатов.

— Хорошее же место выбрали они — точку «6666», — отозвался Алексей.

— Давайте войдем в Интернет и получим более подробную информацию об этом месте. А может быть, там какой-нибудь монумент древности присутствует, — предложил я.

Попытавшись войти в Интернет, Алексей объя-

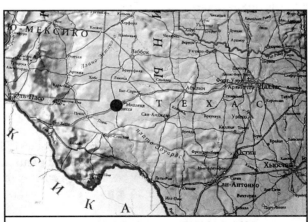

Район американского городка Одесса (точка «6666») будущий Северный полюс

вил,что турбаза находится в яме и надо ехать в районный центр Туймазы. Доехав до Туймазов, мы нашли информацию об этом районе США.

Выяснилось, что американский городок Одесса расположен на плато Эдуардс, главной характеристикой которого являются, как описывается, живописные холмы. Рядом расположенное плато Стоктон описывается как место, где растут очень красивые дубы, а находящиеся недалеко горы Гласс — как место, где растет очень вкусный виноград. Национальный парк Биг-Бен (недалеко на юго-западе от городка Одесса) характеризуется живописными скалами по берегам реки Рио-Гранде.

— Ничего интересного нет. А когда я входил в Интернет со словами «штат Вайоминг (США)», то первой достопримечательностью описывалась Башня Дьявола. Скорее всего, в районе городка Одесса (Техас) никаких монументов древности нет, — разочарованно проговорил Алексей.

Как многого мы в тот момент не знали! Вскоре выяснится, что древние, осознавая опасность «активации болевых точек планеты 6666 и 9999», так сказать, «лечили» Землю не только путем блокирования этих «болевых точек» монументами древности, но и путем создания на Земле совершенно оригинальных треугольников, используя необычный математический принцип, суть которого мелькнула в голове у Татьяны в тот самый вечер с именинами и духами «Кензо», когда мы разбирали трагическое послание древних.

Когда мы приехали на турбазу и начали вновь рассматривать глобус, Татьяна сказала:

— Посмотрите, мне кажется, расстояние от американского городка Одесса до Башни Дьявола равно расстоянию от Одессы до мексиканских пирамид.

— Я еще хочу добавить, — воскликнул я, — что, по-моему, расстояние от Башни Дьявола до точки «9999» (озеро Атабаска, Канада) такое же. То есть можно говорить о трех равных расстояниях между точкой «9999» (озеро Атабаска), Башней Дьявола, точкой «6666» (город Одесса, Техас) и мексиканскими пирамидами.

Подсчеты на глобусе и атласе показали, что каждое из этих расстояний на самом деле примерно одинаково и составляет 1550—1700 км.

Математический расчет показал следующее. Если взять за основу нашу гипотезу о том, что полуокружность Земли составляет 9999 км x 2 = 19 998 км или 6666 км x 3 = 19 998 км, то можно довольно точно подсчитать многие расстояния на глобусе. А именно: 6666 км = 60° окружности Земли, 9999 км = 90°, а расстояние от острова Пасхи до мексиканских пирамид составляет 45° окружности Земли, что равно 4999 км. То есть мексиканские пирамиды делят расстояние 9999 км от озера Атабаска до острова Пасхи на две равные части по 4999 км (9999 км : 2 = 4999 км)!*

Если расстояние от мексиканских пирамид до озера Атабаска, равное 4999 км, разделить на три части, то мы по-

Башня Дьявола находится на одинаковом расстоянии (1666 км) от точек «6666» и «9999». От точки «6666» на одинаковом расстоянии (1666 км) отстоят два монумента древности — Башня Дьявола и мексиканские пирамиды

лучим 1666 км (4999:3 = 1666). Отсюда следует, что расстояния «мексиканские пирамиды — городок Одесса (точка 6666)», «городок Одесса — Башня Дьявола» и «Башня Дьявола — озеро Атабаска (точка «9999»)» составляют по 1666 км каждое.

— Какой-то большой смысл заложен в расположении пирамид и монументов древности на Земле. Только какой? Мы вроде бы что-то нащупали, но чем больше мы углубляемся в проблему, тем больше возникает сложностей, — произнес Алексей.

— А все-таки ошибка-то счастливой получилась! Да, система становится более сложной, но разгадка, мне кажется, будет оригинальной и простой. В результате этой ошибки мы поняли, что не каждая точка «6666» или «9999» на Земле блокирована монументами древности или пирамидами, но эти точки как бы

---

* Кстати, египетские пирамиды тоже делят расстояние 9999 км от горы Кайлас до Сьерра-Леоне (точка «9999») на две части по 4999 км.

Мексиканские и египетские пирамиды делят расстояние 9999 км в соответствующей части земного шара на две равные части по 4999 км

окружены ими, и окружены с целью влияния на них с помощью каких-то неведомых нам сил, подчиняющихся каким-то неведомым законам, — прокомментировал я.

— Каких неведомых сил? — задала вопрос Таня.

— Я убежден, что это силы тонкого мира, то есть тонкая энергия, о которой мы последнее время постоянно говорим, вспоминая расчеты Геннадия Шипова и Анатолия Акимова, о ее невероятной мощи. Но... — я задумался, — почему-то мне кажется, что в этом тонком мире узловые роли играют пространство и время; именно через пространство и время пирамиды и монументы древности способны влиять на матушку-Землю. Но я так мало об этом знаю! Так мало!

— Мы все-таки медики, — вздохнул Алексей.

— Тем не менее, — продолжал рассуждать я, — если принять за основу то, что мы живем в трехмерном пространстве, можно предположить, что система влияния пирамид и монументов древности на планету Земля осуществляется через какие-то закономерности в треугольниках.

— Но Вы же сами как-то сказали, что только пирамиды находятся одновременно в нашем и параллельных мирах, — парировал Алексей.

— Да, у меня мелькнула такая мысль когда-то...

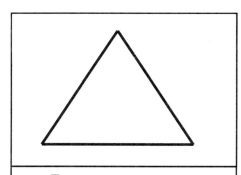

Треугольник — основа трехмерного пространства

Шестиугольник — основа шестимерного параллельного мира!

Доказать я ничего не могу. Ну, если предположить, что на Земле существует еще и шестимерное пространство в виде параллельного шестимерного мира, то основой у него будет шестиугольник или два треугольника.

— А какой он, интересно, шестимерный мир? — спросила Таня.

— Не знаю, Таня! Но, по моему мнению, главной составляющей планеты Земля является не ее материя с материками, океанами, магмой и прочим, а ее тонкое тело или, говоря иными словами, ее фантом, что в религиях называется Духом Земли. Именно через этот фантом «работают» пирамиды и монументы древности и «работают» для нашего трехмерного пространства через треугольники по каким-то законам, связанным с комбинациями чисел... Почему-то мне так думается... Числа обладают силой... Там, в тонком мире.

— Я помню, мы говорили о том, что там, в тонком мире, все относительно! Там невозможно пощупать, например, стакан или яблоко, там можно только чувствовать, — добавила Татьяна.

В этот момент я не мог и подумать о том, что через несколько дней вместе с математиками нам удастся понять некоторые из этих «треугольных законов», которые... наверное, станут для нас родными и близкими тогда, когда мы окажемся на Том Свете и перейдем в иное — «тонкое состояние».

— Наверное, Город Богов, если удастся его найти, на многие эти вопросы даст ответ, — сказал Алексей.

Мне страшно захотелось поскорее уйти в экспедицию на Тибет. Но вдруг я подумал о том, что Город Богов должен быть не единственным на Земле, а их должно быть два (!). Чтобы совсем не закопаться в философских размышлениях, я быстренько отогнал эту мысль и предложил более детально проанализировать на глобусе точки «6666» и «9999».

— Если одесские евреи построили новый город Одессу в точке «6666», нет ли в точке «9999» города Жмеринки? — опять кинул реплику Ришат Булатов.

6666 — знак апокалипсиса

Утром следующего дня мы искупались в озере Кандрыкуль, поболтали с рыбаками о размерах ловящихся окуней и сорожек под сетования «... не клюет что-то сегодня, но вот неделю назад...», после чего, придя на турбазу, я принялся искать в «Тайной Доктрине» Елены Блаватской информацию о смещении полюсов Земли. И нашел очень любопытное!

Вот что она писала касательно Всемирного Потопа (Тайная Доктрина, т. II. Антропогенезис. Изд. Рига, 1937):

«Катаклизм, разрушивший огромный материк... произошел из-за последовательного нарушения во вращении оси» (с. 392).

«Когда полюса двинулись [в четвертый раз]...» (с. 439).

Из этих слов Елены Блаватской явствовало, что Земля <u>последовательно</u> меняет ось своего вращения и, самое главное, что смещение положения оси вращения Земли произошло в <u>четвертый раз!</u>

На Земле было четыре апокалипсиса

Первым историческим Северным полюсом на Земле был район острова Пасхи

Последний четвертый апокалипсис был вызван смещением Северного полюса от горы Кайлас на 6666 км на современное место

Принимая во внимание нашу гипотезу о том, что во время Всемирного Потопа 850 000 лет тому назад Северный полюс сместился от горы Кайлас на 6666 км до места его современного положения, мы отсчитали от современного Северного полюса в обратном направлении четыре расстояния по 6666 км и... вышли к острову Пасхи.

Отсюда можно было сделать вывод, что первым историческим Северным полюсом на Земле был район острова Пасхи!

Отсюда также следовало, что за свою историю Земля пережила четыре апокалипсиса, каждый из которых был связан со смещением оси Земли на 6666 км. Последним из четырех апокалипсисов был библейский Всемирный Потоп.

Последний, четвертый апокалипсис, как известно,

погубил Атлантиду, а на «Вечном Материке» спаслись только «благочестивые» атланты и ранние арийцы. Именно они дали новый росток жизни на Земле, сохранив «семена» всех земных форм жизни в «огороженном месте Вара», о чем я подробно писал в предыдущей главе. Причиной этого апокалипсиса был, как пишет Елена Блаватская, грех атлантов, то есть грех Четвертой Расы.

А чем же был вызван третий апо-

Третий апокалипсис был вызван смещением Северного полюса от точки «6666» в Индийском океане к горе Кайлас на 6666 км

Может быть, динозавры являлись мутантами, созданными лемурийцами?

калипсис, когда еще более древний Северный полюс сместился от точки «6666» в районе Индийского океана к горе Кайлас тоже на 6666 км? Пользуясь знаниями, изложенными Блаватской и в древних восточных религиях (Бонпо, Гурунама и др.), а также используя обычную человеческую логику, можно думать, что третий апокалипсис был вызван грехом цивилизации, предшествующей атлантам, то есть великих лемурийцев, или Третьей Расы. Неужели и они, великие лемурийцы, допустили грех перед матушкой-

Земные апокалипсисы, видимо, оправданны, поскольку уничтожают «греховных» людей, оставляя «благочестивых»

Землей, что и их она смела с лица Земли для самоочищения? Неужели и они, лемурийцы, клонировали мутантов-чудовищ, внося дисбаланс в гармонию всех земных форм жизни? А может быть, динозавры*, как бы фантастично это ни звучало, являлись мутантами, созданными лемурийцами, неожиданная гибель которых, возможно, объясняется третьим апокалипсисом? Неужели...? Неужели...?

Конечно же, на все эти вопросы я ответить не могу ввиду маломощности своего разума. Да и сведений о цивилизации лемурийцев в эзотерической и религиозной литературе встречается очень немного, значительно меньше, чем про атлантов. Это и понятно — история Лемурии уходит в безбрежную древность, что даже легенды теряются в пучине времени.

Мне стало как-то грустно от осознания существования этого Вездесущего Греха, поражающего человеческие цивилизации. Но... тут у меня мелькнула мысль о том, что земные апокалипсисы оправданны, поскольку уничтожают всех «греховных» людей

---

* У читателя, вполне естественно, может возникнуть вопрос — почему же никто не находил костей лемурийцев или атлантов, имевших, в сравнении с нами, гигантский рост? Ведь кости динозавров находят везде и всюду! На этот вопрос у меня уже есть ответ, который будет изложен в третьем томе этой книги.

с дьявольским компонентом в душе, оставляя так называемых «благочестивых» людей. А «благочестивые» люди — это те, которые способны войти в состояние Сомати за счет энергии «Чистой Души» и спастись от апокалипсиса путем самоконсервации тела.

Если придерживаться этой логики, то должны были спастись от третьего апокалипсиса «благочестивые лемурийцы». Нельзя исключить того, что они живы и до сих пор, — слишком много фактов и легенд говорит об этом. В частности, легенда о подземных странах Шамбале и Агарти, населенных сверхлюдьми, бытует во всех религиях мира, в трудах всех Великих Посвященных (Елены Блаватской, Елены Рерих, Алисы Бейли и др.) и даже являлась предметом устремлений Гитлера достигнуть Тибета с целью вхождения в контакт со сверхлюдьми Шамбалы для получения от них знаний о «Силе Духа». Следует также упомянуть сведения из восточных религий о невесть откуда появляющихся «Сынах Богов», которые корректируют развитие человечества в критические моменты и дают знания пророкам. И наконец, можно вспомнить наши исследования Генофонда Человечества и фактов о каких-то подземных сверхлюдях огромного роста, которых ламы и Особые Люди почтительно называют «Он» и которые дают телепатический пропуск в Сомати-пещеры, охраняя их. Несомненно, все эти сведения указывают на сохранившихся лемурийцев.

Гитлер стремился достичь Тибета и войти в контакт со сверхлюдьми Шамбалы

Второй апокалипсис, следуя изложенной выше логике, произошел из-за смещения еще и еще более древнего Северного полюса тоже на 6666 км от места современного Южного полюса в Антарктиде до точки «6666» в Индийском океане. Чем он был вызван?

Согласно той же логике, второй апокалипсис был вызван грехом людей Второй Расы (призракоподобных людей).

Какие они были — призракоподобные люди Второй Расы? В восточных религиях и у Блаватской они описываются как разумные люди огромного размера (десятки и более метров ростом), имевших очень рыхлый материальный компонент, в связи с чем они могли проходить сквозь стены. Они были однополы и размножались почкованием. Зрение их напоминало зрение «третьим глазом». У них был один глаз.

Второй апокалипсис был вызван смещением Северного полюса от места современного Южного полюса в Антарктиде до точки «6666» в Индийском океане

Какой грех допустили призракоподобные люди, что Земля, повернувшись на 6666 км, тоже смела их с лица Земли? Конкретных сведений об этом в литературе я пока не нашел, но буду искать, — наверняка такие сведения есть. Надо быть более внимательным при изучении Библии, Корана, Талмуда, восточных религий и трудов Посвященных! Все эти книги написаны специфическим и трудно воспринимаемым для современного человека языком. Там какая-то другая, плохо понятная для нас логика. Возможно, я даже встречал такие сведения, но упустил их, не задаваясь конкретно этим вопросом.

Но я убежден, что жизнь призракоподобных людей Второй Расы бушевала по своим законам, что у них боролись их «призракоподобные Добро и Зло» и что они тоже имели свою «призракоподобную Любовь». А в какой-то момент злое начало стало брать верх, появились «призракоподобные мутанты», многие заболели «призракоподобной звездной болезнью» и... дьявольский компонент стал превалировать в пятом* «призракоподобно-человеческом» элементе жизни на Земле. Эта «призракоподобная дьявольская энергия» стала внедряться в матушку-Землю, нарушая ее жизнь, и... Земля опять самоочистилась от своего родного «призракоподобного пятого элемента» путем апокалипсиса.

Что являлось главной причиной возникновения греха у призракоподобных людей? По аналогии с тем, что у современных людей Пятой Расы грех прежде

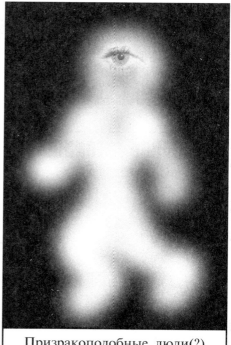

Призракоподобные люди(?)

всего определяется материальным искушением в ущерб духовному, можно думать, что появившийся материальный компонент призракоподобных людей оказался столь «неожиданно сладким», что смог отвернуть их от природной любви к Богу, кому все человеческие расы обязаны своим созданием. А без веры в Бога наступает пустота, которую заполняет Дьявол.

Остались ли «благочестивые» призракоподобные люди? По излагаемой логике, они должны были остаться. Но где они? Я не знаю.

Первый апокалипсис, придерживаясь излагаемой последовательности, произошел из-за смещения еще и еще и еще более древнего Северного полюса от острова Пасхи до точки современного Южного полюса в Антарктиде и был вызван грехом

---

* Все религии описывают 5 элементов земной жизни — огонь, вода, земля, ветер и человек. Нам уже удалось несколько понять загадку этих странных пяти элементов, о чем будет написано в третьем томе этой книги.

Превый апокалипсис был вызван смещением Северного полюса от о.Пасхи до точки современного Южного полюса в Антарктиде на 6666 км

Анжелика Блинова

людей Первой Расы (ангелоподобных людей).

Какие они были — ангелоподобные люди? В религиях, легендах и сказках они описываются самым разнообразным образом, включая ангелочков с крылышками. А бытующее слово «ангелочек» ласкает слух женщин и даже является основой имен Анжелика и Ангелина. В нашем центре отдел кадров возглавляет очень красивая женщина Анжелика Блинова, в работе с которой многие кадровые вопросы значительно легче решать, назвав ее ангелочком. Она, кстати, считает известную певицу Анжелику Варум почему-то не очень похожей на прекрасного ангелочка, хотя у мужчин чаще встречается противоположное мнение.

А если говорить более серьезно, то солидные описания ангелоподобных людей Первой Расы (прежде всего у Блаватской) сводятся к следующему. Люди Первой Расы

Какие они — ангелы?

были созданы на Земле путем уплотнения Духа, в связи с чем они имели основные характеристики волновой формы жизни Того Света, но были адаптированы к земной жизни. Материального компонента они еще не имели. Они были огромных размеров — 60 метров и значительно больше.

Какой грех допустили ангелоподобные люди Первой Расы, что Земля, повернувшись на 6666 км, смела их с лица Земли? В отличие от призракоподобных людей сведений об этом в религиозной и эзотерической литературе можно найти предостаточно. Словосочетание «грех ангелов» встречается везде и всюду, в том числе и у Елены Блаватской. Но я не буду утруждать читателя перечислением всех этих фраз, чтобы не увести в сторону от основной линии логики этой главы. Более того, я бы хотел сказать, дорогой читатель, что к ангелоподобным людям мы возвратимся в очень интересном аспекте во втором и третьем томах этой книги.

А в тот момент, в июне 1999 года, на турбазе в Туймазинском районе Башкирии, мне показался очень странным тот факт, что об ангелах написано так много, а про призракоподобных людей — так мало.

— Странно, очень странно, — думал я. — Ведь призракоподобные люди Второй Расы эволюционно стоят ближе к нам, чем ангелоподобные люди Первой Расы, поэтому о призракоподобных людях должно быть больше информации, чем об ангелоподобных.

Этот, на первый взгляд, незначительный факт накрепко засел в моей голове и всплыл тогда, когда я стоял и завороженно смотрел на Город Богов. А потом этот незначительный факт о литературном дисбалансе начнет мучить меня и найдет разрешение лишь по окончании анализа всего обширного материала о Городе Богов. И только после этого я начну серьезно относиться к легендам и сказкам об ангелах и пойму мощь и значимость

Почему об ангелоподобных людях написано так много, а про призракоподобных — так мало?

неизвестной нам голографической формы жизни на Земле. А еще, схватившись за голову, я пойму то, что ангелоподобный человек Первой Расы был заново воссоздан на Земле после четырех апокалипсисов в противовес нам — людям арийской Пятой Расы и что вскоре мы начнем видеть их, боясь и почитая.

Тем не менее тогда, на турбазе, рассуждая о грехе ангелоподобных людей Первой Расы, я думал о том, что, наверное, в недрах их цивилизации боролись «ангелоподобные Добро и Зло» и была «ангелоподобная Любовь». А потом злое начало стало брать верх, появились «ангелоподобные мутанты», многие заболели «ангелоподобной звездной болезнью» и... дьявольский компонент «ангелоподобной цивилизации» начал внедряться в матушку-Землю, в связи с чем Земля самоочистилась от них путем апокалипсиса, повернувшись на 6666 км. «Ангелоподобный пятый элемент» был уничтожен. Это было первое уничтожение человечества Землей.

Причина возникновения греха у ангелоподобных людей вряд ли крылась в «соблазнительном» материальном элементе, потому что его у них еще не было. Представляя собой адаптированную к земным условиям волновую форму жизни Того Света, ангелоподобные люди, мне кажется, сохраняли контакты с родительским Тем Светом, а к Земле относились как к месту своего временного пребывания, не воспринимая себя пятым, необходимым для Земли элементом. Тот Свет был для них ближе и роднее. А Бог сделал так, чтобы ангелоподобные люди стали составной частью планеты Земля. Этот дисбаланс, на мой взгляд, выразился в высокомерии ангелоподобных людей перед Землей, понимающих первоначальную роль Того Света во всех формах жизни. А высокомерие повлекло за собой вседозволенность со всеми вытекающими отсюда последствиями (создание «ангелоподобных мутантов» и т. п.) и усилением дьявольского компонента в «ангелоподобной жизни» вплоть до критического предела. То есть, говоря религиозным языком, ангелы ослушались Бога, не желая быть главной составной частью Земли.

Грех ангелоподобных людей выразился в их высокомерии перед Землей, составной частью которой они должны были быть

Сейчас, когда я пишу эти строки, меня подмывает поделиться с читателями нашими научными выводами о механизме адаптации космической формы жизни Того Света к земным условиям. Но, мне кажется, это пока рано делать. Когда Вы, дорогой читатель, увидите фотографии и рисунки Города Богов во втором томе этой книги, наши выводы покажутся Вам более убедительными. Скажу лишь, что эту адаптацию к условиям планеты Земля мы назвали пространственно-временной структуризацией космической голограммы, которая была осуществлена пирамидальными и зеркальными конструкциями Города Богов.

Остались ли после первого апокалипсиса «благочестивые» ангелоподобные люди? На этот вопрос я могу ответить совершенно точно — да. Но с одной важной оговоркой — после четвертого апокалипсиса на Земле появились новые ангелоподобные люди, о чем пойдет речь дальше. Забегая вперед, лишь ска-

Забегая вперед, скажу, что на Земле существуют, как я думаю, не один, а... два Города Богов

жу, что это связано с тем, что на Земле существуют, как я думаю, не один, а... два Города Богов.

Ко всему сказанному я бы хотел добавить, дорогой читатель, что я ничего не утверждаю. Я просто излагаю ход своих мыслей, полагаясь на научную логику и подсознание. Прав я или не прав — не знаю, Бог рассудит.

Когда я обо всем этом думал, мои друзья Ришат, Алексей и Татьяна кушали фрукты, привезенные Римом Анваровичем Хамзиным, почему-то игнорируя бананы. Я вкратце рассказал изложенное выше и спросил их мнение по этому поводу.

— Когда я родился, — сказал Ришат Булатов, — меня показали бабушке-знахарке в деревне. Так эта бабушка, как рассказывали мои родители, видела на моем правом плече ангела. А может быть, бабушка и была права?

— Наша квартира находится на первом этаже, — стала рассказывать Татьяна. — Мой папа сделал навесной балкон, и его соединили с выкопанным подполом. Там у нас соленые огурцы и помидоры стоят. В детстве меня никогда не пускали в этот подпол, пугая тем, что там живет призрак. Однажды я залезла туда и вроде бы увидела призрака. Не знаю, конечно, может, это был просто страх.

— А вообще периодичность земных апокалипсисов очень логичная получилась: каждая человеческая раса имела свой апокалипсис, — прокомментировал Алексей. — К чему бы это?

Святая троица

Утром следующего дня, когда мы опять пошли купаться на озеро Кандрыкуль, мысль о странной связи числа земных апокалипсисов с числом исторических человеческих рас не покидала меня.

— Странно, очень странно, — повторял я про себя, плавая среди кувшинок. — Такое впечатление, что апокалипсисы с поворотом Земли на 6666 км были запланированы на Земле. Но для чего? Ведь апокалипсис — это смерть, тотальная смерть божьих созданий — людей и всех остальных земных форм жизни. Почему так? Почему не был выбран другой путь противодействия дьявольскому началу?

Я уже понимал, что с точки зрения божественных концепций земная смерть не означает еще полный и абсолютный уход в небытие, а является всего лишь переходом в живое волновое нематериальное состояние, характерное для родоначального Того Света. Поэтому Создатель не считает земную смерть чем-то фатальным и сверхтрагичным. Но для Создателя фатальным и сверхтрагичным является грех во всех его проявлениях. Грех страшнее Смерти! Почему?

Озеро Кандрыкуль

Ответ на этот вопрос может исходить из словосочетания «родоначальный Тот Свет». Главная наша Родина не Земля, а Тот Свет. Все мы, земные люди, – пришельцы с Того Света, потому что главной составной частью человека является его Дух, который вселяется в тело человека для жизни в физическом земном мире. После смерти тела Дух (или внутреннее «Я») опять уходит на Тот Свет и, возможно, вновь возвратится на Землю, но будет уже использовать для физической жизни другое тело.

«Родоначальный» Тот Свет имеет свои законы, которые мы постигнем тогда, когда окажемся Там.

В глазах детей видна чистота Того Света

А вернее, мы вспомним их. Основой этих законов там, я думаю, является недопущение того, что называется всеобъемлющим религиозным словом Грех. Трудно дать точное определение слову Грех, его можно только почувствовать, вооружившись еще менее определенным понятием Искренность. Не зря нас всегда тянет к искренним людям, рядом с которыми мы ощущаем себя лучше, умнее, красивее, смелее, а самое главное, наверное, безгрешнее.

Почему у детей глаза всегда чистые и искренние? Да потому, что Дух, вселившийся в тело*, у детей еще пока остался чистым, поскольку только недавно пришел с Того Света, где, наверное, прошел божественное очищение. В глазах детей видна чистота Того Света. Воспитывая детей, мы как бы окунаемся в чистоту Того Света, подсознательно вспоминая ее.

Бог хотел бы видеть у всех людей чистые детские глаза

---

* По мнению восточных религий, Дух вселяется в тело на 12—14-й неделях беременности.

Но глаза детей постепенно меняются. В условиях Земли эти глаза тускнеют, в них появляется злость, истеричность, хитрость и... вскоре они становятся полными греха глазами взрослого человека. Почему? Почему так происходит на Земле? Не знаю. Но я уверен в том, что Бог хотел бы видеть у всех людей, независимо от возраста, чистые детские глаза.

Воспоминаниями о детстве и о Том Свете можно назвать общение с животными

Почему мы, любя животных, относимся к ним, как к детям? Почему мы, гладя кошку или собаку, говорим им те же самые слова, которые обычно говорим детям? Почему старые девы заводят животных и любят их так же, как детей? Животные, в отличие от человека, имеют Богом определенные ограничения в созидательных возможностях, живя в мире инстинктов и природных установок. Посмотрите, как кошка играет с пойманной мышью: глаза ее светятся такой детской радостью, что в них виден предел кошачьего счастья. Первозданная чистота Души животных, охраняемая инстинктами и природными установками от Греха, сохраняется всю их жизнь, напоминая нам детскую душевную чистоту, по которой мы, наверное, тоскуем всю взрослую жизнь, набравшись солидности и материального благополучия. Воспоминаниями о детстве и о

Полное кошачье счастье

Том Свете можно назвать общение с животными. А старые девы, гуляющие с собакой по улице, отнюдь не всегда обладают жутким характером, а чаще всего они имеют душевное несогласие к примирению с Грехом, про-

питавшим все человеческое общество, мечтая о сильном рыцаре с детской чистой душой. Но таких мало, очень мало.

Существует ли предел человеческого счастья? Если у животных предел их счастья ограничен инстинктивными установками, то человек создан Богом и направлен на Землю как самопрогрессирующее начало. Поэтому полное человеческое счастье недостижимо, поскольку прогресс беспределен. Человек стремится быть счастливым, чаще всего путая счастье с деньгами или властью. Но главное человеческое счастье состоит в сохранении Детской Искренности, при наличии которой даже потрепанное или неумытое утром лицо кажется милым и притягательным. Однако сохранить Детскую Искренность трудно, очень трудно. Это удел только духовно сильных людей, которых мы чувствуем по какому-то особенному свечению глаз и безоглядно влюбляемся в этих людей, несмотря на их внешность и возраст, нередко стараясь, к сожалению, обратить их сохраненную чистую детскую душу в угоду мелкопробных материальных устремлений. Мы не понимаем того, что рядом с такими людьми человек подсознательно чувствует себя ближе к Богу, ближе к тому родоначальному счастью, которое называется Любовью.

Бог тоже является самопрогрессирующим началом. Создав гармоничный и совершенный Тот Свет, он ведет огромную эволюционную работу Природы по освоению физической формы жизни, шаг за шагом создавая гармонию и совершенство в материальном мире, в частности на Земле. Обратите внимание, дорогой читатель, на выражение «шаг за шагом». Шаги могу быть небольшими, но могут быть и очень большими, которые называются апокалипсис.

Главная сложность эволюционной работы Природы состоит в трудности совмещения воедино трех божественных элементов: Того Света, Земли и Человека. Дело в том, что все три элемента заложены Богом как самопрогрессирующие Начала.

Тот Свет, я думаю, за огромный промежуток эволюционной работы стал сравнительно совершенен и гармоничен. Но он был заложен Богом как самопрогрессирующее начало! Поэтому эволюционный процесс не может остановиться, несмотря на гармонию и совершенство. Прогресс этот направлен в сторону освоения физической формы жизни и придания ей тоже гармоничности и совершенства. Не зря каждое физическое живое существо, будь то сама Земля, человек или лягушка, имеют в себе элемент Того Света — Дух, который живет в физическом теле. По возвращении на Тот Свет (после смерти физического тела) деятельность Духа в физическом мире оценивается вынесением наказания или поощрения. Бог не дает возможности Духам спокойно жить в уютном и прекрасном Том Свете, а постоянно бросает их «в бой» в бренный еще физический мир. В противном случае наступит праздность и начнется регресс Того Света.

Земля, как живое материальное существо, имеющее свой Дух, тоже стремится достигнуть гармонии в отношениях с Тем Светом и со всем Живым Космосом, постоянно прогрессируя. Шаг за шагом, апокалипсис за апокалипсисом, Зем-

Шаг за шагом, апокалипсис за апокалипсисом, Земля совершенствуется

ля совершенствуется. Земля тоже, видимо, может допустить грех, но она знает, что за это придет расплата, связанная с числом «9999». А кроме того, Земля находится в постоянном контакте с еще одним самопрогрессирующим началом — Человеком, ощущая его влияние на себе и сама влияя на него. Причем влияние Земли на Человека в историческом масштабе очень велико, в чем Вы, дорогой читатель, наверное, уже начали убеждаться.

Человек, как самопрогрессирующее начало, тоже стремится к гармонии с Землей и Тем Светом. Являясь производным Того Света и Земли одновременно (Дух + Тело) и имея как бы две Родины, человек сотворен по божественному принципу «Реализуй себя сам!». Но... он имеет и большее «поле для Греха», не будучи ограничен, как животное, рамками инстинктивных установок.

Взаимоотношение трех самопрогрессирующих начал — Того Света, Земли и Человека — напоминает ситуацию, когда воедино соединены три лидера, которые должны жить вместе в дружбе и каждый из них не должен терять своих лидирующих позиций.

Если говорить честно, то за счет этого Богом создана идеальная ситуация для прогресса. Каждый из «лидеров» как бы подстегивает друг друга.

В этой связи может возникнуть сомнение в значимости Человека во всей этой «святой трои-

Святая «Троица»

це». Но это не так. Находясь в «боевых условиях» на Земле, Человек оказывает влияние на Тот Свет, подвергая испытаниям свой Дух и этим способствуя прогрессу Того Света, а также, являясь пятым элементом земной жизни, Человек своей духовной и физической деятельностью влияет на Землю.

Почему же так необходим прогресс? Почему нельзя спокойно жить, а надо всегда стремиться, страдая и побеждая? Почему в угоду прогрессу ни во что не ставятся страдания, смерть и даже апокалипсис? Ответ на эти вопросы можно получить, взглянув хотя бы на строение одной-единственной клеточки человека или животного. Оно столь невообразимо сложно... а ведь это результат огромной и порой жестокой эволюционной работы! Ответ на эти вопросы можно получить, задавшись еще одним вопросом: хотели бы вы стать, например, лягушкой или микробом? Наверняка вы скажете «нет», поскольку никто не хочет опуститься ниже максимума, достигнутого прогрессом, так же как никто уже не хочет жить без горячей воды, холодильника, ковров и прочих атрибутов современной человеческой жизни. И наконец, ответ на эти вопросы можно получить, задумавшись над бытующими во всех религиях словами «дьявол» и «сатана», которые тут же заполнят «беспрогрессную пустоту» и с которыми есть единственное средство борьбы — прогресс.

Смерть, мне кажется, может быть двух видов — смерть как расплата за злое деяние и смерть как результат борьбы за добрые деяния. Первый вид смерти омерзителен и жуток, так как следствием ее будет наказание на Том Свете. Второй вид смерти можно охарактеризовать словами из известной песни:

Хотели бы вы стать лягушкой?

«Смерть не страшна
С ней не раз мы встречались в бою,
Вот и теперь
Надо мною она кружится...»

Во втором случае смерть на самом деле не страшна, она высоко оценится там, в нашей Изначальной Родине.

Почему молодые ребята уходят добровольцами на войну, не страшась смерти? А потому, что у этих людей глубоко в душе существует чистое божественное начало, подсознательно нашептывая, что Честь и Любовь к Родине выше, чем смерть. И надо честно сказать, что таких людей много, очень много.

Я вспоминаю своего отца — Мулдашева Рифгата Искандаровича, который добровольцем пошел на войну и был простым автоматчиком под Сталинградом. Полуживой, инвалидизированный, с 61 раной на теле он возвратился в свою родную деревню — бедную обитель репрессированных родителей. А моя мама — Махиня Валентина Кирсановна, молодая украинская девушка — полюбила его, израненного солдата, сохранившего честь и достоинство, и пронесла эту любовь через всю жизнь. Они и сейчас живы и здоровы.

Думая обо всем этом, я сидел на травке, на берегу озера Кандрыкуль. Рядом стрекотали кузнечики. Я лег и стал рассматривать землю вблизи; чего только не ползало между травинок! Как

Смерть не страшна...

Мой папа после войны

Моя мама после войны

многообразна земная жизнь! Какова же созидательная мощь Бога! А вдруг... апокалипсис! Неужели так страшен Грех?

Помотав головой, чтобы избавиться от романтического хода мыслей, я стал думать о смысле апокалипсисов на Земле с аналитической точки зрения. Анализировать сейчас мне было легче, — я уже понимал простую истину, изложенную во всех религиях: Смерть не страшна, страшнее Грех. Основы этой истины включают все три главных компонента жизни — Тот Свет, Землю и Человека.

Я уже понимал, что Смерть не страшна, страшнее Грех

С каждым апокалипсисом Земля накапливает благочестивых людей, уничтожая грешных и создавая «Золотой фонд человечества»

— Итак, — начал я рассуждать, — смысл земных апокалипсисов сводится к уничтожению человечества и других форм земной жизни, но... с одной оговоркой, о которой писала Елена Блаватская при описании четвертого апокалипсиса (Всемирного Потопа), — остаются «благочестивые» люди, способные спастись и способные сохранить «семена» земных форм жизни.

Кроме того, из «Тайной Доктрины» Блаватской явствует, что каждая человеческая Раса возникает в недрах предыдущей. В частности, она пишет, что арийская Пятая Раса возникла в недрах атлантической Четвертой Расы за 200 000 лет до Всемирного Потопа. Поэтому под апокалипсис будут попадать одновременно две Расы — основная и зарождающаяся.

В этой связи можно думать, что после первого апокалипсиса спаслись и заново воссоздали жизнь «благочестивые» ангелоподобные люди Первой Расы и уже зародившиеся в недрах ангелоподобной цивилизации призракоподобные люди Второй Расы.

После второго апокалипсиса спаслись и заново воссоздали земную жизнь «благочестивые» призракоподобные люди Второй

«Золотой фонд человечества» на Земле

Расы и зародившиеся уже в недрах призракоподобной цивилизации лемурийцы (Третья Раса).

После третьего апокалипсиса, следуя этой же логике, спаслись и воссоздали жизнь «благочестивые» лемурийцы (Третья Раса) и уже зародившиеся в недрах лемурийской цивилизации атланты (Четвертая Раса).

После четвертого апокалипсиса спаслись и заново воссоздали земную жизнь «благочестивые» атланты (Четвертая Раса) и

На Земле создано Единое Благочестивое Человеческое Общество из представителей всех пяти Коренных Рас, способное жить в гармонии с Землей и Тем Светом(?)

уже зародившиеся в недрах атлантической цивилизации арийцы (Пятая Раса).

Пятого апокалипсиса пока еще не было.

У меня стало складываться впечатление, что от апокалипсиса к апокалипсису Земля накапливала «благочестивых» людей всех пяти Коренных Рас, уничтожая грешных. Ценой огромных потерь создавая «Золотой фонд человечества» на Земле. Но именно цена огромных потерь наталкивает на одну мысль, что «Золотой фонд человечества» создавался с какой-то определенной целью, которую можно, скорее всего, охарактеризовать как создание Единого Благочестивого Человеческого Общества, способного жить в гармонии с Землей и Тем Светом.

Говоря иными словами, на Земле шел процесс отбора Лучших из Лучших, которые не только заново возрождали человечество после апокалипсиса, но и шаг за шагом, апокалипсис за апокалипсисом, усиливали мощь нового Единого Благочестивого Человеческого Общества.

Но если принять во внимание это предположение, то мы будем вынуждены признать, что единое и в то же время многоликое Благочестивое Человеческое Общество где-то существует. Где? В параллельном мире? В Шамбале? Или еще где-нибудь?

Ответ на эти вопросы, естественно, выходит за рамки моих человеческих возможностей. Но я знаю одно, что логика редко обманывает ученого, какими бы невероятными ни казались выводы. Поэтому есть смысл хотя бы подумать о сказанном выше,

ШАМБАЛА МНОГОЛИКА

обратившись прежде всего к легендам и сказаниям по принципу «дыма без огня не бывает» и уважая народную мудрость.

Легенда о подземной стране Шамбале звучит во всех религиях, во всех трудах Посвященных и передается из уст в уста. К тому же наши исследования в Гималаях, позволившие выдвинуть гипотезу о существовании Генофонда Человечества, состоящего из представителей различных Коренных Человеческих Рас в состоянии Сомати, напрямую примыкают к легенде о Шамбале. В связи с этим я вполне могу допустить, что легендарная Шамбала и есть Единое Благочестивое Многоликое Человеческое Общество Земли, апокалипсис за апокалипсисом собранное воедино и расположенное, на мой взгляд, в районе «Вечного Материка», то есть на Тибете, Гималаях и Гоби.

Параллельные миры являются не только атрибутом увлекательных кинофильмов, но и часто упоминаются в восточных ре-

Параллельный мир многоликого «Золотого фонда человечества»?

лигиях, о них рассказывают гималайские йоги и этому даже посвящен целый ряд серьезных научных исследований (А. В. Трофимов, А. Тимашев и др.). Многие считают, что НЛО прилетают оттуда. Поэтому нельзя исключить того, что гипотетическое Единое Благочестивое Человеческое Общество находится там, то есть рядом с нами, но в другом времени и в другом пространственном измерении. Об этом, дорогой читатель, мы поговорим подробнее в третьем томе книги, в том месте, когда будем анализировать громадные «каменные зеркала времени» Города Богов.

Следует также отметить многочисленные легенды и наблюдения об ангелах и призраках. Кто знает, а может быть, сказочные ангелы и призраки и в самом деле существуют, являясь производными ангелоподобных и призракоподобных людей Первой и Второй Рас, сохранившихся в Едином Благочестивом Человеческом Обществе Земли.

Ну, если уж мы заговорили о гипотетическом Едином Благочестивом Человеческом Обществе Земли, то надо сказать несколько слов о предполагаемых технологиях этого «Золотого фонда человечества». Они должны быть чрезвычайно высокоразвиты и многообразны, собрав все самое лучшее из технологий каждой из пяти Коренных Человеческих Рас. Скорее всего, эти технологии основаны на «Силе Духа», то есть на использовании тонких энергий. Этому многоликому обществу, видимо, подвластны телепортация, левитация, телекинез, материализация, дематериализация и многие другие удивительные свойства, описание которых в аллегорической форме мы встречаем в легендах и сказках.

Оно, это многоликое общество «Лучших» на Земле, наверное, очень интересно. Не говоря уж о духовной чистоте и высочайшем технологическом уровне,

Почему Шамбала не руководит нами?

оно должно быть очень любопытным, поскольку «за одним столом сидят» лучшие представители всех земных человеческих рас — ангелы, призраки, лемурийцы, атланты и арийцы, время создания которых на Земле отделяют десятки или сотни миллионов лет. Смерть в этом обществе не принципиальна, так как заменить тело на новое не является проблемой. Здесь принципиальны Чистая Душа и противодействие Греху.

Почему же «Золотой фонд человечества» не проявляет себя в обычной жизни? Почему он не руководит нами? Некоторое время назад такой вопрос застал бы меня врасплох. Но сейчас я уже понимал, что это невозможно в принципе, — любой человек создан Богом как саморазвивающееся начало (еще раз подчеркиваю слово «саморазвивающееся» с нажимом на слог «само»...), поэтому стать «няней» очередной Человеческой Расы и руководить ею для «Золотого фонда человечества» означает пойти против принципиальных божественных установок. Туда, в этот «Золотой фонд человечества», который, возможно, и является Шамбалой, отбираются лучшие, и... может быть, на Земле наступит время, когда не останется ни одной грешной расы, а будет только многоликая и великая Шамбала, состоящая из Лучших.

Под впечатлением этих мыслей я встал с травки, зашел в воду и проплыл в озере метров сто. Делиться мыслями со своими друзьями, как я обычно делаю, почему-то не хотелось. Почему? Сев опять на траву, я понял, что мысль еще не закончена, что остается одна мыслительная недомолвка — Шамбала должна была уже проявить себя в чем-то, в том, что мы, обычные люди Пятой Расы, можем увидеть своими глазами.

Мысль о том, что «Золотой фонд человечества» создал иную систему защиты Земли от Греха людей

Я четко осознавал роль Шамбалы в создании «огороженного места Вара» и в возрождении человечества после очередного апокалипсиса, но...
— В чем же эта мыслительная недомолвка? — напрягаясь, думал я и, наконец, понял.

После третьего апокалипсиса Земля поменяла полюса. Изначальный Северный полюс в районе острова Пасхи, переместившись три раза по 6666 км, перешел на место изначального Южного полюса в районе горы Кайлас. Четвертый апокалипсис, когда смещение полюсов перешло уже на второе полушарие Земли, явился сигналом для Шамбалы создать иную систему защиты Земли от человеческого Греха.

Иная система защиты Земли от человеческого Греха! Какая? И тут я осознал, что ею является мировая система пирамид и монументов древности, построенная, видимо, под руководством Шамбалы после четвертого апокалипсиса.

Я вполне четко понимал, что эта система, до идеальности стройно расположенная на земном

Иная система защиты Земли от Греха людей

шаре, исполняла роль отнюдь не гробниц для кого-либо, а ее роль была иной. Но мысль о том, что пирамиды были построены для защиты Земли от человеческого Греха, показалась мне слишком неожиданной и, может быть, даже экстравагантной. Я даже хотел отбросить эту мысль, имея в своей натуре хирургическую приземленность, когда, как говорится, не до экстравагантных мыслей, а надо остановить кровь или зашить рану.

Тем не менее мое подсознание подсказывало, что изложенная логика о поворотах Земли на 6666 км с апокалипсисами, базирующаяся на выражении Елены Блаватской «... когда полюса двинулись [в четвертый раз]...», является верной со всеми

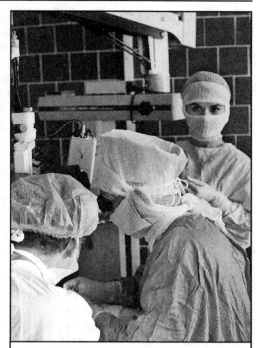

Не до экстравагантных мыслей, когда надо остановить кровь или зашить рану

вытекающими отсюда выводами. А подсознанию я привык верить, оно еще ни разу не подводило при разработке новых хирургических операций, вплоть до трансплантации глаза. Только уж больно экзотично звучало выражение «антигреховная деятельность пирамид»!

Однако предположение об «антигреховной функции пирамид и монументов древности» само по себе предполагало иной уровень знаний, пока еще недоступный нам. И, несмотря на «экзотичность» такой постановки вопроса, следовало сделать попытку хоть в какой-то степени понять этот иной уровень.

— В чем же суть иного уровня знаний? — мучился я, до предела стараясь заставить работать свой разум, сидя на травке, на берегу озера.

Из последних сил шевеля уставшими мозгами, я ждал... ждал, что Бог даст мне эту идею. Мысли мелькали, как окна проезжающего поезда, потом эти «окна» слились в одно, оно стало четким, и, наконец-то я воскликнул вслух:

— Вот оно! Суть разгадки состоит в Числах! Через Числа можно понять «антигреховную» функцию пирамид!

После этого тут же наступило разочарование в самом себе:

— Как я до этого не мог додуматься раньше? Ведь все так просто! Весь анализ мы начинали с трагического послания древних, переданного через высоту горы Кайлас, равной 6666 м, а далее все вертелось вокруг чисел 6666, 9999, 4999... Все вышеизложенные мысли были продиктованы анализом этих цифр. А мысли, как говорят физики, обладают силой!

Я поперхнулся травинкой, которую жевал в этот момент. Откашлявшись, я с упорством решил довести пришедшую мысль до конца.

— Надо... надо, — упрямо думал я, — надо измерить все углы треугольников, которые образуются при соединении всех пирамид и монументов древности между собой и с точками «6666» и «9999». Наверняка получатся в сумме «шестерки» и «девятки». Тонкая энергия работает в нашем трехмерном пространстве через треугольники, а ею управляют числа! Углы пирамид... Треугольные мысли, о которых говорят йоги... Неужели пирамиды способны вычислять грешных людей через их «девяточные» или «шесторочные» грешные мысли... Надо связаться с математиками... Закон отрицания отрицания...

Я откинулся на траву и сказал сам себе:

— Все! Не могу! Устал! Надо запомнить, а потом проанализировать мысль, что система пирамид и монументов, охватывая земной шар, образует систему треугольников с какими-то математическими характеристиками, выводящими, наверное, на числа «9» и «6», которые, по принципу отрицания отрицания, разрушают злые «треугольные мысли», имеющие тоже характеристики «9» и «6».

В этот момент я уже понимал, что мысль, данная Богом, отличается от обычной логической мысли тем, что она гениально проста и неожиданна и что эта гениально простая мысль быстро вызывает приступы усталости по причине неадекватности соприкосновения человеческого разума с Высшим Разумом.

— Не забыть бы эту мысль, — сказал я и крикнул: — Ришат, Таня, Алексей, пойдемте на турбазу!

Можно ли верить Блаватской?

Утром следующего дня я валялся в постели и почему-то думал о письмах читателей по поводу моей книги «От кого мы произошли?», в большом количестве поступающих к нам и по сей день. Все письма можно было разделить на две категории:

— благодарные письма за попытку по-новому, с научно-экспедиционной точки зрения говорить о глубинах истории и о Боге;

— раздраженные письма, в которых были слова типа «... а Вы мне предоставьте прямые доказательства...», «... разве можно публиковать такую чушь, ведь учение Ленина говорит о...» или «... Ваша Блаватская, на которую Вы так часто ссылаетесь, есть шизофреничка и масонка...».

Мне стало обидно за Елену Блаватскую, которую на Востоке почитают как Великую Посвященную. Я знал также, что она имела русскую и немецкую кровь, а фамилия ее происходит от фамилии ее первого мужа — губернатора Еревана господина Блаватского. А если бы она была еврейкой, ну и что? Какая разница?

Важно было то, что через эту сильную женщину Бог довел до людей невероятный объем знаний. Сама Елена Блаватская писала, что «... как бы Голос диктовал мне сверху...».

Елена Блаватская: «...как бы Голос диктовал мне сверху...»

Дорогой читатель! Откройте и постарайтесь прочитать ее «Тайную Доктрину»! Очень скоро Вы убедитесь в том, что человек, каким бы гениальным он ни был, не способен даже в малейшем приближении охватить весь объем знаний, изложенный в этой книге. Откуда она знала, что творца материального мира зовут Ахура-Мазда? Откуда она знала, что летательные аппараты атлантов назывались «вимана»? Откуда она в подробностях знала учение Платона? Откуда, откуда... Вне всякого сомнения, устами и пером Блаватской говорил Высший Разум, причем с какой-то особенной нечеловеческой логикой излагал факты и только факты. Никаких нравоучений, только факты.

— Ох, и уставала, наверное, она, — подумал я.

Все религии, в том числе и древние восточные, при сопоставлении с «Тайной Доктриной» отличаются лишь тем, что в них все изложено в сказочно-аллегорической форме, более доступной для обычных людей, а суть остается одна. Да и нравоучения и напутствия для людей имеются в религиях.

Исходя из сказанного, я не мог не верить Блаватской и, в частности, ее словам «...когда полюса двинулись [в четвертый раз]...», логическая раскрутка которых привела нас к столь неожиданным выводам, как существование на Земле загадочного Единого Общества Лучших.

9999 — число гибели Земли

Боясь, что скоро позовут завтракать и отвлекут от хода мыслей, я постарался представить ситуацию, задавшись вопросом: что стало бы с Землей, если бы она, меняя положение своих полюсов, прошла полный «апокалиптический круг»? То есть что стало бы с Землей, если бы она сместила свою ось на 6666 км 6 раз, когда Северный полюс вновь возвратился бы на свое древнее изначальное место в районе острова Пасхи?

Естественно, на этот вопрос может ответить только Бог. Но почему-то мне кажется, что Земля этим завершит свой «шесте- рочный цикл», то есть цикл апокалипсисов, и перейдет на новый «девяточный цикл» со смещением оси уже на 9999 км.

Почему мне так кажется? Да потому, что на Земле уже создана мировая система пирамид и монументов древности, которая, на мой взгляд, призвана не допустить очередного смещения полюсов на 6666 км и очередного приближения к завершению «фатального круга». Ведь четыре поворота по 6666 км уже

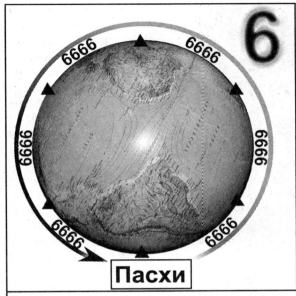

Фатальный круг апокалипсисов

было, осталось только два! В подтверждение к этому можно добавить, что расположение пирамид и монументов древности находится в строгой симметрии не только с точками «6666» на Земле, но и с точками «9999», в чем Вы, дорогой читатель, могли убедиться хотя бы на примере Башни Дьявола, отстоящей на 1666 км и от точки «6666» и от точки «9999».

Что может означать «девяточный» цикл поворотов Земли, то есть периодическое смещение оси на 9999 км? Я не знаю. Но, по моему мнению, это будет означать гибель Земли. Земля не выдержит и разрушится.

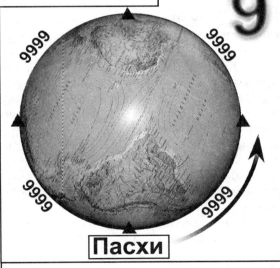

После завершения «шестерочного» цикла Земля перейдет на «девяточный» цикл смещения своей оси

Переход на «девяточный» цикл будет означать гибель Земли

Меня разбудил, хотя я и не спал, Ришат Булатов. Я поделился с ним тем, что у меня в голове появилось множество бессистемных мыслей по защитной роли пирамид и монументов древности на Земле и что она, эта защитная роль, каким-то образом связана с Числами.

— Когда я писал диссертацию, я тоже запутался в своих мыслях, — прокомментировал Ришат, — да запутался так, что не видел выхода. Но... когда я сбрил бороду, все мысли встали на свое место.

В порыве чувств я подошел к раковине, намылил бороду и сделал бреющее движение по центру бороды и тут понял, что ходу обратно уже нет — мне придется сбрить бороду до конца.

— Кошмар какой! Лицо маститого бюрократа, — прокомментировал я свою новую внешность. — Буду заново отращивать.

В этот же день мы провели конференцию для жителей Туймазинского района Башкирии на тему наших гималайских экспедиций. Собралось человек 600 — 700. Я стоял на сцене, ощущая комплекс неполноценности от своей невзрачной, да еще и безбородой внешности.

А потом Рим Анварович Хамзин устроил шикарный банкет, во время которого, к счастью, не обсуждали мою обновленную внешность.

Когда возвращались в Уфу, я уснул в машине. Проснувшись и на время забыв свой «безбородый комплекс», я снова стал размышлять о роли пирамид на Земле. Не терпелось связаться с математиками.

Рядом сидела Татьяна. В этот момент я уже знал, что загадка пирамид во многом будет связана с принципом того арифметического действия, которое недавно провела эта девушка.

Глава 7

Молодец, Таня!

Честно говоря, дорогой читатель, мне уже и самому хочется поскорее перейти к описанию путешествия в поисках Города Богов и показать Вам фотографии и рисунки удивительных и загадочных монументов, увиденных нами в этом странном поднебесном городе древних. Но мне все-таки кажется целесообразным еще раз обратить Ваше внимание на некоторые научно-философские аспекты наших предэкспедиционных размышлений. Такой уж была подготовка к экспедиции, без которой она вряд ли бы имела успех.

Я уверен, дорогой читатель, что последующие две главы, где речь пойдет о механизме уничтожения злой дьявольской энергии на Земле с помощью пирамид и монументов, созданных древними, покажутся Вам весьма любопытными и интересными. А может быть, Вы даже сочтете эти главы самыми важными в книге, так как в них знания древних будут перекликаться с нашей повседневной жизнью.

Однако вначале, в этой седьмой главе, я хотел бы все же поморочить Вам голову миром чисел; без этого механизм уничтожения злой энергии на Земле будет непонятен. Я уверяю Вас, что морочить Вам голову буду недолго.

Кроме того, я хотел бы заметить, что незаметно для самого себя я стал использовать вместо научного термина «негативная психическая энергия» религиозный термин «злая или дьявольская энергия». Я надеюсь, что ученые простят меня за это, а для широкого круга людей слова «злая» или «дьявольская» будут более ассоциативными в отношении того набора чувств, в мире которых живет любой человек.

Все началось с того памятного июньского вечера 1999 года с именинами и духами «Кензо», когда мы разбирали, уйдя в другую комнату от празднующих женщин, трагическое послание древних и когда Татьяна неожиданно для самой себя сделала арифметическое действие 6+6+6+6=24, 2+4=6.

Я помню, что в этот момент один глаз Татьяны смотрел на цифры, а другой на меня, хотя косоглазием она никогда не страдала. Я помню также, что мы провели такие же арифметические действия с числами «9», «8» и «7», не сделав серьезных выводов, а лишь эмоционально воскликнув по поводу особого положения «шестерочных» и «девяточных» рядов что-то типа «Смотри-ка! Тотальное зло получается!». Мы, как мне помнится, отвлеклись от повторного суммирования полученных в сумме чисел и, будучи увлеченными трагическим посланием древних «6666», стали анализировать ситуацию с попыткой через это осмыслить историю Земли и судьбу человечества при апокалипсисах.

Но мысль о принципе суммирования суммы чисел осталась где-то в закоулках сознания. Я еще не понимал, что за этим будет крыться главный принцип борьбы со злой энергией, разработанный и введенный в действие древними, но уже что-то чувствовал.

Готовясь к запланированной встрече с математиками для получения у них консультаций, мы — Юрий Иванович Васильев, Татьяна и я — решили более подробно проанализировать это арифметическое действие.

Как тебе это пришло в голову, Таня?

Помню, как перед началом разговора, я спросил Татьяну:
— Скажи, пожалуйста, почему ты решила вдруг сложить 6+6+6+6, а потом сложить сумму — 2+4=6?
— Ну, мы же тогда все время говорили — 6666, 6666... вот и сложила эти числа.
— А все-таки, как тебе пришла мысль сделать это? — не унимался я.
— Не знаю я, пришла мысль, да и все! — ответила Таня.
— Может быть, подсознание подсказало?
— Ну откуда я знаю! Сложила, да и все!

Татьяна Драпеко:
— Не знаю, пришла мысль, да и все!

Юрий Иванович Васильев:
— Ревнивый они народ, математики-то! У-у...

— У тебя после этой мысли усталость не появилась?

— Не помню я. Может быть, и появилась, но в тот вечер ведь духами «Кензо» допекали.

— Ты понимаешь, Таня, — продолжал упорствовать я, — это предельно простое арифметическое действие мог сделать любой ученик начальных классов; ума здесь большого не надо. Но вся ценность состоит в том, что эта мысль пришла как раз в тот момент, когда мы стали обращать внимание на числовой ряд «6666»; как будто кто-то подсказал нам — обратите внимание и на это!

— Да, вообще-то.

— Так что давайте-ка вооружимся счетной машинкой и разовьем твою мысль, Таня.

— Давайте.

— Все мы под Богом. И мысли наши часто идут от Бога в виде подсказки. Именно такие мысли и возникают в самый нужный момент, — нравоучительно добавил я.

— Послушай, шеф, — вставил реплику Юрий Иванович. — Я, как технарь, сам понимаешь ближе к математике, чем ты —

врач. Как на духу тебе скажу — ревнивый народ эти математики! Хуже бабы! Они не то что врачу доверять не будут в математических вопросах, они и физиков-то за дубов принимают; будто физик сколько «дважды два» не знает. У-у... Как бы они не закритиковали нас!

— Да Бог с ними, Юра! Пусть критикуют! Я абсолютно убежден, что подобные арифметические действия давным-давно выполнены и давным-давно выведены определенные цифровые закономерности, но... Но здесь мы стараемся провести аналогии с тайнами древности, стараемся понять смысл монументов древности, — ведь эти монументы были построены по каким-то математическим расчетам. А те математики, которые имеют профессиональный апломб... Ну что ж... не все же такие.

Суммирование суммы

Мы взялись за счетную машинку и, просчитав в каждой цифре четыре ряда чисел, получили следующее:

Число 1

Ряд 1	1	①	Сумма сумм четырех рядов: 1+2+3+4=10; 1+0=①
Ряд 2	1+1=	②	Сумма сумм последних трех рядов: 2+3+4= ⑨
Ряд 3	1+1+1=	③	Сумма сумм последних двух рядов: 3+4= ⑦
Ряд 4	1+1+1+1=	④	

Число 2

Ряд 1	2	②	Сумма сумм четырех рядов: 2+4+6+8=20; 2+0=②
Ряд 2	2+2=	④	Сумма сумм последних трех рядов: 4+6+8=18; 1+8= ⑨
Ряд 3	2+2+2=	⑥	Сумма сумм последних двух рядов: 6+8=14; 1+4= ⑤
Ряд 4	2+2+2+2=	⑧	

Число 3

Ряд 1	3	③	Сумма сумм четырех рядов: 3+6+9+3=21; 2+1=③
Ряд 2	3+3=	⑥	Сумма сумм последних трех рядов: 6+9+3=18; 1+8= ⑨
Ряд 3	3+3+3=	⑨	Сумма сумм последних двух рядов: 9+3=12; 1+2= ③
Ряд 4	3+3+3+3=12; 1+2=③		

Число 4

Ряд 1	4	④	Сумма сумм четырех рядов: 4+8+3+7=22; 2+2=④
Ряд 2	4+4=	⑧	Сумма сумм последних трех рядов: 8+3+7=18; 1+8= ⑨
Ряд 3	4+4+4=12; 1+2=③		Сумма сумм последних двух рядов: 3+7=10; 1+0= ①
Ряд 4	4+4+4+4=16; 1+6=⑦		

Число 5

Ряд 1	5	⑤	Сумма сумм четырех рядов: 5+1+6+2=14; 1+4=⑤
Ряд 2	5+5=10; 1+0=①		Сумма сумм последних трех рядов: 1+6+2= ⑨
Ряд 3	5+5+5=15; 1+5=⑥		Сумма сумм последних двух рядов: 6+2= ⑧
Ряд 4	5+5+5+5=20; 2+0=②		

Число 6

Ряд 1	6	⑥	Сумма сумм четырех рядов: 6+3+9+6=24; 2+4=⑥
Ряд 2	6+6=12; 1+2=③		Сумма сумм последних трех рядов: 3+9+6=18; 1+8= ⑨
Ряд 3	6+6+6=18; 1+8=⑨		Сумма сумм последних двух рядов: 9+6=15; 1+5= ⑥
Ряд 4	6+6+6+6=24; 2+4=⑥		

Число 7

Ряд 1	7	⑦	
Ряд 2	7+7=14; 1+4=	⑤	
Ряд 3	7+7+7=21; 2+1=	③	
Ряд 4	7+7+7+7=28; 2+8=10; 1+0=	①	

Сумма сумм четырех рядов:
7+5+3+1=16; 1+6= ⑦

Сумма сумм последних трех рядов:
5+3+1= ⑨

Сумма сумм последних двух рядов:
3+1= ④

Число 8

Ряд 1	8	⑧	
Ряд 2	8+8=16; 1+6=	⑦	
Ряд 3	8+8+8=24; 2+4=	⑥	
Ряд 4	8+8+8+8=32; 3+2=	⑤	

Сумма сумм четырех рядов:
8+7+6+5=26; 2+6= ⑧

Сумма сумм последних трех рядов:
7+6+5=18; 1+8= ⑨

Сумма сумм последних двух рядов:
6+5=11; 1+1= ②

Число 9

Ряд 1	9	⑨	
Ряд 2	9+9=18; 1+8=	⑨	
Ряд 3	9+9+9=27; 2+7=	⑨	
Ряд 4	9+9+9+9=36; 3+6=	⑨	

Сумма сумм четырех рядов:
9+9+9+9=36; 3+6= ⑨

Сумма сумм последних трех рядов:
9+9+9=27; 2+7= ⑨

Сумма сумм последних двух рядов:
9+9=18; 8+1= ⑨

Всего 36 чисел суммирования сумм во всех рядах.

Когда Татьяна закончила все подсчеты, Юрий Иванович присвистнул:

— Ну и девяточка! Во всех комбинациях девятки дает! Такой цифры больше нет. Почему-то мы иногда подхалимов «шестеркой» называем, а в пору бы «девяткой» прозвать, а то вон...

— Обратите внимание, — перебила Татьяна, — что сумма сумм трех последних рядов при анализе каждой цифры тоже всегда дает «9». К чему бы это?

— А ну-ка сложите суммы второго, третьего и четвертого рядов любой цифры — везде число «9» получится. Вездесущая девяточка-то! Зло, что ли, таким образом влазит везде и всюду? — опять присвистнул Юрий Иванович.

— Подожди, Юра! Как ты сказал? Девятка получается при суммировании сумм второго (2), третьего (3) и четвертого (4) рядов каждой цифры? Посчитайте — 2+3+4=9. И здесь девятка! — изумился я.

— Ё-мое! — вслед за мной изумился Юрий Иванович. — Дьявольская девятка-то какая шустрая! Не зря старухи говорят, что дьявол всегда рядом с тобой, поэтому и бороться с ним трудно. Как набрал девяточек в душу, сразу начнешь звезды с неба хватать, а потом «звездной болезнью» заболеешь и в дьявола превратишься...

Юрий Иванович:
— Вездесущая девяточка-то получается!

А через несколько дней изумятся математики, когда при анализе мировой системы пирамид и монументов древности по хордам вычерченных на глобусе треугольников обнаружат, что все математические закономерности при суммировании сумм выводят обязательно на число «9».

— Посмотрите, какая красивая симметрия получилась! — сказала Таня. — При суммировании сумм всех четырех числовых рядов каждой цифры получается эта же цифра.

— Мир всегда симметричен, — важно прокомментировал Юрий Иванович. — Мир и антимир, мужчина и женщина, две руки, две ноги и так далее.

— Ну, есть и одинарные органы, — печень, например, мозг и еще... — возразил я и предложил обратить внимание на число «6».

1 - «1»
2 - «2»
3 - «3»
4 - «4»
5 - «5»
6 - «6»
7 - «7»
8 - «8»
9 - «9»

Татьяна: — Надо же, какая симметрия получается при суммировании сумм всех четырех числовых рядов!

— Шестерка очень похожа на тройку, — заметил Юрий Иванович. — Посмотрите, сумма четвертого ряда для числа «3» составляет «3», для числа «6» — «6». Такого нигде, кроме еще числа «9», нет: сумма суммы четвертого ряда для числа «1» составляет «4», для числа «2»—«8», для числа «4»—«7», для числа «5»—«2», для числа «7»—«1» и для числа «8» — «5». По особому себя ведут «шестерки» и «тройки», вместе с «девяткой», конечно. Об заклад бьюсь, дьявольская энергия заложена не только в «девятках», но и в «шестерках» и «тройках». Ведь «9» есть «3+3+3», а «6» есть «3+3».

— Я вот что еще заметила в отношении чисел «6» и «3», — добавила Татьяна, — суммирование сумм двух последних рядов (то есть рядов с тремя и четырьмя одинаковыми числами) только для чисел «6» и «3» дает то же самое число: для числа «6»—«6», для числа «3»—«3». Сравните, это отношение для числа «1» составляет «7», для числа «2»—«5», для числа «4»—«1», для числа «5»—«8», для числа «7»—«4» и для числа «8»—«2». Как бы особняком стоят «шестерки» и «тройки», не говоря уж о «девятках», где все и вся выводит на то же число «9».

— Особняком, говоришь, стоят «шестерки» и «тройки» вместе с «девятками», — задумался я.

В этот момент я еще не знал, что именно эти числа (3, 6 и 9) будут фигурировать в треугольниках, образующихся при соединении различных пирамид и монументов между собой на глобусе. Кроме того, я и предположить не мог, что эти простые арифметические действия, проведенные по идее Татьяны, вскоре выведут к расчетам параллельных шести- и девятимерных миров, как бы позволив заглянуть в них.

Числовой баланс Добра и Зла

Разглядывая составленную таблицу с рядом чисел, я все более и более убеждался в том, что описанные выше закономерности являются не простым «цифроблудием», а выражают какие-то очень важные закономерности, существующие в мире. И вполне возможно, что числа обладают силой, которая с полным размахом проявляется там — в загадочном потустороннем тонком мире.

Мысль «численна»

Кто придумал числа? Человек? А может, они были переданы через подсознание, возникнув у кого-то в голове в виде мысли, которую самовлюбленное человечество успело приписать себе, забыв о Боге.

А все-таки в этих числах кроется какая-то сила, сила пока еще не подвластная изучению и которую древние считали главной силой в мире. Какая же это сила? Мне кажется, что это сила мысли. Не зря физики говорят, что мысль материальна, к чему еще можно добавить, что мысль «численна».

Мысли, как известно, бывают добрые и злые. А также говорят, что на свете существует баланс Добра и Зла, и только в борьбе Добра со Злом рождаются знания и прогресс.

Народная мудрость гласит, что числа «6» и «9» олицетворяют зло или дьявола. Я верю в народную мудрость, но я бы добавил к числам «6» и «9» еще и число «3». Почему? Как я уже указывал, при анализе по принципу суммирования сумм числа «9», «6» и «3» стоят особняком, имея единые характеристики, отличающиеся от остальных чисел.

Исходя из этого, я попросил Татьяну подсчитать в вышеотмеченной таблице количество предполагаемых «злых» (9, 6 и 3) и «добрых» (1, 2, 4, 5, 7, 8) чисел среди суммы сумм в каждом из числовых рядов, то есть среди тех чисел, которые обведены кружочками с левой стороны (а этих чисел всего 36). Получилось следующее:

Количество «добрых» и «злых» чисел в суммах сумм числовых рядов	
«добрые» числа 1; 2; 4; 5; 7; 8	«злые» числа 3; 6; 9
18 (50%)	18 (50%)

— Баланс Добра и Зла! — воскликнул я.
— Ё-мое! — смачно выговорил Юрий Иванович. — И впрямь ведь так! Не зря старухи говорят, что...
— А какое из чисел «злее» — «3», «6» или «9»? — пространно спросила Татьяна, перебив Юрия Ивановича.
— Мне кажется, что самым «злым» числом является «9», потом идет «6», а потом «3». «Девятка» в три раза «злее» «тройки», а «шестерка» в два раза «злее» «тройки», — уверенно сказал Юрий Иванович.
— Нам трудно судить об этом, — призадумался я, — но во всем этом есть какой-то смысл. Какой? Возможно, что число «3» олицетворяет человеческое зло, число «6» — общеземное зло, а число «9» — космическое зло или зло Того Света. Однако, видимо, существуют неведомые нам закономерности, которые должны быть одновременно и чрезвычайно сложными, и гениально простыми. Как нам еще далеко до познания всего этого!
— Когда я работал на трассе, водитель был у нас один — Андреем звали. Ох и злой же был, бестия! Помню, собачку, которая на него лаяла на цепи, до смерти забил; глаза при этом дьявольской радостью светились... одни «девятки» из них скакали, чувствовалось, — в сердцах произнес Юрий Иванович.

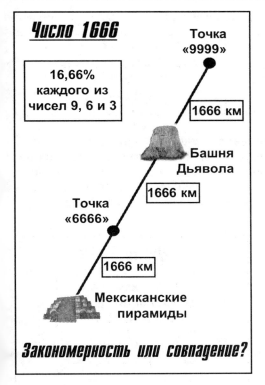

— Таня, подсчитай, пожалуйста, количество и процент каждой из цифр «3», «6» и «9» по отдельности среди указанных 36 чисел суммирования сумм, — предложил я.

Татьяна принялась считать и через несколько минут сказала:

— Каждое из этих трех чисел (3, 6 и 9) встречается в этом ряду из 36 чисел по 6 раз, что составляет 16,66% для каждого числа.

— Чего?

— 16,66%. А что?

— Тонкий мир относителен, в нем нет метров, километров, процентов, в нем есть только числа, — возбужденно сказал я.

— Ну и что?

— Расстояние от Башни Дьявола до точки «6666» составляет 1666 километров, так же как до точки «9999». Мы получили те же самые числа — 1666.

— Так же как расстояние от мексиканских пирамид до точки «6666» — тоже 1666 километров, — добавила Таня.

— Интересно! Складывается впечатление, что монументы древности построены с учетом арифметических закономерностей чисел «9», «6» и «3»... Уж не выполняют ли монументы древности функцию уничтожения или коррекции негативной (злой) энергии на Земле, отображаемой этими числами? — прокомментировал я.

— А вернее, злые «девяточные», «шестерочные» и «троечные» мысли они уничтожают, — добавил Юрий Иванович.

— Неужели так страшны злые мысли? — озадачилась Татьяна.

— Таня! Подсчитай, пожалуйста, среди отмеченных 36 чисел процент комбинации «6 и 9»?

После подсчетов Татьяна показала исписанный лист бумаги:

Числа 1; 2; 3; 4; 5; 7; 8	Числа 6 и 9
24 (66,66%)	12 (33,33%)

— Аналогия продолжается, — эмоционально сказал я. — 6666 километров — число апокалипсиса и, в частности, расстояние от горы Кайлас до Северного полюса, а 3333 км — половина этого расстояния. У нас же здесь получилось 66,66% и 33,33%, то есть те же числа в относительном варианте — 6666 и 3333.

— Кстати, — добавила Татьяна, — расстояние от мексиканских пирамид до Башни Дьявола составляет тоже 3333 километра, то есть два раза по 1666 километров.*

— Любопытно, любопытно, — начал уже причитать я.

— Таня, подсчитай комбинации «3 и 6» и «3 и 9», — попросил Юрий Иванович.

— А здесь и считать нечего, — комбинации «3 и 6» и «3 и 9» тоже дадут 33,33% каждое. Дело в том, что в ряду суммирования сумм из 36 чисел только числа 3, 6 и 9 встречаются 6 раз, а все остальные числа по 3 раза.

Я чувствовал, что между закономерностями

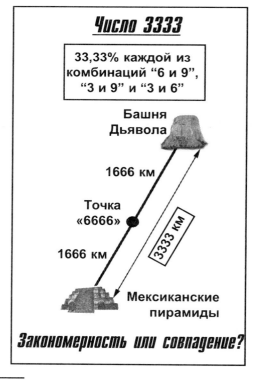

___
* В этот момент я еще не знал, что расстояние от острова Пасхи до пустыни Наска составляет 3333 км.

суммирования сумм и географией монументов древности на Земле начала прослеживаться какая-то относительная связь, хотя эта связь была еще туманна и призрачна. Тем не менее я все более и более начал утверждаться в мысли об «антигреховной» роли пирамид и монументов древности, которая осуществляется с помощью особых математических законов в тонком относительном мире или мире мыслей.

— Если пирамиды и монументы способны каким-то образом уничтожать негативную психическую энергию (или злые мысли), — думал я, — то должен существовать какой-то математический механизм, выводящий на число «0», то есть число уничтожения. Какой?

Умножение чисел произведений

Стараясь как-то разобраться в этом, мы постарались произвести математические действия, используя деление, вычитание и умножение. С делением и вычитанием ничего не получилось, а вот умножение дало интересные результаты.

Я не буду морочить голову читателю таблицей умножения чисел произведений каждой цифры по тому же принципу, который был использован при суммировании сумм рядов из одной, двух, трех и четырех одинаковых цифр. Скажу лишь принципы.

Если умножить числа в ряду между собой, а далее умножить числа полученного произведения между собой и продолжать это, то рано или поздно выходишь на целое число. Например, 5х5х5=125; 1х2х5=10; 1х0=0 или 3х3х3х3=81; 8х1=8.

Анализ всех 36 чисел, полученных при умножении чисел произведений, показал следующее. В 9 случаях (25%) выявилось число «0», в 21 случае (58,33%) — «добрые» числа 1; 2; 4; 5; 7 и 8 и в шести случаях (16,66%) — «злые» числа 3, 6 и 9.

— Ого! Опять число «1666» выскочило, — сказал Юрий Иванович. — И опять оно связано со «злыми» числами 3, 6 и 9, и опять вспоминается расстояние от Башни Дьявола до точки «6666»... или до точки «9999». Но сейчас оно выскочило при умножении чисел произведений, так же как и при суммировании сумм. Относительность есть относительность, это вам не абсолютность! В относительности все одинаково, что проценты, что километры, что миллиметры, что парсеки. В относительном мире надо просто циферки в голове перебирать, и ты можешь одновременно оказаться и на Луне, и на Марсе, и внутри молекулы какой-то или атома. Интересный, наверное, мир-то этот — мир сплошной относительности.

— Интересно то, что в 9 случаях из 36, то есть в 25%, выявилось число «0» или число уничтожения, — произнес я.

— Ты, шеф, намекаешь на то, что через число «0» уничтожается «злая» энергия или «злые» мысли? — хитро посмотрев на меня, спросил Юрий Иванович.

— Да, я предполагаю это.

— Кто его знает, — улыбнулся Юрий Иванович. — Не зря ведь в народе тупых людей, которые не имеют ни злых, ни добрых мыслей, называют «нулями» или «нуликами». А может быть у них в душе механизм умножения чисел произведений работает, превращающий все их мысли в нули? Вот они и тупые. А на Украине таких женщин называют «никака». Она может быть красива, но... «никака».

— Таня! А какие комбинации чисел дают при умножении чисел произведений число «0»?

— Комбинации следующие:
4444
5555
555
55
6666
7777
8888
888
9999

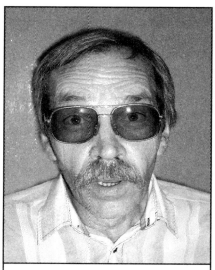

— Ого! Опять число «1666» выскочило при умножении чисел произведений, так же как и при суммировании сумм!

Число 0

Число уничтожения мыслей?

— Любопытно!

— Из них, — продолжала Таня, — наиболее интересны комбинации 6666 и 9999, потому что они приводят в конечном итоге к числам 108 и 180, образующим «0». Посмотрите:

6x6x6x6=1296; 1x2x9x6=108; 1x0x8=0
9x9x9x9=6561; 6x5x6x1=180; 1x8x0=0.

— М... да... — сказал Юрий Иванович.

— Ну, Вы же сами говорили, что число «108» является святым и магическим числом на Востоке, а число «180» есть сумма углов треугольника, — неуверенно обратилась ко мне Татьяна. — Интересно это?

— Что-то здесь есть.

— Восток — дело тонкое, — заговорил Юрий Иванович. — На Востоке люди древние знания почитают, в отличие от нас. Они, восточные люди-то, хоть и узкий разрез глаз имеют, зато большей мудростью обладают. Себя Богами не считают. Кто знает, а может в их святом числе «108» что-то важное есть! Сами ведь целый вечер говорим о числах, различные комбинации перебираем, с древними пирамидами сопоставляем и все время думаем о том, что в потустороннем мире числа обладают силой. А может быть число «108» является пограничным числом, — дошел до него и стоишь на грани, то ли твоя мысль превратится в «0», то ли нет.

Кто знает, а может быть пирамиды и монументы древности способны устанавливать субстанцию мысли на грань критического взвешивания перед уничтожением или освобождением

Тогда я еще не знал, что по расчетам крупного российского ученого С. Б. Проскурякова, многие пирамиды построены с учетом математических отношений, связанных с числом «108». И кто знает, — а вдруг простодушные слова Юрия Ивановича о пограничности этого числа являются верными, и оно способствует установлению субстанции мысли на грань критического взвешивания перед уничтожением или освобождением! Но... неужели пирамиды и монументы древности способны оценивать мысли, решая, уничтожать их или нет?

В отношении числа «180», на котором тоже сделала акцент Татьяна, совершено неосознанно думалось, что пирамиды, состоящие из четырех треугольников, способны замыкать на себе тонкую энергию мыслей, приводя ее в треугольное вращение в пределах числа «180» (сумма углов треугольника равна 180⁰) и через математический механизм умножения чисел произведений превращать их в «0», то есть уничтожать. Отсюда логически следовал вопрос — какие мысли способны уничтожать пирамиды? Ответ на этот вопрос вытекал из самого числа «180», которое у нас получилось как результат умножения чисел произведений числа «9999»; из этого можно было предположить, что пирамиды способны уничтожать негативные (девяточные) мысли.

Также неосознанно в моей голове вертелась мысль о том, что такой же процесс уничтожения не-

Кто знает, может быть, пирамиды и монументы древности уничтожают злые мысли

Ступени пирамид. Для чего?

гативной психической энергии происходит в треугольниках, образующихся при соединении (на глобусе) различных пирамид и монументов древности между собой.

Тем не менее в этот момент я вынужден был признать, что мысль об «антигреховной» функции пирамид и монументов древности до такой степени сыра и сумасбродна, что ее пока еще нельзя было рассматривать серьезно. Но, дорогой читатель, прочитав следующую главу, Вы убедитесь, что вместе с математиками нам все же удалось найти доказательства этой на первый взгляд сумасбродной идее.

Я бы хотел еще добавить, что в ходе изложенных выше гипотетических размышлений мне почему-то думалось, что именно через ступени пирамид реализуется эффект умножения чисел произведений, превращающий «злые» мысли в «0», в то время как все остальные компоненты пирамид работают по принципу суммирования сумм. Но доказать этого я тоже ничего не мог.

— Я, конечно, буду выглядеть как пила зудящая, — произнес Юрий Иванович, — но скажу, что если мы опубликуем все это, то заклюют нас математики, об заклад бьюсь, заклюют.

Физика и религия

Слова Юрия Ивановича вызвали воспоминания о недавней встрече с физиками в знаменитом научном центре «Арзамас-16», где я провел конференцию по результатам гималайских экспедиций. Собралось человек 200—300 ученых. Моей целью являлось наведение контактов с физиками для создания прибора, способного регистрировать тонкие энергии.

Как ни странно, ученые-физики внимательно выслушали мой доклад о Генофонде Человечества, религиозных концепциях происхождения человека, энергиях Кундолини, Дхананджайа и... Любви, после чего начались интересные дискуссии на эти темы с точки зрения физики. Но среди ученых-физиков нашелся скептик, который постоянно вставал и зычно задавал вопросы со злобно-враждебным оттенком голоса. Дискуссии с ним продолжались и в кулуарах в окружении других ученых.

— Вот Вы, уважаемый профессор-глазник, вместо того чтобы подбирать очки, задаете нам — физикам — вопрос о возможности регистрации тонких энергий. Не кажется Вам, что этот вопрос звучит нескромно из уст «глазнюка»?

— Нет, — ответил я. — Извините, если Вы меня называете «глазнюком», то как бы Вы меня назвали, если бы я был гинекологом?

В зале раздался хохот.

— А чем Вы можете доказать существование тонких энергий? Два физика-шизофреника Акимов и Шипов даже математическую подоплеку подводят под тонкую энергию или, как они говорят, торсионные поля. А кто им верит? Я, например, не верю. А Вы, чувствуется, верите, а зря, — сказал ученый-скептик.

— А Вы верите в Бога? — ответил я вопросом на вопрос.

— Это мое личное дело, — ухмыльнулся ученый-скептик. — Вы нам доказательства существования тонкой энергии предоставьте, укажите нам диапазоны ее колебаний, — вот тогда мы приемник сделаем... если, конечно, сможете профинансировать нашу работу.

— Я не знаю диапазонов колебаний тонких энергий, — сказал я в замешательстве. — Я врач, и к Вам я приехал, чтобы именно Вас спросить об этом.

— Вот, вот, — вошел в раж ученый-скептик, — вместо того чтобы говорить о диапазонах колебаний, Вы рассуждаете о какой-то энергии Любви, которая будто может творить чудеса вплоть до самоконсервации человеческого тела.

— Вы когда-нибудь влюблялись? — спросил я его с ехидством.

— Ну, с кем не бывало в молодости.

— Вы ощущали при этом прилив сил, увеличение работоспособности, возможность работать всю ночь напролет?

— У меня работоспособность всегда на одном уровне, — нелепо ответил ученый-скептик.

— Значит, никогда не влюблялся! — раздалась реплика из зала.

— Я с женой всю жизнь рука об руку... А прилив сил в этот период можно объяснить возбуждением организма как системы.

— Сексуальным или каким? — опять раздалась реплика из зала.

— Позвольте задать Вам еще один вопрос, — обратился я к нему. — Вы верите в то, что религиозные служители разных стран мира исповедуют не однотипную сказку в разных вариантах, а стараются донести до людей какие-то древние знания, в корне отличающиеся от современных и припудренные раздражающими слух ученого словами типа «грех», «дьявол», «Бог»... Или нет?

— Существует исторически доказанный феномен размножения неправдоподобной информации.

— Кем доказанный? Какую литературу Вы знаете по этому поводу?

— ...

— Приведу Вам один пример, — продолжал я. — Индийские свами и непальские ламы весьма почитают книгу под названием «Энергия Сознания». В этой огромной по объему книге описывается более 200 видов энергии (пранаяма, дхананджайя и др.), входящие в состав энергии сознания. Причем они описываются столь подробно и весомо, что складывается впечатление, что эти энергии кем-то были подробно изучены в научном аспекте, но отнюдь не являлись «сверхвысоконаучным вымыслом». Добавлю еще, что ламы называют свою религию не религией, а пронесенными через века знаниями предыдущей цивилизации. Они, древние, имели, видимо, научные приборы для изучения тонких энергий. А к вам я приехал, чтобы поделиться результатами научных экспедиций, чтобы совместно...

— Товарищи! — перебил меня ученый-скептик. — Если «глазнюки» начнут нас учить физике, то что же будет! Знания предыдущих цивилизаций по Дарвину звучат как «знания обезьян»! Понятно?

— Понятно. А также понятно, что... разные нации людей произошли от разных видов обезьян: русские — от обезьян «гаврила», армяне — от обезьяны «макакян», грузины — от обезьяны «шемпанидзе»... — с сарказмом ответил я. — Но, глубокоуважаемый профессор, Вы, как ученый, занимающийся ядерной физикой, наверное, прекрасно знаете, что в начале двадцатого века мало кто верил в существование ядерной энергии. В то время, наверное, тоже говорили, что ядерной энергии быть не может...

так же, как и Вы сейчас утверждаете невозможность существования тонких энергий, обзывая физиков, старающихся доказать это, шизофрениками и называя меня... Рассудить может только Бог, но не Бог-самозванец!

— Чего?

— Бог-самозванец! К этому я еще могу добавить неестественное для Вас слово «грех», потому что самый большой грех — считать себя Богом.

Далее несколько физиков извинились за своего коллегу, но научных контактов найти нам все же не удалось. Этот самый диапазон колебаний тонких энергий оставалось искать самим, используя логику и религиозные знания, а также, возможно, некоторые математические подходы.

А все-таки в этих числах что-то есть!

Я сказал Татьяне, что ее идеи суммирования сумм и умножения чисел произведений могут явиться теми ключами регистрации и управления тонкими энергиями, которые, возможно, будут применяться в будущем. Чувствовалось, что эти закономерности сыграют определенную роль и при анализе мировой системы пирамид и монументов древности.

Юрий Иванович вздохнул и тихим голосом проговорил:

— А все-таки в этих числах что-то есть! Об заклад бьюсь! Молодец, Таня!

Я хорошо осознавал, что такая простая и оригинальная идея должна была прийти в голову не толь-

А все-таки в этих числах что-то есть! Молодец, Таня!

ко Татьяне, но и еще кому-либо. Однако я и предположить не мог, что таким же математическим подходом в глубокой древности пользовался сам Пифагор, описывая мироздание.

Пифагорова математика

Вскоре после окончания отмеченных выше математических расчетов кто-то принес мне книгу Владимира Бабанина «Тайны Великих пирамид», где на страницах 303 — 375 приводятся основные сведения по так называемой «Пифагоровой математике».

Оказывается, Пифагор проповедовал десятичную систему счета, когда любая сумма путем повторного суммирования сводилась к какому-либо числу от 1 до 10. То есть он делал то же самое, что делали мы, анализируя идею Татьяны. Причем Пифагор указывал, что такая система счета была принята у Посвященных.

Все числа от 1 до 10 Пифагор считал ступенями Творения, которое началось с монады. Монаду можно понять как первоматерию или «божественную ДНК сущего». Монаду он обозначал числом «1» или «10», а последнее число понимал как 1+0=1. Каждому из чисел Пифагор придавал особое религиозно-философское значение. Например, число «3» он считал символом гармонии, число «6» — символом очищения от «материальной грязи», а число «9» — символом конца.

А далее, дорогой читатель, мы применим все эти математические принципы для анализа мировой системы пирамид и монументов древности. Что же у нас получится?

Пифагор проповедовал систему, когда любая сумма сводилась к одному числу от 1 до 10 путем повторного суммирования

Глава 8

Мировая система пирамид и монументов древности спасла нас от конца света, но...

Гипотеза о том, что мировая система пирамид и монументов древности была построена после четвертого земного апокалипсиса с целью искусственного уничтожения негативной психической энергии (злых мыслей), казалась мне вполне оправданной по следующим обстоятельствам.

Гипотеза об «антигреховной» роли пирамид и монументов древности

Любой нормальный человек, не имеющий признаков «Бога-самозванца», понимает, что религиозные учения не возникли на пустом месте и что вездесущее понятие «грех», на борьбу с которым направлены все религии, имеет над собой какой-то глубокий и очень важный смысл. «Причиной Всемирного Потопа явился грех атлантов», «покайся в своем грехе», «не пусти в душу грех» — такие выражения сопровождают все эзотерические и религиозные писания. Неужели грех столь страшен? Видимо, да. В противном случае на этом не делался бы столь сильный акцент.

Что же такое грех с научной точки зрения? По-видимому, под словом Грех нужно понимать негативную (злую, дьявольскую) психическую энергию, распространение которой в глобальном масштабе опасно для планеты Земля, в связи с чем Земля склонна к самоочищению от нее путем апокалипсисов с уничтожением источника негативной психической энергии — человечества.

В соответствии с нашими рассуждениями Земля уже пережила четыре апокалипсиса, каждый раз сметая с «лица Земли» новую человеческую расу и оставляя от каждой расы «благочестивых» людей, накапливая их в многоликом «Золотом фонде человечества», который мы считаем легендарной Шамбалой.

На мой взгляд, именно в невероятной по интеллектуальной мощи Шамбале, живущей по особым духовным законам под землей или в параллельном мире, была разработана мировая система защиты Земли от негативной психической энергии, продуцируемой человечеством, чтобы предупредить наступление очередного, уже пятого, апокалипсиса. Эта мировая система защиты Земли, состоящая из пирамид и монументов древности, начала строиться, мне кажется, через какой-то промежуток времени после Всемирного Потопа, произошедшего 850 000 лет тому назад. Строительство, скорее всего, началось с создания громадной пирамиды Кайласа (и Города Богов?) на «Вечном Материке», на Тибете. Далее строительство продолжалось в других регионах земного шара как на поверхности освобождающихся от воды материков (Мексика, Египет, Англия и др.), так и под водой. Основной объем работ по строительству мировой системы пирамид и монументов древности был закончен, наверное, 75—80 тысяч лет тому назад, когда, по Блаватской, были построены египетские пирамиды, хотя, возможно, и в более поздние времена продолжалось строительство дополнительных объектов системы (Аркаим, Наска и др.).

Я думаю, строительство вели оставшиеся в живых после Всемирного Потопа атланты и ранние арийцы, которые пользовались расчетами и неведомыми нам технологиями Шамбалы.

Какие принципы легли в основу разработки и строительства «мировой антигреховной системы» на Земле? Мы, современные люди, вряд ли сможем ответить на этот вопрос даже в малейшем приближении. Но я уверен, что эти научные расчеты были невероятно сложны и охватывали огромный комплекс знаний о планете Земля, о Солнечной системе, о тонком мире, о параллельных мирах и многом другом. Такой объем знаний, видимо, подвластен только Шамбале, в которой волей Бога были собраны Лучшие из Лучших пяти Коренных Человеческих Рас на Земле.

А может быть, подобные «антигреховные системы» уже строились на Земле после первого, второго или третьего апокалипсисов? Возможно, я не знаю. Но, если они даже строились, то они не смогли справиться с потоком негативной психической энергии, исходящей от человечества, в связи с чем наступал очередной апокалипсис.

Я не уверен также, что нынешняя мировая система пирамид и монументов древности на самом деле справится со злом, пропитавшим нашу цивилизацию. Но если пятый апокалипсис наступит, то у Земли останется всего один шанс, всего один апокалипсис, чтобы завершить фатальный апокалиптический круг из 6 поворотов по 6666 км, после чего Земля, как мне кажется, перейдет на стадию гибельных поворотов на 9999 км. Поэтому очень многое зависит и от нас, простых людей Пятой Человеческой Расы, а именно от степени вхождения Зла в человеческое бытие.

Конечно же, современному ученому несколько обидно за свое, мягко говоря, тугое осознание роли древних пирамид и монументов, когда полет научной фантазии редко выходит за пределы пресловутого жевания вопроса о сверхмонументальных захоронениях фараонов или других лидеров не знавшего колеса человечества. Современный ученый даже начинает источать негативную психическую энергию, пополняя ею и так негативный фон планеты, когда в глубине души ощущает, что «за уши притягивает факты» для подтверждения «могильной роли пирамид». Он, современный ученый, находясь во власти «обезьяньего варианта» понимания прошлого человечества, никак не хочет обратить свой взор на религиозную и эзотерическую трактовку истории, из которой среди витиеватых фраз со сказочным оттенком можно понять, что в прошлом существовали величайшие цивилизации, обладавшие более высоким, чем у нас, научным уровнем, и что на Земле существует невидимое для нас общество Лучших из Лучших — Шамбала, где упоминание «могильной роли» пирамид вызвало бы гомерический смех. Но ему, современному ученому, уж больно хочется считать себя высшей ветвью развития человека, в связи с чем «обезьянье прошлое» его вполне устраивает, даже несмотря на не очень высокую респектабельность родства с древолазающей и чешуящейся братией.

С другой стороны, современному ученому, в частности мне, как-то нескромно пытаться понять гипотетическую «антигреховную» роль монументальных сооружений Великой Шамбалы, поскольку разум Лучших из Лучших несравнимо выше. Тем не менее попытка понять никогда не может возбраняться или считаться грехом, если, конечно, эта попытка не носит характера высокомерного, с поднятым вверх носом, отрицания прошлых достижений, а проводится в тоне уважительного отношения к религиозным знаниям и народной мудрости.

Мировая система пирамид и монументов древности построена с учетом числа апокалипсиса «6666»

Разглядывая глобус, я понимал, что стараться осознать роль каждой из пирамид и монументов древности на всей Земле нам будет не под силу. Но рассмотреть взаимоотношения пирамид и монументов в пределах одной четверти земного шара (о которой мы говорили в четвертой главе этой книги) с точки зрения математических закономерностей, начатых по идее Татьяны, представлялось вполне возможным.

— Юрий Иванович, — обратился я к своему другу, — давай еще раз рассмотрим мировую систему пирамид и монументов древности в пределах изучавшейся нами четверти земного шара, но будем уже пользоваться не градусами или понятиями «четверть или треть расстояния от Кайласа до Пасхи», а постараемся высчитать расстояния между пирамидами и монументами в километрах, памятуя число апокалипсиса «6666».

— Я об этом тоже думал, — сказал Юрий Иванович, — и даже на глаз прикидывал эти расстояния. Чувствую, что число апокалипсиса «6666» и здесь вылезет опять. А так и должно быть, кстати, ведь мировая система пирамид и монументов древности была построена для борьбы с очередным апокалипсисом.

— Интересно, что получится!

— А как измерять-то будем? — озадачился Юрий Иванович.

— С помощью гибкой сантиметровой ленты по поверхности глобуса. А как же еще? — ответил я. — Но, учитывая невысокую точность таких замеров, я думаю, нам следует воспользоваться еще и математическими пересчетами по аналогиям, принимая во внимание взятые нами за основу следующие числа:

— **9999 км** — половина полуокружности Земли, или 90°;

— **6666 км** — 1/3 полуокружности земли, или 60° (например, расстояние от горы Кайлас до Северного полюса);

— **4999 км** — 1/4 полуокружности Земли, или 45° (например, расстояние от острова Пасхи до мексиканских пирамид);

— **3333 км** — 1/6 полуокружности Земли, или 30° (например, расстояние от мексиканских пирамид до Башни Дьявола);

— **1666 км** — 1/12 полуокружности Земли или, 15° (например, расстояние от Башни Дьявола до точки «6666» в США).

— Я тебя понимаю, что сопоставление с этими логически выведенными числами позволит нам довольно точно определить расстояния между пирамидами*, тем более что все пирамиды и монументы древности расположены на Земле в строгой симметрии, — согласился Юрий Иванович.

Всматриваясь в глобус, я чувствовал, что должно появиться еще одно число, которое тоже характеризовало бы расстояния между пирамидами или монументами древности. Какое? Я не знал. Но мне казалось, что суммирование этого нового расстояния в градусном выражении должно вывести на числа «9», «6» или «3», поскольку только такие суммы фигурировали в отмеченных выше градусах (90°, то есть 9 + 0 = 9; 60°, то есть 6 + 0 = 6; 45°, то есть 4 + 5 = 9; 30°, то есть 3 + 0 = 3; 15°, то есть 1 + 5 = 6).

— Я тебе, шеф, точно говорю, — перебил мысли Юрий Иванович, — что расстояние от Кайласа до монумента Стоунхендж в Англии составляет 6666 километров.

— Почему?

— Помнишь, мы уже определяли, что расстояние от горы Кайлас до монумента Стоунхендж составляет 1/3 расстояния «Кайлас — остров Пасхи»? А 1/3 есть 60°, то есть 6666 километров.

— К этому следует добавить, что расстояние от монумента Стоунхендж до Бермудского треугольника составляет тоже 6666 километров, так же как расстояние «Бермудский треугольник —

---

* В последующем математики путем сложных расчетов придут к выводу, что наши подсчеты могли иметь ошибку в пределах 0,5%.

остров Пасхи» — 6666 километров! — воскликнул я. — Давай все померим гибкой лентой!

После измерений Юрий Иванович сказал:

— Все верно. Не забудь, кстати, что под водой в районе Бермудского треугольника американцем Берлицем была найдена большая пирамида.

Кайлас — Стоунхендж — 6666 км
Стоунхендж — Бермудский треугольник — 6666 км
Бермудский треугольник — остров Пасхи — 6666 км

— Помню. Кроме того, я предполагаю, что именно там, в районе Бермудского треугольника, располагался легендарный остров Платона, на котором жили последние из атлантов и который затонул 12 000 лет тому назад в результате падения кометы Тифона по Блаватской и по Нострадамусу. Они-то, видимо, и построили эту пирамиду (а может быть, комплекс пирамид), отстоящую на 6666 километров от монумента Стоунхендж и от острова Пасхи.

Итак, с определенной степенью достоверности можно было констатировать, что число апокалипсиса «6666» трижды присутствовало в расположении пирамид и монументов древности по центральной линии, делящей исследуемую четверть земного шара на две части.

Присутствует ли число апокалипсиса «6666» еще где-либо? Делая измерения и проводя сопоставительный математический анализ, мы нашли еще шесть отрезков по 6666 км в составе мировой системы пирамид и монументов древности.

Самым неожиданным явился тот факт, что, оказывается, расстояние от египетских пирамид до современного Се-

Расстояние от египетских пирамид до Северного полюса составляет 6666 км

верного полюса составляет 6666 км.

— Вот это да! — воскликнул Юрий Иванович. — Никогда бы не подумал. Надо же было так точно рассчитать место расположения египетских пирамид, что они отстоят от Северного полюса на те же 6666 километров, что и гора Кайлас! Неспроста это, точно тебе го-

Расстояние между монументом Стоунхендж в Англии и Башней Дьявола в США составляет 6666 км

Так не бывает, чтобы два монумента на разных континентах случайно оказались на расстоянии 6666 км друг от друга... на расстоянии числа апокалипсиса

Покорять монумент, выполняющий «антигреховную» функцию, само по себе является грехом

ворю — неспроста. Глубокий смысл в этом заложен, смысл апокалипсиса, вернее, предупреждения его.

— Юра! — откликнулся я. — Я почти уверен, что под водой в точке Северного полюса находятся пирамиды или монументы древности, хотя их пока не нашли.

— Их не так-то легко найти, — многозначительно произнес Юрий Иванович.

Еще один факт, связанный с расстоянием 6666 км, оказался не менее удивительным, — расстояние между монументом Стоунхендж в Англии и Башней Дьявола в США составляло тоже 6666 км.

— Неспроста это, неспроста, — снова стал причитать Юрий Иванович. — Так не бывает, чтобы два монумента на разных континентах случайно оказались на расстоянии 6666 километров друг от друга... на расстоянии числа апокалипсиса. У англичан-то ума хватило, чтобы Стоунхендж монументом древности считать, а не использовать как место для тренировок альпинистов. А американцы, которые, кроме доллара, ничего в жизни не видят, посчитали Башню Дьявола природным скальным выростом и стали на ней в альпинизме упражняться. Из Англии вышли, ведь, американцы-то, про Стоунхендж, конечно же, знали, а посчитать расстояние от Стоунхенджа до Башни Дьявола не догадались. Они, американцы, все от доллара возбужденные ходят, культ сильного человека в денежном исчислении практикуют, а о духовном забывают. Эмигранты, что взять-то, без Родины, ведь, живут.

— Ну что ты, Юра, так взъелся на американцев. Они хоть природным монументом объявили Башню Дьявола. А чем лучше объявление пирамид местами захоронений фараонов или смотровыми площадками для обозрения Луны и Солнца в день бракосочетания! Хотя ты, Юра, прав в том, что покорять монумент, выполняющий «антигреховную» функцию, само по себе является грехом.

В этот момент я не знал, что в тибетской экспедиции ламы предупредят нас, утверждая, что к святым монументам в районе священного Кайласа нельзя даже приближаться, не говоря уж об их покорении. Нарушивших этот обет будет ждать наказание в виде быстрого наступления старости и смерти. Сжатое время сделает это.

Следующий факт, связанный с расстоянием 6666 км, оказался как бы косвенным подтверждением существования мону-

Расстояние между руинами пирамид Тазумал и островом Пасхи 6666 км

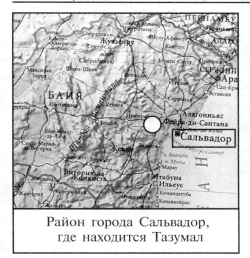

Район города Сальвадор, где находится Тазумал

ментов древности под водой в точке современного Северного полюса. Если взглянуть на изучаемую четверть площади земного шара, то можно обратить внимание на симметричное расположение египетских и мексиканских пирамид в мировой системе пирамид и монументов древности. Северный полюс, отстоящий на 6666 км от горы Кайлас, имеет такую же симметричную точку на противоположной стороне системы, отстоящей на 6666 км от острова Пасхи. Эта точка приходится на район города Сальвадор в Бразилии. Именно там, в этой точке, располагается комплекс полуразрушенных пирамид Тазумал (Tazumal), занимающий площадь около 10 кв. км. Слово «Тазумал» переводится с языка майя как «пирамиды, где были сожжены жертвы». Рядом находится городок Чалчуапа.

К сожалению, в Интернете мы не смогли найти фотографий этих полуразрушенных пирамид.

— Ты представляешь, Юра, а я ведь был в бразильском городе Сальвадор, но о руинах пирамид ничего не знал, поэтому не посетил их, — с горечью сказал я. — Тогда, по-моему, в 1992 году, после проведения семинара для бразильских врачей, мне предложили один день отдохнуть. Я отказался от прогулки на яхте и поехал вместе с одним доктором посмотреть фермерское хозяйство его отца. Помню, что там, на ферме, работал один индеец, который очень искусно и красиво скакал на коне, загоняя коров. Хозяин фермы, помню, говорил, что этот индеец родом из какого-то местечка, где есть древние пирамиды, и утверждал, что люди, вышедшие из этого местечка, отличаются особой доброжелательностью и работоспособностью. Может быть, он и был из местечка Тазумал.

— Пирамиды, наверное, не терпят злых людей-то. Злые люди, они, ведь, тупее добрых, потому что вся энергия в злость и зависть уходит, — прокомментировал мою речь Юрий Иванович.

То, что расстояние между руинами пирамид Тазумал в Южной Америке и мексиканскими пирамидами в Северной Америке составило тоже 6666 км, показалось нам чуть ли не само по себе разумеющимся фактом, хотя в принципе этот факт был удивителен, так как число апокалипсиса «6666», отображенное в высоте священной горы Кайлас, было учтено при построении пирамид почти на противоположном конце света.

Этот отрезок (мексиканские пирамиды — Тазумал) имел симметричное положение на глобусе с отрезком «египетские пирамиды — Северный полюс» длиной тоже 6666 км.

Мне подумалось, что отрезок «Стоунхендж — Башня Дьявола» тоже должен иметь симметричный отрезок на глобусе длиной 6666 км. Какой? На глобусе было ясно

Расстояние между мексиканскими пирамидами и руинами пирамид Тазумал составляет 6666 км

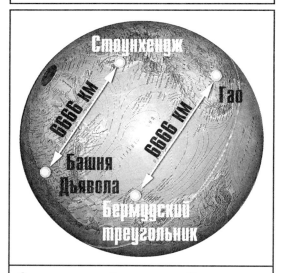

Симметричный участку «Стоунхендж — Башня Дьявола» участок длиной 6666 км, начинающийся от Бермудского треугольника, выводит в район Гао (Сахара). Что там?

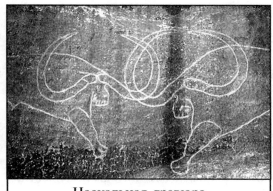

Наскальная гравюра «Дьявольская любовь»

видно, что таким отрезком может быть только параллельная линия, идущая от Бермудского треугольника в сторону Африки и выводящая в район городка Гао в Сахаре (государство Мали). Существуют ли какие-либо монументы древности в этом участке Сахары? К сожалению, оказалось, что сведений об этом районе земного шара в Интернете слишком мало. Любопытным показалось то, что в прилегающем к городку Гао (Мали) районе Алжира расположена наскальная гравюра под названием «Дьявольская любовь». Вспоминался также какой-то телевизионный фильм о существовании в Сахаре подземного лабиринта, вход в который знают бедуины, но и они боятся входить туда.

В интереснейшей книге Друнвало Мелхиседека «Древняя Тайна Цветка Жизни» (Clear Light Truce, 1998, с. 26 — 30) описаны догоны — племя, живущее в Сахаре в пределах государства Мали. Там есть пещера, которую охраняет

На рисунке догонов — Номмо — великий герой, принесший цивилизацию на Землю (из книги Друнвало Мелхиседека)

святой Особый Человек из племени, сидя у входа. Этого Особого Человека кормят, заботятся о нем, и никто не смеет прикоснуться к нему. В этой пещере находятся удивительные рисунки и описания.

Есть описание и рисунок летающей тарелки, из которой появились живые существа необычного вида. Они выкопали яму в земле, заполнили ее водой и стали спрыгивать туда. Они были очень похожи на дельфинов. Среди них был Великий Номмо, принесший цивилизацию на Землю. Кстати, подобные рисунки встречаются также в районе озера Титикака в Южной Америке, то есть на другом конце света.

В пещере, охраняемой первобытными догонами, существует также рисунок траекторий Сириуса А и Сириуса Б, которые удивительно точно совпадают с траекториями, вычисленными современными астрономами. В этой же пещере имеются описания «маленькой звезды с самым тяжелым веществом во Вселенной, которая совершает оборот вокруг Сириуса за период, близкий к 50 годам». Современные ученые нашли, что в самом деле вокруг Сириуса А вращается белый карлик, имеющий вес около 1,5 миллиона тонн на кубический дюйм и делающий оборот вокруг Сириуса за 50,1 года.

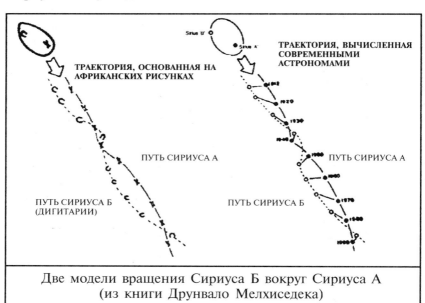

Две модели вращения Сириуса Б вокруг Сириуса А
(из книги Друнвало Мелхиседека)

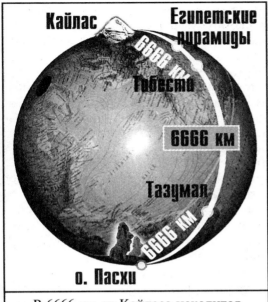

В 6666 км от Кайласа находится нагорье Тибести

Именно сюда к загадочным догонам выводит линия длиной 6666 км, идущая от Бермудского треугольника параллельно линии «Башня Дьявола — Стоунхендж».

Кроме того, мы отложили расстояние 6666 от горы Кайлас по линии, проходящей через египетские пирамиды, и вышли в тот же район пустыни Сахара на нагорье со странным названием Тибести.

Что же находится на этом нагорье, название которого перекликается со словом «Тибет»? Может быть, и там есть пирамиды? Алексей Савельев по нашей

Нагорье Тибести

просьбе в Интернете нашел информацию о нагорье Тибести, расположенном в африканском государстве Чад. Выяснилось, что это нагорье, окруженное безжизненными песками Сахары, состоит из семи вулканов. Однако никаких сведений о существовании пирамид или монументов древности там встретить не удалось. Возможно, их там нет, а возможно, что они не попали в описание. Поэтому мы не могли включить нагорье Тибести в состав мировой системы пирамид и монументов древности, хотя название Тибести до сих пор кажется нам очень интригующим.

Итак, при анализе мировой системы пирамид и монументов в пределах одной четверти земного шара число апокалипсиса «6666» имело место присутствовать в виде расстояний между пирамидами или монументами древности 9 раз:
– Кайлас – Северный полюс — 6666 км;
– Египетские пирамиды – Северный полюс — 6666 км;
– Кайлас – Стоунхендж — 6666 км;
– Стоунхендж – Башня Дьявола — 6666 км;
– Стоунхендж – Бермудский треугольник — 6666 км;
– Бермудский треугольник – остров Пасхи — 6666 км;
– Бермудский треугольник – Гао (Сахара) — 6666 км;
– остров Пасхи – Тазумал — 6666 км;
– Мексиканские пирамиды – Тазумал — 6666 км.

Далее мы соединили на глобусе все известные пирамиды и монументы древности между собой линиями и получили целую сеть геометрических фигур в пределах одной четверти земного шара. Эта сеть геометрических фигур завораживала. Было ясно видно, что пирамиды и монументы древности на Земле были построены не бессистемно, а по четким математическим закономерностям, в которых прежде всего просматривались различные треугольники. Почему треугольники? Я не могу точно ответить на этот вопрос, но мне кажется, что в нашем трехмерном пространстве именно треугольники могут выполнять узловую математическую роль в уничтожении негативной (злой) психической энергии.

Каким образом может уничтожаться негативная психическая энергия? Я почему-то чувствовал, что в этих треугольниках, образующихся при соединении пирамид и монументов древности между собой, мечется негативная психическая энергия (злые мысли), не находя выхода из замкнутого треугольного пространства, не распространяясь по всему земному шару и не уходя в космос. Причем мечется в пределах треугольников именно злая психическая энергия, отображаемая числами «9», «6» и «3». По-

Сеть геометрических фигур, полученная при соединении линиями известных пирамид и монументов древности в пределах одной четверти земного шара

этому мне казалось, что эти треугольники имеют характеристики углов и сторон, выводящие при суммировании сумм на числа «9», «6» и «3». А такое избирательное замыкание в треугольном пространстве негативной психической энергии рано или поздно должно привести к ее уничтожению пирамидами и монументами древности.

Но будут ли эти треугольники и в самом деле иметь характеристики, выводящие на числа «9», «6» и «3»?

— Я тебе как на духу скажу, — с волнением выговорил Юрий Иванович по этому поводу, — если после подсчетов эти треугольники в самом деле будут иметь девяточные, шесterочные и троечные характеристики, а не какой-нибудь цифровой разнобой, то можно считать, что гипотеза об «антигреховной» функции пирамид и монументов древности не является бредом каким-то, а реальной вероятностью. Нутром чую, что девятки, шестерки и тройки получим при суммировании сумм углов. Неужели будет так, а?

Злая психическая энергия мечется, будучи замкнутой в треугольниках, образующихся при соединении пирамид и монументов древности

— Давай начнем измерять, Юра? Но мы должны оперировать только точными цифрами!

— Главное — это знать длину сторон треугольников. В девяти случаях мы уже знаем длину одной или двух сторон треугольников, — она равна 6666 километров. Мы знаем также, что расстояния «Кайлас — египетские пирамиды» и «Пасхи — мексиканские пирамиды» составляют по 4999 километров, а расстояние «мексиканские пирамиды — Башня Дьявола» — 3333 километра или два раза по 1666 километров. Давай проводить измерения с сопоставительным математическим анализом. Точные цифры получим, об заклад бьюсь! Ты же сам об этом говорил.

— Давай.

После окончания подсчетов мы убедились, что нам и в самом деле удалось точно определить расстояния между пирамидами и монументами древности с учетом лишь того, что кроме вышеуказанных расстояний появилось еще одно — 3999 км, составляющее 36⁰.

— Ты точно говорил, что сумма чисел этого нового расстояния в градусном выражении должна выводить на числа «9», «6» или «3». Смотри! 36 или 3+6=9, — высказался по этому поводу Юрий Иванович.

Треугольники, образовавшиеся при соединении пирамид и монументов древности между собой, оказались не просто любопытными, а интригующе-любопытными. Однако об этом, дорогой читатель, мы поговорим чуть-чуть ниже, описав вначале встречи с летчиками и математиками.

Встреча с летчиками

Чтобы еще раз убедиться в правильности наших подсчетов расстояний между пирамидами и монументами древности, я решил обратиться к летчикам, понимая, что во время полетов определение расстояний между объектами очень важно. Я позвонил отцу Татьяны — Владимиру Драпеко, который работает командиром самолета ТУ-154. Мы договорились о встрече.

На встречу он пригласил своего коллегу штурмана Сергея Зайдуллина. Он держал в руках небольшую машинку. Эта машинка называлась «Global position system» и была предназначена для

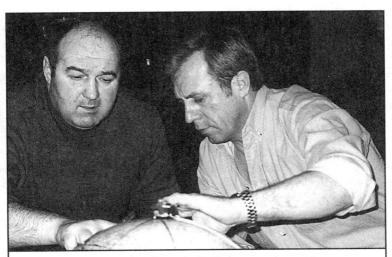

Штурман Сергей Зайдуллин (слева) и командир ТУ-154 Владимир Драпеко (справа)

определения локализации объекта на карте с помощью спутников. Эта машинка позволяла также определять расстояния между объектами.

К сожалению, выяснилось, что точность определения расстояний между объектами зависит от точности его локализации на карте. Однако точных географических координат пирамид и монументов древности мы не имели, — для этого было необходимо побывать на каждом из них и с помощью «Global position system» определить координаты.

Тем не менее, определив очень приблизительные координаты по глобусу или карте мира, мы получили расстояния между пирамидами и монументами древности ориентировочно такие же, какие брали в расчет при наших исследованиях. Например, расстояние «Кайлас — Стоунхендж», равное 6666 км, получилось при использовании «Global position system» в трех вариантах: 6583 км, 6712 км и 6630 км. Но мы не имели точной привязки.

Встреча с математиками

Эту встречу по моей просьбе организовал ректор Башкирского государственного университета Харрасов Мухамет Хадисович, мой односельчанин, сам по профессии математик. Он собрал лучших математиков города Уфы у себя в кабинете, где я выступил, рассказав о наших математических концепциях и связи их с историей Земли, попросив помочь нам. Несколько нелепо выглядело представление миловидной и чересчур молодой Татьяны как автора идеи суммирования сумм. Зато Сергей Анатольевич Селиверстов и Юрий Иванович Васильев выглядели весьма солидно.

Как я и ожидал, математики не выразили восторга от наших «математических достижений» и, начав сыпать косинусами, синусами и дифференциальными уравнениями, постепенно начали сводить весь разговор к тому, что врачам лучше лечить больных, чем лезть в чужую область науки.

Юрий Иванович подтянулся к моему уху и прошептал:

— Говорил же я тебе — ревнивый народ математики, ой какой ревнивый!

Ситуацию изменил Мухамет Харрасов. Пользуясь ректорским авторитетом, он произнес речь о необозримости научного познания и о том, что и дилетанты иногда делают открытия,

Харрасов Мухамет Хадисович

чем остановил накатывающийся ком скептицизма.

После этого математики начали говорить с нами серьезно и сделали ряд рекомендаций. Они сошлись на том, что принцип суммирования сумм и в самом деле интересен с математической точки зрения, но в современной механике и физике не применяется. Применение этого принципа для анализа треугольников, образующихся при соединении пирамид и монументов древности между собой на глобусе, может дать интересные данные, значение которых, к сожалению, пока трудно осознать. Математики посоветовали произвести замеры также сферических и хордовых треугольников на глобусе, в которых будет отображаться эллипсоидность земного шара.

Под взглядами маститых математиков Татьяна сидела, густо покраснев.

Среди математиков был молодой человек с живыми глазами — Шамиль Цыганов. Именно ему маститые математики поручили заниматься нами, охарактеризовав его как очень талантливого ученого. Выяснилось, что Шамиль помимо преподавательской работы в университете занимается еще и гениальными детьми города Уфы.

Шамиль и в самом деле оказался та-

Шамиль Цыганов

лантливым человеком, обладающим способностью моментально схватывать суть дела и творчески развивать идею с математической точки зрения. Сразу возникло полное взаимопонимание. Шамиль показал нам у себя дома самую большую в России коллекцию моделей самолетов, которую он собирал с детства.

Вместе с Шамилем Цыгановым мы провели математический анализ треугольников, образующихся при соединении между собой пирамид и монументов древности на глобусе в пределах одной четверти земного шара. При этом каждый треугольник обсчитывался в трех вариациях:

— <u>спрямленный треугольник</u>, то есть треугольник, который получался при переносе треугольного пространства с глобуса на плоскость за счет знания длин сторон треугольника. Например, треугольник, ограниченный горой Кайлас, египетскими пирамидами и Северным полюсом, переносился с глобуса на плоскость путем вычерчивания треугольника, стороны которого в относительных единицах равны уже известным нам величинам — 6666 км, 6666 км и 4999 км. Далее производились подсчеты углов этого спрямленного треугольника и суммирование сумм их;

— <u>хордовый треугольник</u> получался путем высчитывания хордового расстояния каждой из сторон треугольника с учетом поправок на эллипсоидность Земли на каждом конкретном участке. Например, хорда участка «Кайлас — Северный

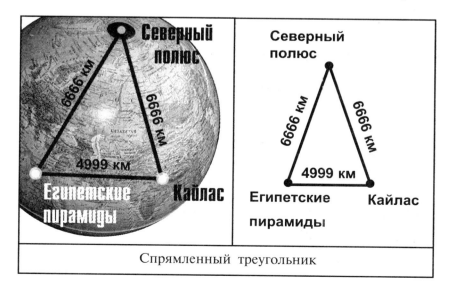

Спрямленный треугольник

Хорда участка земного шара между горой Кайлас и Северным полюсом

полюс» составляла 6372 км при расстоянии по поверхности Земли 6666 км, хорда участка «египетские пирамиды — Северный полюс» — тоже 6327 км, а участка «Кайлас — египетские пирамиды» — 4860 км при расстоянии на поверхности Земли — 4999 км. В таких хордовых треугольниках также подсчитывались углы и производилось суммирование сумм;

— сферический треугольник подсчитывался только в угловом исчислении с учетом таких параметров, что 6666 км составляет $60°$, 4999 км — $45°$ и так далее.

Сразу оговорюсь, что сферические треугольники оказались малоинформативными в отношении суммирования сумм полученных углов, давая полный разнобой чисел. Поэтому при дальнейшем изложении материала я их не буду приводить.

Сферический треугольник «Кайлас — египетские пирамиды — Северный полюс»

Зато когда мы закончили подсчеты спрямленных и хордовых треугольников, полученных при соединении на глобусе пирамид и монументов древности между собой, то удивлению нашему не было предела — все указывало на правомерность гипотезы об «антигреховной» роли пирамид и монументов древности!

Но Шамиля Цыганова удивляло еще и другое.

— Вы, ребята, и сами не можете представить, что вам удалось сделать! — восклицал он. — Вы оригинальнейшим образом обыг-

Когда математические расчеты были закончены, удивлению нашему не было предела

рали трагическое послание древних в виде числа «6666», переданного через высоту горы Кайлас, что у нас, математиков, появилась возможность создания точной математической модели Земли, а через эту модель можно будет математическим путем заглянуть даже в недра нашей планеты.

— Хорошо, что не все математики ревнивые, — подал реплику Юрий Иванович.

Результаты математического анализа расположения пирамид и монументов древности на Земле

Всего мы рассмотрели 13 основных треугольников, образованных путем соединения пирамид и монументов древности между собой в пределах исследуемой четверти земного шара. Кроме того, мы рассмотрели еще 3 дополнительных треугольника, входящих в состав одного из основных треугольников.

Но оказалось, что каждый из основных треугольников (кроме одного) имеет... симметричную пару на противоположном конце земного шара! Поэтому имеет смысл рассматривать их попарно.

Первая пара треугольников — «Кайлас — Северный полюс — египетские пирамиды» и «Пасхи — Тазумал — египетские пирамиды».

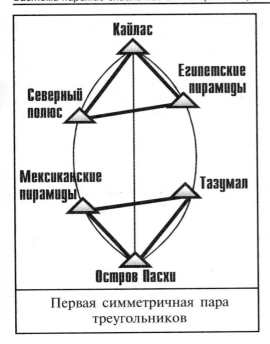

Первая симметричная пара треугольников

Даже на этой произвольной схеме видно, что оба треугольника имеют симметричное расположение в пределах одной четверти поверхности земного шара. А на глобусе эта симметрия видна еще лучше (но показать это на снимке очень трудно из-за невозможности съемки полушаровой поверхности).

Рассмотрим каждый из этих двух треугольников более подробно.

Треугольник «Кайлас — Северный полюс — египетские пирамиды» имеет следующие длины сторон:
- Кайлас — Северный полюс — 6666 км;
- египетские пирамиды — Северный полюс — 6666 км;
- Кайлас — египетские пирамиды — 4999 км.

Учитывая длины сторон вместе с сопоставительным анализом образующихся углов на глобусе, можно построить спрямленный треугольник, а из него вывести хордовый треугольник, принимая во внимание кривизну поверхности Земли с учетом ее эллипсоидности.

В приводимых ниже спрямленных и

хордовых треугольниках я буду обозначать цифрой, взятой в кружочек, сумму чисел каждого из углов (например, 42^0 или $4 + 2 = ⑥$). Такая цифра в кружочке будет стоять рядом с каждым из углов треугольника.

Цифрой, взятой в заретушированной кружочек, я буду обозначать суммирование сумм чисел, обозначающих длину каждой из сторон треугольника в километрах (например, 6666 км или $6 + 6 + 6 + 6 = 24, 2 + 4 = ⑥$). Такая цифра в заретушированном кружочке будет стоять рядом с каждым числом, обозначающим длину стороны треугольника.

Кроме того, в этих же схемах я буду приводить сведения о сумме сумм всех трех углов и о сумме сумм всех трех сторон как спрямленных, так и хордовых треугольников.

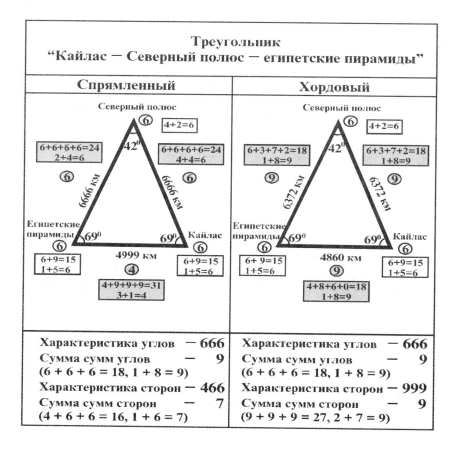

Итак, математические параметры отмеченного треугольника будут следующими (см. схему на стр. 348).

Из приведенной схемы видно, что характеристики углов как в спрямленном, так и хордовом треугольниках вывели на негативное число — 666. Сумма сумм углов в обоих случаях тоже показала негативное число — 9. Зато в характеристиках и сумме сумм сторон появился разнобой, выражающийся в том, что в хордовом треугольнике продолжалась серенада негативных чисел (999 и 9), а в спрямленном треугольнике частично появились положительные числа (4 и 7).

В последующих схемах я, дорогой читатель, позволю себе упускать поясняющие записи типа «6 + 9 = 15, 1 + 5 = 6» или «4 + 9 + 9 + 9 = 31, 3 + 1 = 4», чтобы не загромождать схему. Я думаю, Вы поймете, что число в кружочке будет означать сумму чисел данного угла, а число в заретушированном кружочке — сумму чисел длины данной стороны треугольника.

Треугольник «Пасхи — Тазумал — мексиканские пирамиды»

Симметричным для описанного треугольника является треугольник «Пасхи — Тазумал — мексиканские пирамиды». Этот треугольник имеет следующие длины сторон:
  — Пасхи — Тазумал   — 6666 км;
  — Тазумал — мексиканские пирамиды   — 6666 км;
  — Пасхи — мексиканские пирамиды   — 4999 км.

Спрямленный и хордовый варианты этого треугольника будут иметь следующие характеристики:

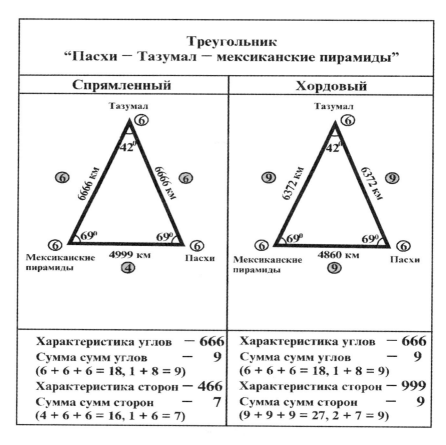

Из этой схемы видно, что все параметры треугольника «Пасхи — Тазумал — мексиканские пирамиды» совершенно идентичны треугольнику «Кайлас — Северный полюс — египетские пирамиды», расположенному на другом конце земного шара.

Мне уже перестало это казаться удивительным, потому что ясно прослеживалась общемировая схема расположения пирамид и монументов древности по четкому плану. Но удивительным было то, что оба этих треугольника имели основные характеристики, выводящие на негативные числа «6» и «9». Неужели и другие треугольники будут выводить на негативные числа?

Вторая пара треугольников — «Кайлас — Стоунхендж — египетские пирамиды» и «Пасхи — Бермудский треугольник — мексиканские пирамиды» — тоже имела весьма симметричное положение на глобусе в пределах одной четверти поверхности земного шара.

Входящий в эту вторую пару треугольник «Кайлас — Стоунхендж — египетские пирамиды» имеет следующие длины сторон:
— Кайлас — Стоунхендж — 6666 км;
— Стоунхендж — египетские пирамиды — 3999 км;
— Египетские пирамиды — Кайлас — 4999 км.

Вторая симметричная пара треугольников

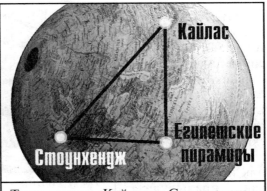

Треугольник «Кайлас — Стоунхендж — египетские пирамиды»

Спрямленный и хордовый варианты этого треугольника будут иметь следующие характеристики:

Треугольник "Кайлас — Стоунхендж — египетские пирамиды"	
Спрямленный	Хордовый
Характеристика углов — 963 Сумма сумм углов — 9 (9 + 6 + 3 = 18, 1 + 8 = 9) Характеристика сторон — 643 Сумма сумм сторон — 4 (6 + 4 + 3 = 13, 1 + 3 = 4)	Характеристика углов — 963 Сумма сумм углов — 9 (9 + 6 + 3 = 18, 1 + 8 = 9) Характеристика сторон — 999 Сумма сумм сторон — 9 (9 + 9 + 9 = 27, 2 + 7 = 9)

Не комментируя эту схему, давайте рассмотрим другой симметричный треугольник этой второй пары — «Пасхи — Бермудский треугольник — мексиканские пирамиды».

Этот треугольник имеет такие же, как в предыдущем треугольнике, длины сторон:

Треугольник «Пасхи — Бермудский треугольник — мексиканские пирамиды»

— Пасхи — Бермудский треугольник — 6666 км;
— Бермудский треугольник — мексиканские пирамиды
— 3999 км;
— Мексиканские пирамиды — Пасхи — 4999 км.

Спрямленный и хордовый варианты этого треугольника будут иметь следующие характеристики:

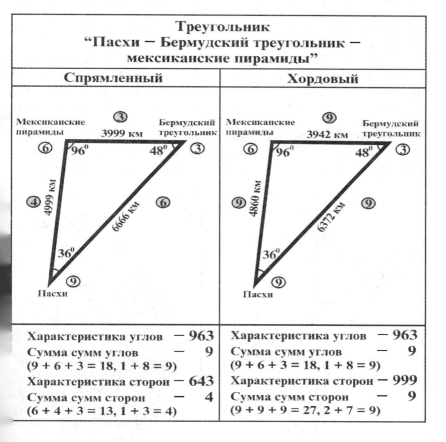

Как видно, этот треугольник по всем параметрам идентичен предыдущему и является абсолютно симметричным ему в пределах исследуемой четверти земного шара. Математические характеристики обоих треугольников выводят при анализе углов только на негативные числа — «9», «6» и «3», в то время как при анализе сторон в хордовом треугольнике сохраняется «серенада»

негативного числа «9», а в спрямленном треугольнике появляется положительное число «4». Ситуация в этой второй паре треугольников оказалась очень похожей на первую пару симметричных треугольников.

Я даже стал гипотетически думать о том, что с помощью пирамид и монументов древности негативная энергия, отображаемая числами «9», «6» и «3», как бы загоняется в подземные хордовые треугольники, а в поверхностных (спрямленных) треугольниках имеет место факт треугольного закручивания не только негативной, но и частично позитивной энергии.

Но углы... Углы этих треугольников имеют только показатели негативной психической энергии (числа «9», «6» и «3»), в связи с чем можно думать о том, что именно там уничтожается негативная психическая энергия с помощью пирамид и монументов древности.

Третья пара треугольников — «Кайлас — Стоунхендж — Северный полюс» и «Пасхи — Бермудский треугольник — Тазумал». Симметричное их положение также не вызывает сомнений.

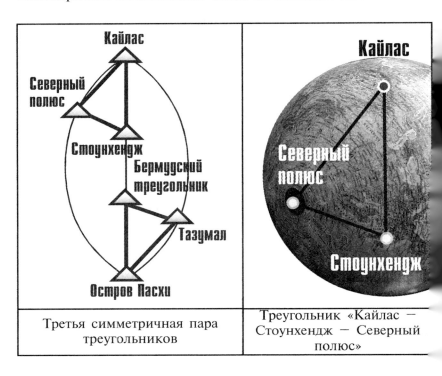

| Третья симметричная пара треугольников | Треугольник «Кайлас — Стоунхендж — Северный полюс» |

Входящий в эту пару треугольник «Кайлас — Стоунхендж — Северный полюс» имеет следующие длины сторон:
- Кайлас — Северный полюс — 6666 км;
- Кайлас — Стоунхендж — 6666 км;
- Стоунхендж — Северный полюс — 3999 км.

Спрямленный и хордовый варианты этого треугольника будут иметь следующие характеристики:

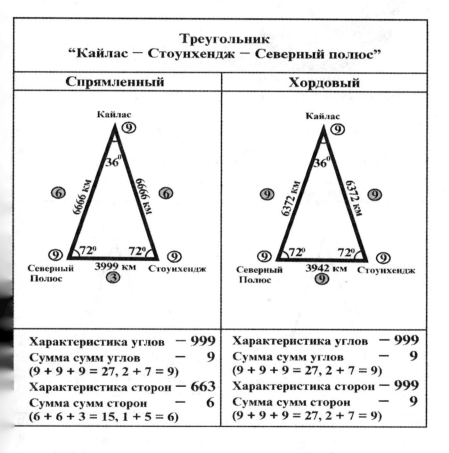

Треугольник "Кайлас — Стоунхендж — Северный полюс"	
Спрямленный	**Хордовый**
Характеристика углов — 999 Сумма сумм углов — 9 (9 + 9 + 9 = 27, 2 + 7 = 9) Характеристика сторон — 663 Сумма сумм сторон — 6 (6 + 6 + 3 = 15, 1 + 5 = 6)	Характеристика углов — 999 Сумма сумм углов — 9 (9 + 9 + 9 = 27, 2 + 7 = 9) Характеристика сторон — 999 Сумма сумм сторон — 9 (9 + 9 + 9 = 27, 2 + 7 = 9)

Второй треугольник, входящий в эту третью пару, — «Паси — Бермудский треугольник — Тазумал».

Треугольник «Пасхи – Бермудский треугольник – Тазумал»

Этот треугольник имеет такие же длины сторон:
— Пасхи – Бермудский треугольник – 6666 км;
— Пасхи – Тазумал – 6666 км;
— Бермудский треугольник – Тазумал – 3999 км.

Математические характеристики этого треугольника будут следующими:

Треугольник "Пасхи – Бермудский треугольник – Тазумал"	
Спрямленный	Хордовый
Характеристика углов — 999 Сумма сумм углов — 9 (9 + 9 + 9 = 27, 2 + 7 = 9) Характеристика сторон — 663 Сумма сумм сторон — 6 (6 + 6 + 3 = 15, 1 + 5 = 6)	Характеристика углов — 999 Сумма сумм углов — 9 (9 + 9 + 9 = 27, 2 + 7 = 9) Характеристика сторон — 999 Сумма сумм сторон — 9 (9 + 9 + 9 = 27, 2 + 7 = 9)

Из приведенных схем видно, что в этой третьей паре оба треугольника выводят только на отрицательные числа — «9», «6» и «3», где во всех характеристиках превалирует число «9».

Четвертая пара треугольников — «Стоунхендж — Башня Дьявола — Северный полюс» и «Бермудский треугольник — Гао (Мали) — Тазумал». Они тоже имеют симметричное положение.

Входящий в эту четвертую пару треугольник «Стоунхендж — Башня Дьявола — Северный Полюс» имеет следующие длины сторон:

— Стоунхендж — Башня Дьявола — 6666 км;
— Башня Дьявола — Северный Полюс — 4999 км;
— Северный Полюс — Стоунхендж — 3999 км.

Четвертая симметричная пара треугольников

Треугольник «Стоунхендж — Башня Дьявола — Северный полюс»

Математические характеристики этого треугольника будут следующими:

Треугольник "Стоунхендж — Башня Дьявола — Северный полюс"

Спрямленный	Хордовый
Северный полюс ⑥—③ 3999 км —③ Стоунхендж, 96⁰, 48⁰, ④ 4999 км, 6666 км ⑥, 36⁰ ⑨ Башня Дьявола	Северный полюс ⑥—⑨ 3942 км —③ Стоунхендж, 96⁰, 48⁰, ⑨ 4860 км, 6372 км ⑨, 36⁰ ⑨ Башня Дьявола
Характеристика углов — 963 Сумма сумм углов — 9 (9 + 6 + 3 = 18, 1 + 8 = 9) Характеристика сторон — 643 Сумма сумм сторон — 4 (6 + 4 + 3 = 13, 1 + 3 = 4)	Характеристика углов — 963 Сумма сумм углов — 9 (9 + 6 + 3 = 18, 1 + 8 = 9) Характеристика сторон — 999 Сумма сумм сторон — 9 (9 + 9 + 9 = 27, 2 + 7 = 9)

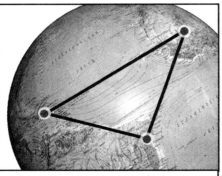

Треугольник «Бермудский треугольник — Гао — Тазумал»

Второй треугольник, входящий в эту четвертую пару, — «Бермудский треугольник — Гао — Тазумал». Он имеет следующие длины сторон:

— Бермудский треугольник — Гао — 6666 км;
— Гао — Тазумал — 4999 км;
— Тазумал — Бермудский треугольник — 3999 км

Математические характеристики этого треугольника оказались такими же, как предыдущего, входящего в четвертую пару.

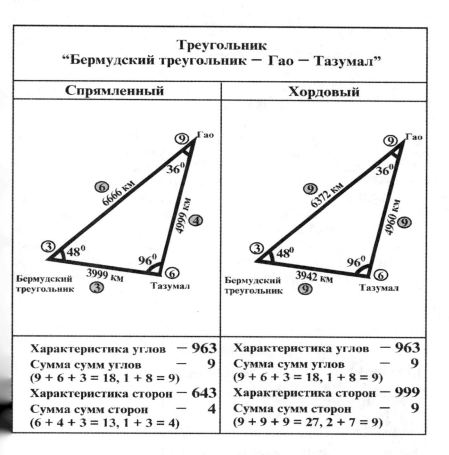

Итак, в четвертой паре треугольников математические характеристики опять вывели преимущественно на негативные числа «9», «6» и «3», кроме того, в характеристике сторон спрямленных треугольников появилось число «4».

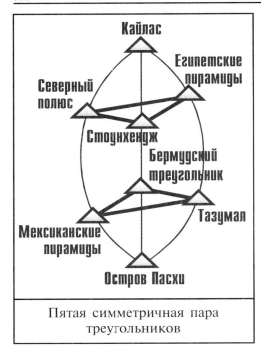

Пятая симметричная пара треугольников

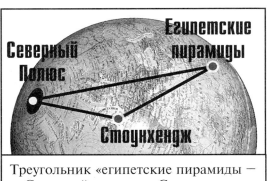

Треугольник «египетские пирамиды — Северный полюс — Стоунхендж»

Пятая пара треугольников — «египетские пирамиды — Северный полюс — Стоунхендж» и «мексиканские пирамиды — Тазумал — Бермудский треугольник», которая тоже имеет весьма симметричное расположение в пределах четверти земного шара.

Входящий в эту пятую пару треугольник «египетские пирамиды — Северный полюс — Стоунхендж» имеет следующие длины сторон:
— египетские пирамиды — Северный полюс — 6666 км;
— Северный полюс — Стоунхендж — 3999 км;
— Стоунхендж — египетские пирамиды — 3999 км.

Математические характеристики этого треугольника будут следующие:

Треугольник "Египетские пирамиды — Северный полюс — Стоунхендж"	
Спрямленный	**Хордовый**
Египетские пирамиды ⑥, 6666 км, 33⁰, 3999 км ③, 114⁰, 33⁰, Северный полюс ⑥, 3999 км ③, Стоунхендж ⑥	Египитские пирамиды ⑥, 6372 км ⑨, 33⁰, 3942 км ⑥, 114⁰, 33⁰, Северный полюс ⑥, 3942 км ⑨, Стоунхендж ⑥
Характеристика углов — 666 Сумма сумм углов — 9 (6 + 6 + 6 = 18, 1 + 8 = 9) Характеристика сторон — 633 Сумма сумм сторон — 3 (6 + 3 + 3 = 12, 1 + 2 = 3)	Характеристика углов — 666 Сумма сумм углов — 9 (6 + 6 + 6 = 18, 1 + 8 = 9) Характеристика сторон — 999 Сумма сумм сторон — 9 (9 + 9 + 9 = 27, 2 + 7 = 9)

Треугольник «Мексиканские пирамиды — Тазумал — Бермудский треугольник»

Второй треугольник, входящий в пятую пару (мексиканские пирамиды — Тазумал — Бермудский треугольник), имеет следующие длины сторон:

— мексиканские пирамиды — Тазумал — 6666 км;

— Тазумал — Бермудский треугольник — 3999 км;
— Бермудский треугольник — мексиканские пирамиды — 3999 км.

Математические характеристики этого треугольника будут следующими:

Итак, в пятой паре треугольников все математические характеристики вывели только на негативные числа — «9», «6» и «3».

Шестую пару треугольников можно назвать прилегающей парой к исследуемой четверти земного шара.

История обнаружения этой пары треугольников связана с туристическим походом на Саяны. Когда мы с группой прибыли

Монумент «Салбыкский курган»

в город Абакан (Хакасия), местные офтальмологи, историки и туристы встретили нас слишком уж хорошо, заказав мне даже люкс-номер в лучшей гостинице и организовав встречу с Председателем Правительства Хакасии Алексеем Лебедем. Привычные предпоходные бдения на вокзалах сменились важным гарцеванием в штормовках в качестве почетных гостей. Правда, в люкс-номере я спал все равно в спальнике, — привычнее оно.

Несмотря на то, что мы торопились быстрее уйти в горы, нам организовали пикник с показом знаменитого Салбыкского кургана. Главный офтальмолог Хакасии Любовь Алексеевна Карамчакова убеждала, что это будет очень интересно.

Оказалось, что достопримечательностью Салбыкского кургана является монумент, называемый «Мужское и женское начало». Он состоит из огромного, высотой около 10—15 метров, округлого каменного столба с расширенной верхней частью, который люди ассоциируют почему-то с половым членом. Рядом с «половым членом» возвышаются две огромные каменные плиты, между которыми имеется щель, воспринимаемая людьми как женский половой орган. От этого «сексуального монумента» по кругу установлены огромные каменные плиты, каждая весом в десятки тонн.

Историки утверждают, что каменоломня находилась на расстоянии многих километров отсюда и что древние хакасы перемещали каменные плиты методом скольжения по замерзшей зимой земле, хотя ни один современный трактор не может сместить такие плиты. Салбыкский курган официально считается, конечно же, местом захоронения каких-то полупервобытных лидеров, но среди хакасов бытует легенда о белоглазых людях огромного роста, которые обладали невероятными способностями и появлялись в этих местах.

В настоящее время в Хакасии возрождается шаманство и выражение «дочь шамана» или «сын шамана» звучит уже не просто экзотично, но и гордо.

Если на глобусе соединить Салбыкский курган с горой Кайлас и Северным полюсом, то мы получим треугольник, имеющий следующие стороны:
— Салбыкский курган — Северный полюс — 3999 км;
— Северный полюс — Кайлас — 6666 км;
— Кайлас — Салбыкский курган
   — 3333 км.

Этот треугольник имеет следующие математические характеристики:

Шаман

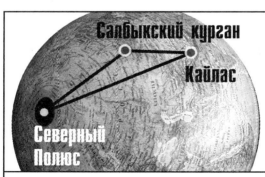

Треугольник «Салбыкский курган — Северный полюс — Кайлас»

Треугольник "Салбыкский курган — Северный полюс — Кайлас"

Спрямленный	Хордовый
Салбыкский курган ⑥ — 3333 км — Кайлас ③⑨, 27°, 132°, 3999 км ③, 6666 км ⑥, 21°, Северный полюс ③	Салбыкский курган ⑥ — 3294 км — Кайлас ⑨⑨, 27°, 132°, 3942 км ⑨, 6372 км ⑨, 21°, Северный полюс ③
Характеристика углов — 963	Характеристика углов — 963
Сумма сумм углов — 9 (9 + 6 + 3 = 18, 1 + 8 = 9)	Сумма сумм углов — 9 (9 + 6 + 3 = 18, 1 + 8 = 9)
Характеристика сторон — 633	Характеристика сторон — 999
Сумма сумм сторон — 3 (6 + 3 + 3 = 12, 1 + 2 = 3)	Сумма сумм сторон — 9 (9 + 9 + 9 = 27, 2 + 7 = 9)

После того как мы и здесь получили уже привычные цифровые характеристики (только негативные числа «9», «6» и «3»), то мне стало казаться, что любой необъяснимый монумент древности расположен на Земле по строгой математической схеме. Именно любой монумент древности! А не только наиболее известные.

Кроме того, я стал думать о том, что, оттолкнувшись от проведенных исследований и составляя подобные треугольники, можно найти на Земле те монументы древности, которые еще неизвестны или малоизвестны. Такой поиск нам предстоял сейчас. Треугольник «Салбыкский курган — Кайлас — Северный полюс» должен был иметь по плану древних симметричный треугольник на противоположной стороне земного шара.

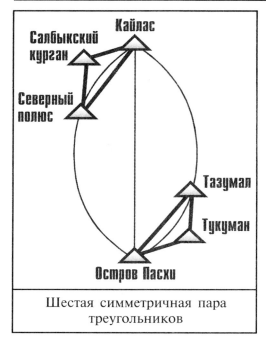

Шестая симметричная пара треугольников

Мы его разметили на глобусе и вершиной треугольника вышли на место, называемое Тукуман на севере Аргентины.

— Существует ли там монумент древности? — с волнением подумал я и дал задание Алексею Савельеву вместе с его помощником Игорем Бузаевым произвести поиск по Интернету.

Часа через два Игорь зашел ко мне.

— Ну что? Есть там монумент?

— Не просто монумент, а целый комплекс руин монументов, называемых Квилмес, — ответил Игорь.

— Странный какой монумент-то, — заметил Юрий Иванович. — Состоит как бы из огромных огороженных плит, расположенных на разных уровнях. Какую, интересно, функцию он выполнял? Ни одного одинакового монумента древности нет на свете!

— Ой, Юра, не знаю. Монументы древности были построены, мне кажется, на основании такого объема знаний, который нам и не снится. При их строительстве, видимо, учитывалось все — и энер-

Тукуман (Аргентина). Руины Квилмес

гия Космоса, и энергия Земли и энергия Человека. А тонкие энергии формотропны, то есть зависимы от формы предмета. Но я убежден, что одной из главных целей строительства монументов и пирамид является борьба со злыми мыслями. А злые мысли, наверное, очень многообразны, – сказал я в некотором замешательстве.

Треугольник «Тукуман – Тазумал – Пасхи» имел следующие длины сторон:
- Тукуман – Пасхи   – 3999 км;
- Пасхи – Тазумал   – 6666 км;
- Тазумал – Тукуман – 3333 км.

Математические характеристики этого треугольника оказались такими же, как и треугольника «Салбыкский курган – Северный полюс – Кайлас».

Треугольник "Тукуман – Пасхи – Тазумал"	
Спрямленный	Хордовый
Характеристика углов — 963 Сумма сумм углов — 9 (9 + 6 + 3 = 18, 1 + 8 = 9) Характеристика сторон — 633 Сумма сумм сторон — 3 (6 + 3 + 3 = 12, 1 + 2 = 3)	Характеристика углов — 963 Сумма сумм углов — 9 (9 + 6 + 3 = 18, 1 + 8 = 9) Характеристика сторон — 999 Сумма сумм сторон — 9 (9 + 9 + 9 = 27, 2 + 7 = 9)

Треугольник «Тукуман – Пасхи – Тазумал»

Как видно, все математические характеристики этого треугольника свелись к различным комбинациям негативных чисел «9», «6» и «3».

Итак, мы рассмотрели 12 парных симметричных треугольников (6 пар) в пределах одной четверти площади Земного шара. Оставался **один непарный тринадцатый треугольник** – «Стоунхендж – Башня Дьявола – Бермудский треугольник».

Треугольник «Стоунхендж – Башня Дьявола – Бермудский треугольник»

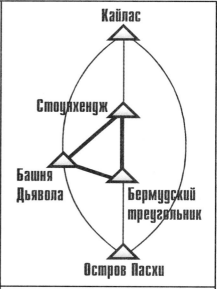

Непарный треугольник «Стоунхендж – Башня Дьявола – Бермудский треугольник»

Этот непарный тринадцатый треугольник имеет следующие длины сторон:

— Стоунхендж — Башня Дьявола — 6666 км;
— Башня Дьявола — Бермудский треугольник — 4999 км;
— Бермудский треугольник — Стоунхендж — 6666 км.

Математические характеристики данного треугольника будут следующими:

Как видно из схемы, в этом непарном треугольнике сохранялась математическая ситуация, схожая со многими предыдущими треугольниками, когда все характеристики выводят на негативные числа, но имеется одно позитивное число.

А сейчас, дорогой читатель, давайте сопоставим между собой математические характеристики описанных треугольников.

Сопоставительный анализ математических характеристик треугольников

Первым долгом давайте сопоставим характеристики углов всех треугольников, сведя эти данные в отдельную таблицу.

треугольники	Характеристики углов треугольников	
	спр мленный	хордовый
I пара	666 666	666 666
II пара	963 963	963 963
III пара	999 999	999 999
IV пара	963 963	963 963
V пара	666 666	666 666
VI пара	963 963	963 963
непарный треугольник	666	666

Из таблицы видно, что характеристики углов каждого треугольника совпадают как в случае спрямленного варианта треугольника, так и в случае хордового варианта. Среди характеристик углов чаще всего встречалась комбинация чисел 963 — 6 раз. Комбинация 666 встречалась 5 раз, а комбинация 999 — 2 раза. Напоминаю, что треугольников всего — 13, 12 из которых — парные.

— О чём это может говорить? — думал я, почесывая затылок, — Юрий Иванович, что думаешь?

— Здорово! В характеристиках углов везде проявились только негативные числа. Ни одного позитивного числа! Это говорит о том, что в этих треугольниках закручивается негативная энергия или злые мысли, имеющие характеристики в виде чисел «9», «6» и «3», — возбуждённо проговорил Юрий Иванович.

— Мы этого ждали, когда выдвигали гипотезу об «антигреховной» роли пирамид и монументов древности, которые, как нам кажется, были построены после четвертого апокалипсиса для борьбы со злыми мыслями с целью предупреждения очередного апокалипсиса. Кое-какие подтверждения этим мыслям мы нашли, — характеристики углов при суммировании сумм чисел, обозначающих углы треугольников в градусах, вывели только на негативные числа.

— А почему получилось только три комбинации цифр — 963, 666 и 999? Почему нет таких комбинаций, как 966, 996, 933, 663 и 633? — задал вопрос Юрий Иванович.

— Давай, Юра, вспомним Пифагора. В некоторой произвольной интерпретации его слов можно сказать, что число «3» обозначает равновесие и гармонию, число «6» — очищение от «материальной грязи», а число «9» — конец или конечную инстанцию. В отношении понятия «злые мысли» можно выразить указанные числа следующим образом: 3 — равновесие злых и добрых мыслей в душе человека, 6 — явное превалирование в душе злых мыслей материального характера или желание разбогатеть и 9 — предельная конечная стадия озлобления или злые дьявольские мысли.

> 3 — равновесие злых и добрых мыслей
> 6 — злые мысли материального характера
> 9 — злые дьявольские мысли

В этот момент с шумом открылась дверь, и на пороге появился огромный Сергей Анатольевич Селиверстов, нарушив нашу тихую обитель с Юрием Ивановичем.

— Вот что я нашел, вот! — возбужденно потряс он листом бумаги. — У местных народов острова Пасхи называется Пупом Земли, понимаете, Пу-пом! На местном наречии это звучит так — Та-пи-то-о-те-хе-ну-а.

— Сложно очень, — Юрий Иванович хмык-

Та-пи-то-о-те-хе-ну-а!

нул, будучи недовольным тем, что Селиверстов перебил ход наших мыслей.

— Что сложного-то, — Селиверстов кинул взгляд на Юрия Ивановича, — та-пи-то-о-те-хе-ну-а.

— По-русски короче будет — пуп.

— Оказывается, в районе острова Пасхи, — не умолкал Селиверстов, — в 1958 году побывала американская подводная лодка «Наутилус», которая там нашла очень высокую подводную гору правильной формы. Наверное, это была пирамида.

— Может быть, вполне. Кстати, все наши прикидки и расчеты выводят не на сам остров Пасхи, а на район примерно на 150—200 километров восточнее этого острова. Возможно, там и находится эта гора, — согласился я.

— Ты себя, Сергей Анатольевич, как пуп Земли ведешь, врываешься и тут же перебиваешь. А мы что, о женщинах болтаем, что ли? Мы о треугольниках говорим, злость людскую через треугольники пересчитываем, — рассердился Юрий Иванович.

— Сережа, садись и прими участие в нашем разговоре, — сказал я. — Итак, принимая во внимание нашу гипотезу о том, что в треугольниках, образующихся при соединении пирамид и монументов древности между собой, разрушаются только злые мысли, витающие по нашей планете, зададимся вопросом — что же такое мысль?

Что такое мысль

Янтра

Я вспомнил нашу третью гималайскую экспедицию 1998 года, когда нам довелось изучать настоящих пещерных гималайских йогов. О, насколько же они были экзотичны! Но главное состояло в том, что йоги могли читать человеческие мысли, совершенно четко отличая добрые намерения от унизительно-притязательных посягательств на их экзотичность.

С одним из йогов нам удалось разговориться, и он объяснил механизм чтения мыслей. Оказывается, как я уже отмечал выше, йог видит мысли в виде треугольников. Тренируя способ-

Йоги видят мысли треугольными

ности читать мысли, йог медитирует на янтре (мистической фигуре) с изображением треугольника, производя мысленно треугольные вращения по линиям этого треугольника. Когда путем упорных тренировок достигается необходимая скорость треугольного вращения, то перед взором йога открывается мир мыслей. А мысли он видит в виде треугольников. Начав такое же треугольное вращение избранной мысли, йог считывает информацию с нее. Весь этот процесс происходит подсознательно и внешне выглядит как молниеносное чтение мыслей человека — ты еще не успел задать вопроса, а уже получаешь на него ответ.

Если взять за основу то, что мысль в трехмерном пространстве треугольна, то логически можно заключить, что запись информации в этой треугольной тонкоэнергетической субстанции осуществляется за счет двух параметров:

— углов треугольника;
— относительной длины сторон треугольника.

Не зря лингвисты говорят о двойственности мысли!

Можно себе представить огромное множество вариаций треугольников

Можно себе хорошо представить огромное множество вариаций величин углов треугольника и их взаимоотношений между собой, так же как множество вариаций относительных длин сторон треугольника. Поэтому такой тип записи должен быть чрезвычайно информационноемким.

Йог, видимо, улавливает малейшие изменения

углов и относительных длин сторон «треугольников мысли». Но йог, по-видимому, прежде всего улавливает принципиальный характер «треугольника мысли» — добрая мысль или злая, основываясь на числах, полученных при суммировании величин углов. Если эти величины выводят на числа «9», «6» и «3», то мысль ощущается как злая, если на другие числа (1, 2, 4, 5, 7 и 8) — как добрая.

Можно выделить 10 комбинаций злых мыслей и 56 комбинаций добрых мыслей. К злым мыслям можно отнести следующие комбинации суммарных характеристик углов треугольников — 999, 996, 966, 963, 993, 666, 663, 633, 333. К добрым мыслям можно отнести такие комбинации — 111, 112, 114, 115, 117, 118, 122, 124, 125, 127, 128, 144, 145, 147, 148, 155, 157, 158, 177, 178, 188, 222, 224, 225, 227, 228, 244, 245, 247, 248, 255, 257, 258, 277, 278, 288, 444, 445, 447, 448, 455, 457, 458, 477, 478, 488, 555, 557, 558, 577, 578, 588, 777, 778, 788, 888.

Когда я обо всем этом рассказал своим друзьям, Юрий Иванович многозначительно произнес:

— Смотри-ка, злых мыслей всего 10 вариантов существует, а добрых — 56! Значит, злые люди в пять с лишним раз тупее добрых получаются, потому что при малом количестве вариантов мыслей умным не будешь.

— Я тоже не верю в злых гениев, — добавил Селиверстов. — Ну что, Гитлер умным был, что ли? Ума у него не хватило, чтобы на Россию не нападать. Ясно дело, с десятью вариантами мышления трудно было предусмотреть влияние холодов, дух российского народа и многое другое. Итог его деятельности при невысоких умственных способностях — трагедия германского народа. А Ленин, а Сталин... эх...

— Когда я раньше на трассе работал, народ там в основном тупым был, не то что в нашем научном центре — все интеллигентными фразами сыплют, — начал рассуждать Юрий Иванович. —

Но я не скажу, чтобы все люди на трассе злыми были. Добрых мужиков полно было. Но я заметил, что как разозлится или распсихуется человек, то еще больше тупым становится. То есть как только девяточки, шесторочки и троечки в мыслях выскочат, то мышление сразу переходит на десятимерный тупой вариант. А на трассе, наверное, на одно- или двухмерный вариант переходит. Мычат мужики, когда психуют, говорить даже не могут.

— Однажды, когда я психовал, я стол даже хотел перевернуть на гостей. Мозги в этот момент совершенно отключились, одна злость осталась, — вторил ему Селиверстов. — Это точно, чем больше злишься, тем глупее становишься. Без злости все 56 вариантов можно включить, а со злостью...

— Скажу тебе, — Юрий Иванович призадумался, — мысли, где девятка превалирует, хитростью еще обладают. Черт, как говорится, лукав. Когда девятки в мыслях скачут, психа не бывает, а склонность к тому, чтобы людей надуть, проявляется. Но надуть — это тебе не что-либо сотворить, здесь большого ума не надо, здесь надо просто сволочью быть.

Слушая этот разговор, я думал о том, что и в самом деле сугубо злые варианты треугольных мыслей должны быть значительно менее емкими в творческом отношении, чем добрые мысли, — об этом говорит обычная бытовая практика, подтверждая изложенные числовые вариации. Но, наверное, существуют и комбинации злых и добрых мыслей типа 156, 376 или 129, указывающих на огромное многообразие мыслительных процессов, сопровождающих нашу с вами жизнь. Наверняка также в шестимерном мире люди вдвое умнее нас, по-

Если хотите быть умнее, будьте добрее

скольку мысль там должна быть шестиугольна, а в девятимерном мире — втрое умнее... Вполне возможно, что все это так, но возможно, я и ошибаюсь.

Только вот один постулат мне кажется неоспоримо верным: если хотите быть умнее, будьте добрее.

Фрактальность мысли

Я еще раз вынужден повториться в этой книге и напомнить читателю понятие фрактальности, хорошо известное в математике и физике. Не будучи представителем этих двух уважаемых профессий и инициативно набравшись некоторых знаний в ходе долгих дискуссий с учеными этого толка, я могу определить фрактальность как разномасштабность.

Что же такое разномасштабность? Это то состояние энергетической (или материальной?) субстанции, когда понятие размер, измеряемое в абсолютных числах (мм, см, км и т. п.), отсутствует, а существует только относительность, сплошная относительность. Говоря иными словами, для фрактальной субстанции все равно — быть в размерах атома, или в размерах метра, или в размерах Земли, или в размерах Вселенной.

Неужели такое возможно? Да, возможно. И не только возможно, а очень важно, поскольку фрактальность является объединяющим фактором макромира и микромира, соединяя воедино Вселенную, Землю, человека, молекулы, атомы, нейтрино и многое другое.

Свойством фрактальности обладают тонкие энергии, многообразие которых еще плохо известно физике. В этом тонком мире, я думаю, существует волновая форма жизни или Тот Свет. Когда мы там будем, то воочию поймем — что такое фрактальность. Стоит только подумать о том, чтобы оказаться на Юпитере, и мы окажемся там мгновенно. Стоит только подумать о том, чтобы оказаться на орбите электрона, — и мы будем там. Стоит подумать о посещении ядра Земли, — мы будем и там. Тот Свет, наверное, очень интересен, а возможности человека там безграничны, потому что в этом мире сплошной относительности нет границ. В этом мире все решают числа, относительные взаимоотношения между которыми имеют энергетический и преобразующий смысл.

В этом невероятном мире, где выражение «стоит только подумать» чрезвычайно актуально, работает фрактальность, потому что мысль фрактальна и мгновенно распространяется всюду. Стоит только подумать. А человек, то есть Дух, на Том Свете тоже фрактален, поэтому может мгновенно переместиться вслед за мыслью. Подумал, что ты на Луне, — и ты там.

Человек, живущий на Земле, имеет, как мне думается, тоже фрактальные мысли. Ведь мы можем подумать, что находимся на Луне! Но поскольку наше физическое тело не фрактально, а Дух не может покинуть его, то мы не можем переместиться в пространстве вслед за мыслью. Хотелось бы, конечно, но не можем. Йоги могут это делать, особенно те, которые способны входить в состояние Сомати и покидать свое тело.

Тем не менее наши мысли за счет фрактальности являются не простой

Мысль фрактальна

личностной атрибутикой, а мгновенно распространяются по всей Земле и по всему Тому Свету. Мы просто не знаем этого, наивно надеясь на сокровенность мысли. Но некоторые люди, например великий ясновидец Эдгар Кейс, знают это, имея способность входить в «небесный компьютер», называемый Хроникой Акаши, где сохраняются все мысли всех людей, живших и живущих на Земле, и считывая эту информацию. Не надо удивляться невообразимой информационной мощи этого «небесного компьютера», это сделал Бог, мыслительная сила которого несопоставима с человеком даже в отдаленном приближении, а надо знать, что наши мысли не пропадают, они сохраняются и анализируются. Надо знать, что в вашем личном «файле» Хроник Акаши должно накопиться больше добрых мыслей, чем злых, — от этого будет зависеть судьба всех ваших жизней. Надо бояться не только злых деяний, но и злых мыслей.

Из сказанного, дорогой читатель, видимо, становится понятным, почему Земля без жалости сметает все человечество «с лица Земли» путем смещения своей оси, — злые мысли людей в Хрониках Акаши начинают перетягивать общую чашу весов; а злые мысли малосозидательны (вспомните, 10 вариантов злого мышления против 56 доброго!) и способны разрушить всю гармонию Всеобщей Жизни, созданную

Богом за счет Добра и Любви.

Мне кажется, строители пирамид и монументов древности учитывали фрактальность мысли и постарались сделать так, чтобы злые мысли «загонялись» в описанные выше треугольники и уничтожались там, не распространяясь по всей Земле и Тому Свету.

Злая мысль «запирается» в треугольнике

Каким образом злая мысль «загоняется» в треугольник? На мой взгляд, человек, находящийся внутри одного из указанных треугольников, как только «произведет» злую треугольную мысль, то мгновенное фрактальное ее распространение прекращается, ограничиваясь границами треугольника. Злая мысль не охватывает всю Землю и не доходит до Хроник Акаши Того Света. К тому же вполне понятно, что «запираться» будет та злая мысль, математические характеристики которой совпадают с математическими характеристиками данного треугольника, образованного путем соединения пирамид и монументов древности между собой.

Я даже вздрогнул, очнувшись от этих мыслей, и посмотрел на своих друзей.

— Пока ты думал, шеф, — сказал Юрий Иванович, — мы тут с Селиверстовым начали обсуждать тему о видах злых мыслей. Он, Серега-то, все говорит, что воинствующие злые мысли вреднее, а я говорю, что жадные мысли.

Виды злых мыслей

— Послушай, — перебил его Селиверстов, — жадные мысли к войне не могут привести, а воинствующие да.

— А из-за чего воюют-то? — Юрий Иванович строго посмотрел на Селиверстова. — Из-за жадности. Чужого барахла хотят побольше награбить. Вот у нас на трассе, когда я там работал, тоже конфликты случались между водителями грузовиков. Ей-богу, не скажу, чтобы водилы уж больно воинствующими были; дружелюбный народ, по одному бутылку распивать не будут. Но дотронься до чужого — запаску открути или магнитофон вынь — не то что по физиономии схло-

Селиверстов:
— Жадные мысли к войне не могут привести, воинствующие — да

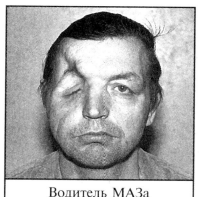
Водитель МАЗа
до операции

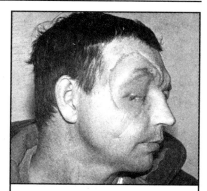
Водитель МАЗа
после операции

почешь, тут и монтировкой огреть могут. Вороватость, она от жадности исходит. Не любят водилы жадных-то.

— Ну, если уж говорить о трассе, — вмешался я в разговор, — оперировал я одного водителя МАЗа, которому в пьяной драке ударили по голове кувалдой. Как остался жив — непонятно! Яма на лбу была величиной с кулак. Пять часов делал пластическую операцию, получилось хорошо. Наблюдал его года два, — все хорошо было. А потом явился он с новой ямой на том же месте головы, но продолговатой формы. «Чем сейчас-то ударили?» — спрашиваю его. «Монтировкой», — отвечает. Чертыхаясь, я пошел его оперировать вновь.

— Кувалдой, а потом и монтировкой получить по голове! Как остался жив? — удивился Селиверстов.

— Магнитофон, наверное, вынул, — сделал предположение Юрий Иванович.

— Ну что! Давайте еще раз внимательно рассмотрим все 10 числовых вариаций злых мыслей, — предложил я. — Как мы помним, это следующие численные вариации: 999, 996, 966, 963, 993, 933, 666, 663, 633, 333. Зададимся вопросом — что может означать каждая их этих численных вариаций в бытовом человеческом смысле? Напомню также, что в некоторой производной интерпретации Пифагора число «3» можно считать знаком равновесия добра и зла, число «6» — знаком злых мыслей материального характера, а число «9» — знаком дьявольских злых мыслей.

После долгих дискуссий на эту тему мы пришли к некоторым выводам и сделали ряд гипотетических предположений. В первую очередь бросалось в глаза то, что из десяти числовых вариаций злых мыслей в мировой системе пирамид и монументов древности встречалось лишь три математических аналога — 999, 963 и 666.

---

(999) 996. 966. **(963)** 993. 933. **(666)** 663. 633. 333

В треугольниках, образующихся при соединении между собой пирамид и монументов древности, встречается лишь три комбинации характеристик углов (суммирование значений углов) — 999, 963 и 666

— Если исходить из гипотезы о том, что мировая система пирамид и монументов древности была создана с целью уничтожения злых мыслей, — думал я, — то почему же только три вида злых мыслей могут «запираться» в треугольниках, образующихся при соединении между собой пирамид и монументов древности? Почему не «запираются» злые мысли с характеристиками 996, 966, 993, 933, 663, 633 и 333?

Ответить конкретно и ясно на эти вопросы мы не могли. Не хватало знаний по тонким энергиям. Мы еще слишком плохо понимали относительный и фрактальный мир мыслей. Поэтому любой из вариантов ответов мог носить только характер произвольных рассуждений, с которыми я все-таки поделюсь с Вами, дорогой читатель.

Любопытным было то, что из указанных 10 числовых вариаций именно в вариациях 999, 963 и 666 суммирование (то есть сумма сумм углов треугольников) выводило на число «9», в то время как во всех остальных случаях, кроме одного, число «9» не получалось. Посмотрите сами:

(999)	− 9 + 9 + 9 = 18; 1 + 8 =	**(9)**
996	− 9 + 9 + 6 = 24; 2 + 4 =	6
966	− 9 + 6 + 6 = 21; 2 + 1 =	3
(963)	− 9 + 6 + 3 = 18; 1 + 8 =	**(9)**
993	− 9 + 9 + 3 = 21; 2 + 1 =	3
933	− 9 + 3 + 3 = 15; 1 + 5 =	6
(666)	− 6 + 6 + 6 = 18; 1 + 8 =	**(9)**
663	− 6 + 6 + 3 = 15; 1 + 5 =	6
633	− 6 + 3 + 3 = 12; 1 + 2 =	3
333	− 3 + 3 + 3 =	**(9)**

Почему число «333» не представлено в треугольниках, образующихся при соединении между собой пирамид и монументов древности, ведь оно тоже выводит на число «9»? Ответ на этот вопрос, дорогой читатель, позвольте мне все же отложить на более позднее время, — он логически вытечет из философских рассуждений.

А сейчас давайте посмотрим на таблицу сопоставительного анализа суммы сумм углов всех 13 треугольников, входящих в мировую систему пирамид и монументов древности.

Сопоставительный анализ суммы сумм углов треугольников			
Треугольники	Характеристики углов треугольников	Сумма сумм углов треугольников	
		спр мленный	хордовый
I пара	666 666	9 9	9 9
II пара	963 963	9 9	9 9
III пара	999 999	9 9	9 9
IV пара	963 963	9 9	9 9
V пара	666 666	9 9	9 9
VI пара	963 963	9 9	9 9
Непарный треугольник	666	9	9

Вообще-то говоря, эту таблицу можно было и не делать. Скучно на нее смотреть, — везде одна цифра «9»!

Но с научной точки зрения здесь прослеживается чрезвычайно строгая закономерность — абсолютно все треугольники, образующиеся при соединении пирамид и монументов древности на Земле, при суммировании сумм значений углов (в градусах) выводят на число «9».

Почему все треугольники мировой системы пирамид и монументов древности связаны с числом «9»?

Из рассуждений, представленных ранее в этой книге, мы можем думать, что «9» и есть дьявольское число. Неужели все эти треугольники выводят на дьявольское число? Но давайте отвлечемся от установившихся представлений, что «9» — это плохое и дьявольское число, и вспомним математическую философию Пифагора. Эта философия хорошо изложена в прекрасной книге Владимира Бабанина «Тайны великих пирамид» (изд. «Лань». Санкт-Петербург, 1998, с. 303-357).

По Пифагору, число «9» символизирует конец цикла божественного творения и... возвращение в начало. Владимир Бабанин охарактеризовал это словами «конец — любому делу венец».

Под словом «начало» Пифагор понимает монаду (или первоматерию, или прану, или божественную ДНК), из которой были созданы различные формы жизни путем использования, как указывается в различных источниках на эту тему, Мысли и Любви. Нам, конечно же, трудновато осознать понятия «Любовь» и «Мысль» в виде животворящих сил, по причине нашей с вами предельной материализованности и приземленности, но мы можем понять, что в слове «монада» кроется что-то чистое и жизнеутверждающее. Отсюда следует, что число «9» имеет как бы две компоненты: компоненту дьявольской энергии и компоненту возвращения к начальной монаде.

Странное это число — «9»! Оно не только чаще всего встречается во всех вышеотмеченных цифровых рядах, оно двоякое какое-то. Но в этой двоякости числа «9» имеется, на мой взгляд, свой глубинный и очень важный смысл. А смысл этот состоит, мне кажется, в том, что Создатель очень хитроумно и гениально предусмотрел процесс трехступенчатого возрастания Зла от числа «3» через число «6» к числу «9», когда последняя дьявольски злая инстанция, отображаемая числом «9», имеет склонность к самоуничтожению путем возвращения к первичному началу (монаде), чтобы все начать вновь, сожалея о прошлом.

Говоря простым русским языком, эта ситуация напоминает человека, который в своем дьявольском злом порыве готов «расшибить себе лоб». Любой из нас знает и помнит людей, которые, будучи охваченными чувствами беспробудного гнева или мести, погибали сами по причине своей злобной дури. Про таких людей в русской деревне говорят, например, такое:

— Дураком он был, Ванька-то! Как напьется, бывало, так и злобой весь пышет, что девки во все стороны от него как козы разбегаются. Вот и расшиб себе лоб от злобы-то своей, — паренек, девку защищая, по голове Ваньку его же бутылкой ударил.

Ну и помер Ванька из-за дури-то своей. Так вот, дурь эта, получается, вселенский характер имеет. Дьявол, наверное, хитер и умен, но в порыве злости, когда он «сыплет девятками направо и налево», он даже сам не замечает, что его «родные девятки» переходят вдруг в иное качественное состояние, после чего дьявол проваливается в небытие, растворяясь в первоматерии и исчезая навсегда. Дьявольская «девятка» коварна для самого же дьявола. Создатель учел это... и использовал этот феномен «дьявольской дури»

Странное это число — «9»! Оно напоминает человека, который в своем дьявольском злом порыве готов расшибить себе лоб

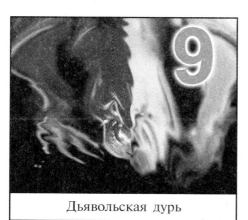

Дьявольская дурь

при построении мировой системы пирамид и монументов древности. Только демоническое зло, мне думается, может противостоять этому.

Во всех треугольниках, образующихся при соединении пирамид и монументов древности между собой, все характеристики углов обязательно выводят при суммировании сумм на число «9». Вроде бы самое злое число! Но это и особое число — через него можно уничтожить злую энергию.

Итак, мы все начали кое-что понимать в конкретном механизме уничтожения злых мыслей пирамидами и монументами древности. Это очень любопытно. Однако об этом мы поговорим немного ниже. А теперь, дорогой читатель, я бы хотел продолжить размышления о видах злых мыслей, вооружившись излагаемой логикой и жизненным опытом. Естественно, в этих рассуждениях мы будем выглядеть как дитя малое, поскольку наш разум и технологический уровень несопоставимы с высочайшим уровнем строителей пирамид. Тем не менее, как говорится, попытка не пытка.

Прежде всего мне бы хотелось начать это повествование с гипотетического ответа на поставленный прежде вопрос: почему в треугольниках мировой системы пирамид и монументов древности не уничтожаются злые мысли с характеристикой «333»? Ведь эта комбинация чисел тоже выводит при суммировании сумм на число «9» (3 + 3 + 3 = 9), через которое можно уничтожить злые мысли этого типа!

Треугольную мысль «333» можно считать, по-видимому, символом равновесия Зла и Добра в душе, так как число «3», по Пифагору, является знаком гармонии и равновесия. Уничтожать такие мысли не имеет смысла из-за того, что будет уничтожен и компонент Добра в мысли. А это неразумно — люди с такими мыслями имеют шанс подобреть, то есть перевести свой мыслительный процесс на добрый вариант.

Мне думается, что людей с мыслями типа «333» очень много на Земле; по крайней мере, такие мысли нередко возникают даже у очень добрых людей и выражаются в том, что человек хочет отомстить обидчику, злом добиться справедливости и тому подобное. К сожалению, редко кто способен следовать божественному принципу «не мсти» или «Бог накажет».

В современном обществе существует даже культ и пропаганда мыслей «333». Типичным проявлением этого являются, на мой взгляд, американские боевики, когда герой фильма с мощным телом, выращенным на анаболиках, убивает десятки людей и в кровавой драме побеждает, утверждая победу добра над злом и возвеличивая принцип «отомсти обидчику». Несмотря на штампованность и туповатость таких голливудских «шедевров», они нравятся людям и приносят большую коммерческую выгоду. Почему? Да потому что мысли «333» превалируют в менталитете людей, где добро и зло идут нога в ногу и когда без зла как бы скучно жить.

В последние годы тем не менее многие люди начинают отворачиваться от американских боевиков. Франция, например, в основном запретила показ этой дешевой кинопродукции, аргументируя это тем, что она воспитывает в людях жестокость. Многие американцы говорят следующее:

Американские боевики — типичное проявление мыслей «333»

— Я ненавижу телевидение. Везде взрывы и убийства. Человеческая жизнь кажется очень дешевой.

Но коммерция есть коммерция. Прокат боевиков, основанных на «троечной» психологии большинства людей, процветает, утверждая правомерность кровавой жестокости под призрачным флагом защиты добра, вроде бы оправдывающей жестокость. Туповатые люди, которые особо жалуют боевики, берут пример с героев этих фильмов и подражают им, скрашивая этим свою глубинную зависть к умным и добрым людям, которых они, возможно, мысленно убивают в угоду своей зависти, представляя их хитрыми злодеями и верша свое «тупое правосудие». Не зря героями боевиков мы чаще всего видим актеров с развитой мышечной массой и далеко не одухотворенным выражением лица. Они, эти актеры, ближе им — тем, кого Бог не наградил умом. Туповатые люди, конечно же, не догадываются, что добрый и туповатый человек даже симпатичен, напоминая большого неразумного ребенка и вызывая у людей покровительственные благие чувства. Боевики же направляют этих обделенных Богом людей в агрессивное русло с жестоким самоутверждающим оттенком. Но таков закон «трех троек» (мыслей «333») — куда повернешь, туда и пойдет.

Если же у «равновесных людей трех троек» будет хронически превалировать уклон в сторону Зла, то рано или поздно в мыслях «333» появятся числа «6» и «9» и человек станет уже больным злостью. Вот таких-то больных злостью людей следует опасаться.

Появление числа «6» среди чисел «3» (то есть 336) можно интерпретировать, согласно Пифагору, как жадновато-материалистическую тягу, возникшую у человека. Если этот человек еще и туп, то для него будет характерен, например, такой ход мыслей:

— Зачем ты забрал мой карандаш? Это мой карандаш, а не твой. Мой, понимаешь, мой! Отдай его немедленно!

Такой человек не агрессивен и еще не болен жадностью, он просто мелочен, и его оскорбляет и злит неуважение к его собственности. Разовьется ли в нем мощная и всепоглощающая жадность или нет — неизвестно.

Но чаще всего, мне кажется, что вслед за появлением числа «6» в мыслях вскоре появится и число «9». А вместе с числом «9» приходит глубинное желание сделать кому-нибудь зло. Это желание точит изнутри и выражается в том, что человек начинает ощущать радость от неудачи или беды другого человека. Бог из души исчезает полностью.

Я бы хотел еще раз подчеркнуть, что у людей с мыслями типа «963» Бог из души уходит полностью. Именно такие мысли уничтожаются пирамидами, и именно потому, что они полностью отделены от Бога. К тому же негативные мысли «963» являются, по-

Мысли «963» полностью отделены от Бога

видимому, наиболее распространенным типом негативных мыслей на Земле, поскольку среди 13 треугольников в одной четверти мировой системы пирамид и монументов древности 6 треугольников имеют характеристики углов «963», в то время как комбинация «666» встречается 5 раз, а комбинация «999» — 2 раза.

В чем выражаются мысли типа «963»? Если этот тип мыслей превалирует у женщин, то ее в России образно называют «змея подколодная». Нередко такие женщины имеют ангельское личико и благообразную внешность, умеют стрелять глазками и говорят ласковым уютным голоском. Мужчины обычно «токуют» перед ними, расширяя грудную клетку и подсознательно ощущая непонятный приступ собственной значимости. Они, эти мужчины, конечно же, догадываются, что приступообразное ощущение собственной значимости связано с тем, что божественный элемент, находящийся в них, исподволь говорит, сравнивая себя с этой безбожной женщиной: «посмотри, какой ты хороший». Это чувство собственной значимости так захватывает, что мужчина продолжает «петушиться» перед такой дамой, несмотря на предупреждения других людей, например такого рода:

— Ты что, Васька, очумел совсем? Разуй глаза-то, разуй. Она ведь, Машка-то, змея подколодная, змея-а. Креста на ней нету. Придет время, ужалит тебя так — не оправишься.

А потом, в какой-то момент, этот Васька заметит, что его избранница обладает мелочностью и никогда не может от души подарить что-либо даже очень близкому человеку. Вскоре Васька начнет уставать от бесконечных ее советов подсидеть своего друга и занять его более высокую должность. В какой-то момент Васька, скорее всего, поддастся ежедневным увещеваниям на тему, что все люди плохие и что с ними надо бороться их же методами, и совершит подлый поступок, после чего напьется и в пьяном угаре закричит на свою избранницу, перед которой недавно так сладострастно «петушился»:

— Ты чо мне насоветовала, змея подколодная? В глаза сейчас не могу смотреть Кольке-то! Совесть запятнал свою.

От душевного дисбаланса Васька начнет выпивать, и как-то однажды, придя пьяным домой, увидит у своей избранницы стеклянные глаза. Мыча, Васька помашет головой, стараясь отогнать омерзительное ощущение, вызываемое этими глазами и подсознательно осознавая, что в этих глазах нет ничего божественного. Ввиду неспособности анализировать свои чувства

Васька, конечно же, не поймет, что в этих чужих стеклянных глазах высвечивается дьявольский элемент и его божественное начало старается воспротивиться дьяволу. Васька всего лишь поднимет кулак и с гневом выкрикнет:
— Убью, стервь!

Совесть — мерило Добра в душе

Но стеклянные глаза его остановят, и Васька, рыча от негодования и сжимая кулаки, пойдет спать.
— Стервенею, что ли? — подумает он про самого себя, засыпая.

Главной характерной чертой людей с мыслями «963» является, на мой взгляд, отсутствие Совести. Что такое Совесть? Я думаю, что Совесть есть мерило Добра в душе человека. Всем нам хорошо известно щемящее чувство в груди, возникающее тогда, когда обстоятельства ставят нас перед выбором — совершить или не совершить неблаговидный поступок.

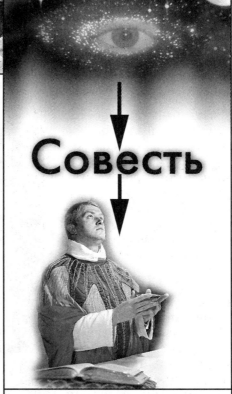

Божьим предостережением можно назвать Совесть

Именно это чувство останавливает нас. Оно, это чувство, не зависит от нашего сознания, оно не появляется в душе само по себе и как бы наведено кем-то сверху. Божьим предостережением можно назвать Совесть. Это прямое божественное воздействие на человека.

Человек, у которого Совесть чиста, воистину счастлив. У него открытый взгляд, он уверен в себе, приветлив и радушен, хотя, возможно, и небогат. Да что такое богатство? Как говорится, десять пиджаков на себя не наденешь и десять жизней не проживешь. Зато человек с чистой Совестью имеет большее богатство — душевный покой и близость к Богу.

Человека с запятнанной Совестью постоянно мает какое-то тягучее ноющее чувство в груди. Оно, это чувство, обостряется в период воспоминаний о злополучном моменте, когда он пошел поперек своей Совести, и лишь немного утихает со временем. Человек, стремясь освободиться от этого мучающего чувства, пытается оправдать себя путем приписывания фантастических коварных помыслов тому, в отношении кого он попрал свою Совесть, но в периоды транса или болезни это мучающее чувство возвращается, как бы стуча кулаком по лбу и приговаривая: «ты попрал, попрал, попрал, попрал свою Совесть!»

— М-м... — лишь выдохнет этот человек, мучаясь.

— Что, болит? — наивно спросит тот, кто рядом у постели больного и... измученного Совестью человека.

— Да, в правом боку закололо, — соврет человек с запятнанной Совестью.

Божьим наказанием можно назвать запятнанную Совесть. Наказание за свои грехи человек получит на Том Свете, о чем мы узнаем там, когда там будем. А за запятнанную Со-

Венер Гафаров

Ленин

весть человек получает наказание прямо здесь, на Земле, да еще и сразу.

Мой друг Венер Габдрахимович Гафаров — член первой гималайской экспедиции — показал мне однажды любопытную статью в местной газете, которую написал какой-то сельский учитель. В статье описывался В. И. Ленин перед смертью. Оказывается, если верить статье, парализованный Ленин в этот период во время полнолуний все время смотрел в небо с лицом, искаженным от ужаса и выкрикивал одно и то же: «А-ла-ла... а-ла-ла... а-ла-ла...». Он что-то видел в небе. Возможно, он, как предполагает автор, в состоянии транса видел то наказание, какое ему будет вынесено на Том Свете, и просил Бога о пощаде, будучи не в состоянии парализованным ртом произнести русское слово Бог и выговаривая более легкое еврейское слово, обозначающее Бога — Алла (или Аллах?). Но... мучения его начались еще на Земле. А мучила его Совесть. А каково будет там, на Том Свете?...

Мне почему-то думается, что характер наказания на Том Свете сродни тем чувствам, которые испытывает человек с запятнанной Совестью. Но оно, это ужасное чувство, видимо, намного сильнее там. Оно так скрежещет в душе и так скребет, что человек готов на все, лишь бы освободиться от него. Поэтому, наверное, лучше на Этом Свете жить по Совести.

Я не уехал в Америку, когда меня, вместе со всеми изобретениями, покупали за много миллионов долларов, я не уехал из Уфы в Москву в угоду карьере и... так далее. Почему? Да Совесть бы замучила. Ведь все ребята (Амир Салихов, Ришат Булатов, Сагит Муслимов, Рафик Нигматуллин, Венера Галимова, Натан Сельский, Юра Васильев, Валя Яковлева, Ляля Мусина, Клара Захваткина и другие) в самые трудные годы пошли со мной только из-за своей Совести. А как бы я смог жить без них — людей с чистой Совестью? Не смог бы.

Я вспоминаю видеофрагмент нескольких лет давности, в котором на улице в банках продавали Совесть: трехлитровая банка — 5 рублей, двухлитровая — 3 рубля, литровая — 1 рубль. И... если верить сюжету, люди покупали Совесть. Значит, мучает она.

Люди с мыслями типа «963», как мы уже говорили, характеризуются тем, что у них нет Совести, она их не мучает. Они радуются чужому горю. Они отделены от Бога, и божественное влияние не может распространиться на них. Эти люди вызывают дисбаланс на всех уровнях духовной жизни и способствуют вхождению в сотворенный Богом прекрасный и многообразный мир низкопробного разрушительного элемента. И только пирамиды, только святые пирамиды могут разрушать эти тлетворные мысли. А люди с клеймом «963» живут среди нас, и что очень страшно, мыслят. Но пройдет время и, они тоже окажутся на Том Свете с его неумолимым карающим молохом.

Отсутствие совести

Человек с мыслями «666» готов мать родную продать ради богатства

Второй тип мыслей, которые разрушают пирамиды, это — «666». Основываясь на математической философии Пифагора и излагаемой нами логике, можно сказать, что люди с мыслями типа «666» являются предельно материализованными. То есть их материальные помыслы захватывают все и вся, не оставляя места духовному.

Характерной чертой людей с клеймом «666» является жадность. Причем не экономность, бережливость или расчетливость и даже не жадноватость, а болезненная всеобъемлющая жадность, когда, как говорится, человек готов «мать родную продать» ради богатства.

Жадность у людей «666» нередко доходит до степени самобичевания и самоистязания. Человек отказывает себе во всем ради страстного желания — копить, копить и еще раз копить. Такие люди режут колбасу тончайшими кусочками, покупают самую дешевую водку, никогда не приглашают к себе в гости и так далее, зато «на халяву» наедаются и напиваются до отвала. У них, этих людей, в голове постоянно сидит вожделенная доминанта — копить на «черный день». Во славу этого «черного дня» они приносят в жертву все — дружбу, любовь, хорошее настроение, развлечения и многое другое. Хотя при наступлении этого «черного дня», ожиданию которого посвящена вся жизнь, люди с мыслями «666» не способны чаще всего залезть в свой «пожизненный кошелек».

Я знал одного преподавателя медицинского института, который никогда не был женат и последние 10—15 лет зимой и летом ходил в одном и том же темно-синем плаще, напоминая

бомжа. Через какое-то время он заболел раком легких и, находясь на смертном одре, позвал к себе знакомую женщину, чтобы попрощаться перед смертью. Эта женщина попросила у него денег для ухода за ним и на похороны. Он выписал ей чек на 300 рублей, но вдруг окликнул уходящую женщину:

— Мария Ивановна, стой! Вернись! Возврати мой чек!

Когда эта женщина возвратила ему чек, он порвал его, сказав:

— Нет, не могу.

— Но это же для Вас, Вы же понимаете, что вскоре...

— Я все понимаю, но не могу.

Вскоре этот человек умер, и его похоронили за деньги, собранные у студентов-медиков, вбив на могиле кол с указанием номера трупа в морге. А на сберегательной книжке у него осталось 49 000 полновесных советских рублей.

В те же советские годы однажды я решил купить (вернее, «достать») жене модное финское пальто. Мне повезло, что я лечил глаза одной женщине, имевшей «грандиозную по значимости» в те времена профессию, называемую завмаг. Она обещала мне достать даже не одно, а два пальто по 500 рублей каждое. Второе пальто я предложил купить знакомому по имени Андрей, который был очень богат (по слухам, у него на книжке лежало 100 000 рублей) и который ухаживал за одной разведенной женщиной, весьма ограниченной в средствах.

После моего предложения Андрей начал уходить от этого разговора, приговаривая что-то вроде того, что еще не окончательно решил — связать с ней судьбу или нет.

— Ну, ты ведь у нее постоянно бываешь, кушаешь курицу и другое. Ты ей подарки-то делаешь? — спросил я.

— Ну... нет еще...

— Так сделай подарок! Подари ей пальто. Смотри, в каком

задрипанном зипуне ходит твоя женщина. Радости-то будет! В общем, дай 500 рублей и сделай ей подарок.
— Ты понимаешь, я еще окончательно не решил...
— Что?
— Я ей подарю пальто, а она вдруг... на другого...
— Ну и что?
— Понимаешь, гарантии нужны, что она на другого не...— сконфузился Андрей.
— Какие гарантии? — начал сердиться я. — В общем, дашь 500 рублей или нет?
— Не могу, — выдавил из себя Андрей.
— Ты осознаешь, что она знает уже про это пальто, которое ты должен подарить ей? Она знакома с той женщиной — завмагом, и разговор про пальто для моей жены завела именно твоя женщина. Короче, дай 500 рублей и не майся дурью! — перешел я в атаку.
— Нет!
— А тебе не кажется, что из-за этих 500 рублей, которые при твоей зарплате являются ерундовой суммой, ты потеряешь любимую женщину, с которой уже несколько лет встречаешься?
— Я понимаю, но любовь-то не деньгами измеряется, — сказал Андрей, горделиво вскинув голову. — Если она меня любит только за деньги, то...
— Ты ей помогаешь деньгами?
— Нет...
— При ее зарплате в 104 рубля ты постоянно питаешься у нее... Она старается, выкраивает последнюю копейку, чтобы тебе было хорошо. Ты должен дать 500 рублей!
— М... м...
— Ну, дашь 500 рублей или нет?
— Я тебе вот что хочу сказать, — Андрей вскинул на меня глаза. — Если бы она была мне женой, то твоя жена в сравнении с ней была бы голая. Понимаешь — голая!
— Чего?
— Голая!

В этот момент глаза его посоловели и закатились наверх. Мне почудилось, что Андрей представил все свое накопленное за много лет богатство. Возможно, перед его посоловевшими глазами мелькали все его личные деньги — хрустящие со специфическим запахом купюры. Их было много, очень много, целых сто тысяч. А если из 100 000 рублей отнять 500 рублей, то будет всего 95 500 рублей! Останется всего 95 500 рублей! Нельзя этого допустить, нельзя! Ведь сколько лет копил, ограничивая себя во всем: ездил только на троллейбусе за 5 копеек, брюки покупал раз в 10 лет, зимнее пальто (еще со старших классов) недавно перелицевал и до сих пор ношу, колбасу покупал только самую дешевую, чурался друзей, поскольку они просили купить бутылку... и вдруг... выкладывай сразу 500 рублей. Нет, нет, не могу! Деньги — моя сила, моя опора, моя власть! Вон их как много! Скоро будет еще больше! Я люблю их!

Андрей тряхнул головой, как бы освобождаясь от видения, и сказал:

— Я, в отличие от тебя, Эрнст, экономный человек.
— А зачем ты копишь?
— Как зачем?
— Ну, зачем, зачем?
— Ну... на черный день.
— А что это — черный день? — продолжал допекать его я.
— Как что?
— Ну что, что? Ведь есть такая поговорка — «не имей сто рублей, а имей сто друзей». Если приключится беда, то деньги не помогут, а друзья помогут.

— Черный день, говоришь, — Андрей призадумался и опять вошел в состояние какого-то транса. Я ждал, что его глаза отобразят чувства тревоги и страха, но они отображали сладострастное умиление, какое бывает у человека, который постоянно трогает больной зуб, получая от этого сладостно-противоречивое наслаждение. Он, конечно же, понимал, что деньги не всегда могут спасти, но он любил их — деньги — и хотел увидеть их власть. Он относился к деньгам как к живому существу — мощному, красивому и всемогущему — и поклонялся ему, отдавая ему всю свою любовь с такой страстью, перед которой любовь к женщине показалась бы пустым свистком. Он не просто хотел наступления этого черного дня, он жаждал его, чтобы увидеть свою Любовь, своего Бога — Деньги — во всевластии.

— Так, что такое черный день? — перебил я его мысли.
— Черный день — это м... м... м... — утвердительно помотал кулаком Андрей.

Из-за злополучного пальто Андрей с этой женщиной был вынужден расстаться. Я из противоречивых чувств попытался накопить еще 500 рублей ей на пальто, но не смог по причине низкой зарплаты.

— Ты понимаешь, — сказала она, плача, — за все годы, что мы встречались с Андреем, он подарил мне шоколадку за 34 копейки и... бутылку лимонада. А я его любила, поила и кормила, стол всегда полным был — картошка, капуста, помидоры и... курица. Не любил он, наверное!

— Он любил не тебя.
— А кого?
— Деньги.

Андрей тоже очень переживал расставание с любимой женщиной. Он стал серым, дряблым и, приходя ко мне, неоднократно плакал, приговаривая:

— Первый раз в жизни полюбил ведь, а! Первый раз! А она! Э-эх, она не меня любила, а мои деньги.

Андрей рассказал о том, что в порыве страданий он даже хотел покончить жизнь самоубийством и не исключает того, что вскоре совершит это.

— Дай 500 рублей, я куплю ей пальто и, может быть, все улажу, — попросил его я.

Люди с мыслями «666» отделены от Бога

Андрей грустно посмотрел на меня и отрицательно помотал головой.

Люди с мыслями «666», так же как и люди с мыслями «963», отделены то Бога. У них тоже Бог из души уходит полностью. Но причина этого в другом — в истинной любви к другому Богу — Деньгам. Жадный человек может ходить в церковь, может говорить о Боге и даже сыпать фразами из Библии, поучая других быть благопристойными, но он не любит настоящего Бога-Создателя, потому что весь душевный потенциал жадного человека занят идолопоклоннической любовью к искусственному творению человечества, дающему человеку Власть и Богатство, — Деньгам. А любовь к идолу, пусть бумажному, — это грех, страшный грех, так как она утверждает низкопробные и грязные принципы жизни, подменяя ими высокие и эволюционно обусловленные божественные принципы. Жадный человек страстен в любви, но любит не то, что положено ему любить как божьему созданию.

Гималайские йоги говорят, что жадность — это болезнь души. Если верить этому, то надо признать, что значительная часть населения земного шара больна этой душевной

Жадный человек страстен в любви, но он любит не Бога, а идола — Деньги

Во время научно-хирургического вояжа...

болезнью. Когда я начал ездить по миру как глазной хирург, я смотрел на врачей разных стран и разных континентов с детски-наивной уверенностью в том, что главной целью врача является помощь больному на принципах сострадания и любви. Но раз за разом разочаровываясь, я понял, что пациент — это прежде всего объект получения денег. Я не против того, что за операции и труд медиков надо платить, но против того, чтобы врачи выступали против новых методов лечения в угоду своих финансовых интересов, припудренных своей хирургической неполноценностью. Например, гораздо выгоднее капать в глаза капли (больной будет постоянно приходить к тебе и платить деньги), которые почти не помогают, чем сделать сразу операцию и оздоровить человека. Болезнь финансово выгодна! А если мать твоя заболеет... или... ты сам...?

Жадность пропитала весь земной шар

Если в России бытуют анекдоты про наивность чукчей, то в Европе — про жадность швейцарцев. Не могу сказать точно, столь ли жадны швейцарцы (я был в Швейцарии всего один раз), но, по моим наблюдениям, жадность пропитала весь земной шар, что даже пирамиды, древние пирамиды, на мой взгляд, не справляются с потоком жадных мыслей «666» и они, эти жадные мысли, улетают на Тот Свет, запоганивая нашу Первоначальную Родину и откладываясь в небесном компьютере, называемом Хроники Акаши.

Следующий тип мыслей, которые разрушают пирамиды, — мысли «999». Эти люди тоже являются страстными в любви, даже очень... но любят они не Бога, не мать, не отца, не ребенка — они страстно любят Себя. Для человека с мыслями «999» существует лишь один Бог — он Сам, перед которым меркнет Бог-Создатель. Говоря иными словами, это тот тип людей, которых называют эгоистами.

Почему эти люди любят так сильно себя? Ведь это глупо — быть самовлюбленным! Ответ на этот вопрос можно получить из анализа числа «999», в котором, как мы отмечали выше, прослеживается дьявольское начало. А дьявольское начало является чужим и инородным для божественного начала. Именно чужим! Оно, это дьявольское начало, во многих аспектах конкурирует с созидательным и добрым божественным началом, являясь разрушительным и злым по своей природе. Это черная сторона жизни. Это тьма. Поэтому люди, у которых появляются мысли «999», становятся чужими и инородными для нас, Божьих созданий. Мы не любим их.

Человек с мыслями «999» страстен в любви, но любит не Бога, а Себя

Но для людей с клеймом «999» мы, Божьи создания, духовно и психологически тоже чужды и инородны. В связи с этим они нас не любят и игнорируют, особенно ненавидя Бога, кому мы поклоняемся и кого почитаем как Создателя. Человек «999», видимо, все же осознает, что сотворен Богом, а не Люцифером, но чужая дьявольская энергия мысли, вошедшая в его сознание, делает свое черное дело, отчуждая его от Бога. Такой человек хотел бы, наверное, поклоняться Дьяволу, но подсознание нашептывает ему, напоминая об его истинной принадлежности к категориям божественных созданий, хотя и выбившихся из нормальной доброй колеи. Этот человек начинает мучиться и метаться, разрываемый противоречивыми чувствами, и, в конце концов, находит выход в том, что признает себя уникальным творением Природы, сочетающим оба базовых начала — дья-

вольское и божественное. От этой мысли ему становится легче, он гордо поднимает голову, презрительно оглядывая окружающих людей и повторяя про себя: «я — уникум, я — уникум, я — уникум...» А за словом «уникум» быстро приходит тупое и нелогичное словосочетание «Я — Бог!». Эта тупая мысль кажется ему открытием, до которого он не мог так долго дойти по причине своей скромности. Наступает душевное облегчение и появляется позыв совершать великие подвиги, подчиняя себе неразумных и второсортных людей, чтобы вершить их судьбы. Каждое возражение начинает казаться неверным, каждая своя мысль — гениальной и... человек постепенно влюбляется в самого себя. Нормальное человеческое самолюбие подменяется самовлюблённостью. А как же любовь к другим людям? К Богу? Да разве они достойны любви! И только где-то в закоулках души иногда, наверное, всколыхнутся волны сомнений в своей исключительности, которые тут же отгоняются мысленным порывом с гордым задиранием подбородка и приоткрыванием рта.

Такого человека в народе называют нарциссом, если он, конечно, мужского пола или хотя бы промежуточного, то есть голубой. Нарциссы имеют склонность красоваться перед зеркалом и дергать из носа волосы, воспринимая выскочивший прыщик за трагедию. Но какими бы дорогими кремами ни пользовался такой мужчина и как бы загадочно исподлобья ни смотрел он, женщины редко влюбляются в него, седьмым чувством ощущая в нем самовлюбленность и внутренне ревнуя к нему же самому. Только набитые дуры и пустышки способны увлечься нарциссом. Однако они не устраивают его.

Нарцисс

Неприятно то, что для производства реклам чаще всего приглашаются мужчины-нарциссы. От них с экрана телевизора веет такими «девятками», что продукт, который они рекламируют, кажется ядом, особенно когда они, деланно взглянув исподлобья, с хрустом откусывают что-либо или отпивают какой-нибудь замешанный на химии напиток. Мне довелось как-то поговорить с представителями фирм, делающих рекламу. Ответ на мой вопрос о причинах низкопробности их продукции прозвучал весьма удивительно: «Народ в широкой массе туп и глуп, поэтому его привлекает именно такой вариант рекламы». Тем не менее, будучи убежденным в противоположном, мне бы хотелось отметить духовно разлагающее и отупляющее воздействие такой рекламы. Реклама, на мой взгляд, тупеет с каждым днем. Не исключено, что вскоре на экранах телевизоров нарциссы элегантным движением будут дергать волосы из носа и смотреть на нас через очки в форме девяток.

Но если бы самовлюбленные люди с мыслями «999» только красовались перед зеркалом! Это можно было бы пережить. К сожалению, им присуще еще одно качество — зависть. При всем том, что люди с мыслями «999» страстны и инициативны в процессе возвеличивания самого себя, так же сильно они мучаются, завидуя другому человеку, когда чувствуют, что этот человек благороднее, сильнее и умнее его. Так же инициативно они борются с человеком, кому завидуют, стараясь нанести ему «смертельный удар», долго лукавя и терпеливо дожидаясь своего часа.

Глубочайшая несправедливость такой ситуации состоит в том, что человек, кому завидуют, ни в чем не виновен. «Вина» его состоит лишь в том, что он лучше. Именно поэтому мысли «999» предельно греховны и предельно страшны, поскольку идут против святого права любого человека максимально воспользоваться божественным принципом «Реализуй себя сам».

Не дай Бог, реализуется зависть! В этом случае, например, завистливый и эгоистичный директор научно-исследовательского института «съедает» всех талантливых ученых, окружая себя посредственностями и разрушая научный потенциал института.

Я помню, как много лет назад директор института, где я работал вместе с коллегами, организовывая комиссию за комиссией по проверке работы нашей группы, сказал мне однажды:

— Сам погибну, Мулдашев, но тебя уничтожу!

Тогда ему удалось уничтожить нашу научную группу. Но прошли годы, и жизнь все расставила по своим местам.

А если завистливый человек придет к руководству целой страной? Последствия не заставят себя долго ждать: начнет падать экономика, расцветет коррупция, будет идти вывоз капитала из страны. А причиной этому будет простой постулат — все негативное можно и нужно допустить, чтобы на фоне «ворья» самому казаться гегемоном.

Маркс, Энгельс, Ленин

Однако самым страшным проявлением мыслей «999» является эксплуатация зависти как политического оружия. Теория коммунизма, я думаю, и основана на этом. Вдумайтесь в девиз — «гегемония пролетариата». Он, этот девиз, сам по себе очень лукав: исполнитель (пролетариат) объявляется командиром (гегемоном) над руководителями, учеными и другими людьми, идеи и проекты которых призван исполнять пролетариат. Естественно, что, «сбросив цепи», то есть мысли, которые материально должен претворять в жизнь пролетариат, он оказывается во взвешенном состоянии и, будучи сам неспособным вырабатывать эти идеи и проекты, начинает злиться и завидовать людям умственного труда, заставляющим пролетариат работать. Девиз «гегемония пролетариата» приводит к глубинному противоречию, когда исполнитель чувствует себя выше, чем руководитель, и способствует разрушению экономики и жизни. Этот девиз стимулирует извечную зависть по отношению к умным людям и узаконивает ее. Дьявольское начало чувствуется в этом лукавом девизе.

Второй девиз коммунистов — равенство — тоже эксплуатирует чувство зависти. Люди по своей природе не могут быть равны умственно, поэтому девиз «равенство» тоже узаконивает завись посредственности к умному и доброму человеку. Если бы этот девиз звучал как «равенство животов», то его можно было бы пережить, но гордый девиз «равенство»... Узаконенный завистник, конечно же, начнет «стучать» на объект своей зависти, приписывая ему фантастические грехи типа контрреволюционной деятельности, шпионажа в пользу капиталистов и тому подобное. А руководители страны, сами погрязшие в

КОММУНИЗМ

Торжество зависти

Альберт Мулдашев

зависти друг к другу, будут воспринимать эти «письменные факты» с удовольствием дьявольского убийцы.

Обществом, пропитанным завистью, можно назвать коммунизм.

Отсюда, дорогой читатель, я думаю, понятно, почему коммунизм всегда сопровождался репрессиями — завистливые люди убивают тех, кому завидуют. Причем убивают лучших. Торжеством зависти можно назвать коммунизм.

О, если бы пирамиды не уничтожали мысли «999» с их завистливо-эгоистической направленностью, то весь этот поток негативизма устремился бы на Тот Свет и... тогда, наверное, очередной апокалипсис случился бы в 1937 году! Но Создатель не потерпел, чтобы божьи творения — люди — стали источником дьявольской энергии. Пирамиды спасли нас.

Мой брат — Альберт Мулдашев — кандидат биологических наук и автор многих монографий, разыскал документы, по которым был репрессирован наш дед — Мулдашев Искандер Лутфуллович. Простой лесник был осужден в 1937 году на 13 лет по обвинению в шпионаже в пользу Японии (это в лесах Урала!). Приговор ему вынесла «Большая Тройка», состоящая, по-моему, из секретаря обкома КПСС, председателя НКВД и прокурора. «Святая Троица», как говорится?!

Я помню, как дед рассказывал, что ему не давали воды несколько дней, потом заводили в баню, парили и давали в руки стакан с водой. Если не удержится и начнет пить — выстрел в висок, если удержится — еще парить.

— Почему они так делали, дедушка? — наивно спрашивали мы его в детстве.

— А они были не людьми, сынки, они были дьяволами, — помню, отвечал дед.

Помню также, что другой мой брат (близнец) — Эдуард Мулдашев плакал, слыша эти слова. Отпечаток, оставшийся с детства, воспитал Эдуарда до крайности добрым человеком. Эта доброта и сделала его прекрасным хирургом; больные говорят, что у него сильные и добрые руки.

Итак, заканчивая раздел о видах злых мыслей, мне бы хотелось отметить, что мысли «963»

Наш дед

Эдуард Мулдашев

и «666» омерзительны и низкопробны, но мысли «999» — страшны. Жаль, что не существует законодательных актов против зависти! А таковых и быть не может. Надо просто искренне верить в Бога!

Можно, конечно же, представить и другие вариации злых мыслей — 996, 966, 993, 933, 663, 633 и 333, которые не нашли отражения в мировой системе пирамид и монументов древности. Например, человека с мыслями «996» можно было бы назвать жадный дьявол, человека «966» — очень жадный дьяволенок, человека «993» — дьявол, который иногда может простить, «933» — раскаивающийся дьяволенок и так далее.

Но система пирамид и монументов древности уничтожает прежде всего мысли 963, 666 и 999. Почему именно эти мысли? Об этом знает только Шамбала, по плану которой создавались пирамиды и монументы древности. Но один нюанс мы можем все же знать — именно эти комбинации (963, 666 и 999) при суммировании сумм углов выводят на число «9», которое характеризуется двойственностью, неожиданно превращаясь в символ конца — возвращения в первоматерию.

Механизм уничтожения злых мыслей в мировой системе пирамид и монументов древности

Размышляя над механизмом уничтожения злых мыслей, я переработал огромное количество литературы по пирамидам и помногу раз пересчитал все треугольники, стараясь вывести математическую закономерность. А все оказалось просто! Так просто!

Тем не менее, дорогой читатель, пролистайте, пожалуйста, эту главу еще раз и обратите внимание на цифры, характеризующие углы и стороны каждого из треугольников, входящих в мировую систему пирамид и монументов древности.

Как мы уже отмечали, анализируя характеристики треугольников, во всех трех вариациях число «9» (образующееся при суммировании сумм углов) ставит энергию мыслей 963, 666 и 999 в пограничное положение, то есть в положение перед уничтожением (или провалом в первоматерию) по принципу, образно названному нами «дьявольская дурь». Говоря иными словами, после «замыкания» в треугольнике, выводящего сумму углов треугольной мысли на пограничное число «9», она готова к процессу уничтожения.

А как же окончательно уничтожается такая негативная мысль? Чем же достигается то, чтобы злая мысль не улетела на Тот Свет и не запоганила нашу Главную Родину? Ответ на эти вопросы удалось найти (не знаю, конечно, правильно или нет!) при анализе характеристик сторон треугольников, образующихся при соединении пирамид и монументов древности между собой. Напомню, что под характеристикой сторон мы понимаем три числа, каждое из которых означает сумму чисел, полученных при суммировании значений каждой из трех сторон треугольника. Например, треугольник «Кайлас — Стоунхендж — египетские пирамиды» имеет стороны 6666 км, 3999 км и 4999 км, а характеристика сторон этого треугольника будет 634, поскольку 6666 км характеризуется числом «6»; (6 + 6 + 6 + 6 = 24; 2 + 4 = 6), 3999 км — числом «3»: (3 + 9 + 9 + 9 = 30; 3 +0 = 3), а 4999 км — числом «4»: (4 + 9 + 9 + 9 = 31; 3 + 1 = 4). Давайте посмотрим на сводную таблицу характеристик сторон треугольников.

Характеристики сторон треугольников		
треугольники	спр́мленный	хордовый
I пара	466 466	999 999
II пара	634 634	999 999
III пара	663 663	999 999
IV пара	634 634	999 999
V пара	633 633	999 999
VI пара	633 633	999 999
непарный треугольник	466	999

Из сводной таблицы видно, что если в характеристиках сторон спрямленных треугольников наблюдается числовой разнобой, то в хордовых треугольниках — строжайшая аналогия, выводящая только на число «999». Последний факт весьма любопытен, так как расстояния по хордам между пирамидами и монументами древности весьма различны, но суммирование чисел, обозначающих километры, выводит на одно число — 999. Значит, существует какая-то закономерность! Какая?

В этот момент я еще не осознавал, что своеобразная закономерность существует и в нестройном ряду чисел спрямленных треугольников (466, 634, 633 и так далее). Понял я это только тогда, когда вспомнил математический этюд, выполненный Татьяной по умножению чисел произведений. Еще тогда, несколько недель назад, Татьяна, Юрий Иванович и я обратили внимание на то, что при последовательном умножении ряда чисел друг на друга и продолжении умножения чисел произведения иногда получается число «0» (например, число 6666 — 6 х 6 х 6 х 6 =1296; 1 х 2 х 9 х 6 = 108; 1 х 0 х 8 = 0). Но только иногда! Далеко не всегда! Думается, что принципы умножения чисел произведений, возможно, работают в мировой системе пирамид и монументов древности, сводя на «0» (уничтожая) злые мысли. Однако каких-либо доказательств у нас не было.

— Так ли это? — мучился я вопросом, вспомнив еще и наше предположение о том, что, наверное, ступени пирамид каким-то образом реализуют эффект умножения чисел произведений с превращением злых мыслей в «0».

Я пытался что-то умножать, но у меня ничего не получалось. Долгожданный «0» не выводился.

— Подожди-ка, подожди-ка, — осенило меня вдруг, — надо умножить числа, обозначающие характеристику углов, на числа, обозначающие характеристику сторон каждого треугольника. Стороны треугольника в этом удивительном фрактальном мире мыслей тоже могут играть роль; ведь не зря в хордовых треугольниках всегда получается одна характеристика сторон — 999. Углы и стороны треугольника — одно единое целое, единый компонент в уничтожении злых треугольных мыслей.

Я взял математические характеристики первой пары одинаковых треугольников («Кайлас — Северный полюс — египетские пирамиды» и «Пасхи — Тазумал — мексиканские пирамиды»), решив первым делом обсчитать хордовый вариант этих треугольников, имеющих:

— характеристику углов — 666;
— характеристику сторон — 999.

Далее я умножил обе эти характеристики между собой с выполнением действия умножения чисел произведения:
666 х 999 = 665334;
6 х 6 х 5 х 3 х 3 х 4 = 6480;
6 х 4 х 8 х 0 = 0.

— Здорово! Получился «0» — число уничтожения! — воскликнул я. — А что будет со спрямленным вариантом треугольников первой пары?

Спрямленный вариант этой пары имел такие параметры:
— характеристика углов — 666;
— характеристика сторон — 466.

Процедура умножения этих чисел показала следующее:
666 х 466 = 310356;
3 х 1 х 0 х 3 х 5 х 6 = 0.

— Еще один «0»! — снова воскликнул я. — Подтвердится ли эта закономерность во второй паре треугольников?

Хордовый вариант второй пары треугольников («Кайлас — Стоунхендж — египетские пирамиды» и «Пасхи — Бермудский треугольник — мексиканские пирамиды») имел следующие параметры:
— характеристика углов — 963;
— характеристика сторон — 999.

Процедура умножения показала следующее:
963 х 999 = 962037;
9 х 6 х 2 х 0 х 3 х 7 = 0.

Спрямленный вариант второй пары:
— характеристика углов — 963;
— характеристика сторон — 634.

Процедура умножения:
963 х 634 = 610542;
6 х 1 х 0 х 5 х 4 х 2 х = 0.

Такая закономерность прослеживалась во всех треугольниках мировой системы пирамид и монументов древности. Но, несмотря на то что все понятно и так, я позволю себе для наглядности привести сводную таблицу чисел, полученных путем умножения характеристик углов на характеристики сторон треугольников с последующим умножением чисел полученных произведений.

Сводная таблица чисел, полученных умножением характеристик углов на характеристики сторон треугольников

Треуголь-ники	Характеристики спрямленных треугольников			Характеристики хордовых треугольников		
	углов	сторон	Умноже-ние углов и сторон	углов	сторон	Умноже-ние углов и сторон
I пара	666 666	466 466	0 0	666 666	999 999	0 0
II пара	963 963	634 634	0 0	963 963	999 999	0 0
III пара	999 999	663 663	0 0	999 999	999 999	0 0
IV пара	963 963	634 634	0 0	963 963	999 999	0 0
V пара	666 666	633 633	0 0	666 666	999 999	0 0
VI пара	963 963	633 633	0 0	963 963	999 999	0 0
непарный треуголь-ник	666	466	0	666	999	0

Эта таблица показывает, что все треугольники в мировой системе пирамид и монументов древности построены так, что как в спрямленном, так и хордовом вариантах умножение характеристик углов на характеристики сторон при продолжении умножения чисел полученного произведения дает обязательно число «0».

По поводу этого Нуля можно много дискутировать, но факт остается фактом — выведение числа «0» при умножении чисел произведений было запланировано древними в ходе строительства мировой системы пирамид и монументов древности. Поэтому наша гипотеза о том, что через число «0» в треугольниках мировой системы пирамид и монументов древности происходит уничтожение злых треугольных мыслей может иметь место.

Если еще раз взглянуть на приведенную таблицу, то можно заметить, что в хордовых треугольниках, в отличие от спрямленных, везде и всюду фигурирует число «9». Из этого можно сделать вывод, что хордовые треугольники более надежно уничтожают злые мысли, поскольку процесс уничтожения путем умножения чисел произведений всегда происходит через пограничное число «9», означающее готовность к уничтожению. Данный постулат подтверждается еще и тем, что сумма сумм сторон хордовых треугольников всегда одинакова — 9.

Как же реализуется феномен умножения чисел произведений с «обнулением» злых мыслей в треугольниках мировой системы пирамид и монументов древности? Что подталкивает злые мысли, замкнутые в треугольниках, переходить на самоуничтожающий процесс умножения? Ответы на эти вопросы я дать не могу. Я могу только предпологать. В частности, как уже отмечалось выше, возможно, ступени пирамид каким-то непонятным для нас образом переводят замкнутую и мечущуюся в треугольнике злую мысль на феномен умножения. Ступень за ступенью идет процесс умножения, мелькают числа, появляются девятки, и вдруг возникает число «0», вслед за которым злая мысль ощущает, что проваливается в никуда — в первоматерию, растворяясь в ней и исчезая навсегда.

Возможно, ступени пирамид реализуют феномен умножения с выведением на число «0» и уничтожением злых мыслей

Мы привыкли относиться к ступеням как к лестнице, по которой можно подняться наверх или спуститься вниз. Но, видимо, каждый угол и каждая сторона ступеней пирамиды играют особую роль там — в загадочном и вездесущем тонком мире. Не зря многие из пирамид, раскиданные по земному шару, имеют ступенчатый характер.

Вторым механизмом, который, на мой взгляд

Злая мысль, возможно, при контакте с комплексом пирамид начинает «скакать» от пирамиды к пирамиде, приводя в действие феномен умножения с выведением на число «0»

Древние имели науку о мыслях

приводит в действие феномен умножения с «обнулением» злых мыслей, может быть комплексное взаиморасположение пирамид. Многие пирамиды, как известно, расположены в виде комплексов. Например, комплекс египетских пирамид протянулся почти на 1000 км и включает в себя более 100 пирамид. Поэтому нельзя исключить того, что злая мысль, замкнутая в одном из треугольников, при контакте с комплексом пирамид начинает «скакать» от пирамиды к пирамиде, приводя в действие феномен умножения с выведением на число «0». Первая пирамида, вторая, третья, четвертая... ноль... провал в первоматерию.

Нельзя также исключать того, в монументах древности, имеющих округлую структуру (например, Стоунхендж), злая мысль начинает закручиваться, круг за кругом умножаясь и превращаясь в «0» в центре. А также нельзя исключить еще многих и очень многих предположений.

Когда на глобусе рассматриваешь описанные стройные треугольники, образующиеся при соединении между собой пирамид и монументов древности, и представляешь грандиозность и разнообразие пирамид и монументов, то волей-неволей поражаешься интеллектуальной и технологической мощи древних. Они, Лучшие из Лучших, сохраненные и живущие в загадочной Шамбале, могли и могут видеть и анализировать мысли. У них, наверное, существовала и существует наука о мыслях. Эта наука пока недоступна нам и непостижима нами, но результат развития науки о мыслях каждый из нас может увидеть воочию — это пирамиды и монументы древности.

Осознавая это, мне страстно захотелось организовать кругосветную экспедицию по изучению монументов древности и пирамид с точки зрения излагаемой гипотезы об их антигреховной роли. Мне думалось, что если бы мы тщательно замерили все углы пирамид, их ступеней и других составных частей, то смогли бы кое-что понять. Я прекрасно понимал, что наши исследования такого рода не смогут выйти за пределы гипотезы, потому что мы, в отличие от древних, не можем видеть мысли, у нас нет приборов для анализа мыслей и многого другого, а есть просто желание познать. Кстати говоря, наличие желания — это уже хорошо, так как любая наука начинается с кропотливого сбора фактов, которые ведут тебя все дальше и дальше в туманную даль непознанного. Я уверен, что эта кругосветная экспедиция рано или поздно состоится.

А пока... Пока рано думать о новой экспедиции. Ведь мы вскоре, через две недели, отправимся в не менее увлекательную экспедицию по поискам Города Богов. Найдем ли мы его на Тибете? Что мы там встретим?

— Шеф, тут мы все проблемы с Юрием Ивано-

Мне страстно захотелось организовать кругосветную экспедицию по изучению антигреховной роли пирамид и монументов древности

вичем обсудили, пока ты думал, — раздался голос Селиверстова. — Юрий Иванович перестал уже сердиться на меня за то, что я перебил ваш разговор с информацией о Пупе Земли, называемым Та-пи-то-о-те-хе-ну-а. Юрий Иванович очень сожалеет, что не может идти в экспедицию из-за радикулита. Кстати, я пришел доложить о ходе подготовки экспедиционного снаряжения. Баллоны с кислородом не будем брать? Ведь очень долго будем на больших высотах!

— Нет, не будем брать кислород. Обойдемся. Волокиты много... Послушайте, вот что я думаю... Я почти убежден, что Город Богов будет состоять из пирамид и монументов древности. По-другому и не может быть. В противном случае вся наша гипотеза об антигреховной роли пирамид и монументов древности будет отвергнута. При этом, мне кажется, часть пирамид и монументов Города Богов будет выполнять антигреховную роль, а часть — какую-то другую. Какую?

В этот момент я каким-то седьмым чувством ощущал, что другая (предполагаемая!) функция Города Богов (еще не найденного!) будет не менее грандиозна, но она будет тесно взаимосвязана с первой — антигреховной. Тогда я еще не знал величия слова «Матрица».

— Поздно уже, может, пойдем домой, — предложил Юрий Иванович. — А то завтра я обещал Вовке, водителю-то нашему, коробку скоростей на «Ниве» помочь перебрать. Задняя скорость забарахлила, пятиться назад не может Вовка-то.

— Вот и мы в экспедиции пятиться назад не будем, вперед, только вперед, к Городу Богов, — грациозно отмахнувшись от залетевшей в окно мухи, сказал Селиверстов.

— Завтра вечером давайте соберемся вместе с Шамилем Цыгановым и Равилем Мирхайдаровым и разберем дополнительные треугольники мировой системы пирамид и монументов древности. Эти ребята нам будут нужны: Шамиль — математик, Равиль был на Аркаиме, — сделал я предложение.

Дополнительные треугольники мировой системы пирамид и монументов древности

Собравшись все вместе вечером следующего дня, мы стали рассматривать места расположения менее известных монументов древности и древних городов, стараясь найти связь с мировой системой пирамид и монументов. Это за-

Древние города Венеция и Афины находятся на линии, соединяющей монумент Стоунхендж и египетские пирамиды

нятие оказалось весьма интригующим.

— Смотрите! — воскликнул я, вглядываясь в глобус. — Древнейшие города Венеция и Афины находятся на одной линии — линии, соединяющей монумент Стоунхендж с египетскими пирамидами. Причем, мне кажется, эта линия делится городами Венеция и Афины на равные три части. В Греции я не был, но в Венеции был два раза. Удивительный город! Стоит на воде. Такое ощущение, что он предназначен для людей, ведущих полуводный образ жизни. А атланты вели полуводный образ жизни...

Забегая вперед, скажу, что в экспедиции нам удалось найти вполне серьезные сведения о том, что атланты просуществовали на Земле до 7—8 веков нашей эры. Сейчас мы даже знаем то место, где находился последний город атлантов. Вполне вероятно, что атланты имели контакт с римской и греческой цивилизациями и каким-то образом повли-

Венеция

яли на них, хотя бы в характере построения типичных для них полуводных городов.

— Моя жена родилась на реке Хопёр, той, что на Украине протекает, — сказал Юрий Иванович. — Бывал я на родине жены, и не раз. Теща хорошая у меня. Помню, что местные казаки говорили, что где-то на Украине пирамида есть, старая, правда, на холм похожая. А я сейчас могу показать — где она располагается, — на линии «Стоунхендж — Кайлас» она, на том месте, где эта линия на три части делится. Вот где!

— Еще я помню, — усмехнулся Селиверстов, — что в годы перестройки, когда «финансовые пирамиды» типа «МММ» или «Хопёр-инвест» надували народ, у Вас, Юрий Иванович, было прозвище Хопёр Иванович... по названию места рождения жены.

— Да уж.

— Взгляните! — опять воскликнул я. — Руины древнего города шумеров Вавилона (Ирак) располагаются на линии «египетские пирамиды — Кайлас», причем, ровно на одной трети этого расстояния. А еще через одну треть на этой линии располагается древний город Кандагар (Афганистан). Интересно!

Еще раз, забегая вперед, скажу, что все эти совпадения возникли не на пустом месте; рядом с горой Кайлас некогда существовал город, который тоже назывался Вавилон... Оба Вавилона находились на одной линии — «Кайлас — египетские пирамиды».

— Посмотрите, — Селиверстов ткнул пальцем в глобус, — плато Устюрт в Казахстане, известное тем, что на нем существуют рисунки, похожие на рисунки пустыни Наска, расположено на линии, делящей треугольник «Кайлас — Северный полюс — египетские пирамиды» на две равные части.

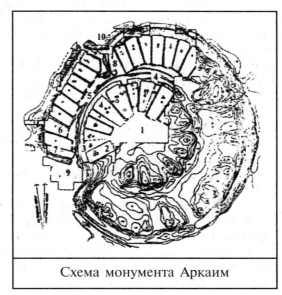

Схема монумента Аркаим

Северный Урал. В поисках Золотой Бабы. Район перевала Дятлова

— На этой же линии располагается знаменитый Аркаим (Челябинская область на границе с Башкирией), — воскликнул Равиль Мирхайдаров. — Когда я там был, то на меня Аркаим огромное впечатление произвел. Непонятное что-то! А теперь становится понятным — монумент древности это. В системе он.

— А помните, — Юрий Иванович посмотрел на меня с Равилем, — вы в поход ходили на Северный Урал. Золотую Бабу хотели найти. Не нашли ведь! А я могу сказать, где она располагается — на этой же линии. Вот ее место! А вы искали немного в стороне, в районе перевала Дятлова, где девять человек по неизвестной причине погибли. Читал я еще, по-моему, в «Скандалах», что там, на Урале, сфинкс лежит, почти такой же, как египетский. Местные манси говорят, что если кто в глаза ему, сфинксу, посмотрит, тот сразу умирает.

— Как медуза Горгона, что ли, сфинкс?

— Как Горгона.

— Ну, если газете «Скандалы» верить... — взъерошился Равиль.

— Легенды и сказки на пустом месте не возникают, — нравоучительно произнес Юрий Иванович. — Даже в жизни медузы Горгоны встречаются. Деваху одну молодую помню, — как ей в глаза посмотришь, сразу столбенеть начинаешь, дух твой куда-то проваливается и душа мечется. А если бы она была атлантом, у которых дух был намного сильнее, то, взглянув ей в глаза...

— Окаменел бы, что ли? — язвительно спросил Равиль.
— Ну, не совсем, но все-таки...

Наконец мы поняли, что описанный дополнительный анализ может продолжаться бесконечно долго. Поджимало время. До отправления в экспедицию осталось всего две недели. Поэтому мы решили математически проанализировать только те дополнительные треугольники, которые входят в состав одного, уже отмеченного, треугольника «Кайлас — Северный полюс — египетские пирамиды». Общая схема всех этих дополнительных треугольников получилась следующей:

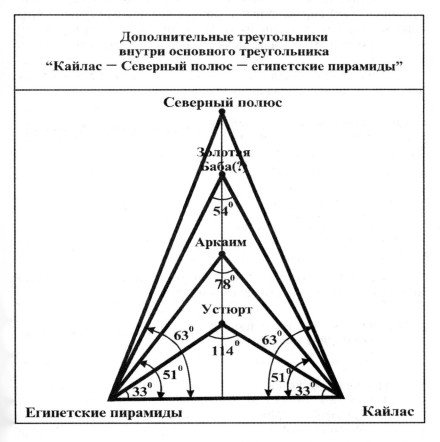

Подсчеты математика Шамиля Цыганова показали, что расстояния между тремя дополнительными монументами одинаковы и составляют по 1666 км, если измерять по линии, делящей основной треугольник «Кайлас — Северный полюс — египетские пирамиды» на две равные части. По этой линии и располагаются плато Устюрт, Аркаим и, возможно, Золотая Баба. Шамиль Цыганов убежден, что после создания математической модели Земли, основанной на наших предпосылках, начавшихся с анализа числа «6666» (трагическое послание древних), будет вполне реально точно указать на место, где должна находиться легендарная Золотая Баба. Если она, конечно, и в самом деле существует.

Мне бы не хотелось очередной раз усложнять текст книги демонстрацией спрямленных и хордовых вариантов отмеченных дополнительных треугольников. Поэтому, дорогой читатель, позвольте ограничиться перечислением их математических характеристик.

Треугольник «Устюрт — Кайлас — египетские пирамиды» имеет следующие характеристики:

Треугольник «Устюрт — Кайлас — египетские пирамиды»	Спрямленный	Хордовый
Характеристика углов	666	999
Сумма сумм углов	9	9
Характеристика сторон	224	999
Сумма сумм сторон	8	9
Умножение характеристик углов и сторон	0	0

Характеристики дополнительного треугольника, связанного с монументом Аркаим, следующие:

Треугольник «Аркаим — Кайлас — египетские пирамиды»	Спрямленный	Хордовый
Характеристика углов	666	666
Сумма сумм углов	9	9
Характеристика сторон	334	999
Сумма сумм сторон	1	9
Умножение характеристик углов и сторон	0	0

Треугольник, связанный с предполагаемой Золотой Бабой, будет иметь следующие характеристики:

Треугольник «Золотая Бабая Кайласа – египетские пирамиды»	Спрямленный	Хордовый
Характеристика углов	999	999
Сумма сумм углов	9	9
Характеристика сторон	488	999
Сумма сумм сторон	2	9
Умножение характеристик углов и сторон	0	0

Из приведенных таблиц видно, что математические характеристики дополнительных треугольников, вычерченных в пределах одного из основных треугольников мировой системы пирамид и монументов древности, являются сходными с математическими характеристиками основных треугольников. Здесь также характеристики углов выводят на числа «666» и «999», сумма сумм углов тоже всегда получается равной числу «9» и так далее. Но самым главным является то, что умножение характеристик углов на характеристики сторон при продолжении умножения чисел произведения всегда выводит на число «0». Последний факт, а именно появление числа «0», опять-таки может свидетельствовать о том, что и в дополнительных треугольниках мировой системы пирамид и монументов древности тоже происходит процесс уничтожения («обнуления») негативной психической энергии (злых мыслей).

— Я вот что по этому поводу думаю, — сказал Юрий Иванович, со свистом выдув дым болгарских сигарет, — лемурийцы с атлантами, когда построили и запустили в работу мировую систему пирамид и монументов древности, поняли, что мощности ее не хватает, чтобы все злые мысли, испускаемые людьми, уничтожить. Вот они и достроили дополнительные монументы, чтобы с помощью более мелких треугольников доуничтожить злые мысли, чтобы они не носились как бешеные по Тому и Этому Свету.

— Хочу Вам возразить, Юрий Иванович, — сказал Селиверстов, попросив у него сигарету, — мировая система пирамид и монументов древности была построена очень давно, после того, как открылись материки и острова, затопленные во время Всемирного Потопа. В те времена и людей-то на Земле было мало. Логично предположить, что по мере увеличения количества людей на планете пропорционально увеличивалось количество злых мыслей, исходящих от людей. Поэтому мировая система пирамид и монументов древности, призванная, как мы говорили, предупредить очередной апокалипсис, должна постоянно достраиваться, чтобы ее антигреховная роль была адекватна состоянию человечества.

— А она и достраивается. Вон дополнительно на плато Устюрт рисунки сделаны, Аркаим построили, Золотую Бабу на Северный Урал в нужную точку затащили, — кинул реплику Юрий Иванович.

— Но почему в настоящее время никто не строит пирамид и монументов древности? Почему на это даже нет намека? Ведь население земного шара в 20 веке утроилось, мир пережил страшные войны! Злости стало больше! — не унимался Селиверстов.

— Как никто не строит? Вон, бизнесмен по фамилии Голод вокруг Москвы пирамиды из жести или из картонки строит, чтобы очистить столицу России. Хотя... даже не атлант этот Голод, а просто предприниматель с учеными способностями. Благое дело хочет сделать, а не просто деньги в банке копить на пять жизней вперед. Духовный и Светлый человек, наверное, — возразил Юрий Иванович.

— Давайте посмотрим, находится ли Москва в какой-либо из точек пересечения линий треугольников мировой системы пирамид и монументов древности? — предложил Равиль. — Может, не стоило бы здесь строить пирамиды?

Одна из пирамид, построенных А. Голодом

Все мы стали разглядывать глобус.
— Вроде бы не укладывается в систему нашу столица, — проговорил Селиверстов.
— Вроде бы нет...
— Ну, если даже пирамиды, построенные господином Голодом, не могут войти в мировую систему пирамид и монументов древности, все равно человек благое дело сделал. Я не думаю, чтобы он в пирамиду глупых туристов запускал и денежки с них стриг, рассказывая байки об омоложении, — встал в защиту Юрий Иванович.
— Ну откуда господин Голод узнал необходимые углы наклона граней пирамиды, ее размеры и другие математические характеристики? Что, он древнюю науку о мыслях знает? Что, он мысли читает? — перешел в атаку Селиверстов.
— Может, и не знает этого он, Голод-то. Но лучше уж пирамиду смастерить и ее видом людей в сторону духовного обратить, чем как сейчас у людей повелось, шальные деньги в чулке хранить, на этот чулок как на Бога всю жизнь молиться и думать, что этот чулок не даст тебе под конец жизни в тюрьме сгнить, — убежденно сообщил Юрий Иванович. — Если даже хоть чуть-чуть у людей духовный прилив от вида пирамиды возникнет, цель уже будет достигнута, потому что духовный прилив мыслями о Боге облачается.

Кто же строил пирамиды?

— А все-таки почему мы в настоящее время не видим деятельности Шамбалы? Ведь сейчас время перехода в новое тысячелетие! Именно на это время приходятся все пророчества о конце света! Самое время сейчас! — возбужденно проговорил Равиль.
— Скоро увидим, — многозначительно произнес Селиверстов.
— Кого увидим?
— Людей из Шамбалы.
— ???
— На Востоке, — Селиверстов закурил новую сигарету, — ждут проишествия нового пророка — Майтрейи. И даже, мне кажется, начали строить сверхогромную статую его. Посвященные люди говорят, что новый пророк будет громадного роста. Может, это будет лемуриец?

Селиверстов:
— Мы скоро увидим людей из Шамбалы!

— Откройте форточку, а! Накурили, — попросил молчавший Шамиль Цыганов.

— Так вот, — сказал Селиверстов, открыв форточку, — в Европе ждут пришествия Нового Христа. Говорят еще, что и Новый Антихрист появится. Какими они будут? Никто не занает.

— И что, они, появившись на Земле, начнут сразу новые пирамиды ваять? — с сарказмом спросил Юрий Иванович.

— Ну, уж этого я не знаю. Их разум выше, чем наш.

— А мне кажется, — вставился я в разговор, — люди Шамбалы строят пирамиды и монументы древности не в нашем, а в параллельном мире или, как говорится, в другом измерении.

— Почему?

— Не удивляйтесь, у меня даже есть некоторые предпосылки, подтверждающие это, — продолжал я. — А вначале мне бы хотелось сказать, что там, в этом загадочном параллельном мире, наверное, все по-другому — другое небо, другие деревья, другие животные, другие люди и нет ничего того, что существовало бы одновременно в двух мирах. И только пирамиды, древние пирамиды, находятся одновременно в нашем и параллельном мирах.

— Почему так?

— Не знаю, но я так думаю. Мне почему-то кажется, что в параллельном с нами мире, где в Шамбале живут Лучшие из Лучших, периодически строятся пирамиды и монументы древ-

Возможно, пирамиды строятся в параллельном мире (другом измерении) и в нужное время вводятся в наш мир

ности, которые в нужное время вводятся в наше пространство, в наш мир. Они как бы возникают из ниоткуда. Цели и время введения пирамид в наш мир знают только они — строители пирамид, а мы можем только догадываться. Как, например, сейчас — мы рассматриваем математические особенности треугольников мировой системы пирамид и монументов древности в отношении уничтожения ими человеческих злых мыслей.

— Может быть... а может, и...

— При всем этом, — с упорством продолжал я развивать невесть откуда нахлынувшую мысль, — в наше пространство (в наше измерение) вводится скорее всего мыслеобраз пирамиды, а определенной группе людей нашего мира передаются знания по «материальной достройке» пирамиды и способности по использованию психической энергии для переноски каменных блоков и тому подобное. Наверное, малодуховным людям такие способности передать невозможно. Поэтому «материальную достройку» пирамид производили, видимо, значительно более высокодуховные, чем мы, атланты, оставшиеся на Земле (в нашем мире) после Всемирного Потопа 850 000 лет тому назад. Таким образом, пирамиды и монументы древности можно назвать комплексным произведением параллельного и нашего миров.

— Я вот что хочу сказать, — заметил Юрий Иванович, — в параллельные миры я верю. И многие люди верят, не только я. Не верят только те, для которых параллельный мир существует в Швейцарии, где у них потайной счет в банке открыт. Ты, шеф, мне вот что скажи: захаживают ли в наш мир люди с более высокоразвитого параллельного мира? Я читал, что захаживают, и не так редко, а иногда на тарелках летающих влетают.

— В этом-то все и дело, Юра. Накопилось немало сведений о постоянном посещении нашего мира людьми из параллельного мира, которые, возможно, непосредственно руководили «материальной достройкой» пирамид. Взять хотя бы, данные Друнвало Мелхиседека, изложенные в его великолепной книге «Древняя Тайна Цветка Жизни». Этот автор излагает огромный объем экстраординарных знаний, которые ну никак не укладываются в понятия «вымысел» или «фантазия», поскольку совпадают с древними представлениями о создании жизни на Земле и пестрят совершенно четкими датами и фактами. В соответствии с этими фактами в период строительства

Возможно также, что пирамиды можно назвать комплексным произведением параллельного и нашего миров

В сравнении с правителями Египта, пришедшими из пятого измерения, рост обычных людей кажется ничтожно малым. Статуи из храма Абу-Симбел (Египет)

египетских пирамид правителями Египта были люди огромного роста и необычной внешности, изображенные, например, в виде статуй в храме Абу-Симбел. Автор утверждает, что вначале Египтом правили люди пятого измерения (или пятого уровня сознания), имевшие рост около 18 метров, статуи которых выполнены в реальных размерах. Египтом правили и люди из четвертого измерения (четвертого уровня сознания), статуи которого ростом 10,6 метра также представлены в храме Нифертити. Люди четвертого измерения назывались Хаторами. И наконец, Египтом правили люди третьего измерения (третьего уровня сознания), имевшие рост 3,0—4,8 метра. Типичным их представителем являлась красавица Нифертити. Она была очень высокой и выглядела довольно необычно. Рост ее был около 3,5 метра. Поражают размеры и форма ее черепа. И лишь впоследствии, когда пирамиды и монументы были уже построены, Египтом правили люди нашего второго измерения (второго уровня сознания), имевшие обычный для нашего восприятия рост (150—210 см).

Статуи людей четвертого измерения (Хаторов) в храме Нифертити. Рост их составлял порядка 10,6 метра

Статуя обнаженной Нифертити (Египет). Рост — 3,5 метра

— Если верить Друнвало Мелхиседеку, — Селиверстов вновь закурил сигарету «Вега», — то надо признать, что в процессе строительства пирамид принимали участие люди, пришедшие из нескольких параллельных миров или измерений. То есть люди из трех параллельных миров (третье, четвертое и пятое измерения) участвовали в этом процессе, да еще и наш мир, наше второе измерение. Насколько же, значит, сложны пирамиды! Знаний одного мира не хватает! Нужно, оказывается, привлекать параллельные миры. А четко получается, — строительство пирамид начинают люди наиболее высокого уровня (пятое измерение), а продолжают люди более низких уровней (четвертое и третье измерения). И для кого? Для людей второго измерения, то есть для нас. Многого же стоит наша с вами злость (злые мысли) в космическом масштабе!

— Если мы делаем статуи, то обязательно их увеличиваем в размере, — заговорил Юрий Иванович. — Вон на Ленина посмотрите на каждой площади каждого города — громадный, как человек четвертого измерения, стоит и рукой куда-то показывает. Почему мы увеличили размер его тела в статуе? Ведь махоньким и щуплым был? Да все потому, что Ленина мы лживо за Бога выставляли, культ ему через размер его тела прививали. Наверное, в нашем подсознании осталась память о людях громадного роста, пришедших из параллельных миров и поражавших нас своим величием и интеллектом. А скульпторы с возбужденным подсознанием старались придать ему черты великих учителей из параллельных миров. А зря.

— Люди более высокоразвитых параллельных миров, в отличие от нас, искренне верили в Бога и в деталях знали божественное мироздание. Поэтому у них, видимо, и мысли не возникало, чтобы в статуях увеличивать размер своего тела. Это было бы некорректным в отношении людей из параллельного мира с еще более высоким уровнем сознания и походило бы на сомовозвеличивание, — добавил Селиверстов.

— А Шамбала в каком измерении живет? — неожиданно спросил Равиль.

— Не знаю, — честно ответил я, — но, мне кажется, не в нашем. Но в каком? Шамбала, как мы говорили, должна быть многоликой. А если посмотреть статуи людей, представленных в храме Абу-Симбел, то складывается впечатление, что люди разных измерений (или разных миров) имеют приблизительно сходную внешность, отличаясь ростом. Однако... однако, наверное, пространство значительно более многогранно, чем мы думаем, а параллельных миров значительно больше, чем можно представить, живя в нашем мире и обладая нашим уровнем сознания. Очень умный человек, лидер всех мусульман европейской части России муфтий Талгат Таджутдин как-то сказал мне, что в Коране упомянуто существование тысячи параллельных миров.

Памятник В. И. Ленину

Как много я тогда не знал! Меня мучительно будоражили мысли, которые никак не хотели выстраиваться в систему. Вопрос за вопросом мелькали в моей голове, не находя даже гипотетических ответов. Кто разработал принципы создания пирамид и монументов древности? Шамбала или люди параллельных миров? Живет ли многоликая Шамбала вместе с людьми одного из параллельных миров, или она находится под землей в нашем мире? Неужели злые мысли людей так страшны? А может быть, в отличие от нас, параллельные миры имеют контакты друг с другом, осознавая единство мира, созданного Богом? Что такое пространство и как его ощутить? Неужели пространство, которое постоянно находится вокруг нас, может быть другим? Каким? Неужели на одной и той же Земле, имеющей один и тот же объем, могут, накладываясь друг на друга, существовать несколько параллельных миров? Каким образом? Неужели пространство столь значимо, что воздействие его на материальные объекты столь сильно меняет их свойства, что эти материальные объекты, будь то дерево, человек или камень, становятся взаимопроницаемыми и взаимоневидимыми в разных параллельных мирах? А время? Что такое время? Как оно связано с пространством? Неужели время способно быть разным для разных параллельных миров? А может быть, параллельные миры отличаются временем и мы, люди, не способны наблюдать за параллельными мирами из-за разного хода времени в них? Неужели материя, которую мы способны увидеть и потрогать, является лишь второстепенным вторичным субстратом загадочного комплекса «пространство — время»?

Сейчас, когда я пишу книгу, экспедиция в поисках Города Богов уже закончена. Я немного поумнел, но не намного. На какие-то из поставленных вопросов я уже могу ответить с той или иной степенью гипотетической достоверности, на какие-то — нет. Но пройдет время, закончатся новые исследования, подведутся новые итоги, после чего и на эти, в настоящее время неразрешимые вопросы найдутся ответы, хотя... хотя в не меньшем количестве встанут новые вопросы. Такова жизнь с ее бесконечной широтой познания. Полудикое вначале слово «чудо» постепенно облачается рассуждениями и доказательствами, превращаясь в реалии, вслед за которыми оно становится скучным и неинтересным, вызывая тоску по «новому чуду» с новым кругооборотом рассуждений и доказательств.

И все-таки я хотя бы намекну читателю, что там, в далеком Тибете, в Городе Богов, мы все как-то сразу осознали роль пространства и времени. Мы поняли, что пространство и время были изменены при помощи монументов и пирамид Города Богов, чтобы жизнь на Земле начала течь по-иному, чем раньше. Мы как-то сразу представили, что пространство и время — это главное, а свойства материи, к которой мы так привыкли в ходе ежедневного бытия, всецело зависят от этих двух понятий, которые трудно пощупать, потрогать и осмыслить. Там, в высокогорьях Тибета, мы ощутили близость параллельных миров и даже видели места (и... даже приближались к ним), которые специально были сделаны древними для перехода в параллельные миры. Но об этом, дорогой читатель, я буду писать во втором и третьем томах этой книги.

— Помните, во времена СССР издавался интересной журнал «Техника молодежи»? — обратился к нам Шамиль Цыганов. — Я просмотрел большое количество этих журналов и нашел вот что. В статье Н. Гончарова, В. Макарова и В. Морозова (1981) упоминается, что в индийском эпосе Махабхарата, древнекитайских гимнах и у философа Платона говорится о каком-то треугольном делении Земли. Не то ли это самое, что сделали и мы? Кроме того, авторы соединили между собой на глобусе очаги древних культур и тоже получили довольно стройное деление Земли на треугольники, четырехугольники и пятиугольники.

— Это очень любопытно, — проговорил я.

— Но я считаю, — убежденно сказал Шамиль, — что сделанное нами деление Земли на треугольники является более точным, потому что мы основывались на совершенно конкретном числе 6666, переданном людям, как мы говорим, в виде трагического послания древних. Для меня, математика, полученная схема, состоящая из серии симметричных треугольников с едиными математическими характеристиками, кажется очень убедительной. Случайности ведут себя по-иному.

— А помнишь, шеф, вечер, — обратился ко мне Селиверстов, — ну тот вечер, когда женщины надоедали с духами «Кензо», — именно тогда ведь мы догадались высоту горы Кайлас (6666 м) сопоставить с расстоянием от Кайласа до Северного полюса (6666 км). С этого все и началось.

— Да уж.

— В журнале «Техника молодежи» за 1984 год, — продолжал Шамиль, — я нашел статью М. Струниной о так называемых ги-

Страна Арктида, располагавшаяся на Северном полюсе, с горой Меру в центре. Карта Герарда Меркатора (1595 год) из журнала «Техника молодежи», №10, 1984 год

пербореях, тех самых гипербореях, которых хотел найти Гитлер. Основываясь на древнеиндийском эпосе Махабхарата, автор описывает страну Арктиду, расположенную на Северном полюсе. Климат в этой стране был теплым и мягким, так как в те времена течение Гольфстрим доходило до Северного полюса и делало эту землю пригодной для жизни. До автора дошла карта Герарда Меркатора, изданная в 1595 году; согласно этой карте, страна Арктида (или Гиперборея) состояла из четырех больших частей, разделенных большими реками, вытекавшими из расположенного в центре внутреннего моря. В самом центре этого моря в точке Северного полюса находилась «черная скала» или легендарная гора Меру. Эта гора характеризовалась как обитель всесильных Богов...

Какая она, интересно, была, гора Меру?

— Я ведь говорил! — перебив, воскликнул Юрий Иванович. — Я ведь говорил, что под водой Северного полюса должен находиться монумент древности. Легендарная гора Меру должна была быть монументом, так же как гора Кайлас является пирамидой. В противном случае точка Северного полюса не входила бы в мировую систему пирамид и монументов древности. А потом гора Меру утонула. Какая она, интересно, была?

— В этой статье пишется, — продолжал излагать факты Шамиль, — что Арктида погибла около 12 — 13 тысяч лет тому назад, затонув в океане. Воды Гольфстрима изменили направление своего течения и начали обогревать берега Европы.

— Время гибели Арктиды совпадает со временем гибели острова Платона, в Атлантическом океане, на котором, по Блаватской, жили последние из атлантов. Помните, прилетела комета Тифона и... А какими они, интересно, были — гиперборей? — перебил Шамиля Селиверстов.

— Если судить по статье, — Шамиль стал перелистывать ксерокопии, — то гиперборееев называли «потомками титанов». Отмечается, что гипербореи имели контакты с древними греками.

— Любопытно, — проговорил я. — Значит, гипербореи жили в сравнительно недавнее историческое время. Что пишется в статье о гибели гиперборееев?

— Пишется, что они, возможно, переселились.
— Куда?
— Не пишется.
— Не возвратились ли они опять на свою первоначальную родину — «Вечный Материк» (Тибет, Гималаи, пустыня Гоби, Алтай), где их предки в свое время спаслись от Всемирного По-

топа? — задался я вопросом. — Ведь там находится «Вара», внутри которой, как мы предполагаем, был заново клонирован человек и все другие формы земной жизни из «семян», заранее принесенных туда! Ведь именно там, видимо, спаслись лучшие из атлантов и ранних лемурийцев, войдя в состояние Сомати! Именно на «Вечном Материке» было наиболее логично спастись от очередного глобального катаклизма, вызванного падением кометы Тифона 12—13 тысяч лет тому назад. Гипербореи, наверное, понимали, зная траекторию полета кометы, что их материк Арктида погибнет. А отсюда вытекает...

— Вытекает, что они после катаклизма продолжили жизнь на «Вечном Материке», построили города... — заключил Селиверстов. — А может быть, мы найдем город гиперборееев на Тибете? Он должен быть рядом с Городом Богов! Почему? Да потому, что священная гора Кайлас для них, наверное, символизировала и напоминала их родную, ушедшую в воду священную гору Меру на Северном полюсе.

— Вот что я хотел еще заметить, — произнес я. — Согласно литературе, которую мне довелось изучать, Гитлер, пройдя через Россию, хотел достичь Тибета («Вечного Материка») и най-

Гипербореи, наверно, понимали, зная траекторию полета кометы Тифона, что их материк Арктида погибнет

ти там гипербореев, надеясь узнать у них секрет сверхэнергий и с их помощью изменить мир. А мы, рассуждая на тему трагического послания древних и анализируя особенности жизни на «Вечном Материке», пришли к выводу, что после Всемирного Потопа прежде всего атланты дали первый росток «постпотопной человеческой жизни на Земле», а далее распространились по земному шару, осваивая открывающиеся от воды материки. Отсюда следует, что атланты и гипербореи являются синонимичными понятиями одних и тех же людей IV расы. Отсюда также следует, что Гитлер искал атлантов. Он верил, что они еще живы.

Атланты или гипербореи? Это синонимы

— Из всего сказанного может следовать, что атланты (или гипербореи), выжившие после Всемирного Потопа 850 000 лет тому назад, прожили на Земле долгое время, по крайней мере период от 850 000 до 12 000 лет тому назад. Так ли это? — спросил Равиль.

— Получается, что так, — ответил я. — Более того, мне кажется, что атланты остались живы и после второго катаклизма (12 000 лет тому назад) и продолжали жить на «Вечном Материке». В противном случае трудно объяснить существование их контактов с греками (эллинами) в сравнительно недавнее историческое время. Да и хакасская легенда о белоглазых людях огромного роста, вполне возможно строивших монумент Салбыкского кургана, говорит об этом. Поэтому сказания о «титанах», населявших когда-то Землю, могут быть вполне правдивыми, оставшись в памяти людей нашей пятой расы.

— У меня сложилось такое впечатление, что люди нашей расы через какое-то время после Всемирного Потопа были клонированы из «семян» ранних арийцев, сохраненных в «Вара», а «титаны», то есть атланты, продолжили жизнь, выйдя из состояния Сомати по окончании апокалипсиса, — поделился своими мыслями Равиль.

— Неужели скоро в экспедиции мы будем в том месте, Городе Богов, где в глубоких подземельях находится легендарная «Вара» и где «титаны» заново клонировали людей пятой расы, то есть нас с вами! — восторженно проговорил Селиверстов.

— А я где-то читал, что гипербореи были пришельцами из космоса, расселившиеся по земному шару, — задумчиво проговорил Юрий Иванович. — Какой-то современный Посвященный писал, а может... канающий под Посвященного.

— Если все статьи, опубликованные в газете «Скандалы» перебрать, то... — хмыкнул Равиль.

— А ты лучше к чужому мнению прислушивайся, чем... Молодой еще! Дыма без огня не бывает, — рассердился Юрий Иванович.

— Надо честно признаться, — прервал я начинающийся спор, — что сведения о пришельцах из космоса и их влиянии на земную жизнь накопилось очень много в литературе, в том числе и во вполне серьезной. Взять хотя бы клинописи шумеров из древнего Вавилона, которые утверждают, что первый человек на Земле (человек нашей расы) был создан ануаками с плане-

В «Вара» «титаны» заново клонировали нас?

ты Нибиру. Или многочисленные сведения Друнвало Мелхиседека о влиянии на земную жизнь пришельцев с Сириуса. А параллельные миры? Возобновление человеческой земной жизни после Потопа было не столь однозначно простым. Было, я думаю, немало попыток. Все значительно сложнее.

В этот момент я не знал, что этот пространный разговор в моем кабинете явится началом скрупулезного анализа истории восстановления человеческой жизни на Земле после четвертого апокалипсиса — Всемирного Потопа. Я даже и предположить не мог, что этот процесс окажется столь интригующе неоднозначным и выяснится, что к этому были привлечены высочайшие и неведомые нам технологии и... что Город Богов и вся мировая система пирамид и монументов древности сыграет здесь особую роль. Но об этом, дорогой читатель, я буду подробно писать в третьем томе этой книги после того, когда опишу само путешествие к Городу Богов. Третий том будет называться «Матрица жизни на Земле».

— Если уж говорить о том, что люди нашей расы были клонированы атлантами после Всемирного Потопа, — заговорил Юрий Иванович, — то всегда меня не покидает одна мысль — что они, атланты-то, не могли, что ли, «склонировать» что-нибудь поприличнее? Вон сколько алкашей, проституток, наркоманов, воров и дураков по улицам шляется. Навалом! Им, как говорится, до фени все проблемы пирамид и борьбы со злыми мыслями. Поэтому не мы, об заклад бьюсь, не мы, построили мировую систему пирамид и монументов древности. Атланты ее построили, имея контакт с Великой Шамбалой. А может, и пришельцы из других миров помогали. Вот только вопрос один возникает — а стоим ли мы, дураки, того, чтобы ради нас всю Землю системой пирамид и монументов окутать, чтобы наши алчные и эгоистичные мысли уничтожать? И еще один вопрос просится, чтобы его задать — а почему умные и сильные атланты не живут до сих пор, почему они исчезли с лица Земли и уступили место нам, сделав все для того, чтобы мы очередной апокалипсис своими злыми мыслями не спровоцировали?

— Почему?

— А потому, что Бог так велел, чтобы одна человеческая Раса сменяла другую, а Лучшие из каждой Рас в Шамбале, в другом измерении собирались. Богу виднее. Он все миры одновременно видит, — ответил Юрий Иванович.

Слушая этот разговор, я думал о том, что, видимо, и в самом деле атланты, прожившие на Земле, наверное, до недавнего исторического времени, шаг за шагом строили мировую систему пирамид и монументов древности, наблюдая и анализируя ее работу и достраивая новые монументы, чтобы ее антигреховная функция (и неведомые нам другие функции) была эффективной. Мне казалось, что в первую очередь был построен Город Богов. С него все и началось.

Фантомы пирамид

— Послушайте, — заговорил Селиверстов, — хотим мы того или не хотим, пирамиды и монументы древности все равно подвержены воздействию времени и постепенно разрушаются. А мы тут говорим, что каждый уголок пирамиды, каждый градус наклона очень важны для уничтожения злых мыслей. А если этот уголок разрушится со временем? Пирамида перестанет действовать?

— Не перестанет, об заклад бьюсь, не перестанет, — возразил Юрий Иванович.

— Почему?

— Есть у меня знакомый, Витькой зовут. К нам в техотдел частенько захаживает, протезом своим шевелит.

— Каким протезом? Глаза?

— Да нет же, — Юрий Иванович серьезно посмотрел на Селиверстова, — ноги. Правую ногу у него на водокачке, где он раньше работал, оттяпало. Врачи ему попались — лопухи, ногу не пришили, а с грохотом, как Витька рассказывал, допилив до конца кость, в таз выбросили, после чего протез заиметь порекомендовали. Вот с тех пор у Витьки эта нога-то и болит.

— Где болит, в могиле? — удивился Селиверстов.

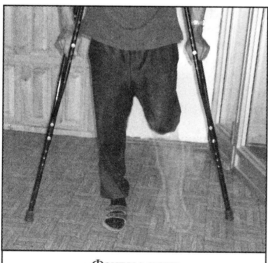

Фантом ноги

— Да что ты, с ума сошел? Витька-то живой. Слушать надо, — я говорил же, что Витька к нам в техотдел захаживает, протезом своим шуршит.

— Ну, ногу-то, наверное, похоронили после обрезания, — удивился Селиверстов.

— Не обрезания, а ампутации. Рядом с медиками сидишь все же, — Юрий Иванович показал на нас с Равилем.

— А что же у него болит, у этого Витьки? Ноги ведь у него нет.

— Нет ноги у Витьки, это точно. Но она болит.

— Как это?

— Болит у него... — Юрий Иванович многозначительно поднял палец, — болит у него... как его... не помню точно... слово какое-то, на фантомаса похожее.

— Фантомаса? — Селиверстов вытаращил глаза.

— Не фантомас болит, а фантом, — подсказал Равиль.

— Во, во, фантом у Витьки болит, — без тени конфуза сказал Юрий Иванович. — Объясняю, что это такое. Любой орган, будь то половой, будь то неполовой, фантом свой имеет. Говоря другими словами, энергетический орган это, из сплошной энергии состоит.

— Значит, у кого в нем энергии больше, то...

— Я, кстати, о ноге говорю. О Витькиной. Той, которой нет. Вернее той, которая была, но не стало.

— Ну, ну.

— Так вот эта нога, Витькина, тоже энергетический орган имеет...

— Нога тоже?

— Не перебивай! — Юрий Иванович кинул сердитый взгляд на Селиверстова. — Энергетический орган ноги этой без ноги жить может. Самостоятельно. Он вместо ноги стоит.

— Как это?

— Вот стоит человек. Ясно? С одной стороны нога стоит, с другой — энергетический орган, то есть фантом, стоит.

— Он, Витька, на этом энергетическом органе стоит?

— Да нет же, на протезе.

— А тогда что энергетический орган делает?

— Вместе с протезом стоит.

— А... а...

— Так вот, — продолжал Юрий Иванович, — захотел Витька, например, ногу поднять, то сразу и энергетический орган поднимается.

— Захотел ногу поднять и уже энергетический орган поднимается?
— Да.
— Здорово!
— У Витьки этот энергетический орган и болит.
— Да?...
— Он, энергетический орган, или фантом, бывшую ногу помнит, вот и страдает. Вместо ноги-то протез торчит, вот и переживает орган, фантом то есть.
— Запутался совсем!
— Да, — Юрий Иванович закурил. — Трогаю, говорит Витька, место, где болит, а ноги-то и нету. А болит! Энергия бывшей ноги болит, оплакивает ногу, короче говоря. Запомнила она, энергия эта, как травмировали и как ампутировали ногу. Родня она настоящей ноге.
— А стоять на фантоме ноги можно?
— Нельзя. Не выдержит веса.
— Понятно.
— Скажу еще, что Бог вначале человека из энергии слепил, потом на ней, на энергии этой, тело человека сваял.
— А... а...
— Поэтому любой человеческий орган имеет энергетический орган — копию его, но в энергии, без тела. У тебя-то, вон, тело-то какое большое, значит, и фантом большой. Живот, вон, тоже большой фантом имеет.
— Ну, я его в экспедиции сброшу, — проговорил Селиверстов.
— Как только сбросишь, так и фантом живота уменьшится. Энергетические копии кишок усохнут.
— А пирамиды, Юрий Иванович, тоже, значит, фантом имеют? — спросил Селиверстов.
— Естественно, имеют. Без фантома даже простого камня не найдешь, не то что пирамиду. По-

Фантом пирамиды

этому, сам понимаешь, Сергей Анатольевич, пирамида может разрушиться, но фантом останется. Навсегда. Навечно. Он будет всегда такой же, как первоначально сделали пирамиду.

— А почему ты говоришь, что при уменьшении живота фантом его тоже уменьшается, а у пирамиды нет?

— Живот — это не пирамида.

— А... а...

Фантом состоит из тонкой энергии

— Скажу еще вот что, — Юрий Иванович затушил бычок о край блюдца, — фантом этот из тонкой энергии состоит, той же энергии, что и мысль человеческая. У тупых людей (а Витька-то умным никогда не был) фантом, как и мысль, всегда слабеньким является, у умных — крепким. Витька-то поэтому на фантоме стоять не мог, а йог бы, может, и смог.

— А как образуется фантом? Сам по себе?

— Мысль его ваяет, мысль! Ты ведь, Сергей Анатольевич, прежде чем что-либо сделаешь, ты подумаешь об этом и подумаешь, как это сделать. Витька, правда, делал вначале и только потом думал. Вот с фантомом вместо ноги и остался, да и тот, наверное, потом домыслил, видя, что ноги-то нету и желая ее возвратить. Фантом-то возвратил, а ногу-то — нет — в тазу она осталась.

— Вместе с фантомом осталась?

— Где?

— В тазу.

— У таза свой фантом есть. Я думаю, что когда Витькина нога в таз залетела, то фантом ее сразу понял, что фантом-то таза не родня ему, поэтому отделился от таза и к остатку Витькиной ноги приплюсовался.

— А Витька что домысливал?

— Ну, соединял тот фантом, наверное, с фантомом своего тела, а может быть, фантом своей ноги из таза выволакивал.

— А... а...

— Скажу тебе прямо, Сергей Анатольевич, что человеческая нога может фантом ваять...

— Как? Нога?

— Ой, прошу прощения, человеческая мысль может ваять фантом, — сконфузился Юрий Иванович. — Но слабенький фантом, как у Витьки. Атланты могли ваять более сильный фантом, лемурийцы — еще сильнее. Вот они-то, лемурийцы с атлантами, своей мыслью сформировали фантомы пирамид, потому что их вначале надо было в мыслях претворить, а только потом в материи.

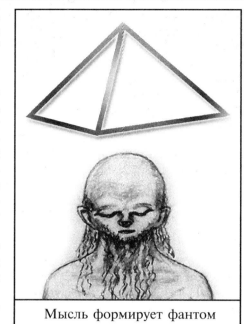

Мысль формирует фантом

— Материализацию, что ли, делали на фантоме атланты? Мы, вон, с шефом видели как Саи Баба материализовал пепел.

— Может быть, материализовали, а может быть — нет. Скорее всего, строить из каменных блоков заставляли, ориентируясь по границам фантома, который они воочию видели. Мысль как-то повисала в пространстве. А мысли строителей еще больше укрепляли этот фантом.

— Интересно!

— Еще вот что я думаю, — Юрий Иванович закурил вновь, — самый мощный фантом может создать мысль Бога. Поэтому лемурийцы и атланты наверняка молились перед фантомостроительством.

— Перед чем?

— Фантомостроительством. Ну... то есть перед тем, как фантом в голове смастерить. Ну, не в самой голове, а в мыслях, которые голова испускает.

— А мысль ведь улетает, причем мгновенно. Как же она на фантоме в пространстве задерживается? — возразил Селиверстов.

Самый мощный фантом может создать мысль Бога

— А чтобы мысль не разлетелась по сторонам, тебе надо медитировать на фантом, то есть думать только о фантоме и больше ни о чем. А то ты ведь то о женщинах думаешь, то обиды вспоминаешь... а надо думать только о фантоме.
— Долго думать?
— Очень долго.
— Сколько?
— Не знаю, может, всю жизнь.
— А Витька, у которого на водокачке ногу оторвало, долго о своем фантоме думал?
— Витька не о фантоме думал. Витька, по причине своей необразованности, о фантоме не знал. Он думал, что протез у него болит. Даже к врачу с жалобами на протез ходил. Хотел, говорит, болящее место на протезе ножовкой отпилить.
— Ну и что врач сказал?
— Не знаю, что он там сказал, но я Витьке посоветовал фантом свой самому лечить, а не сваливать боль на протез.
— Чем лечить?
— Мыслью.
— Как это?
— Ну, во-первых, надо свой фантом здоровым представить, а не перерезанным пополам, — Юрий Иванович показал это рукой, — после чего думать, что нога есть, а не в тазу валяется.
— Какая нога? Энергетическая?
— Обе.
— Обе — это две ноги или одна вместе с энергетической? — недоуменно спросил Селиверстов.
— Все ноги.
— А... а...
— А потом, — Юрий Иванович сосредоточился, — надо начать медитировать на ноги, пришептывая, что они на месте сто-

ят, как было раньше, пока Витька на водокачку работать не устроился.

— А на сколько ног медитировать?

— Я же говорил, на обе.

— Я не понял, обе — это одна или две?

— Объясняю! Одна энергетическая

Юрий Иванович и Селиверстов обсуждают проблему фантома

нога плюс одна телесная нога и еще одна энергетическая и еще одна телесная. Четыре, получается, у Витьки было.

— А... а...

— При этом надо забыть, что одна из ног исчезла и меньше на одну стало.

— Три, то есть, осталось?

— Да. Надо все ноги в наличии представлять.

— И что тогда?

— Тогда фантом успокоится и, образно говоря, забудет, что отрезали его телесного друга. Протез за друга воспримет.

— То есть протез роль четвертой ноги будет выполнять?

— Неполноценной, конечно, но будет. Мысль залечит фантом. Витька так и сделал.

— И что?

— Перестал у него болеть протез. Ой, то есть фантом.

— А с руками то же самое бывает?

— Не только с руками, но и со всеми конечностями бывает

Прислушиваясь к этому разговору и посмеиваясь над смачными выражениями Юрия Ивановича, я осознавал, что в принципе он во всем прав. Народная мудрость, сидящая в этом человеке, позволяла ему доступно объяснять те вещи, которые не всегда были доступны даже ученому.

Я опять вспомнил полюбившуюся мне книгу Друнвало Мелхиседека «Древняя Тайна Цветка Жизни», где он упоминает строительство комплекса пирамид Гизы в Египте. Строили комплекс, по его мнению, намного более высокоразвитые люди другого измерения, которые первоначально создавали мыслеобраз строения, который чудесным образом превращался в грандиозное материальное сооружение.

Нам, естественно, трудновато верить в это (хотя очень часто сказочные былины вскоре становятся явью), тем не менее понятия мыслеобраза и связанного с ним фантома весьма интересны. Каждый из нас знает, что изготовление любого изделия, например инструмента, начинается с осмысливания его конструкции (создание мыслеобраза), после чего делается чертеж и по нему выполняется работа по его материальному воплощению. Но если верить, что мысль материальна, то следует согласиться, что этот инструмент будет облачен мысленной, то есть состоящей из мысли, оболочкой, что, по-видимому, и является его фантомом. Поэтому мы, люди, работая и создавая что-либо материальное, создаем и фантомы.

Но бывают фантомы и природные, созданные кем-то до нас, примером чему может служить фантом ноги отмеченного пресловутого Витьки, потерявшего ее на водокачке. Видимо, волновая форма жизни родоночального Гого Света, решив создать материального земного человека, создала вначале его фантом, включающий в себя все — от рук или ног и до каждой молекулы.

Фантом человека

А потом на этом фантоме производилась сборка материального субстрата и создание тела.

Из чего состоит фантом? Никто этого не знает. Анатомы, которые изучают строение человеческого тела, говорят о неких «формообразующих силах», вдоль которых вытянуты волокна сухожилий и связок, но на вопрос о природе этих сил они отвечают однозначно — науке это неизвестно. Физики предполагают, что фантом есть информационная голограмма.

Тем не менее мы должны согласиться, что фантом есть информационная программа, сделанная из неведомой нам энергии (или материи), которую в обобщенном виде называют тонкой энергией и из которой состоит мысль. Однако фантом не обладает свойством фрактальности (безграничности), он структуризирован в пространстве, то есть как бы висит в пространстве, имея форму и размеры.

Странное это слово — структуризация! Пространство, по-видимому, столь многогранно, что способно ограничить и сохранить участок с информацией и предотвратить его растекание.

Этапы создания фантома пирамиды

Создание мыслеобраза

Строительство материальной матрицы

Изгибание пространства энергией мысли на матрице

Фантом

— Как же производится структуризация пространства и создание фантома? — думал я, не обращая внимания на продолжающийся разговор про злополучную Витькину ногу. — Наверняка вначале создается мыслеобраз объекта, например пирамиды. В соответствии с этим мыслеобразом пирамида строится в материальном виде. Для чего? Для того, чтобы выполнить роль матрицы, на которой будет структуризировано пространство. На матрицу подается сильная тонкая энергия, которая на ней, как на штампе, изгибает пространство и формирует фантом. Что может быть источником сильной тонкой энергии? Скорее всего, человеческая мысль, не зря Блаватская называла Человека самой мощной энергетической машиной. А после создания фантома материальный его аналог уже не будет иметь принципиального значения, он может разрушиться, утонуть в океане, уйти под землю, — главную роль будет играть фантом, невидимый и неведомый нам в физическом мире, но стройный и красивый в тонком мире. А в принципе, наверное, так и должно быть, так как пирамиды действуют («работают») прежде всего в тонком мире — мире мыслей, очищать который от злого и разрушительного компонента и призваны пирамиды. В дальнейшем, видимо, фантомы периодически поддерживаются и укрепляются мыслью строителей пирамид.

Честно говоря, такой ход рассуждений мне самому понравился. Теперь я уже мог представить мировую систему пирамид и монументов древности не только в виде громадных каменных строений, подвергающихся разрушительному влиянию времени, но и в виде элегантных сверкающих прозрачных фантомов пирамид и монументов, когда мысль создателей как бы зависала в воздухе. Фантомы мне казались вечными.

Интересно было бы заглянуть в тон-

В тонком мире система пирамид и монументов состоит из элегантных сверкающих прозрачных фантомов, не подверженных воздействию времени

кий мир, чтобы увидеть эту красоту, но... Я понимал, что фантомы обеспечивают преемственность тонкого и физического миров. В тонком мире, наверное, физическая материя не видна, видны только фантомы предметов и... как, наверное, красивы сверкающие фантомы пирамид!

Но когда я думал обо всем этом, я не обратил должного внимания на понятие матрицы. Вскоре там, в далеком Тибете, когда я увижу то, что не мог вообразить даже во сне, я пойму, что и человек на Земле был создан при помощи матрицы.

Мировая система пирамид и монументов древности спасла нас от конца света

Было начало августа 1999 года. По телевизору постоянно говорили о разных предсказаниях, касающихся конца света, который должен был наступить или в июле, или в августе 1999 года. Но конца света не наступило. Бог миловал Землю; очередной пятый апокалипсис не произошел. Почему?

А потому что (наверное, это все же так!) сработала антигреховная функция мировой системы пирамид и монументов древности. Давайте, дорогой читатель, вспомним наши рассуждения, изложенные в шестой главе этой книги. Апокалипсис за апокалипсисом Земля, сметая погрязшее в грехах человечество и реклонируя его вновь, в другом измерении (параллельном мире) накапливала «благочестивых» людей различных человеческих рас, то есть Лучших из Лучших. Так, я думаю, была создана Шамбала. Ради нее, Шамбалы, Земля жертвовала миллиардами и миллиардами человеческих жизней, погубленных в периоды апокалипсисов. Почему так жестоко? Почему именно так решил Бог? Да потому что превалирование злых мыслей в человеческом обществе неотвратимо ведет к самоуничтожению человечества или его деградации с одичанием и переходом на полуживотный образ жизни. Поэтому целесообразнее спасти Лучших, чтобы тупеющая и озлобленная масса людей не увлекла и их в пучину безбожия и дикости. Это более благоразумно.

Шамбала, сказочную жизнь которой нам трудно представить, тоже, по-видимому, имела периоды подъема и спада своего многоликого общества, но от апокалипсиса к апокалипсису все более утверждала себя, пополняя свои ряды лучшими представителями очередной человеческой расы и провозглашая ло-

Ради создания Шамбалы Земля жертвовала миллиардами человеческих жизней, погубленных во время апокалипсисов

Девиз Шамбалы
ЖИЗНЬ С ЧИСТОЙ ДУШОЙ

зунг «Жизнь с Чистой Душой».

И вот, после четвертого апокалипсиса, наступило время, когда Шамбала решила отойти от традиционной практики отбирать и принимать в свои ряды Лучших в периоды самоочистки Земли от заблудшего и погрязшего в злости человечества. Шамбала решила создать на Земле систему, которая уничтожала бы первопричину всего негативного на свете — злые мысли, чтобы они не будоражили матушку- Землю, не влияли бы на параллельные миры и не разрушали бы достигнутое за миллионы лет благоденствие Того Света.

Нет, я не хочу сказать, что параллельная с нами прекрасная Шамбала создала систему, направляющую наши с вами бренные мысли в нужную позитивную сторону. Этого не достигнуто, да и не может быть этого, потому что человек создан Богом как саморазвивающееся начало.

Мировая система пирамид и монументов древности всего лишь уничтожает злые мысли, чтобы они в связи с удивительным свойством фрактальности не распространялись по Вселенной и не превращали Землю в источник «мысленной грязи». А это, поверьте, дорогой читатель, немало, очень немало. Это уже, я думаю, позволило нам спастись от очередного, пятого апокалипсиса. Эксперимент Шамбалы удался. А живая Земля, апокалипсис за апокалипсисом взращивая Шамбалу, наконец достигла того, что она начала лечить Землю от... человеческой злости.

Я еще и еще раз стараюсь представить тонкий мир нашей планеты Земля. Он чудится мне прекрасным, и особенно прекрасными на ней мне кажутся сверкающие фантомы пирамид и монументов, созданные разумом Шамбалы. Злые мысли

имеющие грязный оттенок, мечутся между фантомами пирамид, ударяются о них и исчезают навсегда. А фантомы стоят, величественно возвышаясь и оставаясь всегда кристально чистыми.

Я, конечно же, понимаю, что мировая система пирамид и монументов древности несет еще какие-то функции, поскольку Высокий Разум всегда в одном деянии преследует две и более целей. Я о них пока не знаю. Но то, что касается антигреховной функции, я убежден, что она является главной. Поэтому хочется сказать: «Люди! Старайтесь быть добрыми!»

Эксперимент Шамбалы продолжается, господа! Бойтесь злых мыслей!

Когда я обо всех этих мыслях рассказал своим друзьям, Сергей Анатольевич Селиверстов многозначительно произнес:

— Эксперимент Шамбалы продолжается, господа! Бойтесь злых мыслей!

А Юрий Иванович вздохнул и с грустью проговорил:

— Эх, если бы я не был в завязке, то за Шамбалу сразу полстакана бы выпил.

Глава 9
Пирамиды сокращают продолжительность жизни людей

До отправления в экспедицию оставалось всего несколько дней. Прекрасную экипировку нам предоставила «Роза Ветров» (Н. Кучнев). В подготовительные работы было втянуто множество людей, в том числе сотрудники и больные нашего Всероссийского центра глазной и пластической хирургии. Дизайнер Ольга Ишмитова работала со швейной мастерской (спасибо Т. И. Громовой и В. Н. Золотаревой!) по поводу качества пошива экспедиционных анараков, художники Аня и Юля занимались вышивкой эмблем, старшая медсестра Залифа комплектовала аптечку, Юрий Иванович собирал ремнабор, Рафаэль Юсупов и Равиль готовили аппаратуру, украинец Петрович солил сало по-лугански...

Когда все было почти готово, мы отправились за город, чтобы испытать снаряжение и аппаратуру в полевых условиях. Мы приехали в район небольшого башкирского городка Дюртюли, где нас встретил главный межрайонный рыбинспектор Рим Фидаилович Гусманов. Перед отправлением на Тибет мне хотелось приехать именно

Рим Гусманов

Испытания экспедиционной лодки

сюда, поскольку этот колоритный человек, несмотря на свою грозную должность, имел теплую и уютную душу и, будучи глубоко интеллигентным человеком, мог понять наш романтический предэкспедиционный настрой. А это было важно, чтобы уезжать с детски-чистыми душами.

Во время испытания снаряжения меня поразила наша экспедиционная лодка, которую сконструировал на Уфимском заводе резинотехнических изделий молодой паренек с еврейским именем Эмиль и татарской фамилией Фатхутдинов. Эту лодку было очень трудно перевернуть; она могла встать почти вертикально, но не переворачивалась. О, как спасла нас эта лодка на демоническом озере Ракшас! Спасибо Эмилю.

Ночью, когда все разбрелись по палаткам, мы остались у костра вдвоем с моим другом Венером Гафаровым. Трещал костер. Рядом в палатке кто-то тихо похрапывал. Мы молчали.

— Такого костра на Тибете не будет, — перебил молчание Венер.

Пирамиды сокращают продолжительность жизни и вызывают болезни

Мысли волей-неволей возвратились к объекту наших предстоящих поисков — Городу Богов. Завороженный отблесками костра, я постарался представить Город Богов во всем великолепии его сверкающего фантома. Костер будоражил воображение и выводил его все на новые и новые грани, как бы показывая сказочные возможности простого на первый взгляд понятия — пространства. Но было еще одно простое понятие — время, которое, как известно, накрепко связано с пространством и осознание которого является одной из труднейших научных задач. Я взглянул на свои часы, которые показывали час ночи.

— А ведь пирамиды сокращают продолжительность жизни людей, — мелькнула вдруг шальная мысль.

Стал накрапывать теплый летний дождь. Венер продолжал лежать у костра, слегка придвинувшись к огню. Уходить в палатку не хотелось.

— Почему я так подумал? — задал я сам себе вопрос, не находя на него ответа.

И тут я вспомнил хорошо мне известное выражение Блаватской, которое я помнил почти наизусть (Тайная Доктрина, т. II. Антропогенезис. Изд. Рига, 1937, с. 514; 515):

«... человек из здорового царя животного творения Третьей Расы стал в Пятой, нашей Расе жалким золотушным существом и оказался сейчас, на нашем земном шаре, богатейшим наследником болезней, телесных и наследственных.»

Неужели пирамиды и монументы древности явились причиной появления болезней и сокращения продолжительности жизни?

Эта фраза Блаватской свидетельствовала о том, что предыдущие Расы людей были здоровы и не мучились многочисленными болезнями. Почему так несчастна наша Пятая Раса?

— А ведь именно в период жизни Пятой Расы на Земле была построена мировая система пирамид и монументов древности! Уж не связан ли этот феномен с пирамидами? — размышлял я. — Но если пирамиды и монументы древности явились причиной появления болезней и сокращения продолжительности жизни, то это должно было иметь какой-то смысл. Какой?

Я четко осознавал, что смысл этот не мог иметь характера злых намерений (так Высший Разум не поступает!), а был благородным, парадоксально благородным. Сомнения, которые охватывали меня, шептали простые человеческие постулаты типа: «Разве это благородно — напускать болезни?», «Разве благородно сокращать жизнь людей?» и тому подобное. Но вера, глубокая вера в Бога и Шамбалу не позволяла мне усомниться в правоверности божественных деяний.

Предсмертные мысли

Я почему-то вспомнил свою деревню Серменево, где вырос. Из закоулков памяти вдруг всплыл дворник Ахмадулла, который всю жизнь был

Моя родная деревня Серменево

беспробудным пьяницей, терроризируя свою семью и обрекая ее на полуголодное существование. Ахмадулла часто болел, но лечился одним средством — водкой. А когда Ахмадулла постарел, он бросил пить и, неожиданно для всех, стал глубоко набожным. Он, ввиду ограниченности своих умственных способностей, выучил одну лишь молитву, конечно же, не понимая ее смысла, и постоянно на похоронах или поминках проявлял дикую активность, строя из себя знатока мусульманских ритуалов. Но набожным Ахмадулла прожил недолго. Вскоре он начал умирать. Перед смертью, я помню с детства, Ахмадулла стал говорить главные слова своей жизни; они звучали высокопарно и красиво — Ахмадулла учил людей жить по принципам Добра и Любви.

Еще тогда, в детстве, я задумался над коллизией жизни, когда человек, вся жизнь которого была посвящена пьяной страсти и озлоблению, перед лицом смерти старался выглядеть благородно и богопристойно.

— Смотри-ка, лицо смерти облагораживает человека, — неосознанно подумал я тогда, будучи еще сопливым пацаном. — Вот если бы Ахмадулла так думал и раньше!

Тогда я, конечно же, не подозревал, что существует «небесный компьютер», называемый Хроники Акаши, в котором в «индивидуальных файлах» записываются все мысли человека и

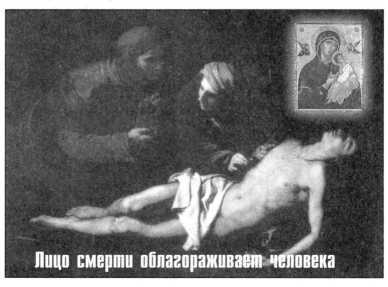

Лицо смерти облагораживает человека

Венер Гафаров у костра

что «файл» Ахмадуллы был уже накрепко забит растленными и низкопробными мыслями о своей дьявольской страсти, среди которых предсмертные мысли о Добре и Любви показались бы каплей в море. И как бы это парадоксально ни звучало, но если бы «смерть наступала чаще», то благородных и богопристойных мыслей у людей было бы больше. Видимо, человек подсознательно чувствует приближение перехода в мир иной, где его ждут совсем другие законы жизни, среди которых главенствующее значение имеют законы Чистоты Помыслов. И... эх как жаль, что земная жизнь прошла в пьяном угаре, сопровождаемая низменными помыслами о бутылке, и не удастся, к сожалению, не удастся восполнить этот пробел за счет благородных предсмертных мыслей, но хотя бы так, хотя бы так...

Я взглянул на Венера, продолжавшего лежать у костра, и вспомнил статью о Ленине, которую он мне принес и в которой было описано, как вождь мирового пролетариата перед смертью смотрел в небо и кричал: «А-ла-ла, А-ла-ла...», взывая к Богу.

— Помнишь, Венер, статью о Ленине, ну ту, где описывается, как он кричал «А-ла-ла»? — спросил я.

— Да, конечно.

— Как, по-твоему, если бы Ленин прожил дольше, он бы сделал больше зла? Ну, положим, прожил бы 90 лет.

— Несомненно, больше. Он бы, наверное, не только Россию превратил в поле репрессий, но и весь мир. Помнишь постулат большевиков — мировая революция?!

— Получается, что его смерть спасла остальной мир от ужаса коммунистических репрессий. Отсюда следует, что смерть благородна. Так ли это?

— В этом случае да, — уверенно ответил Венер. — В случае, когда умирает злой человек. За счет его смерти человечество освобождается от злых деяний.

— Помнишь, в первой гималайской экспедиции мы нашли сведения о том, что лемурийцы и атланты могли жить 1000 лет и более, — не унимался я. — Представь, что современные люди тоже будут жить по 1000 лет. Что будет тогда? Как, по-твоему?

Венер надолго задумался и ответил:

— Было бы очень плохо. Наступила бы катастрофа, потому что злые люди взяли бы верх. Почему? Да потому что злые деяния имеют разрушительный характер, а разрушать всегда быстрее, чем строить. Только смерть может остановить злых людей. А если бы они жили по 1000 лет... А злых людей много, очень много.

— Я представляю, — продолжил я, — что олигархи, накопившие денег на 100 жизней вперед, очень хотели бы жить по 1000 лет. Но они бы и тогда копили на сто жизней... по 1000 лет. А так, при средней продолжительности жизни в 70 лет, они ощущают хотя бы бессмысленность слишком больших накоплений. Кроме того, большие деньги — это большая власть. А при большой власти далеко не каждый может избежать «звездной болезни». При «звездной болезни» лидера продолжительностью в 1000 лет обязательно наступит катастрофа. Ты знаешь, Венер, во

И при продолжительности жизни в 1000 лет они бы копили на 100 жизней вперед

что превращена Куба усилиями их бессменного и долгоживущего лидера Фиделя Кастро, — это кошмар! Когда он уйдет в мир иной, то тогда Куба начнет жить. А если бы Фидель мог прожить 1000 лет?!

— Да что говорить о 1000-летней жизни, и 100 лет уже много...

— Я убежден, что если бы Ленин прожил вдвое дольше, то конец света, то есть пятый апокалипсис, мог бы и наступить. Как мы уже говорили, Ленин с его дьявольской гениальностью смог бы, скорее всего, совершить мировую революцию. Тогда бы не только Россия, но и весь мир погрузился бы во власть зависти (пролетариата к интеллигенции!), то есть во всем мире стали бы превалировать мысли «999». Такой поток негативных мыслей Земля бы не выдержала и самоочистилась бы от погрязшего в злости человечества путем апокалипсиса. Ранняя смерть Ленина спасла нас. А Сталин не смог в полной мере заменить Ленина в этом «черном деле».

— А ведь Ленин очень боялся смерти,

Страх наказания на Том Свете за злые деяния на Земле сидит в каждом человеке

взывая к Богу. Он знал, что на Том Свете его ждет страшное наказание, — прокомментировал мою речь Венер.

— Страх наказания на Том Свете за злые деяния сидит в каждом человеке. Этот страх подсознателен и всю жизнь нашептывает человеку «Не делай этого! Побойся Бога! Не делай! Будь благороден!». Но мы, к сожалению, редко прислушиваемся к своему подсознанию, а религиозные проповеди, говорящие об этом же, вспоминаем лишь во время редких посещений церкви, да и то слушая в пол-уха. Зато перед смертью этот шепот усиливается и постепенно превращается в громогласные слова, рвущие барабанные перепонки. Человек под воздействием этих слов, идущих откуда-то из Вселенной, вначале мечется, стараясь самооправдаться, но вскоре устает, ощущая бесплодность этих попыток и... вдруг, сам, не ожидая того, открывает рот и начинает говорить хорошие искренние слова о Добре и Любви, нелепо поучая других... После чего ему становится легче, хотя страшная обида на самого себя, не умолкая, сквозит откуда-то изнутри и металлом скрежещет об еще бьющееся сердце.

— Люди часто говорят хорошие слова, но перед смертью они говорят искренне, — еще раз прокомментировал Венер.

— О, как было бы здорово, если бы такие же искренние слова, как предсмертные, произносились чаще в ходе человеческой жизни! Но их так мало, так мало! Ну, хотя бы перед смертью...

Люди часто говорят хорошие слова при жизни, но перед смертью — искренне

Мысли во время болезни

— И во время болезни, — добавил Венер.

— Да. Боясь ослепнуть, оглохнуть, стать хромым, кривым или умереть, человек начинает взывать к правдивому и искреннему отношению к себе, понимая, что лживое и карьеристичное ему не подходит. Взывание к искренности — это уже хорошо, это уже чистая струя в мире мыслей. Кроме того, больной человек вызывает чувство сострадания у людей. А мысли, вызванные чувством сострадания, тоже являются чистыми. Из всего этого следует, что болезни, как ни парадоксально, способствуют появлению у людей чистых светлых мыслей.

— Любопытно, хотя и парадоксально.

— Знал я одного нефтяного босса, — продолжал я. — Сын его был болен пигментным ретинитом, что в народе зовется ночной или куриной слепотой и считается безнадежным заболеванием. Когда я консультировал сына, я сказал нефтяному боссу, что мы разработали новый метод лечения этого заболевания, но мы должны его доработать, в связи с чем мы нуждаемся в спонсорской помощи на закупку оборудования и химреактивов. Он мне ответил что-то наподобие того, что в условиях рынка надо

Болезнь

Взывание к искренности

взять кредит в банке и доработать метод лечения, после чего делать бизнес с новым методом операции. Уходя, он добавил такую фразу: «Хорошего врача мы всегда купим». Помню, я ему ответил: «Хорошего врача не купите».

— А что стало с сыном? Он ослеп?

— Через лет семь-восемь, когда наш метод был уже доработан и стал давать хорошие результаты, появилась гувернантка этого нефтяного босса с его сыном. Он уже было почти ослеп. Я назначил операцию и на бланке консультационного заключения жирно написал «Бесплатно», памятуя фразу «Хорошего врача мы всегда купим».

— И что же?

— Гувернантка сказала, что отец запретил сыну оперироваться бесплатно. От предложенных денег я отказался. Тогда по настоянию отца гувернантка увезла сына обратно в Москву. Вполне возможно, что сын уже ослеп.

— Но ведь сын не виноват, что его отец дурак, желающий видеть во всех аспектах жизни только бизнес, — возразил Венер. — Страдает ведь сын.

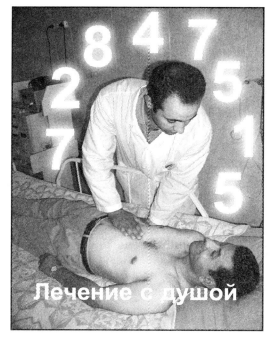

Лечение с душой

— Меня до сих пор совесть гложет по этому поводу, — ответил я. — Но я не мог взять деньги, понимаешь, не мог. Это бы означало быть купленным. Почему я не выношу чувства, что ты куплен? Не только потому, что, будучи бессребреником и трудоголиком, с энтузиазмом и ежедневно работаю до двух или трех ночи, а в основном потому, что стараюсь, как бы то ни было, подойти к лечению каждого больного с душой. Именно с душой, а не механически и тем более не коммерчески. Давай задаимся вопросом — что означает старание врача лечить больного с душой?

— Это означает быть искренним, — вставил Венер.

— Правильно — быть искренним. А что такое искренность? Это чистота помыслов или то, что у врача в отношении больного появляются светлые чистые мысли, определяющие его желание помочь. Наверное, такие мысли характеризуются комбинациями только положительных чисел 1, 2, 4, 5, 7 и 8. Но если...

— Если у врача возникают такие мысли, как, например, «сколько же я смогу с него содрать?», то о лечении с душой не

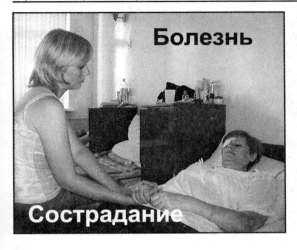

приходится и говорить, — перебил меня Венер.

— К сожалению, такие мысли, исходящие от врача, широко распространены в медицине, особенно в западной, — добавил я.

— И не только в западной, — заметил Венер.

— Хочу отметить, — продолжал я, — что разработанный нами биоматериал «Аллоплант», изготовленный из донорских тканей человека, стимулирует регенерацию (рост) человеческих тканей с помощью какой-то неведомой программы, заложенной в физическом теле человека. Эта программа записана, мне кажется, на субмолекулярном уровне, а именно в диапазоне тонкой энергии. Мысли тоже имеют тонкоэнергетическую составляющую. Поэтому искреннее желание врача помочь больному, я думаю, запускает эту неведомую телесную программу в действие, и на месте «Аллопланта» начинают расти новые здоровые ткани. Именно по этой причине я не мог оперировать сына нефтяного босса в порядке «купи-продай».

— Я тебя понимаю.

— И наконец, мне бы хотелось подытожить наше осмысление влияния болезней на характер мыслей людей, — сказал я, подкинув дров в затухающий костер. — Конечно, если брать в глобальном масштабе, болезни способствуют проявлению чистых мыслей у людей за счет взывания больного к искренности, сострадания окружающих и душевного отношения врача. В основе всего этого лежит возвеличиваемая в восточных религиозных школах связка двух понятий — «страдание + сострадание».

Насколько же грандиозен Мир Мыслей!

Подкинутые дрова вспыхнули, осветив светом прибрежные кусты. Моросящий дождь шуршал по тра-

Мы никогда не задумываемся над тем, что наши мысли действенны, как живые организмы

ве. Где-то кричала ночная птица. Земная жизнь, в полном цвете раскрывшаяся летом после долгой зимней спячки, кипела во всем своем многообразии жизненных форм.

Прислушиваясь к ночным звукам, я постепенно углубился в размышления о другом мире, том мире, который незримо присутствует вокруг нас и внутри нас, — Мире Мыслей. Все долгие вечера последних месяцев моей жизни я старался понять этот мир с помощью тех же самых мыслей. И чем я больше думал по поводу странного стечения однотипных обстоятельств в одном едином целом, тем более грандиозным и величественным казался мне этот мир — Мир Мыслей. Для нас, людей, понятие мыслить так же естественно, как пить, кушать, ходить, говорить, рожать и тому подобное. И когда-нибудь вечером, уткнувшись в подушку и страдая бессонницей, мы думаем о чем-либо насущном, обидном или радостном, но никогда не задумываемся над тем, что наши мысли двойственны как живые организмы, что они входят еще и в свой, необычный для нас мир, который, в свою очередь, оказывает на нас такое сильное влияние, что мы даже и не подозреваем. Мы этого не знаем... К сожалению. А древние знали.

Вот уже несколько лет, пытаясь анализировать мироздание и антропогенез (по причине неизвестно откуда взявшегося стремления делать это), я все более и более осознаю, что древние были умнее и мудрее нас, потому что у них хватало смекалки быть духовнее. Можно ли добиться того, чтобы когда-нибудь, да хотя бы с завтрашнего дня, стать духовнее? Что для этого нужно? А нужно сделать одно очень простое и в то же время очень сложное действие — начать думать добро, понимая, что ты одновременно живешь в двух мирах — мире физическом и мире мыслей. Древние знали это и делали это. И именно поэтому им открывались новые технологии, основанные на Силе Духа, с помощью которых удавалось мыслью сдвигать огромные каменные глыбы и строить из них гигантские сооружения. Именно поэтому им открывалось широкое видение мира, в котором Мир Мыслей занимал одно из главных мест, характеризуясь

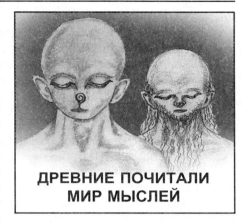

многообразием с одновременным единством под мыслительным началом Высшего Разума. Древние почитали Мир Мыслей.

Бог создал Мир Мыслей как единство всех миров и форм жизни, поскольку только с помощью мысли можно проникнуть в другие миры и познать другие формы жизни. Во Вселенной мыслит все: и волновые формы жизней разных уровней, и планеты, и люди, пополняя своими мыслями и совершенствуя безбрежный Мир Мыслей.

Поэтому глупо думать, что какая-нибудь поганенькая мысль, возникшая в душе, будет скрыта и останется при самом себе. Да, она будет скрыта от людей, выдавая себя, возможно, лишь нервным подергиванием брови, но она тут же поступит в Мир Мыслей, где будет проанализирована и когда-нибудь обязательно проявится в виде невесть откуда нахлынувших страданий. А если такие поганые мысли будут иметь массовый характер, то и страдания будут массовыми. Но если злые и

Глупо думать, что какая-нибудь поганенькая мысль будет сокрыта

поганые мысли дойдут до уровня глобального масштаба, то наступит глобальная катастрофа — апокалипсис.

На первый взгляд странно, что Бог решил допустить полную свободу мыслей и последующих за мыслью деяний, а не стал управлять нашими мыслями, отсекая негативные и злые. Если бы было так, то не было бы наказаний за прегрешения. Но на то и божий эксперимент, когда частица Бога включена в каждого из нас, и каждый из нас имеет возможность и право развиваться, чтобы двигаться по градациям Мира Мыслей все выше и выше и чтобы оправдать заложенный в нас постулат — человек есть саморазвивающееся начало.

На мою руку залез муравей.

— Как мало значит этот муравей для жизни человека! Если я его раздавлю, то ничего не случится, даже совесть особенно грызть не будет, — думал я.

Я взял муравья двумя пальцами и стал рассматривать его.

— О чем, интересно, он сейчас думает, муравей? Понимает ли, что ему грозит опасность? Или он верит...

Я выбросил муравья подальше от костра, чтобы он, с дурости, до него не дополз. В голове мелькнула мысль:

— Для грандиозного и всеобъемлющего Мира Мыслей мы, люди, наверное, кажемся такими же муравьями, а наши самые глубинные помыслы, наверное, напоминают то, о чем я только что подумал про муравья — как бы он, с дурости, до костра не дополз. Видимо, Мир Мыслей, пронизывающий все миры насквозь и в котором мы иногда путешествуем во снах, относится к нам до поры до времени снисходительно и с любовью. Но если наш маленький земной мир (такой же маленький, как и для нас муравей) станет источником злых мыслей, то великий Мир Мыслей приведет в действие планету Земля и заставит ее избавиться от источающего мысленную злость человечества путем апокалипсиса, так же, как мы бы избавились от всех муравьев на свете, если бы они явились причиной эпидемических заболеваний.

Уже четыре апокалипсиса человечество учится жить добро, но никак не научится. Какое-то вездесущее дьявольское начало подталкивает и подначивает людей считать себя Богами даже при мало-мальских успехах и отворачиваться от настоящего Бога, хотя это в принципе глупо. Люди никак не могут осознать того, что экспериментальная земная жизнь не есть еще все мироздание, что все мироздание в миллиарды раз больше и что человечество своим созданием обязано прежде всего общекосмической жизни, объединяемой во всех вариациях Миром Мыслей. Если бы мы это понимали! Ну, хотя бы иногда! Ну, хотя бы перед тем, как начать буянить и обвинять свою нелюбимую супругу во всем плохом, что есть на свете! Или перед тем, как, лукаво скосив глаза, преднамеренно врать, делая из человека, стоящего перед вами, лопоухого осла. То тогда было бы лучше. Тогда бы не было апокалипсисов. Тогда бы не надо было создавать Шамбалу, отбирая Лучших из Лучших и не обращая внимания на лавину мук и страданий остальных людей, у которых даже перед лицом смерти маска озлобления не сходит с лица.

Но люди не понимают того, что Мир Мыслей существует на самом деле и что он действенен. Люди могут признать существование Мира Мыслей, если им долбить об этом каждый день (как я и делаю в этой книге), однако они не примут это душой, по крайней мере в ближай-

Мир Мыслей существует на самом деле

Уже четыре человеческие расы не смогли душой принять Мир Мыслей, расплачиваясь за это апокалипсисами

шем будущем, поскольку что-то глубинное (и непонятное) мешает этому. Уже четыре человеческие Расы, включая и великих лемурийцев, не смогли душой принять этот мир, в жизни которого они ежесекундно принимают участие, являясь его составляющей. И уже четыре раза божий эксперимент по созданию и саморазвитию земной физической жизни ставился под угрозу полного срыва, когда после апокалипсиса только путем реклонирования удавалось воссоздать человечество. Почему так? А потому что недооценивалась роль того, что надо жить в доброй гармонии с Миром Мыслей.

Только после четвертого апокалипсиса было (мне кажется) введено два новшества в земной эксперимент: построена мировая система пирамид и монументов древности для уничтожения злых мыслей и недопущения их проникновения во всеобщий Мир Мыслей и установление барьерного принципа «SoHm» для предупреждения возможности земным человеческим разумом проникать в Мир Мыслей и использовать всеобщие мысли с корыстной (злой) целью.

В этих условиях мы живем и сейчас, когда действуют два этих новшества. Нас как бы изолировали от Мира Мыслей, не допуская наши злые мысли туда, но... и не давая возможности принимать мысли оттуда, то есть не давая возможности пользоваться знаниями Мира Мыслей.

Посмотрим, что из этого получится. И на нас смотрят, наблюдая и думая — что же из этого получится? Однако если мы осознаем значимость Мира Мыслей и будем следить за ходом наших мыслей, стараясь избегать поворотов в злую сторону, то вполне возможно, что-то и получится и не наступит очередной пятый апокалипсис.

Да, мы изолированы от всеобщего Мира Мыслей. Но не полностью, а частично. Все равно наши мысли доходят до всеобъемлющего Мира Мыслей. И если наши мысли будут преимущественно негативными, то рано или поздно наш маленький земной мир покажется там наверху поганеньким, никчемным и не стоящим существования. А пока мы живем. Но уже сейчас мы имеем расплату за наши злые мысли — сокращение продолжительности жизни.

Нас изолировали от Мира Мыслей. Эксперимент продолжается. Что из этого получится?

Каким образом было достигнуто сокращение продолжительности жизни на Земле

Отвлекшись от мыслей, я посмотрел на Венера. Он спал, неудобно подбоченясь и не обращая внимания на моросящий дождь. Я встал и тихонечко, чтобы не разбудить, накрыл его штормовкой.

Этот мощный физически человек, с которым вот уже много лет мы делим место в палатке во время наших походов, экспедиций и выездов на рыбалку или охоту, каким-то образом смог не растерять элементов детской непосредственности. Рядом с ним мне всегда хорошо думается, потому что я чувствую себя романтично и во всех тонкостях понимаемым. Жаль, что в этом году

Венер не смог идти в экспедицию, — став главным врачом одной из больниц, он должен был закончить начатую им реорганизацию.

Продолжая размышлять, я перебрал в голове все, что знал о продолжительности жизни людей предыдущих цивилизаций. Все факты, которые я вспомнил (данные древних тибетских религий и другое), говорили о том, что древние жили намного дольше нас. Более того, детский период был у них несколько короче и не был обременен обучением в школе и в институте. Знания как бы сами приходили из всеобщего Мира Мыслей, так как не действовал барьерный принцип «SoHm», и человек был напрямую подключен к вселенскому банку знаний, воспринимая их по мере своих способностей. Они были здоровы, так как лечили себя своей внутренней энергией. Жизнь была прекрасна.

Но тем не менее в недрах цивилизаций каждой из четырех предшествующих нам Человеческих Рас рано или поздно возникал и распространялся Грех — люди начинали использовать знания, полученные из всеобщего Мира Мыслей, во имя зла и для личного возвеличивания. Так случилось с ангелоподобными людьми I Расы, так случилось с призракоподобными людьми II Расы, то же произошло с атлантами (IV Раса), и даже великие лемурийцы (III Раса) не удержались перед соблазном посчитать себя Богами. Расплата была одинаковой — апокалипсис путем поворота Земли на 6666 км. А ведь они, предыдущие Человеческие Расы,

были счастливее нас, будучи с рождения приобщенными к Вселенским Знаниям и Миру Мыслей и имея долгую, не обремененную болезнями жизнь.

А сейчас, когда мы живем в условиях изоляции от Мира Мыслей, мы в той или иной степени одиноки. Наши дети вынуждены по букварю учить буквы и все прекрасные детские годы сидеть за школьной партой. Все молодые годы мы тоже учимся, учимся и учимся. Потом мы становимся молодыми специалистами, пребывая в этой роли тоже немало лет. И только годам к сорока мы начинаем ощущать себя в расцвете сил (считай в расцвете знаний), но... быстро пролетает еще двадцать лет, и в шестьдесят нас уже отправляют на пенсию, намекая, что жизнь твоя, дорогой, уже подходит к концу, обзывая это заслуженным отдыхом. Почему же так короток продуктивный период жизни человека? Почему так долго длятся «зубрежные» детство и молодость? Почему наша и так короткая жизнь еще и осложняется многочисленными болезнями?

Если бы ответ на эти вопросы переложить в уста Шамбалы, то он бы, скорее всего, прозвучал кратко и удручающе:

— Вы, люди Пятой Расы, ни в чем не виноваты. Виноваты люди предыдущих вам цивилизаций. Земля не может больше «лечить» человечество путем апокалипсисов. Мы вынуждены были изолировать вас. Зато вы чаще бываете на Том Свете и очищаетесь там от злого налета в душе. Зато вы дольше пребываете в состоянии детства и имеете возможность дольше наслаждаться детской чистотой и романтичностью. И хотя вы не имеете возможности лечить ваши болезни своей внутренней энергией, зато во время болезни вы имеете возможность проявлять истинную Искренность, взывая к Богу, и созерцать истинное Сострадание людей, наблюдая истинную чистоту душ ваших друзей. Зато ваши злые мысли, которые вы, к сожалению, допускаете, разрушаются пирамидами и монументами древности, а не носятся по всей Земле и по всей Вселенной, оказывая разрушающее тлетворное действие. Зато у вас не будет апокалипсиса. Повышайте свою духовность, и тогда, может быть, счастливое единение со всем мирозданием вернется к вам. Поймите, все то, что мы сделали с вами, только на первый взгляд кажется злым деянием, наоборот, оно благородно и направлено на сохранение человечества как божьего творения.

Осознавая все это, мне вдруг стало жаль нашу пятую Человеческую Расу за то, что именно она (то есть мы) попала под такой эксперимент Шамбалы, в котором общечеловеческое одиночество и страдания являлись гарантией предупреждения очередного апокалипсиса. Я, конечно же, понимал, что все хорошо никогда не бывает, но я четко представлял, насколько счастливее нас были, например, атланты или лемурийцы. И... из-за них... А мы?! Долгий период возрождения на открывающихся после Всемирного Потопа материках, одичание, примитивный уровень жизни, бесконечные межплеменные войны... и, самое главное, глухое тотальное одиночество, сквозящее в каждой молитве и в каждом взгляде, направленном вверх, к Богу, потому что человеку, как божьему творению, всегда трудно обходиться без Того, кто тебя породил, так же как ребенку трудно без матери.

Но по-другому, видимо, было нельзя. Представьте себе человека в расцвете сил. За промежуток продуктивной жизни, длящейся всего-то 20—30 лет, человек обеспечивает тот прогресс, на котором держатся долгие старость, молодость и детство. А если человек имеет злые мысли? За эти же 20—30 лет он обеспечивает такой регресс, что надо еще долго «плюхаться», чтобы только восстановить утраченное. А если учесть то, что разрушать в тысячи раз легче, чем строить, то можно представить, сколько бед мог бы принести злой человек с продуктивным периодом жизни в 100 или 1000 лет. Поэтому верно, что Шамбала сократила продолжительность жизни. В этом повинны только они — злые люди! Из-за них — злых людей — мы живем столь недолго. Злые люди и злые мысли — главные наши враги!

Думая на эту тему, я, в принципе, понимал, что механизм сокращения продолжительности жизни людей имеет не космическое, а земное происхождение. Шамбала что-то создала, что-то сотворила, — то, что изменило течение времени в биологических объектах на Земле. Что же? И каким-то седьмым чув-

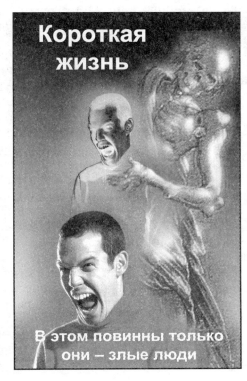

Короткая жизнь

В этом повинны только они — злые люди

Сжатие времени

ством осознавал, что это связано со строительством пирамид и монументов древности, но каким конкретно образом пирамиды могли сокращать продолжительность жизни — я не знал. Конечно же, у меня возникало множество мыслей по этому поводу, но все они не выходили за рамки человеческой фантазии. Не было фактов, даже маломальских, чтобы на них опереться. Надо было их искать. Но чтобы искать, надо было иметь хотя бы предположение или гипотезу, которые стали бы в экспедиции путеводной звездой для научного анализа, опровергая или подтверждая увиденное.

Я встал с земли, поворошил костер и, взглянув на спящего Венера, продолжил свои размышления. Я максимально напряг свой разум и постарался сделать что-то наподобие мозгового штурма. Постепенно из моего подсознания в сознание стали выплывать разрозненные факты и свидетельства, которые никак не хотели укладываться в стройную систему. И вдруг из какого-то закоулка моего сознания выплыла мысль о зеркалах Козырева — того самого Николая Александровича Козырева, который впервые предположил, что время есть энергия и, как любая энергия, время может концентрироваться (сжатие времени) и распределяться (удлинение времени), после чего он создал изогнутые плоскости (зеркала Козырева), которые могли реально сжимать время.

— А может быть, Шамбала создала там, в Городе Богов, огромные зеркала, способные сжимать время и сокращать продолжительность жизни биологических объектов на Земле, в том числе и людей? — подумал я тогда. — Может быть, мы их скоро увидим!

Сомнения, которые тут же нахлынули на меня, стали запутывать эту мысль и в конце концов привели к тому, что я сказал сам себе:

— Может, Мулдашев, тебе начинает мерещиться все это? Напрягшись, я все же попытался развить эту мысль. Но у меня ничего не получалось.

Тем не менее в голове четко отложилось, что там, на Тибете, надо обращать внимание на каменные конструкции, имеющие вогнутость, внутри которой (по Козыреву) сжимается время. Мне казалось, что оно, это сжатое время, может каким-то образом распространяться по всей нашей планете, воздействуя на биологические объекты и сокращая продолжительность жизни людей и других живых существ.

Вскоре в моей голове наступил полный сумбур. Но мысль о сжатии времени четко отложилась и запомнилась.

В этот момент я не знал, что вскоре, в Городе Богов, в далеком поднебесном Тибете, я и в самом деле увижу умопомрачительные по размерам каменные конструкции, похожие на зеркала Козырева, что последние наставления лам, знающих роль Города Богов, будут касаться прежде всего смерти от невероятно быстро наступающей старости, которая ожидает путника рядом с этими конструкциями, и что в расположенную рядом Долину Смерти приходят умирать йоги, за считанные дни превращаясь в глубоких старцев и безболезненно уходя в мир иной. Там же, в Городе Богов, я пойму, что сокращение продолжительности нашей человеческой жизни было достигнуто одновременно... с созданием нового человека на Земле и что громадный комплекс Города Богов представляет собой прежде всего матрицу жизни на Земле — той самой жизни, которая ежедневно бьет ключом в каждом из нас. И... у нового человека.

Я подкинул еще дров в костер и разбудил Венера.

— Ух и мысли сейчас у меня были! Самому не верится, — по-детски наивно проговорил я.

Информосомы и информационные болезни

Когда я рассказал Венеру обо всех своих мыслях, он засомневался:

— Я считаю, что если уж Высший Разум был способен воздвигнуть барьер (SoHm) против проникновения нашего человеческого разума во всеобщей Мир Мыслей, он мог бы и создать систему избирательной борьбы со злыми людьми, напуская, например, на них болезни. Тогда бы люди боялись злых мыслей. Почему же не так?

Я задумался, а потом ответил:

— На мой взгляд, создание такой избирательной системы борьбы со злыми людьми невозможно, так как любой человек в тот или иной период жизни может стать источником злых мыслей, но потом всю остальную жизнь прожить в качестве добрейшего существа. Отсюда следует, что, по сути дела, за каждым человеком нужно наблюдать всю его жизнь, чтобы дать ему возможность осознать и исправиться. А если за каждую злую мысль уничтожать человека... то будет иметь место «солдафонский вариант», при котором не останется места самопрогрессу и саморазвитию личности. В этом случае человек превратится в доброго робота. Не надо забывать еще и того, что, кроме человека, Бог создал и живой мир, где есть хищники, которые убивают жертву. Да и сам человек, чтобы обеспечить себя питанием, вынужден убивать растения и животных. Вот мы сегодня ловили рыбу..

Имеет ли хищник злые мысли?

— Да, наверное, ты прав.

— Однако мне кажется, что злые мысли людей являются одной из главных причин болезней, которыми мы страдаем, - добавил я.

— Почему?

— Начну немного издалека. Когда я встречался с академиком Влаилом Петровичем Казначеевым в Новосибирске, в академгородке, он мне говорил, что существуют так называемые информосомы. Что это такое? Это сгустки информации, имеющие неизвестную науке природу, которые могут передаваться на расстоянии. Еще в период 60—80-х годов школой В. П. Казначеева был обнаружен так называемый «зеркальный цитопатический эффект». Ученые взяли две герметичные камеры и поместили в них одинаковые группы клеток, после чего одну из них заразили вирусом. Когда одна группа клеток заболела, ученые обнаружили, что и другая, интактная группа клеток, то есть группа клеток в другой герметичной камере, тоже заболела, как бы «заразившись» вирусом. Чем же «заразилась» вторая группа клеток? Нет, не вирусом — контакта там не было. Она «заразилась» информацией, исходящей от больной группы клеток.

Академик В. П. Казначеев

— Из этого можно сделать вывод, что больной человек может «заразить» здорового человека информацией о болезни, исходящей от него, — встрепенулся Венер.

— Подожди. Дай привести еще два-три примера. Московский ученый, академик Геннадий Кипор оказывал воздействие на простейшие одноклеточные организмы, называемые по-латыни Paramecium caudatum, с помощью торсионного генератора Акимова, излучающего тонкую энергию. В этих живых организмах возникали повреждения. Но самое любопытное было в том, что такие же повреждения возникли в таких же живых организмах, расположенных в другом конце Москвы. Причем возникли мгновенно. Получилось так, что информация о повреждении мгновенно передалась собратьям и они тоже забо-

Петр Гаряев и Георгий Тертышный

лели. После этого академик сказал мне, что он искренне поверил в Бога.

— Поразительно.

— Мои друзья, московские ученые, Петр Гаряев и Георгий Тертышный обнаружили телепортационный перенос информации о повреждении спермы человека при воздействии на нее специальным аппаратом. Это выразилось в том, что у обладателя спермы и у всей его генетической родни, живущей на территории России и Украины, мгновенно поднялась температура до 41⁰С.

— Отсюда следует, что половые извращения...

— Да что тут половые извращения! Вообще, технологии, основанные на тонкой энергии, скоро могут дойти до того уровня, что станут иметь характер опасного оружия. Если, к примеру, нужно убить кого-либо, то можно послать к нему проститутку, которая «добудет» его сперму. На эту сперму можно воздействовать с помощью тонкой энергии. Этого бу-

Тонкоэнергетическое оружие

дет достаточно, чтобы человек (обладатель спермы) сильно заболел и умер. Вполне возможно, что погибнет и его генетическая родня. Но самое страшное, что это убийственное деяние можно совершить из любой части земного шара, потому что для тонкой энергии, которая переносит информацию, нет расстояний. Можно поступить и проще; здороваясь с этим человеком, соскрести с его руки, хотя бы ногтем, одну-две клетки и с ними сделать то же самое, что и со спермой. Поэтому овладение тонкоэнергетическими технологиями очень опасно. Очень! Слишком много злых мыслей у людей. Слишком! Не дай Бог, пойдет прогресс в этом направлении науки!

— Надо бы, наверное, запретить эти исследования.

— Это невозможно. Будут исследовать секретно под прикрытием тайной полиции. Попробуйте запретить Ираку!

— А что делать? — неожиданно спросил Венер.

— Я могу ответить, — сказал я, — но позволь познакомить тебя еще с кое-какими фактами. Двое ученных (Л. П. Михайлова и Ю. Н. Чередниченко) из школы академика В. П. Казначеева изучали влияние экстрасенсов на культуру клеток почки человека. Исследования культуры клеток, кстати, очень достоверны, так как можно подсчитать размножающиеся клетки. Выяснилось, что позитивные экстрасенсы (добрые феи и прочие) способствуют увеличению количества размножающихся клеток, а негативные экстрасенсы (энергетические вампиры и тому подобные) приводят к остановке регенерации клеток и даже к их гибели.

— Эти данные достоверны?

— Вроде бы да. Опубликованы в солидном журнале. Оба ученых пользуются доброй репутацией серьезных исследователей.

— Если этому верить, — произнес Венер, — то можно понять, почему мы не можем переносить общество некоторых людей, — они, значит, вызывают не просто дисбаланс энергий организма, но и приводят к гибели клеток, то есть клетка за клеткой убивают твой организм. У меня был друг, жена которого... Да таких примеров много. А каков, интересно, механизм такого отрицательного энергетического воздействия?

— Мне трудно сказать, — задумался я. — Это находится в поле неизведанного. Тем не менее, я думаю, что так называемые энергетические вампиры источают злые мысли, и не просто их источают, а имеют способность собирать их в «боеспособные сгустки» — информосомы, при контакте с которыми здоровые клетки другого человека начинают болеть и гибнуть. Но я бы хотел привести еще один, последний пример.

— Какой?

— Друнвало Мелхиседек в книге «Древняя Тайна Цветка Жизни» описывает так называемую «концепцию сотой обезьяны». Суть ее в следующем. На острове Косима в Японии обитала колония обезьян. Ученые давали им сладкий картофель (батат), разбрасывая его на песке. Обезьянам нравился батат, но не нравились песок и грязь на нем. Обезьяна по имени Имо обнаружила, что можно решить эту проблему, вымыв батат. Она научила этому трюку другую обезьяну. Вскоре уже многие обезьяны мыли батат. Потом вдруг, когда число обезьян, которые делали это на острове Косима, достигло критической массы (что ученые условно определили как 100), все обезьяны на этом острове начали мыть батат без какого-либо внешнего побуждения. Но самое любопытное было в том, что одновременно с этим все обезьяны соседних островов стали мыть батат.

— Интересно! — Венер почесал затылок.

— Кроме того, — продолжал я, — Друнвало Мелхиседек проводит аналогию с людьми, отмечая, что если на одном конце

Энергетический вампир

планеты кто-то изобретает что-либо сложное и важное, на другом конце Земли кто-то другой изобретает то же самое, используя те же принципы и идеи. Каждый изобретатель обычно говорит: «Ты украл это у меня». Но есть нечто, объединяющее нас.

— И что же это Нечто? Мир Мыслей?

— Да, Мир Мыслей. Именно в нем, в нашем планетном Мире Мыслей, каждая мысль мгновенно передается; будь то мысль бактерии, клетки (они тоже мыслят!), обезьяны или человека. Мы живем в этом невидимом Мире Мыслей, постоянно ощущая его клокотание и наслаждаясь от хороших мыслей или отбиваясь от плохих...

— Подожди, — перебил меня Венер, — ты хотел ответить на мой вопрос, но не ответил, начав приводить примеры.

— Какой вопрос?

— В соответствии с примерами, которые ты приводил, складывается впечатление, что от любого больного человека можно «заразиться» информацией его болезни. Ведь больной человек, как ты говорил, является источником информосом — сгустков патологической информации, способных передать болезнь. Неужели человек беззащитен?

— Я думаю, что нет, — возразил я. — Высший Разум должен был создать индивидуальную защиту от влияния чужой информации, в противном случае человек не смог бы выжить. Причем этот механизм защиты, мне кажется, является очень древним и своими корнями уходит в безбрежное прошлое волновой формы жизни Того Света. Поэтому механизм защиты человека от чужой информации должен быть весьма совершенен, вбирая в себя все самое лучшее от огромной эволюционной работы Природы по

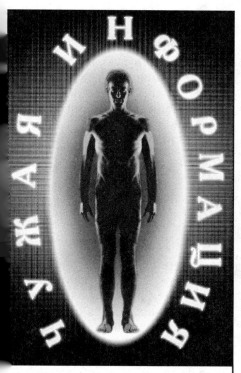

Человек имеет защитную оболочку от воздействия чужой информации

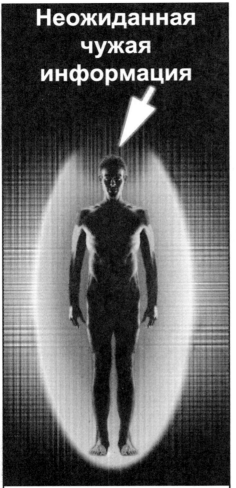

Неожиданная чужая информация

Защитную оболочку может пробить та чужая информация, которая не закодирована в ней

созданию бестелесного человека, то есть Духа. В земном варианте жизни такой механизм защиты, очевидно, сохранился. Он, видимо, локализован в Духе и Душе человека и опосредованно вовлекает белое вещество мозга, отвечающее за подсознание. Мы каждую минуту, каждую секунду и каждое мгновение просеиваем через эту защитную оболочку огромное количество чужой информации, безошибочно определяя болезнетворную или другую вредную информацию и отсеивая ее. Колоссальная по информационной мощи защитная оболочка успевает справляться с этой работой, не загружая наше сознание и лишь иногда подавая интуитивные сигналы в виде приятных или неприятных ощущений.

— А как же в этом случае объяснить те эффекты по мгновенному влиянию чужой информации, которые ты привел в примерах? Ну, хотя бы со спермой? — недоуменно спросил Венер.

— По-видимому, в защитную оболочку введены специальные шифры, в которых по принципу «ключ к замку» закодировано огромное количество информации о мыслях, витающих вокруг нас на планете Земля. Поэтому...

— Удивляюсь, — перебил меня Венер, — что есть люди, которые не верят в Бога. Ведь, например, то, о чем мы сейчас говорим, есть результат огромной информационной работы, которую мог произвести только высочайший разум, невообразимо более мощный, чем наш.

— Жизнь есть прежде всего скоординированная информационная работа, — добавил я.

— А какая чужая информация может пробить эту защитную оболочку?

— Я думаю, что может пробить неожиданная чужая информация, которая не закодирована в защитной оболочке. Наверное, даже Высшему Разуму было невозможно предусмотреть все вариации воздействия чужой информации. Например, трудно представить, чтобы наши защитные оболочки издревле имели код против информации, исходящей от собственной спермы при воздействии на нее специальным тонкоэнергетическим аппаратом. Поэтому эта информация и смогла пройти через барьер. Трудно представить, чтобы защитная оболочка простейшего организма Paramecium caudatum имела код против воздействия аппаратом Акимова. Срабатывает эффект неожиданности для защитной оболочки. Но... — я задумался.

— Что?

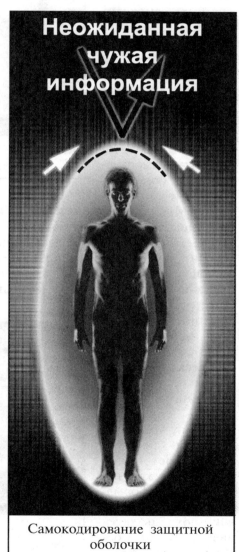

Самокодирование защитной оболочки

— Информационная система защитной оболочки человека и других живых организмов должна быть самокодирующейся, то есть иметь способность «латать дыры» при повторяющихся воздействиях «пробивающей» чужой информации.

— Отсюда можно сделать вывод, что возможно самоизлечение от болезней. Так ли это?

Мы множество раз самоизлечиваемся от болезней, не замечая этого

— Мы даже не можем представить, сколько раз в жизни мы самоизлечиваемся от болезней. Множество раз. И сами не замечаем этого. Наше подсознание, на уровне которого происходит этот процесс, даже не беспокоит наше сознание — оно спокойно делает свою ежесекундную работу, защищая нас от чужой информации или «латая дыры» в защитной оболочке. Оно, наше божественное подсознание, освобождает наше сознание для творческой работы, чтобы человек мог спокойно и планомерно следовать принципу «реализуй себя сам», не заботясь о постоянной борьбе с чужой негативной информацией. Однако... эх, как плохо мы осознаем роль этого божественного подар-

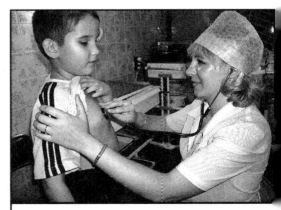

Врачи и медсестры имеют более тренированную защитную оболочку

ка, не следуя принципу «реализуй себя сам», позволяя себе паразитировать на чьей-либо шее, предаваться праздности, с укором смотреть на шефа, требуя вознаграждения за малейшее достижение, и так далее.

— Да уж.

— Врачи и медсестры, которые чаще других имеют контакт с чужой болезнетворной информацией, общаясь с больными людьми, имеют, на мой взгляд, более тренированную защитную оболочку, которая, так сказать, способна более эффективно «латать дыры» в ней. В противном случае врачи и медсестры болели бы значительно чаще.

— А как по-твоему, существует ли что-либо общее между заражением инфекцией и чужой информацией? — задал хитроумный вопрос Венер.

— По-моему, по-моему... — замешкался я. — Общее должно быть, потому что... Да, кстати! Вспомни пример, который я приводил. Ну, тот, где говорилось о двух группах клеток в герметичных камерах в опыте В. П. Казначеева. Одну группу клеток ведь заражали вирусом, а информация (без вируса!) передалась другой группе клеток, заразив ее такой же вирусной болезнью. Отсюда следует, что бактерия или вирус играют вторичную, менее важную роль, являясь всего лишь материальной оболочкой зловредной информации, а заражение осуществляется прежде всего информацией, локализованной в тонкой энергии клетки. Однако материальная оболочка патологической информации тоже играет роль, помогая преодолевать защитную оболочку против чужой информации.

— Скажи, что ты имеешь в виду, говоря о понятии зловредной информации бактерии или вируса, локализованной в ее тонкой энергии? — опять задал трудный вопрос Венер.

— Это очень трудно объяснить и представить себе... — в замешательстве проговорил я. — Вся информация в тонкой энергии бактерии или вируса не может быть зловредной, так как большая ее часть, наверное, обеспечивает процессы размножения, питания, клеточного дыхания и прочее. Только часть информации может быть вредной. Какая же? А та... Стой! Венер! У тебя на штормовку упала искра. Горишь!

Венер захлопал ладонью, потом, наслюнявив палец, смочил прожженное отверстие в штормовке.

— Ничего, штормовка старая. Кстати, поднялся ветер, похолодало. Давай подогреем чай!

Ночной разговор

— Давай, — сказал я, поднявшись и подвесив котелок поближе к огню.

Когда чай согрелся, я разлил его в кружки.

— Сахар искать не буду. Темно. Я не знаю, где он.

— Да ладно, — ответил Венер, отхлебывая чай. — Кстати, что ты говорил о той части информации бактерий или вирусов, которая является вредоносной?

— Вредоносной информацией являются мысли бактерий или вирусов, — уверенно ответил я.

— Ты хочешь сказать, что можно заразиться мыслью? — скептически проговорил Венер.

— Во-первых, не надо думать, что мысль есть всего лишь производное мозга. Муравей, кстати, весьма сообразителен, хотя о наличии достойного мозга у него говорить не приходится. В этом мире мыслит все живое, будь то какой-нибудь жук, будь то клетка, будь то бактерия, будь то... вода. Эксперименты молекулярных биологов показали, что если среди миллиарда клеток человеческого организма что-то происходит всего-то с одной клеткой, каждая клетка организма мгновенно узнает об этом (это называется клеточной нелокальностью). Поэтому как только в этот мир «клеточных мыслей» внедряется чужая информация, нарушая мыслительный баланс «клеточного царства», то все клетки начинают беспокоиться, «взывая к помощи», и... возникает болезнь. Для мирных наших клеток внедрение чужой мысли бактерии или вируса напоминает появление убийцы-маньяка в каком-либо городе. А суть любой болезни состоит в основном в нарушении мыслительной координации между клетками организма.

— Что ты думаешь по поводу СПИДа? Возможно ли его излечение?

— Я думаю, что скоро может наступить сомоизлечение человечества от СПИДа — за счет «латания дыр» в защитной оболочке человека. Не мы, люди, придумаем способ лечения этого страшного заболевания, а Бог сделает это. Но чтобы Бог избавил нас от СПИДа, нам нужно выполнить одно условие.

— Какое?

— Нам надо научиться добро мыслить.

— Почему?

— Это связано, мне кажется, с информосомами, которые... м-м-м... имеют отношение... к пирамидам... и Городу Богов.

— ???

— Академик В. П. Казначеев мне рассказывал, что под информосомами (или L-клетками) понимаются бестелесные сгустки информации, которые способны переносить заболевание на расстояние. Никто из ученых информосомы не видел, но существование их доказано косвенным путем. Исходя из того, что я рассказывал о защитной оболочке от проникновения чужой информации, информосомы можно назвать «боеспособными сгустками информации», способными пробить эту оболочку. Оболочка эта, конечно же, может «залататься» сама. Но если информосомы будут бесконечно пробивать и пробивать оболочку, то ее ресурс может исчерпаться, в связи с чем возникнет болезнь. Многое зависит от количества и интенсивности информации.

— А как ты сам понимаешь природу информосом? Чем они отличаются от вредносной чужой информации? От чего зависит их количество? — задал серию вопросов Венер.

— Не могу ничем доказать, но мне думается, что информосомы представляют собой сгустки злых мыслей (или концентрированную негативную энергию). Давай взглянем на нашу земную жизнь в сравнении с космической формой жизни. Земная жизнь имеет две особенности: барьер «SoHm», препятствующий свободному общению человеческого разума со всеобщим Миром Мыслей, и мировую систему пирамид и монументов древности, разрушающую злые мысли людей, чтобы не пропустить их во всеобщий Мир Мыслей. При этом я думаю, что злые мысли людей, не имея возможности мгновенно раствориться во всеобщем Мире Мыслей из-за удерживающей их функции мировой системы пирамид и монументов древности, не могут

Злые мысли людей Земли, удерживаемые в треугольниках мировой системы пирамид и монументов древности, не могут быть мгновенно разрушены, а довольно долго блуждают среди людей

быть моментально разрушенными, а довольно долго блуждают в пределах треугольников между пирамидами и монументами древности. Поэтому на Земле существует хронический переизбыток злых мыслей.

— Но это же несправедливо — создавать на Земле концентрат злых мыслей с помощью строительства пирамид и монументов древности! — воскликнул Венер.

— Такова плата за предупреждение еще большего зла — апокалипсиса. Всеобщий Мир Мыслей нельзя загрязнять злыми мыслями, слишком в большом количестве исходящими от людей Земли. Пусть лучше люди Земли «расхлебывают» их сами, чтобы стать добрее.

— А информосомы?

— Сконцентрированные и не имеющие возможности улететь в космос злые мысли сбиваются в «информационные клубки» — информосомы, которые вызывают болезни у людей. А люди достойны этих болезней, сами являясь источниками злых мыслей, превращающихся в информосомы.

— Значит, люди сами виноваты...

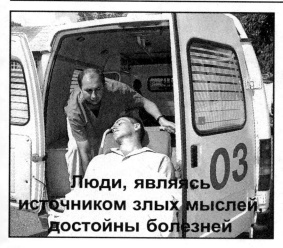

Люди, являясь источником злых мыслей, достойны болезней

— Да. Шамбала, создавшая мировую систему пирамид и монументов древности, конечно же, знала все это. Но так было задумано.

— М... да...

— Зато мы имеем четкую параллель — чем меньше злых мыслей будет исходить от нас, тем здоровее мы будем. Мы сами опосредованно создаем болезнетворные информосомы.

— А бактерии или вирусы? Они тоже связаны с информосомами?

— Несомненно. Информосомы — «боеспособные клубки злых мыслей», наверное, каким-то непонятным для нас образом подталкивают бактерии или вирусы к атаке человеческого организма. Поэтому и эпидемии инфекционных болезней возникают не просто из-за несоблюдения гигиены, а являются составной частью нашей психологии, а именно крена ее в злую сторону. Я, конечно же, не могу всего этого доказать, но я чувствую, что это так. Эзотерический вариант знаний, исходящий из подсознания и шепчущий тебе в ухо вполне конкретные вещи, подслащенные чувствами, нельзя отвергать, как это делают некоторые академики, а надо вкладывать в систему логики научного изыскания.

— Итак, во всем повинны злые люди.

— Да, во многом.

— Как по-твоему, злые люди чаще болеют, чем добрые?

— Думаю, что да, и намного чаще. Те ученые, которые изучают телепатию, говорят о тонкоэнергетических каналах, по которым энергия мысли распространяется особенно легко. В этой связи можно думать, что злые мысли, исходящие от человека и периодически собирающиеся во вредоносные сгустки — информосомы, по тонкоэнергетическому каналу, отразившись от чьей-либо защитной оболочки, могут более легко возвратиться к «хозяину

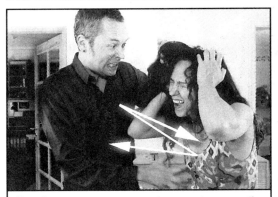

Злобствующие люди «заражают» себя болезнью, которую сами же и породили, а слабовольных и мягких людей «заражают» информосомами

злых мыслей», но... уже в виде болезни. То есть злобствующий и злопыхающий человек сам себя «заражает» болезнью, которую сам и породил. Но эти злобствующие люди еще и имеют грех, «заражая» и других людей информосомами, порожденными их злостью. За этот грех они будут нести расплату на Том Свете. Кого они «заражают»? Прежде всего слабовольных (и часто добрых) людей, которые не имеют сил и возможности сопротивляться внедрению в их душу и организм болезнетворной информации.

— Какие болезни, по-твоему, чаще всего вызываются информосомами, порожденными Злостью?

Слуги Дьявола

— Мне кажется, в первую очередь надо назвать алкоголизм и наркоманию, которые стали уже бичом человечества. В чем суть этих заболеваний? Если говорить эзотерическим языком (а не углубляться в активность фермента алкогольдегидрогеназы печени, что, естественно, вторично), то алкоголизм и наркоманию можно представить в виде вселения в душу дьяволоподобного начала, которое делает человека рабом его страсти и которое питается, образно говоря, энергией жалости человека к самому себе и окружающих людей (родственников, друзей) к нему. Алкоголики и наркоманы своей непутевостью вызывают переживания и жалость у близких людей, в связи с чем у них открываются тонкоэнергетические каналы в направлении алкоголика или наркомана, по которым дьяволоподобное начало, сидящее внутри, сосет жизненную энергию хороших и добрых жалеющих людей. По сути дела, алкоголики и наркоманы превращаются в энергетических вам-

Внутри алкоголика сидит чужая зловредная информация (дьяволоподобное начало), которая питается энергией людей через их жалость и переживания

пиров, все больше и больше угождая «родному» дьяволоподобному началу. А оно, дьяволоподобное начало, представляет собой сгусток чужой зловредной информации, внедренной в человека с помощью информосом и порожденной многими, многими злыми человеческими мыслями. Раб страсти — алкоголик или наркоман — является всего лишь безвольным никчемным ватоподобным существом, внутри которого живет и истязает его и других людей чужая зловредная информация — дьявол. Это как в фантастических фильмах, когда в человека вселяется чужое злое начало, превращая его в послушного, творящего зло робота.

— А как лечить алкоголиков и наркоманов в соответствии с такой интерпретацией этих болезней? — спросил Венер.

— Во-первых, надо относиться к алкоголику или наркоману не как к другу или родственнику, а как к человеку, отдавшему душу дьяволу и превратившемуся в его телесную оболочку. Все их слова о самооправдании надо воспринимать как слова, произносимые дьяволом, а не человеком. Они, алкоголики и наркоманы, тут же это почувствуют, даже если вы не произнесете ни слова, и в глубине души будут бояться и уважать вас, стыдясь проявить при Вас свою дьявольскую страсть. Но если вы хоть в чем-то проявите свою жалость, путая (из-за телесной оболочки) своего бывшего друга или родственника с дьяволом, занявшим его нутро, то глаза алкоголика или наркомана тут же заблестят слащаво-омерзительным светом и он приступит к процессу выкачивания из вас драгоценной душевной энергии, чтобы питать и питать чужое дьявольское существо, рабом которого он является.

— Я вспоминаю знакомых мне алкоголиков... так оно и есть, — перебив, проговорил Венер.

— Во-вторых, есть полный смысл общенародно напирать на совесть алкоголика или наркомана, заставляя его доброе человеческое начало бороться со вселившимся в него дьяволом страсти. Для этого есть смысл даже сделать так: законодательно, через милицию, вешать на дверях квартиры алкоголика или наркомана табличку «Здесь живет слуга дьявола». Как бы безбожны и атеистичны ни были люди, все равно у них, божьих со-

Если Вы проявите жалость, то глаза алкоголика или наркомана заблестят слащаво-омерзительным светом Раба Дьявола

зданий, возникает хотя бы подсознательный протест против человека, живущего здесь. Эти мысли все равно дойдут до алкоголика (или наркомана) и «стукнут» по его совести, призывая ее бороться. Все домочадцы будут сверлить его взглядом и... рано или поздно «слуге дьявола» захочется освободиться от этой позорной таблички, которая, как клеймо, ежедневно напоминает ему о том, что он продался дьяволу и является изгоем в Богом созданном человеческом обществе. Только массированное общественное порицание, основанное на массированном подсознательном воздействии природных антидьявольских мыслей людей, может возбудить его подавленную дьяволом божественную компоненту души для борьбы, чтобы отречься от бесконечной череды самооправдательных мыслей. И тогда, когда его божественная компонента души начнет бороться, даже дворовые мальчишки почувствуют это и перестанут кричать при его появлении: «Пацаны! Разбегайся. Слуга дьявола идет. Энергию нашу хочет сосать».

— А не кажется тебе, что такая позорная табличка на двери может привести даже к самоубийству алкоголика или наркомана?

— Вряд ли. Они не просто хотят жить и «кормить» своего дьявола. Подсознательно они понимают, что, будучи слугами дья-

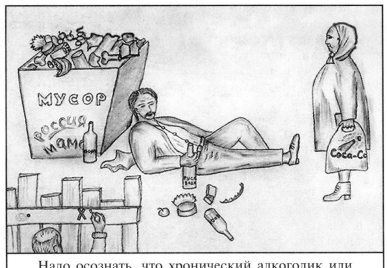

Надо осознать, что хронический алкоголик или наркоман уже не человек, а дьявол (рис. автора)

вола, они попадут в ад. Поэтому они панически боятся смерти. Они «каждую бутылку» клянутся, что она последняя, что завтра начнется новая жизнь. Но... опять дается новая клятва с приговорами «Ну уж эта точно последняя», и так продолжается бесконечно, пока телесная оболочка дьявола не становится совсем уж никудышной.

— Я вспоминаю знакомых алкоголиков, — сказал Венер, — табличка на двери о слуге дьявола и в самом деле могла бы пронять многих из них. Но не всех.

— Не проймет конченых алкоголиков или наркоманов, которые уже смирились (подсознательно!) с наличием пожирающего их дьявола в душе и безвольно ждут страшного приговора на Том Свете, валяясь под забором и являясь обузой для всех и вся. Что делать с ними? В советские времена, как ты помнишь, существовала практика трудовых лагерей для алкоголиков, куда их забирали принудительно по заявлению родственников. Как бы я плохо ни относился ко всему, связанному с коммунизмом, я должен признать, что такая жестокая практика значительно лучше набивших оскомину разглагольствований о правах человека. Надо осознать, что хронический алкоголик или наркоман уже не человек, а дьявол. Поэтому есть полный смысл возобновить подобную практику трудовой реабилитации их, назвав эти заведения «лагерями слуг дьявола». Пусть и слуги дьявола поработают на благо людей, кормящих их отдавшиеся дьяволу телесные оболочки. А может быть, некоторые из них смогут и «завязать», осознав омерзительность пребывания среди себе подоб-

Трудовой лагерь для слуг дьявола

ных «слуг» и не имея возможности тянуть энергию хороших людей через их жалость и переживания. А то мы носимся с этими слугами дьявола как с торбой писаной, жалея, жалея и еще раз жалея их.

— Но ведь среди алкоголиков или наркоманов встречаются талантливые и даже гениальные люди. Как быть с ними?

— Да, такое встречается, и не так уж редко. Когда гениальный человек превращается в алкоголика? Как правило, тогда, когда его творческий потенциал истощается, чего он не может психологически перенести, перестав ощущать прекрасное клокотание животворящей божественной мысли, без которой все кажется пустым и серым. Почему такое случается? Это воля божья, поскольку каждый человек выполняет свою миссию на Земле. Однако очень часто такое происходит оттого, что гениальный человек, сам не замечая того, постепенно заболевает «звездной болезнью»... и Бог перестает будоражить его гениальное воображение. Есть две категории гениальных людей: несостоявшиеся гении и состоявшиеся гении. Если сопьется несостоявшийся гений — это закономерно, поскольку гениальность требует еще и трудолюбия и самоотдачи. А если сопьется состоявшийся гений — это нонсенс, до боли обидный и вызывающий сострадание.

— Почему ты сказал сострадание, а не жалость?

Тереза Дурова и Тоня Карпова

— Сострадание — чистое чувство, дающее силы божественному началу человека, а жалость — чувство, ублажающее дьявольское начало.

— Но они так похожи.

— Позволь привести пример. Я оперировал знаменитую укротительницу слонов Терезу Дурову, которая, почти, было, ослепла. Сколько травм она перенесла! Медведь прокусил колено, слон ударил хоботом и множество других травм. Да еще и наступающая слепота. Я запомнил ее слова: «Не жалейте меня, дорогие мои. А то бороться перестану. Сострадать можете». Эта мужественная женщина в глубине души понимала, что жалость — это плохо.

— Она прозрела?

— Да. Она опять на арене цирка.

— Здорово.

— Вместе с ней лежала в палате еще и одесситка Тоня Карпова — молодая красивая женщина. Будучи смертельно больной, Тоня тоже почти ослепла и имела спастические парезы рук и ног. Хоть бы раз Тоня пожаловалась! Никогда. Она, до максимума используя остаток своего зрения и не показывая спазмы в своих ногах, носилась по отделению и помогала другим больным. Мы, сострадая ей, сделали специально для нее большой научный эксперимент, разработали новый метод лечения, и вот — болезнь отступила. Тоня видит и чувствует себя хорошо. С Терезой Дуровой они сдружились, найдя друг друга.

Венер подвинул обгорелое полено в огонь и спросил меня:

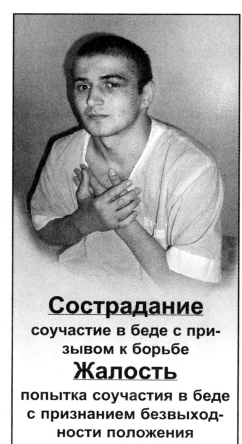

Сострадание
соучастие в беде с призывом к борьбе
Жалость
попытка соучастия в беде с признанием безвыходности положения

— Ты не промок? Дождь ведь моросит. Обложило.

— Да немного. У костра тепло. Сохну.

— Какое бы определение состраданию и жалости ты бы мог дать?

— Определение? — я задумался. — Сострадание — это соучастие в беде другого человека с призывом его к борьбе, а жалость — это попытка соучаствовать в беде с внутренним признанием безвыходности положения. Поэтому мы никогда не должны сдаваться! Никогда! Даже мысли не допускать, что положение

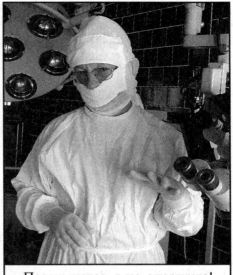

Пессимистов я не оперирую!

безвыходно. Очень важно — не допускать такой мысли, в противном случае наше сострадание превратится в жалость и пойдет в энергетическую копилку дьявольского начала любой болезни. Я, как врач, знаю, что взывающий к жалости больной никогда не вылечится, а такие, как Тереза Дурова и Тоня Карпова, могут победить даже безнадежные заболевания. Я часто бываю грубоват со своими пациентами, но только с теми, кто взывает к жалости. «Пессимистов я не лечу», — нередко говорю я, показывая на дверь. Пациент должен бороться вместе с врачом.

— Сколько страданий отпущено на долю человека! Пирамиды...

— Дьявольское начало легко́ входит в человека, но выходит всегда со страданиями. Их надо воспринимать как должное. Кстати, многие экстрасенсы говорят, что они ощущают и диагностируют чужое дьявольское начало в человеке. Они стараются прогнать его. Но они, экстрасенсы, порой слишком интеллигентны, разводя руками и пришептывая губами. А часто требуется мощное психологическое воздействие на человека; поэтому я не исключаю, что вскоре в медицинской практике появятся методы лечения, похожие на шаманство, а врач, вооружившись бубном, в отблесках света будет плясать до седьмого пота, выгоняя дьявольское начало из пациента. Народные методы лечения, какими бы смешными порой ни казались, имеют под собой глубинный подсознательный смысл.

— Почему алкоголизма в одной стране больше, в другой — меньше? Почему порой народ пьет целыми деревнями? Неужели информосомы действуют избирательно?

— В этом отношении, мне кажется, следует учесть, что алкоголики (или наркоманы) являются не просто жертвами чужих злых мыслей, но и сами являются мощными источниками злой (негативной) психической энергии. Дьявольская чужая информация, сидящая в них, тоже мыслит, и мыслит только злыми категориями. Эти явно чужеродные дьявольские мысли особенно патогенны, а информосомы, образующиеся из них, особенно боеспособны, пробивая защитные оболочки других людей и превращая их в алкоголиков (или наркоманов). Новый алкоголик (или наркоман) создает себе подобного, и так далее продолжается цепная реакция.

Шаман

— Можно сказать, что алкоголизмом как бы можно заразиться.

— Как бы да, если жалеть и потакать алкоголику. Кроме того, здесь может иметь место и феномен, который назван «концепцией сотой обезьяны». Помнишь, когда определенное количество обезьян на японском острове начало мыть батат, то вдруг произошел качественный сдвиг — все обезьяны на этом острове и близлежащих островах начали мыть батат без какого-либо внешнего побуждения. То же самое может иметь место при алкоголизме: когда количество алкоголиков в одном месте достигает определенного числа, то происходит качественный сдвиг — почти все люди в деревне и близлежащих деревнях становятся алкоголиками. С чем это связано? Происходит такое накопление боеспособных информосом, что они массированно начинают атаковать каждого человека. Не всякий может устоять при такой атаке по превращению людей в алкоголиков.

— Да уж.

— Помнишь, Венер, деревню в Ишимбайском районе Башкирии, ту, которую мы встретили в походе, когда перетаскивали лодки от реки Нугуш к реке Залим. Помнишь удручающую картину: разломанные заборы, покосившиеся дома, голодные коровы, грязь по колено, вопросы про наличие у нас спирта, потрепанные лица со слащаво-омерзительными взглядами. А участковый врач, рассказывавшая, что в этой деревне пьют все, вплоть до старушек, и что главная ее работа сводится к внутривенному откапыванию людей при тяжелом похмельном синдроме. Деревня алкоголиков.

— Помню прекрасно. Такое ощущение, что эта деревня прокаженная, что любой человек, кто поселится там, заболеет алкоголизмом. Тут и вправду поверишь, что алкоголизм является заразным заболеванием. Информосомы, наверное, там летают на каждом шагу.

— Это деревня слуг дьявола. Жить там просто-напросто опасно.

Деревня алкоголиков

Мой дядя Акрам

— Неужели все это из-за того, что на Земле были построены пирамиды? — недоуменно проговорил Венер.

— Моя родная деревня тоже отличалась «алкогольной аурой», висевшей над ней, — продолжал я. — Но наши деревенские алкоголики имели одну особенность — они очень часто вешались, в связи с чем переставали быть источниками информосом и давали «благородную» возможность нескольким семьям не превращаться в слуг дьявола. Наша семья, например, принципиально сторонилась водки. А деревенские алкоголики вешались столь часто, что мы с братом Альбертом, еженедельно наезжая к дяде Акраму, чтобы помочь ему в деревенских делах (сенокос, картошка и прочее), задавали ему коронный вопрос: «А за эту неделю кто повесился?» Чаще всего Акрам-абый отвечал так: «Да вон Фахришка-скотник напился, избил жену, пошел на ферму и повесился прямо среди коров на кнуте». Мы с Альбертом начали даже систематизировать методы повешения, удивляясь изобретательности самоубийц. Других методов самоубийства (отравление, утопление и прочее) в нашей деревне не применялось — только повешение.

— В моей деревне такого не было, — произнес Венер.

— И вот однажды, — продолжал я рассказ, — когда мы с Альбертом в очередной раз приехали в деревню, Акрам-абый сказал: «Наша деревня, как место для самоубийства через повешение, приобрела известность уже в пределах района. Два дня назад один алкоголик из самого Белорецка (городок в Башкирии. — *Примеч. авт.*) приехал в нашу деревню и повесился на березе рядом с больницей. Деревенские алкоголики долго обсуждали это».

— Насмерть повесился?

— Конечно. Но вот что здесь любопытно — патологическая информация о повешении, видимо, копилась в моей деревне в виде витающих информосом, состоящих из клубков пресуицидальных отчаянных мыслей алкоголиков, подталкивая остальных алкоголиков тоже, как говорится, «вздернуться». И чем больше алкоголиков моей деревни «вздергивалось», тем больше информосом, начиненных их предсмертными мыслями, появлялось. В конце концов наступил момент, когда по принципу «концепции сотой обезьяны» информация о «лучшем месте для повешения» распространилась аж на весь район, подсознательно призывая алкоголиков делать это именно здесь.

— Такая логика распространения зловредной информации может иметь место не только при болезнях, но и в политике, — сказал Венер. — Распространение коммунизма по планете имеет те же признаки.

Желание покончить жизнь самоубийством может быть навеяно чужими информосомами

Маркс ведь говорил: «Призрак бродит по Европе, призрак коммунизма».

— Да, похоже.

— Как по-твоему, какую из отрицательных человеческих черт чаще всего стимулируют информосомные болезни?

— Зависть, — коротко ответил я.

— Я согласен. Мысли «999», видимо, наиболее близки к дьяволу, — добавил Венер.

— А больше всего я не люблю людей со «звездной болезнью», — проговорил я.

Много ли горя принесли пирамиды?

Мы встали, размяли ноги, подсушили кое-как штормовки и собрались идти спать в палатку. Костер уже почти догорел, только красные угли периодически шипели под моросящим дождем. Дул неприятный порывистый ветер. Не найдя фонарика, мы на ощупь открыли палатку и, кое-как нащупав спальники, улеглись. Я мгновенно начал засыпать.

— Да, много горя принесли пирамиды, — в ночной тишине, перебив мой сон, сказал Венер. Он всегда плохо засыпал.

Я молчал. Был август 1999 года.

— Зато не наступил апокалипсис. По всем предсказаниям он должен был уже произойти, — проговорил я сквозь сон, сминая в виде подушки пропахшую дымом влажную штормовку.

— А ведь все верно, все верно, — раздался из темноты бодрый голос Венера, страдающего бессонницей и желающего продолжить разговор. — Все сделано верно! Шамбала гениальна! Пусть мы живем недолго, пусть мы страдаем болезнями, зато мы, люди, живем и будем продолжать жить. Если сейчас будет апокалипсис, то наша, Пятая Раса безвозвратно исчезнет, потому что среди нас нет пока «благочестивых» людей, способных войти в Сомати, пережить в пещере катаклизм, а потом из человеческих клеток, сохраненных в глубоких подземельях, вновь реклонировать человека. А это — усилия, колоссальные усилия! Это — потеря сотен тысяч лет на бесплодное пережидание в подземельях! Это еще и десятки тысяч лет на эволю-

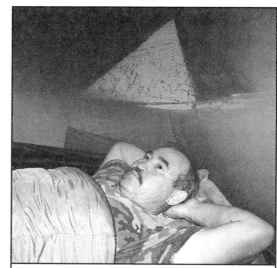

Да, много горя принесли пирамиды! Но все верно!

цию заново созданного человека через периоды дикости и междоусобных войн! Да, лучше так, как сейчас. Пусть даже так, что ты оглянуться не успел, а жизнь уже прошла! Пусть лучше так, что у тебя колет в боку и першит в горле! Пусть алкоголики Ахмадулла или Вася допекают тебя! Пусть! Пусть нам слишком часто приходится уходить от привычной уже земной жизни на Тот Свет и вновь возвращаться обратно, долгие года познавая все заново и призрачно, через чувства, вспоминая то, что уже было здесь, на Земле, но... где? В Греции? В Индии? А сейчас мы в России. Так лучше! Лучше! Пирамиды сделали это! Наша планета тем и отличается, что на ней есть пирамиды! Ты, кстати, слышишь меня?

Во сне фантомы пирамид сверкали и переливались всеми цветами радуги

— Я почти сплю.
— Эх!
А потом, четко помню, я видел сон. Прекрасный сон. Я видел прекрасные сверкающие и переливающиеся всеми цветами радуги фантомы пирамид. Толпа злых людей подошла к пирамидам и, подложив заряд, взорвала их. Огромные блоки пирамид разлетелись в стороны. А фантомы, прекрасные фантомы, только слегка колыхнулись и снова встали на свое место. А потом я видел Город Богов, прекраснее которого, как мне снилось, не было ничего на свете. Мне так хотелось увидеть его воочию.

Глава 10

Гора думает

Вскоре все экспедиционные приготовления были закончены. В последний вечер в Уфе нас провожало много людей. На столе стояли запеченная курица, нарезанные овощи, колбаса, сыр, водка лилась рекой. Пришло даже региональное (башкирское) телевидение. Каждый из членов экспедиции, одетый в красивую форму с эмблемами, что-то важно говорил перед телекамерой. Я тоже, как мне помнится, говорил очень важно, принимая величественные позы, — ну что же, выпил все же, да и волновался, наверное.

— Ох и намыслил же я по глобусу. Даже в экспедицию еще не сходил, а уже целую теорию создал, — самокритично думал я. — А ведь Город Богов еще найти надо. Существует ли он на самом деле? Если существует, то это будет косвенным подтверждением всех мыслей и гипотез, родившихся в предэкспедиционный период. А если нет?

Я и в самом деле волновался. Сильно волновался. Тост, который был мне предоставлен, произнес бессвязно и сумбурно. Как ученый я осознавал, что стройное совмещение различных логических подходов не могло носить характера случайности, тем не менее я сомневался. Не верил себе. Найдем ли?

Наш путь из Уфы лежал в Москву, а далее в Непал (Катманду), откуда мы должны были въехать на территорию Китая и по высотному тибетскому плато добраться до священной горы Кайлас.

В Москву провожать нас поехал Юрий Иванович Васильев.

Ирина Казьмина

В Москве мы всем табором разместились на квартире Ирины Казьминой, на Таганке. Ирина — уникальная женщина. Случилось так, что она ослепла 16 лет назад по причине неизлечимого заболевания. Мы ее несколько раз оперировали, в результате чего она начала видеть свет. О, сколько радости было всего-то от возможности видеть свет! Несмотря на трагедию со зрением, Ирина стала поэтессой, причем такой, что ее книги стихов мгновенно расходятся. А в последнее время Ирина стала еще и художницей, слепой художницей, и ее «слепые картины» тоже пользуются большим успехом.

Ирина Казьмина

Но главное качество Ирины — мужественность. Она не просто смирилась с недугом, она каким-то невероятным поворотом воли научилась быть счастливой, и не просто счастливой, а счастливой оттого, что она может помогать другим (полноценным!) людям. Она создала службу психологической реабилитации людей в Москве; люди с ней делятся своим горем, и она помогает им, кому словом, кому — напором в бюрократических инстанциях. А самое главное — люди берут с нее пример.

Несколько недель назад, когда Ирина лечилась в Уфе, я, по душам разговаривая с ней, сказал ей, что священная гора Кайлас, по-моему, думает. Откуда взялась эта сумасбродная и предельно странная мысль? Честно говоря, не знаю. У меня не было никаких научных предпосылок, никаких догадок, а мысль родилась просто так, из ниоткуда. Эта мысль проявилась столь ясно и четко, что я не удержался и тут же поделился ею с высокоинтеллектуальной и духовно богатой Ириной.

— Думает, значит, гора. Точно, наверное, думает, — помню лишь, проговорила она.

А еще я помню, как Ирина вместе со слепым итальянцем Доменико, тоже лечившимся у нас, танцевали рок-н-ролл. Оба слепых партнера так хорошо чувствовали друг друга, выдавая сложнейшие «па», что нельзя было поверить в то, что они не видят друг друга. По окончании танца разгоряченный Доменико вскинул руки вверх и крикнул:

— Вива, русса Ирина!

— Молодец, Доменико! — выдохнула запыхавшаяся Ирина.

Когда Ирина отдышалась, я, помню, спросил ее о том, как они, не видя, не натыкались во время танца друг на друга.

— А мы оба думали только о танце, больше ни о чем. Мысли сами водили нас, — отвечала Ирина.

В тот момент, помню, я подумал о том, что там, на Тибете, возможно, священная гора сама будет водить нас, пожелав или не пожелав показать нам Город Богов. Помню также, что я отмахнулся от этой мысли, помотав головой.

Итальянец Доменико

Марина Цветаева

А в Москве, на Таганке, Ирина протянула мне несколько листов ксерокопий каких-то стихов. Это была «Поэма Горы» Марины Цветаевой.

— К чему это? — спросил я.
— К тому, что гора думает.
У меня что-то екнуло внутри, и я углубился в чтение.
. . .
Вздрогнешь — и горы с плеч
И душа — горе
Дай мне о горе спеть:
О моей горе!
. . .
Та гора была как грудь
Рекрута, снарядом сваленного.
Та гора хотела губ
Девственных, обряда свадебного

Требовала та гора.
Океан в ушную раковину
Вдруг ворвавшимся ура! —
Та гора гнала и ратовала.
. . .
Та гора была — миры!
Бог за мир взимает дорого!
Горе началось с горы.
Та гора была над городом.
. . .
Как на ладони поданный
Рай — не берись, коль жгуч!
Гора бросалась под ноги
Колдобинами круч.

Как бы титана лапами
Кустарников и хвой —
Гора хваталась за полы,
Приказывала: стой!

О, далеко не азбучный
Рай: сквознякам сквозняк
Гора валила навзничь нас,
Притягивала: ляг!

Марина Цветаева

Оторопев перед натиском, —
Как? Не понять и днесь
Гора, как сводня — святости,
Указывала: здесь.
. . .

О когда б, здраво и попросту
Просто холм, просто бугор,
Говорят — тягою к пропасти
Измеряют уровень гор.

В ворохах вереска бурого,
В островах страждущих хвой...
(Высота бреда — над уровнем
Жизни)
       На же меня! Твой...

Но семьи тихие милости,
Но птенцов лепет — увы!
Оттого, что в сей мир явились мы —
Небожителями любви!

Гора горевала (а горы глиной
Горькой горюют в часы разлук),
Гора горевала о голубиной
Нежности наших безвестных утр.
. . .

Еще говорила, что это демон
Крутит, что замысла нет в игре.
Гора говорила. Мы были немы.
Предоставляли судить горе.

Гора говорила, что только грустью
Станет — что ныне и кровь и зной.
Гора горевала, что не отпустит
Нас, не допустит тебя к другой!
. . .

В жизнь, про которую знаем все мы
Сброд — рынок — бардак.
Еще говорила, что все поэмы
Гор — пишутся — так.

Та гора была как горб
Атласа, титана стонущего.
Той горою будет горд
Город, где с утра и до ночи мы.
. . .
Та гора была — миры!
Боги мстят своим подобиям!
Горе началось с горы.
Та гора на мне — надгробием.

Минут годы. И вот — означенный
Камень, плоским смененный, снят
Нашу гору застроят дачами,
Палисадниками стеснят.
. . .
Но под тяжестью тех фундаментов
Не забудет гора — игры.
Есть беспутные, нет — беспамятных:
Горы времени — у горы!
. . .
Виноградники заворочались,
Лаву ненависти струя.
Будут девками наши дочери
И поэтами — сыновья.
. . .
Тверже камня краеугольного,
Клятвой смертника на одре:
Да не будет Вам счастья дольного,
Муравьи, на моей горе!

В час неведомый, в срок негаданный
Опознаете всей семьей
Непомерную и громадную
Гору заповеди седьмой.

Когда я откинулся от листов со стихами, Ирина воодушевленно спросила:
— Ну, как?
Я ответил вопросом на вопрос:
— А кто она, Марина Цветаева? Мне даже случайно довелось быть на ее могиле, но про нее знаю мало.

— Цветаева? — Ирина призадумалась. — Говорят, она была Посвященной. Ей мысли приходили Оттуда.

— Почему я про нее почти ничего не знаю? Почему в школе?...

— В школе это трудно воспринимаемо. А Ваша жизнь, Эрнст Рифгатович, посвящена хирургии. Вам некогда.

— Да уж.

— Кстати, Борис Пастернак считал «Поэму Горы» главным произведением Марины Цветаевой.

— Неужели и он чувствовал, что в этой поэме?...

— Чувствовал.

— Что?

— Что гора думает.

— Странная поэма; такое ощущение, что Цветаева считает гору живым существом, — проговорил я, вспоминая, что мысль о том, что гора думает, пришла и ко мне, и боясь напомнить об этом Ирине.

— Вы ведь сами мне говорили, что гора думает, — сказала Ирина, как бы прочитав мои мысли.

— Да, говорил.

— И что же?

— А то, что эта мысль показалась мне сумасбродной. И в самом деле, в реалиях трудно представить, чтобы гора, состоящая из камней и скал, могла бы думать, как живое существо. Но, если верить Цветаевой, то это так.

— Стихи, в отличие от научных трактатов, пишутся душой, — задумчиво проговорила Ирина, — только душой. Я тоже пишу душой, то есть то, что в ней горит, стараясь переложить на слова. У Марины Цветаевой, значит, душа горела о горе. Этот жар души она и вынесла в свою поэму.

— Ты, наверное, права, Ирина. Когда читаешь талантливые стихи, то порой не понимаешь смысла слов, но душу начинает что-то бередить. Ты стараешься уловить смысл душевного позыва, но никак не можешь этого сделать, потому что мысль, заложенная в стихах, слишком неожиданна и необычна для тебя. Одни люди углубляются в стихи, получая несравненное наслаждение от пробивающихся через слова чувств, другие — откладывают стихи в сторону, посчитав их набором высокопарных слов. Но...

— Но стихи, — перебила меня Ирина, — хорошие, талантливые стихи есть душевное соприкосновение с божественным —

прекрасным и будоражащим. В них, в стихах и поэмах, виден мир божественных мыслей, доходящих до нас через наши чувства.

— Давай рассудим, — предложил я, включив научно-логическое мышление, — и подумаем об источнике мыслей Цветаевой о горе. Это очень важно, ведь мы завтра улетаем, чтобы встретиться там, на Тибете, со священной горой.

— Давайте.

— Вне всякого сомнения, — начал рассуждать я, поглядывая на Ирину и воспринимая ее в качестве доброго судьи, — мысли о горе пришли Цветаевой из ее подсознания. А оно, как известно, связано как с Высшим Разумом, так и с сознанием человека. Через подсознание Высший Разум (или какой-либо иерархический уровень Высшего Разума) возбудил в ее сознании совершенно необычные мысли о том, что к горе надо относиться, как к живому существу. Почему? Да потому, что гора является составной частью живого существа — планеты Земля. Как живое существо, Земля, естественно, должна мыслить. Где находится ее «мозг»? Мне трудно ответить на этот вопрос, поскольку моему разуму трудно осознать нечеловеческое планетарное мышление. Тем не менее я не могу исключить того, что именно горы выполняют роль своеобразного «мозга планеты». Они, горы, своими вершинами направлены вверх, в космос, как бы обеспечивая связь с Высшим Космическим Разумом, а своими основаниями они погружены в тело планеты, воздействуя на него. Я не могу исключить и того, что географические формы горных хребтов, а также формы и размеры каждой из горных вершин не являются хаотическим

Горы — «мозг планеты»?

скоплением скал и каменных глыб, а представляют собой строго спланированную и гармоничную систему, пока, к сожалению, непонятную для нас. Пока! Когда-нибудь, рано или поздно, человечество познает законы тонкой энергии, поймет ее невообразимую мощь и власть над материей, научится регистрировать Богом сотворенные голографические программы, по которым были созданы не только человек, но и планеты. Но тонкая энергия — это особая энергия, это не лошадиная тяга или даже не электричество; овладение тонкой энергией делает человека почти всемогущим и почти всезнающим. Но... одно условие требуется выполнить — жить с чистой душой и не считать себя Богом.

— Я помню... я выучила «Поэму Горы». Можно я, еще раз возвращаясь к поэме, процитирую некоторые строки, сопоставляя их с тем, о чем Вы сейчас говорили? — встрепенулась Ирина.

— Конечно.

— Я чувствую, что Цветаева подсознательно или сознательно знала, что Земля есть живое существо. Более того, она чувствовала, что Земля стонет от нашей человеческой греховности:

Та гора была как горб
Атласа, титана стонущего...

— Везде и всюду в поэме Цветаева подчеркивает чувства и мысли горы. Например:

Гора горевала (а горы глиной
Горькой горюют в часы разлук),
Гора горевала о голубиной
Нежности наших безвестных утр.

— Заметьте, что Цветаеву считают Посвященной, то есть она имела доступ к Всеобщим Знаниям. Так вот, она столь часто говорит о мыслях и чувствах горы, что нельзя не согласиться с Вами, что горы есть «мозг планеты Земля». Более того, она ясно указывает на то, что горы своим разумом управляют нашей жизнью:

Гора говорила. Мы были немы.
Предоставляли судить горе.

— В двух строчках она отобразила то, о чем Вы говорили касательно связи гор с другими космическими мирами и о том, что законы тонкой энергии нам откроются только тогда, когда мы перестанем считать себя Богами:

Та гора была — миры!
Боги мстят своим подобиям!

— Но пока... в настоящее время ученые, в частности в России, создают комитеты по лженауке (а судьи кто?), преследуют ученых, изучающих тонкую энергию (В. Казначеева, А. Трофимова, А. Акимова, Г. Шипова, П. Гаряева, Г. Тертышного и других), — вторил я ей. — А ведь баланс Добра и Зла в мире очень зыбок. Мы пока балансируем, эксплуатируя простодушную веру людей в справедливость и радужное счастье, но все более увеличивающееся число циников делают свое черное дело, возвеличивая смертельный принцип «не верь ни в Бога, ни в черта». Число романтичных людей с широко по-детски открытыми глазами все же уменьшается, поддаваясь цинизму окружающего большинства и боясь показаться смешными. А Земля любит роман-

Извилины гор оценивают нас

тичных и чистых людей, считая их своими детьми, и презирает сухих бездушных человеческих особей, склонных к самовозвеличиванию. Извилины гор оценивают нас.

— Процитирую еще, — перебила Ирина:
Тверже камня краеугольного,
Клятвой смертника на одре:
Да не будет Вам счастья дольного,
Муравьи, на моей горе!

— М... да. Бездушные и безбожные люди и в самом деле напоминают муравьев, — хмыкнул я. — Мы разрушаем горы, застраиваем их, забывая о том, что мы бездумно раним мозг Земли. Но даже не это главное; мы больше раним Землю своими злыми мыслями. Мы до такой степени считаем себя «царями при-

... Муравьи на моей горе...

роды», до такой степени мало думаем о бытии, что как бы не живем, а играем в жизнь.

— Эх! — промолвила Ирина и снова процитировала:

Но под тяжестью тех фундаментов
Не забудет гора — игры.
Есть беспутные, нет беспамятных:
Горы времени у горы!

— А все-таки люди рано или поздно поймут, что все религиозные заповеди являются основой жизни:

В час неведомый, в срок негаданный
Опознаете всей семьей
Непомерную и громадную
Гору заповеди седьмой.

Йоги живут в горах

Разговаривая с Ириной, я вспомнил про йогов, изучению которых была посвящена наша третья гималайская экспедиция. Любопытным мне показалось то, что йоги, как правило, живут в горах. Иногда, правда, можно встретить йогов и на равнинах Ин-

Йоги живут в горах (Н. К. Рерих, «Дозор Гималаев»)

Йоги пользуются тантрической силой гор

дии, но и они в период формирования своих йогических способностей обязательно уходят в горы и пребывают там долгое время. Индийские свами утверждают, что настоящие йоги живут только в Гималаях и Тибете, да и то не везде, а лишь в нескольких горных долинах.

— Почему йоги живут только в горах? Почему именно гималайские и тибетские горы являются их обителью? — помню, спрашивал я у индийских свами.

— Гималайские и тибетские горы не богаты минеральными ископаемыми, зато они являются Центром Любви на Земле. Каждая долина Гималаев и Тибета пропитана Любовью, которая обогащает и очищает души людей. Любовь отсюда расходится по всей Земле, положительно влияя на людей всей планеты. А йоги, души которых очищают ауру Земли от злости, могут это делать только будучи переполненными Любовью. Горы им дают свою Любовь, — заученно и непонятно отвечали индийские свами.

— Получается так, что йогические способности у людей проявляются только в гималайских горах, которые пропитаны... м.. м... Любовью, что ли? — дотошно расспрашивал я.

Тогда я еще не понимал, что в этих далеких от науки объяснениях кроется своеобразная истина. Индийские свами под словом «Любовь» понимают не просто чувство с душевным трепетом, для них Любовь — жизнеутверждающая сила. Йоги пользуются этой силой, долго и многотрудно учась владеть ею. После овладения этой силой они становятся способными легко пере-

Каждый из треугольников гор рождает треугольные мысли гор

носить холод и голод, замедлять или останавливать свой пульс и дыхание, многие часы пребывать под водой, читать мысли и видеть ауру. А самое главное — их Дух приобретает возможность покидать свое тело, входя в пространство Того Света и возвращаться обратно. Йоги, видимо, и в самом деле берут эту жизнеутверждающую силу у гор; не зря они живут только в горах. Йоги даже имеют термин — «тантрическая сила гор».

В этой связи естественен вопрос — каким образом йоги приобретают способность овладевать этой силой? Ответ на этот вопрос из моих уст может носить, конечно же, только предположительный характер. Тем не менее я позволю себе выска-

Скользя подсознательно по мыслям гор, йог удивляется их чистоте

заться — йоги начинают думать так же, как думают горы. Ранее в этой книге я упоминал, что йоги способны видеть мысли и что мысли в нашем трехмерном пространстве видны в виде треугольников. Если несколько абстрагироваться, то при взгляде на горы можно увидеть множество треугольников, поскольку каждая вершина как бы составлена из бессистемного (на первый взгляд) конгломерата треугольников. Но в них есть своя система. Каждый из треугольников гор треугольно закручивает тонкую энергию Земли и Космоса, рождая треугольные мысли гор.

Какие они — мысли гор? Это знают только йоги, которые, на мой взгляд, способны их видеть и считывать. Но как только йог приобретает способность считывать мысли гор, то он, наверное, искренне поражается, — мысли гор везде и всюду представляются только чистыми. Йог, наверное, радуется этому, скользя подсознательно по мыслям гор и не находя в горах мыслей, характерных для людей, — 999 (зависть), 666 (жадность) и 963 (извините, читатель, за произвольный стиль, но назову это своим именем — стервозность).

— О, как здорово! — очевидно, восклицает йог. — Как хорошо жить среди чистых мыслей!

Да, наверное, это все так. Да, наверное, и в самом деле горы мыслят чистыми категориями. И не зря, наверное, индийские свами говорят, что горы пропитаны Любовью. И вполне возмож-

Сила гор в их чистоте
(Н. К. Рерих. «Серебряное царство»)

но, что вхождение в мир мыслей гор (чистых мыслей!) наделяет человека (йога) удивительными способностями, которым пока нет объяснения. Сила гор в их чистоте. Земля мыслит горами.

Я, конечно же, не в состоянии объяснить, почему именно Гималаи и Тибет являются самыми искомыми местами для йогов. Возможно, и в самом деле здесь больше жизнеутверждающей силы Любви. Это знают только горы.

В этот момент, сидя за столом дома у Ирины Казьминой и наблюдая, как Сергей Селиверстов помогает ей готовить пищу, я даже не предполагал, что в экспедиции мы найдем сведения о том, что на Тибете существовало государство йогов, люди которого пользовались тантрической силой Кайласа. И только там, когда я, как муравей, задрав голову, буду смотреть на колоссальные монументы Города Богов, я пойму мыслительную мощь Земли-матушки.

Альпинизм

Юрий Иванович Васильев пришел из магазина и с вздохом «ух» поставил на стол два пакета, наполненных российской копченой колбасой, которую мы должны были забрать на Тибет.

— Я вот шел с колбасой и думал: провезете ли вы через таможню спирт или нет? — сказал он.

— Провезем. Опыт уже есть; я весь спирт перелил в пластмассовые колбы из-под минеральной воды. Скажем, что вода это, — ответил Селиверстов.

— А если понюхают?

— Ни разу еще не нюхали.

— Ну ладно тогда.

Из кухни раздался голос Ирины:

— Мальчики, кушать!

— А Равиля с Рафаэль Гаязовичем ждать будем?

— Да нет. Гаязыч дотошный, в магазинах еще долго кондыхаться будет. Пока все инструкции не перечитает... Придут когда, еще по полчаса душ по очереди принимать будут, как будто на все время экспедиции заранее отмыться хотят, — уверенно заметил Юрий Иванович.

За столом мы с Ириной поведали нашим друзьям о наших мыслях по поводу гор.

— Странно это, — проговорил Селиверстов. — Очень странно. У меня лично горы вызывают трепет. Я всегда, когда бываю в горах, смотрю на них с каким-то восторгом. Я преклоняюсь перед ними и, естественно, не могу отнестись к горам, как к мертвым скалам. Но я не мог и подумать о том, что в горах мы путешествуем по мозговым извилинам Земли.

— Ты, кстати, Сергей Анатольевич, видел когда-нибудь мозг человека? — задал вопрос Юрий Иванович.

— Ну, на рисунках видел. А что?

— А живьем?

— Нет. Я же не патологоанатом.

— Вообще-то патологоанатом вскрывает череп после смерти, а не живьем, — кинул реплику Юрий Иванович.

— Ну, так что же? — слегка возмутился Селиверстов.

— А то, что никто, кроме хирургов, увидеть живьем мозг человека не может, а мозг Земли видит каждый человек. Но только альпинисты и туристы имеют возможность соприкасаться с мыслительной силой гор, поднимаясь на их вершины.

— Слушай, ведь и в самом деле на вершине горы человек ощущает эйфорию, не сравнимую ни с чем на свете, — возбужденно проговорил Селиверстов. — Почему возникает эта эйфория? Не только от того, что альпинист, превозмогая себя, смог подняться на вершину, но и от того, что на вершине человек

Эйфория

начинает ощущать мысли гор. А они, эти мысли, сладкие, потому что они чистые.

— На оргазм во время секса похожа эта эйфория, — многозначительно вставил Юрий Иванович. — Я ведь тоже бывал на вершинах.

— Я не буду, Юрий Иванович, развивать эту мысль, — смеясь, сказал Селиверстов, — скажу лишь то, что йоги в Гималаях нам говорили, что Тот Свет слаще, чем секс. Отсюда какой вывод можно сделать?

— Какой?

— Человек на вершине горы соприкасается с Тем Светом, вот!

— Трогает его рукой, что ли?

— Да нет, — Селиверстов взглянул на Юрия Ивановича. — Когда человек стоит на вершине горы,

На оргазм во время секса похожа эта эйфория

он как бы стоит на вершине треугольника и как бы соприкасается с треугольными мыслями гор, связанными с мыслящим Космосом и, в частности, с Тем Светом. Поэтому человек на вершине горы чувствует свое единение с Вечным и подсознательно осознает суть Бытия. Поэтому чувство, называемое вершинной эйфорией, незабываемо. Люди, ощутившие это, становятся как бы рабами гор и из года в год поднимаются на вершины, чтобы еще и еще раз вобрать в себя прелесть Вечного.

— Красиво говоришь, — прокомментировал Юрий Иванович. — Только вот скажу, что среди моих знакомых альпинистов столько обреченно-дернутых маньяков, что мне даже неприличным кажется.

— Ты в этом уверен?

Рабы гор

— Один, помню, альпинист экзальтированный признался мне по пьянке, что у него есть мечта — погибнуть на вершине Эвереста. Меня туда же зазывал вместе с ним.

— Так он погиб там?

— Да нет. Денег у него на это не хватило.

— Как это? — удивился Селиверстов.

— Дело в том, что за восхождение на Эверест надо заплатить непальскому правительству 50 тысяч долларов. А у него такой суммы не было, — пояснил Юрий Иванович.

— Так он у тебя эти деньги просил?

— Нет. Предложил пойти с ним и разделить счастье... гибели на самой высокой вершине мира. Прямо говорил.

— Ну а ты что?

— Я что, чокнутый, что ли? Чтобы заплатить за свою гибель! И ему я денег не дал; я что, идиот, — спонсировать самоубийство. Да таких денег у меня никогда и не водилось.

— Так он нашел деньги для... этого дела?

— Нет, до сих пор живой ходит.

— А... а...

— Что, нам на Земле делать нечего? Сам же говорил, Сергей Анатольевич, что Бог, создав человека, приказал ему следовать постулату — реализуй себя сам. А альпинист этот, желающий красивой смерти в горах, подумал бы лучше о матери, детях, жене... противоестественно это, да и противобожественно.

— А знаете, что мне претит в альпинистах, — лицо Селиверстова стало серьезным, — дух покорения вершины. — Я ее покорил! Она подо мной! Я сильнее ее! А если подумать о том, что Земля — живое существо, а мы, люди, — ее дети, то термин «покорять» звучит по меньшей мере глупо и высокомерно. Покорить мыслящее существо, породившее тебя...

Слушая слова Селиверстова, я на мгновение задумался о том, что сам в своей жизни «покорил» много вершин и даже, имея привычку брать с каждой вершины камень, собрал коллекцию «камней с покоренных вершин». Мне стало как-то стыдно за то, что всю жизнь я использовал словосочетание «покорить вершину», хотя существует нормальное русское выражение — «совершить восхождение на вершину». Я, конечно же, был глуп и неразумен, когда исступ-

Вершину нельзя покорить

Камни с вершин, на которые мне удалось совершить восхождения

ленно карабкался по горным кручам и считал, что вот-вот, еще немного, еще чуть-чуть, и вершина покорится мне. Я, обвешанный веревками, ликовал и громко кричал на вершине, будучи во власти эйфории. Мне казалось, что гора покорилась мне.

Постепенно, с возрастом, я несколько поумнел и стал смотреть на горные вершины с чувством непонятного вожделения, как бы упрашивая вершину допустить меня до ее главной верхней части. Я примитивно называл это горным опытом, осознавая, что при восхождениях почти все зависит от погоды, которая в горах имеет склонность быстро меняться, порой наказывая восходителя смертельным ураганом. Нередко в моей голове копошились мистические мысли, а когда, например, в самый неподходящий момент на скале начинали омерзительно ныть обмороженные ноги, я стал про себя приговаривать: «Боженька, помоги!» или «Гора! Пусти!»

И только сейчас, когда невесть откуда взявшаяся мысль о том, что «гора думает», и поэма Марины Цветаевой подтолкнули мое воображение, я понял, что гору нельзя покорить. Она непокорна и громадна. Гору надо просто любить, а восхождение на ее вершину воспринимать как счастье, дозволенное тебе, и как прекрасную возможность соприкоснуться с чистой мыслью горы, связанную напрямую с Вечным. Конечно же, можно радоваться и тому, что ты преодолел перенапряжение, холод и опасности, почувствовав себя настоящим мужчиной, но больше всего надо радоваться тому, что гора допустила тебя до своей вершины, чтобы ты ощутил мощный разум гор. А гора допускает только тогда, когда ты идешь к ней с чистой душой.

Эта мысль о том, что к горе надо идти с чистой душой, крепко засела в моем сознании. Я стал представлять священную гору Кайлас и стал анализировать самого себя в том плане, что смогу ли я подойти к ней с чистой душой. Я даже начал волноваться, понимая, что налет греховности в моей душе присутствует в приличном порядке. Смогу ли? Уйдет ли при виде священного Кайласа предельно материализованный европейский апломб?

Но тут я себя поймал на мысли о том, что если я уж начал думать об этом, то я смогу подойти к священной горе с чистой душой. Мне стало легче.

— Тогда, может быть, священная гора откроет свои секреты! Тогда, возможно, мы сможем увидеть то, что выпадает из

Прощальный ужин у Ирины Казьминой

поля зрения других людей! Что мы можем увидеть? Город Богов? Место входа в легендарную подземную Вару, где был заново клонирован человек? — думал я.

За столом у Ирины дома шло веселье. Уже пришли Равиль и Рафаэль Гаязович. Бессменный друг Ирины по имени Слава командовал прощальным застольем. Все смеялись, но... с каким-то оттенком грусти.

— А ты, Сергей Анатольевич, будешь восходить на гору Кайлас, если такая возможность представится? — с некоторым сарказмом спросил Юрий Иванович, смачно откусив бутерброд с красной икрой.

— Я? Лично?

— Да, ты.

— Нет, не буду, — лицо Селиверстова стало серьезным. — По преданиям, которые я читал, на священную гору Кайлас восхождение запрещено или, вернее, считается святотатством. Говорят, что только сам великий святой Миларепа был на вершине Кайласа в незапамятные времена, когда боролся со злым магом. Во всей литературе, которую я читал, никто из паломников даже не имеет помыслов взойти на Кайлас.

— А европейцы или американцы не пытались восходить? — задал вопрос Слава.

— Вроде бы нет. Научных экспедиций туда не было, кроме того, что Рерих в суровых условиях мирового разброда хотел достигнуть Кайласа. Было там четыре альпиниста, хотевшие покорить Кайлас, но по неизвестным причинам они отказались от восхождения на священную гору и взошли на одну из близлежащих гор, после чего в течение года-полутора быстро постарели и умерли. Священная гора не позволила покорить себя и... наказала их только лишь за мысль об этом, — вдохновенно сказал Селиверстов.

В наступившем молчании раздался голос Ирины:

— Ребята, будьте осторожны, я надеюсь на вашу благоразумность. Запомните слова Цветаевой:

О когда б, здраво и попросту
Просто холм, просто бугор,
Говорят — тягою к пропасти
Измеряют уровень гор...

Где она — «Долина Смерти»?

— Главное, мужики, авантюризм свой надо харчком сплюнуть и об пол растереть, — дал напутствие Юрий Иванович.

— Кто-то мне говорил, точно не помню, — вновь заговорила Ирина, — что в каком-то районе Тибета есть необычная гора, которая называется «Зеркало Царя Смерти». У меня такое предчувствие, что это «Зеркало» там, куда вы идете. Имейте это в виду. Не зря, наверное, назвали так.

Кто-то мне говорил, что на Тибете есть гора, называемая «Зеркало Царя Смерти»

Кто он — Царь Смерти? Почему эта гора называется зеркалом?

— Возможно, именно там находится легендарная «Долина Смерти»? — сделал предположение Равиль.

— Возможно, вполне возможно. Но давайте подумаем вот о чем — почему в горах Тибета есть место, связанное с понятием «смерть»? — начал размышлять Селиверстов. — Если подходить к понятию смерти с индуистской или буддистской точек зрения, то она отнюдь не страшна и является всего лишь переходом в иное (волновое) состояние жизни. Отсюда следует, что «Долина Смерти» есть место, кем-то сотворенное в горах для облегчения перехода в мир иной.

Смерть смерти рознь!

— Убивающее, что ли, место? — спросил Юрий Иванович. — Или для самоубийств?

— Да, убивающее, — нервно ответил Селиверстов, — но...

— Странно, — проговорила Ирина, — что смерть воспринимается людьми как трагедия или наказание, а от понятия «Долина Смерти» веет чем-то возвышенным и одухотворенным. К чему бы это?

— Смерть смерти рознь, — глубокомысленно произнес Селиверстов. — По поверьям, в которых описывается «Долина Смерти», человек, умерший там, возносится сразу в рай, а умерший в другом месте... м... м... не сразу в рай.

— А куда? — усмехнулся Юрий Иванович.

— Ну откуда я знаю! Откуда! — заохал Селиверстов.

— Что-то глубинное и очень сакральное таится в этой «Долине Смерти», — вздохнула Ирина.

— Был у меня знакомый, когда я работал на трассе, Лехой звали... — начал было Юрий Иванович.

— Позвольте мне развить мысль и постарайтесь не перебивать меня, — взмолился Селиверстов.

— Валяй, — утвердительно кивнул Юрий Иванович.

— По легенде, в «Долину Смерти» приходят йоги, чтобы умирать. Причем, они садятся, настраиваются и умирают безо всякого насильственного акта. И делают это только йоги, а не паломники. Паломникам, вроде бы, это не позволено. Мы в ходе предыдущих гималайских экспедиций поняли, что йоги большую часть времени медитируют, своим Духом пребывая на Том Свете, а телом оставаясь на Земле. Йоги как бы живут на Том Свете...

— Который слаще, чем секс, — не удержался и вставил Юрий Иванович.

Селиверстов строго посмотрел на него и продолжал:

— Общаясь там, на Том Свете, с духами умерших людей и другими иерархическими уровнями этой формы жизни, йог рано или поздно получает задание покинуть Землю. А оттуда, сверху, как говорится, виднее, в каком месте Земли лучше всего совершить «обряд» перехода в мир иной. Йог, живущий в горах и имеющий способности мысленно общаться с горами, знает, в каком месте гор находится это «смертельное место», откуда можно

Тот Свет слаще, чем секс

попасть именно в искомое и уже определенное место Того Света. Поэтому только йоги могут полноценно воспользоваться «Долиной Смерти». Если это сделает обычный паломник, то того эффекта не будет; будет как обычно, как при земной смерти.

Где она — «Долина Смерти»?

— Интересно, а каков все же механизм смерти физического тела в «Долине Смерти»? Ведь что-то же должно убить тело, — задался вопросом я.

— Я думаю, что «Зеркало Царя Смерти» убивает, — угрюмо проговорил Селиверстов.

Равиль тяжелым взглядом посмотрел на него и спросил:

— А сможем ли мы обнаружить в горах «Зеркало Царя Смерти» и не входить в эту «Долину Смерти»? У нас ведь нет точных сведений и вряд ли будут.

— А может быть, легенды о «Долине Смерти» и «Зеркале Царя Смерти» всего лишь вымысел, всего лишь фантазия отрешенных людей с воспаленным сознанием? — высказал сомнение Рафаэль Гаязович.

— Который год уже мы ходим в экспедиции по легендам, и каждый раз легенды находят научное подтверждение, — парировал Селиверстов.

— Несмотря на то, что я ученый материального толка, я вынужден ответить на вопрос Равиля так: у нас нет другого выхода, как идти к священной горе с чистой душой и слушать «шепот гор», надеясь лишь на свое подсознание, — сказал я. — Мне кажется, что «Долина Смерти» находится в районе Кайласа. А «Зеркало Царя Смерти», на мой взгляд, является составной частью Города Богов.

— Несладко... слушать «шепот гор», — хмыкнул Рафаэль Гаязович.

Месть фараонов

— Я много читал о так называемой «мести фараонов», — заговорил Слава. — Все грабители пирамид и египетских гробниц почему-то рано или поздно погибали. Над ними повисал рок, из которого они живыми не выбирались.

— Я тоже об этом много читал, — живо отозвался широко эрудированный Рафаэль Гаязович. — Я могу привести даже конкретные сведения. Например...

— Не надо конкретных сведений, а надо постараться ответить на вопрос — почему они погибли? — перебил Селиверстов. — Ведь мы идем к священной горе, которая, как мы считаем, является не горой, а самой величайшей пирамидой мира. Если мы говорим о том, что горы «думают», то нет никаких сомнений, что пирамиды тоже «думают», причем «думают» более конкретно и мощно, чем горы. Поэтому можно предположить, что пирамида запомнит деяние с низкопробным помыслом, запомнит мыслительные характеристики конкретно этого человека и по ним безошибочно найдет его в любом уголке земного шара, в какой-то момент времени направив в смер-

Месть фараонов

тельное русло; будь то несчастный случай, будь то болезнь, будь то самоубийство. У пирамиды «горы времени», она может ждать долго, очень долго, надеясь на раскаяние человека, но если раскаяние не наступает, пирамида своей мощной мыслью заставит его ступить на смертельную тропу. У этого грабителя что-то «замкнет в мозгах», он станет как робот, как механизм и пойдет, взирая невидящим взглядом, туда, куда бы он никогда не пошел, чтобы найти свою погибель. Умирая, он ощутит в душе такую боль и такое отчаяние, что ему станет просто невыносимо. Но он даже не сможет, скорбно раскрыв рот, закричать «А... — а... — а...», потому что в новой волновой форме жизни, куда он неожиданно провалится, отсутствуют понятия «рот» и «голос», подменяясь на более мощное и более чувственное понятие — душевная боль. А потом этот человек полетит: по какой-то ярко освещенной трубе его понесет неведомо куда, будут мелькать образы, будут проноситься видения и... вдруг он увидит то, что грандиозно и угрюмо приблизится к нему и какой-то испепеляющей энергией начнет мучить его, разрывая в клочки измученную и уставшую душу. Корчась от ужаса и боли, человек поймет, что он внутри пирамиды и что она, вращая его и стукая об углы, превращает его в душевное месиво. «Пирамида-а... а... прости... и... и...» — закричал бы он, но... Не зря древние создавали пирамиды как мыслящие существа.

— Все ясно, к пирамиде надо подходить с чистой душой, — сказал Рафаэль Гаязович. — Об этом надо бы написать в инструкции для туристов, чтобы каждый знал.

Отдышавшись и опрокинув рюмку водки, Селиверстов выдохнул:

— Как же глупы люди!

— Ты, Сергей Анатольевич, среди интеллигенции всю жизнь работаешь, с умными людьми общаешься, и то людей глупыми называешь. Поработал бы ты, например, на водокачке, — там-то уж полный атас, — высказался Юрий Иванович.

Я еще не знал того, что одного из членов экспедиции не допущу к Городу Богов

Среди нас во время прощального вечера у Ирины Казьминой не было одного, пятого члена тибетской экспедиции — кинооператора Квитковского. Он, москвич, ночевал дома. И это было естественно.

Квитковский попал в экспедицию по рекомендации некоторых авторитетных людей. У него был набор прекрасной видеоаппаратуры, он имел большой опыт горных съемок и монтажа фильмов об альпинистах. Обращали на себя внимание его предприимчивость, деловитость и физическая закалка.

Но глаза! Его выдавали глаза. Они были холодными и тяжелыми. Познакомившись и беседуя с ним, я несколько раз пытался перевести струю разговора на романтический лад; он поддерживал этот стиль, но глаза оставались неприятно механическими. От этого взгляда я тушевался и старался тут же подойти к романтичному Селиверстову, чтобы во время разговора с ним восстановить столь притягательный и жизнеутверждающий романтический дух. Равиль тоже был романтичен. И даже рассудительный и сверхскрупулезный Рафаэль Гаязович отличался детской наивностью, нередко выпучивая глаза и спрашивая «правда?».

Жаль, что в экспедицию не смогла пойти Елена Масюк

А Квитковский был холоден. Этим он меня начал уже нервировать, но я терпел, надеясь, что в экспедиции он изменится к лучшему, да и понимая, что времени на смену кинооператора у нас не хватит. Я очень сожалел, что не могла пойти в экспедицию Елена Масюк, романтичность которой была переплетена с ее душевной мощью, закаленной в чеченских и гималайских боях.

Утром, когда мы, погрузив рюкзаки в микроавтобус, ехали в аэропорт Шереметьево-2, я, поглядывая на Квитковского, почему-то вдруг вспомнил «Долину Смерти». Я представил, что на высотах 5000 — 6000 метров, когда физическое выживание выходит на первый план, будет очень трудно сохранить розовую романтическую настроенность, столь необходимую, чтобы слушать «шепот гор» — единственную и призрачную ниточку, способную подсказать месторасположение «Долины Смерти». Мне стало не по себе, когда я понял, что вряд ли смогу слушать «шепот гор» под холодным критическим взглядом, утверждающим, что горы — всего лишь препятствие альпинистского порядка. А кроме того, я еще понял, что рядом с холодными глазами я не смогу взывать к горам, упрашивая их показать нам Город Богов. Эти глаза помешают.

Квитковский был альпинистом того сорта, которые «покоряют» горы, но не любят их.

Вскоре, в экспедиции, я приму единоличное и на первый взгляд нелогичное решение отправить Квитковского обратно в Москву, не допустив его к району Города Богов. И в ходе всей экспедиции у меня сохранится уверенность в том, что я поступил верно, а совесть, к которой я прислушиваюсь всю свою жизнь, не будет мучить меня. А тогда, когда облака разойдутся и Гибет во всем величии покажет нам Город Богов, я буду радоваться, что рядом с нами нет человека с холодными глазами.

Отлет в Катманду

Николай Иванович Зятьков — первый заместитель главного редактора газеты «Аргументы и факты», с которым вот уже много лет мы ведем в печати тематику гималайских и тибетских экспедиций и с которым мы нашли не просто взаимопонимание, а стали крепкими друзьями, прислал в аэропорт телевидение и журналистов. Его бессменный и беспредельно толковый помощник Павел Буров командовал всем парадом. Все было очень торжественно. В красивых

Николай Иванович Зятьков

Перед отлетом в экспедицию

формах с эмблемой «Tibet expedition» мы гарцевали по гранитному полу аэропорта.

— Ребятки, желаю у-да-чи! — вдохновенно пожелала Ирина Казьмина.

— Мужики, не подкачайте, — добавил Юрий Иванович.

На душе было радостно, и только мысль о «Долине Смерти» слегка копошилась в одном из закоулков души. Но я уже знал главное — к Городу Богов надо идти с чистой душой.

Глава 11

Что же ждет нас в Городе Богов?

Мерно гудели моторы самолета. Стюардессы раздали бортпитание, которое Рафаэль Гаязович назвал закуской, и достал бутылку хорошей лимонной кристалловской водки. Мы выпили по чуть-чуть. Веселья не получилось. Было грустно.

— Смотрите, горы под нами, — произнес Селиверстов.

Делая вид, что читаю, я закрыл глаза и начал погружаться в сон. В состоянии полусна я попытался представить то, что ждет нас там — в далеком Тибете, куда мы летим. Найдем ли Город Богов? Какой он? Существует ли вход в Вару? Неужели там находится легендарная Шамбала?

Бессистемные мысли кружились вокруг, не желая выстраиваться в стройную линию. Было такое ощущение, что мысли дразнят меня, мелькая перед глазами. Несколько раз в мыслях ярко и сочно появлялось слово «матрица», но тут же исчезало, не оставив после себя логического следа. Поняв, что не смогу выбраться из круговорота мыслей, я открыл глаза, помотал головой и вдруг четко осознал, что я, несмотря на все предэкспедиционные расчеты и умозаключения, мало что еще знаю. Новые загадки ждали нас.

Я посмотрел на своих друзей. Они тихо посапывали в самолетных креслах. Лица их были умиротворенными и счастливыми. Молодой Равиль улыбался во сне.

На какое-то мгновение я подумал о том, что мы все счастливы оттого, что уже отправились в эту тибетскую экспедицию.

Но что такое счастье? Люди постоянно стремятся достичь его, порой полагая, что счастье — это материальное благополучие, порой думая, что счастье — это слава, порой фантазируя на эту тему самым причудливым образом. Но люди редко задумываются над тем, что полное счастье недостижимо и что счастье дается всем людям примерно поровну. Один счастлив оттого, что у него на грядке вырос хороший огурец, другой оттого, что стал президентом, третий... Все зависит от того, что принимать за счастье. Бог всех уравнял в этом вопросе, но оставил одну немаловажную деталь — уровень счастья, определив высшим счастьем восхождение к божественным Знаниям.

Я встал с кресла, пошел в конец салона и закурил, стряхивая пепел в пепельницу на ручке кресла грузного индийца в яркой рубашке и приговаривая при этом «Sorry». Потом я возвратился на свое место и сел. В голове промелькнули слова Юрия Ивановича Васильева, которые он произнес в аэропорту перед отлетом:

— Ты, шеф, в зубы-то Шамбале особенно не лезь!

— Шамбала, она, добрая. Зубов у нее нет. Но в объятьях Шамбалы будем, — помню, ответил я.

Дальнейшее развитие событий, которые можно назвать приключениями, Вы, дорогой читатель, прочтете в двух последующих томах этой книги, которые я усиленно пишу, урывая время у хирургии. Я, честно говоря, даже и не знаю, сколько я напишу томов этой книги, но я знаю точно, что второй том будет называться «Золотые пластины Харати».

Автор выражает сердечную благодарность всем, кто помогал в создании персонажей для иллюстрирования данной книги, в том числе сотрудникам и пациентам нашей клиники.

Содержание

Об авторе 2

Предисловие автора 6

Глава 1. Сфинкс смотрит на Город Богов 17
Глава 2. Легенда о Городе Богов 41
Глава 3. Монах Арун 71
Глава 4. Мировая система пирамид
и монументов древности 88
Глава 5. Трагическое послание древних 117
Глава 6. 6666 – знак апокалипсиса. 9999 – знак
гибели Земли 256
Глава 7. Молодец, Таня! 303
Глава 8. Мировая система пирамид и монументов
древности спасла нас от конца света, но... 324
Глава 9. Пирамиды сокращают продолжительность
жизни людей 452
Глава 10. Гора думает 504
Глава 11. Что же ждет нас в Городе Богов? 535

**Мулдашев
Эрнст Рифгатович**

**В ПОИСКАХ
ГОРОДА БОГОВ**

**Том 1. Трагическое послание древних
2-ое издание**

Ответственные за выпуск
С. З. Кодзова, О. В. Ишмитова
Макет подготовлен к изданию Э. Р. Мулдашевым
Компьютерный дизайн О. В. Ишмитовой
Текст публикуется в авторской редакции

Подписано в печать 17.09.2004. Бумага офсетная.
Формат 60×90$^1/_{16}$. Гарнитура «TimesET».
Печать офсетная. Усл. печ. л. 34. Уч.-изд. л. 40,2.
Изд. № 04-0215-пМ. Доп. тираж 20 000 экз. Заказ № 1518.

Издательский Дом «Нева»
199155, Санкт-Петербург, ул. Одоевского, 29

Отпечатано в полном соответствии с качеством предоставленных
диапозитивов в полиграфической фирме «Красный пролетарий»
127473, Москва, Краснопролетарская, 16

Издательский Дом «Нева» представляет

новую книгу Э. Р. Мулдашева

«Золотые пластины Харати»

Автор книги — всемирно известный офтальмолог и исследователь Э. Р. Мулдашев, продолжает рассказывать о своей научной экспедиции на Тибет в поисках легендарного Города Богов. По древней легенде, рассказанной носителями вековой мудрости — ламами, в Городе Богов под статуей «Читающего Человека» хранятся золотые пластины лемурийцев, на которых записаны знания древних цивилизаций. В этой книге читатель узнает о новых приключениях участников экспедиции в таинственной пещере Харати, где тоже хранятся золотые пластины, а также узнает много интересного об Озере Демонов, предвестниках Шамбалы и т. д.

Издательский Дом «НЕВА»

ПРИГЛАШАЕМ К СОТРУДНИЧЕСТВУ!

По всем вопросам, связанным с организацией приобретения и ценами поставки книг, включения в программы по продвижению и премированию распространителей, обращайтесь:

- **Издательство «ОЛМА-ПРЕСС»**
  129075, **Москва**,
  Звездный бульвар, 23, стр.12
  Телефон: (095) 784-67-74 (*224, *225, *226, *228 — отдел реализации)
  Факс: (095)215-80-53; 784-67-68
  E-mail: info@olma-press.ru
  Страница в Интернете:
  http://www.olma-press.ru

- **Фирменный магазин:**
  Москва, ул. Краснопролетарская, 16
  тел.: (095) 973-90-68
  часы работы: будни: 09.00 — 19.00, суббота: 10.00 — 14.00

- **Клуб «Любимые книги семьи»**
  Москва, ул. Краснопролетарская, 16
  тел.: (095) 973-90-43, 978-58-43
  E-mail: olmaspec@mtu-net.ru

- **Склад:**
  Москва, ул. Верхние Поля, 30, рынок «Садовод»;
  часы работы: будни и суббота: 08.00 — 20.00, воскресенье: 08.00 — 14.00

РЕГИОНАЛЬНЫЕ ПРЕДСТАВИТЕЛЬСТВА:

400131, Волгоград,
ул. Скосырева, 5
тел./факс (8442) 37-68-72
E-mail: olma-vol@vlink.ru

420108, Татарстан, Казань,
ул. Магистральная, 59/1
тел./факс (8432) 78-77-03
E-mail: olma-ksn@telebit.ru

350051, Краснодар,
ул. Шоссе Нефтяников, 38
тел./факс (8612) 24-28-51
E-mail: olma-krd@mail.kuban.ru

660001, Красноярск,
ул.Копылова, 66
тел./факс (3912) 47-11-40
E-mail: olma-krk@ktk.ru

603074, Нижний Новгород,
ул. Совхозная,13
тел./факс (8312) 41-84-86
E-mail: olma_nnov@fromru.com

644047, Омск,
ул. 5-я Северная, 201
тел./факс (3812) 29-57-00
E-mail: olma-omk@omskcity.com

614064, Пермь,
ул. Чкалова, 7
тел./факс (3422) 68-78-90
E-mail: olma-prm@perm.ru

390046, Рязань,
ул. Полевая, 38
тел./факс (0912) 28-94-45, 28-94-46
E-mail: olma@post.rzn.ru

443070, Самара,
ул. Партизанская, 17
тел./факс (8462) 70-57-30
E-mail: olma-sam@samaramail.ru

196098, Санкт-Петербург,
ул. Кронштадтская, 11, офис17
тел./факс (812) 183-52-86
E-mail: olmaspb@sovintel.spb.ru

450027, Уфа,
Индустриальное шоссе, 37
тел./факс (3472) 60-21-75
E-mail: olma-ufa@bashtorg.ru

ЕДИНАЯ КНИЖНАЯ СЕТЬ «НЕВА»
Санкт-Петербург,
Телефон: (812) 146-72-12
Факс: (812) 146-71-35

 # КНИГА-ПОЧТОЙ

Вы можете заказать книги
Издательского Дома «НЕВА»
любым удобным для вас способом:

издательский дом
НЕВА

- по электронной почте: postbook@areal.com.ru;
- по почте: 192236 Санкт-Петербург,
  а/я № 300 ЗАО «Ареал».

Вы можете выбрать один из двух способов оплаты заказа:

▶ наложенным платежом. Оплата производится на ближайшем почтовом отделении при получении бандероли. Все цены на издания указаны без учета почтовых расходов;

▶ по предварительной оплате. Стоимость такого заказа будет на 10% ниже стоимости наложенного платежа. Оплата производится банковским или почтовым переводом. Оформлять такой вид платежа следует только по телефону или электронной почте.

Книги будут высланы в течение недели после получения заказа или выхода книги из типографии.

При оформлении заказа обязательно укажите:

▷ фамилию, имя, отчество, телефон, факс, электронный адрес;

▷ почтовый индекс, регион, район, населенный пункт, улицу, дом, корпус, квартиру;

▷ издательство, название книги, автора, номер лота, количество заказываемых экземпляров.

Лот 6281

Мулдашев Э. Р.
В ПОИСКАХ ГОРОДА БОГОВ
Том 2. Золотые пластины Харати
Формат 60×90 $^1/_{16}$

Zülfukar Çetin | Savaş Taş (Hg.)

Gespräche über **Rassismus**
Perspektiven & Widerstände

YILMAZ-GÜNAY

Bibliografische Information der Deutschen Bibliothek
Die Deutsche Bibliothek verzeichnet diese Publikation in der Deutschen Nationalbibliografie; detaillierte bibliografische Daten sind im Internet über http://dnb.ddb.de abrufbar.

Zülfukar Çetin | Savaş Taş (Hg.)
Gespräche über Rassismus | Perspektiven & Widerstände

1. Auflage, März 2015
ISBN 978-3-9817227-1-0

© Verlag Yılmaz-Günay
Eisackstr. 29
10827 Berlin
verlag@yilmaz-gunay.de | www.yilmaz-gunay.de

Lektorat: Salih Alexander Wolter
　　　　　Koray Yılmaz-Günay (Gespräche mit Deniz Utlu & Women in Exile)
Umschlag & Satz: Gerd Schmitt
Druck: Druckerei Schmohl & Partner, Berlin | www.schmohl.de
Printed in Germany 2015

Inhalt

Vorwort..5

Konzepte/Gegenkonzepte

«Bündnisse und Beziehungsnetze Schwarzer Aktivistinnen sind weiter und bedeutender als nationalstaatliche Grenzziehungen»
Savaş Taş im Gespräch mit Maisha Eggers..9

Zum Begriff des antimuslimischen Rassismus
Zülfukar Çetin im Gespräch mit Iman Attia..17

«Das Homogene sind die Leute, die über Rrom_nja reden»
Zülfukar Çetin im Gespräch mit Isidora Randjelović............................31

«‹Deutschenfeindlichkeit› ist keine Form des Rassismus»
Zülfukar Çetin im Gespräch mit Yasemin Shooman.............................45

Sprache Macht Politik. Sprachliche Repräsentationen, politische Allianzen und Perspektiven des People of Color-Empowerments gegen intersektionale Rassismen
Halil Can...55

Diskussionen/Perspektiven

Wer ist in der Stadt? Rassismus und Stadt
Zülfukar Çetin im Gespräch mit Noa Ha...69

Willkommenskultur: Migration und Ökonomie
María Virginia Gonzales Romero im Gespräch mit María do Mar Castro Varela..87

«Rassismus ist kein Nebenwiderspruch»
Markus Bernhardt im Gespräch mit Koray Yılmaz-Günay...................97

Leerstellen im Diskurs um Frauenrechte ohne Rassismus und Klassismus
Zülfukar Çetin im Gespräch mit Nivedita Prasad...............................107

Postliberaler Rassismus steht für den Versuch, die städtische postmigrantische Gesellschaft zu rehierarchisieren
Sebastian Friedrich im Gespräch mit Vassilis S. Tsianos..................117

Die Anderen der Anderen – Antisemitismus und antimuslimischer Rassismus in Deutschland heute
Zülfukar Çetin im Gespräch mit Anna-Esther Younes..................123

Widerstände/Praktiken

«Empowerment bedeutet: Lebensmöglichkeiten entdecken und verwirklichen – für alle»
Zülfukar Çetin im Gespräch mit Mutlu Ergün-Hamaz..................139

«Fehlendes Geschichtsbewusstsein bedeutet auch fehlende Empathie»
Elsa Fernandez im Gespräch mit Marianna Salzmann..................147

Überlieferungen und Kontinuitäten
Zülfukar Çetin im Gespräch mit Elsa Fernandez.................. 151

«Der Kampf muss weitergehen – wir werden nicht aufgeben!»
Duygu Gürsel im Gespräch mit Women in Exile – Refugee Women for Refugee Women..................161

«In einem ganz bestimmten Sinn ist eine poetische Betrachtung stets antirassistisch»
Koray Yılmaz-Günay im Gespräch mit Deniz Utlu..................179

Fordern, überfordern, verweigern. Bild- und Raumpolitik(en) in der Migrationsgesellschaft
Ayşe Güleç..................189

Herausgebende und Beitragende..................217

Vorwort

Dieses Buch entstand vor dem Hintergrund einer gesellschaftlich angespannten Atmosphäre, in der medial, politisch wie wissenschaftlich aufgeladen im Alltagsdiskurs Asylsuchende und andere Migrant_innen wieder einmal auf spektakuläre Weise zur Projektionsfläche und Zielscheibe für gesellschaftspolitische Krisenlagen herhalten müssen. Angefangen mit dem langwierigen NSU-Prozess, der Einwanderungspolitik bis hin zum Phänomen der «Patriotischen Europäer gegen die Islamisierung des Abendlandes» lassen sich viele Themen nennen, die in Öffentlichkeit und Politik einen zentralen Platz auf der Agenda einnehmen und die Berichterstattung in Deutschland dominieren.

Entstanden ist dieses Buch also in einem gegenüber «Fremden» hasserfüllten und hetzenden Umfeld, in dem rassistisch motivierte Morde begangen und Asylsuchende in «Nutzlose» und «Nützliche» eingeteilt werden. Die vermeintlichen «Schuldgefühle» der weißdeutschen Gesellschaft nach Auschwitz beziehungsweise der NS-Zeit werden durch massenhafte Proteste und «Kritik» gegen die «Islamisierung des Abendlandes» scheinbar überwunden, während in Talkshows des Mainstreams tagtäglich über die Notwendigkeit eines «legitimen» national(istisch)en Stolzes gesprochen und um Verständnis für «besorgte Bürger_innen» geworben wird. Es ist eine Zeit, in der rassistisch motivierte Ungerechtigkeiten, Diskriminierungen und Ausschlüsse mal wieder im Zentrum von Gesellschaft und Politik angekommen, also legitim und salonfähig geworden sind. Mit Hilfe von Medien, Wissenschaft, staatlicher und nicht-staatlicher Politik werden sie in der Bevölkerung gerechtfertigt und stoßen auf breite Resonanz.

Begleitet wurde die Entstehung dieses Buches jedoch nicht nur von bundesweiten rassistischen Allianzen, sondern zugleich auch von wachsenden Solidaritäten in Form von rassismuskritischen Initiativen und Bündnissen unter Schwarzen, Rrom_nja- und Sinti_zza, People of Color, Menschen mit Migrationsgeschichte(n), Muslim_innen oder als muslimisch Markierten, Asiatischen Deutschen, Asylsuchenden und Geduldeten, Jüd_innen wie auch mehrheitsdeutschen Unterstützer_innen.

In diesem Interviewband sind polyphone O-Töne von Aktivist_innen, Wissenschaftler_innen und Künstler_innen versammelt, die über unterschiedliche Formen des Rassismus und seine Verschränkungen mit anderen Herrschaftsverhältnissen sprechen. Die Texte – überwiegend eigens für diesen Band geführte Interviews – thematisieren und hinterfragen in prägnanter Form aktuelle rassistische Diskussionen und Geschehnisse. Zudem zeigen sie Perspektiven und widerständige Praktiken aus der Sicht von Menschen mit Rassismuserfahrungen auf. Wir gehen davon aus, dass Interviews als Form geeignet sind, diese komplexen Phänomene für ein breites Publikum diskutier- und besprechbar zu machen.

Für die Realisierung dieses Buchprojekts bedanken wir uns zunächst einmal ganz herzlich bei den Interviewpartner_innen, Interviewer_innen und Autor_innen für ihr engagiertes Mitwirken und ihre aufschlussreichen Beiträge. Sie intervenieren aus vielfältigen Positionen und mit kritischer Stimme in die Debatten um gesamtgesellschaftlichen Rassismus. Unser Dank gilt auch unserem Lektor Salih Alexander Wolter, der im Entstehungsprozess dieses Buches mitgedacht, mitgefühlt und mit seinen gründlichen Anmerkungen und Korrekturen mitgeholfen hat, dieses Buch zu dem zu machen, was es ist.

Es ist für uns eine besondere Ehre, dass mit diesem Sammelband als erster Publikation der Verlag Yılmaz-Günay an den Start geht. Insoweit gilt unser ganz persönlicher Dank unserem Verleger, Interviewpartner und Interviewer Koray Yılmaz-Günay, mit dessen Verlagsgründung dieses Buch eine öffentliche Plattform bekommen hat. Wir wünschen ihm weiterhin ein offenes Forum für kreative, kritische und visionäre Publikationen und Diskussionen.

Die Herausgebenden, im März 2015

«Bündnisse und Beziehungsnetze Schwarzer Aktivistinnen sind weiter und bedeutender als nationalstaatliche Grenzziehungen»

Savaş Taş im Gespräch mit Maisha Eggers

Savaş Taş: Du bist eine der bekanntesten Aktivistinnen des Vereins Adefra. Am Anfang stand Adefra für «Afro-deutsche Frauen in Deutschland», dann habt ihr den Namen zu «Schwarze Frauen in Deutschland» geändert. Kannst du kurz zur Geschichte des Vereins etwas sagen?

Maisha Eggers: Ich bin seit 1993 Aktivistin bei Adefra, Schwarze Frauen in Deutschland. Ich gehöre somit zur zweiten Welle der Schwarzen Frauenbewegung in Deutschland. Adefra wurde als Initiative 1986 von Aktivistinnen wie Katja Kinder, Katharina Oguntoye, Domenica und Christina Grotke, Eva von Pirsch, Jael Jank und Jasmin Eding gegründet.

Adefra stand von Anfang an für eine selbstbestimmte, aktiv die eigenen Lebensumstände beeinflussende Alltagspolitik Schwarzer Akteurinnen in Deutschland. Diese Positionierung war von Anfang an verankert in Schwarzen feministischen Denk- und Handlungstraditionen. Die Veränderung des Namens von «Adefra, Schwarze

Deutsche Frauen» zu «Adefra, Schwarze Frauen in Deutschland» fand Ende der 1990er Jahre statt. Wir wollten ein Signal setzen, dass die Bündnisse und Beziehungsnetze Schwarzer Aktivistinnen weiter und bedeutender sind als nationalstaatliche Grenzziehungen.

Während eurer politischen Arbeit hat sich die Selbstbezeichnung People of Color (PoC), die du selber befürwortest, in der Identitätslandschaft durchgesetzt. Bist du nun PoC oder Schwarz? Oder bist du schlicht Schwarze Feministin?

Zu der politischen Selbstbezeichnung People of Color kann ich Folgendes sagen: Es ist eine sehr alte widerständige Wahrnehmung der gemeinsamen Bedeutung rassistischer Diskriminierung. Diese Wahrnehmung wurde verankert in einer solidarisierenden (Selbst-)Bezeichnung. Sie vereint gedanklich und organisationsbezogen rassistisch markierte Personen. Menschen, die ich inzwischen als rassismuserfahrene Personen bezeichne. Ich lese diese gemeinsame Bezeichnung People of Color als ein Signal (nach innen und nach außen) und als Bereitschaft, gemeinsam zu kämpfen. Ich habe in Bradford Chambers' 1968 erschienener Dokumentation über Widerstandsbewegungen versklavter Schwarzer Menschen des 19. Jahrhunderts von Infozetteln der abolitionistischen Bewegung mit der Aufschrift «Men of Color, To Arms» gelesen. Ich finde den Begriff Person of Color gerade deshalb schön, weil er solche Widerstandsgeschichten zentral setzt. Er ist allerdings voller Ambivalenzen. Er kann dazu führen, dass rassistisch markierte Menschen in ihrer Verletzungsoffenheit innerhalb der rassistischen Ordnung gleichgesetzt werden. Das entspricht meiner Realität als Person of African Heritage nicht. Es wird meinen Lebens- und Erfahrungszusammenhängen nicht gerecht. Das kann ich nicht unterstützen. Ich bin eine Frau of Color, aber in erster Linie bin ich Schwarz. Das ist meine spezifischste Lebenserfahrung, Erfahrung der sozialen Wirklichkeit, Erfahrung meines Selbst und Erfahrung von Weltverhältnissen. In erster Linie und zuallererst bin ich eine Schwarze Frau. Und ja, ich bin eine Schwarze Feministin. Es ist ein komplexer Ort, an dem sich viele Zugehörigkeiten und Verbundenheiten treffen. Es ist ein Ort, der auf geteilte «intellectual, political und emotional commitments» verweist.

Wir wissen, dass das Buch «Farbe bekennen» von 1986 eine Pionierarbeit in der Rassismusforschung in Deutschland ist. Wenn Du heute auf diese fast 30 Jahre zurückblickst, was hast du über Identitätspolitik und Rassismusforschung in Deutschland zu sagen? Hat es in dieser Zeit Schwarze Stimmen gegeben und wo siehst du sie heute?

Die Anthologie «Farbe Bekennen», die auf einer Diplomarbeit der Pädagogin und Lyrikerin May Ayim basiert, ist ein Meilenstein gewesen. Sie hat geradezu eine Wahrnehmung von Schwarzen Stimmen im deutschen, aber auch im transatlantischen Kontext von German and Cultural Studies erzwungen, vorbereitet, vorangetrieben, strukturiert. Ich denke, dass eine Stärke dieser Anthologie ihre symbolische Positionierung ist. Sie setzt die Lebensrealitäten und gesellschaftlichen Beiträge von Schwarzen Akteurinnen unterschiedlicher Generationen in Deutschland zentral. Sie nimmt diese ernst. Sie verbindet sie mit bereits vorhandenen literarischen Traditionen Schwarzer feministischer Akteurinnen. Da sind wir dann schon direkt beim Thema Identitätswahrnehmung, Solidarisierung, Kollektivierung von Lebensperspektiven, die durch ähnliche Mechanismen und Dynamiken «impacted» sind. Nicht die Rassismuserfahrungen an sich sind verbindend für mich, sondern, tiefer als das, die Lebensstrategien, die Handlungsstrategien, die rassismuserfahrene Menschen entwickeln, um sich unter diesen widrigen Bedingungen eine würdige, genussreiche, kreative, vitale Existenz zu ermöglichen. Diese kreative Lebensleistung hat für mich identitätspolitische Relevanz. Sie beinhaltet für mich ein Erkennen der Handlungsimpulse wie zum Beispiel Erfolg und Scheitern anderer Schwarzer Akteur_innen. Durch diese nicht mehr zu verleugnende Präsenz Schwarzer Menschen, Schwarzer Geschichte, Kulturpolitik Schwarzer Bewegungen in Deutschland hat die Rassismusforschung sehr an Bedeutung gewonnen. Das Leben von Schwarzen Subjekten ernst zu nehmen zieht nach sich, die Lebens- und Handlungszusammenhänge unter Bedingungen rassistisch verfasster Ungleichheit ernst zu nehmen. Da hat sich die Anthologie «Farbe Bekennen» als ein folgenreicher Schritt, eine folgenreiche gemeinsame Handlung erwiesen, im positiven Sinne.

Bezüglich der Identitätspolitik wird heute kontrovers diskutiert. Zum Beispiel gibt es in der Diskussion um Intersektionalität einen antikategorialen Ansatz, der bestimmte identitätspolitische Kategorien als Effekt von «Macht-Wissen-Komplexen» zurückweist. Was bedeutet dieser antikategoriale Ansatz deiner Meinung nach? Und wie ist es nach diesem Ansatz möglich, antirassistische Identitätspolitiken zu rechtfertigen?

Erstens möchte ich sagen, dass ich die Kritik des antikategorialen Ansatzes sehr nachvollziehbar finde. Der Ansatz zweifelt die Aussagekraft vertrauter Marker wie «Mann» oder «heterosexuell» an. Er stellt zudem einen Angriff auf die scheinbare Geschlossenheit, Eindeutigkeit und Logik kollektivierender Bezeichnungen dar. So weit so gut. Der Ansatz ist aber auch nur ein Teil, wenn auch ein bedeutender Teil, des Instrumentariums zur Analyse hartnäckiger Ungleichheitsverhältnisse. Er ist imstande, einen Teil der Dynamiken zu erfassen. Er hat, wie jeder andere Ansatz, eine begrenzte Reichweite. Sein Verdienst ist es, die Komplexität des Innenlebens sozialer Gruppen zu explizieren und thematisierbar zu machen und damit auch flexibel zu halten – also veränderbar zu machen. Festzustellen oder hervorzuheben, dass die Kategorie «Mann» eine hergestellte Kategorie ist, die relativ beliebig je nach herrschenden Kräfteverhältnissen in ihren äußeren Grenzen und Inhalten, in ihrer performativen Varianz und Symbolik geändert und manipuliert werden kann – das verweist auf Potenziale, diese Kategorie neu zu organisieren oder sogar ihre Organisiertheit so subversiv zu bearbeiten, dass sie empfindliche Auflösungen hinnehmen muss. Aber die Kategorie ist da, immer noch! Sie ist «alive and kicking», aller Subvertierung zum Trotz. So viel zu der begrenzten Reichweite. Kategorien wirken trotz ihrer Gemachtheit und ihrer Subvertierung weiter, leider. Der antikategoriale Ansatz scheint also nicht geeignet, um die Hartnäckigkeit der Wirkungskraft von Kategorien zu erklären. In meinen Lebens- und Handlungszusammenhängen und Forschungszusammenhängen verstehe ich die beiden Ansätze – den antikategorialen und den identitätspolitischen – nicht als Gegensatz. Sie sind bedeutende Ebenen, Teile m/einer Empowerment-Infrastruktur. Sie ermöglichen Analysen, Kommunikationen, Solidarisierungen und Interventionen in festgefahrene

Dominanzverhältnisse. Ich rechtfertige identitätspolitische Analysen, Kommunikationen, Solidarisierungen und Interventionen nicht, sondern begründe die Sinnhaftigkeit ihres Einsatzes je nach Dominanzgegenstand, je nach Handlungsbarriere, die es zu überwinden gilt. Gilt es an dem Beispiel Schule, rassismuserfahrene Kinder und Jugendliche als gesellschaftliche Handlungssubjekte zu stärken, sie aus der Vereinzelung ritualisierter Diskriminierungserfahrungen herauszuholen, Solidarisierungsmöglichkeiten zu verdeutlichen, dann ist der antikategoriale Ansatz weniger hilfreich. Dann gilt es, an diesem Gegenstand, mit dieser spezifischen Handlungsbarriere im Blick – der schweren Thematisierbarkeit von Weißsein als Norm in Bildungsinstitutionen –, auf die Geteiltheit der Erfahrung von rassistischer Normalität hinzuweisen. Es gilt hier, Jugendlichen of Color klarzumachen, dass sie nicht allein sind, wenn sie rassistische Erzählkonstruktionen und diskriminierende Begriffe vorfinden, in der Schullektüre, im Schulalltag. Ihnen klarzumachen, dass ihre Verletzung und Verletzbarkeit geteilt wird von anderen rassistisch markierten Jugendlichen. Geht es darum, mit der gleichen Gruppe im Sinne einer «Sexualpädagogik der Vielfalt»[1] über eigene Handlungsentwürfe und Handlungsbarrieren nachzudenken, über ihre sexuelle Identität ins Gespräch zu kommen und damit verbundene Diskriminierungsstrukturen konkreter zu fassen – dann macht es Sinn, mithilfe des antikategorialen Ansatzes auf gemachte Normalitäten hinzuweisen. Es macht dann Sinn, die Gemachtheit hervorzuheben. Auf dieser Grundlage können dann multiple Konstruktionsmöglichkeiten, Varianz von Konstellationen, paradoxe Möglichkeitsräume, gelebte, aber unsichtbare Paradoxien, lustmachende neue Arrangements thematisiert werden, als Baustelle eigener zukunftsweisender Entwürfe.

Wir wollen abschließend auf das Konzept «Diversity» eingehen. Im Zusammenhang mit deiner wissenschaftlichen und politischen Arbeit kritisierst du den Diversity-Begriff beziehungsweise den Ansatz. Welche Aspekte des Diversity-Ansatzes findest du unzureichend für eine antirassistische und empowernde Bildungsarbeit und welche Alternativen schlägst du vor, die Reproduktion von Ungleichheitsverhältnissen in der vorherrschenden Theorie und Praxis zu destabilisieren?

Meine Kritik am Diversity-Ansatz beginnt mit ihrer begrifflichen Einbettung. Der Begriff wird teilweise gar nicht übersetzt und als «Diversity» im deutschen Diskurs verwendet. Das funktioniert gut bei Begriffen, die bereits starke analytische Konturen aufweisen, wie «Gender». «Diversity» hat aber vor allem eine starke programmatische Aufladung. Es klingt wie eine Aufforderung. Da aber keine Einigkeit hergestellt werden konnte, was «Diversity» als Begriff in seiner Tiefenstruktur bedeutet, bleibt diese Aufforderung sehr an der Oberfläche von dem, was «Diversität» soll, nämlich Heterogenität sichtbar machen, thematisierbar machen und vorantreiben. Dann wird der Begriff im Populärdiskurs mit «Vielfalt» übersetzt. Das ist problematisch, weil Vielfalt als Begriff keine analytische Kraft besitzt. Diese Übersetzung hat wesentlich zu einer Banalisierung und Verflachung des Diversity-Diskurses geführt. Sie hat zudem auch einen sehr programmatischen Charakter.

Ich finde es wichtig, Diversity mit Blick auf die sozialen Kämpfe, die dazu geführt haben, dass Heterogenität thematisiert werden kann, zu denken. Diversität ist zum wesentlichen Teil eine Errungenschaft, das Arbeitsprodukt gesellschaftskritischer Bewegungen; Schwarze Bürgerrechtsbewegungen, dekoloniale Bewegungen, feministische Bewegungen, klassenkritische Bewegungen; Bewegungen von Menschen, deren Sinnesfunktionen als außerhalb der Norm konstruiert werden. Ich finde es äußerst wichtig, Diversität als Wissensgegenstand systematisch zu erfassen. Das erfordert theoretisch-reflexive Auseinandersetzungen. Es beinhaltet eine empirische Fundierung von Diversität. Diese Wissensproduktion muss meiner Ansicht nach resolut zurückgebunden, rückgekoppelt werden mit den gesellschaftskritischen Bewegungen, die Dominanzen beständig thematisiert und erschüttert haben. So werden diese Erkenntnisse für viele soziale Gruppen relevant und nutzbar. Bewegungen sind die Orte, an denen kollektive Handlungsräume verhandelt und gemeinsam strukturiert werden. Hier ist die Wahrscheinlichkeit hoch, dass dieses kritische Wissen breite Anwendung findet. Im besten Fall können dann konkrete Projekte entfacht werden, mittels derer Heterogenität bewusst hergestellt und verstetigt wird.

Anmerkung

[1] Siehe Timmermanns, Stefan und Tuider, Elisabeth (Hg.) (2008): Sexualpädagogik der Vielfalt: Praxismethoden zu Identitäten, Beziehungen und Prävention für Schule und Jugendarbeit, Weinheim und München.

Zum Begriff des antimuslimischen Rassismus

Zülfukar Çetin im Gespräch mit Iman Attia

Zülfukar Çetin: Spätestens seit 2001 wird oft von Islamophobie, Islamfeindlichkeit oder Muslimfeindschaft gesprochen. Du hast in diesen Diskussionen den Begriff «antimuslimischer Rassismus» etabliert. Wie bist du zu diesem Begriff gekommen? Was unterscheidet ihn von anderen Begriffen?

Iman Attia: Ich habe tatsächlich lange vor 2001 angefangen, mich mit diesem Phänomen zu beschäftigen. Ich hatte Anfang der 1990er Jahre einen kleinen Forschungsauftrag zum Antisemitismus, wo es darum ging herauszufinden, wie sich junge Frauen, die nicht offen antisemitisch sind, in diesem Diskurs artikulieren. Ich habe die Interviews mit anderen ausgewertet und mich gewundert, dass bestimmte Dinge tabuisiert waren. Aber im Verlauf der Interviews kamen deutliche Aussagen, die schon als «in antisemitische Diskurse verstrickt» bezeichnet werden können.

So hat sich die Frage entwickelt: Wenn sich selbst bei Frauen, die sich eher als links, feministisch und so weiter geben und der dritten Generation nach dem Nationalsozialismus angehören, eine – wenn auch verschämte – Eigendefinition als christlich und eine Wahrnehmung von Juden und Jüdinnen als Juden durchsetzt, wie ist denn das mit Muslim_innen? Ich habe immer wieder Parallelen zu Erfahrungen gesehen, die ich selbst gemacht habe, indem Fragen nach einer Religion, nach einer Kultur, nach einer Politik in bestimmten Ländern gestellt werden, mit denen ich mich erst einmal so gar nicht beschäftigt habe, die mich nicht interessiert haben, mit denen ich mich selber nicht in Verbindung gebracht habe.

Von daher war das ein Interesse, zu dem ich über die Forschung zum Antisemitismus gekommen bin. Ich habe dann eine eigene Forschung durchgeführt, Anfang der 1990er. Ich habe damals von antiislamischem Rassismus gesprochen. Ich hatte mich mit Edward Said beschäftigt und fand seine Argumentation plausibel, weil er die Konstruktion des Anderen in den Mittelpunkt gestellt hat und wie sie in Machtverhältnissen die Beziehung formt, die den als anders Konstruierten übergestülpt wird. Das traf sich mit meinen Erfahrungen. Ich habe mich dann intensiver mit Orientalismus und der Debatte beschäftigt, ob und wie die Auseinandersetzung mit Orientalismus auf die bundesdeutsche Literatur, Kultur, Diskurse insgesamt übertragen werden kann. 1991/92, im Zusammenhang mit dem Kuwait-Krieg, dem Irak-Krieg, dem Ende des Ost-West-Konflikts, habe ich Publikationen gelesen, die das Phänomen «Feindbild Islam» nannten.

Das waren also die Begriffe – auf der einen Seite Antisemitismus, dann eben Orientalismus, Feindbild Islam. Und ich hatte den Eindruck, es steckt alles da drin, also bestimmte Argumentationen kann ich verwenden, aber es trifft die Sache noch nicht genau. Ich beschäftigte mich dann auch mit Literatur aus Großbritannien und Frankreich, und mir fiel auf, dass dort teilweise andere Begriffe verwendet – beziehungsweise gleiche Begriffe auf andere Personengruppen und deren Erfahrungen bezogen wurden. Es gab den «anti-Arab racism» oder «anti-Arab discourse» und mit «antimuslimisch» oder «antiislamisch» waren teilweise Pakistanis und Inder_innen gemeint. Oder in Frankreich war es eher ein kolonialer

Rassismus, der auch antimuslimische Elemente enthält, aber weil er gegen Maghrebiner_innen, Algerier_innen, Marokkaner_innen, Tunesier_innen und so weiter gerichtet war, wurde er als kolonialer bezeichnet. Und von daher war klar, es geht um ein Phänomen, das zwar auf der einen Seite Bezüge zu historischen Formen wie Orientalismus, auch Exotismus, aufweist, sich aber gleichzeitig auch auf andere Formen von Konstruktionen und Hierarchisierung im Zusammenhang mit Antisemitismus und Kolonialismus bezieht. Es wurde allerdings auch deutlich, dass nicht Begriffe aus Frankreich oder Großbritannien kopiert werden können, weil dort sowohl die koloniale Situation als auch die Einwanderungssituation und die Zusammensetzung der Bevölkerung eine andere ist, die Gesellschaft insgesamt eine andere ist. Ich habe in Auseinandersetzung mit unterschiedlichen Begriffen in ihren gesellschaftlichen Kontexten versucht, einen Begriff zu finden, der das beschreiben kann, worum es mir ging. «Feindbild» fokussiert zu sehr nur auf das Feindliche und die politische Situation, während «Orientalismus» wiederum häufig zu sehr auf das Exotistische bezogen wird, und hier das Kulturelle im Mittelpunkt steht.

Da all die Begriffe, die wir hatten, nicht das ausdrückten, was ich ausdrücken wollte, musste ich einen neuen Begriff finden, der zwar auf der einen Seite die verschiedenen Aspekte in den vorhandenen Begriffen berücksichtigt, aber gleichzeitig das Spezifische benennt. Und weil in den Interviews, die ich damals ausgewertet habe – das war wie gesagt Anfang der 1990er Jahre –, diese Debatte noch nicht in Deutschland geführt wurde, war das ein neues Phänomen. Ich musste es umschreiben. In den Interviews wurden Religion und Religionszugehörigkeit als Begründung für alle möglichen Phänomene herangezogen. Um Kritik an Geschlechterverhältnissen zu üben, wurde das Geschlechterbild in die andere Kultur verlegt und die wurde religiös definiert. Die Unterscheidung zwischen «denen» und «uns» war immer präsent, es ging immer und immer wieder um den Othering-Prozess, der entlang von Religion geführt wurde, auch bei bekennenden Atheist_innen. Also, das war schon sehr auffällig, welche große Rolle die Religion plötzlich in der Eigendefinition spielte, wenn es um die Abgrenzung zu den Anderen ging. Es waren weiße deutsche christlich sozialisierte, christlich säkulare

Personen, bei denen die vermeintliche Religion der Anderen augenblicklich zentral wurde, um sich selber von «ihnen» abzugrenzen. Deswegen musste der Islam als Teil der Argumentationskette begrifflich berücksichtigt werden. Ich habe am Anfang von «Antiislamismus» gesprochen, vor allem von «antiislamischem Rassismus», um deutlich zu machen, dass diese Form der Kulturalisierung eine Spielart von Rassismus ist, die aber etwas Eigenständiges hat, das mit Religion in Verbindung gebracht wird.

Der Begriff des Antiislamismus ist sehr häufig auf Missverständnisse gestoßen, weil viele gesagt haben: «Aber ich darf doch gegen Islamismus sein.» Oder im Zusammenhang mit dem Begriff des «Antiislamischen»: «Aber ich bin doch gegen jede Religion.» Oder mit Bezug auf den Begriff des «Rassismus»: «Religion ist doch keine Rasse.» Die Diskussionen rund um die Begriffe waren zum Teil sehr ergiebig, zum Beispiel wenn es darum ging, dass es insgesamt keine Rassen gibt. Aber der Konstruktionscharakter und die Fokussierung auf diejenigen, die sich rassistisch äußern, waren nicht deutlich genug, die Debatten wurden zu oft gelenkt auf den Islam der Anderen, anstatt zu reflektieren, wie die Anderen zu Muslim_innen gemacht werden und man sich selbst als unbeteiligte_r Richter_in aufspielt.

Ich habe dann, als ich den Sammelband «Orient- und IslamBilder» herausgegeben habe, 2007, das erste Mal den Begriff «antimuslimisch» in den Titel gesetzt, sozusagen in Weiterentwicklung des «Antiislamischen», weil tatsächlich aus der Perspektive derjenigen, die diese Form von Rassismus erfahren, sie ihn nicht in erster Linie als Stellvertreter_innen einer Religion erfahren. Mit der Begriffsverschiebung wollte ich also die Erfahrungsebene und den Konstruktionscharakter stärker ausdrücken, dass es nicht in erster Linie um Religion und theologische Fragen geht, sondern dass Menschen, die als Muslim_innen gesehen werden, kulturell, sozial, gesellschaftlich, psychisch zu Anderen gemacht werden. Dass ihnen etwas zugewiesen wird, was über Religion hinausgeht – beziehungsweise damit nicht unbedingt zu tun hat, aber darauf bezogen wird, damit begründet wird. Es wird also vordergründig über Religion geredet, deswegen kann aus einer aufgeklärten Position geurteilt werden, meint man. Aber letztendlich geht es um Bildung, um Kriminalität, um Integration, um Geschlechterverhältnisse, um

Sexualität und so weiter. Religion ist also ein Platzhalter, um Dinge sagen zu können, die sonst als reaktionär eingeordnet worden wären oder sich zumindest den Vorwurf hätten gefallen lassen müssen, ungesellschaftlich und unpolitisch zu argumentieren. «Antimuslimischer Rassismus» sollte begrifflich also die Religion benennen, auf die in der Argumentation Bezug genommen wird, aber stärker auf die Personen fokussieren, um den Konstruktionscharakter und den Angriffspunkt hervorzuheben.

Ich bin aber mit dem Begriff immer noch nicht sehr zufrieden, er bringt neue Probleme mit sich. Er ist schwerfällig: antimuslimischer Rassismus. Ein Begriff allein wäre einfacher, also «Antimuslimismus» läge dann nahe, würde aber den zentralen rassistischen Gehalt nicht mehr im Namen führen. Problematisch scheint mir der Begriff auch zu sein, weil er Gefahr läuft, die Engführung, die im Rassismus gemacht wird, indem er durch Hinweis auf die Religion legitimiert wird, letztendlich fortzusetzen. Allerdings ist das ein Problem, mit dem der Rassismusbegriff immer zu tun hat, dass er auf Rasse fokussiert und gleichzeitig sagt, es gibt sie nicht. Und dennoch können wir, gerade deswegen, nicht auf den Rassismusbegriff verzichten.

Dieses Problem haben wir ja im Zusammenhang mit jeder Form von gesellschaftlichem Othering-Prozess. Wenn ich es benenne, um es zu analysieren, zu skandalisieren, um Handlungsmöglichkeiten daran anzusetzen und um damit zu arbeiten, um etwas dagegen zu tun, laufe ich Gefahr, dass ich bestätige: Ja, es geht tatsächlich um den Islam und um Muslim_innen – oder um Frauen, Schwule, Behinderte und so weiter. Diese Komplexität begrifflich einzufangen, ist nicht immer einfach beziehungsweise plausibel in Kontexten, in denen von einer Differenz ausgegangen wird, die tatsächlich und ursprünglich mit Religion, Geschlecht und so weiter zu tun hätte. Es geht mir also darum zu sagen, dass es eigentlich nicht um die Religion geht, sondern es geht um Einwanderungspolitik, um Asylpolitik, es geht um Kolonialismus, um Postkolonialismus, es geht um Nationalsozialismus, um Postnazismus. Es ist eine Schnittstelle von ganz vielen Diskursen, Erfahrungen, Geschichten, die eben darin kulminieren, dass Menschen als Muslim_innen adressiert werden. Wenn man also nicht die vielen verschiedenen Facetten berücksichtigt, sondern nur den Begriff «antimuslimischer Rassismus» hört, dann sind viele irritiert. «Wieso Rassismus? Religion ist doch keine Rasse?» Oder auch: «Aha, es geht also um die Religion, ich muss etwas tun, um Muslime zu integrieren.» Dann geht es um interreligiöse Dialoge, es geht um die Einführung von Religionsunterricht in Schulen und so weiter. Aber es geht dann nicht darum, das Schulsystem insgesamt oder die Einwanderungspolitik als solche zu verändern.

Die Deutung des Phänomens, die auf Religion fokussiert, berücksichtigt nur die Interessen von religiösen Muslim_innen und nicht die Interessen all jener, die zu Muslim_innen gemacht werden und deren vordergründige Anliegen nicht religiöser Natur sind. Sie wollen ohne Diskriminierung eine Wohnung und Arbeit finden, den Schulunterricht besuchen, sich in der Gesellschaft und der Politik einbringen und so weiter. Diese überwiegende Mehrheit, die sich in erster Linie nicht als Muslim_innen bezeichnet hätte und deren Interessen nicht auf Religion begrenzt ist, die ihre Diskriminierung nicht in erster Linie als religiöse beschreibt, ist aus den Bemühungen um interreligiöse Dialoge und Religionsunterricht raus. Weder ihre Bedürfnisse noch ihre Erfahrungen, noch das, was politisch für sie sinnvoll wäre, sind in diesem Diskurs drin. Das heißt, im antimuslimischen Rassismus werden sie zu Muslim_innen gemacht, und wenn die Gegenmaßnahmen sich nur auf die Religion beziehen, wird der Konstruktionsprozess fortgesetzt, die politische und gesellschaftliche Verantwortung wird unsichtbar gemacht und bleibt unangetastet.

Diese Gefahr steckt im Begriff «antimuslimischer Rassismus», weswegen ich damit immer noch oder schon wieder nicht mehr ganz so glücklich bin. Aber ich fürchte, das Dilemma, die Konstruktion benennen zu müssen, um ihre Folgen zu skandalisieren und sie perspektivisch zu dekonstruieren, läuft immer gleichzeitig Gefahr, sie zu festigen – dieses Dilemma wird in keinem Begriff aufgelöst werden können.

Im Unterschied dazu bringen die anderen Begriffe, die in Umlauf sind, grundsätzliche Probleme mit sich: Entweder sie fokussieren auf Feindschaft, Feindlichkeit und so weiter und können damit den Exotismus nicht einfangen, oder sie drehen im Begriff der Phobie, der krankhaften Angst also, das Täter-Opfer-Verhältnis um. In beiden Varianten ist auch der Konstruktionscharakter nicht mitgedacht, und das Ganze ist auf die Ebene persönlicher Einstellungen reduziert, die Gesellschaftsstruktur findet keine Berücksichtigung. Im Begriff des Rassismus steckt drin, was eben in den anderen nicht enthalten ist, der Konstruktionsprozess, der Othering-Prozess, die Gleichzeitigkeit der verschiedenen Ebenen, die strukturelle, institutionelle, diskursive und subjektive Ebene und nicht nur – wie es bei den meisten anderen Begriffen der Fall ist – die subjektive Ebene, also das Vorurteil, das Irrationale, das, was auf einer psychologischen, pädagogischen Ebene angegangen werden könnte. Der Rassismusbegriff ist viel komplexer und gesellschaftlicher angelegt.

Von daher benutze ich den Begriff «antimuslimischer Rassismus», aber er birgt auch Gefahren in sich, man muss immer erklären, dass der Islam oder die vermeintliche Religionszugehörigkeit benutzt wird, um bestimmte Versäumnisse dieser Gesellschaft, bestimmte historische und gesellschaftliche Entwicklungen in einer Art und Weise zu deuten, dass diejenigen, die es betrifft, selber schuld sind. Also dass man sich aus der Verantwortung nimmt, zum Beispiel was Bildungssituationen, Wohnsituationen und Arbeitssituationen anbelangt, was Aufenthalt, Ausbeutung, all das anbelangt. Sich aus der Verantwortung nimmt und nicht mehr in Relation sieht, sich nicht mehr als in das Weltgeschehen verstrickt sieht, sondern rausnimmt, sich auf eine vermeintlich objektive Beobachtungsposition erhebt und sagt: «Ihr seid das Problem – und wie kriegen wir euch jetzt so hin, wie wir es gern hätten?»

Damit ich das richtig verstehe in Bezug auf Probleme des Begriffs: Es besteht also eine Gefahr, dass dieser die Konstruktion von Muslim_innen reproduziert. Dass er Menschen als «Muslime» konstruiert, die sich nicht unbedingt als «Muslime» verstehen. Aber wird durch den Begriff «antimuslimischer Rassismus» nicht auch die Geschichte von Rassismus verschleiert, also dieser koloniale Aspekt, auch andere Formen von Rassismus?

Das Produktive an dem Begriff ist, dass er an der Kontinuität ansetzt und dann spezifiziert. Im Alltag oder in vielen politischen und sozialen Bewegungen wird der Rassismusbegriff im Sinne des Vorurteilsbegriffs oder als Stereotyp benutzt. Wenn ich «antimuslimischer Rassismus» sage, will ich mit dem Bezug zum Rassismus diese historische, gesellschaftliche Kontinuität, die Schnittstelle verschiedener Diskurse und Entwicklungen bezeichnen. Rassismus wurde ja historisch nicht nur im Zusammenhang mit Kolonialismus etabliert, sondern auch im Zusammenhang mit anderen Entwicklungen, die die Gruppen durch Rassialisierung als innere oder äußere Andere hervorgebracht haben. Indem ich den Rassismus als antimuslimisch spezifiziere, weise ich auf diese besondere Form hin, mit ihrer Geschichte, die verschiedene Bezüge zu anderen Rassismen hat. Der Antisemitismus und der Antiziganismus bringen Menschengruppen hervor, der antimuslimische Rassismus auch. Ich problematisiere, dass aus Menschen historisch Muslim_innen gemacht werden. Alle anderen Bezüge, die sie ausmachen, werden dahinter unsichtbar. Der Prozess, der sie dazu bringt, sich primär als Muslim_innen zu äußern, äußern zu müssen, um gehört zu werden, wird unsichtbar gemacht. Der Begriff kann aber anders verstanden werden, nämlich in einer Weise, die die Differenz zwischen Muslim_innen und Nicht-Muslim_innen als grundsätzliche und gegebene voraussetzt und nur den Umgang mit dieser allumfassenden und essenziellen Differenz thematisiert. Es wird aber mit jedem Begriff so sein, dass er auch anders gedeutet werden kann. Auch der Begriff des Rassismus wurde kritisiert, weil darin der Begriff der Rasse enthalten ist und dieser dadurch bestätigt würde. Von daher liegt das in der Sache selbst, dass, wenn ich eine Konstruktion benenne, ich darauf angewiesen bin, die Begriffe zu benennen, um die es da geht. Sonst werde ich nicht verstanden, aber es birgt eben auch die Möglichkeit, missverstanden zu werden oder andere Deutungen oder Schwerpunktsetzungen vorzuziehen. Ich werde bei jedem Begriff erklären müssen, was ich meine, weil es keinen Begriff gibt, der eins zu eins genau das aussagt, was ich aussagen will, und von den anderen genauso gehört wird, wie ich gern hätte, dass er gehört wird.

Und wie gesagt, manche Debatten sind auch sehr fruchtbar, etwa wenn eingewendet wird, dass Religion keine Rasse sei. Dann sind wir mitten im Thema drin, dann kann ich sowohl Rassekonzepte infrage stellen als auch thematisieren, dass in diesen Debatten Religion als etwas Biologisches, Natürliches, hermetisch Abgeschlossenes und so weiter verstanden wird und damit Rassenkonzepten sehr nahe kommt.

Deswegen ist das Reden über den Begriff sehr fruchtbar, aber es kann ebenso etwas ganz anderes daraus gemacht werden. Und das ist es, was ich derzeit beobachte und problematisch finde.

Von daher steckt die Gefahr in jedem Begriff, und dadurch, dass wir eben mindestens seit 20–25 Jahren diesen Fokus auf die vermeintliche Religion haben, ist es gerechtfertigt, genau das auch zu problematisieren. Aber das ist eher die Bedeutung, die bestimmten Dingen gegeben wird. Wichtig ist dann, im Gespräch zu sagen, es hängt nicht mit der Religion zusammen, wenn Menschen arbeitslos sind, in der Schule Misserfolge haben oder keine Wohnung bekommen. Interreligiöse Dialoge werden daran nichts ändern, das ist nicht der Punkt, darum geht es nicht. Auch nicht um die Frage, ob islamischer Religionsunterricht in der Schule eingeführt werden soll. Solange es Religionsunterricht in der Schule gibt, sollten sich alle damit auseinandersetzen, ob sie da hingehen wollen oder nicht, und dabei zwischen verschiedenen Religionen wählen können beziehungsweise ihre Religion wiederfinden. Sinnvoll wäre sicherlich auch, nicht nur die christliche, sondern auch die jüdische und muslimische Prägung des Abendlandes nachzuvollziehen, die Bedeutung, die die religiösen Auseinandersetzungen und Begegnungen hatten, um ein Eigenes hervorzubringen, die Beziehungsgeschichten also, die zu Teilungen und zu Gemeinsamem geführt haben. Das wäre dann aber kein bekennender Religionsunterricht mehr. Ein bekennender Religionsunterricht hat wiederum mit Rassismus nichts zu tun.

Verstehen die Adressat_innen des Begriffes ihn, wenn wir «antimuslimischer Rassismus» sagen, weil wir in einem akademischen und politischen Kontext oder auch sozialarbeiterisch tätig sind und den Begriff so benutzen? Deswegen können wir in diesen Kontexten mehr oder weniger interpretieren, oder wir können darunter etwas verstehen, aber dann gibt es betroffene Menschen, die erste Generation von Arbeitsmigrant_innen, die aus Dörfern gekommen sind, um hier zu arbeiten. Deren Kinder und

Enkelkinder. Wenn wir im Gespräch mit ihnen sagen würden: «Ihr seid vom antimuslimischen Rassismus betroffen» - würden sie uns verstehen? Ich habe zum Beispiel auch Gruppendiskussionen mit Frauen, die Kopftuch tragen, durchgeführt, mit Müttern von kleinen Kindern, die auch als muslimische Kinder markiert oder wahrgenommen werden. Diese Frauen wissen, dass es Rassismus gibt, sie wissen, dass es Gegenpositionen zum Islam oder zu Muslim_innen gibt, aber dieser spezielle Begriff «antimuslimischer Rassismus» ist nach meinem Gefühl bei den Betroffenen oder potentiell Betroffenen noch nicht bekannt. Auf der anderen Seite sehen wir bei Vorträgen und in anderen politischen Zusammenkünften - also, wenn wir ein Publikum von weißen Deutschen oder, sage ich jetzt mal, aus der weißen Gesellschaft haben -, dass diese Leute zwar etwas mit dem Begriff anfangen können, ihn aber nicht annehmen wollen. Es gibt unterschiedliche Positionen, einerseits der Betroffenen, die wissen, was Rassismus ist, andererseits der potentiellen Täter_innen. Wie lässt sich verstehen, dass die Betroffenen zwar wissen, dass es antimuslimischen Rassismus gibt, er von ihnen aber anders formuliert wird?

Meine Erfahrung ist tatsächlich, auch wenn ich den Begriff mehr und mehr lese, dass er im Alltag insgesamt nicht eingeführt ist. Also dass er bei den Menschen im Alltag, aber teilweise auch bei Vorträgen, und zwar sowohl bei potentiell negativ davon Betroffenen als auch bei solchen, die weiß oder vermeintlich nicht betroffen wären, auf Unverständnis stößt, weil die Assoziationen andere sein können. Und da kann man dann in die Diskussion gehen, aber im Alltag wird das in der Regel ganz anders beschrieben. Und da habe ich den Eindruck, dass der Begriff der Islamophobie eher eingeführt ist, aber noch sehr viel häufiger wird immer noch von «Ausländerfeindlichkeit» oder «Fremdenfeindlichkeit» gesprochen, oder es wird gesagt: «Naja, die haben etwas gegen Türken.» Da dominiert eher das Gefühl, als fremd, als anders wahrgenommen zu werden. Eine Frau mit Kopftuch wird ihre Erfahrung als direkt gegen das Kopftuch gerichtet benennen. Aber wenn jemand nicht sichtbar Muslim_in ist oder sich selber auch nicht als Muslim_in versteht, dann wird diese Person die Othering-Erfahrung nicht in diesen Begriffen fassen, sondern beschreiben: «Da bin ich komisch angeguckt worden. Da bin ich durchsucht worden. Da bin ich beschimpft worden.» Dann werden entweder die Begriffe und Argumentationen wiedergegeben, mit denen sie zu Anderen gemacht worden sind, oder versuchen, mit Hilfe von Begriffen eine Erklärung zu finden, für diese spezifische Erfahrung. Und da kann ich mir schon gut vorstellen, dass auch in Zukunft der Begriff des antimuslimischen Rassismus nicht alles erklären wird.

Es ist für mich ein analytischer Begriff, es ist für mich tatsächlich kein Begriff, der alltagstauglich ist. Vielmehr versuche ich damit, diesen sehr komplexen Sachverhalt zu analysieren. Das ist aber nicht der Blick, mit dem man im Alltag auf eine Diskriminierungssituation reagiert, weil sie ganz unvermittelt auftritt, aus der Situation heraus entsteht oder sich auf eine Situation bezieht. Es sind Blicke, Körperhaltungen, Gesprächsfetzen, Erfahrungen, die so, aber auch anders gedeutet werden können in dieser einen konkreten Situation. Es gibt Regelungen, die für manche gelten, für andere aber nicht und die zusammengenommen und zusammen mit der Gesamtheit der eigenen Erfahrungen und derer von Personen, die ähnliche Erfahrungen machen, ein Schema ergeben und als «antimuslimischer Rassismus» analysiert werden können. In Diskussionen im Anschluss an Vorträge mache ich dennoch immer wieder die Erfahrung, dass Personen aus dem Publikum auf mich zukommen und sagen: «Ja, genau so erlebe ich das, jetzt habe ich ein Wort dafür. Genau so ist es.» Vor allem Personen, die sich selbst gar nicht als religiös bezeichnen, würden oft nicht auf die Idee kommen, das, was sie erleben, als antimuslimisch zu bezeichnen. Aber wenn sie ihre Erfahrungen auf diese Weise zusammensetzen, dann passt vieles zusammen und bekommt eine Struktur.

Es ist wohl so ähnlich wie beim Begriff «People of Color» (PoC). Es gibt sowohl Akademiker_innen als auch Aktivist_innen, die sagen, dass PoC eine Selbstbezeichnung sei. Aber wenn ich jetzt eine Oma auf dem türkischen Markt als Oma of Color anspreche, dann kann sie mich nicht verstehen, weil sie wahrscheinlich von der Bezeichnung nicht viel oder gar nichts weiß. Ich kann den Begriff POC als Akademiker und als Aktivist benutzen, aber ich muss mich fragen, wen ich damit adressiere. Die Adressat_innen sind vielleicht Politiker_innen, die diesen Rassismus auch reproduzieren und etablieren, es können aber auch Wissenschaftler_innen oder Aktivist_innen sein, die wir ansprechen. Mit dem Begriff antimuslimischer Rassismus oder der Bezeichnung PoC ist meine Intention, ihnen sichtbar zu machen, dass es das Phänomen des Rassismus gibt, von dem Menschen betroffen sind, unabhängig davon, ob sie diese Begriffe kennen oder nicht.

Ja, also in der Politik, in der Wissenschaft, aber auch im Alltag benutze ich diesen Begriff – und es sind teilweise Communities, die mich zu Vorträgen einladen, oder auch irgendwelche politischen Gruppierungen, also nicht unbedingt nur Leute aus der Wissenschaft oder solche mit politischer Entscheidungsmacht. Ich finde diesen Begriff auch fruchtbar, um direkt ins Zentrum einer Debatte vorzudringen, eben infrage zu stellen: «Gibt es Rassismus?», «Ist der Islam tatsächlich das Unterscheidungsmerkmal?», «Sind die Probleme, die wir haben, Probleme einer Gruppe oder Probleme einer Gesellschaft?», «Wie kann man damit umgehen?» Das gelingt mit dem Begriff schon gut, und es sind in ganz unterschiedlichen Kontexten fruchtbare Debatten, die ausgehend von diesem Begriff geführt werden können: zu schauen, womit bestimmte soziale Lebenslagen und gesellschaftliche Partizipation beziehungsweise Ausgrenzung oder Marginalisierung zusammenhängen. Und dann zu thematisieren, wie ganz bestimmte Aspekte aufeinander bezogen werden und zusammen eine Rolle spielen, wie der Zusammenhang als muslimisch artikuliert wird. Tatsächlich kann auch die Religion eine Rolle spielen, insbesondere für Menschen, die religiös sind. Sie empfinden es als religiöse Diskriminierung, dass ihre Kinder in der Schule keinen islamischen Religionsunterricht bekommen. Das kann auch eine Rolle spielen, aber es ist weder das hauptsächliche noch das zentrale und eben schon gar nicht das alleinige Merkmal beziehungsweise der alleinige Diskursstrang, sondern es sind eben sehr viele Aspekte, die sich unterschiedlich kreuzen und die aufeinander bezogen werden. Der Begriff öffnet den Diskussionsraum.

Ich finde es nicht so wichtig zu fragen, ob wir es schaffen, den Begriff in der Community oder im Alltag zu etablieren, sondern: Welche Themen bringen wir in die Diskussion ein und wie benutzen wir Begriffe? Und da habe ich im Moment eher das Problem, dass nur der Aspekt gehört wird, der tatsächlich mit Religion zusammenhängt. Das ist eine Verkürzung. Eine Verkürzung insofern, weil die Erfahrungen der Menschen, die muslimisch markiert werden, aber für die die Religion nicht das Zentrale in ihrem Leben ist, missachtet werden. Das lässt Rückschlüsse auf diese Gesellschaft zu: dass nämlich religiöse Gefühle ernster genommen werden als andere, wenn auch immer noch nicht genug aus Sicht von religiösen Menschen. Aber alle anderen Aspekte der Diskriminierung von Personen, die rassialisiert werden, etwa als Muslim_innen, werden nicht ernst genommen, denn dann müssten strukturelle gesellschaftliche Änderungen angegangen werden. Nur über die Religion der Anderen zu verhandeln, geschieht von einem vermeintlich unbeteiligten Ort aus und ist auf die Differenz der Anderen gerichtet. Das Verhältnis bleibt unberücksichtigt, die Umstände, die dahin führen, dass Menschen zu Anderen tatsächlich werden oder als Andere gesehen werden, werden vernachlässigt. Die sozialen Umstände, in denen die Menschen leben, weil ihnen ein bestimmter Ort verwehrt und ein bestimmter Ort zugewiesen wird, der zwar mit Religion aufgeladen wird, aber eigentlich mit Religion nichts zu tun hat, sollten aber thematisiert und angegangen werden.

Die Herausgebenden danken Aylin Sever für die Unterstützung mit der Transkription.

«Das Homogene sind die Leute, die über Rrom_nja reden»

Zülfukar Çetin im Gespräch mit Isidora Randjelović

Zülfukar Çetin: Es gibt im Bereich der Antidiskriminierungsforschung und -politik ganz viele «Ismen» für die Diskriminierung von bestimmten Personengruppen, wie zum Beispiel Sexismus, Rassismus, Ageism oder Klassismus. Gibt es auch einen Ismus, der die Diskriminierung von Roma und Sinti zum Ausdruck bringt oder diese ganz konkret benennt? Wie allgemeingültig sind Antiziganismus und Antiromaismus?

Isidora Randjelović: Einerseits bestehen spezifische gegen Rrom_nja[1] gerichtete Unterdrückungsverhältnisse. Es ist daher wichtig, eigene und präzise Begriffe für diese Form der Gewalt zu finden, um deren eigene Geschichte, Auftreten, Äußerungen und Folgen zu verstehen, aber auch, um Handlungsstrategien dagegen zu teilen, zu würdigen und immer wieder neu zu erdenken.

Andererseits ist diese Form der Gewalt zwar spezifisch, aber auch sehr unterschiedlich darin, wie sie sich auf Rrom_nja auswirkt, die sehr vielfältige Lebensrealitäten haben. Damit meine ich zum

Beispiel die unterschiedlichen Zugehörigkeiten zu verschiedenen Nationalstaaten und damit verbundene Bürger_innenrechte oder Entrechtungen, verschiedene Geschichten der Verfolgung und des Widerstands, verschiedene Klassenzugehörigkeiten, verschiedene Formen des lokalen Alltagsrassismus, beginnend mit direkten militanten Gewaltbedrohungen, bis hin zu subtilen gesellschaftlichen Ausschlüssen, verschiedene Romani-gruppenbezogenen Selbstidentifikationen und viele andere Differenzen. Allerdings sind wir unabhängig davon, ob wir uns als Romni, Manus, Calé, Sintizza selbst definieren, stereotypen, homogenen Bildern ausgesetzt, und wir werden unter einem diskriminierenden Begriff vereinheitlicht beziehungsweise als Kollektiv rassifiziert. So scheint es naheliegend, sich in der Beschreibung dieses Rassismus an einem Begriff zu orientieren, der diese vereinheitlichende Dimension der Rassifizierung wiederholt, wie zum Beispiel «Antiziganismus». In der Kritik dieser Begrifflichkeiten – und in letzter Zeit insbesondere als Kritik des Begriffes «Antiziganismus» – wird hingegen das durchaus gewichtige Argument vorgebracht, dass sich in der Bezeichnung der diskriminierende Begriff wiederholt. Um der abwertenden Bezeichnung zu entgehen, wurde der Begriff Antiromaismus vorgeschlagen. Er hat unter anderem den Vorteil, dass er sich auf eine Selbstbezeichnung und nicht auf die Phantasien der Täter_innen bezieht. Ich bezweifle allerdings, dass wir den einen universellen Begriff, den einen «Ismus gegen» Rrom_nja, benötigen.

Der Begriff «Antiromaismus» ist meines Erachtens sehr praktisch, wenn es sich um die konkrete Diskriminierung von Rrom_nja handelt. Die Selbstbezeichnung Roma ist einerseits eine historisch und kulturell gewachsene kollektive Selbstbezeichnung, so wie es die Selbstbezeichnungen Sinti, Calé oder Manus und so weiter sind. Andererseits verwenden einige Aktivist_innen zusätzlich zu der Selbstidentifikation, zum Beispiel als Sinti oder Calé, seit dem ersten Internationalen Roma-Kongress 1971 den Begriff Roma als politischen Ausdruck einer zusammenfassenden und solidarischen Selbstidentifizierung. Letztlich, um auf den Begriff «Antiromaismus» zurückzukommen, ist die politische Selbstidentifikation ja eine freiwillige, und das jeweilige Subjekt muss selbst entscheiden, ob es sich unter das kollektivierende Dach Rrom_nja stellen möchte und ob es sich bei Begriffen wie «Antiromaismus» mit gemeint fühlt.

Rassismus gegen Rrom_nja und anders selbstidentifizierte Romani-Kollektive ist das Werk der Gadje, also Nichtroma, daher finde ich den Vorschlag von Elsa Fernandez: «Gadje-Rassimus» ausgezeichnet. Mit diesem Begriff zentriert sie die Täter_innen und hat meines Erachtens auf mehreren Ebenen Recht: erstens in der Benennung der Rassist_innen; zweitens gefällt mir die Personifizierung des Ismus; drittens greift sie selbstbewusst eine Romani-Begrifflichkeit auf, nämlich «Gadje» und viertens ist der Begriff hinsichtlich der Verallgemeinerbarkeit fast genauso umfassend wie «Antiziganismus».

Letztlich sind meines Erachtens diejenigen, die Rassismus ausüben, sowie ihre Sichtweisen und Methoden weitaus homogener als diejenigen, die Rassismus erleben.

Einen weiteren Begriffsvorschlag, von dem ich mit großer Dankbarkeit in einer Diskussion mit Hajdi Barz und Orhan Galius erfahren durfte, ist eine Bezeichnung, die Ronald Lee geprägt hat: «Gypsylorism». Dieser Begriff stellt einen direkten Bezug zu der seit 1880 existierenden «Gypsy-Lore»-Society her, die viele Jahre lang wissenschaftlich-kulturalisierenden Paternalismus betrieb. Dieser Begriff weckt in mir sofort sehr viele und sehr genaue Assoziationen zu der rassistischen Struktur, für die er steht.

Einen weiteren profunden Begriff verwendet Hristo Kychkov mit: «Anti-Romanipen», dabei bezieht er sich auf den Romani-Begriff: «Romanipen», was so viel wie unsere Geschichte, Kultur, Sprache – also den geistigen Reichtum der Roma – bedeutet. Anti-Romanipen ist demnach ein Ausdruck der Gewalt gegen das Romani-Sein.

Bedauerlicherweise sind diese ausgezeichneten Vorschläge noch gar nicht oder noch nicht ausreichend veröffentlicht und vertieft definiert und diskutiert. Und genau darin liegt ein großes Problem unter anderem dieser Diskussion um die Begrifflichkeiten. Unabhängig davon, ob es nun «Antiziganismus» oder «Antiromaismus» oder «Sowieso-Ressentiment» heißt, ist es bislang eine sehr von Gadje geführte wissenschaftliche Diskussion, zu der sich nur sehr wenige Menschen, die das betrifft – auch wenn sie selbst

Wissenschaftler_innen sind oder eigene Vorschläge entwickelt haben –, Zugang verschaffen können. Mir fehlt insbesondere in Deutschland die Konnektivität – die Verbindung zu denen, die diese Form der Diskriminierung erfahren. An den genannten Begriffsvorschlägen kannst du ja die Präzision und analytische Kraft sehen. Diese würden es allemal verdienen, nicht nur als flüchtige, wissenschaftlich nicht zitierbare Tischgespräche ein anregendes, aber einsames Dasein zu fristen, sondern als inhaltlich ausgearbeitete Grundlagenliteratur verfügbar zu sein.

Daher glaube ich, dass diese Diskussion um die Begrifflichkeiten gut ist und eine Chance darstellt, auch noch grundsätzlicher zu hinterfragen, was das jeweilige Anliegen der Autor_innen ist, worüber genau diskutiert wird, wer da redet, mit welchen Mitteln, Ressourcen und Methoden zu wem gesprochen wird. Das ist, glaube ich, wichtig und gut, damit wir eine situiertere und positioniertere Forschung, aber auch Diskussion führen können.

Ist deine Kritik bezüglich der Diskussionen, wer mit und zu wem spricht?

Ja, das ist ein Punkt der Kritik an der Wissensproduktion über den Rassismus gegen Rrom_nja. Hinzu kommt noch die Kritik, in die ich mich auch selbst einschließe, nämlich die Frage danach, wie dringlich beziehungsweise hilfreich diese Begriffsdebatten im Kontext der aktuellen massiven Verfolgung von Rrom_nja auf allen Ebenen sind. Für mich und einige andere ist es selbstverständlich wichtig, weil es darum geht, mit Definitionen und Worten als Analyse- und strategisches Material umzugehen. Wir brauchen die Analyse, um nachzuvollziehen, was uns geschieht, auch um uns gut wehren zu können, weil sich die Unterdrückungsmodi ja auch immer wieder verändern und du wach bleiben musst. Wir brauchen Worte, um Widerstand zu kollektivieren, um gemeinsam auch ganz banal Wissen zu teilen, um uns über die Verhältnisse, die Gemeinsamkeiten und Unterschiede, in denen wir leben, zu verständigen. In der aktuellen öffentlichen Begriffs-Diskussion sehe ich allerdings eine weiße selbstzentrierte Wissenschaft, die unter sich akademisch diskutiert, ob A oder B Recht hat, wer nun wirklich welchen Begriff wann eingeführt hat, welcher nun der eine, richtige Begriff ist.

Für mich wird politisch und wissenschaftlich diese Frage erst interessant, wenn sie mit einem klaren, inhaltlichen Gewinn für die Menschen verbunden ist, die von der Gewalt betroffen sind. Das sehe ich nicht in der Mainstreamdiskussion um den Terminus «Antiziganismus», und wir müssen gerechterweise sagen, dass diese trotzdem noch weit entfernt ist vom wissenschaftlichen Mainstream. Aber ich möchte mich da nicht ausschließen, mir gelingt eine Übertragbarkeit zwischen der konkreten politischen Praxis und unseren Begriffsdebatten bislang auch noch nicht ausreichend. Diese Begriffsdiskussionen finden am Rande von Treffen statt, in denen es um konkrete strukturelle Anliegen geht, oder sehr isoliert in irgendjemandes Wohnzimmer. Wir müssen lernen, unsere Perspektiven insgesamt stärker in den Mainstream zu tragen.

Letztlich berührt es mich persönlich wenig, ob du «Antiziganismus» oder «Antiromaismus» oder etwas anderes sagst. Ich habe lange Zeit den Begriff «Antiziganismus» verwendet, bis ich mit der Zeit davon weggekommen bin. Allerdings habe ich eine Wertschätzung für diesen Begriff, weil er über viele Jahre sowohl eine wissenschaftliche Funktion als auch alltagspraktisches politisches Potenzial hatte. Unter diesem Begriff ist in Deutschland lange der Genozid politisch verhandelt worden, und er hat den Ansprüchen der Überlebenden Legitimität verliehen. Stell dir vor, der Bundesgerichtshof urteilte noch 1956, dass Sinti und Roma aufgrund ihrer vermeintlichen Kriminalität und nicht aus rassistischen Gründen verfolgt wurden. Erst 1963 wurde dieses Urteil teilweise revidiert. Der Pharrajimos oder Samurdaripen, wie verschiedene Rrom_nja- und Sinte_zza-Communities den Genozid bezeichnen, hatte keine Anerkennung gefunden. Im öffentlichen Leben gab es – zwar in einer anderen Dimension, aber doch weiterhin – eine rassistische Verfolgung der Überlebenden und ihrer Familien. Gleichzeitig gab es massive Abwehr dagegen anzuerkennen, dass Rrom_nja und Sinti aus den «gleichen» Beweggründen wie die jüdischen Opfer verfolgt wurden. Unter diesen politischen Bedingungen hat der Begriff «Antiziganismus» eine wichtige Funktion gehabt, um das Unrecht gegen Rrom_nja und Sintizza überhaupt erst als ernst zu nehmende Dimension zu benennen, historisch einzuordnen und auf einer politischen Ebene dessen Anerkennung zu fordern. Daher verabschiede ich mich zwar heute langsam von diesem Begriff, aber in voller Wertschätzung seiner Bedeutung in einem konkreten historischen Zeitraum und Kontext. Ich hoffe, dass die Begriffe, die ich hier und heute als angemessen diskutiere, sich erstens durch ihre analytische Präzision auszeichnen und dass es zweitens gelingt, diese in breitere Diskussionen einzuführen. Und dass sie drittens auch auf einer praktischen und/oder politischen Ebene für die Romani-Communities Bedeutung bekommen.

Ich würde auch nicht den einen oder den anderen Begriff benutzen, weil ich immer von Menschen rede, die je nach spezifischer Situation diskriminiert werden. Zum Beispiel würde ich nicht über Homophobie reden, sondern über Diskriminierung von Homosexuellen. Oder Diskriminierung von Muslim_innen, Diskriminierung von Jüd_innen und so weiter, es hängt ja davon ab, mit wem wir reden. Ich gehe davon aus, dass wir beide uns auf dieser Ebene verstehen. Meine Frage bezieht sich aber auf die Praxis. Wenn wir von «Antiziganismus» oder von Diskriminierung gegenüber Roma und Sinti reden, dann bin ich sehr interessiert zu hören, von wem wir reden. Alles ist so homogenisierend, obwohl es zum Beispiel Roma und Sinti gibt, die hier aufgewachsen sind, Roma und Sinti, die hier seit Generationen leben, Roma, die mit der EU-Freizügigkeit hierher gekommen sind. Du hast ja von transnationalen Erfahrungen gesprochen. Gibt es gemeinsame Erfahrungen von Gewalt, Marginalisierung, Kriminalisierung oder Diskriminierung?

Es gibt sowohl Erfahrungsunterschiede als auch gemeinsam geteilte Erfahrungen in Bezug auf Diskriminierung. Die Erfahrungsunterschiede beziehen sich unter anderem auf das Leben in unterschiedlichen rechtlichen und ökonomischen Systemen, auf unterschiedliche Diskurse, also dominante Erzählungen über Rrom_nja, auf unterschiedliche Geschichten der gesellschaftlichen Beteiligung und Ausgrenzung in den jeweiligen Nationalstaaten, wo Rrom_nja als minorisierte Subjekte täglich Erfahrungen machen. In Deutschland zum Beispiel sind die deutschen Sinti und Roma eine anerkannte Minderheit und verfügen selbstverständlich über Bürger_innenrechte wie Bewegungs- und Reisefreiheit oder das Recht auf Arbeitsaufnahme, das Recht, sich selbst den Wohnort und die Wohnung auszusuchen, das Recht zu wählen und gewählt zu werden. Rechtliche Gleichstellung bedeutet allerdings noch lange nicht diskriminierungsfrei leben zu können, und die Anerkennung als Minderheit bedeutet auch keinesfalls eine proaktive staatliche Förderung als solche. Der Zentralrat der Deutschen Sinti und Roma ist aufgrund rassistischer Berichterstattungen und Verhaltensweisen regelmäßig herausgefordert, etwa gegen Medien oder die Polizeibehörden vorzugehen.

In Deutschland leben neben der anerkannten Minderheit gesellschaftlich sehr unterschiedlich platzierte migrierte Rrom_nja, zum Beispiel diejenigen, die eingebürgert sind, diejenigen, die einen sicheren Aufenthaltsstatus, aber eine andere Staatsbürgerschaft haben, diejenigen, die als Geflüchtete anderen Rechtsnormen unterliegen, oder diejenigen, die hier illegalisiert werden. Selbstverständlich machen diese Menschen im Zugang zu Bildung, Wohnungen und Arbeit, bezüglich ihrer Bewegungsfreiheit oder auch aufgrund ihrer mehr oder weniger erhöhten Sichtbarkeit sehr unterschiedliche Diskriminierungserfahrungen. Weiterhin sind die Erfahrungen mit differenten ökonomischen Systemen sehr relevant für die Lebenswelt der Menschen. In Jugoslawien zum Beispiel gab es ein sozialistisches System mit Reisefreiheit, Bildung und Gesundheit für alle als staatliches Programm. Auch wenn es trotzdem Ungleichheiten gab, ist es doch ein großer Unterschied zur aktuellen Situation. Heute sind in oder nach der politischen und wirtschaftlichen Transformation die Menschen in einen neoliberalen Turbokapitalismus hineingeworfen, der für einige wenige mehr als alles und für viele gar nichts bereithält. Die Zerstörung und Zerstückelung dieser Gesellschaft durch die Neoliberalisierung, durch Nationalismus und Rassismus führt zu räumlichen Vertreibungen, zu Ghettoisierung und zur gesellschaftlichen (nicht nur rechtlichen) Entmenschlichung der Ärmsten in der Bevölkerung. Es ist auch eine ganz andere historische Erfahrung im Nationalsozialismus, in dem deutschen Täterstaat oder in einem der faschistischen Staaten zu überleben oder in einem der von den Deutschen überfallenen Länder zwar auch Denunziationen und Verfolgungen ausgesetzt zu sein, aber auch im Befreiungskampf als Partisan_innen involviert zu sein, eine öffentlich anerkannte Widerstandsgeschichte zu haben. Diese Erfahrungen vermitteln sich selbstverständlich den nachfolgenden Generationen weiter als Trauma, als Familiengeschichten, als Staats-Geschichte beziehungsweise Staatsmythos. In Westdeutschland ist zum Beispiel die Entnazifizierung nach dem Zweiten Weltkrieg ein großer Staats- und Gesellschaftsmythos.

Selbstverständlich ist auch Gender eine wesentliche Kategorie im Zusammenspiel der verschiedenen gesellschaftlichen Platzierungen: Tschechien, die Slowakei, Schweden, Norwegen, die Schweiz haben eine furchtbare – auch jüngere – Geschichte der Sterilisation von Rrom_nja, diese Geschichten sind spezifisch und haben doch jeweils auch Verflechtungen mit der rassistischen Ideologie und Verfolgung in Deutschland während des Nationalsozialismus. Diese Gewalt ist einerseits zeitlich und örtlich unterschiedlich, doch basiert sie andererseits auf den gleichen rassistischen Annahmen über Rromn_ja und ihre Kinder. Sie zeigt sich in der gleichen entmenschlichenden Praxis irreparabler körperlicher Eingriffe gegen den Willen beziehungsweise ohne die Einwilligung der Betroffenen, die sowohl Frauen als auch Rromnja und arm sind. Wir könnten die Aufzählung über die Unterschiede in der Diskriminierung von verschiedenen Rrom_nja-Kollektiven noch lange fortsetzen, denn diese sind – insbesondere, wenn du, wie in deiner Frage formuliert, ganz Europa in Betracht ziehst – außerordentlich groß.

Wenn wir Antiziganismus oder einen anderen Begriff dafür benutzen, sprechen wir als Akademiker_innen miteinander und wissen ungefähr, was wir meinen. Aber was hat dieses Reden über die Betroffenen mit ihnen selbst zu tun? Wenn über Roma und Sinti gesprochen wird – ich meine, sowohl in der Wissenschaft, in der Politik, in den Medien als auch in anderen Bereichen der Gesellschaft –, dann spricht man über sie so, als wären alle Roma und Sinti gleich, obwohl sie sich aus unterschiedlichen Generationen oder unterschiedlichen Nationalitäten oder unterschiedlichen Geschichten von Unterdrückung und Widerstand zusammensetzen. Meine Frage ist: Gibt es spezifische Erfahrungen dieser homogenisierten Roma und Sinti?

Ich denke schon. Die spezifischen Erfahrungen in Bezug auf Diskriminierung bestehen nicht darin, dass alle eine gleiche Geschichte, Kultur oder buchstäblich die gleiche Sprache hätten, wie es oft dargestellt beziehungsweise angenommen wird. Das Homogene sind die Leute, die über Rrom_nja reden. Das sind diejenigen, die gleiche rassistische Bilder über uns produzieren. Diese Bilder sind überwiegend die gleichen, langweiligen Erzählungen der Gadje, die zur Fürsorge oder Vertreibung führen. Gemeinsam geteilt sind die Auslöschung großer Teile der voreuropäischen Geschichte der Rrom_nja, die rassistische Wissensproduktion der dominanten Gesellschaften über Rrom_nja, die historischen Erfahrungen von Vertreibungen und Genozid, der Alltagsrassismus. Gemeinsam, wenn auch kontextuell unterschiedlich, ist die grundlegende Erfahrung, Rassismus auf die eine oder andere Weise im täglichen Leben, in der Familiengeschichte aushandeln zu müssen. Gemeinsam geteilt, aber sehr vielfältig und unterschiedlich, weil eben immer sehr kontextualisiert, sind aber auch Wissensbestände über eine marginale Situation, Strategien des Überlebens, um als autonome Subjekte zu bestehen, die Sprache zu erhalten oder sich trotz des Sprachverlusts weiterhin dem Romani-Kollektiv zugehörig zu fühlen et cetera.

In Bezug auf Grenzregime ist die Diskriminierungssituation nicht nur zwischen migrierten Rrom_nja ähnlich. Als transnational organisiertes mörderisches System gegen Menschen, deren Bewegungsfreiheit nicht durch ein weißes nationales Selbstverständnis von Insidertum oder von einer neoliberalen Willkommenskultur gedeckt ist, schafft das Grenzregime ähnliche Lebensbedingungen für viele andere Menschen auch, zum Beispiel durch Überwachung, Sammlung personenbezogener Daten, Lagerunterbringungen, Gutscheinsysteme, entwürdigende Behandlung durch Beamt_innen und Angestellte des Staates und der «Fürsorge», psychische und verbale Gewalt seitens der «Sicherheitsdienste» – bis hin zur *unbeabsichtigten* Ermordung von Menschen, die sich gegen ihre Abschiebung wehren.

Gleichzeitig gibt es bei Rrom_nja quasi traditionell auch grenzüberschreitende Zusammenschlüsse und Rrom_nja-Bewegungen, die sich transnational organisieren, die Verbindung miteinander haben, sich seit Jahrzehnten politisch engagieren. Viele identifizieren sich, auch wenn sie nicht in der Internationalen Romani Union organisiert sind, doch mit deren alten Beschlüssen wie der gemeinsamen Hymne, die sich auf den Pharrajimos bezieht; der gemeinsamen Flagge, die den Exodus aus Indien symbolisiert; und der Einigung, die Selbstbezeichnung Roma offensiv nach außen zu tragen. Also nicht nur Unterdrückungserfahrungen verbinden uns, sondern auch vielförmige Strategien dagegen.

Ich sehe kaum fern, aber kürzlich habe ich doch an drei Abenden und auf drei unterschiedlichen Sendern abends Nachrichten «zum Thema» gesehen. Gezeigt wurde einmal Müll, dazu die Aussage, Roma und Sinti verschmutzten unsere Stadt; in einem anderen Programm ging es um Wohnungseinbrüche und die Täter wurden als «meistens Roma und Sinti» identifiziert; wieder ein anderes Mal ging es um Armutsmigration, und es wurde behauptet, zu viele kämen nur hierher, um von unseren sozialen Leistungen zu profitieren. Erinnert dich das an Debatten aus den 1990er Jahren?

Mit dem Sturz von Ceaușescu in Rumänien Ende 1989 und der darauf folgenden Migration rumänischer Staatsbürger_innen nach Deutschland setzte eine massive rassistische Propaganda gegen Roma ein. Insbesondere hat sich dabei Anfang der 1990er Jahre der «Spiegel» mit seinen hetzerischen Artikeln hervorgetan, mit Titeln wie: «Früher war hier ein Blumenmeer. Wie Augsburger Altbauten mit Hilfe von Asylbewerbern entmietet werden». Oder mit einem besonders boshaften Artikel: «Hier steigt eine Giftsuppe auf», in dem sogar gegen Kinder und Jugendliche aufgestachelt wird. Auf einem «Spiegel»-Cover inszenierten sie ein von Rrom_nja überquellendes Bild, das den Rahmen sprengt, im Hintergrund hält eine Person noch ein Baby in die Kamera-Perspektive hoch. Dieses Cover hat sich in meine Erinnerungen eingebrannt, da ich es auch als ein zentrales Bild zu den Diskursen im Heft und den berühmten Wassermetaphern der 1990er-Hysterie mit Überschwemmungen, Überflutungen und «Das-Boot-ist-voll»-Szenarien deute. Es waren natürlich andere Rahmenbedingungen und Diskurse in den 1990ern, aber es gab auch den heutigen sehr ähnliche. Die Folgen ähneln sich ebenfalls.

1992 hatte die Bundesrepublik bereits die asylsuchenden rumänischen Roma quasi an Rumänien verkauft. Die beiden Staaten haben ein Rückführungsabkommen abgeschlossen, in dem sich Rumänien verpflichtete, die abgelehnten Asylbewerber_innen zurückzunehmen, und Deutschland bezahlte 30 Millionen DM für deren sogenannte Reintegration.

Anfang der 1990er hielten sich bereits viele jugoslawische Rrom_nja in Deutschland auf, aber es begann auch eine verstärkte Migration der geflüchteten Rrom_nja aus den Bürgerkriegen in Ex-Jugoslawien, die das nächste Jahrzehnt anhalten sollte. Die anhaltende massive Propaganda und vor allem die Konsequenzen daraus sollten geflüchtete Rrom_nja und auch alle anderen Geflüchteten sowie die vietnamesischen Vertragsarbeiter_innen existenziell betreffen. Auch PoC mit gesichertem Aufenthalt waren von der sich offensichtlich nach rechts radikalisierenden Stimmung und den regelmäßigen Gewaltvorfällen betroffen. Die mediale Hetze, die rechten beziehungsweise offensichtlich nationalistischen Parolen auch aus der sogenannten Mitte der Gesellschaft, die Gewaltausbrüche der Skinheads, bis hin zu den Asylheim-Brandanschlägen in Deutschland sollten nicht zu einem grundlegenden politischen Wandel in Richtung einer Öffnung dieser Gesellschaft führen, sondern direkt in die de-facto-Abschaffung des Asylrechts: Während in Hünxe, in Rostock-Lichtenhagen, in Hoyerswerda gewaltvolle Übergriffe und Pogrome stattfinden und Menschen um ihr Leben fürchten, verändert die Politik das Grundgesetz. Ein paar Tage später wird der Brandanschlag auf ein Wohnhaus in Solingen verübt und drei Menschen werden dabei ermordet. Die CDU, CSU und FDP bekamen damals dank der SPD die erforderliche Zweidrittelmehrheit, um 1993 das Asylrecht einzuschränken. Natürlich dachte ich 2014 daran, als wir vor dem Bundesrat gegen die Einstufung von Serbien, Bosnien-Herzegowina und Mazedonien als «sichere Herkunftsstaaten» demonstrierten und die Entscheidung im Bundesrat für die Verschärfung des Asylrechts dank der Zustimmung von Kretschmann, dem Grünen aus Baden-Württemberg, getroffen werden konnte.

Heute wiederholen sich diese Diskurse, die nicht nur in die 1990er, sondern Jahrhunderte zurückreichen. Erneut fordern Roma die Grenzen heraus, also vor allem als Bild – und nicht wirklich als Menschen, wenn du die allgemeine Zu- und Abwanderung ins Verhältnis setzt. Die daraus resultierenden Konsequenzen müssen indessen die echten Menschen und ihre Familien tragen.

Allerdings sind seit den 1990ern auch weitere Diskurse reaktiviert, wie der des antimuslimischen Rassismus, von dem wiederum auch muslimische Rrom_nja betroffen sind. Einerseits sehe ich Kontinuitäten und andererseits auch neue diskursive und strukturelle Verflechtungen. Die unzureichend geklärten NSU-Morde sind ein Hinweis auf Jahrzehnte andauernde Vertuschung, Verharmlosung, Relativierung der rechten Gewalt und selbstverständlich auch auf historische Kontinuitäten in Deutschland. Für den Mord an der Polizistin Michèle Kiesewetter, die 2007 in Heilbronn von den rechten Terroristen des NSU umgebracht wurde, sind auch Roma verdächtigt worden, die sich einfach nur in der Nähe aufhielten. Diesem Verdacht ist man bis nach Serbien nachgegangen. Im Sommer 2009 reisten Kriminalbeamte nach Serbien, um einen Rom zu dem Fall zu verhören. In dem Verhör wurde ein Lügendetektortest durchgeführt, und die Aussagen der hinzugezogenen Psychologen sind in den deutschen Akten vermerkt worden. Der Rom wird durchgängig als «Zigeuner» bezeichnet und als ein «typischer Vertreter seiner Ethnie» beschrieben, demnach sei «die Lüge ein wesentlicher Bestandteil seiner Sozialisation». Diese diskriminierenden Äußerungen sind Bestandteil der deutschen Ermittlungsakten. Der Zentralrat Deutscher Sinti und Roma hat das publik gemacht und forderte eine Entschuldigung von der baden-württembergischen Regierung. Wer die deutsche Geschichte der Kriminalisierung und Erfassung von Rrom_nja kennt, kann die Bedeutung dieser Akten, dieser Sprache sehr schnell historisch einordnen.

Eine Prüfung des Bundeskriminalamtes, die im Auftrag des Bundesinnenministeriums durchgeführt wurde, ergibt, dass es seit der Vereinigung der BRD und der DDR 849 lebensgefährliche Verletzungen oder Morde durch rechte Straftäter gegeben hat. Eine ordentliche Erfassung und zureichende Dokumentation rechter Gewalttaten durch die Polizei (und im Übrigen von der Polizei selbst) steht noch aus. Ich glaube, dass dazu die Berliner Kampagne für Opfer rassistischer Polizeigewalt (KOP) Pionier_innenarbeit leistet. Unabhängig davon, an welchen Punkten und wie genau sich nun die Kontinuitäten äußern und an welchen Punkten Brüche und neue Diskurse oder Strukturen entstehen, bleibt für mich das Gefühl einer konstanten, mehr oder weniger ausgeprägten Gefahr für ganz unterschiedliche Menschen in Deutschland, die gesellschaftlich als «Andere» beziehungsweise als «anders» markiert und ausgeschlossen werden.

In den 1990ern haben sich viele Bewegungen gegen rechte Gewalt formiert, deren Thema auch zunehmend Rassismus in der Mitte der Gesellschaft wurde. Rrom_nja haben für ihr Bleiberecht gekämpft, neue Selbstorganisierungen begonnen und ihre Situation in die Öffentlichkeit getragen. Am bekanntesten ist wahrscheinlich die Besetzung des ehemaligen Konzentrationslagers in Dachau im Mai 1993, an der über 250 Menschen beteiligt waren. Danach startete dann der Marsch nach Straßburg mit dem Ziel, beim Europäischen Gerichtshof eine Klage wegen politischer Verfolgung einzureichen und mit Vertreter_innen des EU-Parlaments über dauerhaftes Bleiberecht zu verhandeln. Viele kamen erst gar nicht über die Grenzen, aber trotz Polizeikontrollen und Schikanen hat es eine Gruppe sogar bis nach Genf geschafft. Es fand zu der Zeit auch ein Protestmarsch durch Süddeutschland für den Aufenthalt statt. Vorher, bereits im Sommer 1989/90, haben Rroma_nja auf ihre aussichtslose Situation aufmerksam gemacht, indem sie den Kölner Dom besetzt, Grenzblockaden veranstaltet und den sogenannten «Bettelmarsch» angetreten haben. In dem Film «Gelem, Gelem» von Monika Hielscher und Mathias Heeder wird dieser Protest thematisiert und die Akteur_innen kommen zu Wort.

Die heutigen Bleiberechts-Demonstrationen von Rrom_nja sind nicht so gewaltig wie damals, das Grenzregime ist auch strikter, vielleicht sind die Menschen auch verzweifelter, die Koalitionen kleiner. Aber es gibt in verschiedenen Städten organisierte Gruppen geflüchteter Rrom_nja, die immer wieder auf ihre Situation hinweisen. Zu den Forderungen von Geflüchteten ist wahrscheinlich die Kampagne «Alle bleiben» am bekanntesten. Aber auch viele andere Rrom_nja- und Sinti_zza-Selbstorganisationen sind gegen die unterschiedlichen Unterdrückungssysteme engagiert: der Zentralrat Deutscher Sinti und Roma für die Anerkennung des Genozids und eine respektvolle Erinnerungspolitik, die Hildegard-Lagrenne-Stiftung für eine gerechtere Bildungspolitik, in Berlin das Rroma-Informations-Centrum e.V. für Community-Building und Empowerment, die IniRromnja für die Sichtbarmachung und

Archivierung von Rrom_nja-bezogenen Wissensbeständen und viele weitere mehr, die täglich Kraft und Mut für ihre Arbeit aufbringen.

An dem vorher genannten Beispiel der Kriminalpolizei im NSU-Fall sehen wir einerseits, wie transnational organisiert die Polizei ist, wie Diskurse gegen Roma problemlos über nationale Grenzen hinweg funktionieren können, wie antimuslimischer Rassismus mit Rassismus gegen Roma Komplizenschaften eingehen kann und wie naiv es für uns ist zu glauben, dass die Polizei, insbesondere, wenn es um Rassismus geht, ein Garant für den Schutz der Schwächsten der Gesellschaft sei.

Wenn es aber der Polizei gelingt, mit ihren Kolleg_innen in Serbien zusammenzuarbeiten – vielleicht schaffen wir das auch, trotz der aktuellen Machtverhältnisse. Mit unserem Verstand, und unserem Geist und unseren kreativen Methoden, innerhalb Deutschlands, aber auch transnational, Kooperationen mit Menschen zu vertiefen, die gegen solche Ausschlüsse arbeiten. Was Ausgrenzung betrifft, haben wir schließlich auch aus den 1990ern sehr viel Erfahrungswissen, wir müssen es nur noch schaffen, es täglich aufs Neue, gemeinsam und zielgerichtet, einzusetzen.

Anmerkung

[1] Vergleiche zu den Schreibungen «Rroma»/«Roma» www.inirromnja.wordpress.com/2013/09/02/rom-oder-rrom

«‹Deutschenfeindlichkeit› ist keine Form des Rassismus»

Zülfukar Çetin im Gespräch mit Yasemin Shooman

Zülfukar Çetin: Ich kann nicht genau sagen, seit wann wir als Expert_innen, Aktivist_innen oder ganz «einfache» Menschen in Deutschland über Rassismus offen sprechen. Dennoch hat das Thema mit der Aussage des Neuköllner Bürgermeisters Heinz Buschkowsky im Jahr 2004, «Multikulti» sei gescheitert, eine andere Bedeutung angenommen. Während sogenannten Migrant_innen Integrationsunwilligkeit und Kriminalität vehement zugeschrieben wurden und ihnen die Erfahrungen mit rassistischen Strukturen kontinuierlich abgesprochen werden, fing man an, diesen «kriminellen» und «integrationsunwilligen» Migrant_innen vorzuwerfen, die «Deutschen» zu diskriminieren beziehungsweise sie feindlich zu behandeln. Was ist eigentlich Deutschenfeindlichkeit? Wie entstand dieses Konzept?

Yasemin Shooman: Das Konzept der «Deutschenfeindlichkeit» kann man auf zwei Ebenen erörtern. Zum einen gibt es einen spezifisch deutschen Kontext, auf den ich als erstes eingehen möchte. Der Diskurs um «Deutschenfeindlichkeit» lässt sich aber auch in einem breiteren Zusammenhang verorten, nämlich im Kontext der in den USA geführten Auseinandersetzungen zu «Affirmative Action», den sogenannten positiven Maßnahmen zum Ausgleich von Diskriminierung und der damit verbundenen Diskussion um «reverse racism» («umgedrehter Rassismus»). Ein weiterer Bezugspunkt sind die in Europa auszumachenden Diskurse eines Rassismus gegen Weiße («racisme antiblanc» in Frankreich oder «anti-White racism» in Großbritannien), aber dazu komme ich später.

Der Begriff «Deutschenfeindlichkeit» wurde in den deutschen medialen und politischen Debatten des Jahres 2010 aus einem ursprünglich rechtspopulistischen Diskurs in einen breiteren gesellschaftlichen Diskurs eingespeist, nachdem ihn die damalige Familienministerin Kristina Schröder (CDU) auf ihre politische Agenda gesetzt hatte. Bereits im Wahlkampf zu den Landtagswahlen 2008 ging die hessische CDU mit der Forderung nach einer Abschiebung von «ausländischen Jugendlichen», die die Mehrheitsbevölkerung als «Scheiß-Deutsche» beschimpften, auf Stimmenfang. Auch Kristina Schröder, damals Bundestagsabgeordnete, machte die «Deutschenfeindlichkeit» schon 2008 zu ihrem Thema, ohne jedoch auf eine vergleichbare Resonanz zu stoßen wie 2010. Was war geschehen?

Den Anstoß zu der breiteren Diskussion lieferte ein Bericht in der Zeitschrift der Berliner Gewerkschaft Erziehung und Wissenschaft (GEW) mit dem Titel «Deutschenfeindlichkeit in Schulen. Über die Ursachen einer zunehmenden Tendenz unter türkisch- und arabischstämmigen Jugendlichen». Zwei Lehrer_innen beschrieben darin, dass an Schulen, die mehrheitlich von Kindern mit sogenanntem Migrationshintergrund besucht werden, ein systematisches Mobbing weißer deutscher Schüler_innen stattfinde. Dieser Artikel löste gewerkschaftsintern eine heftige Kontroverse aus. Als GEW-Mitglied war ich an dieser Diskussion beteiligt. Wir haben schließlich am 3. Oktober 2010 eine Veranstaltung unter dem Titel «Der Streit um die sogenannte Deutschenfeindlichkeit» durchgeführt, die ein breites mediales Echo fand. Bei dieser Veranstaltung wurde die Notwendigkeit betont, Konflikte rund um die Selbst- und Fremdethnisierung von Schüler_innen zu thematisieren. Der Begriff «Deutschenfeindlichkeit» wurde jedoch als stigmatisierend zurückgewiesen, da er den betreffenden Schüler_innen ihr Deutschsein implizit abspricht und die strukturelle Verweigerung von Zugehörigkeit damit fortschreibt. Trotz dieser massiven Kritik an den Schlussfolgerungen der beiden Lehrer_innen in ihrem Artikel wurde die Interpretation dieses Phänomens als Ausdruck einer verbreiteten «Deutschenfeindlichkeit» unter insbesondere muslimischen Migrant_innen und ihren Nachkommen von weiten Teilen der Medien unkritisch übernommen. So titelte die «Berliner Morgenpost» am Tag nach der Veranstaltung: «Berliner Ghettos. Wie Araber und Türken deutsche Schüler mobben». Die Tatsache, dass es sich um eine linke Gewerkschaft handelt, innerhalb derer die Debatte angestoßen wurde, galt vielen als besondere Legitimation, nach dem Motto: Wenn selbst die Multikulti-Idealisten das thematisieren, muss das Problem massiv sein.

Woher kommt der Begriff «Deutschenfeindlichkeit»?

Es ist wichtig, die Herkunft des Begriffs nachzuzeichnen, um seine Implikationen zu verstehen. Rechtspopulistische Gruppierungen und Plattformen (wie die Webseite «Politically Incorrect») benutzen den Topos schon seit vielen Jahren, um die «echten» Deutschen als Opfer der türkisch/arabisch/muslimischen Minderheit zu stilisieren und damit ihren Rassismus als eine Art von «Selbstverteidigung» zu legitimieren. Die Anwesenheit von muslimischen Migrant_innen wird zum Beispiel als «Islamisierung» skandalisiert, die einen «Genozid am deutschen Volk» zur Folge habe. Eine drastischere Selbstviktimisierung ist kaum möglich. Am Beispiel der Karriere des Topos «Deutschenfeindlichkeit» lässt sich zeigen, wie der Rechtspopulismus als Scharnierstelle zwischen dem rechtsextremen und dem demokratischen Spektrum fungiert.

Wie der Politikwissenschaftler Oliver Geden hervorhebt, ist das vermeintliche Komplott von Eliten und Minderheiten gegen «das Volk» ein Kernbestand rechtspopulistischer Argumentation. Dieser «Opfermythos» knüpft an eine in rechtsextremen und revisionistischen Kreisen beliebte Argumentationsfigur an, der zufolge die Deutschen in ihrer Geschichte immer wieder Opfer anderer Nationen, ihrer eigenen selbstzerstörerischen linken Eliten und

Minderheiten geworden seien und nach wie vor würden. Eine solche Selbstinszenierung wird unter den Schlagworten «Anti-Germanismus», «Deutschenhass» oder eben auch «Deutschenfeindlichkeit» propagiert. In älteren Publikationen verweisen diese Begriffe allerdings verstärkt auf eine historische und außenpolitische Dimension. Die Deutschen werden darin zum Beispiel als Opfer dargestellt, die von anderen Nationen in den Zweiten Weltkrieg verwickelt wurden und nun zu Unrecht als dessen Verursacher gelten. In Texten jüngeren Datums erhalten Begriffe wie «Deutschenfeindlichkeit» eine Bedeutungsverschiebung, die als Reflex auf die Diskussion um Deutschland als Einwanderungsland gelesen werden kann. So heißt es zum Beispiel auch schon im Klappentext des 1992 erschienenen Buches «Der ewige Deutschenhaß. Hintermänner und Nutznießer des Antigermanismus» des als rechtsextrem geltenden Historikers Gustav Sichelschmidt, dass die «deutschfeindliche[n] Kräfte» nicht nur unter den europäischen Nachbarländern auszumachen seien, sondern «auch in unserem eigenen Land [...] der Haß auf das deutsche Volk» wachse, «geschürt von linken Intellektuellen, Antifa-Kämpfern und Ausländergruppen». Dennoch liegt das Hauptaugenmerk dieses Buches auf der vermeintlichen Deutschenfeindlichkeit anderer Nationen, namentlich Frankreich, England, Polen, Russland und den USA.

Wie und in welchem Zusammenhang wird der Begriff in der Gegenwart verwendet?

Seit geraumer Zeit ist eine inhaltliche Verschiebung in der Begriffsverwendung auszumachen, denn aktuell wird der Begriff vorrangig auf Migrant_innen bezogen. Der Landesvorsitzende der NPD in Hessen, Jörg Krebs, konstatierte im Oktober 2010 beispielsweise: «Und ja, es gibt diesen antideutschen ‹Rassismus›, diese Deutschenfeindlichkeit unter Ausländern in Deutschland» und monierte, dass dieses Phänomen nicht unter den Volksverhetzungsparagrafen falle.

Mit Kristina Schröder erhielt das Bestreben, «Deutschenfeindlichkeit» zu einem Bestandteil des Volksverhetzungsparagrafen zu erheben, eine prominente Verfechterin aus dem demokratischen und damit politisch unverdächtigen Spektrum. Das ist ein wichtiger Aspekt, denn der Volksverhetzungsparagraf hat in Deutschland eine spezifische Geschichte und ist – insbesondere vor dem Hintergrund der historischen Erfahrung des NS-Massenmordes an Jüdinnen und Juden sowie Sinti und Roma – auf den Schutz von Minoritäten ausgerichtet. Das Verständnis von «Deutschenfeindlichkeit» als Form des Rassismus wird durch das Anliegen, sie zum Gegenstand des Volksverhetzungsparagrafen zu machen und damit mit Rassismus und Antisemitismus auf eine Stufe zu stellen, verstärkt. Diese Gleichsetzung – die übrigens auch für den Diskurs über «anti-weißen Rassismus» gilt – ist aus rassismustheoretischer Perspektive höchst problematisch, denn sie blendet die Machtverhältnisse in der Gesellschaft völlig aus und reduziert Rassismus auf persönliche Einstellungen und Vorurteile von Individuen.

Dennoch hört man immer wieder von Mehrheitsdeutschen, dass sie wiederholt von jungen türkischen und arabischen Männern beschimpft wurden, weswegen sie als Opfer macht- und ratlos seien und sich im eigenen Land von ihrem Wohnort vertrieben fühlten. Wie lässt sich da praktisch argumentieren, dass «Deutschenfeindlichkeit» kein Rassismus ist? Können wir behaupten, dass die Unterscheidung zwischen «Eigenem» und «Fremdem» anhand der Konzeption von Deutschenfeindlichkeit legitimiert wird?

Vielleicht hilft es an dieser Stelle, sich die Etablierten-Außenseiter-Figuration des Soziologen Norbert Elias zu vergegenwärtigen: Elias beschreibt, dass sich eine von Ausgrenzung und Stigmatisierung betroffene Außenseiter-Gruppe gegen die erfahrene Stigmatisierung unter anderem dadurch wehrt, dass sie diese umdreht und «zurückgibt» an die stigmatisierende Instanz, also an die Etablierten-Gruppe. Er nennt diesen Prozess «Gegenstigmatisierung». Ich denke, dass ein Teil der Konflikte, die in der öffentlichen Debatte unter dem Begriff «Deutschenfeindlichkeit» verhandelt werden, als Ausdruck einer solchen Gegenstigmatisierung verstanden werden kann. Sicherlich gibt es daneben auch noch andere Ursachen, wie zum Beispiel Vorurteile über einen vermeintlich «dekadenten Westen» und so weiter, und nicht jeder Überlegenheitsdünkel lässt sich auf das Bedürfnis nach Rückgabe von erlebter Diskriminierung zurückführen. Ich möchte an dieser Stelle also betonen, dass ich keinesfalls in Abrede stelle, dass solche als «deutschenfeindlich» bezeichneten Beleidigungen und auch tätlichen Angriffe existieren und dass diese ein ernst zu nehmendes Problem darstellen, das auch diskutiert werden sollte. Diejenigen, von denen diese Angriffe ausgehen, verfügen aber nicht über die gesellschaftliche Macht, ihre Ressentiments dahingehend durchzusetzen, dass sie die Opfer, die zur Gruppe der Etablierten gehören – in diesem Fall also weiße Deutsche – auf eine untergeordnete soziale Stellung verweisen können. Diese Machtasymmetrie zeigt sich unter anderem darin, dass im Unterschied zu rassistischen Annahmen «deutschenfeindliche» Positionen nicht in Talkshows verhandelt werden und «deutschenfeindliche» Bücher nicht in renommierten Verlagen erscheinen und sich zu Bestsellern entwickeln. Während es zig Erhebungen gibt, die die «Integrationsbereitschaft» und «Integrationsdefizite» von Migrant_innen zu messen versuchen, gibt es keine vergleichbaren Studien, die in Auftrag gegeben werden, um die Validität «deutschenfeindlicher» Zuschreibungen zu überprüfen.

Die Träger «deutschenfeindlicher» Vorurteile besitzen aufgrund der strukturellen Machtasymmetrie also keine Diskursmacht, die die Etablierten in ihrer sozialen Stellung gefährden und zu ihrer Marginalisierung führen könnte. Das ist der große Unterschied zum Rassismus, der bewirkt, dass in Büchern, die auszugsweise vorab in auflagenstarken Magazinen wie dem «Spiegel» abgedruckt werden, oder in Talkshows des öffentlich-rechtlichen Fernsehens ernsthaft darüber debattiert wird, ob die Außenseiter (seien es nun muslimische Migrant_innen, Roma oder andere) nur Kinder kriegen, um Sozialhilfe zu kassieren und ein Dasein als «Sozialschmarotzer» zu fristen. Ein solches Denken hat wiederum gesellschaftliche Auswirkungen, denn die Stigmatisierung führt zu Diskriminierung, zum Beispiel auf dem Arbeitsmarkt, auf dem Wohnungsmarkt und so weiter. Und davon sind weiße Deutsche in Deutschland nun einmal nicht betroffen – jedenfalls nicht aufgrund ihres «Deutschseins». Auch wird ihre Zugehörigkeit zum Kollektiv der Nation nicht infrage gestellt, was bei allen von Rassismus betroffenen Gruppen der Fall ist. Deshalb ist «Deutschenfeindlichkeit» keine Form des Rassismus. Eine solche Einordnung halte ich für analytisch falsch und politisch fragwürdig.

Welche Funktionen erfüllt die Debatte dann? Und in welchem spezifischen Zusammenhang steht sie zum antimuslimischen Rassismus?

Der Vorwurf des «umgekehrten Rassismus», der gegenüber einer von Marginalisierung und rassistischer Diskriminierung betroffenen Bevölkerungsgruppe erhoben wird, befördert eine Dethematisierung der Rassismuserfahrung dieser Gruppe durch eine diskursive Täter-Opfer-Umkehr, im Zuge derer die Machtposition, die Diskriminierungspraxis und die Privilegien der weißen Mehrheitsgesellschaft ausgeblendet werden. So klagen in den USA zum Beispiel Weiße vor Gericht, weil sie die positiven Maßnahmen der «Affirmative Action» als «umgedrehten Rassismus» empfinden. Nicht bedacht wird dabei, dass es sich bei diesen Maßnahmen um den Versuch eines Rückbaus der historisch gewachsenen gesellschaftlichen Vormachtstellung von weißen US-Amerikaner_innen handelt. Auch wird Schwarzen vorgeworfen, feindselig gegenüber Weißen zu sein, die sich deshalb nicht gefahrlos in bestimmte Wohngegenden begeben könnten, die überwiegend von Nicht-Weißen bewohnt werden. Die Ursachen für diese sozialen Konflikte – unter anderem die über Generationen erfahrene Unterdrückung – werden in solchen Viktimisierungsdiskursen von Weißen jedoch vernachlässigt.

Es fällt auf, dass die Debatte über einen vermeintlichen Rassismus gegen weiße Deutsche oftmals von solchen Politiker_innen angestoßen und geführt wurde, die nicht gerade zu der Speerspitze im Kampf gegen den Rassismus gehören, dem People of Color und Migrant_innen in Deutschland ausgesetzt sind. Aufschlussreich sind in diesem Zusammenhang die Ausführungen der damaligen Familienministerin Kristina Schröder in einem Interview mit der «BILD»-Zeitung zum Thema. Auf den Einwand des Journalisten – «Von muslimischer Seite kommt oft der Vorwurf, auch die Deutschen seien feindselig...» – antwortete sie: «Natürlich gibt es in Deutschland leider Ausländerfeindlichkeit, und die müssen wir mit aller Kraft bekämpfen. Ich wehre mich aber gegen Versuche, pauschal aus Tätern Opfer zu machen und sie von jeglicher Verantwortung für ihr Handeln freizusprechen. [...] Wird an einer Schule ein dunkelhäutiger Junge als ‹dummer N****›[1] beschimpft, gibt es zu Recht Empörung – Klassenkonferenzen, Elternabende oder Medienberichte. So eine Reaktion brauchen wir auch, wenn sich dieser Rassismus gegen Deutsche richtet.»

Wie sollen wir solche Aussagen der ehemaligen Ministerin verstehen?

Zum einen fällt auf, dass Schröder den Begriff «Rassismus» nur in Bezug auf den «Rassismus gegen Deutsche» benutzt – der Rassismus gegen Muslim_innen wird von ihr hingegen als «Ausländerfeindlichkeit» bezeichnet. Hier stellt sich die Frage, inwiefern durch eine solche Formulierung die Rassismuserfahrung dieser Gruppe letztendlich heruntergespielt und ihre gesellschaftliche Ausgrenzung implizit perpetuiert wird, wenn Muslim_innen pauschal zu Ausländer_innen erklärt werden. Zum anderen scheint sich Kristina Schröder, die immerhin zu den wenigen Politiker_innen gehörte, die sich für eine Streichung des N-Worts aus Kinderbüchern aussprachen, nicht der unterschiedlichen Verletzungsmacht bewusst zu sein, die im Gebrauch dieses gewaltvollen Wortes, in dem eine historische Unterdrückungserfahrung wie die Sklaverei eingeschrieben ist, und der abschätzigen Beschimpfung von Angehörigen des hegemonialen Bevölkerungsteils als «Scheiß-Deutsche» besteht. Zweifellos ist Letzteres eine Beleidigung, aber sie ist eben nicht in der Lage, eine historische oder aktuelle gesellschaftliche Unterdrückungserfahrung aufzurufen. Solche Gleichsetzungen, die die soziale Stellung von Gruppen außer Acht lassen, verkennen also die spezifische Verletzungsmacht von rassistischen Beschimpfungen und Zuschreibungen. Abschätzige Äußerungen gegenüber Männern würde ich in einer Gesellschaft, in der Männer dominieren, auch nicht als gleichermaßen sexistisch bewerten wie abwertende Äußerungen über Frauen – beide Gruppen sind in unterschiedlichem Maße verletzlich.

Verstehe ich also richtig, dass der Begriff «Deutschenfeindlichkeit» Produkt einer Opfer-Täter-Umkehr ist, in der Migrant_innen zu Rassist_innen gemacht werden? Und, vielleicht wichtiger: Wie wird die Deutschenfeindlichkeit hier begründet?

Um zu verstehen, warum der die gesellschaftlichen Machtverhältnisse verdrehende Topos «Deutschenfeindlichkeit» eine solche Karriere machen konnte, gilt es, den derzeitigen politischen Kontext näher zu betrachten: Viele rechtspopulistische Gruppierungen – nicht nur in Deutschland, sondern europaweit – haben das Feindbild Islam und den antimuslimischen Rassismus als Modernisierungsstrategie für sich entdeckt, da sie inmitten von aufgeheizten Integrations- und Islamdebatten auf die Anschlussfähigkeit ihrer Feindbilder in der breiten Bevölkerung setzen. Die Diskussion des Themas «Deutschenfeindlichkeit an Schulen» fiel zeitlich in die Debatte über das von antimuslimisch-rassistischen Thesen durchzogene Buch von Thilo Sarrazin. Diese Debatte hat den Diskursraum für Angriffe auf die muslimische Minderheit in Deutschland erweitert. Und so wurde der Vorwurf der «Deutschenfeindlichkeit» auch nicht gegenüber allen Migrant_innen erhoben, sondern vorrangig an als Muslim_innen markierte Menschen adressiert. Diese Verschiebung korrespondiert mit dem gesamtgesellschaftlichen Diskurs, in dem aus «Ausländer_innen» und «Türk_innen» zusehends «Muslim_innen» geworden sind.

Der stellvertretende Fraktionsvorsitzende der hessischen CDU beispielsweise, Hans-Jürgen Irmer, machte gegenüber der weithin als Sprachrohr der Neuen Rechten geltenden Zeitung «Junge Freiheit» «den Islam» für die «Deutschenfeindlichkeit» verantwortlich und betonte, diese gehe nur von muslimischen Schüler_innen aus. Diese antimuslimische Stoßrichtung hatten die beiden Lehrer_innen in ihrem GEW-Artikel bereits angelegt. Zwar liest man dort, dass «Deutschenfeindlichkeit keine Wesenseigenschaft von Muslimen, Türken oder Arabern ist», zugleich heißt es über die «deutschenfeindlichen» Schüler_innen aber, dass «deren verbindendes Element am ehesten der gemeinsame Islam zu sein scheint». Und wie dieser zu bewerten sei, damit halten die Autor_innen nicht hinterm Berg: «Der heutige Mehrheitsislam hat eine rückwärtsgewandte Grundhaltung, denn sein gesellschaftliches Ideal ist die Zeit in Medina vor 1.400 Jahren. [...] Angesichts des Autoritätsverlusts des muslimischen Mannes in der europäischen Diaspora und der perspektivischen Unsicherheit muss es zu Persönlichkeitskonflikten kommen. Unsicherheit aber kollidiert mit den traditionellen Überlegenheitsgefühlen vieler Muslime, ihrer Vorstellung, dem einzig wahren, ursprünglichen Glauben anzugehören.»

Abgesehen von der hier anklingenden Pathologisierung muslimischer Männer, reproduzierten die Autor_innen mit dem Vorwurf des vorzivilisatorischen, rückschrittlichen und unaufgeklärten Islams einen tradierten Topos des europäischen antimuslimischen Rassismus. Im Zuge der breiteren Diskussion um «Deutschenfeindlichkeit» stimmten auch etablierte Medien in die antimuslimische Rhetorik ein. Diese Debatte steht also in einem direkten Zusammenhang mit der Artikulation eines antimuslimischen Rassismus, denn die Selbst- und Fremdethnisierung von Angehörigen einer marginalisierten Gruppe wurde nicht als sozialer Konflikt gedeutet, sondern zu einem «kulturellen Wesenszug» der problematisierten Gruppe uminterpretiert.

Mit der im Windschatten der Sarrazin-Debatte geführten Diskussion um eine «Deutschenfeindlichkeit» von Muslim_innen ist es also gelungen, einen Kampfbegriff der politischen Rechten in einen breiteren medialen und politischen Diskurs zu überführen. Dabei hat er im Kontext der Integrationsdebatte eine Bedeutungsverschiebung erfahren – weg von den überwiegend äußeren Feinden hin zu einem vermeintlichen Feind im Inneren. Einer sachlichen und lösungsorientierten Auseinandersetzung mit den sozialen Konflikten, die damit angesprochen werden sollten, war dies sicher nicht zuträglich.

Anmerkung

[1] In dem Interview wurde das N-Wort ausgesprochen.

Sprache Macht Politik.
Sprachliche Repräsentationen, politische Allianzen und Perspektiven des People of Color-Empowerments gegen intersektionale Rassismen

Halil Can

In diesem Beitrag wird exemplarisch anhand von Einzelbeispielen in einem kurzen historischen Abriss versucht, kritisch reflektierend darzustellen, wie im dominanten Mehrheitsdiskurs in Deutschland mehrfachdiskriminiert rassialisierte Menschen gegen Ausschlüsse und Fremdzuschreibungen auf vielfältige und kreative Weise über widerständige Eigenbezeichnungen und solidarisches Empowerment antirassistische Allianzen schmiedeten und wo die politischen Perspektiven hierbei liegen könnten.

Sprache ist machtvoll, und über begriffliche Zuschreibungen können gesellschaftliche Positionierungen definiert werden. Denn in der Sprache spiegeln sich die Macht(ungleichheits)verhältnisse wider, die sich in einer Gesellschaft diskursiv (re-) produzieren. Das heißt, über Sprache findet nicht nur Kommunikation statt, sondern abhängig von den Zugängen zu gesellschaftlichen Ressourcen, Privilegien und Positionen manifestiert sich zudem auch Macht in der Sprache und umgekehrt.

Besondere Relevanz bekommt diese Feststellung, wenn wir den Blick auf Rassialisierungsprozesse in der Gesellschaft wenden, die in einen intersektionalen Zusammenhang mit anderen Diskriminierungsformen eingebettet sind, und dabei die Frage danach stellen, wer aus welcher Position heraus über wen wie spricht. Machtungleichheiten in der Gesellschaft erzeugen in sich Ungleichheiten in den Sprecherpositionen, die Ein- und Ausschlüsse, Überlegen- und Unterlegenheiten in den Beziehungen figurieren. Die binäre Konstruktion vom Eigenen und Fremden über ethnisch-national-kulturell-sprachlich-religiöse Markierungen und Zuschreibungen ist solch ein gesellschaftlich wirkungsmächtiges Phänomen, bei dem über die Abwertung des vermeintlich Fremden das Eigene eine Erhöhung erfährt.

(Re-) produziert und neu konfiguriert werden diese rassialisierenden Ungleichheitsbeziehungen im gegenwärtigen gesellschaftlichen Diskurs um Migration und im Integrationsparadigma vor dem Hintergrund einer kolonialen, auf dem Paradigma der ethnischen Nationalstaatlichkeit beruhenden und imperialen europäischen Vergangenheit, in die auch Deutschland fest eingeschrieben und verstrickt ist. Das zeigt sich in den letzten Jahren an den Beispielen der aus der Mitte der weißen Mehrheitsgesellschaft kommenden dominant-paternalistischen «Kopftuch»-, «Sarrazin»-, «Beschneidungs»- und zuletzt «Pegida»-Debatten. Auch hier erfolgen althergebrachte rassistische Ausschlüsse, die aktuell insbesondere durch die Stigmatisierung von Menschen, die als im Gegensatz zum westlich-christlichen Gesellschaftssystem stehend angesehen werden, erneut aufgegriffen und neu aufgeladen werden. Die eigentlich in der Gesellschaft ursächlichen und sich immer weiter verschärfenden strukturimmanenten Widersprüche, Konkurrenzen und Kämpfe um Macht, Ressourcen und Privilegien können damit erfolgreich überlagert und kaschiert werden. Stattdessen verhelfen stigmatisierende, ethnisierende und rassistisch-kulturalistische Diskurse und Praktiken in der Mehrheitsgesellschaft zu einer Verschiebung des Blicks, wobei People of Color[1] als negative Projektionsfläche für eigentlich individuell und gesellschaftlich verankerte Konflikte und Krisen instrumentalisiert werden.

Jedoch führen solche gewaltvoll aufgeladenen rassistischen Projektionen nicht nur zur Verschärfung der Diskriminierung, Unterdrückung und Exklusion von People of Color, sondern sie

1. entschärfen und zähmen zugleich soziale Kämpfe von unten, die bedeutsam sind zur Schaffung von Gerechtigkeit bei der Verteilung von ökonomischen, politischen und gesellschaftlichen Ressourcen und der Aushandlung von Rechten;
2. verhindern solche rassistischen Projektionen politische Allianzen für eine demokratischere gesellschaftliche Neuordnung hin zu einer postnational-kosmopolitischen und inklusiven Gesellschaft;
3. festigen sie bereits etablierte und fördern neue rassistische Strukturen, die somit
4. zu immer mehr Polarisierung und Radikalisierung mit unabsehbaren Folgen im Zusammenleben der Menschen in der Gesellschaft führen.

Die bis in die innerstaatlichen Institutionen reichenden Spuren der nach wie vor nicht aufgeklärten NSU-Terrormorde wie auch die Radikalisierungstendenzen unter deutschen und europäischen Muslimen (siehe die Pariser Attentate auf die Zeitschrift «Charlie Hebdo» und einen koscheren Supermarkt) zeigen als Spitze des Eisberges die Auswüchse und Verfehlungen einer auf national-rassistisch-kulturalistischen Ausschlüssen basierenden Identitätspolitik, die immer schärfer einen Keil durch alle Bereiche der Gesellschaft treibt. Von der eigentlichen sozialen Spaltung der Gesellschaft infolge neuliberaler Profit- und Machtpolitiken kann so mit Hilfe ethnisierend-rassistischer Diskurse und Politiken abgelenkt werden.

Gleichzeitig verheißt der Neoliberalismus das irdische Glück im Streben nach Geld und Konsum. Das dem zugrunde liegende Denken vom grenzenlosen Wachstum und Gewinn, basierend auf der Ausbeutung und dem Raub aller zur Verfügung stehenden menschlichen und natürlichen Ressourcen, führt weltweit zu sozialen Gefällen zwischen Arm und Reich und aufgrund der Zerstörung des ökologischen Gleichgewichts zu Naturkatastrophen, Kriegen und in der Folge zu Migrations- und Fluchtbewegungen vom Rand in die Zentren, vom Land in die Städte, vom ehemals kolonisierten Süden in den kapitalistischen Norden, wo die kapitalisierten menschlichen und natürlichen Ressourcen akkumuliert und konzentriert sind. Die Pluralisierung, Diversifizierung, Transkulturalisierung und Transnationalisierung nationaler Gesellschaften, die sich global insbesondere in der Kosmopolitisierung der städtischen Metropolen zeigt, ist eine unaufhaltsame und unumkehrbare Folge der transnationalen Migrationsbewegungen. Dabei ist die Transformation und Überwindung eines essenzialistischen und auf monokulturelle Homogenität und Dominanz fixierten nationalen Staats- und Gesellschaftsprojekts und ethnischen Selbstverständnisses eng verbunden mit spannungsgeladenen und widerständigen politischen und sozialen Konflikten, wie wir dies auch in den gegenwärtigen Debatten um Zugehörigkeit zu Deutschland, zum Beispiel ausgetragen vor der Folie «Pegida», erleben.

Dass Deutschland nicht mehr wie bisher als einheitlich deutsch-christliche Volks- und Nationalgemeinschaft konstruiert und imaginiert werden kann, sondern längst zu einem transnationalen und transkulturellen Migrationsland mutiert ist, in der starre ethnisch-kulturell-religiöse Zugehörigkeiten und Grenzziehungen aufbrechen, sich pluralisieren und auf vielfältige Weise neu konfigurieren, drückt sich vor dem Hintergrund der kontroversen Debatten um «Pegida» als späte Einsicht nun auch in den jüngsten öffentlichen Bekenntnissen der beiden höchsten Staatsrepräsentanten Deutschlands aus. Als sich Bundeskanzlerin Merkel Anfang 2015, den Ex-Bundespräsidenten Wulff zitierend, bekannte: «Der Islam gehört zu Deutschland» sowie dazu ergänzte: «Ich bin die Bundeskanzlerin aller Deutschen, das schließt alle, die hier dauerhaft leben, mit ein – egal welchen Ursprungs und welcher Herkunft sie sind»[2] und Bundespräsident Gauck ausrief: «Wir alle sind Deutschland!», verkündeten sie erstmals damit auch der gesamten Welt das neue «Wir» in Deutschland. Jedoch mögen politische Würdenträger zwar durch ihre wohlmeinenden Bekundungen neue Zeichen und Akzente in den gesellschaftlich-politischen Debatten um Identität und Zugehörigkeit setzen. Solange aber in der Gesellschaft individuelle, institutionelle und strukturelle rassistische Diskriminierungen wirksam bleiben und das herrschende Narrativ von der leitkulturellen weißen, deutschen, christlichen Volksnation nicht gänzlich in Frage gestellt und in einem kritischen gesamtgesellschaftlich-politischen Diskurs ein neues, auf Inklusion und Solidarität fußendes Gemeinschaftskonzept ausgehandelt wird – so lange bleiben solche Äußerungen bloße euphemistische Lippenbekenntnisse und leere Worthülsen.

Denn die Realität ist, dass das «Othering» (Gayatri Chakravorty Spivak) und die Abwertung des «Anderen» in der Gesellschaft durch klischeehafte und verallgemeinernde Attributszuschreibungen alltäglich und institutionell wie strukturell fest verankert sind und im dominanten Diskurs permanent reproduziert werden, so zum Beispiel in Form von diskriminierenden und polarisierenden Klischeebildern wie *kulturell primitiv, traditionell-archaisch, animalisch-wild, religiös-fundamentalistisch, dunkel* beziehungsweise *farbig, lern- und arbeitsfaul, arm, krank, ungebildet, hilfsbedürftig, parasitär, patriarchalisch-frauenfeindlich, homophob, antisemistisch, gefährlich* und neuerdings *islamisch-terroristisch*. Dem Dispositiv vom Fremden wird das Positiv vom Eigenen entgegengesetzt, wobei in einem Anspruch von narzisstisch anmutender Überlegenheit dem Selbstbild Merkmale und Eigenschaften zugeschrieben werden wie *zivilisiert, aufgeklärt, gebildet, fortschrittlich, tugendhaft, wohlhabend, barmherzig, modern, demokratisch, fleißig, sauber, gesund, heterosexuell,* aber auch *gender-* und *queersensibel, europäisch-weiß, christlich, deutsch.*

Die Deklassierung, Fremdmachung und Abwertung des Anderen und daraus ableitend die Erfindung des Eigenen als Gegenbild erfolgt über bildliche und sprachliche Markierungen und Etikettierungen. Die dem «Fremden» angehafteten Etiketten erfahren zwar im historischen Diskurs im Sinne der «Political Correctness» eine Wandlung. Dennoch bleibt trotz Begriffsänderung auch in den neuen rassialisierenden Fremdzuschreibungen die Funktion bestehen, den Anderen durch Festschreibung und Reduktion auf sein vermeintliches Fremdsein von der Mehrheitsgesellschaft unterscheidbar zu machen. Gleichwohl wird damit der Andere permanent an sein Nichtdazugehörig- und darüber hinaus Marginalisiertsein erinnert, bis er den aufgedruckten Stempel vom Fremden und Außenseiter akzeptiert und verinnerlicht hat. Während hierbei Imaginationen und Konstruktionen von «Eigenkultur» und «Eigenwerten» der Mehrheitsgesellschaft als Standard festgelegt, hierarchisch aufgewertet und somit zum Maßstab für den «Fremden» erklärt werden, wird daraus folgernd von ihm die «Integration» in die eigene «Leitkultur» gefordert, als Bedingung, in Deutschland leben zu dürfen. Die Integrations-Forderung an den «Fremden», in der im Unterton die Aufforderung zur Assimilation erwartet wird, ist im Grunde eigentlich nicht so gemeint, sondern dient weiterhin dem Zweck der Distinktion (nach Pierre Bourdieu), das heißt der Aufrechterhaltung des konstruierten Unterschieds und damit des Ausschlusses des ebenso konstruierten Fremden mit Hilfe von hochgesteckten und immer neu ausgeklügelten Integrationsforderungen und der Aufstellung von immer weiteren neuen Integrationsstolpersteinen (Stichwort: Einbürgerungs- beziehungsweise Gesinnungs- und Sprachtest, in anderen Worten «Ausländer-TÜV»). Insofern handelt es sich bei sprachlichen Fremdkennzeichnungen durch die Mehrheitsgesellschaft – angefangen von Bezeichnungen wie «Ausländer_in», über «Gastarbeiter_in» und «ausländische_r Mitbürger_in» bis hin zu «Menschen mit Migrationshintergrund» – nur um graduelle Umbenennungen der Fremdkennzeichnung (eine Art «Ausländer-Nummernschild» mit wechselnden Kennzeichen), da mit diesen keinerlei soziale oder politische Inklusionen einhergehen oder gar bezweckt werden. Vielmehr handelt es sich hierbei um die Fortsetzung der Ausschlüsse durch sprachlich angepasste Camouflage, die aufgesetzte Maskerade der «Political Correctness» und den Euphemismus in den dominanten Diskursen.

Genau an dieser Stelle stellt sich die Frage nach den Formen, Bedeutungen und Wirkungen von Selbstbezeichnungen im gesellschaftspolitischen Diskurs aus der Perspektive von mehrdimensional rassistisch Diskriminierten in Deutschland. Denn die Macht zur Markierung und Etikettierung und somit Abwertung und Unterdrückung des Anderen ist im Diskurs kein ausschließliches Privileg der Mehrheitsgesellschaft. Wenn auch gesellschaftlich diskriminiert und marginalisiert, so sind intersektional-rassistisch Diskriminierte nicht machtlos, sondern vielmehr ohnmächtig oder machtarm. Die Überwindung der verinnerlichten Ohnmacht beginnt damit, sich der eigenen verborgenen Macht bewusst zu werden. Wenn diese auch als «arm», im Sinne von wenig erscheint, ist sie doch wie ein winziges Samenkorn, das in sich die unermessliche Kraft für Veränderungen hat und nur darauf wartet, in die Erde gepflanzt zu werden, um so aus sich selbst herausplatzen und wachsen zu können. Das Bewusstwerden und Verfügen über die Eigenmacht in Selbstbestimmung ist der Weg der Subjektwerdung und des Empowerments, das heißt sich auf die einem innewohnenden eigenen Kräfte zu besinnen, das Leben in die eigene Hand zu nehmen und in Autonomie zu gestalten.

Teil dieses Empowerment ist es auch, entgegen allen intersektional rassialisierenden Fremdzuschreibungen und -positionierungen im

Diskurs, eigene individuell und kollektiv identitäre Selbstbezeichnungen und Selbstzuschreibungen auszuhandeln. Im herrschenden Mehrheitsdiskurs selbstbewusst mit eigener Stimme und eigenkreierten Selbstbezeichnungen zu sprechen, wirkt insoweit empowernd, als dass mit der Überwindung der verinnerlichten Ohnmacht, Angst und Isolation eine Befreiung und Subjektwerdung einhergeht, und infolge der vielfältigen identitär alternativen Selbstentwürfe, Anti- und Synthesen die konstruierte Norm und die augenscheinliche Normalität des Dominanz- und Machtanspruches, das Diktat der Identitätsfestlegungen und -zuschreibungen der Mehrheitsgesellschaft gestört, irritiert, gebrochen und somit dekonstruiert werden. Die Dekonstruktionen des dominanten Narrativs durch empowernde Selbskonzeptionalisierungen aus der Marginalisierung heraus gehören somit zu Widerstandskämpfen und Strategien der Selbstbefreiung im historischen Prozess von intersektional rassialisierten Menschen.

Sprachlich-begriffliche Selbstbezeichnungen und Selbstpositionierungen als widerständige und empowernde politische Praxis aus der Perspektive von intersektional rassialisierten Menschen in Deutschland manifestierten sich zu unterschiedlichen Zeiten in verschiedenen kleinen wie auch großen kollektiven Zusammenhängen auf vielfältige Weise.

Die Erinnerungsarbeit, Reflexion, wissenschaftliche Aufarbeitung und Dokumentation der Geschichte und Politik der Widerstände und des Empowerments aus der Perspektive von intersektional rassialisierten Menschen in Deutschland steht noch am Beginn. Daher sollen hier als Input zur weiteren Diskussion nur exemplarisch Beispiele des Selbstempowerments genannt werden. Ein erinnerungsgeschichtlich bedeutendes Beispiel ist der in den 1980er Jahren gescheiterte Versuch, über die kollaborative Selbstbezeichnung «Schwarz» ein politisches Bündnis für alle rassialisierten Menschen in Deutschland zu schmieden. Aus diesen kontrovers geführten identitären Diskussionen der Selbtverortung kristalisierten sich innerhalb der Schwarzen Community Selbstbezeichnungen wie «Schwarze Frauen in Deutschland», «Afrodeutsche Frauen» und «Schwarze Deutsche Frauen» heraus, die mitunter organisatorisch-politisch in die Gründung des Vereins ADEFRA e.V. mündeten. Parallel dazu bildete sich als umfassendere politische Schwarze Selbstorganisation die ISD e.V., zunächst mit der

Selbstbezeichnung «Schwarze Deutsche» und später «Schwarze Menschen in Deutschland» (siehe Eggers/Kilomba/Piesche/Arndt 2005). Andere Communities beriefen sich hingegen in ihrer Selbstbezeichnung zumeist auf ihre ethnisch-national-religiösen und/oder migrantischen Bezüge und traten somit nicht aus dem etablierten Muster der ausschließenden Selbst- und Fremdzuschreibungen heraus. Mit der Gründung des Immigrantenpolitischen Forums in den 1980er Jahren wurde in Berlin ein weiterer, jedoch nicht lang andauernder Versuch der community-übergreifenden Bündnisschmiede und politischen Solidarität von unten unternommen, diesmal mit der Selbstbezeichnung «Immigrant» als vereinendem Kriterienmerkmal. Auf ähnliche Weise organisierte sich mit Bezug auf ihr Migrantendasein die feministische Gruppe «FeMigra» in Frankfurt am Main.

Der Mauerfall und die Vereinigung in Deutschland verschärften Anfang der 1990er Jahre den nationalen und kulturalistisch-rassistischen Diskurs, der, angefacht durch Politik und Medien, auf die Straße getrieben wurde und zu rassistischen Übergriffen und Morden, insbesondere gegen Flüchtlinge und Asylsuchende, führte. Dagegen regte sich bundesweit urbaner Widerstand, erstmals von unten, von den Kindern der sogenannten Gastarbeiter, wie zum Beispiel in Berlin. Hier definierten sich die Jugendlichen über ihre lokalen Jugend- und Straßengangs mit Selbstbezeichnungen wie – mit Bezug auf den eigenen Bezirk Kreuzberg – «36 Boys» und «36 Girls» oder die empowernde Aneignung von negativen Fremdzuschreibungen, wie «Die Barbaren» in Berlin-Schöneberg. Die Aktivist_innen mit Türkei-Kontext des linken West-Berliner Bündnisses «Antifaşist Gençlik» positionierten sich hingegen offensiv politisch und antifaschistisch. Sie scheiterten jedoch in ihrem paternalistisch aufklärerischen Versuch, die Berliner Jugendgangs für ein antifaschistisches Bündnis zu politisieren und zusammenzubringen. In den 1990er Jahren machten in verschiedenen Städten Deutschlands weitere politisierte Gruppen von sich reden, die gegen den Mainstream-Diskurs aneckten, so zum Beispiel mit Selbstbezeichnungen wie «Die Unmündigen» in Mannheim oder «Kauderzanca» in Berlin.

Besondere Öffentlichkeit im Mainstream erlangte in der zweiten Hälfte der 1990er Jahre die sich bundesweit formierende linke antirassistische Initiative «Kanak Attak». Sie mischte den dominanzkulturellen

Mehrheits-Migrationsdiskurs auf und sorgte für Furore. Zum einen gelang ihr dies mit ihrer gewitzt und stichelnd symbolischen Sprachpolitik. So bedienten sich die Aktivist_innen durch provokative Aneignung und positive Bedeutungsumkehrung der abwertenden Fremdetikettierung «Kanake», die im vulgären Sprachgebrauch für «Ausländer» im Allgemeinen und für «Türken» im Besonderen stand. Des Weiteren kehrten sie den Spieß der Fremdbezeichnung um, indem sie für Mehrheitsdeutsche das sprachliche Etikett «Biodeutsche» erfanden. Während die Umkehrung der Sprecherposition auf den Sprecher empowernd wirkte, war es für den Angesprochenen irritierend und verstörend zugleich, in der dominant-privilegierten Macht- und Mehrheitsposition entblößt zu werden. Ihre antirassistische Kritik konnten Kanak-Attak-Aktivist_innen durch einfallsreiche Kultur- und Medienpolitik öffentlichkeitswirksam in den gesellschaftlichen Diskurs hineintragen. Jedoch konnte sich auch dieses politische Projekt, das als ein Bündnis von rassistisch Diskriminierten und antirassistischen Mehrheitsdeutschen mit der Politik der Revision von Identitäten auftrat, nicht lange halten und löste sich als politisches Bündnis auf. Dass antirassistischer Aktivismus vor dem Verstricktsein in rassistische Machtstrukturen nicht schützt, belegt Anja Weiß in ihrer empirischen Forschungsarbeit «Rassismus wider Willen» (Weiß 2013) zu weißen deutschen Antirassist_innen. Insofern gelang es innerhalb der Kanak-Attak-Bewegung nicht, sich in kritischer politischer Selbstreflexion eigenen Positionierungen innerhalb des Diskurses und eigenen Verstrickungen in die Struktur des Rassismus zu stellen. Jedoch findet seit einigen Jahren eine kontroverse Diskussion über Rassismus, Widerstand und Kritisches Weißsein (siehe Eggers/Kilomba/Piesche/Arndt 2005) zwischen weißen Antirassist_innen, ehemaligen Kanak-Attak-Aktivist_innen und antirassistischen Migrant_innen, Schwarzen und People of Color statt (siehe hierzu Ha (II), Karakayali u.a. 2012).

In diesem Zusammenhang möchte ich im Besonderen auf die politische Selbstbezeichnung «People of Color» zu sprechen kommen, bei der es sich um eine weitere symbolisch-sprachliche Empowerment- und politische Handlungsstrategie handelt, in Deutschland communitiy- und identitätsübergreifend gesellschaftspolitische Allianzen zwischen intersektional rassialisierten Menschen zu schaffen. Geprägt wurde «People of Color» als politischer Begriff erstmals in den 1960er Jahren in den USA, als sich ausgehend von der Black-Power-Bewegung Allianzen zwischen verschiedenen rassialisierten Communities formierten (siehe auch Dean 2011: 597–607, Ha (I)).

Verwendet wurde der Begriff in Deutschland zwar in verschiedenen politischen und akademischen Kreisen bereits in den Jahren zuvor, aber erst nach dem Millenium fand er als Selbstbezeichnung insbesondere unter antirassistisch politisch aktiven Akademiker_innen und Studierenden of Color mehr und mehr Resonanz. Aufgegriffen wurde und wesentliche Verbreitung und Etablierung fand der Begriff People of Color als politische Selbstbezeichnung innerhalb des rassismuskritischen Diskurses unter anderem über die HAKRA-Empowerment-Initiative, das Antidiskriminierungsnetzwerk Berlin (ADNB)[3], die Bildungswerkstatt Migration und Gesellschaft (BiMiG), den Migrationsrat Berlin-Brandenburg (MRBB) und schließlich über die Initiatiator_innen und Aktivist_innen des move on up-Empowerment-Forums[4] sowie die dann zahlreich folgenden Publikationen, in denen der Begriff historisch, politisch, konzeptionell erklärt, verwendet und diskutiert wird (wie Yiğit/Can 2006 S. 167–193; Ha/al-Samarai/Mysorekar 2007; Arndt/Ofuatey-Alazard 2011; Dean 2011, MRBB 2011, Can 2013, Ha (I+II)).

Ausblick

Die Selbstbezeichnung People of Color mit dem politischem Konzept des solidarischen Empowerments und Widerstands verfügt in Deutschland erstmals über das Potenzial und die reale politische Perspektive, um über partikulare Identitätskonstruktionen hinweg auf der Basis gleichberechtigter Wahrnehmung und Anerkennung von vielfältigen intersektionalen Rassismuserfahrungen sowie mit Vergangenheitsbezug und Erinnerungsarbeit zu historischen Kämpfen aus der Gegenwart heraus gesellschaftspolitisch transformative Allianzen für eine dekoloniale, antirassistische und inklusive gesellschaftliche Zukunft zu entwickeln (siehe hierzu auch Torres/Can 2013). Die Chance gilt es zu nutzen und die Konzeptionalisierung und Praxis der Politik des solidarischen Empowerments zwischen People of Color und in Allianzen mit Powersharing und Critical Whiteness praktizierenden antirassistischen Menschen aus der Mehrheitsgesellschaft konkret zu gestalten (Beispiele hierzu aus Berlin sind poltische Initiativen von unten wie: Bündnis gegen Rassismus, Kotti & Co, Refugee Struggle).

Dabei wird es notwendig sein, sich eigener Ohnmachts- und Machtpositionen und Verstrickungen bewusst zu werden und diese selbstkritisch individuell-kollektiv in empowernden Gruppenprozessen zu reflektieren. Die Bewusstwerdung über die eigene Situiertheit in der Machtmatrix erfordert in den komplexen Machtverstrickungen, den eigenen Horizont auch in Solidarität für die diversen Erfahrungen anderer zu öffnen. Denn der Prozess des Selbstempowerments und der Selbstbefreiung von diskrimierenden und unterdrückerischen Strukturen wird nur in der Synthese und Symbiose mit anderen möglich sein. Dafür bedarf es neben der einfühlsamen und reflexiven Wahrnehmung, dem Hinhören und der Anerkennung der eigenen Realität auch der des anderen.

Dabei wird es notwendig sein, über die Praxis von pädagogischer, historischer, kultureller und politischer Bildungsarbeit und unter Verwendung von diversitätsbewussten, ressourcenorientierten, empowernden, partizipatorischen und inklusiven Ansätzen alltägliche, institutionelle und strukturelle Verflechtungen und Verstrickungen der Ungleichheit und des Unrechts aufzudecken und geschützte Räume für individuelle und politisch-gesellschaftliche Transformationen zu schaffen.

Grundlage für diese Transformationen wird es sein, dass die diversen (marginalisierten) Erfahrungen, Wissensarchive und Narrative ihren gleichberechtigten Raum für die Anerkennung und Artikulation ihrer Stimmen finden. Dies wird jedoch erst durch die Überwindung von Egoismen, Dominanzen und Privilegien auf der Basis des solidarischen Empowerments und Powersharings eine reale Perspektive bekommen.

Da Rassismus in seiner Konstruktion von Ungleichheits- und Abhängigkeitsbeziehungen universell wirkt, wird es notwendig sein, politische People-of-Color-Allianzen gegen intersektionale rassistische Strukturen ebenso mit politischen Allianzen mit der Mehrheitsgesellschaft zu verknüpfen. In dem Zusammenhang wird Rassismus als eine Form, die Ungleichheit und Unterdrückung schafft, ohne die Thematisierung der sozialen Frage (Klassismus), aber auch anderer Formen der Ungleichheit und Unterdrückung, wie Sexismus, Heterosexismus und weiteren Diskriminierungserfahrungen, nicht überwindbar sein. Daher bedarf es bei der Schaffung von politischen Allianzen gegen

Diskriminierung und Unterdrückung eines kritischen und reflektierten mehrdimensional intersektionellen Blicks, und dies sowohl innerhalb von People-of-Color-Gruppen und der Mehrheitsgesellschaft als auch zwischen ihnen, wenn es um politische Allianzen geht.

Zudem macht die Transnationalisierung und Globalisierung von Beziehungen es erforderlich, intersektionale antirassistische politische Kämpfe und Allianzen über nationale Grenzen hinweg zu denken. Denn längst haben sich nationale Grenzen an die EU-Außengrenzen (Stichwort: EU-Festung) verschoben und immer mehr bestimmen europäische Politiken, Gesetze und Ereignisse (Beispiel: «Charlie Hebdo») unsere Lebenswirklichkeit lokal vor Ort. Dies gilt auch in globaler Perspektive (Stichwort: Ukraine-Konflikt oder ISIS).

Eine intersektionale antirassistische People-of-Color-Politik braucht in ihrer inklusiven und ganzheitlichen Horizonterweiterung des transnational-transkulturell-globalen Blicks zudem ein kritisches Bewusstsein für ökologische Prozesse. Denn soziale Ungleichheiten sind zugleich Folge der Ausbeutung und Zerstörung von natürlichen Ressourcen und des planetarischen Ökosystems durch das global wirkende neoliberale kapitalistische System.

Anmerkungen

[1] People of Color wird hier als eine politische Selbstbezeichnung von in Deutschland intersektional rassialisierten Menschen verwendet. Die Selbstbezeichnung wird weiter unten im Text noch näher erklärt.

[2] Online: http://www.zeit.de/politik/deutschland/2015-01/angela-merkel-islam-deutschland-wulff (Zugang: 04.02.15).

[3] ADBN des TBB in Kooperation mit HAKRA: Empowerment-Konferenz. Strategien und Visionen gegen Rassismus aus der Perspektive der

Betroffenen. 24.–25.06.2005, Berlin. Online: http://www.tbb-berlin.de/adnb/uploads/flyer-18-05-05.pdf (Zugang: 01.02.15).

[4] MOVE ON UP – EMPOWERMENTVISIONEN IN BEWEGUNG. Empowerment-Forum aus der Perspektive von People of Color, 23.–26.10.2008,

Berlin. Online: http://www.buendnistoleranz.de/cms/dokumente/ 10029166_425914/90410fa3/Flyer_Move%20on%20up.pdf (Zugang: 01.02.15).

Literaturverzeichnis

ARNDT, Susan / OFUATEY ALAZARD, Nadja (Hg.) (2011): Wie Rassismus aus Wörtern spricht: (K)erben des Kolonialismus im Wissensarchiv deutsche Sprache. Ein kritisches Nachschlagewerk. Münster: Unrast Verlag.

CAN, Halil (2013): Empowerment aus der People of Color-Perspektive. Reflexionen und Empfehlungen zur Durchführung von Empowerment-Workshops gegen Rassismus. Online: http://www.eu-ecar.eu/fileadmin/ redaktion/ecar/Dissemination/Empowerment_Webbroschuere_barrierefrei.pdf (Zugang: 01.02.15).

DEAN, Jasmin (2011): Person/People of Colo(u)r. In: ARNDT, Susan / OFUATEY ALAZARD, Nadja (Hg.): Wie Rassismus aus Wörtern spricht: (K)erben des Kolonialismus im Wissensarchiv deutsche Sprache. Ein kritisches Nachschlagewerk. Münster: Unrast Verlag, S. 597–607.

EGGERS, Maureen Maisha; KILOMBA, Grada; PIESCHE, Peggy; ARNDT, Susan (Hg.) (2005): Mythen, Masken und Subjekte. Kritische Weißseinsforschung in Deutschland. Münster: Unrast Verlag.

HA, Kien Nghi (I): «People of Color» als Diversity-Ansatz in der antirassistischen Selbstbenennungs- und Identitätspolitik. Online: http:// heimatkunde.boell.de/2009/11/01/people-color-als-diversity-ansatz-der-antirassistischen-selbstbenennungs-und (Zugang: 01.02.15)

HA, Kien Nghi (II): Mittelweg. Zur Kritik am People of Color- und Critical Whiteness-Ansatz. Online: http://heimatkunde.boell.de/2014/01/29/ mittelweg-zur-kritik-am-people-color-und-critical-whiteness-ansatz (Zugang: 01.02.15).

KARAKAYALI, Jule; TSIANOS, Vassilis S.; KARAKAYALI, Serhat; IBRAHIM, Aida: Decolorise it! Die Rezeption von Critical Whiteness hat eine Richtung eingeschlagen, die die antirassistischen Politiken sabotiert. In: ak – analyse & kritik. zeitung für linke Debatte und Praxis (Nr. 575 vom 21.9.2012). Online: http://www.akweb.de/ak_s/ak575/23.htm (Zugang: 01.02.15).

Migrationsrat Berlin-Brandenburg (MRBB) (2011): Empfehlungen zum Landesaktionsplan gegen Rassismus und ethnische Diskriminierung

(LAPgR) in Berlin von Seiten zivilgesellschaftlicher Akteur_innen (2011). Online: http://www.mrbb.de/dokumente/projekte/haertefall/LAPgR_Final_MRBB.pdf (Zugang: 01.02.15).

TORRES, Andrea Meza; CAN, Halil (2013): Empowerment und Powersharing als Rassismuskritik und Dekolonialitätsstrategie aus der People of Color-Perspektive (Text 1). People of Color-Bewegungen in Deutschland und Europa (Text 2). In: HAMAZ, Sofia; ERGÜN-HAMAZ, Mutlu: Empowerment-Dossier. Heinrich-Böll-Stiftung. Migration-Integration-Diversity. Online: https://heimatkunde.boell.de/sites/default/files/dossier_empowerment.pdf (Zugang: 01.02.15).

WEISS, Anja (2013): Rassismus wider Willen. Ein anderer Blick auf eine Struktur sozialer Ungleichheit, 2. Aufl. Heidelberg, Berlin: Springer VS.

YIĞIT, Nuran; CAN, Halil (2006): Die Überwindung der OhnMacht – Politische Bildungs- und Empowerment-Arbeit gegen Rassismus in People of Color-Räumen – das Beispiel der Projektinitiative HAKRA. In: ELVERICH, Gabi; KALPAKA, Anita; REINDLMEIER, Karin (Hg.): Spurensicherung – Reflexion von Bildungsarbeit in der Einwanderungsgesellschaft. Frankfurt a. M: IKO S. 167–193.

Wer ist in der Stadt? Rassismus und Stadt

Zülfukar Çetin im Gespräch mit Noa Ha

Zülfukar Çetin: Kannst du dich kurz vorstellen, also etwas zu dir sagen, zu deiner politischen und wissenschaftlichen Verortung, dazu wo du hingehörst, in welchen Bereichen und Disziplinen du arbeitest?

Noa Ha: Mein Name ist Noa Ha. Ich bezeichne mich selbst als asiatisch-deutsche Stadtforscherin, bin gesellschaftspolitisch aktiv und Mutter von zwei Söhnen. Ich fange mal mit der politischen Arbeit an. Ich arbeite mit im Vorstand vom Migrationsrat Berlin-Brandenburg, dann bin ich Mitglied von Korientation, einem asiatisch-deutschen Verein, und auch ein wenig aktiv im Decoloniality-Europe-Netzwerk. Das ist ein europaweites Netzwerk von rassismuskritischen, dekolonialen, aktivistischen Gruppen. Und seit letztem Jahr bin ich in der «working group» der Critical Ethnic Studies Association, das ist eine nordamerikanische, hauptsächlich wissenschaftliche Gruppe, die an der Verknüpfungsstelle zwischen Wissenschaft und Aktivismus arbeitet und aus anti-rassistischen, anti-kolonialen, anti-sexistischen Bewegungen kommt. So, das ist der aktivistische Kontext, in dem ich mich bewege, der aber nicht nur rein aktivistisch ist, sondern auch schon wissenschaftlich. Und ich begreife meine wissenschaftliche Arbeit auch als eine politische Intervention. Insofern ist es nichts, was sich ausschließt oder was im Gegensatz zueinander steht, sondern eigentlich immer wieder die Suche danach, wie das eine sich mit dem anderen ergänzen kann und zueinander steht. Und zum Glück gibt es da ein paar tolle Rollenvorbilder, wie zum Beispiel Ruth Wilson Gilmore, Angela Davis, Jin Haritaworn und viele andere, die sich als aktivistische Wissenschaftler_innen begreifen und an die ich in meiner eigenen Arbeit anknüpfe.

Und ich frage mich in meiner eigenen wissenschaftlichen Arbeit: Wem nutzt mein Wissen? Also wem nutzen die Erkenntnisse, die ich produziere, und wem nutzen sie nicht? Das war eine wichtige Frage in meinem Dissertationsprozess. Das war gar nicht so einfach und ist im Rahmen der Dissertation immer deutlicher geworden. Zu meiner wissenschaftlichen Arbeit möchte ich erläutern, dass ich mich als Stadtforscherin bezeichne. Die Stadtforschung ist ein breites trans- und interdisziplinäres Feld. Ich habe an der Technischen Universität Berlin Landschaftsplanung studiert. Das war zu jenem Zeitpunkt so ein Hybrid zwischen Umweltplanung und Landschaftsarchitektur, das ist mittlerweile in zwei Studiengänge getrennt. Von daher kenne ich die Architektur- und die Planungsfächer. Später habe ich meine Dissertation in der Architektur eingereicht: Mein Erstbetreuer war ein Architekt und Soziologe und die Zweitbetreuerin Europäische Ethnologin. Das zeigt, dass ich an einer interdisziplinären Schnittstelle gearbeitet und geforscht habe. Jetzt arbeite ich am Center for Metropolitan Studies der Technischen Universität Berlin als Postdoktorandin und unterrichte auch im Master-Studiengang «Historische Urbanistik».

Um zu meiner Dissertation zurückzukommen, da habe ich «klassisch» als Forscherin angefangen und mir ein Phänomen ausgesucht und dort entsprechend Leute gefragt. Im Prozess merkte ich, dass es Grenzen gibt, die daraus resultieren, wer ich bin. Und wie sich das Verhältnis zwischen mir als Forscherin und denjenigen, die ich befrage und auch «beforsche», gestaltet.

Wen hast du befragt?

Ich habe zum Straßenhandel im öffentlichen Raum von Berlin geforscht. Am Anfang war das als Vergleich angesetzt zwischen New York und Berlin, der Fokus war dann aber mehr auf Straßenhandel in Berlin in der historischen Mitte – und als Fallstudie habe ich den Straßenhandel in New York herangezogen. Der Ausgangspunkt meiner Forschung war die Arbeit der Planungstheoretikerin Ananya Roy, die in Berkeley lehrt. Sie hat mich sehr inspiriert, und sie schreibt, dass es darum geht, sogenannte Dritte-Welt-Fragen an die sogenannte Erste Welt zu stellen. Und der Straßenhandel ist eigentlich das typische Phänomen dessen, was wir als informelle Ökonomie verstehen, aber auch unter «Dritte-Welt-Stadt» oder Megastadt. Denn scheinbar ist er dort «typisch», aber in den westlichen Städten nicht. Daher hat mich interessiert, warum das eigentlich so ist. Denn schaut man sich die Berliner Stadtgeschichte in den 1920er Jahren an, gab es da ganz viel Straßenhandel und der inspirierte auch die Romane von Erich Kästner und Alfred Döblin. Der Straßenhandel gehörte in der Metropolenwerdung dazu. Aber später, nach dem Zweiten Weltkrieg, mit dem sozialen Wohlfahrtsstaat verschwindet er dann gänzlich. In Zeiten des Neoliberalismus wandelt sich der Wohlfahrtsstaat, und das wiederum hat Auswirkungen auf den Straßenhandel, wie ich in meiner Forschung auch gesehen habe. Einerseits gibt es eine größere Armut in der Stadt und andererseits einen stärkeren Aufruf zu individuellem unternehmerischem Handeln, Stichwort «Ich-AG».

Die Inspiration für meine Promotion war eine Reise nach Mexiko-Stadt. Zu jener Zeit, das war 2003, war es in Mexiko-Stadt so, dass die ganze Stadt voll mit Straßenhandel war. Im historischen Zentrum gab es überall Straßenhändler_innen, die in der zweiten und dritten Reihe verkauft haben. Und das Überraschende für mich war, dass ich den Straßenhandel als eine angenehme Erfahrung in Erinnerung behielt, weil es überhaupt nicht aufdringlich war. Ich hatte da auch andere Erfahrungen als westliche Touristin in Indonesien gemacht. Auf jeden Fall faszinierte mich der Straßenhandel in Mexiko-Stadt. Und zu jener Zeit sprachen wir in Berlin im Studium über schrumpfende Städte: dass die Städte aufgrund von Shopping-Malls schrumpfen, die außerhalb der Städte gebaut werden, die Innenstädte veröden, niemand dort ist und Kleinstädte schrumpfen. Und ich kam nach Mexiko-Stadt und dort sah alles überhaupt nicht nach Schrumpfung aus, im Gegenteil – es sah nach vitalem öffentlichem Raum aus. Und ich dachte darüber nach, wenn die fordistischen Werkbänke in den Städten nicht mehr vorhanden sind, dann stellt sich doch die Frage: Wie können Menschen Einkommen generieren? Ist es dann eine Möglichkeit, Straßenhandel zu betreiben? Und so reiste ich zurück nach Berlin und wollte wissen: Wo ist denn der Straßenhandel in Berlin?

Schon in meiner Diplomarbeit habe ich erste Interviews mit ein paar Leuten am Alexanderplatz geführt, die da arbeiteten. Denn es ist ziemlich kompliziert mit den Genehmigungen, wenn man in Berlin Straßenhandel betreiben will, weil die Anträge bei den jeweiligen Bezirksämtern gestellt werden müssen. Und seit 1998 geben die Bezirksämter eine Liste der Namen von Straßen, in denen der Straßenhandel verboten ist, heraus – der sogenannte Negativkatalog. Diesen Katalog habe ich in meiner Diplomarbeit kartiert und im Ergebnis war zu sehen, dass mit der Einführung des Negativkatalogs eigentlich der ganze Bezirk Alt-Mitte zur Sperrzone für den Straßenhandel wurde. Und dieser Negativkatalog wurde genau zu jener Zeit eingeführt, als in Berlin über architektonische und städtebauliche Fragen von nationaler Repräsentation diskutiert wurde, weil Berlin nach der Wiedervereinigung nun (wieder) Hauptstadt war. Das habe ich dann in meiner Arbeit aufzudröseln versucht: inwiefern Regularien wie dieser Negativkatalog den öffentlichen Raum und die Praxis von Straßenhandel betreffen. Und für diese Einführung des Negativkatalogs im Jahr 1998 wurde nicht das Straßengesetz geändert, sondern es ist einfach eine neue Ausführungsvorschrift erlassen worden, die wiederum ein relativ großes Gebiet als Sperrzone für den Straßenhandel deklarierte.

Es gab zu jener Zeit auch Widerstand von Straßenhändler_innen, die eine Demonstration organisierten. Sie demonstrierten einen Tag lang auf der Straße gegen ihre Vertreibung vom Pariser Platz, und es waren viele Journalist_innen da, die darüber berichteten. Aber die Straßenhändler_innen waren nicht in der Position, mit den Politiker_innen Gespräche zu führen oder in irgendeine

Verhandlung zu treten. Die Änderung der Ausführungsvorschrift wurde in Kraft gesetzt, und es hat niemanden in der Stadt wirklich interessiert. Viele kennen diese Geschichte gar nicht, dass die Straßenhändler_innen hier Widerstand leisteten und ihr Recht auf Stadt einfordern wollten. Also, meine Diplomarbeit habe ich im Jahr 2005 geschrieben und mit der Dissertation habe ich 2009 angefangen. Das heißt, meine Forschung war circa zehn Jahre nach der Einführung des Negativkatalogs, und es waren immer noch einige der Straßenhändler_innen da, die schon Ende der 1990er Jahre da gearbeitet hatten.

Ich wollte herausfinden, inwiefern in diesem Zusammenhang von nationaler Repräsentation, Nutzungen des öffentlichen Raumes und der Arbeit von People of Color Rassismus eine Rolle spielt. Zum Beispiel sind viele der Souvenirhändler_innen pakistanischer, iranischer oder türkischer Herkunft – und sie werden aufgrund der strengen Regulierung des Straßenhandels oft von der Polizei und dem Ordnungsamt kontrolliert. Die Straßenhändler_innen berichteten mir sehr oft davon, dass sie im Gespräch mit Menschen in Uniformen geduzt wurden und sie einen respektvollen Umgang vermissten. Vor allem wollte ich verstehen, warum sich die Menschen in Uniform legitimiert fühlten, einen Straßenhandel, der ein bisschen Einkommen generiert, bei dem keine Drogen und keine Waffen verkauft werden, sondern bloß Menschen versuchen, nicht von Sozialhilfe abhängig zu sein – warum sie diesen mit einer solchen Selbstverständlichkeit kontrollierten und bei kleinsten Vergehen, wie dem Abstellen eines Bauchladens auf dem Pflaster, bestraften.

Was genau hast du in deiner Forschung in Bezug auf Rassismus und Straßenhandel bearbeitet?

In meinem Dissertationsprojekt habe ich zum einen die Frage verfolgt, wem der öffentliche Raum gehört, aus einer migrantischen Perspektive und einer der informellen Ökonomie. Und zum anderen wollte ich verstehen, was Rassismus ist und wie dieser funktioniert. Ich stellte mir die Frage, ob es sein kann, dass durch die städtische Produktion rassistische Verhältnisse stabilisiert werden.

Ich habe in deinen Texten viel zu postkolonialen Perspektiven auf das Verhältnis von Migration und Gentrifizierung gelesen. Kannst du mehr dazu sagen, wie die Rassifizierung oder Rassismus in urbanen Räumen am Beispiel des Straßenhandels funktioniert? In einem Text sagst du beispielsweise, dass man in Berlin zu touristischen Zwecken Currywurst am Brandenburger Tor verkaufen darf. Und wenn etwas anderes, dann muss es die Stadt symbolisieren, wie ein Stück von der Berliner Mauer oder so etwas.

Das Interessante am Straßenhandel ist, dass dieser als eine informelle Ökonomie verstanden wird. Wenn man das so dahersagt, dann klingt das so wie: Ja, da kann man alles machen und es gibt keine formalen Regeln. Aber de facto ist der Straßenhandel in Berlin sehr streng reguliert. Es ist genau festgelegt, wer wo was machen darf und was man nicht machen darf. In meinem Artikel hatte ich geschrieben, dass in Berlin-Mitte nur Brezeln und Currywurst verkauft werden dürfen, das ist eine inoffizielle Regulierung des Bezirksamtes. Das ist nicht im Straßengesetz festgelegt und ich habe das zufällig erfahren. Zwei junge Männer aus Brandenburg wollten am Alexanderplatz belegte Brötchen verkaufen. Und die beiden sind von einem journalistischen Team der Fernsehsendung «Plan B» begleitet worden. Erst hatte das Bezirksamt den beiden mitgeteilt, dass es mit der Genehmigung kein Problem gebe, wenn die Hygienestandards eingehalten werden. Doch kurz bevor sie an den Start gehen wollten, teilte ihnen das Bezirksamt mit: Nee, das mit den belegten Brötchen geht nicht, weil am Alex nur Currywurst und Brezeln verkauft werden dürfen. Weil diese Info so kurzfristig kam und für die Existenzgründer so überraschend, hatte mich damals das Team aus dem Sender wegen der Regulierung von Straßenhandel angefragt. Sie hatten recherchiert, dass ich dazu forsche. Ich kannte keine Regulierung hierzu, doch später, in einem Gespräch auf dem Amt, wurde mir diese informelle Festlegung auf Brezeln und Würste bestätigt.

Während meiner Forschung habe ich parallel geguckt, was in den USA und Kanada passiert und wie dort Straßenhandel reguliert wird. Interessanterweise gab es nach der Finanzkrise im Jahr 2005 eine Verschiebung im behördlichen Handeln. Auffällig waren die

Ähnlichkeiten in der strengen Regulierung von Straßenhandel in den Städten, etwa New York, Vancouver und Berlin. Dennoch schienen sich manche Stadtverwaltungen bewusst zu werden, dass sie über eine Ressource verfügen – den öffentlichen Raum –, die sie in der Zeit nach der Krise für Existenzgründungen beziehungsweise ökonomische Aktivitäten zugänglicher machen wollten. Und mit unterschiedlichen Programmen in Städten wie New York, Toronto oder Vancouver wurde mit neuen Regulierungen experimentiert, mal mit besseren, mal mit schlechteren Ergebnissen. So führte etwa New York ein Programm ein, um den Verkauf von Obst und Früchten in bestimmten Nachbarschaften zu erhöhen (das «Green Cart Program»). Es ging darum, in armen Bezirken, in denen es kaum Supermärkte, aber viele Fast-Food-Anbieter gibt, über Straßenhandel den Verkauf von Obst und Gemüse zu erhöhen. Mit diesem Programm wurden zwei Ziele zu verfolgt: 1. eine neue Nische für den Straßenhandel zu ermöglichen und 2. ernährungspolitische Impulse in bestimmten Nachbarschaften zu setzen. Wobei dieses Programm, wenn man es sich genauer anguckt, nur Augenwischerei war. Denn diejenigen, die als Straßenhändler arbeiteten, versuchten es zwei Jahre lang und sagten dann: Wir verdienen viel zu wenig, wir werden schlecht betreut, wir müssen unseren Wagen quer durch die Stadt bringen, um ihn prüfen zu lassen – das ist für uns kein gutes Geschäft. Und sie hörten dann auf. Also, im Detail war das Programm nicht so erfolgreich.

Bezogen auf deine Frage, wie Rassifizierung und Stadt zusammenhängen. Was mich in meiner Forschung verblüfft hat, war, dass der Straßenhandel an sich nicht danach fragt, wo jemand herkommt. Aber wenn ich mir das näher anschaue – auch weltweit –, dann betreiben in der Regel Menschen Straßenhandel, die wenig besitzen, arm sind, und es ist eine Ethnisierung der Armut zu sehen, sowohl global als auch lokal in den Städten des Westens. Und dennoch gibt es rassifizierende Praktiken, die zu rassistischen Verhältnissen führen – und der Straßenhandel ist hier eine urbane Praxis, die diese Verhältnisse codiert, nämlich als Frage von «formeller» und «informeller» Ökonomie behandelt und hierin rassistische Verhältnisse reproduziert.

In Deutschland ist es wichtig, ob man eine Arbeitserlaubnis und eine Aufenthaltserlaubnis hat. Manche haben einen unbefristeten Status, manche nur einen auf Widerruf...

Im Rahmen meiner Dissertation habe ich den Straßenhandel als eine Form der niedrigschwelligen Ökonomie begriffen, als einen Bereich, der für Existenzgründungen interessant sein könnte. Daher habe ich Personen interviewt, die im Bereich der migrantischen Existenzgründung beratend tätig sind. Am Anfang war ich mir nicht sicher, wie sie auf meine Anfrage reagieren würden. Denn ich ging davon aus, dass sie mir eher sagen würden, dass der Straßenhandel uninteressant sei, weil es sich nicht um eine hochwertige Existenzgründung handele. In den Interviews habe ich mit Überraschung erfahren, dass sie mir sagten: Es gibt nicht viele, die Straßenhandel anstreben, aber immer wieder haben wir Anfragen dazu und beraten in diese Richtung, und es ist für einige eine interessante Perspektive, regelmäßig auf der Straße oder auf einem Markt zu verkaufen. Aber die Berater bemängelten auch, dass der Straßenhandel so streng reguliert ist, weil dadurch manchen Menschen die Möglichkeit genommen werde, sich auszuprobieren und auf einem niedrigen Niveau in eine Existenzgründung einzusteigen. Das Anfangskapital ist nicht so hoch und man muss nicht viel investieren, um erste unternehmerische Erfahrungen zu sammeln, zum Beispiel im kaufmännischen Bereich, bei Fragen der Buchhaltung oder um auszuprobieren, was man überhaupt verkaufen kann, wie man ein Geschäft führt – all diese Fragen. Daher wäre es aus der Perspektive der migrantischen Existenzgründung sehr begrüßenswert, wenn eine Stadt wie Berlin die Regularien vereinfachen und zugänglicher gestalten würde.

Ein anderes Problem ist die Frage der Finanzierung. Denn es gibt Kredite, die für kleine Existenzgründungen beantragt werden können, aber diese sind nicht oder nur begrenzt mehrsprachig zugänglich. Sei es bei der Industrie- und Handelskammer, bei der Kreditanstalt für Wiederaufbau et cetera. Das wiederum bedeutet, dass die Barrieren zu bestimmten Ressourcen zu hoch sind und Wege versperren, weil die institutionellen Strukturen kaum sehen, dass es möglicherweise auch Sprachbarrieren sind, die den Zugang verhindern.

Kommen wir noch einmal zurück zum Thema Gentrifizierung. Da gibt es staatliche Angebote: Gentrifizierung als Mittel zur sozialen Mischung, etwa in Hamburg oder Berlin. Wenn das so ist, welche Rolle spielen da Stadtentwicklungsplanung oder Politikplanung? Welche Rolle spielt die Verwaltung und wie kann kritische Stadtgeografie das thematisieren?

Also es ist so, dass in der Stadtsoziologie und auch in der Stadtplanung das Paradigma der «sozialen Mischung» vorherrscht, und damit ist die Vorstellung von einer guten und vielfältigen Stadt verbunden. Eine gute Stadt ist also eine durchmischte Stadt, in der Jung und Alt, Migrantisch und Deutsch, verschiedene Klassen wie das Bürgertum, die Arbeiter_innen und das Handwerk, zusammen in einem Raum beziehungsweise in einer Nachbarschaft angesiedelt sind.

Für mich ist es aber ein großer Widerspruch, wenn für arme und migrantische Nachbarschaften eine «soziale Mischung» gefordert wird. Denn das heißt, dass man in diesen Stadtteilen eigentlich eine soziale Verdrängung will, weil man reiche, bürgerliche Personen hinein holt, um diese «soziale Mischung» wie unter Laborbedingungen herzustellen. Mit dieser Begrifflichkeit und der scheinbar positiven Konnotation werden Verdrängungseffekte ausgeblendet. Und es wird auch nicht darüber nachgedacht, inwiefern diese Nachbarschaft vielleicht eine bessere Infrastruktur benötigt, wie zum Beispiel bessere sanitäre Anlagen, größere Freiflächen, vielleicht größere Wohnungen für Familien und so weiter. Während in den Städten eine «soziale Durchmischung» von migrantisch-armen Quartieren gefordert wird, werden andere Gebiete nicht einbezogen. Wir sprechen zum Beispiel nicht von Berlin-Zehlendorf. Wir könnten eigentlich genauso gut sagen: Zehlendorf ist zu weiß, zu reich und die Leute haben zu viel Raum, weil sie ein Haus mit Grün drumherum haben. Eigentlich müssten die dort mal was abgeben, und eigentlich müsste man das mal voller machen und hier eine «soziale Mischung» fordern – aber das ist nicht die Adresse der «Mischung».

Es gilt also, günstig zu «durchmischen»...

Ja, allein schon von der Dichte ist es in Berlin-Kreuzberg in den letzten Jahren sehr voll geworden. Einerseits sind viele Touristen da, und andererseits ziehen viele Familien zusammen in Wohnungen, weil sie sich die teuren Mieten nicht mehr leisten können. Das führt zu Gentrifizierung, die auch sozialpolitisch gewollt ist, wenn das Paradigma der «sozialen Mischung» durchgesetzt werden soll.

Leider wird der Zusammenhang von Rassismus und städtischer Produktion kaum wissenschaftlich bearbeitet. In der kritischen Stadtforschung werden Verdrängungsprozesse eher aus einer politökonomischen Perspektive theoretisiert, aber nicht aus einer rassismuskritischen. Denn es ist in der Forschungslandschaft kaum verbreitet, Rassismus nicht nur als individuelles Problem, sondern als gesamtgesellschaftliche Frage, die die Strukturen und Institutionen betrifft, zu betrachten. Das ist aber wichtig, um zu verstehen, wie auch gesetzliche Grundlagen das lokale Handeln strukturieren und die Grundlage für Stadtpolitik und Stadtentwicklung bilden. Obwohl es ein Diskriminierungsverbot gibt, ist im derzeitigen Antidiskriminierungsgesetz für den Wohnungsmarkt eine Ausnahme beim Diskriminierungsschutz vorgesehen. Hier wird zur Begründung auf eine sehr vage Beschreibung verwiesen: «Bei der Vermietung von Wohnraum ist eine unterschiedliche Behandlung im Hinblick auf die Schaffung und Erhaltung sozial stabiler Bewohnerstrukturen und ausgewogener Siedlungsstrukturen sowie ausgeglichener wirtschaftlicher, sozialer und kultureller Verhältnisse zulässig» (AGG § 19 (3)). Die Ausnahme vom Diskriminierungsschutz im AGG wurde schon im UN-Länderbericht zu Rassismus in Deutschland bemängelt. Und um diese Zusammenhänge zwischen Migration, Diskriminierung und städtischer Produktion zu verstehen, müssten in der kritischen Stadtforschung rassismuskritische Ansätze viel mehr berücksichtigt werden.

Du hast quasi zwangsläufig auch Klassenverhältnisse angesprochen. Wenn wir zum Beispiel diese zwei Stadtteile, also das reiche Zehlendorf und das arme Kreuzberg, betrachten, dann sehen wir auch, dass die Bewohner_innen von Zehlendorf ganz viel Raum haben, also materiell gut gestellt sind – das heißt, sie haben auch eine Form von ökonomischer und politischer Stärke. Sie lassen sich nicht einfach alles gefallen, was man mit ihnen machen will. In Kreuzberg haben Menschen nicht diese ökonomische Kraft – und auch nicht diese politische Macht.

Vorhin hast du nach der Stadtteilpolitik gefragt. Und wir kennen die Programme der «Sozialen Stadt» mit dem sogenannten Quartiersmanagement, die es auch in Berlin gibt. Und ich denke, hier muss man sich angucken, was neben dem Bundesprogramm «Soziale Stadt» existiert und für wen und für welche Bezirke und Nachbarschaften das zugeschnitten ist. Und gleichzeitig ist zu fragen, wohin die Subventionen aus Bundesmitteln gehen. Denn es gibt eine Subventionierung der touristischen Infrastruktur: Flughafen, Museumsinsel, Stadtschloss und so weiter. Das heißt, es fließen nicht wenige Mittel nach Berlin-Mitte, um das Stadtzentrum nicht nur repräsentationspolitisch, sondern auch wirtschaftlich und kulturell zu fördern. Nur, hier stellt sich mir die Frage, in welchem Verhältnis steht die Bundesförderung für Berlin-Mitte und der historischen Mitte zur Förderung der Stadtteile Wedding und Moabit, migrantischen und armen Nachbarschaft – denn diese Stadtteile gehören ja zum selben Stadtbezirk Mitte. Und welche Funktion hat dann das Programm «Soziale- Stadt»? Denn bei den Quartiersmanagements hat man den Eindruck: Boah, das ist toll, da passiert jetzt etwas. Und es geht um Partizipation, Aktivierung der Nachbarschaft und lokale Nachhaltigkeit. Das Absurde ist aber, dass es nur um diese Nachbarschaft und diesen Kiez geht, aber nicht um den ganzen Bezirk oder den Kiez in seinem Austausch mit der restlichen Stadt. Die einzelnen Quartiere bleiben auf sich beschränkt – und wie diese sozialpolitischen Maßnahmen mit polizeilicher Überwachung zusammenhängen, zeigt sich an polizeilichen Platzverweisen von «gefährlichen Orten», die heute «kriminalitätsbelastete Orte» heißen. Hier gibt es einige territoriale Überlappungen zwischen den Gebieten der «Sozialen Stadt» und diesen Orten, an denen die Polizei jede_n ohne konkreten Verdachtsgrund kontrollieren darf. Hier liegen Ausnahmegebiete vor, in denen Bürgerrechte aufgehoben sind.

Wir haben die postkoloniale Perspektive auf Migration und Stadt angesprochen, zum Beispiel in Hinblick auf die Frage nach Rassifizierung von sozialen Räumen. Und stadtsoziologisch hast du diese Rassifizierungsprozesse als Segregation beschrieben. Die Segregation auf Mikroebene ist aber auch ein Widerspruch, wenn man von «sozialer Mischung» spricht. Gilt sowas nur in Neukölln oder auch Zehlendorf?

Also wenn in der stadtsoziologischen Forschung von Segregation gesprochen wird, dann wird eigentlich von dem gesprochen, was in anderen Diskursen als «Parallelgesellschaft» beschrieben wird, nämlich die Segregation von migrantischen Communities, die sich von der deutschen Gesellschaft segregieren. Und daher gibt es dort «Probleme», daher habe ich aus einer postkolonialen Perspektive kritisiert, dass es in der Stadtsoziologie zum Verhältnis von Stadt und Migration keinen rassismuskritischen Zugang gibt. Mit Migration sind «die» Migrant_innen gemeint, die in die Stadt kommen, sei es die erste, zweite, dritte, vierte oder fünfte Generation. Und die strukturelle Produktion von Migration, die mit Ethnisierung und Rassismus einhergeht, wird kaum reflektiert oder theoretisch bearbeitet. Daran lässt sich erkennen, welche historischen, sozialen, politischen, kulturellen Facetten sich einschreiben und dass die Frage nach strukturellem Rassismus beziehungsweise struktureller Diskriminierung oft komplett ignoriert wird.

In einem Text[1] sprichst du vom Recht auf Stadt in Bezug auf soziale Bewegungen, auch in Bezug auf Flüchtlinge. Wir haben erlebt, wie in Berlin die Flüchtlinge aus der Gerhart-Hauptmann-Schule vertrieben wurden. Ist das nicht auch ein Widerspruch? Die Stadtentwicklungspolitik will eine soziale Mischung, aber die Menschen, die verdrängt werden, sind entweder die Nicht-Weißen und/oder diejenigen, die nicht der Mittelschicht angehören. Was bedeutet Recht auf Stadt im Zusammenhang mit sozialen Bewegungen?

Zum einen würde ich zwischen der «Recht-auf-Stadt»-Bewegung und der Stadtentwicklungspolitik unterscheiden. Und bei der Letzteren gibt es gerade in Berlin verschiedene Verwaltungsebenen und -einheiten, die unterschiedliche Ziele verfolgen.

Die «Recht-auf-Stadt»-Bewegung ist eine soziale Bewegung, die sich auf eine von Henri Lefèbvre geprägte Parole bezieht, unter der sich eine urbane antikapitalistische Widerstandsbewegung formiert. Dieser Widerstand kann aus verschiedenen Perspektiven beziehungsweise von verschiedenen Communities formuliert werden, aber stellt den gemeinsamen Raum, in dem gelebt und gearbeitet wird, in den Vordergrund. Diese Bewegung existiert in den Vereinigten Staaten als «Right-to-the-City»-Bewegung seit 2007 und versteht sich als Allianz verschiedener Gruppen, die urbane Gerechtigkeit («Urban Justice») wollen und sich gegen die kapitalistische Verwertung städtischer Lebensräume wenden. Und seit einigen Jahren formieren sich auch in Deutschland Gruppen, die sich gegen städtische Verwertungspolitiken und -logiken wenden, ich möchte hier mal das Beispiel «Mediaspree versenken» nennen.

Und es war seit einiger Zeit eine Beobachtung von mir, dass in diesen Widerstandsbewegungen migrantische Fragen nicht oder kaum auftauchten. Daher stellte sich für mich die Frage: Wer hat ein Recht auf Stadt? Oder wer ist mit «Recht auf Stadt» gemeint? Und ich denke, dass sich hier in Deutschland in diesen Gruppen eine linke, junge, aber mehrheitlich weiße Bewegung spiegelt. Diese Beobachtung war einer der Hintergründe, warum wir 2012 die Konferenz «Decolonize the City!» in Berlin organisiert haben, um mit einer dekolonialen und rassismuskritischen Perspektive auf Stadt zu gucken und zu fragen:

- Was bringt ein rassismuskritischer Blick auf die heutige Stadtforschung und städtische Sozialpolitik?
- Was können wir von marginalisierten Perspektiven und deren Widerstandskämpfen lernen?
- Inwiefern unterscheiden sich die vielfältigen Marginalisierungsprozesse in der neoliberalen Stadt voneinander und lassen sie sich vergleichen?
- Inwiefern können diese Perspektiven verknüpft werden, um nachhaltige und emanzipatorische Formen des Zusammenlebens zu ermöglichen?

Wir haben dann entlang von verschiedenen Themen wie koloniale Er- und Entinnerungspolitik im städtischen Raum, «Racial Profiling» und rassistische Polizeigewalt, antimuslimischer Rassismus, homonationalistische städtische Verwertung und Queer-of-Color-Widerstand versucht, verschiedene Regime der Unterdrückung aufeinander zu beziehen und für den städtischen Kontext konkret zu machen. Wir wollten sowohl akademisch als auch aktivistisch voneinander lernen, wie die verschiedenen Prozesse der Verwertung national und lokal organisiert sind und sich im jeweiligen städtischen Kontext manifestieren. Zu unserer Freude war die Konferenz sehr erfolgreich, weil wir einen inspirierenden, offenen, respektvollen und solidarischen Lernraum schaffen konnten, der unsere Erwartungen als Organisator_innen weit übertraf.

Diese Konferenz blieb nicht unbemerkt, und im Frühjahr 2014 wurde ich zum Buko – dem Bundeskongress der Internationalistischen Bewegung – eingeladen. Und hier waren sowohl Flucht und Migration als auch Recht auf Stadt zentrale Themen, die aber mehr parallel zueinander standen und sich in manchen Workshops berührten. Ich war eingeladen, auf dem Abschlusspanel mit dem Titel «Wessen Recht auf Stadt?» mit Alassane Dicko (Association Malienne des Expulsés) und einer Vertreterin des Hamburger Recht-auf-Stadt-Netzwerkes zu diskutieren. In meinem Beitrag wollte ich deutlich machen, dass die Geflüchteten eigentlich ständig daran gehindert werden, überhaupt in die Stadt zu kommen. Die, die schon in der Stadt sind, zum Beispiel in Berlin, haben schon einen langen, langen Weg hinter sich. Weil ihnen an den verschiedenen Grenzen der Durchlass abgesperrt wird. Wenn sie es dann doch schaffen, dann werden sie in Lagersystemen untergebracht, die sich außerhalb der Städte, im ländlichen Raum, befinden. Das ist eine ganz wichtige Frage: Wer ist schon in der Stadt? Wer wird daran gehindert, in die Städte reinzukommen? Denn der Zugang ist streng reguliert und soll eigentlich verhindert werden – insbesondere, wenn wir uns mit Flucht und Migration befassen.

Seit vielen Jahren gibt es einen selbstorganisierten Widerstand der Geflüchteten, gegen die Grenzen und gegen die Unterbringung in den Lagersystemen, und dieser Widerstand ist in den letzten Jahren in verschiedenen europäischen Städten angekommen. Und diejenigen, die es bis in das politische Zentrum von Deutschland geschafft haben, konnten eine Zeitlang in Berlin am Oranienplatz bleiben. Zuerst gab es auf lokaler Ebene Solidarität mit den politischen Zielen der Geflüchteten und eine gewissen Duldung für den gewaltfreien Protest, und einige konnten in das Schulgebäude der Gerhart-Hauptmann-Schule in der Ohlauer Straße ziehen, aber die ganze Zeit war unklar: Können sie bleiben oder nicht. Und schon 2012 am Brandenburger Tor hat es bei den Protesten und dem Hungerstreik der Geflüchteten eine massive Polizeipräsenz gegeben. Dennoch war diese Präsenz nicht von der gewaltvollen Qualität, wie sie zu diesem Zeitpunkt in den Vereinigten Staaten zu sehen war, wenn verschiedene Besetzungen öffentlicher Räume durch die «Occupy»-Bewegung mit Polizeigewalt geräumt wurden. Hier gab es Bilder von militarisierter Polizei und dem Einsatz von Pfefferspray. Und wenn ich mir heute ansehe, wie die Polizei immer stärker militarisiert wird, dann wird deutlich, dass die Logik der Grenze nicht nur an den Außengrenzen, sondern auch innerhalb der Städte durchgesetzt werden soll. Ganz deutlich hat sich das in Berlin im Sommer 2014 gezeigt, als ein massives Polizeiaufgebot eine ganze Nachbarschaft abgeriegelt hat, um den Zugang zur Ohlauer Straße zu kontrollieren, und das Schulgebäude räumen sollte, in dem Geflüchtete lebten. Und hier war viel Widerstand, der aus der lokalen Nachbarschaft kam, aber auch aus verschiedenen Gruppen, wie zum Beispiel dem «Bündnis gegen Zwangsräumung», aber auch antirassistischen Gruppen und Gruppen von Unterstützer_innen der Geflüchteten.

Und an diesem Punkt konnten wir hier in Berlin sehen, dass es sowohl darum ging, die inneren Außengrenzen – wer darf bleiben und wer nicht – als auch die urbanen Besitzverhältnisse zu sichern. Und dieses Bild, diese Situation, dass Menschen auf dem Dach standen und sagten: «Hey, wenn ihr hier reinkommt, dann springen wir» –, das war sehr aufschlussreich. Denn dieser Moment hat sehr viel darüber gesagt, an welchem Rand sie buchstäblich stehen. Und dieser lebensgefährliche Rand befindet sich nicht nur an den EU-Außengrenzen, sondern auch in unseren Städten und in unseren Nachbarschaften.

Daher frage ich mich auch, inwiefern die Analysen zum Gefängnis-Industrie-Komplex, wie sie zum Beispiel von Ruth Wilson Gilmore und Angela Davis vorliegen, nach Deutschland oder Europa übersetzt werden können. Denn der Gefängnis-Industrie-Komplex, wie er in den USA existiert und in dieser Form rassistisch ist, ist nicht direkt hier in Deutschland oder Europa anzutreffen. Dennoch sehe ich Ähnlichkeiten, wie neue Tatbestände entstehen und es eine anwachsende Kriminalisierung des Grenzübertritts beziehungsweise des «illegalen» Aufenthalts gibt, und wie dies rassifizierende Praktiken fördert und rassistische Praktiken legitimiert, wie zum Beispiel das «Racial Profiling», weil diese Logik der «Grenzsicherung» darauf abzielt, die Körper derjenigen zu kriminalisieren, die als «nicht dazugehörig» betrachtet werden. Und das hat Auswirkungen darauf, wer «schon» in der Stadt ist, denn die gesetzliche Regulierung von Flucht und Asyl zielt darauf ab, das Recht auf Stadt zu verhindern. Und gerade aus dieser Perspektive müssen wir uns fragen: Wo sind eigentlich die Geflüchteten? Sind sie in den Städten oder in gefängnisähnlichen Lagerstrukturen?

Und wenn wir diese Frage nicht berücksichtigen und das Recht auf Stadt nur aus der Perspektive derjenigen formulieren, die schon da sind, und sie auf deren Probleme beziehen, wie zum Beispiel Mietenpolitik oder Wohnungspolitik, dann wird die Verwertungslogik des Städtischen verkürzt, und eine rassismuskritische Analyse findet keinen Eingang. Daher würde ich dafür plädieren, gerade Aufenthaltspolitiken zu analysieren, um zu fragen: Wer darf sich nicht in der Stadt aufhalten, wem wird der Zugang verweigert?

Daher habe ich mich gefreut, dass bei der Abschlussdiskussion der Buko viele PoCs aufgestanden sind, wie die kämpfenden Geflüchteten oder Leute aus Lateinamerika. Und sie haben wirklich ganz fundamentale Fragen aufgeworfen: Wo ist hier die Frage nach Armut? Wer sind die Leute, mit denen ihr euch solidarisiert? Wessen Kämpfe werden hier eigentlich benannt? Die Geflüchteten haben nochmal darauf hingewiesen, dass sie diejenigen sind, die immer vor der Stadt stehen und nicht in die Stadt reinkommen und dass es auch um ihr Recht auf Stadt geht, und sie haben danach gefragt, wo denn da eigentlich die Solidaritäten sind. Und ich habe mich gefreut, dass diese grundsätzlichen Fragen aufgeworfen wurden und die Frage – «Wessen Recht auf Stadt?» – ganz schön brummte. Denn, ja – das Recht auf Stadt soll für alle gelten. Aber zu sehen, dass es sehr unterschiedlich ist, wen es einschließt und wen nicht, und dass auch in einem linken weißen Selbstbezug viele ausgeschlossen werden, das ist wichtig zu analysieren und zu verstehen.

Die Herausgebenden danken Ophélie Ivombo für die Unterstützung mit der Transkription.

Anmerkung

[1] HA, Noa (2012): Kriminalisierte Mobilität. Straßenhandel als postkoloniales Recht auf Stadt? iz3w 332: 11–13.

Willkommenskultur: Migration und Ökonomie

María Virginia Gonzales Romero im Gespräch mit María do Mar Castro Varela

María Virginia Gonzales Romero: María do Mar Castro Varela, die Debatte zur Entwicklung einer Willkommenskultur in Deutschland ist politisch gerade sehr aktuell. Ihre Eltern kamen als sogenannte «Gastarbeiter_innen» nach Deutschland. Wie ist Ihre Perspektive dazu?

María do Mar Castro Varela: Auch weil einer meiner Arbeits- und Forschungsschwerpunkte die kritische Migrationsforschung ist, ist mir natürlich nicht entgangen, dass der Begriff der «Willkommenskultur» Einzug in die Debatten um «Integration» und «Migration» gehalten hat. Das ist kurios und ärgerlich zugleich. Der Willkommenskulturdiskurs bleibt schließlich eingebettet in eine ökonomistische Perspektive, in der Migrant_innen lediglich unter dem Gesichtspunkt betrachtet werden, ob sie von wirtschaftlichem Nutzen sind: um Arbeitskraftlücken zu schließen oder auch die Renten der deutschen Bevölkerung zu sichern. Deswegen wird über eine Willkommenskultur vor allem im Zusammenhang mit dem demografischen Wandel gesprochen. In Deutschland ist schon lange bekannt, dass qualifizierte Migrant_innen benötigt werden, um die jetzige durchschnittliche Lebensqualität zu sichern. Es ist kaum zufällig, dass gerade jetzt eine Willkommenskultur propagiert wird. Spannend wird diese allerdings, wenn sie in einem historischen Zusammenhang gesehen wird.

Bereits mit Beginn der Einwanderung in die Bundesrepublik, wie auch in die DDR, wurde offiziell behauptet, diese sei willkommen. Der Begriff der «Gastarbeiter_innen» deutet direkt darauf hin. Jedoch wissen wir, dass die «Gastarbeiter_innen» zwar als Arbeitskräfte willkommen waren, aber eben nicht als Bürger_innen. Es wurden weder Deutschkurse noch humane Unterbringungen bereitgestellt, stattdessen wurde viel Energie darin investiert, die migrantischen Arbeitnehmer_innen von der deutschen Mehrheitsbevölkerung fernzuhalten und eine Solidarisierung zu verhindern. Heute sprechen die Verwaltungen – und leider auch die Sozialwissenschaften und Mitarbeiter_innen der Sozialen Dienste über «Menschen mit Migrationshintergrund», die es zu integrieren gelte. «Menschen mit Migrationshintergrund» müssen nun beweisen, dass sie die Werte und Normen Deutschlands – was immer das sein mag – angenommen haben.

Gleichzeitig interessieren sich Politik und Wirtschaft vor allem für die Anwerbung hochqualifizierter Migrant_innen. In den Medien heißen diese übrigens auch die «neuen Gastarbeiter_innen». Diese sollen willkommen geheißen werden.

In der Diskussion um Migration wird gern vergessen, dass Migration nicht gleich Migration ist. Doch wie bei der Analyse des Willkommenskulturdiskurses schnell deutlich wird, sind nur diejenigen willkommen, die hochqualifiziert sind, der Mittel- und Oberschicht angehören und/oder über ökonomische Ressourcen verfügen, während gleichzeitig die europäischen Außengrenzen mit modernster Technik gesichert werden, um Einwanderung aus Ländern, die systematisch verarmt wurden, zu verhindern. Die Generation der «Gastarbeiter_innen» musste – anders als die willkommenen Hochqualifizierten – mit dem Rotationsprinzip leben und muss heute unter Beweis stellen, dass sie sich in Deutschland integriert hat, obschon ihnen tagtäglich deutlich gemacht wird, dass sie «Fremde» seien. Ich bezeichne das als «Migrations-Verdrängungsgeschichte». Es gibt keine wirkliche Migrations-Erinnerungskultur in Deutschland. Migrant_innen werden stattdessen von der Mehrheit als Problem gesehen, das es zu lösen gilt. Sie sollen sich integrieren, keine Ansprüche stellen und möglichst wenig auffallen. In diesem Zusammenhang von einer Willkommenskultur zu sprechen ist geradezu zynisch.

Sie sprechen hier die Punkte Klassismus und Ausgrenzung an...

Aber natürlich, Rassismus und Klassismus müssen gemeinsam betrachtet werden, um Migrationsregime zu verstehen. In den 1970er Jahren durfte über Rassismus nicht gesprochen werden. In den 1980er Jahren begannen die Soziale Arbeit, die Pädagogik und die Sozialwissenschaften über «Ausländerfeindlichkeit» nachzudenken. Erst nach und nach, auch aufgrund von Interventionen aus den sozialen Bewegungen der Migrant_innen, wurde ein Wandel im Diskurs möglich. Trotzdem, die Frage bleibt, warum einerseits die Klassenfrage aus der Diskussion um Ausgrenzung so stark verdrängt wurde, und ob andererseits die Thematisierung von Rassismus tatsächlich einen verändernden Einfluss auf die rassistischen Strukturen hatte. Wenn man sich die NSU-Prozesse anschaut und die Diskussion um diese oder auch den Umgang mit Geflüchteten, kann das wohl bezweifelt werden. Diskursiv hat sich wohl einiges geändert und Sprachregelungen wurden in vielen Arbeitsbereichen mit Vehemenz erkämpft, aber können wir von wirklich strukturellen und weitreichenden Veränderungen der rassistischen Strukturen ausgehen? Ich glaube, kaum. Eher haben wir es mit dem zu tun, was die Sozialwissenschaftlerin Sara Ahmed als nicht-performative Antidiskriminierungspolitik bezeichnet hat.

Die Bundeskanzlerin hält zudem Ansprachen, indem sie ihrer Freude über Migrant_innen aus Spanien, Italien und Portugal, das heißt aus der Europäischen Union, Ausdruck verleiht, die aufgrund der Finanzkrise und natürlich der vor allem von Deutschland durchgesetzten Austeritätspolitik hierzulande nach Arbeit suchen (müssen). Eine Freude, die aus ihrer Logik heraus verständlich ist, stehen doch nun nicht nur hochqualifizierte, sondern auch leicht ausbeutbare und zudem weiße europäische Arbeitskräfte zur Verfügung. Die postkoloniale Theoretikerin Gayatri Spivak spricht in diesem Zusammenhang von einer «Subalternisierung der Mittelschichten in Europa». Einerseits sind diese zweifelsohne im Gegensatz zu postkolonialen Migrant_innen und geflüchteten Menschen eher willkommen, aber ihre zuvor begonnene Prekarisierung wird gleichzeitig schamlos ausgenutzt. Undokumentierte Migrant_innen und Willkommenskultur können dagegen gar nicht zusammen gedacht werden. Das ist eine Bildstörung!

Der aktuelle Fall der Unterkunft für Asylsuchende, die in Berlin-Hellersdorf eröffnet wurde, und die rassistischen Ausschreitungen, die dieses Ereignis begleiteten, deuten auf einen «schlummernden Rassismus», der immer wieder spontan revitalisiert werden kann. Und natürlich wird nicht darauf hingewiesen, dass bereits hochqualifizierte Menschen hier in Deutschland leben, die über Jahrzehnte systematisch disqualifiziert worden sind: beispielsweise Menschen mit Hochschulabschlüssen, die nicht anerkannt wurden.

Auch die Diskriminierung von Migrant_innen am Arbeitsmarkt ist nach wie vor aktuell. Symbolpolitiken sind hoch im Kurs, aber lange noch nicht ist Migration in der Perspektive der Mehrheitsbevölkerung «normal».

Der Begriff «Willkommenskultur» etabliert sich zunehmend. Veranstaltungen, Tagungen und Publikationen beschäftigen sich mit diesem Thema. Interessant dabei ist die unterschiedliche Interpretation des Begriffs. Was ich auffallend finde, ist, wie schnell sowohl der politische Aktivismus als auch die Sozial- und Politikwissenschaften Begriffe aus der politischen Administration, den Ministerien und Behörden, aufnehmen und sie in ihr Vokabular integrieren, ohne sie vorher zu problematisieren. Das war schon so beim Begriff der «Gastarbeiter» oder beim Begriff «Menschen mit Migrationshintergrund», der vom Statistischen Bundesamt kreiert wurde und jetzt in den Sozialwissenschaften und im politischen Aktivismus gleichermaßen Verwendung findet. Ebenso ist es mit dem Begriff der «Willkommenskultur», der auf der semantischen Ebene ein Monster darstellt. Denn welche Bilder werden kreiert?! Wir öffnen die Tür und wir haben einen gedeckten Tisch und alle können sich daran laben und bedienen? Im Gegensatz dazu deuten neuere Studie immer wieder auf eine massive Ausgrenzungen von Migrant_innen hin, wie können wir da von einer Willkommenskultur sprechen. Das ist grausamer Unsinn. In Anbetracht der Geschichte Deutschlands und auch Europas, also in Bezug auf Nationalsozialismus und Kolonialismus, mutet das einfach hämisch an. Fantasiert wird erneut ein Deutschland, das offen, liberal und tolerant ist, wo Migrant_innen willkommen geheißen werden. Aber, wie gesagt, dass widerspricht dem aktuellen politischen Klima. Aus Sicht der Mehrheit der Bevölkerung sind Migrant_innen vor allem ein Sicherheitsrisiko, und selbst die Menschen, die innerhalb Europas aufgrund der Finanzkrisen auswandern (müssen), gelten den dominanten Mehrheiten eher als Bedrohung: Menschen, die ihnen etwas wegnehmen wollen, was nur ihnen zusteht.

Und die, die willkommen geheißen werden, von denen wird natürlich auch verlangt, dass sie sich benehmen. Einladungen ohne Gegenleistungen gibt es nicht. Diese Vorstellung findet sich auch schon im Slogan «Fordern und Fördern». Ich finde die Sloganisierung der Migrationspolitiken enorm zweifelhaft. Es ist wichtig, sich zumindest ab und an den von den Behörden vorgegebenen Begrifflichkeiten zu widersetzen und sie nicht einfach in die eigenen Analysen und Konzepte zu integrieren. Bemerkenswert ist hier auch das Sprechen über Anerkennungskultur. Wie ist das zu verstehen: Anerkennungskultur für die einen und Willkommenskultur für die anderen? Nach dem Motto: «Die, die schon vor Jahrzehnten eingewandert sind, haben wir nicht vergessen»? Doch werden die Leistungen, die diese erbracht haben, tatsächlich geschätzt? Eher scheint es so zu sein, dass sie als Kosten- und Störfaktor wahrgenommen werden. Integrations- und Sprachkurse machen Ärger und kosten Geld. Die hohe Arbeitslosigkeit auch aufgrund nicht erworbener Qualifikationen wird nicht als Versagen der Institutionen, sondern als persönliches Versagen gelesen. Diskurse wie der Integrationsdiskurs und der Willkommenskulturdiskurs formieren Migrationssubjekte und schaffen und stabilisieren die Positionen der «guten» und «schlechten» Migrant_innen. Die «guten» passen sich an und sichern den Wohlstand, während die, die Position der «schlechten» Migrant_innen einnehmen, als nicht integrationsfähig oder -willig wahrgenommen werden. Nicht alle sind willkommen. Und so schreibt auch das Bundesamt für Migration und Flüchtlinge (BAMF) auf seiner Website über die Entwicklung einer Anerkennungskultur, dass es damit «Menschen anderer Herkunft erleichtert [werden soll], sich mit den Grundwerten der deutschen Gesellschaft zu identifizieren und diese langfristig mitzutragen». Das ist ein Integrationsdiskurs im neuen Gewande. Nachdem «Integration» einer heftigen Kritik unterworfen wurde, spricht die Regierung nun von «Anerkennung» – meint aber dasselbe: Anpassung!

Welche Konsequenzen hat das Ihrer Meinung nach bezogen auf den Handlungsschwerpunkt des Förderprogramms «IQ – Integration durch Qualifizierung», nämlich die Arbeitsmarktintegration von Migrant_innen in Deutschland?

Sehen Sie, einerseits können wir ja schon feststellen, dass sich einiges zum Positiven hin verändert hat: Beispielsweise hat Deutschland vor einigen Jahren – unter dem Druck der EU – ein Antidiskriminierungsgesetz erlassen, auch wenn dieses den seltsamen Namen «Allgemeines Gleichbehandlungsgesetz» erhalten hat. Doch weiterhin ist es so, dass nicht einmal gute schulische Qualifikationen unbedingt dazu führen, dass Migrant_innen keine Schwierigkeiten bei der Suche nach einem Arbeitsplatz haben. Nach wie vor ist es so, dass Rassismus eine starke Rolle dabei spielt, ob jemand einen Arbeitsplatz erhält oder eben nicht. Interessanterweise haben ja gerade hochqualifizierte Migrant_innen oft besondere Schwierigkeiten bei der Arbeitssuche – wenn sie eben nicht weiß und europäisch sind. Türkische Putzfrauen sind eben besser zu verkraften als syrische Hautärztinnen. Und es ist für die Migrant_innen, die hier schon lange leben oder gar in Deutschland geboren wurden, oft härter als für die, die heute mit Qualifikationen in der Tasche einwandern. Das scheint paradox, hat aber damit zu tun, dass die Migrationspolitik sich unter Bundeskanzler Schröder in Richtung einer Fokussierung auf «hochqualifizierte Migrant_innen» bewegt hat. Anfang der 2000er Jahre hat dieser eine deutsche «Greencard», angelehnt an die Greencard der USA, eingeführt, um etwa die von der Wirtschaft benötigten Computeringenieur_innen aus Indien anzuwerben. Die Anwerbung hat damals nicht wirklich funktioniert. Auf der einen Seite, weil «indische IT-Ingenieure» sehr gut ausgebildet und deswegen stark umworben sind und Deutschland mit den Bedingungen, die etwa in den USA geboten werden, nicht konkurrenzfähig war. In den USA wurden recht früh sehr vereinfachte Einreisebedingungen geschaffen, und es ist kein Problem, wenn auch die Familie miteinwandert. In Deutschland wurde selbst die Einwanderung «begehrter und benötigter» Spezialist_innen restriktiv gehandhabt, weswegen sich natürlich gut ausgebildete IT-Ingenieur_innen zumeist gegen eine Migration nach Deutschland entschieden haben.

Warum auch sollten sie in ein Land einwandern, in dem sie weniger verdienen würden, in das sie ihre Familien nicht mitnehmen können und wo sie zudem mit einem unsicheren Aufenthaltsstatus leben müssen. In der Tat scheint mir, dass auf diesen gescheiterten Versuch mit immer neuen migrationspolitischen Instrumenten reagiert wurde. Dazu zählt auch eine neue Imagekampagne, die dem schlechten Ruf Deutschlands im Ausland etwas entgegensetzen soll. Die Website des BAMF spricht hochqualifizierte Migrant_innen direkt an, wirbt um sie. Aber das sagt natürlich nichts darüber aus, wie es ihnen in diesen Stellen ergeht und welche Strategien sie bezüglich der rassistischen Strukturen am Arbeitsplatz vorfinden. Darüber wird nichts gesagt.

In Ihren Publikationen setzen Sie sich auch mit dem Begriff der sozialen (Un-) Gerechtigkeit auseinander. Wie passt dieser zur Diskussion über «Willkommenskultur»?

In dem Buch «Soziale (Un)Gerechtigkeit», das ich gemeinsam mit Nikita Dhawan herausgebracht habe, finden sich verschiedene kritische Beiträge zu den Stichwörtern «Antidiskriminierung», «Diversity» und «Intersektionalität». «Willkommenskultur» ist sicher ein Begriff, der auf den ersten Blick in diese Aufreihung passt, doch handelt es sich bei diesem eben lediglich um ein Marketinginstrument und weniger um ein Konzept, das aus den sozialen Bewegungen und kritischen sozialwissenschaftlichen Diskursen stammt. «Antidiskriminierung» wurde als Konzept erkämpft, so dass die bundesdeutsche Regierung sich nun dazu verhalten muss und nicht umgekehrt. Uns geht es in dem Buch darum zu klären, was unter sozialer Gerechtigkeit verstanden werden kann und vor allem, mit Hilfe welcher Strategien eine gesellschaftliche Transformation in Richtung «Mehr Soziale Gerechtigkeit» erreicht werden kann. Mit einer staatlich verordneten Willkommenskultur, die auf der Website in einer Reihe mit dem Stichwort «Rückkehrförderung» steht, geht das ganz sicher nicht. Willkommenskultur ist eine – um das noch mal zu wiederholen – Marketingstrategie einer Regierung, die bemerkt hat, dass man es sich aus rein ökonomischen Gründen nicht mehr leisten kann, sich gegen Migration abzuschotten. Das hat mit sozialer Gerechtigkeit erst mal sehr wenig zu tun. Es sei denn, es wird argumentiert, dass die Wirtschaft stabilisiert werden muss, um soziale Unruhen weitgehend zu vermeiden. Die Menschen nehmen ja nicht alles einfach hin – siehe die Proteste etwa in Madrid, Athen und İstanbul.

Nach wie vor werden Millionen Euros für Programme wie Frontex und Eurosur an die Europäische Union gezahlt, während gleichzeitig die sozialen Institutionen im Land ausgeblutet werden. Wie soll das verstanden werden: High-Tech-Abschottung der Grenzen und Willkommenskultur!? Es existieren kleine Eintrittsschleusen für hochqualifizierte Menschen oder Menschen mit sehr viel Kapital, während die Mauern etwa in Ceuta und Melilla jedes Jahr höher werden, so wie jedes Jahr Menschen im Mittelmeer ertrinken, weil ihnen die Hilfe verweigert wird. So gesehen ist der Willkommenskultur-Diskurs ein Feel-good-Diskurs, aber kein Instrument für soziale Gerechtigkeit.

Die Debatte um eine zu entwickelnde Willkommenskultur wird immer mit den damit verbundenen Chancen beworben. Können Sie Chancen erkennen?

Es könnte sein, dass aufgrund einer stärkeren Einwanderung von Frauen, die auch über eine bestimmte Qualifikation verfügen, durchaus Bewegung in die Sicht auf Migrantinnen kommt. Immer noch irritieren beispielsweise Frauen aus postkolonialen Ländern in der Hochschule, die sehr qualifiziert sind und auch als solche wahrgenommen werden, das ist faszinierend. Auch der ehemalige Bundeskanzler Schröder hat das Bild von männlichen IT-Ingenieuren gestärkt und vergessen, dass aus Indien auch viele Ingenieurinnen und Naturwissenschaftlerinnen kommen. Kurz und gut: Eine vermehre Migration von hochqualifizierten Frauen aus Ländern, die immer noch mit orientalistischen Bildern belegt werden, könnte diese Bilder ins Wanken geraten lassen. Wenn Frauen massiver und verstärkt in qualifizierten Bereichen auftauchen, verändert sich natürlich auch das hegemoniale Bild. Dafür müssten aber die Barrieren, die in den Institutionen nach wie vor vorhanden sind, abgebaut werden. Es wird sich dann zeigen, ob eine strategische partielle Durchlässigkeit dazu führt, dass wir in den Bereichen, in denen (hoch-) qualifizierte Menschen arbeiten, in den nächsten Jahren auch häufiger Frauen aus postkolonialen Ländern antreffen oder ob nicht wieder Rassismus und Sexismus dies verhindern. Eine Frau aus China als Leiterin der IT-Abteilung an der Ludwig-Maximilians-Universität; eine Siemens-Topmanagerin aus Sri Lanka? Warten wir es ab. Zumindest wahrscheinlicher als eine Bundeskanzlerin Arslan.

Ansonsten bietet der Diskurs vor allem Chancen für die Regierung. Dabei ist die Kampagne teilweise auch hochdilettantisch: Das Video mit Ursula von der Leyen, das auf der BAMF-Seite abgespielt werden kann, ist wirklich unfassbar – komisch und schrecklich zugleich! Aber natürlich, wenn man es aus einer kapitalismuskritischen Position her betrachtet, dann ist es absolut verständlich. Aus einer migrationskritischen und diskriminierungs-/rassismuskritischen Position gesehen, ist es ein Skandal und man muss die Werbekampagne eigentlich stoppen. Eine kritische Intervention ist dringend geboten, anstatt immer wieder nach den Elementen zu suchen, die für eine liberale Migrationspolitik noch zu retten sind.

Welches Fazit würden Sie ziehen?

Es scheint mir wichtig, dass diejenigen, die die Aufgabe in der Gesellschaft haben, kritisch zu intervenieren, dies auch lautstark tun. Da sehe ich auch meine Rolle als Intellektuelle: klar und kritisch zu intervenieren und zu sagen, was ist. Nicht mehr und nicht weniger. Es geht nicht um soziale Gerechtigkeit, sondern um ein kapitalistisches Kalkül, und es sind Marketingstrategien, bei denen auch Werbepsycholog_innen mitgearbeitet haben. Die Website des BAMF (Slogan: «Den Menschen im Blick. Schützen. Integrieren») ähnelt immer mehr der Website von Sony (Slogan: «Sony. make. believe») oder Audi (Slogan: «Vorsprung durch Technik»). Der ästhetische Aufbau gleicht zudem in verblüffender Weise den Websites von Siemens oder Mercedes Benz. Wir müssen dringend eine neue Politik der Zurückweisung erlernen, die den Staat dazu auffordert, etwa eine andere Migrationspolitik denkbar zu machen. Der Staat ist nicht der Feind, aber eine Demokratie lebt davon, dass die Menschen, die in dieser leben, diese gestalten, an dieser partizipieren. Ohne Kritik geht das nicht. In diesem Sinne bin ich für eine kritische Zurückweisung der «Willkommenskultur» und für eine Migrationspolitik, die Rassismus ernst nimmt und beispielsweise die Schließung von Institutionen wie Frontex fordert.

Das Interview erschien zuerst im Rahmen des Dossiers «Inklusiv, offen und gerecht? Deutschlands langer Weg zu einer Willkommenskultur» der Fachstelle Diversity Management im Förderprogramm Integration durch Qualifizierung (IQ) 2013 (Quelle: www.vielfalt-gestalten.de). Die Herausgebenden danken für die Genehmigung zum Wiederabdruck, für den leichte Überarbeitungen vorgenommen wurden.

«Rassismus ist kein Nebenwiderspruch»

Markus Bernhardt im Gespräch mit Koray Yılmaz-Günay

Markus Bernhardt: Sie engagieren sich seit Jahren nicht nur beruflich für Migrant_innen. Wie ist es aktuell um deren Rechte in der Bundesrepublik bestellt?

Koray Yılmaz-Günay: Ich wünschte, die Frage wäre einfach zu beantworten. Wir könnten das Zuwanderungsgesetz aufschlagen und noch ein paar Grundlagentexte und wüssten, wie es um Teilhabe und Gleichbehandlung bestellt ist. Leider ist die Situation anders. Jede Bundesregierung legt ein Toleranzprogramm auf. Für manche Gruppen wird hier und da einiges verbessert, anderes verschlechtert sich. Es gibt ja keine einheitliche Gruppe «der Migrant_innen».

Die Situation von serbischen oder mazedonischen Staatsangehörigen ist anders als die von bulgarischen und rumänischen. Die EU-Mitgliedschaft garantiert aber auch für sie nicht dieselben Rechte wie für Staatsangehörige Schwedens oder Polens. Die Herkunft von Menschen, die hierher geflüchtet sind, entscheidet ganz wesentlich darüber, wie willkommen sie sind. Denken Sie nur an die Debatten zur Aufnahme christlicher Flüchtlinge aus dem Nahen Osten im Gegensatz zur Debatte zur Abschiebung von Roma in den westlichen Balkan, die perfiderweise gleich am Tag nach der Eröffnung des Denkmals für die vom Naziregime ermordeten Sinti und Roma Europas von Bundesinnenminister angekündigt wurde. Aus Frankreich wurden Roma ja sogar vollkommen rechtswidrig als EU-Bürger_innen abgeschoben.

Gerade wenn es um Flucht und Asyl geht, stoßen wir an die Grenzen von «Rechten in der BRD». Ich glaube, dass die Debatte hier vergleichsweise ruhig verläuft, weil die meisten Menschen, die den zum Teil lebensgefährlichen Fluchtweg überhaupt überleben, in Zypern, Griechenland, Italien oder Spanien landen und wegen der EU-Übereinkunft Dublin II auch dort bleiben müssen. Die BRD profitiert auch in diesem Zusammenhang von ihrer wirtschaftlichen Stärke, sie kann es sich leisten zu sagen, wen sie hier haben will und wen nicht. Das Land ist umgeben von lauter «sicheren Drittstaaten», ein Begriff, der Anfang der 1990er Jahre entstanden ist. Wie auch alle anderen Instrumente der Flüchtlingsabwehr also zu Zeiten, als das Land selbst noch EU-Außengrenzen hatte. Die BRD wird aber auch heute alles tun, um selbst einen anderen Verteilungsschlüssel innerhalb der EU zu verhindern.

Und dann gibt es perfide Regelungen, die selbst unter deutschen Staatsangehörigen Hierarchien nach Herkunft etablieren. Die 2007er Novelle des Zuwanderungsgesetzes hat beispielsweise den Nachzug von Ehe- und Lebenspartner_innen aus Nicht-EU-Ländern neu geregelt. Demnach muss der ausländische Teil bereits im Herkunftsland Deutsch lernen. Die Regelung gilt nicht für Staaten, deren Angehörige visumsfrei einreisen, also etwa Japan, Australien oder die USA. Wer indes jemanden aus der Türkei, einem arabischen, afrikanischen oder den meisten asiatischen Ländern heiraten möchte, findet sich trotz deutscher Staatsangehörigkeit benachteiligt. Dies wird in den weitaus meisten Fällen Eingebürgerte betreffen.

Also wird nach wie vor nicht akzeptiert, dass die Bundesrepublik ein Einwanderungsland ist?

Dem Selbstverständnis nach ist sie das ohnehin nie gewesen. Dieses Unwort von der «Zuwanderung» ist ja das Maximum, was seit 2005 geht. Zuwandern heißt: am Rand dazukommen. Zu etwas, was eigentlich schon komplett ist. Einwanderung würde in die Mitte gehen. Dieser feine Unterschied zieht sich durch, egal wohin Sie gucken: Wer der gängigen Vorstellung von Deutschsein nicht entspricht, kriegt mal einen Zeitvertrag oder soll sich ehrenamtlich einbringen. Die gut bezahlten, unbefristeten Stellen sind auf lange Sicht für andere vorgesehen. Oder: Während alle OECD-Bildungsstudien den systematischen Ausschluss von Kindern aus armen Familien und aus Familien mit Migrationshintergrund belegen, wird die Verantwortung für Bildungsbenachteiligung fein den Benachteiligten selbst in die Schuhe geschoben: Die Eltern förderten die Kinder nicht genug, sie sollten Deutsch lernen et cetera. Ich sage das nicht gern, aber es entspricht der Realität: Die sogenannte freie Wirtschaft ist in vielen Punkten wesentlich weiter als alles, was Staat und Politik sagen und tun, natürlich auch, weil der neoliberale Kapitalismus sehr schnell ist im Einverleiben einer Identitätspolitik, die ohne soziale Gerechtigkeit funktioniert.

Und eins möchte ich unterstreichen: Es geht hier nicht darum, was die sogenannten Migrant_innen machen oder unterlassen. Wenn jemand an der Diskotür abgewiesen wird, eine Wohnung nicht bekommt oder verdachtsunabhängig von der Polizei kontrolliert wird, ist das Entscheidende nicht eine ominöse Migrationsgeschichte oder die Staatsangehörigkeit. Die sind Menschen nicht anzusehen. Es ist ein rassistischer Blick, der da wirkt. Die Präsenz jüdischer Gemeinden geht belegt zweitausend Jahre zurück, nehmen Sie deutsche Sinti und Roma oder Schwarze Deutsche: Nach Jahrhunderten sollen sie immer noch «nichtdeutscher Herkunft» sein? Der Begriff des Deutschseins ist immer noch weiß, immer noch christlich. Bestimmte Namen gehören dazu, ein bestimmtes Aussehen, manche Akzente et cetera. Alles andere soll «fremd» sein und bleiben. Das ist doch der Wahnsinn.

Da kolonisieren europäische Staaten den größten Teil der Erde und ruinieren neben all dem Mord, der Sklaverei und der Ausbeutung von Ressourcen ganze Kontinente, kartografieren und archivieren, bauen Museen und errichten Institute an Universitäten – und erzählen heute immer noch, dass diese und jene «fremd» seien. So bekannt wie das meiste «Fremde» ist wenig anderes. Dieser Mythos von der «Zivilisation», der «Bürde des weißen Mannes», ist heute noch so verbreitet wie in der Vergangenheit, die nicht so gern im Schulunterricht behandelt wird. Nur dass die Nachkommen der Kolonisierten inzwischen auch im eigenen Land leben. Nur in diesem Zusammenhang sind Begriffe wie «Parallelgesellschaft» wirklich verstehbar.

Aber der Kolonialismus, die Entstehungsgeschichte dieser zutiefst hässlichen Vorstellung von der eigenen Normalität und der kollektiven Zurückgebliebenheit anderer, wird hierzulande nicht gern besprochen. Dabei ist er in Praktiken wie dem «Racial Profiling», in Gesetzen wie dem Asylbewerberleistungsgesetz, dem Reden von «Ausländerfeindlichkeit» oder dem Denken in nationalstaatlichen Grenzen allgegenwärtig. Das Problem ist eindeutig benennbar. Es heißt Rassismus.

Wobei die etablierte Politik Rassismus einzig bei neofaschistischen Parteien und Gruppen oder bei sogenannten Rechtspopulisten verortet...

Ich glaube, es hat keinen Sinn, diese Dinge getrennt voneinander zu diskutieren. Es gibt nicht die Neonazis und dann, irgendwo anders, den Rechtspopulismus Heinz Buschkowskys oder von Parteien wie «Pro Deutschland». Der Rassismus der einen steht mit dem Rassismus der anderen in Verbindung. Ich denke in diesen Tagen oft zurück an den sogenannten Asylkompromiss. Ist es nicht legitim zu sagen, dass vor ziemlich genau 20 Jahren durchschnittliche Bevölkerung, Neonazis und Politik in einer ganz breiten Front einander in die Hände gespielt haben? Die Pogrome mit Würstchenstand wurden mit der faktischen Abschaffung des Grundrechts auf Asyl belohnt.

Symbolisch gelingt es immer wieder, die sagenumwobene Menschenwürde aus Artikel eins des Grundgesetzes hinüberzulügen, aber seit der Wiedervereinigung der beiden Deutschländer sind de facto riesige Rückschritte zu verzeichnen, hüben wie drüben. Vieles wird heute als gegeben hingenommen, was in meiner Lebensspanne zwar nicht gut, aber wesentlich besser geregelt war. Die

Einführung der Rasterfahndungen an Universitäten, neuerdings die Zusammenarbeit von Polizeibehörden und Inlandsgeheimdiensten zur sogenannten Terrorabwehr, das Chipkartensystem für Asylsuchende – all das ist für mich immer noch schwer zu schlucken.

Diese Neujustierungsprozesse sind besonders schmerzhaft, wenn sie gesellschaftlich breit getragen werden. Den Asylrechtsartikel haben ja nicht Neonazis de facto abgeschafft, sondern eine ganz große «demokratische» Koalition auf der Straße und im Parlament. Bis in konkrete Formulierungen baute die Neufassungauf Argumenten von Neonazis auf, aber sie war ein Kompromiss der Mitte. Wie viele maßgebliche Leute sind denn deswegen aus der SPD ausgetreten? 521 zu 132 Stimmen im Bundestag, das kommt nicht so oft vor.

Sehen Sie, ein Thilo Sarrazin, der von jüdischen Genen schwadroniert und von überverhältnismäßig hoher Intelligenz, der gegen Muslime hetzt und gegen Frauen aus der Unterschicht, versteht sehr wohl, wie Rassismus in einer Klassengesellschaft funktioniert. Es ist durchaus funktional für so einen, sich dieser Verschränkungen zu bedienen.

Es ist verheerend, dass eine bleibende Kritik meist nur von den «Betroffenen» formuliert wird. Eine der Ausweglosigkeiten, die mich am meisten beschäftigen, ist die Abkoppelung von marxistischer Analyse, Feminismus und Rassismuskritik. Wenn eine Reinigungskraft mit Kopftuch noch nie Anstoß erregt hat, dafür aber buchstäblich jede Kopftuchträgerin, die Lehrerin werden wollte, dann müssen wir in der Analyse Sexismus, Rassismus und Klassenverhältnisse zusammendenken.

Diesem Anspruch werden jedoch auch die meisten linken Organisationen nicht gerecht, oder?

Weite Teile der deutschen Linken sind weit davon entfernt, den permanent andauernden Aktivismus und die Theoriebildung von sogenannten Minderheiten wahrzunehmen. Um die geht es in aller Regel nur, wenn Stimmen für die Wahl oder Teilnehmende für die nächste Demonstration mobilisiert werden sollen. Ich sage «sogenannte Minderheiten», weil es mir nicht um Zahlen geht. Es ist relativ gleichgültig, wie groß eine Bevölkerungsgruppe ist, das sind Machtfragen. Es gibt genug zahlenmäßige Mehrheiten, die nicht selbstbestimmt leben – wie auch zahlenmäßige Minderheiten, die außerordentlich privilegiert sind, weil sie die Institutionen, das Kapital oder die Gesetzgebung in Händen halten. Wir müssen endlich loskommen von der Vorstellung, Rassismus sei das Vorurteil oder der Hass von Einzelnen. Das ist er sicher auch. Das wesentlich Wichtigere sind aber die Strukturen, die Einzelne ein- oder ausschließen und ihnen einen Platz in der Gesellschaft zuweisen. Diese Strukturen sind historisch geronnen und wesentlich beständiger als der gute oder böse Wille von Einzelnen.

Heute haben wir nicht einmal mehr Lichterketten oder die Aufkleber «Mach meinen Kumpel nicht an». Wir haben stattdessen eine Kanzlerin, die anlässlich der Morde des «Nationalsozialistischen Untergrunds» (NSU) zum x-ten Mal von einer «Schande für unser Land» spricht – und keinen nennenswerten Widerspruch erntet. Nichts deutet darauf hin, dass aus den Hunderten Morden, Hunderttausenden Beleidigungen und tätlichen Angriffen, Brandschatzungen, Friedhofsschändungen und Hetzjagden etwas gelernt wurde. Die Kritik der sogenannten Minderheiten schafft es nicht in die Bewusstseinsindustrie, weil es nach wie vor interessanter zu sein scheint, welcher Dorfnazi wann und wo den rechten Arm gehoben hat und warum er so geworden ist, wie er ist.

Das, was zählt, ist immer noch der Standort, das Ansehen des Dorfes oder der Exportnation. Ob und wie die Opfer oder Hinterbliebenen traumatisiert sind, was mit den vietnamesischen Menschen aus dem Sonnenblumenhaus in Rostock-Lichtenhagen nach ihrer verspäteten Rettung passiert ist – all das sind Fragen, die kaum jemanden interessieren. Das war zwar immer unwürdig. Angesichts der immer neuen Aufdeckungen zur Komplizenschaft staatlicher Stellen mit der neonazistischen Mordbande ist das aber besonders infam.

Haben Sie Hoffnung, dass der NSU-Terror samt den Verstrickungen staatlicher Stellen aufgeklärt werden wird?

Nein. Es ist ja nicht nur ein beredtes Schweigen zu neun rassistischen Morden und einem Polizistinnenmord. Die Maschinerie sorgt sich um die dadurch offenbar werdende Staats- und Institutionenkrise.

Welche Gründe vermuten Sie dafür, dass sich auch die politische Linke, allen voran viele Antifa-Gruppen, in Folge der Enthüllungen über den NSU-Terror über Monate hinweg so auffällig bedeckt gehalten haben?

Die Auseinandersetzungen mit Rassismus haben oft einen instrumentellen Charakter, zum Teil auch in linken Gruppen und Parteien. Viele fühlen sich ja oft schon als die Guten, wenn sie einen Text in eine andere Sprache übersetzen lassen, den schon auf Deutsch kaum jemand lesen möchte. Böse sind deswegen auch immer die anderen, die Rechten, die Nazis, der Mainstream. Ich weiß nicht, was es in Bezug auf den NSU mit dem breiten Schweigen auf sich hat. Es ist beängstigend, wie wenig Menschen an den Demonstrationen teilnehmen, wie schnell das Thema unter «ferner liefen» abgelegt wird.

Bei einigen beobachte ich, dass sie herausfinden wollen, wie etwas so Großes ihnen entgehen konnte. Die Verhältnisse waren obskurer und stärker als gedacht. So werden sie als Wohlmeinende irgendwie auch zu Opfern, deren Denken und Handeln erschüttert wurde. Das lähmt das Handeln. Es verschiebt aber zugleich auch den Fokus weg von den Mord- und Bombenanschlagsopfern beziehungsweise den Angehörigen. Es ist falsch, diese durchaus notwendige Selbstbesinnung der einen gegen das Leid der anderen aufzuwiegen, aber mir wäre es trotzdem lieber gewesen, hätte wenigstens für einen Augenblick die volle Aufmerksamkeit den Angehörigen der Ermordeten gehört. Sie hätten – wenigstens zu diesem Zeitpunkt – einmal die Deutungs- und vor allem Forderungshoheit haben müssen, statt hier und da als einer der Programmpunkte aufzutreten und damit wieder einen Objektstatus zugewiesen zu bekommen.

Jenseits der ganzen NSU-Angelegenheit ist meine Vermutung, dass es allgemein an einem überzeugenden Gegenentwurf mangelt. «Gegen Nazis», das zieht und sorgt für breitere Bündnisse. Die Opfer von Rassismus sind da brav und müssen umsorgt und vor den schlimmen Neonazis beschützt werden. Kaum eine andere Aufgabe ist so gut für das Selbstwertgefühl in einer Welt, wo die Erfolge von linker Politik rar gesät sind.

Was passiert aber, wenn dieselben Gruppen, Vereine, Parteien, Gewerkschaften, Zeitungen und Zeitschriften sich mit der Frage beschäftigen: Was ist unser Gesellschaftsverständnis, was würden wir tun, wenn wir nicht Helfer_innen wären, weil die Zustände so sind wie sie sind? Gegen Staat und Kapital und etablierte Politik zu sein ist nicht einfach, das will ich nicht sagen. Mir geht es um Folgendes: Es ist schwieriger, sich der Situation im eigenen Laden zu stellen. Bildet meine Organisation in sich die gesellschaftliche Vielfalt ab? Wie verhält es sich hier mit Herrschaftsverhältnissen? Wessen Themen werden wann, wo, mit wem, wie lange diskutiert? Wer entscheidet am Ende? Welches sind die Begriffe, mit denen wir entsprechende Debatten führen?

Sie spielen auf die aktuell geführte Debatte über rassistische Begrifflichkeiten in bekannten Kinderbüchern an?

Mir geht es nicht allein um Begriffe. Die Debatte über Wörter rassistischer Herkunft ist wichtig. Und vielleicht sollten wir alle Thilo Sarrazin dafür dankbar sein, dass seine vulgären Pamphlete nicht nur für rassistische Argumente den Artikulationsraum erweitert haben, sondern auch für rassismuskritische. Die Massivität seiner öffentlichen Präsenz hat Dämme gebrochen, keine Frage. Sie hat aber auch Stimmen hörbar gemacht, die sonst gern überhört wurden. «Sei nicht so empfindlich» oder «Das denkst du nur, weil du...» sind Sätze, die seitdem seltener geworden sind. Selbst in nicht so respektablen Nachrichtensendungen im Fernsehen taucht jetzt «Rassismus» als Begriff auf. Früher hieß das immer «Fremdenfeindlichkeit». Die Schockstarre, die vor kurzem noch eintrat, wenn die sogenannten Betroffenen das R-Wort sagten, wird hoffentlich noch wesentlich weiter aufgeweicht. Denn betroffen von Rassismus sind alle. Nur eben auf unterschiedliche Weise.

Es wäre allerdings falsch, anzunehmen, dass ein Buch oder eine Konversation außerhalb der rassistischen Ordnung steht, weil die eine oder andere Bezeichnung für Gruppen von Menschen durch eine andere Formulierung ersetzt wurde. Was ändert es am *Prinzip* Pippi Langstrumpf, dass ihr Vater jetzt «Südseekönig» heißt? Wichtig wäre eine Entkolonialisierung des Denkens, des Fühlens und des Handelns. Eine Welt, in der nicht mehr der weiße Mann herrscht wie eh und je. Diese Aufgabe bleibt bestehen. Deswegen verstehe ich auch nicht den Reflex, mit dem die Verteidigung – selbstverständlich von Kunst- und Meinungsfreiheit – so vehement eingesetzt hat. Jedes neue lesende Kind kriegt doch immer noch erzählt, dass der weiße «Südseekönig» vollkommen legitimer Weise über die Nichtweißen herrscht.

Ich meinte vorhin aber etwas anderes. Ich finde es unverzichtbar, sich im Klaren darüber zu sein, was etwa der Begriff «Integration» bedeutet. Oder «nichtdeutscher Herkunft» oder «mit Migrationshintergrund». Diese Wörter stehen jeden Tag als Dutzendware in der Zeitung. Vermeintlich, ohne ein Gramm Schwierigkeit mit sich zu bringen. In jedem Betrieb, in allen Schulen, im Nachbarschaftsgespräch, in der Partnerschaft: Sie kommen jeden Tag vor. Aber was bedeuten sie? Bis in die wievielte Generation sind denn Menschen «nichtdeutscher Herkunft»? Ist integriert, wer Sarrazins «Deutschland schafft sich ab» gelesen und verstanden hat? Diese irre Fiktion vom Westen und «unseren Werten», die sich in den letzten zehn, zwölf Jahren breitgemacht hat, verhindert jede Reflexion auf Klassenverhältnisse und setzt die Einpassung von «euch» Problematischen in «unsere» hervorragende Gesellschaft an die Stelle von sehr viel drängenderen Problemen. Die effektivste Verhinderung sozialer Integration ist die Ethnisierung des Sozialen.

Kommen wir noch einmal auf das Asylbewerberleistungsgesetz zurück...

Daran lässt sich meines Erachtens hervorragend zeigen, dass es hier nicht nur um ein «Teile und herrsche!» geht. Die Begriffe «Arbeitsgelegenheiten», «Aufwandsentschädigung», «Zumutbarkeit», die Pflicht zur Arbeit, das Kürzen beziehungsweise Streichen von Leistungen bei Arbeitsverweigerung, das Fehlen von Kranken- und Rentenversicherung oder Rechtsschutz – all das in diesem Gesetz erinnert verdächtig an die viel später eingeführte Hartz-Gesetzgebung. Offensichtlich wurde hier mit einer vermeintlich kleinen und unbedeutenden Gruppe Sozialtechnologie erprobt, die Jahre später wesentlich größere Teile der Bevölkerung heimsuchen sollte. Die gesellschaftliche und politische Linke wäre gut beraten, solche Zusammenhänge endlich zur Kenntnis zu nehmen. Rassismus ist kein Nebenwiderspruch. Das falsche Ganze lässt sich ohne seine Analyse gar nicht verstehen.

Das Interview erschien unter dem Titel «Das Problem heißt Rassismus. Über die Lebenssituation von Migranten in der BRD, staatlichen Rassismus und Versäumnisse linker Politik» zuerst in der Tageszeitung junge Welt *vom 9./10. März 2013. Für den Wiederabdruck wurden die letzte Frage und Antwort hinzugenommen, die bei der Erstveröffentlichung aus Platzgründen entfallen waren. Die Herausgebenden danken für die Genehmigung zum Wiederabdruck, für den auch leichte redaktionelle Überarbeitungen vorgenommen wurden.*

Leerstellen im Diskurs um Frauenrechte ohne Rassismus und Klassismus

Zülfukar Çetin im Gespräch mit Nivedita Prasad

Zülfukar Çetin: Du bist für deine politischen und wissenschaftlichen Aktivitäten im Bereich Menschenrechtsverletzungen, insbesondere bezüglich der sogenannten Frauenrechte, bekannt. Dein Ansatz zur Kulturalisierung des Sexismus beziehungsweise zur Kulturalisierung der Frauenrechte ist in der kritischen Migrationsforschung gut aufgehoben. In den vergangenen Jahren warst du an einer Studie zur Zwangsverheiratung in Deutschland als Fachbeirätin beteiligt. In dieser Studie wurden mehrere Beratungsstellen und feministische Nicht-Regierungsorganisationen einbezogen. In deinen wissenschaftlichen Beiträgen sprichst du von «weißem Feminismus». Was verstehst du darunter? Welche Rolle spielt weißer Feminismus in der bundesrepublikanischen Gesellschaft?

Nivedita Prasad: Weißer oder hegemonialer Feminismus – denn manche hegemonialen Feministinnen sind nicht weiß – ist ein Feminismus, der nur Gender berücksichtigt oder aber Gender als «Masterkategorie» in der intersektionalen Analyse sieht. Für Migrantinnen und Women of Color ist aber Gender nicht von Ethnizität zu trennen und in vielen Fällen auch nicht von Schicht. Weißer Feminismus ist in der BRD oft hegemonial; wenn in der BRD Feministinnen sichtbar werden, dann sind es entweder weiße Frauen oder aber Migrantinnen, die hegemonial-feministische Diskurse unterstützen. Weißer und/oder hegemonialer Feminismus hat viel Definitionsmacht, die dazu beiträgt, dass Migrantinnen nur als Opfer dargestellt und wahrgenommen werden – und zwar als Opfer «ihrer» Männer beziehungsweise Communities. Migrantinnen, die zum Beispiel Gewalt durch deutsche Männer erleben, bleiben unsichtbar, sodass sich der Verdacht erhärtet, dass es hier nicht darum geht, Frauen als Betroffene von Gewalt wahrzunehmen, sondern ethnisierte Männer als besonders gewalttätig darzustellen. Das ist ein klassisch rassistisches Motiv; relativ neu ist nur, dass Feministinnen zu diesem Bild beitragen beziehungsweise dieses Bild aktiv nähren.

Weißer Feminismus in der BRD zeichnet sich für mich historisch dadurch aus, dass er zum Beispiel die Täterschaft und/oder Mittäter_innenschaft von Frauen im deutschen Kolonialismus und/oder dem Holocaust leugnet oder zumindest nicht aktiv thematisiert. In aktuellen Diskursen zeichnet er sich für mich dadurch aus, dass er ganze Communities – insbesondere Communities, die als muslimisch konstruiert werden – als besonders frauenfeindlich, gewalttätig et cetera darstellt. Dies wiederum nehmen Konservative – die sich sonst nicht für die Rechte von Frauen interessieren – zum Anlass, um zum Beispiel Gesetze zu verabschieden, die Migrant_innen-Communities treffen. Das heißt, hegemoniale Feministinnen sorgen dafür, dass Konservative eine vermeintlich feministische Legitimation für ihr Handeln finden.

Was meinst du damit, dass für Migrantinnen und Women of Color Gender nicht von Ethnizität und Schicht zu trennen ist? Und wie gestaltet sich das Verhältnis, wenn es ein solches gibt, zwischen (feministischen) Migrantinnen/Women of Color und hegemonial-weißen Feministinnen?

Was ich damit meine, ist völlig banal. Wenn ich Diskriminierungserfahrungen mache, dann immer als Frau und als jemand, die migriert ist und/oder of Color ist. In den seltensten Fällen kann ich eindeutig sagen: «Das ist, weil ich Frau bin, und das, weil ich Migrantin bin.» Es ist eben die Gleichzeitigkeit von beidem. Bei der Schichtzugehörigkeit ist es erheblich unklarer, denn nicht alle Migrant_innen sind wegen der sozialen Herkunft benachteiligt. Viele sind es aber, zum Beispiel die, deren Eltern Arbeitsmigrant_innen waren. Aber die Mehrheitsgesellschaft betrachtet erst einmal alle Migrant_innen als Menschen, die von der sozialen Herkunft benachteiligt sind, und begegnet ihnen außer mit rassistischen Vorurteilen auch mit klassistischer Arroganz. Praktisch erleben dies alle People of Color/Migrant_innen, aber die Verletzlichkeit ist natürlich je nach sozialer Herkunft unterschiedlich. Schicht spielt auch in öffentlichen Diskursen eine merkwürdige Rolle; so erlebe ich häufig, dass im Umgang mit Migrant_innen Themen ethnisiert/kulturalisiert werden, die auch Mehrheitsdeutsche betreffen, aber eben nur solche, die von der sozialen Herkunft benachteiligt sind. Ich sehe das Problem, dass eine solche Aussage klassistischen Vorurteilen Vorschub leisten könnte, dennoch finde ich es wichtig, das zu thematisieren. So werden zum Beispiel im Kontext von Sozialer Arbeit leider häufig weiße Mittelschichtsnormen für ein gesellschaftlich konformes Verhalten zu Grunde gelegt, ohne dass dies transparent wird. Wenn es um Migrant_innen geht, die sich an diese Normen nicht halten können/wollen, wird ihr vermeintlich deviantes Verhalten kulturalisiert, ohne zu hinterfragen, ob sie zum Beispiel über die sozioökomischen Ressourcen verfügen, um diese Normen zu erfüllen.

Ich kann wenig darüber sagen, wie das Verhältnis zwischen Feministinnen of Color und weißen und/oder hegemonialen Feministinnen ist. Ich kann hier nur von mir sprechen: Weiße Feministinnen, die Gender als Masterkategorie verstehen, sind keine, mit denen ich besonders viel zu tun habe. Ich finde ihre Texte/Thesen et cetera eher langweilig und überholt und kann sie kaum, etwa in der Lehre, verwenden. Zu hegemonialen Feministinnen habe ich kein aktives Verhältnis, aber leider viel mit dem zu tun, was sie verbreiten. So muss ich zum Beispiel ständig antimuslimischen Rassismus in der Frauenbewegung thematisieren, weil sie beziehungsweise ihre Meinungen wirkmächtig sind und im öffentlichen Diskurs gehört werden. Leider muss ich den Mist, den sie verbreiten, auch zur Kenntnis nehmen, weil ich in der Lehre oder bei Vorträgen immer damit konfrontiert bin. Ich habe also viel mit weißen/hegemonialen Feministinnen zu tun, und zwar in der Abgrenzung. Auch in der Selbstbezeichnung versuche ich, mich sehr von ihnen abzugrenzen, etwa indem ich nie nur sage:«Ich bin Feministin.» Ich sage immer:«Ich bin Feministin of Color» oder «intersektionale Feministin», weil ich nicht mit ihnen in eine Kategorie gezählt werden will.

Ich finde deine Aussage über die Gleichzeitigkeit von Mehrfachzugehörigkeiten und den daraus resultierenden Mehrfachdiskriminierungen beziehungsweise -benachteiligungen sehr wichtig. Die Frage nach Gender und Klasse wird auch in der mehrheitsdeutschen (weißen) feministischen Theorie und in den Gender-Studies immer wieder thematisiert. Interessanterweise wird über Rassismus als eine zentrale Kategorie von Ausschlussmechanismen nicht ausreichend gesprochen. Welche Erfahrungen machst du in deiner Lehre oder in Vorträgen, wenn du als Feministin of Color über die Überschneidungen von Rassismus, Sexismus und Klassismus sprichst? Und wie gehst du mit Berichten von Situationen um, in denen eine weiße Frau berichtet, von ihrem muslimischen Nachbarn sexistisch oder ähnlich beleidigt worden zu sein?

Ich würde dir hier nur zum Teil zustimmen. Ich erlebe oft, dass in der theoretischen Auseinandersetzung um Gender oder feministische Theorie darauf hingewiesen wird, dass Women of Color natürlich Rassismus erleben und dass dieser nicht von Sexismus oder anderen -Ismen getrennt werden kann, aber in der Praxis zeigt sich *nichts*. So ist es weiterhin möglich, nur Werke von weißen Frauen zu rezipieren, nur Themen zu bearbeiten, die vor allem weiße Frauen betreffen, oder aber sie nur einseitig zu analysieren. So kenne ich kaum eine Debatte um den «Gender Pay Gap», welche die Kategorie «Migriertsein» mitberücksichtigen würde. Natürlich ist es ein Problem, dass Frauen durchschnittlich immer noch weniger als Männer verdienen. Mich würde aber interessieren, wie es mit Migrant_innen aussieht, ob wir nicht eigentlich noch einen viel größeren «Ethnicity Pay Gap» haben. Im Übrigen, bei Menschen mit Behinderung ist der Pay Gap sogar strukturell – also gesetzlich – vorgeschrieben! Ich kenne kaum eine feministische Pay Gap-Debatte, die darauf eingeht. In der Theorie wird zwar immer wieder auf die Notwendigkeit einer intersektionalen Perspektive hingewiesen, in der praktischen Umsetzung sehe ich aber kaum etwas.

Bei Vorträgen und in der Lehre erlebe ich häufig, dass weiße Frauen gern eine «Frauensolidarität» beschwören wollen, die ich nicht mit jeder Frau (im Übrigen auch nicht mit jeder Woman of Color) empfinde. Es kostet mich viel Zeit, erstmal auf die Trennlinien hinzuweisen. Viele wollen mich davon überzeugen, dass es bei Themen wie Gewalt doch um etwas geht, was alle Frauen betreffen. Dies stimmt zwar, aber die Überfokussierung auf genderspezifische Gewalt in bestimmten Communities macht es mir unmöglich, hier eine Solidarität auch nur ansatzweise zu empfinden. In Vorträgen und in der Lehre erlebe ich häufig, dass Teilnehmer_innen mich davon überzeugen wollen, dass Gewalt in als muslimisch konstruierten Communities ein größeres Thema sei als in anderen Communities, da etwa die Frauenhausstatistiken zeigen, dass in Frauenhäusern deutlich mehr Migrantinnen wohnen als Frauen ohne Migrationsgeschichte. Ich weise dann immer wieder darauf hin, dass wir auch hier Schicht und den sozioökonomischen Hintergrund mitberücksichtigen müssen. Ich sehe die Tatsache, dass so viele Migrantinnen in den Frauenhäusern sind, eher als Indiz dafür, dass sie sich – selbst in der Not – keine andere Lösung leisten können. Die Statistik weist darauf hin, dass Migrantinnen durchschnittlich mehr Kinder haben als andere Frauen, auch dies eine Erklärung dafür, dass die Frauen nicht ohne Weiteres mit mehreren Kindern woanders unterkommen könnten. Auch weise ich darauf hin, dass Migrantinnen deutlich länger in Frauenhäusern verweilen müssen als andere Frauen, weil sie – aufgrund von Rassismus auf dem Wohnungsmarkt – deutlich länger nach einer Wohnung suchen müssen.

Gaitanides hat darauf hingewiesen, dass die Tatsache, dass so viele Migrant_innen in den sogenannten Endstationen der Sozialen Arbeit landen, eher ein Hinweis darauf ist, dass sie im präventiven Bereich der Sozialen Arbeit unterrepräsentiert sind. Das heißt, wir müssten mal schauen, wie die Zahlen im gewaltpräventiven Bereich sind. Ich bin mir sicher, dass Migrant_innen hier unterrepräsentiert sind. Auf all dies weise ich seit fast 20 Jahren hin – und zwar mündlich und schriftlich. Das frustriert mich manchmal sehr!

Im Privaten, muss ich dir sagen, sind früher Freundschaften mit weißen Frauen kaputtgegangen an dem Thema, wenn zum Beispiel eine Freundin eine sexistische (Gewalt-) Erfahrung mit einem Migranten oder Schwarzen Mann gemacht und diese dann kulturalisiert beziehungsweise ethnisiert hat. Mittlerweile habe ich dazugelernt und merke, dass ich einiges im Vorfeld abzuklären versuche, bis ich mein Herz für eine neue Freundschaft öffne.

Deiner letzten Aussage entnehme ich, dass nicht nur Women of Color von rassistischen Diskriminierungen betroffen sind, sondern auch Schwarze und Männer mit (zugeschriebener) Migrationsgeschichte. Kann es sein, dass diese Kulturalisierungen beziehungsweise Ethnisierungen und naturalisierende biologistische Rassismen miteinander verschlungen sind und daher diese Männer von einer mehrdimensionalen Form des Rassismus betroffen sind? Warum spricht man heute weniger über Sexismus und Gewaltbereitschaft von weißen deutschen Männern?

Nicht nur Männer, alle People of Color sind von Rassismen betroffen, bei denen Kulturalisierungen mit naturalisierenden biologistischen Rassismen verschlungen sind. Der Unterschied zu «früher» ist nur, dass die biologistisch-naturalisierende Komponente nicht auf den ersten Blick erkennbar ist. So wird kaum noch jemand sagen, dass Schwarze/migrierte «qua Blut» besonders gewalttätig seien, aber es findet sich immer wieder die Aussage, dass sie kulturell determiniert besonders gewalttätig seien. Das Ergebnis ist dasselbe: Schwarze/migrierte Männer sind per Geburt und Herkunft besonders gewalttätig, da ist es fast egal, ob ich klassisch biologistisch – also mit Blut und so weiter – argumentiere oder scheinbar unbiologistisch, aber mit einer vermeintlich anderen Kultur, die zudem dafür sorgt, dass alle Menschen derselben Herkunft gleich sind, gleich handeln et cetera.

Ich denke, die Tatsache, dass die Gewaltbereitschaft und die Gewalttätigkeit von weißen Männern gegenüber Frauen so wenig im Fokus steht, zeigt, dass es nicht unbedingt um eine echte Auseinandersetzung mit dem Thema «Gewalt gegen Frauen» geht. Vielmehr geht es darum, das Thema für andere – in diesem Fall – rassistische Zwecke zu instrumentalisieren. Ich habe ja meine Dissertation zum Thema «Gewalt gegen Migrantinnen und die Gefahr ihrer Instrumentalisierung im Kontext von Migrationsbeschränkung» geschrieben und dort darauf hingewiesen, dass etwa der Diskurs zum Themenkomplex «Zwangsverheiratung» mit den übertriebenen Zahlen 2007 zur Verschärfung des Aufenthaltsgesetzes geführt hat. Seither müssen Heiratsmigrant_innen aus bestimmten Ländern unter anderem Deutschkenntnisse *vor* der Einreise nachweisen, mit der Folge, dass manche nun nicht mehr einreisen können und andere sehr viel länger getrennt sein müssen, bevor sie heiraten können. Das Gesetz hat letztendlich dazu geführt, dass für bildungsunerfahrene Migrant_innen aus bestimmten Ländern die Eheschließung und damit die Migration nach Deutschland erfolgreich erschwert, wenn nicht gar unmöglich gemacht wurde. Interessanterweise spielte auch hier nur das Thema Zwangsverheiratung eine Rolle – also ein Thema, von dem angenommen wird, dass nur als muslimisch markierte Migrantinnen davon betroffen sind – und nicht etwa häusliche und/oder sexuelle Gewalt, die zum Beispiel Heiratsmigrantinnen aus Asien oder Osteuropa durch mehrheitlich weiße Männer erleben.

Selbst beim Thema Zwangsverheiratung gibt es eine spannende Debatte: Es gibt nämlich die Idee, hier eher von Zwangsehe zu sprechen, hierunter wären dann zum Beispiel auch all die Ehen zu verstehen, aus denen Ehepartner_innen (in der Regel die Frauen) nicht aussteigen können, weil ihnen mit empfindlichem Übel gedroht wird. Unter eine solche Definition würden auch viele Ehen fallen, die keinen Migrationsbezug haben. Ich frage mich, warum sich nicht eine solche Definition durchgesetzt hat.

Kannst du mehr zum Thema Gewalterfahrungen asiatischer und osteuropäischer Frauen durch weiß-deutsche Männer sagen? Wohin gehen diese Frauen, um sich beraten zu lassen oder sich vor dieser Gewalt zu schützen? Kann man behaupten, dass durch die ausländerrechtlichen Regelungen alle oder viele dieser Frauen in einer Zwangsehe leben, weil sie ausländerrechtlich von ihren weiß-deutschen Ehemännern abhängig sind?

In Berlin können sie etwa zu Ban Ying gehen, wo ich 15 Jahre lang gearbeitet habe. Bundesweit gibt es ähnliche Projekte, von denen die meisten im Bundesweiten Koordinierungskreis gegen Menschenhandel (KOK) – so etwas wie einem Dachverband – organisiert sind. Darüber können ähnliche Projekte in anderen Regionen gefunden werden. Was du ansprichst, ist die «Ehebestandszeit», das heißt die Zeit, die ein_e Heiratsmigrant_in mit dem_der Partner_in nach Eheschließung zusammenleben muss, bis sie_er einen eigenständigen Aufenthaltstitel bekommen kann. Übrigens gelten all diese Regelungen nicht nur für gemischtgeschlechtliche Ehen, sondern auch für gleichgeschlechtliche Eingetragene Lebenspartnerschaften. In Deutschland beträgt diese Zeit drei Jahre, das heißt, Heiratsmigrant_innen müssen nach Erteilung der ersten Aufenthaltserlaubnis nachweislich mindestens drei Jahre in einem Haushalt mit dem_der Partner_in zusammenleben, bevor sie einen eigenständigen Aufenthaltstitel bekommen können. Das Problem ist, dass viele Frauen in Ehen verweilen, in denen sie körperliche und/oder sexuelle und/oder psychische Gewalt erleben, um ihren Aufenthaltstitel nicht zu riskieren. Zwar gibt es eine Härtefallregelung genau für diese Gruppe, aber die Nachweisbarkeit von nichtkörperlicher und sexueller Gewalt in der Ehe bleibt ein großes Problem, sodass viele Frauen gar nicht erst versuchen, die Härtefallregelung in Anspruch zu nehmen. Natürlich kann man sagen, dass der Gesetzgeber hier Frauen dazu zwingt, in gewalttätigen Ehen zu verweilen. Der Vollständigkeit halber will ich ergänzen, dass dies alle Heiratsmigrant_innen betrifft, deren Aufenthalt von einem_einer Deutschen abhängt oder einem_einer in der BRD lebenden Migrant_in. Aber in der Praxis hatte ich tatsächlich fast ausschließlich mit asiatischen Frauen zu tun, die mit mehrheitsdeutschen Männern verheiratet waren.

Vielleicht noch als Zusatzinfo: Ich habe mal von einer Kollegin in Brüssel gehört, dass sie viele Beratungen hat, in denen die Klienten junge Männer aus Tunesien waren. Diese haben ältere Belgierinnen geheiratet; auch sie mussten die Ehebestandszeit bestehen. Die Kollegin berichtete von vielen Vorfällen von psychischer Gewalt und sexueller Erpressung. Die Männer haben all das mitgemacht, um die Ehebestandszeit zu überstehen beziehungsweise ihren Aufenthalt nicht zu riskieren. Ich fürchte, wir haben auch solche Fälle in der BRD, ich weiß nur nicht, wohin sich diese Männer wenden können. Ob Männer oder Frauen, in dieser Konstellation ist das Aufenthaltsgesetz die Fessel und schafft ein Machtungleichgewicht unter Partner_innen, das leider oft missbraucht wird.

Aus diesen Beispielen von binationalen Ehen und Eingetragenen Partnerschaften lässt sich doch schlussfolgern, dass Zusammenwirken von Rassismus und geschlechtsspezifischer Diskriminierung strukturell, also durch den Gesetzgeber, stabilisiert wird, wobei sich hier auch die ökonomischen Ungleichheitsverhältnisse in der Partnerschaft wie in der gesamten Gesellschaft wieder bemerkbar machen. Wie schaffen es diese Women und Men of Color, einerseits mindestens drei Jahre lang in einer Art von institutioneller Zwangsehe zu leben und andererseits die psychische beziehungsweise moralische Gewalt seitens ihrer Partner_innen auszuhalten? Kann man von ihnen erwarten, dass sie in ihrer Situation gleichzeitig gegen diesen strukturellen, institutionellen, partnerschaftlichen und gesamtgesellschaftlichen Rassismus kämpfen? Anders gesagt: Was können Beratungsstellen, Projekte und Vertretungsorganisationen tun, um Betroffene vor Rassismus zu schützen und sie zumindest in ihrem Kampf zu entlasten?

Um Missverständnissen vorzubeugen: Ich habe nicht gesagt, dass sich alle Heiratsmigrant_innen in einer Zwangslage befinden. Ich gehe davon aus, dass die meisten Partnerschaften fair, liebevoll und gerecht funktionieren. Aber wenn Gewalt ins Spiel kommt, haben wir ein Problem, denn hier wird der strukturell stärkere Part – nämlich die einheimischen Partner_innen, die in der Regel auch die ökonomisch Stärkeren sind – von gesetzgeberischer Seite gestärkt, was die Vulnerabilität auf der anderen Seite natürlich erhöht.

Ich habe die Frauen, die es geschafft haben, diese Zeit durchzustehen, sehr bewundert, hatte aber viel Sorge um sie. Manch eine hat in der Zeit viel psychische Stabilität verloren. Ich würde niemals von Betroffenen erwarten, sich gegen das erlebte Unrecht zur Wehr zu setzen; gerade in dieser Situation haben sie andere – ganz existenzielle – Probleme. Ich finde aber, dass hier die NGOs eine große Verantwortung haben – allein schon das Thema öffentlich sichtbar zu machen, viele Angehörige der Mehrheitsgesellschaft wissen doch über solche aufenthaltsgesetzlichen Abhängigkeiten nichts.

Postliberaler Rassismus steht für den Versuch, die städtische postmigrantische Gesellschaft zu rehierarchisieren

Sebastian Friedrich im Gespräch mit Vassilis S. Tsianos

Sebastian Friedrich: Im Manifest des antinationalistischen und antirassistischen Netzwerks Kanak Attak vom November 1998 stellt ihr klar, dass ihr euch gegen Ausbeutung, Unterdrückung und Erniedrigung auf allen Ebenen richtet. Ihr meint damit das Feld von den ökonomischen Herrschaftsverhältnissen bis zu Alltagsrassismus und ihr wendet euch dabei explizit gegen die Idee des Multikulturalismus. Auch schon vor der Regierungszeit von Rot-Grün unter Kanzler Schröder war die Rede vom Scheitern von Multikulti. Seitdem ist einiges passiert: Während und nach Ereignissen wie dem 11. September, der Ermordung Theo Van Goghs, der Diskussion um die Rütli-Schule in Berlin-Neukölln und nicht zuletzt während der «Sarrazindebatte» wurde immer wieder aufs Neue das Scheitern von Multikulti ausgerufen. Warum ist das für Politiker_innen und Journalist_innen immer noch ein Thema? Und bist du immer noch kein Freund des Mültikültüralizm?

Vassilis S. Tsianos: Ich bin immer noch kein Freund des Mültikültüralizm! Die sozialdemokratische Integrationspolitik der Umverteilung war damals in die Krise geraten und transformierte das Inklusionsversprechen in einen identitätspolitischen Stellungskrieg. Dieser Stellungskrieg war weder imstande, mit dem Konzept «Integration» als einseitige Anpassungsforderung zu brechen, noch gelang es, die entstehende migrantische Mittelschicht langfristig mit dem grün-alternativen Milieu politisch zu binden. Der Mültikültüralizm bekam stattdessen den Ruf eines staatlich subventionierten Sandkastens für Kuschelmigrant_innen, Versteher_innen und Nebeneinander-Fetischist_innen. Die Tatsache, dass der Multikulturalismus-Diskurs so stark von Kanak-Renegat_innen à la Kelek und anderen neolaizistischen Kopftuchjäger_innen à la Giordano, Broder und Sarrazin negativ angeeignet wurde, bedeutet für mich nicht, dass Multikulti in bester Antira-Manier reflexartig verteidigt werden soll. Denn der okzidentalistische Habitus einer allseits postulierten Toleranz des «bereichernden» Nebeneinanders war auch in den besten Zeiten des Mültikültüralizm problematisch. Mültikültüralizm stand für eine billige Abgrenzungspolitik nach «unten» und für die neoliberale Selbstdisziplinierung eines grün-akademischen Wähler_innenmilieus. Es wurde keinesfalls der Verfassungs-Monokulturalismus radikaldemokratisch in Frage gestellt. In den grün-nahen selbstverwalteten Kindergärten oder Stadtteilzentren gab es zwar gut gemeinte Versuche, bei denen aber Mültikültüralizm mit dem Mültilinguizm und einer sanften Kanaken-Quote verwechselt wurde, wobei die Geschäftsführer_innen biodeutsch blieben. Die neokonservative Allianz von Renegat_innen, Neolaizist_innen und Altrassist_innen attackierte jedoch schon immer eine ideologische Leiche. Lange bevor das Konzept von den Rechten im Sinne des «Ende-der-Toleranz»-Slogans für tot deklariert wurde, war es von den Grünen selbst auf dem Weg ihrer Regierungsbeteiligung verlassen worden – wie der Pazifismus übrigens auch. Eine Leiche zu verteidigen, ist keine gute Idee. Man agiert schlichtweg im Gelände des Feindes.

Es gibt allerdings einen Markt der billigen Sozialkritik, in dem Politiker_innen und Journalist_innen hauptberuflich zu Hause sind. In diesem Markt reicht es, «Multikulti» auszusprechen, um eine endlose Verkettung von Vorstellungen der «gefährlichen Differenz» zu aktualisieren. Die Profiteur_innen davon sind eindeutig europaweit die populistischen Neorechten. Der Anti-«Multikulti»-Revanchismus steht für eine affektive Infrastruktur der postpolitischen Mobilisierung städtischer Eliten jenseits des etablierten Parteienspektrums. Sein Ziel ist es, die Faktizität der postmigrantischen Gesellschaft zu delegitimieren, die faktische Diversity der städtischen Migrationsgesellschaft in gute und schlechte Diversity auseinanderzudividieren, um sie generell als umkämpft darstellen beziehungsweise rückgängig machen zu können. Ihr Einsatz ist die Reprivatisierung des Städtischen und die Rehierarchisierung der Bildungspolitik. Die Kanak-Renegat_innen finden in diesem Projekt ihren Platz, indem sie einen Teil der migrantischen Mittelschicht dafür anwerben.

Die Bilder der «gefährlichen Differenz» wurden im Herbst 2010 medial breit vermittelt, als der Sozialdemokrat Sarrazin, unterstützt durch Springer-Presse und «Spiegel», sein Buch «Deutschland schafft sich ab» veröffentlichte. Er verband in seinen Ausführungen zum wirtschaftlichen und kulturellen Abstieg des Standortes und Hochkultur-Staates Deutschland altbekannten genetischen Rassismus mit einem «Neo-Rassismus», der darauf abzielt, «Kultur» festzuschreiben, zu homogenisieren und die der Kultur zugeschriebenen Personen zu determinieren. Seine nicht-wiederholungswürdigen Aussagen aktualisierten die Hintergrundfolie, an der sich dann die «Multikulti-ist-gescheitert»-Ausrufer_innen wie Seehofer orientieren konnten. Dennoch zeigt die «Sarrazindebatte» meiner Meinung nach – insbesondere die Entgegnungen auf Sarrazin im Medien-Mainstream –, dass das neoliberale Leistungspostulat eine zunehmend wichtigere Rolle spielt bei der Marginalisierung von Menschen. Gleichzeitig scheint Biologismus als Argumentationsgrundlage zunehmend zu verblassen. Gemeinsam mit Marianne Pieper sprichst du in diesem Zusammenhang vom «postliberalen Rassismus». Was meint ihr damit?

Der Rassismus eines Sarrazin ist ein Rassismus der radikalisierten Suburbia-Mittelschicht, die ihre Hegemonie jenseits des Parteienspektrums sucht und organisiert. Ihr Markenzeichen sind urbane Bildungspanik, autoritärer Sozialrevanchismus zur Disziplinierung metropolitaner Devianz und postpolitischer Tabubruch mittels antimuslimischer Rhetorik. Es ist wieder Étienne Balibar, der uns auf eine sehr wachsame Art vor der Rückkehr des Konzeptes der «Rasse» warnt. Balibar lieferte Ende der 1980er/Anfang der 1990er Jahre mit seinem zusammen mit Immanuel Wallerstein geschriebenen Buch «Rasse, Klasse, Nation» eine brillante Analyse des «differentiellen Rassismus».

Mit dem Begriff des «postliberalen Rassismus» versuche ich, im Anschluss an Balibar, die Krise des «differentiellen Rassismus» weiterzudenken. Der «differentielle Rassismus» war ein Rassismus, der die Unvereinbarkeit kultureller Differenzen propagierte und faktisch zur sozialen Immobilität mittels staatsbürgerlicher Exklusion von Migrant_innen führte. Der «postliberale Rassismus» skandalisiert vielmehr den Verfassungspatriotismus der neuen Deutschen und adressiert de facto die mögliche Umkehrung ihrer Staatsangehörigkeit.

Rassismus modernisiert sich in neuen Formen, die nicht nur an der kulturellen Differenz festzumachen sind, auch wenn das immer noch so dargestellt wird. Es ist nicht eine religiöse Differenz, die bei der politischen Thematisierung von Burqa, Niqab oder Kopftuch aufgetan wird, sondern eine kriminalisierende Differenz des terroristischen Generalverdachtes, die an den Zeichen einer religiösen Differenz einer migrantischen oder postnationalen Gruppe festgemacht wird und auf diese Weise deren sonst unangreifbare Niederlassungsrechte in Deutschland und in Europa infrage stellt. In dem «postliberalen Rassismus» sehe ich dabei die Produktivität eines antimuslimischen Rassismus, der darin besteht, die aus der Einwanderungsgeschichte resultierenden Niederlassungsrechte postnationaler Subjekte einzuschränken, in dem sie zum Beispiel mit der Praxis des generellen Terrorismusverdachtes flankiert werden (wie die großartige Arbeit von Werner Schiffauer «Nach dem Islamismus» unter anderem zur skandalösen Institutionalisierung der Überwachung und Disziplinierung von Migrant_innen am Beispiel islamischer Organisationen in Deutschlands deutlich zeigt). Die Legitimationskrise des Neoliberalismus betrifft also auch die buchstäblichen Grenzen liberaler Politiken der postnationalen

Staatsbürgerschaft. Diese illiberalen Grenzziehungspolitiken («reversible citizenship») sind zugleich als postliberale Grenzen der Demokratie zu verstehen.

Durch den Souveränitätsverlust des Staates im Zeitalter der Globalisierung sind die Grenzziehungen zwischen der «Wir-» und der «Sie-Gruppe» immer weniger an Staatsgrenzen auszumachen. Das Innen und das Außen – Zentrum und Peripherie – scheinen nicht mehr klar konturiert. Um es herunterzubrechen: Welche Funktion nimmt die Stadt im «postliberalen Rassismus» ein? Nehmen wir Berlin: Auf der mediopolitischen Ebene werden Stadtteile konstruiert, die als Repräsentanten für «Integrationsverweigerung» und «Sozialstaatsmissbrauch» funktionieren. Der «Problembezirk» Neukölln etwa muss seit Jahren als zentraler Ort für «Parallelgesellschaften» und «Ghettos» herhalten.

Der Funktionswandel der Stadt in der Ära der neoliberalen Globalisierung ist mit der Arbeit von Saskia Sassen schon seit fast zwei fast Jahrzehnten eingehend untersucht. Auch die Pionierarbeiten von Walter Priege und Klaus Ronnenberger am Beispiel Frankfurts mit der Studie «Kapital fatal» haben nicht nur die Transformationsprozesse, denen der städtische Raum im Zuge der Globalisierung unterliegt, sondern auch die transformatorischen Dynamiken, die von ihm ausgehen, für die deutsche Debatte analysiert. Der städtische Raum und die Produktion eines «New Metropolitan Mainstreams» (Christian Schmidt) sind dabei zentral für das Verständnis von «postliberalem Rassismus». Die seit den 1990er Jahren durch Gentrifizierung und «Entmischungspolitiken» verursachte Transformation traditionell «multikultureller» innerstädtischer Quartiere ist beispielhaft dafür. Dabei erfolgt die Beschreibung «problembehafteter Gebiete» oder auch «überlasteter Nachbarschaften» auf der Basis von Statistiken, Expert_innen- oder auch Bewohner_innen-Interviews ausschließlich mittels negativer Begriffe. Diese Begriffe reproduzieren als Ansammlung von städtebaulichen und sozialen Pathologien durch wiederkehrende Bilderreihen und narrative Strategien die gesellschaftlich hegemonialen Bilder von «Problemquartieren» oder «Ghettos».

In Zeiten der Terrorismusbekämpfung avancieren die panischen Räume der «ethnischen Parallelgesellschaften» zu Laboratorien einer neuen Kunst des Regierens der Migration, in denen Stadtpolitiken mit Sicherheitspolitiken zusammengefügt werden. Meine stadtsoziologischen Untersuchungen zum antimuslimischen Urbanismus zielen darauf ab, hierbei die Entstehung urbaner Konflikte und räumlicher Konstellationen, die eine neue städtische Mehrheitsgesellschaft hervorbringen, neu zu perspektivieren.

Es geht darum, das Verhältnis von Stadt und Migration in Hinblick auf eine in der Stadt- und Migrationsforschung selten berücksichtigte soziale Gruppe, die der neuen städtischen Eliten, zu reformulieren. In den sogenannten sozialen Brennpunkten geht dieser «New Metropolitan Mainstream» nämlich mit der Aktivierung von Sexismus, Homophobie und antimuslimischem Rassismus einher. So konstituieren sich die neuen städtischen Eliten selbst, etwa durch die Skandalisierung und affektive Auflagung homophober Äußerungen der ethnisierten «muslimischen Anderen» im Stadtteil, indem sie nicht nur die vermeintliche Toleranz der Dominanzgesellschaft verkörpern, sondern auch urbane Paniken vorantreiben. Oder um etwas Hamburger Kolorit zu versprühen: Als ich kürzlich mit einer hanseatischen Reederin über Migrationspolitik und die Stadt redete, sagte sie mir unmissverständlich: «Das ist alles vergeudetes Geld, sorgen Sie einfach dafür, dass mein Auto nicht angezündet wird.»

Das Interview erschien zuerst in der Broschüre Rückblicke – Praxen – Perspektiven. 10 Jahre ReachOut. *Die Herausgebenden danken für die Genehmigung zum Wiederabdruck, für den leichte Überarbeitungen vorgenommen wurden.*

Die Anderen der Anderen – Antisemitismus und antimuslimischer Rassismus in Deutschland heute

Zülfukar Çetin im Gespräch mit Anna-Esther Younes

Zülfukar Çetin: Im Zuge des Gazakriegs im Sommer 2014 gab es mehrere Antikriegsdemonstrationen, die sich mit Gaza solidarisierten. Laut den mehrheitsdeutschen Medien seien diese Antikriegsdemos, die hauptsächlich von Palästinenser_innen und Türkeistämmigen ausgingen – zumindest in Berlin – antisemitisch geprägt gewesen. Wie und wo verortest du diese Debatte?

Anna-Esther Younes: Dass Palästinenser_innen mit Antisemitismus in Verbindung gebracht werden, ist schon ein alter Vergleich – so wie die Black Panthers in den USA auch als anti-weiße Rassist_innen oder Schwarze Südafrikaner_innen im Kampf gegen Apartheid als Rassist_innen und Terrorist_innen betitelt wurden. Seit dem Jahr 2000 wird allerdings oftmals angeführt, dass durch die zweite Intifada der Antisemitismus in Europa generell angestiegen sei, nicht nur in Deutschland. Das Argument geht aber weiter: Es besagt auch, dass es die «Araber» sind, die Antisemitismus mittlerweile nach

Europa bringen – oder anders: Sie unterwandern die «europäische Gesellschaft», die dem Antisemitismus abgeschworen hat, und jetzt muss sie wieder gegen Antisemiten kämpfen. Was nicht angeführt wird, ist, dass 1999/2000 das Staatsbürgerschaftsrecht verändert wurde und seitdem immer mehr Diskursverschränkungen zusammenlaufen, um die Figur des Muslims als «nicht-integrierbar» darzustellen. Der Diskurs über einen «muslimischen Antisemitismus», «islamischen Antisemitismus» oder auch «israelkritischen Antisemitismus», wie er manchmal genannt wird, ist nur einer von vielen. Es gibt auch Diskurse zu Gender/Sexismus, Homophobie, Schlachtritualen, Kleidervorschriften, Kriminalität und Terrorismus, körperlichen oder psychischen Krankheiten. In allen diesen Diskursen wird «der Muslim» als inhärent uneuropäisch und nicht integrierbar dargestellt. Ein Zusammenkommen von verschiedenen degradierenden diskursiven Zuschreibungen kann deswegen als Rassifizierung bezeichnet werden. Anders ausgedrückt: Die Figur des Muslims wird zur «Rasse».

In der Broschüre zu «Lebenswelten Junger Muslime» vom Bundesinnenministerium von 2012 steht zum Beispiel: «Psychologische Dispositionen/Einstellungen: Autoritarismus, soziale Dominanzorientierung, traditionelle Wertorientierungen, militante Orientierungen, religiös motivierte Gewaltbereitschaft, Antisemitismus und antiwestliche Einstellungen haben sich auf der individuellen Ebene als starke Prädiktoren für Integration und/oder Radikalisierung herausgestellt» (*lacht*). So viel also dazu. Aber letztlich ist mein Lachen purer Zynismus, um ehrlich zu sein. Es geht ja um mehr: Es geht um politischen Ungehorsam, um die Möglichkeit der Kritik und den demokratischen Grundgedanken, öffentlich demonstrieren und systemkritisch sein zu dürfen. In diesem Fall war es eine uneingeschränkte Israelsolidarität seitens der Bundesregierung in einem Krieg, der in Art und Weise der Kriegsführung gegen alle möglichen internationalen Rechte verstoßen hat; von der Begründung mal ganz abgesehen. In Frankreich wurden diese «un-integrierbaren» Muslim_innen vom Demonstrieren abgehalten, per Gesetz. Das muss mensch sich mal vorstellen: Es wurde einer bestimmten Bevölkerungsgruppe – beziehungsweise zu einem bestimmten Thema – verboten zu demonstrieren! Doch während Frankreich immer mehr in Staatschulden tippelt, immer mehr nach rechts tanzt und rechtes Gedankengut in der Mitte der Politik angekommen ist, wird erstmals nach dem Zweiten Weltkrieg öffentlicher Dissens wieder verboten. Ähnliche Stimmen gab es auch in Deutschland – das ist schon erschreckend.

Darüber hinaus denke ich, dass selbst der Diskurs zur Bekämpfung des Antisemitismus und zur Erinnerung an den Holocaust nicht mehr so einfach an-hält. Stattdessen schwächt er langsam ab. Ich denke schon, dass dadurch langsam antisemitisches Gedankengut wieder ansteigt, obgleich andere Rassismen durchaus bedeutender sind im Deutschland oder Europa unserer Zeit. Interessanterweise wird heute Antisemitismus hauptsächlich wieder transportiert über antimuslimischen Rassismus. Die Beschneidungsdebatte ist da ein gutes Beispiel. Nach der Wende wurde die Bekämpfung des Antisemitismus noch mehr zur Staatsräson, unter anderem auch, um nach innen und außen zu demonstrieren, dass Deutschland «Antirassismusarbeit» leistet – und nebenbei brannten die Heime für Asylsuchende. Diese Post-Kalte-Kriegs-Staatsräson materialisierte sich in einer immer harscher auftretenden Antisemitismusbekämpfung, deren Ziele allerdings oftmals auch eine rassistische Innen- und Außenpolitik transportieren.

Um deine Frage kurz zu beantworten: Ich verorte die Stigmatisierung der Demonstrationen in Berlin und außerhalb im Rahmen eines rassistischen Diskurses gegenüber dem, was als «muslimisch» und «anders» markiert wird, eines wieder erstarkenden Antisemitismus sowie im Rahmen einer zunehmend autoritär gesinnten neoliberalen Staatsregulierung, die systemkritische Ideen sowie Bewegungen immer mehr überwacht beziehungsweise ganz verbietet.

Wie bedingt der Antisemitismusdiskurs die Innen- und Außenpolitik Deutschlands?

Die Innenpolitik wird natürlich mit dieser Diskursverschränkung zur Projektionsfläche für die Außenpolitik – und andersherum: Seit 2006 haben wir in Deutschland einen speziellen Posten im Auswärtigen Amt: «Sonderbeauftragte/r für Beziehungen zu jüdischen

Organisationen; Antisemitismusfragen». Nicht, dass das generell schlimm wäre, vielleicht wäre eine inklusivere Politik aber besser. Zum Beispiel ein Posten für Rassismus und postkoloniale Fragen. Aber wie wir sehen, ist es noch nicht im Interesse der deutschen Politik, ein inklusiveres Verständnis deutscher Geschichte, Gegenwart und Zukunft zu benennen und anzugehen, das auch den Holocaust und den Antisemitismus in geschichtliche Kontexte deutscher und europäischer Kolonialgeschichte einbettet und nicht gesondert davon betrachtet. Stattdessen wird die partikulare Erfahrung zwischen 1933 und 1945 in ihrer Unableitbarkeit zu einem – falschen – Universalismus erhoben. Das wiederum schützt Deutschland davor, deutsche Geschichte tatsächlich als eine spezifische Erfahrung zu sehen und «hilft» dabei, andere Geschichten von «Rasse» und Genozid abzuwehren. Immerhin ist Hitler 1933 weder vom Himmel gefallen noch eine Bestie gewesen, die circa 60 Millionen Deutsche entführt hat. Es gab vorher schon Menschenschauen, wo Menschen vorgeführt, durch Straßen paradiert wurden, wo die Rassenlehre verbreitet war – und dies alles galt nicht nur Juden. Die deutsche Ideologie der rassischen Überlegenheit war schon tief verankert, als Hitler an die Macht kam. Sie ist historisch gewachsen im Wechselspiel mit anderen Kolonialmächten – genauso wie die dazugehörige deutsche Amnesie für das Ganze anscheinend. Dieser «falsche» Universalismus fängt schon damit an, Rassismus vom Konzept des Antisemitismus zu trennen, um sich ganz provinziell auf ein Deutschland zwischen 1933 und 1945 konzentrieren zu können.

Die Unableitbarkeit des Spezifischen trotzdem ableitbar zu machen und zu einem Universalismus zu erheben ermöglicht es, sich auf ein eurozentrisches Erfahren des christlichen Antisemitismus zu berufen, etwas, was mensch in Deutschland oder Europa kennt, weil es fast alles ist, was hier erzählt wird. Aber dieses Erlebnis ist und bleibt doch dennoch spezifisch in Raum und Zeit! Nur weil christliche Europäer_innen, und spezifisch die Deutschen, einen Genozid begangen haben, heißt das noch lange nicht, dass alle Menschen überall auf der Welt dies auch getan hätten oder tun würden. Das meine ich mit einer partikularen Erfahrung (dem Spezifischen), die zu einer Menschheitserfahrung erhoben wird. Es ist nur ein «imperialer Kolonialherrscher», der sich anmaßen kann, seine eigene Erfahrung und Deutung zu der der Menschheit zu erheben und über andere und deren Leben zu bestimmen, um so definieren zu können, wie sie denken, schreiben oder handeln sollen. Cengiz Barskanmaz nennt diese Binarität, in der er eine Festschreibung von «Juden als ewigen Opfern» und «weißen Deutschen als ewigen Tätern» sieht, «deutschen Exzeptionalismus». Das stimmt zwar, aber das Besondere daran ist ja nicht sein Exzeptionalismus – das hat jeder Nationalismus inhärent, so wie auch eine Binarität zweier «Rassekonstruktionen» (hier: Juden und weiße Deutsche) oftmals einem Nationalismus inhärent ist. Beides sollte daher immer dekonstruiert werden. Das Besondere am deutschen Nationalismus ist aber tatsächlich, dass er die internationale und europäische Macht hat, seine partikulare Erfahrung und somit seinen spezifischen «deutschen Exzeptionalismus» zu einem Universalismus zu erheben. Konkret: Die eigene Erfahrung zu einer Erfahrung der Menschheit zu machen, scheint die «Neue Deutsche Ideologie» nach dem Zweiten Weltkrieg zu sein; hervorgegangen aus diesem «falschen» Universalismus.

Wie viel davon Philosemitismus ist und wie viel dazu dient, andere Rassismen auszublenden, muss kritisch hinterfragt werden. Eine Frage, die wir uns daher dringend stellen müssen, wäre: Wie schaffen wir es, einen Universalismus des Antirassismus zu schaffen, der partikulare Erfahrungen ernst nimmt, ohne sie bevormundend werden zu lassen für andere Erfahrungen? Ohne andere Erfahrungen zu marginalisieren, zum Schweigen zu bringen oder gar Erfahrungen gegeneinander auszuspielen. Warum konnten zum Beispiel die Genozide an den Herero, Nama und Maji-Maji nicht zu einer Generalerfahrung Deutschlands oder der Menschheit werden? Warum können die Vertreibung, der Rassismus und das Morden gegenüber Palästinenser_innen nicht anerkannt werden auf offizieller Ebene? Und wie können wir post-koloniale Genozide wie in Kambodscha, Ruanda oder auf dem Balkan begreifen?

In Deutschland gibt es unterschiedliche politische Positionen zum Verhältnis beziehungsweise zur Unverhältnismäßigkeit von Israel und Palästina. Wie siehst du die politische Differenz zwischen Israelkritik und Antisemitismus?

Unterschiedliche Positionen gibt es überall. Die Frage ist eher: Welche Positionen sind die dominanten und wirkmächtigen in dem Sinn, dass sie die Definitionsmacht innehaben? Somit wäre meine Frage, was du überhaupt mit den Positionen meinst, um alles Weitere beantworten zu können. Deine eigentliche Frage: «Wie siehst du die politische Differenz zwischen Israelkritik und Antisemitismus?» ist eine, die auf der Grundprämisse basiert, dass es einen Unterschied gibt zwischen Israelkritik und Antisemitismus. In seinem Aufsatz «Zur Judenfrage» stellte Marx den christlichen Staat infrage, der sich als säkular «verkauft» und den «Juden» zum Religions- und somit Integrationsproblem seiner Zeit macht. Seitdem hat sich nicht viel geändert, meiner Meinung nach, außer dass wir mit dem Diskurs um Antisemitismus heute einen Diskurs über «die Anderen (Muslim_innen) der Anderen (Jüd_innen)» haben – die Einzigen, wie schon zu Marx' Zeiten, die nicht markiert werden, sind weiße, christliche Deutsche. Ich stimme dir also zu, aber das ist trotzdem keine hegemoniale Meinung in Deutschland. Meine Frage an dich wäre allerdings gerade deswegen: Warum stellst du genau diese Frage? Der politische Widerstand gegen neue Fragen ist ein Teil des Verdrängungsprozesses gegenüber der deutschen Konstruktion von Rasse, die weit über die Nazis hinausgeht. Tatsächlich denke ich aber, wir müssen dringend neue Fragen stellen.

Ich denke, es gibt einen Unterschied zwischen Antisemitismus und Israelkritik, wahrscheinlich stimmen wir da überein. Und es gibt in bestimmten Gruppierungen der weiß-deutschen linken Szene die vorherrschende Haltung, die auch als eine Position angesehen werden kann, dass Israel nicht kritisiert werden soll, weil dieser Staat von vielen muslimischen Feind_innen beziehungsweise feindlichen Ländern umgeben sei. Diese Konstruktion von «muslimischer» Feindschaft wird in Deutschland auf die Menschen projiziert, die entweder muslimisch sind oder denen eine muslimische Glaubenszugehörigkeit zugeschrieben wird. Ich habe die Frage zum Unterschied zwischen Antisemitismus und Israelkritik gestellt, um eine Antwort zur vorherrschenden Meinung in Deutschland zu bekommen, warum hier kein Unterschied zwischen Antisemitismus und Israelkritik gemacht wird, und eine Antwort auf die Frage, wer hier von wem als antisemitisch imaginiert beziehungsweise zu Antisemit_innen gemacht wird.

Erst einmal möchte ich sagen, dass ich nicht denke, dass das Phänomen, das du als ein weiß-deutsches beschreibst, tatsächlich nur «weiß» ist, obgleich das auch nicht komplett falsch ist. Ich denke, Ideologie geht immer auch über ethnische Grenzen hinaus, da wir ja nicht mit einer Meinung geboren werden, sondern in sie hineinsozialisiert werden. Aber vielleicht kommt es eher darauf an, wie wir Ideologie verstehen wollen: als «Macht über Menschen» im Sinne eines Herrschaftsinstruments oder als «Macht, um zu tun» im Sinne von Internalisierung; oder als beides. Für mich liegt es nahe, dass alle, die hier lange leben oder gar geboren und großgeworden sind, auch hauptsächlich mit «weiß-deutschen» Ideen und auch Ideologien sozialisiert werden. Aber letztlich wird mensch als nicht-weiße_r Deutsche_r natürlich noch mehr dazu angehalten, sich in der Treue zur Nation zu «beweisen». In diesem Sinn erscheint es mir, zum Beispiel, dass ein Ziel der Bildungsarbeit zum Thema «Antisemitismus und Nahostkonflikt» für weiße Deutsche oftmals ist, eine Identifikation (auch in ihrer Negation!) mit den Zielen des deutschen Staates nach dem Zweiten Weltkrieg hervorzubringen. Während es für sogenannte «Muslim_innen» oder andere postkoloniale Subjekte eher darin verankert zu sein scheint, einen «ausgewogenen», «pazifizierenden» und «beschwichtigenderen» Blick auf den palästinensisch-israelischen Konflikt zu bekommen sowie auf die eigenen Rassismuserfahrungen in Deutschland.

Zu der zweiten Implikation, dass Israel nicht kritisiert werden darf: Diese funktioniert natürlich nur, wenn Israel als Staat eine «Sonderstellung» innehat, die es sozusagen jeglicher Kritik enthebt. Aber was konkret könnte die Funktion hinter dieser Sonderstellung sein? Frank Stern schreibt 1991 in seinem Buch «Im Anfang war Auschwitz», dass die innerdeutsche Funktion darin verankert ist, dass ein «pro-jüdisches öffentliches Bekenntnis» zu Jüd_innen sowie dem Judentum, auch Philosemitismus genannt, es der BRD ermöglicht hat, seine Stellung unter den Nationen wieder einzunehmen und sich zu rehabilitieren. Deutscher Philosemitismus hat somit die Funktion, sich «reinzuwaschen» von den Sünden. Er soll in einer gewissen Weise sogar, laut Stern, den eigenen Antisemitismus ausgleichen. Obgleich viele, Stern inklusive, sagen würden, dass natürlich beides rassistisch ist. Vielleicht, und das würde ich hinzufügen, ist Philosemitismus aber schwerer erkennbar oder gar unsichtbar für jemanden mit dem Privileg einer weiß-deutschen Subjektposition, für die dieser Catch-22 normalisiert wurde?

Um noch mal auf die Ideologiekritik zurückzukommen, müssen wir uns die Frage stellen: Was passiert eigentlich mit Kritik, wenn es «Ausnahmeregeln für Kritik» gibt – die ja auch immer zur Regel werden können? Wie gehen wir damit um, als Kritiker_innen, die nicht nur weiterhin Konstruktionen von «Nation» und «Staat» – oder noch schlimmer: «Nationalstaat» – kritisieren wollen? Sollte es Kollektive geben, die unantastbar sind? Was bedeutet dann überhaupt noch Kritik? Und: Wo fängt Ideologie an und wo hört sie auf?

Was passiert mit Ideologiekritik in Deutschland, wenn wir dem folgen, was du sagst?

Letztlich sollte ideologiekritisches Gedankengut niemanden oder nichts romantisieren oder idealisieren, denn dann kann es reaktionär werden. Fragen müssen immer gestellt werden dürfen. Und auch Kritik muss weiterhin geübt und aufrechterhalten werden. Niemand ist perfekt. Wir kritisieren ja auch Deutschland, Frankreich, China, die USA und den Iran oder soziale Bewegungen aller Art. Die Meinung, die du ansprichst, die es «verbietet», Israel zu kritisieren, basiert auf der Schlussfolgerung, dass Israel die Konsequenz aus dem Holocaust sei und dort somit nur Opfer des Holocaust lebten. Hier ist schon mal ein Identifikations- und Idealisierungsfehler. Es ist nicht nur faktisch falsch, dass dort nur europäische Opfer des Holocaust leben, sondern es hilft auch, eine romantische Idee aufrechtzuerhalten, dass Jüd_innen in Israel niemals Täter_innen sein können. Solange wir aber annehmen wollen, dass Jüd_innen zuerst einmal Menschen sind, dann sind sie in einem logischen Kausalschluss auch fähig, Täter_innen zu sein und zum Beispiel Palästinenser_innen, arabische oder äthiopische Jüd_innen oder Geflüchtete unterdrücken oder diskriminieren können. Menschen zu exotisieren, ist genauso rassistisch wie Menschen zu viktimisieren oder aber ihnen übermenschliche Fähigkeiten zuzusprechen. In Dichotomien zu denken entmenschlicht, den anderen und dient letztlich nur der Konstruktion eines eigenen, «reineren» Selbst.

Die Funktion der Juden-sind-ewige-Opfer-Deutsche-sind-ewige-Täter-Logik ist die, dass für die Nachkommen der deutschen und europäischen Täter_innen, post mortem, auch eine Rechtfertigungsmöglichkeit vorhanden ist: «Es tut uns leid, wir wissen nicht, wie dieser ‹Zivilisationsbruch› über uns kommen konnte, aber wir geben euch dafür ein Land außerhalb Europas.» Diese Logik des «tit-for-tat» funktioniert nur mit einer kapitalistischen Wiedergutmachungsmethode: Jeder Mord kann bezahlt werden, zur Not mit Land und einem eigenen Staat, basierend auf einem normalisierten und unausgesprochenen Kolonialisierungsanspruch: «Wir geben euch ein Land, das mal uns Europäern gehörte zur Zeit des Kolonialismus, und nun wird es an euch weitergegeben.» Die dort lebende palästinensische Bevölkerung wurde in diesem «Vertragsschluss» nicht gefragt. Man muss auch hinzufügen, dass rassistisches und rechtes Gedankengut in Deutschland sich auch oftmals dieser Logik bedient, sie aber ins Gegenteil verkehrt: im Sinne von «Wir haben es satt, diese Täterlogik. Wir wollen wieder stolz sein können auf Deutschland.» Dies sind zwei Seiten derselben Medaille, die nur mit neuen Fragen dekonstruiert werden können.

Letztendlich hat der Westen viele Zivilisationsbrüche begangen, angefangen mit 500 Jahren Kolonialgeschichte. Im Bezug auf den Holocaust erscheint das Wort daher fast schon zynisch. Es deutet darauf hin, dass Auschwitz und Co. immer nur «Ausrutscher» waren, die nie wirklich so gemeint waren, die europäische Zivilisation aber schon. Strukturen von Rassismus und geschichtliche Kontinuitäten werden somit von vornherein ausgeschlossen und in Zeit und Raum, von 1933 bis 1945, festgeschrieben. Eine Verbindung zwischen Kolonialgeschichten und der Konstruktion von Rasse bis hin zum Holocaust wird somit vorweg verhindert. Die Sinti und Roma haben nie einen Staat bekommen von Deutschland nach dem Genozid an ihnen im Dritten Reich. Die Nachkommen der Sklaven in den USA auch nicht, obgleich es Forderungen danach gab, in der Geschichte, seitens gewisser nationalistisch bestrebter Bewegungen der Schwarzen Widerstandsbewegung; mal ganz zu schweigen von den First Nations in Nord-Amerika. In der Hinsicht ist es erstaunlich, dass Jüd_innen diese Möglichkeit zugesprochen wurde – allerdings außerhalb von Europas Grenzen.

Nicht zuletzt muss mensch aber auch darauf hinweisen, dass es schon seit Jahrhunderten – besonders in Deutschland, aber nicht nur hier – Ideen der «Umsiedlung» des deutschen und europäischen Judentums gab. Meist in die bereits bestehenden Kolonien. Jonathan M. Hess hat 1998 dazu einen guten Artikel verfasst mit dem Titel «Sugar Island Jews? Jewish Colonialism and the Rhetoric of ‹Civic Improvement› in Eighteenth-Century Germany», in dem er auch die teilweise zynisch-ironischen jüdischen Reaktionen auf diese Umsiedlungs- und Verwertungsphantasien weißer Europäer darstellt. Die Idee, dass Jüd_innen in europäischen Kolonien leben sollen, ist alt, und die Idee des Zionismus ist, meiner Meinung nach, daran anschlussfähig.

Ich möchte aber nicht den Eindruck erwecken, als würde ich einen ethnischen Nationalismus unterstützen. Im Gegenteil, ich sehe anti-koloniale ethnische Nationalbewegungen eher im Rahmen einer Gegenreaktion auf europäischen Rassismus und Enteignung. Reaktionäre Elemente und Ideen sind niemals ausgeschlossen. Die Frage, die bestehen bleibt, ist: Wie kann ein antirassistischer antikolonialer Widerstand in seiner Dialektik auch aufgehoben werden?

Ich möchte auf den Kolonialanspruch des Westens näher eingehen. Wie hat sich der Antisemitismus in Deutschland nach dieser «Rückgabe» des Landes an Jüd_innen geändert? Warum sprechen Politiker_innen und Wissenschaftler_innen kaum über dieses historische «Umsiedlungsprojekt» des deutschen und europäischen Judentums?

Wenn das eine Rückgabe war, was ja oft angeführt und angenommen wird, weil König David von 1002–970 vor Christus, also ganze 32 Jahre, dort regiert hat und dies der einzige jüdische Staat vor Israel war, dann dürfen die Araber_innen doch auch Spanien zurückhaben. Aber jetzt mal ehrlich, es wird ja über Kolonialismus, Israel und Palästina gesprochen, nur in Deutschland wird eine kritisch-analytische Debatte oftmals vorweg unterbunden, was oftmals zu Frustrationen führen kann. Warum das so ist, ist eine gute Frage. Diskursiv wird natürlich die Verantwortung Israel gegenüber hervorgehoben, aufgrund des Holocausts, deren Funktion schon erläutert wurde. Das heißt, es wird in Deutschland ja schon darüber gesprochen, aber die Geschichte der Palästinenser_innen und die des Kolonialismus werden dabei ausgeblendet. Sie dienen, wenn überhaupt, nur als Hintergrundmaterial, um die Geschichte Europas zu erzählen. Im Namen des europäischen Holocaust wird das palästinensische Narrativ der Vertreibung, die bis heute anhält, aus moralischer Sicht innerhalb nachkriegsdeutscher hegemonialer Ideologie der BRD zu einem weniger wichtigen Teil der Geschichte, wenn sie denn überhaupt vorkommt.

Die Geschichte der Palästinenser_innen wird ausgeblendet, wir wissen aber wohl, dass ganz viele Palästinenser_innen in Deutschland leben, die eine Fluchtgeschichte hinter sich haben. Kannst du vielleicht zu den Auswirkungen des Israel-Palästina-Diskurses auf die betreffenden Gruppen in Deutschland etwas sagen... Was macht dieser Diskurs mit Menschen hier, und was hat sich aktuell in diesem Diskurs nach dem Gaza-Krieg geändert?

Deutschland hat mit etwa 80.000 Palästinenser_innen die größte Community in ganz Europa, aber auch gleichzeitig die leiseste. Sprich, Palästinenser_innen oder auch andere anti- oder dekoloniale Denker_innen haben es in Deutschland schwer, das Tabu zu brechen, das darauf hinweist, dass mit der Gründung Israels ein weiteres Verbrechen gegen die Menschlichkeit begangen wurde. Das passt aber nicht ins Selbstbild, dass Europa sich mit und durch seine Kolonien und Genozide innerhalb und außerhalb Europas erschaffen hat. Wie Stuart Hall sagt: «Europa» glaubt immer noch, es habe sich nur aus sich selbst heraus erschaffen. Es würde außerdem die Frage aufwerfen: Was hätte Deutschland sonst tun können?

Aber um noch mal darauf zu kommen, was es mit den hier lebenden Palästinenser_innen macht, das wäre ganz einfach zu beantworten: Angst, Schweigen, Hilflosigkeit, in einigen Fällen sicher auch Aggression, da Menschen auf Unterdrückung und Marginalisierung mit Aggression reagieren und immer auch so reagieren werden – entweder gegen sich selbst oder gegen ihre Unterdrücker_innen oder – wie in den meisten Fällen – beides zugleich.

Soweit ich weiß, gab es gute Verhältnisse zwischen der DDR und Palästinenser_innen. Kannst du dazu etwas sagen? Gibt es eine Vergleichsebene zwischen der damaligen DDR und der vereinigten BRD in Bezug auf den Israel-Palästina-Diskurs einerseits und in Bezug auf die Bewegungen der Palästinenser_innen damals und jetzt andererseits?

Das stimmt. Unter der älteren Generation, die damals in ihren Zwanzigern und Dreißigern waren, gibt es bis heute manchmal die neckischen Unterschiede, dass mensch sich als «Ossi»- beziehungsweise «Wessi»-Palästinenser_in bezeichnet. Die DDR hat sich mit Palästinenser_innen vor dem Hintergrund des westlichen Imperialismus solidarisiert. Toni Weis hat 2011 einen sehr guten Artikel, «The Politics Machine: On the Concept of ‹Solidarity› in East German Support for SWAPO», über die DDR und ihr Solidaritätsverständnis mit Bezug auf die anti-koloniale Bewegung der Südwestafrikanischen Volksorganisation in Namibia geschrieben. Diese Solidarität, die letztlich nur eine andere Ideologie verkörperte, hat dazu beigetragen, wie ich aus persönlichen Gesprächen erfahren habe, dass diese jungen palästinensischen Studenten 1982, zum Beispiel, für ein bis zwei Semester von DDR-Universitäten beurlaubt wurden, um «für ihre Bevölkerung» kämpfen zu gehen. Sie wurden zum Beispiel mit Militärflugzeugen zurück nach Berlin geflogen, wenn sie angeschossen wurden. Seit 1978 besetzte Israel bereits den Süden Libanons. Aber dann wurde Beirut bombardierte und das Massaker an knapp 3000 hauptsächlich wehrlosen Palästinenser_innen in den Flüchtlingslagern Sabra und Shatila seitens der Phalangisten mitorganisiert und unterstützt. Eine sehr gute Darstellung von dem, was damals geschah, ist der von Monika Borgemann im Jahr 2006 produzierte Film «Massacre», in dem die Phalangisten, die damals das Massaker anrichteten, über ihre Ausbildung und ihre Taten in Sabra und Shatila berichten.

Die politische Sozialisierung von Palästinenser_innen, die damals in die DDR kamen, war somit eine andere. Für sie war die DDR sogar ein «Freundin». Vor dem Hintergrund des Kalten Krieges, in dem «der Feind meines Feindes mein Freund» war, hat diese politische Ideologie die reellen Bedürfnisse von geflüchteten Palästinenser_innen natürlich mehr angesprochen als ein westdeutsches Narrativ, besonders nach der Wende, das sie unsichtbar machte.

Und bezüglich heute, das ist schwer zu sagen, was von den wettstreitenden Narrativen übrig ist. Ich denke, dass die ostdeutsche Geschichte hier kaum thematisiert oder gelehrt wird, außer vor dem Hintergrund, die westdeutsche Demokratie, ihr Kapitalismusverständnis und dessen Sieg zu feiern. Mit dem westdeutschen Narrativ ist natürlich auch der Schulterschluss mit Israel ganz klar gesamtdeutsch geworden, und Palästinenser_innen fielen unter den Generalverdacht des Antisemitismus. Die Solidarität mit den «vom Imperialismus unterdrückten Völkern» war vorbei. Das hegemoniale Narrativ der Solidarität mit dem Staat Israel ist heute, besonders aber nochmals nach der Wende, deutsche Staatsräson.

Kannst du konkrete Beispiele für diesen Generalverdacht gegen die Palästinenser_innen geben? In welchen Medien, Studien, Projekten oder Gruppierungen begegnet man diesem Generalverdacht, alle Palästinenser_innen seien antisemitisch?

Die Rassifizierung der Figur des «Muslims» hat verschiedene Stadien durchlaufen. Riem Spielhaus hat 2006 einen Artikel «Vom deutschen Versuch, ‹Ausländer› zu ‹Muslimen› zu machen» geschrieben, in dem sie aufzeigt, wie sich der mehrheitsdeutsche Diskurs von «Ausländer» als Markierung zu «Muslim» als Markierung durchgesetzt hat. Sprich, früher gab es Ausländer_innen, Gastarbeiter_innen und Türk_innen. Heute sind einfach alle «Muslim_innen». Auf der einen Seite gibt es eine immer stärker werdende Generalisierung, immer mehr Menschen werden inkludiert in der Gruppe der «Anderen», auf der anderen Seite wird die Markierung immer spezifischer, früher gab es Marokkaner_innen, Türk_innen und Palästinenser_innen, es gab Christ_innen und Muslim_innen, die PFLP (Popular Front for the Liberation of Palestine), die PKK (Partiya Karkerên Kurdistan, Arbeiterpartei Kurdistans) und andere, heute sind alle «Muslim_innen». Palästinenser_innen bilden mit ihren Körpern und ihrer Geschichte somit eine Projektionsfläche für ein eurozentrisches weißes Weltbild, in dem ihr antikolonialer Widerstand nicht als solcher gesehen wird, sondern als antisemitisch. Außerdem wird der Konflikt von vielen in Europa zu einem religiösen Konflikt erhoben, dabei dreht es sich um Land und um

Menschenrechte. Selbst im Wikipedia-Eintrag zum Nahostkonflikt wird die Jahreszahl 1948 als historisches Datum für den Konflikt genannt. Was Leute also lesen oder glauben, wenn sie sagen, dass der Konflikt ja schon seit Jahrtausenden besteht, ist mir ehrlich gesagt schleierhaft. Außer natürlich, dass mensch so seine Verantwortung abwehren kann, indem mensch ihn so zu einem «tragischen Ereignis» macht, wo mensch sich nicht einmischen kann und letztlich somit aber den Status quo unterstützt.

Was ich aber mit all dem sagen will, ist, dass nach einiger Zeit verschiedene diskursive Verschränkungen sich zu so einer starken Ideologie zusammenfügten, an die letztlich viele Menschen in Deutschland glauben: Der angeblich «religiöse Konflikt» in Palästina ist in dieser Ideologieformation anschlussfähig mit der rassistischen «Angst» vor «muslimisch-religiöser Überfremdung» und «muslimischem Antisemitismus». Die Figur des «antisemitischen Palästinensers» trifft auf die Figur des «kriminellen und faulen Ausländers» sowie auf die Figur des «sexistischen, tierschänderischen und homophoben Moslems». Alles zusammen ergibt letztlich eine Konzentration von meist negativen Eigenschaften der Figur des «Muslims». Somit sind wir nicht weit entfernt davon, dieser Figur das Recht auf Leben oder Schutz zu verwehren: Und das kann mensch dann auch gleich Rassismus nennen.

In welchem Zusammenhang stehen die Themen Rassismus, Antisemitismus und deutsche Staatsbürgerschaft mit Integration?

Es muss die Frage gestellt werden, ob die bedingte «Beichte», dass mensch nicht antisemitisch sei, nicht auch zu einem Machtdiskurs von «rassischer Überlegenheit» und so mit der Möglichkeit der «Integration» oder einfach nur des Dazugehörens und der Anerkennung in Deutschland verkoppelt wurde. Die partikulare Erfahrung des Holocaust wird in Deutschland zu einer «Erfahrung der gesamten Menschheit» erhoben und es wird erwartet, dass mensch sich 1. mit der deutschen Erfahrung identifiziert und 2. die gleichen Schlüsse daraus zieht wie die BRD. Das partikulare Geschichtsverständnis der deutschen Geschichte zwischen 1933 und 1945 wird außerdem auch dahingehend manipuliert, dass das Konzept von «Rasse» nur im Rahmen einer deutsch-jüdischen Binarität verstanden werden kann, die Deutschland und sein Rasseverständnis definiert und markiert (in den USA wäre das beispielsweise die Binarität «Schwarze Sklaven» versus «weiße Siedler»). Diese konstruierte Binarität kreiert wiederum einen Archetyp des «Rassismus» für Deutschland, der sich auch manifestierte im Holocaust. An der materialisierten Binarität dieses Archetyps werden dann andere Formen von Rassismus gemessen. Andere Rassismen von früher und heute werden dadurch ausgeblendet oder kaum als gesellschaftlich relevant wahrgenommen.

Hinzukommt, dass in dieser «Heiligen Dreifaltigkeit» nur Juden, Deutsche und deutsche Juden sich verhalten können, aber letztlich steht mittlerweile selbst das Jüdische auf der Kippe: Es werden nur zionistische Jüd_innen als sprechende Subjekte geduldet. Jüd_innen, die ihre Identitäten außerhalb eines politischen Zionismus in Palästina-Israel definieren, werden wieder rassifiziert: Sie sind die neuen Antisemit_innen, siehe Judith Butler, die anscheinend gleich den nächsten Holocaust heraufbeschwören möchte mit ihrer Israelkritik, so wie nicht-weiße Menschen, die sich diesem Machtdiskurs widersetzen wollen. Jüd_innen, die Butlers Meinung teilen, erfahren somit von neuem, was es heißt, in Deutschland rassifiziert zu werden, von Menschen, die vor ein oder zwei Generationen noch ihre Familien verfolgt haben oder hätten.

Anders ausgedrückt, unter dem Deckmantel des Anti-Antisemitismus werden heute also unter anderem auch antizionistische Jüd_innen wieder öffentlich beschämt und vorgeführt, diesmal als Antisemit_innen. Das ist tatsächlich zynisch und zutiefst erschreckend. Nachdem die (aufstrebende) Oberschicht der Deutschen also einst über jüdisches Leben und Identität bestimmte, tut sie es heute wieder, mit antizionistischen Jüd_innen und den Anderen der Anderen – a.k.a. Muslimen, Schwarzen, Sinti und Roma – als Leidtragenden. Marx hatte wohl Recht, als er im «Achtzehnten Brumaire des Louis Bonaparte» schrieb: «Hegel bemerkte irgendwo, dass alle großen weltgeschichtlichen Tatsachen und Personen sich sozusagen zweimal ereignen. Er hat vergessen, hinzuzufügen: das eine Mal als Tragödie, das andere Mal als Farce.»

Du bist eine der ganz wenigen Forscher_innen, die zum Thema arbeiten, hast du Angst, darüber öffentlich zu sprechen?

Es ist tatsächlich so, dass es unglaublich viel Material zu Antisemitismus gibt. Ab 2000 bis 2003 hat auch Literatur zum «muslimischen Antisemitismus» beziehungsweise «israelkritischen Antisemitismus» zugenommen. Die Funktion, die der Diskurs über die «Figur des Juden» allerdings bis heute innehat – danach fragen wenige. Und obgleich Antisemitismus in Deutschland zum Glück weniger geworden ist, sind die Anderen – Jüd_innen – und die Anderen der Anderen trotzdem immer noch «die Anderen»: Zu den Verbindungen dazwischen brauchen wir mehr Diskussion und Forschung. Wenn das niemand hören will, dann ist das gefährlich und zynisch und steht nicht zuletzt der Demokratie im Weg, die für mich immer auch das Aufrechterhalten der Kritik bedeutet. Solange Kritik geübt wird, gibt es ja noch genügend Hoffnung auf Veränderung. Zur Not muss mensch halt auswandern. Das wäre allerdings sehr schade. Ich mag es, hier zu leben.

«Empowerment bedeutet: Lebensmöglichkeiten entdecken und verwirklichen – für alle»

Zülfukar Çetin im Gespräch mit Mutlu Ergün-Hamaz

Zülfukar Çetin: Wenn wir über Rassismus sprechen, denken wir häufig an die Betroffenen und Strukturen dieser Gesellschaft, die den Rassismus hervorrufen. In deinen performativen und schriftlichen Beiträgen thematisierst du aber nicht nur die Betroffenheit der Menschen und die rassistischen Strukturen, sondern auch das Potenzial, sich gegen rassistische Verhältnisse zu wehren und zu positionieren. Dabei gehst du vom Empowermentansatz aus. Was heißt für dich Empowerment in Bezug auf Rassismus?

Mutlu Ergün-Hamaz: Ehrlich gesagt gibt es für diese Frage keine klare Antwort – und das ist auch vollkommen in Ordnung so. Empowerment ist ein Prozess und nicht unbedingt eine statische, essenzielle Sache, die automatisch all unsere Probleme lösen wird. Empowerment für People of Color in Bezug auf Rassismus kann viele verschiedene Aspekte haben, genauso wie Rassismus auch viele verschiedene Aspekte hat. Da sind einmal die rassistischen

Strukturen, die du ja bereits in deiner Eingangsfrage erwähnt hast, und dann ist da natürlich auch die persönliche Ebene. Auf der strukturellen Ebene gibt es viele verschiedene Dimensionen, da geht es um politische Entscheidungsprozesse, darum, wie People of Color in den Medien dargestellt werden oder sich selbst repräsentieren können, oder um die Position im Bildungsbereich. Doches geht auch um Fragen wie Zugang zum Arbeits- oder Wohnungsmarkt, aber auch Bleiberecht, um nur einige Aspekte zu nennen. Hier bedeutet Empowerment für mich den Prozess (wie auch immer dieser Prozess aussehen mag), der das Ungleichgewicht beim Zugang zu diesen gesellschaftlichen Ressourcen behebt.

Auch auf der persönlichen Ebene gibt es viele verschiedene Dimensionen des Empowerments für People of Color. Hier, denke ich, kann Empowerment auch Selbstbestimmung heißen. In das rassistische System hineinsozialisiert zu werden, bedeutet ja oft den Verlust unserer Selbstbestimmung, insbesondere wenn wir uns selbst, aber auch andere rassifizieren. Empowerment wäre dann der Prozess, der es uns erlaubt, unser Recht auf Selbstbestimmung zu leben. Gleichzeitig kann es aber auch bedeuten zu erkennen, in welchen Bereichen wir vielleicht schon selbstbestimmt sind, wie viele Ressourcen wir bereits besitzen, ohne uns darüber bewusst zu sein. Mit anderen Worten: Empowerment ist der Prozess, der das Überwinden von traumatischen Rassifizierungsprozessen ermöglicht. Dieser Prozess kann ganz unterschiedlich aussehen: ein gutes Buch, Musik, Kreativität, ein tolles Gespräch, die Begegnung mit inspirierenden Personen, Meditation, Beten und vieles mehr. In vielen Dekolonisierungsbewegungen hat Spiritualität eine wichtige Rolle gespielt – dabei geht es nicht zwangsläufig immer um Religion, auch die Spiritualität von Atheist_innen kann dabei eine Rolle spielen. Rassismus, Rassifizierung ist eine Form der (Selbst-)Begrenzung, beim Empowerment geht es darum, Lebensmöglichkeiten zu entdecken und zu verwirklichen.

Du hast jetzt auf einmal mehrere Ebenen des Rassismus und des Empowerment thematisiert. Welche Wechselverhältnisse gibt es zwischen medialen Darstellungen und der Selbst-Repräsentation von People of Color? Mir fallen zum Beispiel ein Akif Pirinçci oder eine Necla Kelek ein, die die People of

Color vertreten und darstellen (wollen). Wenn solche Leute, die ich auch als PoC bezeichnen würde, bei der Reproduktion von Rassismen laut werden, wie kann man gegen sie argumentieren, oder soll man sie überhaupt ernst nehmen?

Pirinçci und Kelek haben nur sehr wenig mit Empowerment und Selbst-Repräsentation zu tun – ganz im Gegenteil. Sie fügen sich lückenlos in den dominanten medialen rassistischen Diskurs ein – und noch mehr, sie haben darin eine sehr wichtige Funktion. Der weiße rassistische Mainstream kann auf solche Leute zeigen und sagen: «Schaut doch, selbst die Migrant_innen sagen es von sich selber, dass sie uns Europäer_innen kulturell unterlegen sind» et cetera. Leute wie Kelek und Pirinçci lassen sich vom dominanten Diskurs funktionalisieren. Sie tun dies meist aus verschiedenen Gründen, entweder aus Selbsthass, internalisiertem Rassismus, der sie nach der Anerkennung der weißen Mehrheitsgesellschaft gieren lässt, oder auch weil sie davon auf verschiedene Art und Weise profitieren, finanziell, sie werden zu Talkshows eingeladen, sie verkaufen Bücher et cetera. Solche Leute haben mit Selbst-Repräsentation wenig zu tun, sie werden selektiv vom Mainstream gehört, weil sie genau die Dinge sagen, die der Mainstream hören will. Anderen Stimmen, die kritisch gegenüber der weißen Dominanzgesellschaft sind, wird nur sehr selten Raum gegeben, ihre Kritik zu äußern.

Eine echte Selbst-Repräsentation von People of Color in den Medien würde bedeuten, dass die 15% oder 20% PoC-Anteil der deutschen Gesellschaft in all ihrer Differenziertheit auch in den Medien widergespiegelt werden – das ist momentan überhaupt nicht der Fall. Im Augenblick sind die Medien von stereotypen Darstellungen von PoC geprägt, die das Dominanzverhältnis zwischen PoC und Weiß rechtfertigen sollen. Da entdecken wir meist nur die üblichen Klischees von Drogendealer_innen, Terrorist_innen, Ehrenmördern, Kriminellen et cetera. Ein differenziertes Bild von PoC ist in den Medien unsichtbar, muss es auch bleiben, wenn der jetzige rassifizierte Macht-Status-quo aufrechterhalten bleiben soll. Denn wenn die Mehrheit der Menschen auf einmal verstehen würde, dass PoC Menschen wie du und ich sind, dann müssten sie sich auch die Frage stellen, warum PoC strukturell benachteiligt werden – oder warum es okay ist, Kriege gegen sie zu tolerieren. Der Krieg in Afghanistan ist zum Beispiel das Hauptthema in Judith Butlers Essay «Precarious Life». Mit Émmanuel Levinas' philosophischem Konzept des Gesichts untersucht Butler, wie der Staat durch die Medien die US-amerikanische Öffentlichkeit durch selektive Darstellung der US-militärischen Erfolge und eine selektive Berichterstattung vor und während des Krieges manipulierte. Sie fasst zusammen, wie Bilder der jungen afghanischen Frauen, die ihre Schleier wegwerfen, als ein Triumph der kolonialen «mission civilisatrice» gefeiert wurden. Butler beschreibt, wie die Gesichter von Osama bin Laden und Saddam Hussein zu Ikonografien des unmenschlichen Bösen stilisiert wurden; und wie jene Bilder, die die verheerenden Auswirkungen dieser «mission civilisatrice» auf die Zivilbevölkerung bewiesen, einbehalten und zensiert wurden, um zu vermeiden, dass die öffentliche Empörung in den USA Widerstand gegen den Krieg in Afghanistan auslöst. Weiße Leute repräsentieren sich selbst in Medien, daher nehmen wir sie auch als volle Menschen wahr. Wenn sie sterben oder getötet werden, dann berührt uns ihr Tod, wir fühlen, wir leiden mit, wir trauern. Mit PoC ist das anders, sie sind unliebsame Fremde, die unwillig oder unfähig sind, sich dem modernen, aufgeklärten, liberalen westlichen Lebensstil anzupassen, so werden sie zumindest in den Medien häufig dargestellt. PoC werden als weniger Mensch dargestellt, daher verdienen sie auch weniger Menschlichkeit, und ihr Tod, ihr Sterben, ihre physische Auslöschung berühren uns weniger, wenn überhaupt. Butler argumentiert daher: Diejenigen, die die Macht der Selbstdarstellung haben, sind auch diejenigen, die als Menschen anerkannt werden.

Insofern ist es schon wichtig, Leute wie Kelek und Pirinçci ernst zu nehmen, da sie Teil dieses dominanten Diskurses sind und dazu beitragen, dass PoC medial und diskursiv weiterhin entmenschlicht werden. Ein Ignorieren fände ich falsch, aber gegen sie zu argumentieren, ist nicht leicht. Sicherlich ist es möglich, ihnen zu erklären, dass das Patriarchat nicht nur ein muslimisches Problem ist, dass jede dritte Frau in Deutschland häusliche Gewalt erfährt – unabhängig von ihrer sozialen oder kulturellen Herkunft –, Sexismus ist also nicht ein Unterschichten- oder Minderheitenproblem, sondern ein gesamtgesellschaftliches. Das Problem mit diesen Leuten ist allerdings, dass sie einen polemischen Diskurs führen, dass sie daher meist faktenresistent sind und sich oft rationalen, sachlichen, wissenschaftlich fundierten Argumenten entziehen. Ein weiterer wichtiger Punkt ist, dass sie nur ein Symptom sind. Symptome zu bekämpfen halte ich für wenig effizient, wichtig ist es, die Ursachen von Rassismus und weißer Vorherrschaft zu bekämpfen. Dann werden auch die Stimmen von Kelek, Pirinçi und Co leiser.

Es ist oft so, dass die dominante weiße Mehrheitsgesellschaft immer ernster und unruhiger wird. Dieses weiße dominante «Wir» gerät oft in eine Situation, in der es sich rechtfertigen und seine «Ängste» vor und «Probleme» mit «Anderen» erklären will, wenn wir PoC das Thema Rassismus benennen. Du bist in deinem Buch «Kara Günlük» dem Rassismus mit Humor begegnet und stellst die rassistischen Verhältnisse ironisch dar. In diesen rassistischen Verhältnissen sprichst du auch von «Revolution of Color» (RoC) sowie von Strategien im PoC-Guerillakampf gegen die weiße/ westliche Hegemonie. Wie sieht deiner Meinung nach die RoC aus? Hat Anti-Rassismus eine Zukunft in «unserer» Gesellschaft?

Ich würde die Frage eher andersherum stellen: Hat «unsere» Gesellschaft eine Zukunft ohne Anti-Rassismus? Meine Antwort dazu ist ganz klar: Nein. Wir PoC sind hier, in Deutschland, in Europa, und wir werden immer mehr. Sicherlich gibt es Versuche, Deutschland und Europa durch ein brutales Grenzregime so weiß wie möglich zu halten, aber wie lange dies wirklich möglich sein wird, ist eine andere Sache. Wenn wir es nicht schaffen, uns als Gesellschaft ganz wesentlichen Fragen unseres Zusammenlebens zu stellen, dann werden wir scheitern. Wie dieses Scheitern aussehen mag, möchte ich mir nicht vorstellen. Das ist aber als potenzielles Zukunftsszenario gar nicht so unrealistisch. Es gibt ja schon so gewisse Anzeichen eines gesellschaftlichen Zerfalls: Die Eliten und Langzeitarbeitslose leben in Parallelwelten, die bürgerliche Mitte verroht immer mehr und so weiter. Ich sage das jetzt ernsthaft, ganz ohne Ironie. Humor ist eine tolle Sache, die mir viele Türen geöffnet hat, Menschen an ein schwieriges Thema heranzuführen. Humor hat aber auch seine Grenzen. Ohne Gerechtigkeit wird es keinen Frieden in unserer Gesellschaft geben.

Wie ich mir die Revolution of Color vorstelle, damit möchte ich niemanden langweilen. Ich habe dies ja bewusst im Buch offengelassen und der Vorstellungskraft der Leser_innen überlassen. In meinem Aktivismus, aber auch in meiner künstlerischen und akademischen Arbeit stoße ich sehr häufig auf eine ganz grundlegende, existenzielle Frage: Was ist Menschlichkeit? Dass der westliche Humanismus gescheitert ist, wissen wir nicht erst seit Foucault und Agamben, sondern seit der brutalen kolonialen Expansion Europas. Gleichzeitig bin ich davon überzeugt, dass diese Lücke gefüllt werden muss. Ich glaube nicht, dass Menschlichkeit etwas Essenzielles ist, sondern etwas, was wir erarbeiten und aushandeln müssen. Dabei geht es mir nicht um ein westliches/hegemoniales Modell von Menschenrechten oder so, das dem Rest der Welt aufgezwungen wird. Zum Aushandeln braucht es Kommunikation auf Augenhöhe. Gleichzeitig glaube ich auch nicht an Kulturrelativismus. Die Rolle derjenigen, denen Menschlichkeit permanent verweigert wurde – in all unseren globalen Gesellschaften –, spielt in der Frage, was Menschlichkeit bedeutet, eine ganz zentrale Rolle. Viele PoC-Traditionen wie Ubuntu oder Alevilik gehen davon aus, dass sich unsere Menschlichkeit in unserem Gegenüber spiegelt. Verweigern wir unserem Gegenüber Menschlichkeit, verweigern wir sie uns selbst. Dieser Aushandlungsprozess – egal, mit welchen Mitteln er geführt wird – ist eine der vielen Möglichkeiten, wie ich mir die Revolution of Color vorstellen könnte.

Zum Abschluss möchte ich eine Frage zu deiner Arbeit als Aktivist, Künstler und Wissenschaftler stellen. In deinem Buch «Kara Günlük» hast du deine Arbeitsgebiete zusammengeführt. Meinst du, dass diese Art antirassistischer Arbeit erfolgreicher ist, um die Rassismen in der breiten Öffentlichkeit sichtbar beziehungsweise wahrnehmbar zu machen?

Ich glaube nicht, dass antirassistische Arbeit, die von PoC ausgeht, erfolgreicher sein kann, sondern ich glaube, dass das die *einzige* antirassistische Arbeit ist, die erfolgreich sein kann und ist. Weiße Leute sollen PoC zeigen, wie sie sich zu befreien haben? Das klingt wie von (Cis-) Männern diktierter Feminismus. In Phoenix e.V., der antirassistischen NGO, in der ich aktiv bin, aber auch in «freitext», dem Kultur- und Gesellschaftsmagazin, in dem ich lange als Redakteur gearbeitet habe, haben wir immer unter einem PoC-Paradigma gearbeitet: Das bedeutet, die Erfahrungen und Analysen von PoC stehen im Zentrum unserer Arbeit, unseres Denkens, unseres Fühlens. Das ist ein ganz wesentlicher Punkt. Viele antirassistische Initiativen sind weiß und sich nicht einmal im Klaren darüber, daher sind sie quasi zum Scheitern verurteilt. Ähnlich verhält es sich auch mit antirassistischen Initiativen unter weißer Führung; auch wenn PoC dabei sind, wird dies unweigerlich zu Konflikten und langfristig zu einem Scheitern führen. Wenn Weiße es schaffen, ihre Machtposition abzulegen und gemeinsam mit PoC, unter ihrer Führung, einen Weg zu gehen, der rassistische Strukturen in der Gesellschaft auflösen soll, dann gehen sie eigentlich erste praktische Schritte in der Überwindung ihres Weiß-Seins. Rassismus bedeutet weiße Vorherrschaft. Wie kann ich in einem antirassistischen Umfeld erfolgreich sein, das diese Grundlage nicht in Frage stellt, sondern reproduziert? Auch unter einem Deckmantel des Antirassismus? Ein cis-männlicher Frauenbeauftragter wäre zu Recht undenkbar, aber es gibt unzählige, auch staatliche Antidiskriminierungsstellen, wo auch gegen Rassismus gearbeitet wird, und dort sind nur Weiße – und viele von denen haben nicht einmal eine Ahnung, wie Rassismus eigentlich funktioniert. PoC sind quasi geborene Expert_innen für Rassismus – wenn wir politisiert sind – weil wir ihn erfahren, verstehen und wissen, wie wir uns befreien können. Wenn antirassistische Arbeit richtig gemacht werden soll, sollte sie von PoC ausgehen. Gleichzeitig müssen wir uns als PoC fragen: Zu wem sprechen wir eigentlich? Was stellen wir ins Zentrum unseres Denkens, Handelns und Fühlen?

Ich möchte nicht falsch verstanden werden, mir geht es nicht darum zu sagen, wir tun jetzt einfach nur PoC in Machtpositionen und Weiße müssen dienen, vielmehr geht es mir darum, Machtstrukturen zu dekonstruieren – das funktioniert aber nicht, solange Weiße weiterhin in den Machtpositionen bleiben. Ein anderer wichtiger Punkt ist: Welche Vision haben wir eigentlich? Es ist schön und gut, (Macht-) Strukturen zu dekonstruieren, aber was konstruieren wir eigentlich dann an ihrer Stelle? Dazu bedarf es einer klaren Vision. Ich habe ja Menschlichkeit erwähnt und wie wichtig es ist,

Menschlichkeit zu rekonstruieren. Rekonstruieren, weil Rassismus Weißen und PoC Menschlichkeit auf unterschiedliche Art und Weise nimmt. Ebenso wichtig ist es aber auch für PoC, sich die Frage zu stellen: Wo bin ich vielleicht privilegiert? Als PoC-Cis-Mann mit deutschem Pass, der in einer heterosexuellen Beziehung lebt, ohne sichtbare Disability, als Akademiker et cetera bin ich vielen anderen Subjektpositionen gegenüber relativ privilegiert. Mich da auf meinem PoC-Dasein auszuruhen, wäre ein Fehler, ich würde mir die Chance nehmen, zu verstehen, wo ich durch Machtstrukturen Vorteile habe. Und auch da kann ich von denen, die durch diese Machtstrukturen entmenschlicht werden, lernen, wie ich mir ein Stück Menschlichkeit zurückerkämpfen kann. Meiner Meinung nach kann Empowerment nicht auf dem Rücken anderer funktionieren. Empowerment bedeutet: Lebensmöglichkeiten entdecken und verwirklichen – für alle.

«Fehlendes Geschichtsbewusstsein bedeutet auch fehlende Empathie»

Elsa Fernandez im Gespräch mit Marianna Salzmann

Elsa Fernandez: Du fängst einen deiner Texte mit dem Satz an: «Ich erzähle euch von meiner Konstruktion.» Könntest du uns bitte von Selbstkonstruktionen und Fremd- oder Außen-Zuweisungen, Identitäten und der Geschichte des Antisemitismus im Kontext des diasporischen und europäischen Judentums erzählen?

Marianna Salzmann: Der Grund für das Auswandern meiner Familie aus Russland war der Antisemitismus. Was das bedeutete, konnte ich damals nicht verstehen, dafür war ich zu klein. Ich konnte aber verstehen, dass wir keine Russen waren und darum gehen mussten. In Deutschland wird jede Person, die Russisch spricht, über einen Kamm geschert. Russland ist ein Vielvölkerstaat, westeuropäische Schablonen kann man auf das Land nicht anwenden. Ich wurde meistens als Russin wahrgenommen. Ich habe angefangen, Leute zu korrigieren, Zusammenhänge zu erklären. Manche fassen es als Provokation auf, dass ich darauf bestehe, Jüdin zu sein und nicht Russin.

Je mehr ich in die Öffentlichkeit getreten bin, desto mehr Zuschreibungen und Behauptungen gab es zu meiner Person. Die Exotisierung im medialen Kulturbetrieb, weil man mit Begriffen wie «Stalingrad» (da bin ich geboren), «Jüdin», «Russin», «Migrantin» operiert und mich als Objekt «gelungener Integration» erzählt. Ich werde seltener zu meiner Arbeit gefragt, aber jede_r Journalist_in fühlt sich berechtigt, meine Biografie zu inspizieren, um dann zu publizieren, was ich nicht gesagt habe. Ich war in den Medien schon Russland-Deutsche, Wolga-Deutsche, deutsche Jüdin, Deutsch-Israelin und so weiter.

Es gibt in Deutschland nach wie vor kein Verständnis davon, was Jude-Sein bedeutet. Ich bekomme Leser_innen-Briefe, in denen mir die Verfasser_innen mitteilen, sie beteten für mich, dass ich zum rechten – zum christlichen – Glauben finden würde. Weil ich irgendwo in einem Interview sagte, dass ich Jüdin bin. Dass ich sage, ich bin Atheistin, überlesen sie, weil sie diese Gleichzeitigkeit nicht verstehen.

Wie thematisierst du in deiner Arbeit den deutschen Antisemitismus und die Weißheit des Kulturbetriebes? Was kannst du uns über die Unsichtbarmachung und die Exotisierung der jüdischen und jiddischen Geschichte in der BRD und in Berlin erzählen?

Zum Beispiel habe ich in meinem Theaterstück «Muttersprache Mameloschn» den Antisemitismus in der DDR zum Thema genommen. Dafür habe ich eine Figur geschrieben, die als Holocaust-Überlebende aus Überzeugung in die DDR geht, um für einen «neuen Menschen» zu kämpfen und dann massiver, antisemitisch motivierter Unterdrückung ausgesetzt ist. Das ist die Folie für eine weitere Figur – die Enkelin der Holocaust-Überlebenden –, mit sich selbst auszumachen, ob und wie mensch als Jude in Deutschland beziehungsweise in Europa überhaupt leben kann.

Das ist immer ein Thema in meiner Arbeit – meinem Schreiben. Ich schreibe über aktuelle Ereignisse, über das Deutschland, das mich umgibt. Da spielen der Antisemitismus, aber auch Xeno- oder Islamophobie immer eine Rolle. Ich bin Theaterautorin, ich schreibe über Menschen. Und meistens sind es Menschen, die eine Minderheitenerfahrung mitbringen und sich gegen den Tinnitus der Mehrheitsgesellschaft behaupten. Wenn es bei mir historisch wird, dann stelle ich die Vergangenheit in Beziehung zur Gegenwart. Ich halte nicht so viel von Vergangenheitsbewältigung, weil ich nicht glaube, dass das geht. Ich halte viel von Gegenwartsbewältigung, und für die ist die Reflexion der Vergangenheit die erste Prämisse.

Was denkst du über die Thematisierung der jüdischen Geschichte oder des Judentums in den Kulturproduktionen, in der Kulturpolitik, durch Festivals?

Ich habe oft das Gefühl, jüdische Thematiken erzeugen eine bestimmte Stille im Raum, als würden alle noch mal eine Schweigeminute einlegen. Dadurch gibt es wenig Möglichkeiten, zeitgenössisch Judentum zu verhandeln, jedenfalls in der Mainstream-Öffentlichkeit. Jüdische Geschichte nehme ich im Kulturbetrieb wahr als ein exotisches Moment, an dem sich die Mehrheitsgesellschaft damit brüstet, diese Kultur «auch bedacht» zu haben. Das führt natürlich dazu, dass sie ausgestellt und musealisiert wird. Ich kenne sehr wenig jüdische Kunst, die sich außerhalb der Shoah-Thematik bewegt und beachtet wird. Es scheint eine Rechnung in Deutschland zu geben: Jüd_innen gleich Holocaust gleich deutsche Schuld gleich Wiedergutmachung. Dass die jüdische Kultur viel älter ist und umfassender und auch die Verbrechen an den Jüd_innen eine lange Tradition in Deutschland und Europa haben, wird ausgeblendet.

Aber in Off-Räumen passieren sehr viele schöne Dinge, wo eine heterogene jüdische Kultur existiert, in der «Klezmer not dead» ist und gleichzeitig nicht zwangsläufig wie die Kultur der Großelterngeneration klingt. Die junge Generation der in Deutschland lebenden Jüd_innen ist mit ihrer Post-Holocaust-Mentalität fern der Nostalgie nach dem Stetl.

Gibt es für dich Zusammenhänge zwischen einer weißen Instrumentalisierung des Judentums und einer Rechtfertigung des Rassismus?

Ja, natürlich gibt es den Versuch, Jüd_innen vor den Karren zu spannen, um das als Legitimation zu nehmen für rassistische, islamophobe et cetera Entäußerungen. Allein die dreiste Behauptung, dass Europas Tradition eine christlich-jüdische sei und sich damit gegen den Islam positioniert. Es gibt wenig Reflexion auf die Geschichte von historischem Rassismus und Rassismus heute im deutschsprachigen Raum, darum wissen die Leute meistens selber nicht, was problematisch ist an ihren Kurzrechnungen von Europäer_innen und «den Anderen».

Fehlendes Geschichtsbewusstsein bedeutet auch fehlende Empathie. Es ist wahnsinnig problematisch, wenn Menschen denken, dass bis zum Ersten Weltkrieg alles in Ordnung war und die Deutschen infolge dessen und aus Hunger die NSDAP gewählt haben – demnach hätte Hitler dann im Alleingang Menschenrechtsverbrechen begangen und dafür müssen bis jetzt alle Buße tun. Mit so einem Denken ist eine strukturelle Wiederholung der Vergangenheit absolut möglich. Es wäre mir wichtig, bei der Kolonialgeschichte Deutschlands anzufangen, um zu verstehen, wo Deutschland überall involviert war: Genozide in Namibia und an den Armeniern in der Türkei. Es gibt weit mehr auszuwerten und «wiedergutzumachen».

Welche Orte, Projekte, Initiativen, Kunstproduktionen existieren zwischen jüdischen Communities und anderen minorisierten Communities?

In Berlin? Viele und viele tolle. Es gibt einige Kunsträume, die ich kenne, wo wir uns der «Teile-und-herrsche!»-Politik widersetzen und viele Minorities gemeinsam künstlerische Strategien entwickeln, sich der Projektionsflächen zu entledigen, eigene Themen zu performen, selber zu bestimmen, wer mensch sein will. In Berlin sind es das Ballhaus Naunynstraße, LesMigraS, GLADT, das Gorki-Theater, Bühnenwatch. Formen des Widerstands sind möglich. Vor allem in der Kunst.

Überlieferungen und Kontinuitäten

Zülfukar Çetin im Gespräch mit Elsa Fernandez

Zülfukar Çetin: Über die rassistische Diskriminierung von Roma und Sinti wird heute immer wieder diskutiert. Roma und Sinti werden in den Medien unter anderem oft als unnütz und kriminell dargestellt. Wir wissen, dass diese Diskriminierungsform eine lange Geschichte hat. Und wenn wir die Geschichte des Rassismus in Deutschland näher betrachten, sehen wir, dass die Diskriminierung gegenüber «Roma und Sinti» fast immer ausgeblendet wird. Kannst du uns zuerst die deutsche Geschichte des Rassismus in Bezug auf «Roma und Sinti» in Erinnerung rufen?

Elsa Fernandez: Die Kontinuitäten und Tradierungen des Gadje*[1]-Rassismus seit 1945 sind in Deutschland und Europa in allen gesellschaftlichen Feldern präsent. Gadje*-Rassismus ist ein Begriffsvorschlag, der aus unserer Sicht das Netz der Außen-Zuschreibungen, -Verleugnungen, -Verleumdungen und der Gewalt beschreiben könnte, die historisch und zeitgenössisch gegen Rrom*nja, Sinti*zza, Calé*, Manouches* von Gadje* ausgeübt werden. Wenn wir über eine unserer Geschichten reden wollen, müssen wir immer zuerst die rassistischen Konstrukte für die anderen analysieren und zerstören, damit wir endlich auf uns selbst zu sprechen kommen können. Es ist krass, immer Rassismusreproduktion zu unterbrechen oder zu entlarven: sozusagen immer sagen zu müssen, was wir nicht sind, um ab und zu sagen zu können, wie/ was Rrom*nja, Sinti*zza, Calé*, Manouches* agieren oder denken. Aber es ist bezeichnend dafür, dass der deutsche weiße Rassismus nicht historisch gedacht und betrachtet wird. Die rassistischen und revisionistischen Strukturen und Menschen tun so, als ob sie nicht heute mit gestern denken würden, obwohl sie genau wissen, dass sie es tun.

Wir sehen es zum Beispiel im Ausschluss von Rrom*nja bei den kiezbezogenen oder staatlichen politischen Entscheidungen, in den medialen Hetzen, im Rassismus gegen Menschen, die in Deutschland ankommen, oder im Asylgesetz von 2014 mit Bosnien, Mazedonien und Serbien, in dem es ausdrücklich darum geht, dass Rrom*nja in Deutschland keinen Platz bekommen. Die Elemente und Zuschreibungen des heutigen Rassismus beinhalten eine intereuropäische und deutsche Konstante. Es ist nicht übertrieben zu sagen, dass klare Elemente der Diskurse aus dem 19. Jahrhundert, zum Beispiel im kulturellen Feld oder in sozial-darwinistischen oder bildungsbezogenen Aussagen, heute wiederzufinden sind. Die Rrom*nja und Sinti*zza haben unterschiedliche Formen von Klassismen und Rassismen überlebt.

Die Chronik dieses Gadje*-Rassismus ist eine Geschichte der weißen Wissenschaft, eine Geschichte der Medizin, des Wohlfahrtsstaates und der Kirchen, der Polizeiapparate und der politischen «Ordnungswerkzeuge». Leute, die in diesen Instanzen tätig waren, haben im 18. Jahrhundert, in den 1920er Jahren und im Pharrajimos Menschen und Communities getötet und zerstört. Es ist nicht alles dasselbe, aber die Traditionen und die weißen Überlieferungen der Repressionen sind deutlich. Ich würde nicht sagen, dass wir uns wieder in den 1930er und 1940er Jahren befinden, da das für mich eine Relativierung des Pharrajimos und der Shoah wäre und teilweise auch, weil die erneuten Häutungen des Rassismus, Revisionismus und Faschismus nicht situiert und positioniert gesehen würden.

Diese Aussage würde auch teilweise die Überlebenden unsichtbar machen und sie würde die Position der nachkommenden Generationen nicht situieren, was ich für uns und für den öffentlichen Diskurs als schade und entpolitisierend betrachten würde.

Das öffentliche Gedenken und Reflektieren um den Pharrajimos ist eine Geschichte von Mehrfachlücken. Die weiße Politik und die weiße Wissensmacht produzieren diese Lücken, da Rrom*nja, Sinti*zza und die Selbstorganisationen einfach seit den 1960er Jahren kämpfen, zum Beispiel Orte besetzen, um die Geschichte des Pharrajimos und ihre Kontinuitäten sichtbar zu machen. Oft werden Zeug*innen und Überlebende missbraucht, indem ihnen keine Chance gegeben wird, öffentlich ihre Worte und Positionierungen würdig darzulegen und zu entfalten. Die Forschung vernachlässigt die multiplen und intersektionalen Aspekte der Vernichtungspolitik und die Kontextualisierung in der deutschen Geschichte. Viele Leute in sehr unterschiedlichen Instanzen und Berufen haben die Menschen zu deren Ermordung geführt oder direkt ermordet. Es gibt zum Beispiel keine Forschung über die Rolle der Fürsorgeämter und Landeswohlfahrtsorganisationen im Pharrajimos, aber die Arbeitsämter und die sozialen Einrichtungen haben Menschen denunziert und der SS ausgeliefert. Rrom*nja, Manouches*, Sinti*zza und Calé*waren in Deutschland und Frankreich mit Hilfe der akademischen Macht rassifiziert und als «Asoziale» verfolgt. Die Kirchen haben mit Hilfe der Kirchenbücher namentlich Menschen ausgeliefert. Ab 1936 wurden die Sinti*zza und Rrom*nja von Berlin nach Razzien im «Zwangslager» Marzahn eingesperrt und von da aus zur Zwangsarbeit geschickt. Kommunal verwaltete Lager gab es auch in Köln, in Frankfurt am Main, Magdeburg, Düsseldorf, Kiel, Hannover. Die Nazis haben da Menschen zerstört, zynischer Weise gab es im Lager Marzahn eine Schule, und Leni Riefenstahl hat die Kinder des Lagers für einen Film ausgenutzt, der 1954 beim Festival de Cannes in Frankreich vorgeführt wurde. Leo Karsten hat viele Menschen vom Lager Marzahn zu Vernichtungslagern wie Auschwitz deportiert; es gibt kaum detaillierte Informationen über ihn in Büchern oder im Netz, bestimmt auch, weil er mit Polizeiapparaten nach 1945 Sinti*zza und Rrom*nja weiterverfolgt hat. Ab den 1920er Jahren haben deutsche Akademiker*innen wie Gerhart

Stein und Robert Ritter Doktorarbeiten geschrieben und in Paris und Warschau Vorträge gehalten, Archive besucht, also einen rassistischen Wissenstransfer ausgeübt. Ritter war ab 1936 der Leiter der «Rassenhygienischen Forschungsstelle» in Berlin-Dahlem, hat Sinti*zza und Rrom*nja kategorisiert, vermessen, abfotografiert, Sterilisationen befohlen und durch eugenische «Gutachten» über die Deportationen mit entschieden.

Wenn wir Naziakten im Landesarchiv Berlin angucken, gibt es sofort zu sehen, dass das Arbeitsamt, die «Schutzpolizei» und die Kriminalpolizei, die «Rassenhygienische Forschungsstelle», die SS in den Vierteln oder im Lager Marzahn über das Leben der Menschen entschieden haben. Zu sehen sind die Unterschriften von Robert Ritter und Leo Karsten. Die Täter*innen haben durch «Entnazifizierungen» oder auch ganz ohne «Prozesse» schnell eine Rolle im System der BRD gefunden und Jobs in repressiven Instanzen gegen Sinti*zza und Rrom*nja bekommen und dafür weiterhin die Naziakten der Überlebenden benutzt. Ich habe vor kurzem mit einer Recherche bei Google Maps im Internet herausgefunden, dass die bürokratische Abteilung vom «Kriminalpolizeiamt», die an den Deportationen der Sinti*zza und Rrom*nja schuldig ist, gegenüber vom aktuellen Auswärtigen Amt liegt. In demselben Gebäude haben die Täter*innen auch die Verfolgung und Vernichtung von Lesben und Schwulen verwaltet und entschieden. Dieser ehemalige bürokratische Täter*innen-Ort wird in der heutigen Architektur und Erinnerungspolitik der Stadt verschwiegen.

*Meinst du, dass heute auch die weiß-europäische Stadt die Ermordung und Verfolgen von Sinti*zza und Rrom*nja verschweigt? Welche geschichtswissenschaftlichen Quellen gibt es denn, die uns die wahre(n) Geschichte(n) von Sinti*zza und Rrom*nja vermitteln? Oder meinst du, dass man auch diese Quellen mit der Ermordung und Verfolgung der Sinti*zza und Rrom*nja hat verschwinden lassen?*

Die weiße europäische Gedenkpolitik in sich ist viel mehr Tourismus und Tun für ein gutes Gewissen als Versuch einer würdigen Auseinandersetzung und Herstellen von Beziehungen. Die Ermordungen und Verfolgungen werden verschwiegen und umgangen, weil unter anderem die strukturellen und zwischenmenschlichen Verhältnisse zwischen der Tätergesellschaft und den Überlebenden und den Nachfolgegenerationen negiert werden. Konkreter betrachtet, werden in Berlin viele Orte des Pharrajimos nicht sichtbar gemacht. Der Sitz der «Rassenhygienischen Forschungsstelle» war zum Beispiel auf dem Gelände der aktuellen Freien Universität in der Thielallee, es soll da nur eine Gedenktafel geben, die wir aber nie gefunden haben. Wo und wie Sinti*zza und Rrom*nja gelebt und agiert haben, ist nicht erinnert, es ist einfach aus der Öffentlichkeit weg. Der Diskurs und der öffentliche Raum wie die Straßen sind von Revisionismen geprägt, da Revisionismus auch Auslassungen, Negierungen und Kultivierungen der Unsichtbarkeiten praktiziert. Revisionismus ist für mich auch, wenn die aktuelle Psychologie/Psychoanalyse und das aktuelle Bildungssystem kollektive und transgenerationelle Traumata von Rrom*nja und Sinti*zza nicht anerkennen und dafür Rassismus ausüben, obwohl die Kinder und Kindeskinder der Menschen, die die weiße Wissenschaft und die faschistische Schule überlebt haben, transgenerationell (Re-) Traumatisierung erleben (können).

Die dominierenden Gedenkpolitiken und historischen Projekte zählen oft auf die Abwesenheit dieser Menschen und auf eine Selbstaufgabe der Minorisierten, daher laufen die Finanzierungen oft usurpatorisch.

Kannst du ein Beispiel zu diesen Gedenkpolitiken oder historischen Projekten geben?

Die Theaterstücke des «Historikerlabors» inszenieren in drei Teilen die «Nazi-Konferenzen» (Wannsee, «Hungerplan») und wiederholen die Sprache der Nazis. Historiker*innen in ihren eigenen Rollen reden mit den dargestellten Nazis und Naziakten. Die Idee, dass sie sprachlich die Täter*innen für eine Pädagogik benutzen können, weil die heutige (weiße) Wissenschaft und Forschung «stark und toll» seien, ist ein Selbstfeiern und eine Beschimpfung gegen minorisierte Communities. Die Idee, sich aus den Communities «Betroffene» als Körper und Nebenrolle ins Projekt zu holen, «Sinti und Roma», ist noch mehr eine Beschimpfung. Bei diesem Projekt wurden Rrom*nja und Sinti*zza am Ende der Konzeption angefragt, quasi als Nebenrolle und Statist und nicht als Mitgestaltende des Projektes.

Die Quellen für das Erinnern und für die Forschung über den Pharrajimos liegen in der Musik, unter anderem in den Stücken von Israel Galván, oder in den Büchern von Ceija Stojka, Otto Rosenberg, Ilona Lackova, Raymond Gurême, in den von Adam Strauß und Daniel Strauß herausgegebenen Interviews mit Überlebenden, in den Materialien des Zentralrats Deutscher Sinti und Roma, in den Filmen von Melanie Spitta. Die Rrom*nja-Hymne «Gelem Gelem» hat widerständige Wörter und verleiht den Ermordeten und Nachfolgegenerationeneine Sprache, um Vernichtung und Überleben benennen zu können. Leider sind nicht alle Strophen bekannt, sondern nur die ersten beiden.

Es gab und gibt leider zu wenige finanzierte Interviewprojekte von und mit Sinti*zza und Rrom*nja über den Pharrajimos, über die Konsequenzen des Genozides und über die transgenerationellen Traumata. Der Pharrajimos wurde wie die Shoah europaweit vorbereitet und durchgeführt, deshalb wäre es nötig, eine internationale Herangehensweise zu haben, die aber für Selbstorganisationen wegen mangelnder finanzieller Förderung kaum möglich ist. Der Zugang zu den Quellen ist schwierig, wenn mensch nicht viele europäische Sprachen kann, da eine europäische verflechtende Archivarbeit und Übersetzungen von Artikeln, Zeugenschaften oder Büchern nicht stattfinden.

Die Dichterin Papuscha hat über den Pharrajimos und die Rromanipe in Polen auf Rromani geschrieben, wird aber in zweisprachigen Ausgaben auf Polnisch und Deutsch hier publiziert, und die verfügbaren Übersetzungen ihres Werkes ins Deutsche wie ins Französische sind rassistisch geprägt. Die Quellen liegen in den Zeugenschaften, aber auch in den Taten der Aktivist*innen, die für Entschädigungen, Rechte und ein Wissen über den Genozid gekämpft haben. Der Verband Deutscher Sinti organisierte 1980 einen Hungerstreik im ehemaligen Konzentrationslager Dachau, um die Kontinuitäten der Verfolgungen aufzuzeigen. 1981 haben Sinti*zza das Universitätsarchiv in Tübingen besetzt, da nach vielen Recherchen klar geworden war, dass Naziakten und Akten der «Rassenhygienischen Forschungsstelle» über Sinti*zza und Rromn*ja da versteckt waren. Die Akten wurden dank der Besetzung ins Bundesarchiv gebracht. Die Mitglieder des Zentralrates Deutscher Sinti und Roma besetzten 1987 das Bundesgesundheitsamt in West-Berlin, in dem Akten der «Rassenhygienischen Forschungsstelle» lagen. 1989 haben Sinti*zza und Rrom*nja als Protest gegen Alltagsrassismus und Abschiebungen das Konzentrationslager Neuengamme besetzt. Da Rrom*nja – lange nicht anerkannte – Opfer des Nationalsozialismus und seiner Folgen waren und sind, sollte Deutschland längst Rrom*nja als Kontingentflüchtlinge anerkannt haben.

Die Quellen für das Wissen und die Austausche existieren. Die Quellen werden oft nicht tief oder nicht gut erforscht und verbreitet, und das von Menschen, die sich eine vermeintliche Neutralität/Objektivität zuschreiben und so über die weißen öffentlichen oder privaten Infrastrukturen verfügen. Und manchmal werden die Stärke, die Deutlichkeit oder die Schärfe der Quellen verdeckt, da sie viel sprengen würden.

Meinst du, dass die Inklusion der als «Roma und Sinti» betrachteten Menschen in den (weißen) Forschungsprojekten die Perspektiven und das (historische) Wissen der Betroffenen vereinnahmen? Wenn ja, gibt es Reaktionen auf diese Vereinnahmungen oder Gegenprojekte, die von Betroffenen selbst ausgehen?

Ich kenne die akademische Welt nicht so gut, aber ich bekomme oft mit, wie viele denken, dass wir Unterstützung brauchen, da angeblich «Sinti und Roma» immer Support benötigen. Die mündlichen Überlieferungen und darüber hinaus das historische Wissen werden von der Akademie fast immer vereinnahmt oder verdreht, wenn sie in der Uni eine Sichtbarkeit haben. Ich glaube, wir sind gerade an einem Wendepunkt in der BRD, da immer mehr Uni- und Forschungsprojekte entweder über Sinti*zza und Rrom*nja oder über Gadje*-Rassismus – unter dem modischen und anstrengenden Begriff «Antiziganismus» – entstehen. Wir werden aber wie immer nicht auf Augenhöhe für Kooperationen oder für die Konzeption und Durchführung der Projekte angefragt. Wenn es um Partizipation und Multikulturalität geht, geht es meistens um Depolitisierungen unserer Geschichten oder Worte. Die Projekte, bei denen wir uns nicht verirren müssen, sind selten, da die selbstorganisierten und politischen Projekte meistens natürlich keine Finanzierung kriegen – oder wenn doch, dann zu wenig. Viele Rrom*nja-Blogs existieren aber, die Kampagne für das Bleiberecht «Alle bleiben!» ist wundervoll, die Online-Broschüre «Perspektiven und Analysen von Sinti und Roma in Deutschland» ist ein einmaliges Buch mit seinen Themen und in seiner Form.[2] In dieser Broschüre wird über unterschiedliche Rrom*nja-Bewegungen, über Asylrecht, Erinnerungspolitik, Romanes, über Erfahrungen von Sinti*zza/Rrom*nja, über Begrifflichkeiten aus der Community selbst gesprochen. Der strukturelle Rassismus erzeugt aber Prekarität in all ihren Formen, auch für die Selbstorganisationen und selbstorganisierte Projekte. Wir haben also sehr, sehr viel zu tun.

Kannst du ein paar Projekte nennen, die von selbstorganisierten «Roma und Sinti» durchgeführt werden? Welche Projekte gibt es, welche Ziele verfolgen sie und auf welche strukturellen Probleme stoßen sie? Wichtig ist auch zu erfahren, wen diese Projekte ansprechen.

Das Rroma-Info-Centrum hat seit 2011 Projekte und Veranstaltungen durchgeführt, die selbstorganisiert waren. Gerade gibt es vom Projekt «Gestern mit den Augen von heute sehen» Stadtrundgänge in Berlin zum Pharrajimos, in denen fünf Teenager ihre Perspektive auf Berlin, den Pharrajimos und das Weitertragen von Wissen erzählen. Die Ziele waren die Forschung über die eigene Geschichte, Empowerment nach innen und nach außen, Dekonstruktion des Gadje*-Rassismus und Solidarisierungen/Intersektionalität mit anderen minorisierten Geschichten. Die strukturellen Problemen für Projekte sind die Übersetzung der Muster des alltäglichen Gadje*-Rassismus in den Feldern der «Kultur» oder Politik: Die herablassende und weiß-patriarchale Fürsorgepolitik findet sich wieder darin, wenn selbstorganisierte Theater-, Empowerment- oder Geschichts-Projekte Absagen bekommen, zu wenig finanziert werden oder keine öffentliche Unterstützung erhalten. Die Gelder werden bundesweit oder lokal nicht an Selbstorganisation verteilt, und «Romapolitik» ist seit 15 Jahren transeuropäisch zum großen Markt geworden. Die Selbstorganisationen werden als Instrument für Tipps für die Projekte benutzt, nicht als Menschen, die angemessener viel gestalten, nachdenken und durchführen können und wollen. Wir wussten es von Anfang an, aber die Roma-Dekade ist eine Beschimpfung und eine Feier des Kolonialismus, eine Feier des Systems und der Blicke der weißen NGOs. Die Marktexplosion von «linken» Dokumentarfilmen mit Rrom*nja als Darsteller*innen ist kein Zufall, sondern eine Konsequenz dieser Politik. Jedes Filmfestival – von den (Kunst-) Dokumentarfilm-Festivals wie in Leipzig oder Lussas bis zur Berlinale oder dem Festival de Cannes – hat seine angeblich wohlwollenden und realitätsnahen weißen (ethnologischen) Filme über «Roma», es sei denn, sie werden in Deutschland, Rumänien, Serbien oder Frankreich gedreht.

Abschließend möchte ich dich fragen, ob es speziell in Deutschland eine Gegenbewegung von Sinti*zza und Rrom*nja gibt? Mit der Bewegung meine ich Proteste, öffentliche Aktivitäten. Diese Frage stelle ich vor dem Hintergrund, dass es in Berlin seit Oktober 2012 ein Denkmal für die im Nationalsozialismus ermordeten Sinti und Roma Europas gibt, ich habe überlegt, ob das ein Erfolg einer Bewegung sein kann oder nicht? Vielleicht kannst du etwas zur Geschichte dieses Denkmals sagen.

Es gibt eine Bewegung und die Akteur*innen vertreten unterschiedliche politische Positionen, ich meine, die Bewegung ist vielfältig. Die Sinti*zza- und Rrom*nja-Bewegungen gegen die Gadje*-Rassismen erzeugen unterschiedliche Sachen in unterschiedlichen Feldern: von der jährlichen Achter-April-Demo (Rrom*nja-Tag) bis zu den feministischen Aktionen der IniRromnja, zu den Theater- oder Rechercheprojekten mit Rromani-Jugendlichen über unsere Geschichte in Deutschland und Europa oder zu den Antirassismus-Workshops für weiße Sozialarbeiter*innen oder Lehrer*innen. Ich glaube, das alles ist auch ein Teil der Rrom*nja-Bewegung, da wir uns immer ganz viel rückaneignen mussten. Öffentlicher sind die Aktionen für das Bleiberecht und die Proteste gegen die Verschärfung des Asylrechts im September 2014, die speziell gegen Rrom*nja verabschiedet wurde. Manouches*, Sinti*zza, Rrom*nja,

Calé*, Kalderasha*, Lovari* haben natürlich unterschiedliche Geschichten und Perspektiven, auch wenn die Solidarisierungen, die Erfahrungen und die Sprachen transnational klare Verflechtungen und Ähnlichkeiten aufweisen.

Das Denkmal in Berlin wurde in vielen Jahren erkämpft, die Aktivist*innen haben zum Beispiel dafür gekämpft, dass das Denkmal in Berlin-Mitte ist und nicht in Berlin-Marzahn (weit entfernt von anderen Denkmälern und in einem überwiegend rechten Kiez). Seine Errichtung war ein Widerspruch gegen die lange offizielle Verachtung und die Revisionismen. Die inoffiziellen Negierungen und Verleumdungen sind aber immer noch da. Wir müssen aufpassen, dass die Gedenkpolitik und die Projektpolitik sich nicht einfach Rrom*nja oder Sinti*zza aus privilegierteren Klassen oder Sichtbarkeiten einverleiben oder sie instrumentalisieren.

Das Denkmal ist ein Ausgangspunkt, es ermöglicht eine Einschreibung in den öffentlichen Raum. Diese Einschreibung ist, glaube ich, sehr wichtig für die Jugendlichen, die ich kenne. Das Denkmal ermöglicht eine kleine Sichtbarkeit und indirekt Förderungen von Forschungsprojekten.

Es ist toll und aufregend, wenn immer mehr Projekte zwischen unterschiedlichen Communities stattfinden und wenn Solidarisierungen zwischen unterschiedlichen Communities zustande kommen.

Wie ich schon gesagt habe, werden leider die stabilen und fetten historischen und antirassistischen Projekte über Rromani-Themen nicht von Rrom*nja- oder Sinti*zza gestaltet und geführt, sondern von weißen Gadje*. Egal, ob die Projekte für Rrom*nja/Sinti*zza oder für Gadje* stattfinden, sind diese Tatsache und diese Praxis absurd, systemisch und strategisch.

Anmerkungen

[1] Gadje* (auf Rromanes) sind alle Menschen, die nicht Rrom*nja, Sinti*zza, Calé* oder Manouches* sind.

[2] http://heimatkunde.boell.de/dossier-sinti-und-roma.

«Der Kampf muss weitergehen – wir werden nicht aufgeben!»

Duygu Gürsel im Gespräch mit Women in Exile – Refugee Women for Refugee Women

Women in Exile (WiE) *ist eine Gruppe von Flüchtlingsfrauen und ehemaligen Asylbewerberinnen, die sich aus der Perspektive von Frauen in der Flüchtlings- und Asylpolitik engagieren und gegen diskriminierende Gesetze kämpfen, die die Emanzipation von Frauen und Kindern behindern. Duygu Gürsel sprach im August 2012 mit einer WiE-Aktivistin über die Lebensbedingungen in den Lagern und über politische Forderungen in diesem Zusammenhang. Die Interviewpartnerin lebte zum Zeitpunkt des Interviews in einem Heim, mittlerweile ist sie verheiratet und lebt mit ihrer Familie in Berlin. Sie ist nach wie vor Aktivistin und kämpft für die Rechte anderer Asylsuchender und Geduldeter. Eine Mitbegründerin von WiE leitet das Interview mit der Gründungsgeschichte der Initiative ein. Das Interview erschien zuerst im Juni 2013 von Duygu Gürsel, Zülfukar Çetin und Allmende e.V. bei der Edition Assemblage herausgegebenen Sammelband «Wer Macht Demo_kratie. Kritische Beiträge zu Migration und Machtverhältnissen». Für den Wiederabdruck in diesem Buch wurde das*

Interview aktualisiert und ins Deutsche übersetzt, am Ende wurden Veränderungen in der politischen und sozialen Situation seitdem zusammengefasst. Die Herausgebenden danken der Edition Assemblage für die Erlaubnis zum Wiederabdruck.

Wie alles begann...

Vor zehn Jahren gaben drei Asylbewerberinnen, eine Leiterin eines Potsdamer Heims sowie eine Potsdamer Pastorin der BBC ein Interview zur Situation von Asylbewerberinnen*. Das Interview wurde im Radioprogramm der BBC und des Rundfunks Berlin-Brandenburg ausgestrahlt. Das Interview verdeutlichte eins: Jenseits der diskriminierenden Gesetze, von den alle Asylsuchenden betroffen sind – Einschränkungen der Bewegungsfreiheit, Einkaufs-Gutscheine statt Bargeld, Unterbringung in Sammelunterkünften (Heime), Arbeitsverbote, Ausschluss von höherer Bildung und so weiter – sehen sich Frauen und Kinder noch einmal mit zusätzlichen Problemen konfrontiert, etwa fehlender Privatsphäre, sexuelle Belästigung und Gewalt, die aus der obligatorischen Sammelunterbringung resultieren.

Diese Probleme wurden von außen nicht wahrgenommen, auch nicht von Organisationen, die Asylsuchenden gegen diskriminierende Gesetze helfen wollten. So entstand die Idee, eine Initiative zu gründen, die Frauen ein Forum bieten würde, sich zu treffen, ihre Ängste und Bedürfnisse zur Sprache zu bringen, aber auch um politische und gesellschaftliche Lösungen zu entwickeln, um mit Menschen guten Willens und bestehenden Gruppen zusammenzuarbeiten, aber auch um Menschen in den Kommunen und Nichtregierungsorganisationen zu involvieren, um solchen Menschenrechtsverletzungen Sichtbarkeit zu verleihen und sie auf die Agenda zu setzen.

Ein Teil der Arbeit von WiE ist in einer Broschüre dokumentiert, die im Jahr 2010 herauskam. Sie informiert über die Lebensbedingungen von Frauen in den Sammelunterkünften.[1] Das Material wurde zudem benutzt in der Kampagne: «No Lager for Women»/«Kein Lager für Flüchtlingsfrauen», deren Forderung lautete: «Keine Frau und kein Kind in Brandenburg soll in einem Flüchtlingswohnheim leben müssen. Wir fordern die Unterbringung in Wohnungen für alle Frauen und Kinder. Und wir fordern die Schließung ALLER Flüchtlingsheime!»

Die Initiative feierte im August 2012 ihr zehnjähriges Bestehen, unter anderem mit drei Tagen voll von Aktivitäten wie eine Protestkundgebung vor dem Ministerium für Arbeit, Soziales, Frauen und Familie, Seminaren und einer Podiumsdiskussion mit aktuellen und ehemaligen Wegbegleiter_innen.

Andere Aktivitäten der Initiative sind beispielsweise «Peer Education»-Seminare, die Frauen verlässliche Informationen zum Leben in Sammelunterkünften, Gruppen, die zu Frauen- oder Asyl-Fragen arbeiten, aber auch zu Partys und anderen Möglichkeiten der Unterhaltung für Frauen und Kinder vermitteln.

Ich würde gern mit der Frage beginnen, wie du WiE kennengelernt hast.

Sie haben uns im *Heim* [deutschsprachige Begriffe im Original sind kursiv gesetzt] in Cottbus besucht und uns nach unseren Problemen gefragt.

Und wie hast du dich entschieden, zum Teil der Gruppe zu werden, also aktiv mitzuarbeiten?

Also, als ich im *Heim* war, war das... Wir hatten manchmal so viel Stress zu bewältigen und du hast da niemanden zum reden. Als sie kamen, habe ich endlich Leute gefunden, mit denen ich reden konnte. Nicht wie jetzt, jetzt gehe ich zur Sprachschule und ich spreche ein bisschen Deutsch. Damals konnte ich noch gar kein Deutsch. Als ich beispielsweise operiert werden sollte, hatte ich keinen *Dolmetscher*. Sie waren es, die mir sagten, dass ich ein Recht auf eine_n Dolmetscher_in habe, wenn ich sie brauche. Sie ermutigten mich und ich und so bin ich seit 2010 dabei – bis heute.

Wie lange bist du in Deutschland?

Im September sind es drei Jahre.

Und vor dem Besuch von WiE war keine andere Organisation oder Gruppe zu Besuch in deinem Heim?

Nein. Ich kam im November 2009 nach Cottbus und es gab nur die WiE, die ich wahrnahm. Ich habe keine andere Organisation kommen sehen. Ich traf sie und begann, nach Berlin zu kommen. Wenigstens hatte ich nun einen Ort, an den ich kommen konnte, zu den Treffen. Die Treffen finden einmal im Monat statt, hier in Berlin, am Görlitzer Bahnhof. Darüber lernte ich andere Menschen kennen und ging dann auch zu anderen Treffen.

Kürzlich habt ihr das zehnte Jubiläum von WiE gefeiert. Wie wurde die Gruppe gegründet, wie kamen die Leute zusammen? Und was machen die Gründerinnen heute?

Die Gründerinnen waren Asylbewerberinnen aus Hennigsdorf. Heute sind sie keine Asylbewerberinnen mehr. Im Lauf der Zeit wurden sie zu ehemaligen Asylbewerberinnen. Aber als sie ihre Papiere bekamen, haben sie weitergemacht mit WiE. Manche haben das Land verlassen, sie sind nicht mehr in Berlin. Die Frau, die 2010 mein *Dolmetscher* war, ist jetzt zum Beispiel in den USA. Sie hat eine Green Card bekommen – sie ist gegangen. Aber sie haben hier angefangen. Als Gruppe von Frauen, die die Probleme von Frauen in den *Heimen* gesehen hat, haben sie beschlossen, selbstorganisiert zusammenzukommen, noch während sie in den *Heimen* lebten.

Jetzt sind neben Frauen aus Cottbus auch Frauen aus anderen Lagern bei WiE aktiv?

Ja, Frauen aus Cottbus, Frauen aus Rathenow. Wir haben Frauen aus Luckenwalde, aus Prenzlau und so weiter WiE besucht ein *Heim* und diejenigen, die sich interessieren, kommen dazu und wir beginnen zusammenzuarbeiten. Es sind also Frauen aus unterschiedlichen *Heimen* in Brandenburg.

Habt ihr auch Verbindungen in andere Regionen der Bundesrepublik?

Andere Gruppen laden uns manchmal ein, um sie kennenzulernen. Wir sind 2011 nach Oldenburg gefahren. Ein paar Frauen, die sich dafür interessierten, was WiE tut, hatten uns eingeladen. Es waren keine Asylbewerberinnen. Aber sie arbeiteten als Unterstützerinnen. Sie wollten wissen, wie wir arbeiten, auch um andere Asylbewerberinnen in den *Heimen* zu ermutigen. Die meisten Frauen in den *Heimen* denken doch, dass sie nichts tun können. Aber es gibt eine Menge, was Menschen tun können. Letztes Jahr waren wir in Frankfurt am Main. Wir nahmen drei Tage an einem *No Border-Treffen* teil. Neulich waren wir für drei Tage in München, da hatte uns auch eine Gruppe eingeladen. Es war eine Frauenorganisation von nicht-geflohenen Deutschen. Sie wollten versuchen zu verstehen, wie sie Asylsuchenden helfen können. Sie wollen wissen, wie WiE begonnen hat. Wir haben ihnen gesagt, dass ein Leben im *Heim* nicht das Ende der Welt ist. Wenn du ein Problem hast, musst du was dagegen tun. Du musst an die Öffentlichkeit gehen und die Menschen wenigstens wissen lassen, was du durchmachen musst. Die meisten Menschen wissen doch nichts über die Probleme in den *Heimen*. Manchmal machen wir einfach Fotos in unterschiedlichen *Heimen* und veröffentlichen sie. Wir haben eine Broschüre zum Leben im *Heim* herausgebracht. Die meisten machen sich ein ganz falsches Bild, sie denken, wir essen Geld im *Heim*. Wenn sie sich die Einzelheiten anschauen, die Lebensbedingungen, die Art von Leben, die wir führen, wissen sie, wie es wirklich uns bestellt ist.

Residenzpflicht ist ein ernsthaftes Problem in der Bundesrepublik. Wie reist ihr in andere Städte?

Ich zum Beispiel habe eine *Duldung*, das heißt, meine Abschiebung ist vorübergehend ausgesetzt. So funktioniert das: Als ich nach Frankfurt am Main fuhr, hatte ich einen *Urlaubsschein* dabei. Ich musste die Adresse angeben, an die ich reise. Meistens bringe ich die *Einladung* zur *Ausländerbehörde*, wenn ich zu einem Seminar oder zu einer Konferenz fahre. Ich zeige ihnen, wo ich hinfahre und sage ihnen, wie lang ich weg sein werde. Ich bekomme keinen *Urlaubsschein* für mehr als eine Woche. Sie geben dir höchstens zwei, drei oder vier Tage. Ich brauche also eine Erlaubnis. Es sei denn, ich bin in Berlin unterwegs. Berlin und Brandenburg haben die Residenzpflicht 2010 ein bisschen gelockert, du brauchst keinen

Urlaubsantrag mehr für jede einzelne Fahrt. Aber für Frankfurt am Main, Oldenburg, München brauchte ich einen *Urlaubsschein*.

Ihr habt eine Kampagne gestartet, die «No Lager for Women»/«Keine Lager für Flüchtlingsfrauen» heißt. Kannst du die Kampagne bitte beschreiben?

Klar... Letztes Jahr im März hatten wir eine *Demo* in Potsdam. Dieses Jahr, in der Woche um den Frauentag waren wir wieder in Potsdam. In dieser Woche kam Sozialminister Baaske zu einer der Veranstaltungen. Wir gingen hin und trafen ihn persönlich und gaben ihm unseren Flyer. In den Flyern geht es um die Probleme in den *Heimen*, die wir sehen. Er sagte, er würde etwas tun, aber es passierte gar nichts. Kleinigkeiten vielleicht, die Lebensbedingungen sind immer noch dieselben. Letzten Monat habe ich ihm persönlich eine e-Mail geschrieben und ich habe ihn auch daran erinnert, was wir ihm geschrieben hatten. Er sagte, sie warteten auf irgendeine Entscheidung im Parlament, er wollte sehen, was sich machen ließe. Wir üben immer noch Druck auf die Regierung aus. Gerade letzten Freitag, als wir zu unserer Zehn-Jahres-Jubiläumsfeier gingen, sind wir an seinem Ministerium losgegangen. Wir haben dort schweigend protestiert. Sie haben uns am Tor nicht durchgelassen. Aber wir haben dem persönlichen Referenten des Ministers unsere Forderungen übergeben, um daran zu erinnern, dass wir immer noch warten.

Wie viele Menschen nahmen an der Protestkundgebung teil?

Bei der *Demo* waren wir nicht so viele Leute. Manche der Frauen haben ja Kinder. Sie kommen aus unterschiedlichen *Heimen*. Nimm mein *Heim*, zum Beispiel. Wenn ich in Berlin sein muss, dauert die Zugfahrt zwei Stunden. An dem Tag mussten wir uns um 10:30 Uhr treffen. Manchen ist es nicht möglich, das zu schaffen. Ich kam bereits am Samstag und habe in Berlin übernachtet, damit ich am nächsten Tag pünktlich in Potsdam sein konnte. Die anderen kamen später zur Jubiläumsfeier, aber zur *Demo* haben es viele nicht geschafft. Aber wir haben dort was rübergebracht.

War das eine Kundgebung von euch oder waren auch andere Gruppen beteiligt?

Der gesamte Samstag war von uns organisiert. Wir haben auch Freund_innen eingeladen. Es gibt ja einige Organisationen, etwa den *Flüchtlingsrat*. Und manche deutschen Frauen sind mit uns gelaufen. Sie helfen uns auch dabei Geld für solche Aktionen zu finden. Wir brauchen ja sogar Geld, um zu Treffen fahren zu können, wir brauchen Geld für Tickets. Also arbeiten wir mit Freund_innen zusammen.

Gibt es Konflikte in der Zusammenarbeit mit anderen Gruppen, vor allem mit Gruppen, die nicht aus Asylsuchenden bestehen?

Persönlich habe ich keine Konflikte. Mit den meisten Organisationen teilen wir ja die gleichen Ziele. Wir kommen nur aus unterschiedlichen Richtungen. Aber wir bekämpfen dieselben Probleme: diese Lebensbedingungen, die diskriminierenden Gesetze, die wirklich nicht asylsuchenden-freundlich sind. Wir haben also keine Konflikte.

Mit welchen besonderen Bedingungen haben es Frauen in den Heimen zu tun?

Es gibt Vergewaltigungen, es gibt sexuelle Belästigung. Die Sanitärräume sind nach Männern und Frauen getrennt. Das wird aber nicht respektiert. Es gibt Männer, die auf die Frauentoilette gehen. Es kann doch sein, dass dort nackte Frauen sind. Du musst dich immer fürchten. Du lebst auf derselben Etage – wenn du nachts aufwachst und auf die Toilette gehst, hast du Angst, dass dich jemand angreifen könnte, dass du vergewaltigt werden könntest. Wir sind nicht sicher. Wir leben mit Menschen, die wir nicht kennen, auf derselben Etage. In deiner eigenen Wohnung brauchst du keine Angst zu haben, wenn du nachts aufwachst und auf die Toilette musst. Im *Heim* weißt du nicht, wem du begegnen wirst. Es gibt also eine Menge Unsicherheit. Ich zum Beispiel hatte eine versuchte

Vergewaltigung in meinem *Heim*. Als ich dem *Heimleiter* davon berichtete, sagte er: «Ja, der Typ ist drogenabhängig, wir können da nichts machen, lass ihn einfach in Ruhe.»

Einer meiner Nachbarn im *Heim* hatte in mein Zimmer reingeschaut. Er war wie ein Bruder für mich, er war auch aus Togo. Er war auf der Suche nach einem anderen Nachbarn, der nebenan lebt, um gemeinsam etwas zu trinken. Aber mein Nachbar war nicht da und ich war in meinem Zimmer und arbeitete an etwas. Also hieß ich ihn willkommen und bat ihn in mein Zimmer. Er kam mit einer Flasche Alkohol, irgendein Sahnelikör. Ich brachte Gläser und wir tranken zusammen, wie mit einem Bruder... Manchmal vertraust du deinen eigenen Leuten. Als ich den letzten Schluck nahm, spürte ich etwas in meinem Wein-Glas. Ich war nicht sicher. Ich nahm es und ging in die Küche. Zum Glück hatte ich schnell getrunken und die Tablette noch vor dem Auflösen gefunden. Ich nahm sie heraus und wickelte sie in ein Taschentuch.

In meinem *Heim* gibt es zwei Türen, wo wir leben. Pro Wohneinheit gibt es drei Menschen, die sich eine *Küche* und Toilette teilen. Es ist wie ein Haus. Also öffnete ich meine Zimmertür und die Tür zum Treppenhaus. Ich forderte ihn auf, aus meinem Zimmer zu gehen. Er wollte aber nicht raus, er war betrunken. Ich sagte: «Du musst jetzt aus meinem Zimmer raus, du kannst hier nicht bleiben.» Ich war im Treppenhaus und er konnte nichts tun. Die Leute hätten alles gehört. Also ging er. Als er raus war, verriegelte ich die Tür und rief einen meiner afrikanischen Freunde im *Heim* an. Ich sagte ihm: «Ich will zu den Sicherheitsleuten, aber ich fürchte mich.» Ich war im dritten Stock, und der Typ lebte im zweiten Stock, ich hatte Angst, über das Treppenhaus runterzugehen. Mein Freund kam und begleitete mich zu den Sicherheitsleuten. Ich berichtete der Sicherheit, was passiert war. Schon während ich das erzählte, sagte mir die Sicherheit, das sei eine Schlaftablette gewesen. Ich sollte also einschlafen und er hätte mich vielleicht vergewaltigt. Noch bevor ich zu Ende erzählt hatte, sagten sie: Das muss Ahmed sein. Sie kannten ihn also. Ich ging zurück auf mein Zimmer. Keine andere Frau aus dem *Heim* war da, ich war allein. Wenn die anderen afrikanischen Frauen da gewesen wären, hätte ich bei einer von ihnen schlafen können. Ich hatte Angst. Der Sicherheitsdienst gab mir in der Nacht ein Walkie-Talkie, damit ich sie gegebenenfalls rufen kann.

Ich war so gestresst, es war ja zwei Uhr morgens oder so, ich hatte vergessen zu fragen, wie das Gerät funktioniert. Ich hatte es, aber ich wusste nicht, wie ich es benutzen würde. Etwa eine Stunde später klopfte es an der Tür. Ich schaute durch den Tür-Spion – derselbe Mann, der mich betäuben wollte. Er wollte wohl schauen, ob ich vergessen hatte, meine Tür zu verschließen. Ich wollte die Sicherheit rufen, aber ich wusste nicht, wie das Walkie-Talkie geht. Ich musste meinen Freund anrufen, der mich zu den Sicherheitsleuten brachte. Es wurde mir alles ein bisschen zu viel. Mein Freund sagte: «Ich bin dein Freund, komm, schlaf bei mir im Zimmer.» Ich antwortete ihm, dass ich nicht vor einem Mann weglaufen und im Zimmer eines anderen Mannes schlafen kann. Ich konnte die ganze Nacht nicht schlafen. Als ich der Heimleitung berichtete, wurde mir gesagt: «Du musst die Polizei nicht rufen, es gibt nichts, das sich machen lässt.» Mein Problem ist dies: Okay, er hat mich nicht vergewaltigt. Wie viele Leute kommen mit sowas durch? Ich wüsste nicht einmal, wo ich Schlaftabletten herbekomme. Da weiß einer, was er tun muss, um an Frauen ranzukommen. So viele Frauen erleiden sowas. Das ist nur mein Fall, von dem ich anderen erzähle.

Manchmal sind Frauen nicht sicher, wenn sich ihnen ein Mann im *Heim* nähert. Du findest heraus, dass sie wissen, in welcher verzweifelten Situation du dich befindest, weil du in einem *Heim* bist. Es ist nicht so, dass Leute kein Gehirn haben, weil sie im *Heim* leben. Wenn du dich einer Frau näherst und sie sagt nein – dann ist das ein Nein! Frauen haben viele solche Probleme. Kinder werden sexuell belästigt. Manche Leute nehmen Drogen. Die Kinder lernen nicht, was sie lernen sollten. Ich sehe, dass manche von ihnen rauchen und Drogen nehmen. Solch ein Kind wächst auf und denkt, es ist etwas Gutes zu rauchen. Sie sehen jeden Tag Leute, die Alkohol trinken, die Schimpfwörter benutzen. Es gibt eine Menge schlechter Einflüsse.

Wenn ihr die Heime *besucht, wie sprecht ihr die Frauen an, was ratet ihr ihnen, wie beratschlagt ihr euch mit ihnen?*

Wir fragen die Frauen nach ihren Problemen. Wenn du in ein *Heim* gehst, musst du ein enges Verhältnis zu den Menschen aufbauen. Es ist nicht so, dass dir sofort alle vertrauen und dir ihre Probleme erzählen. Wir erzählen ihnen, was wir selbst durchgemacht haben, was wir erlebt haben. So lernen sie, dass sie dir vertrauen können. Dann können sie von ihren Problemen berichten und wir können ihnen helfen, du kannst sie beraten.

Ein anderes großes Problem, das Frauen haben, ist die Sprache. Die Leute sprechen kein Deutsch und sie haben keine Dolmetscher_innen. Um in einen Deutschkurs zu gehen, musst du zahlen können. In Cottbus zum Beispiel kostet so ein Kurs 230 € im Monat. Aber wir bekommen 200 €, also können wir uns keine Sprachschule leisten. Wenn Menschen krank werden und zu Ärzt_innen gehen, ist das ein Problem. Ärzt_innen kümmern sich nicht darum, ob du Deutsch kannst oder nicht. Aber du verstehst sie nicht. Du bekommst Medizin, aber du weißt nicht, was du hast, weil du die Sprache nicht verstehst. Ich vermute, alle Ärzt_innen sprechen Englisch. Aber sie sprechen es nicht mit uns. Sie sagen uns: «Du bist in *Deutschland*, du musst Deutsch lernen.» Wir wollen Deutsch lernen, aber wenn du krank bist, musst du Ärzt_innen verstehen. Sonst weißt du nicht, warum du krank bist und wie du die Medizin nehmen musst. Die Beipackzettel sind ja auch auf Deutsch. Das heißt, Leute können nicht einmal ihre Medizin richtig nehmen. Übersetzungen sind eins der vielen typischen Probleme, wo wir behilflich sein können. Die auf einer Schule waren und Deutsch sprechen, fungieren als *Dolmetscher* für die Leute aus den *Heimen*. Wenn du zu Ärzt_innen musst, nimmst du einen *Dolmetscher* mit. Du kannst einen *Dolmetscher* aber nicht bezahlen. Also musst du mit Leuten sprechen. Wir sind aus den Heimen. Wir können mit den Frauen sprechen. Sie können uns vertrauen und uns von ihren Problemen erzählen. Und wir kümmern uns dann darum, dass ihnen geholfen wird.

Was sind eure politischen Forderungen, um die Probleme anzugehen?

Du findest schnell heraus, dass die meisten Probleme aus den *Heimen* resultieren. Wenn Frauen mit einem Kind das *Heim* verlassen, verschwindet ihre Unsicherheit. Es gibt keine sexuelle Belästigung.

Sobald Frauen das *Heim* verlassen, gibt es mehr Sicherheit für Frauen. Wir müssen uns die Probleme anschauen, um Lösungen zu finden. Und wir müssen uns auch die Gesetze anschauen. Es ist das Ergebnis eines politischen Kampfes, dass wir in Brandenburg reisen können. Vorher konnte ich mich in meinem *Landkreis* bewegen, innerhalb eines sehr kleinen *Landkreises*. Es ist der politische Aktivismus, der dafür gesorgt hat, dass wir uns in ganz Brandenburg frei bewegen können. Jetzt kämpfen dieselben Aktivist_innen dafür, dass wir uns in ganz Deutschland ohne Probleme bewegen können.

Aber manche Leute wollen die *Heime* auch gar nicht verlassen. Immer, wenn du rausgehst, kontrolliert dich die Polizei. Es ist nicht einfach, vom *Bahnhof* zu kommen oder zum *Bahnhof* zu gehen, nur weil du Ausländer_in bist. Selbst wenn du nichts verbrochen hast. Du musst immer Angst haben. Manche sterben vor Stress im *Heim*. Wenn du einen Zug verpasst hast, bist du am falschen Ort. Du musst den Bus nehmen, besorg dir ein Ticket, aber Geld ist ein großes Problem. Die meisten Asylsuchenden und Geduldeten dürfen nicht arbeiten.[2] Du kannst eine Arbeit suchen und vielleicht eine finden. Du gehst zur *Ausländerbehörde*, sie sagen dir: «Dieser Arbeitsplatz muss zuerst Deutschen bzw. EU-Staatsangehörigen angeboten werden. Erst wenn sie den Arbeitsplatz ablehnen, kannst du ihn haben.» Wir suchen also Arbeitsplätze für andere, denn Asylsuchende brauchen eine Erlaubnis, um arbeiten zu dürfen. Wir können also gar nichts machen. Es gibt immer etwas, das dich abhält.

Eure Treffen finden monatlich statt. Was steht gerade an?

Immer noch die *No Lager*, das ist die Hauptsache gerade. Aber die Leute bringen auch immer neue Themen auf, um die wir uns kümmern müssen. Wir wissen vieles, aber es gibt immer auch Dinge, die neu sind. In meinem *Heim* müssen wir jetzt mehr fürs Wäschewaschen bezahlen. In Luckenwalde müssen sie Geld bezahlen, um fernsehen zu können. Es gibt also immer verschiedene Probleme, wo wir was tun müssen. Du kannst nicht immer sagen: «Heute sprechen wir über dies.» Es ist immer Zeit fürs Bekannte vorgesehen. Und es ist immer auch Zeit fürs Unbekannte vorgesehen. Aber *No Lager* steht immer auf der Tagesordnung.

Macht ihr auch etwas im Rahmen der Proteste gegen das Gutschein-System, das Asylsuchenden und Geduldeten den Einkauf nur in bestimmten Läden gestattet?

Gutscheine sind ein anderes großes Problem. Aber wir können die Erfolge zählen. Es gibt nur noch drei *Landkreise* in Brandenburg, die *Gutscheine* haben. Letztes Jahr waren es sechs, einschließlich Cottbus. Jetzt sind nur noch Oberhavel, Havelland und Oberspreewald-Lausitz übrig. Wir kämpfen weiter.

Es gibt antirassistische Solidaritätsgruppen, die die Gutscheine umtauschen und Asylsuchenden Bargeld geben. Was hältst du von solchen Initiativen?

Eine solche Initiative funktioniert in Henningsdorf, in der Nähe von Berlin. Wer soll aus Berlin nach Cottbus kommen, um meine *Gutscheine* zu nutzen? Es würde vier Stunden hin und zurück dauern – das wäre auch zu teuer. Wir haben ein *Heim*, das sogar noch weiter weg ist von Berlin, vier oder fünf Regionalbahn-Stationen hinter Cottbus. Da kann nicht mal eben jemand kommen und mit meinem *Gutschein* einkaufen gehen.

Es ist schwierig, in Orten wie Cottbus Leute zu finden, die helfen. Du erzählst den Leuten von den Problemen in den *Heimen*, über das *Gutschein*-System, aber niemand will dir helfen. Wir sind in Deutschland. Niemand will dir helfen. Selbst, wenn du mit Leuten sprichst, verhalten sie sich so, als solltest du nicht mit ihnen sprechen. Ich erinnere mich an die Zeit, als ich ankam. Ich stieg in einen Bus und jemand stieg aus, weil ich eingestiegen war. Sie haben ihr Ziel noch nicht erreicht, aber sie trotzdem steigen aus und beschimpfen dich dabei. Sie wollen deine Hautfarbe nicht sehen. Ich war mal krank, ich hatte drei Stunden nonstop Kopfschmerzen und bin zu einem Arzt in Cottbus gegangen. Ich war gerade einen Monat da. Als der Arzt kam, fragte er: «Sprechen Sie Englisch?» und ich sagte ja. Er schaute mich an und sagte mir, ich hätte *Schweinegrippe*, nachdem er mich bloß angeguckt hatte. Er nahm keine Blutprobe, er hat nichts untersucht. Er sagte bloß: «Sie haben *Schweinegrippe*, gehen Sie ins *Heim* und kommen Sie morgen wieder.» Ich dachte, wenn ich

Schweinegrippe hätte, würde ich ins Krankenhaus gehören. *Schweinegrippe* wurde bei anderen so behandelt. Und dieser Doktor sagt mir, ich soll gehen und morgen wiederkommen. Nicht einmal ein Schmerzmittel hat er mir verschrieben. Ich ging auf mein Zimmer und weinte den ganzen Tag. Aber mir wurde klar, dass das Weinen mir nicht helfen würde. Ich musste etwas tun. Womit ich konfrontiert war, waren auch andere konfrontiert. Ich dachte: Wir tun uns zusammen und lösen das Problem.

Das Problem wird nun mit *Dolmetschern* angegangen. Jemand kann immer übersetzen. Denn wenn du in diesem Land kein Deutsch sprichst, ist das ein großes Problem. Denn manche Menschen wollen dir einfach nicht helfen. Aber wenn du jemanden dabei hast, um mit der Sprache zu helfen, ist die Situation ganz anders. Ich hatte mal Herpes an der Lippe, eine Kleinigkeit. Es war mein Geburtstag. Mein Partner, der Deutsch spricht, besuchte mich in Cottbus. Wir gingen um neun Uhr abends ins Krankenhaus, weil der Zug Verspätung hatte. Der diensthabende Arzt war gerade am Gehen. In kaum zehn Minuten war er wieder an seinem Arbeitsplatz, es kommt also sehr darauf an, ob du jemanden mit Sprachkenntnissen dabei hast – die Hilfe kommt schneller. Wenn ich an dem Abend allein gewesen wäre, hätten sie mich fortgeschickt und gesagt, ich soll am nächsten Tag wiederkommen.

Das sind Probleme, mit denen wir tagtäglich zu tun haben. Diese Probleme müssen öffentlich besprochen werden, damit sie angegangen werden können. Wir versuchen, Leute zu ermutigen, in Sprachschulen zu gehen, wenigstens diejenigen, die es sich leisten können. Bei mir ist es schwieriger, weil es so teuer ist. Aber ich habe mich in einen Kurs für Asylsuchende eingeschrieben, der in einem Projektehaus in Potsdam angeboten wird. Sie haben uns die Fahrtkosten erstattet, wenn wir die selbstgekauften Tickets dort abgaben, und der Unterricht war kostenlos. Aber sie haben jetzt zu, über den Sommer. Zum Unterrichtsende haben sie gesagt, es gebe kein Geld mehr für Tickets, wenn es wieder losgeht. Wir müssen uns also irgendwie selbst darum kümmern…

Du hast an einer Ringvorlesung teilgenommen, deren Schlüsselwort Demokratie war. Es wurde dort bemerkt, Machtverhältnisse müssten mit in den

Blick genommen werden, wenn über Migration gesprochen wird. Ich will dich als letztes fragen, was Demokratie für dich spezifisch bedeutet?

Aus meiner Perspektive betrachtet, ist Demokratie sehr wichtig. Wenn es Demokratie gibt, werden dort alle gleichbehandelt, egal wer sie sind. Ohne Demokratie sind die Menschen nicht frei, ohne Demokratie lebst du in Angst. Dieselbe Demokratie zwingt uns allerdings auch, gegen diskriminierende Gesetze zu kämpfen. Denn für uns ist das keine Demokratie. Manche von uns wollten gar nicht hier sein. Es sind Probleme, die uns hierher bringen. Manche von uns haben Familienmitglieder verloren, und sind damit hier. Wir haben nicht vorgehabt, nach Deutschland zu gehen. Die politische Situation hat uns dazu gezwungen. Wir sind vor Problemen geflohen und wollen uns zuhause fühlen. Also muss der Kampf weitergehen. Wir geben nicht auf!

Ergänzung 2015 von einer Mitgründerin von WiE

Frauen sind von den isolierenden Lebensbedingungen im Besonderen und von rassistischen und diskriminierenden Gesetzen, denen alle Asylsuchenden unterworfen sind, doppelt betroffen. Das System isoliert dich mit Perspektivlosigkeit, was das Erlernen der Sprache angeht, aber auch Arbeit oder höhere Bildung. In der segregierten Welt, in der wir gezwungen sind zu leben, haben wir keinen Kontakt zur deutschen Gesellschaft. Frauen sind den Gefahren dieser rassistischen Bedingungen in besonderer Weise ausgesetzt.

Das Leben in Sammelunterkünften bedeutet, Räume teilen zu müssen. Pro Person gelten, je nach Bundesland, 6 m² und weniger für eine Person als ausreichend. Geteilte Räume – Küchen, Bäder, Toiletten, lange Korridore und so weiter – bedeuten fehlende Privatsphäre. Mitarbeiter_innen der Sammelunterkünfte können ohne Anklopfen in dein Zimmer kommen, es kümmert sie nicht, ob du angezogen oder nackt bist. Besucher_innen sind nicht vorgesehen. Wenn sie zugelassen werden, müssen sie vor 22:00 Uhr wieder gehen – wenn sie länger bleiben, müssen sie Strafe zahlen. Nachts kannst du wegen des Geräuschpegels in den Korridoren kaum schlafen. Kinder im schulpflichtigen Alter können sich auf ihre Hausaufgaben nicht konzentrieren. Gemeinsam genutzte Einrichtungen sind Quellen von Streitigkeiten zwischen den Bewohner_innen. Streitigkeiten führen zu Kämpfen, Frauen werden sexuell belästigt und körperlich misshandelt.

Rassismus begegnet uns tagtäglich auf der Straße wie in den Strukturen des Systems. Mitarbeiter_innen der Sammelunterkünfte diskriminieren Asylsuchende als Kriminelle, die nach Deutschland kommen, um sich Sozialleistungen zu erschleichen – als Menschen, die hier nichts zu suchen haben. Die Angestellten entscheiden, wer spezialisierte medizinische oder psychologische Versorgung bekommt. Eine Frau musste im vergangenen Jahr, nachdem sie durch ihren erwachsenen Sohn körperliche Gewalt erfahren hatte, von Haus zu Haus ziehen, weil es keine Policy für den Umgang mit solchen Fällen gab.

Als Folge dieser Lebensbedingungen, die von Hoffnungslosigkeit geprägt sind, leiden viele Asylsuchende unter Stress und zusätzlicher Depressionen. Frauen leiden am meisten unter diesen Zuständen, weil sie oft diejenigen sind, die sich verpflichtet fühlen, den Alltag der Kinder und anderer Familienmitglieder organisieren.

Aufgrund solcher Erfahrungen haben wir uns entschieden, uns aus einer Frauenperspektive zu organisieren und für unsere Rechte zu kämpfen. Wir haben beschlossen, uns über die Gesetze, die speziell Asylsuchende betreffen, zu informieren, so dass wir andere Asylbewerberinnen informieren und ihnen Tipps geben können, wie sie offizielle und soziale Probleme lösen können. Wir entschieden uns, Seminare und Workshops anzubieten, die Frauen über ihre Rechte aufzuklären und ihr Empowerment zu fördern. Nach Besuchen in einer Reihe von Sammelunterkünften und Interviews mit Frauen, die dort untergebracht sind, haben wir unsere Kampagne «No Lager for Women»/«Abschaffung aller Lager» gestartet, deren Ergebnisse in einer Broschüre zusammengefasst sind. Im vergangenen Jahr haben wir eine Floß-Tour durch ganz Deutschland gemacht, um in Kontakt mit anderen Asylbewerberinnen zu kommen. Wir haben schreckliche Bedingungen in den Lagern kennengelernt, aber auch wundervolle starke Frauen, die es verstehen, mit ihren Kindern am Leben zu bleiben. Für sie und für uns ist es sehr wichtig, zusammenzukommen, um die Isolation zu durchbrechen. Am Ende der Tour forderten wir vom Innenminister:

- Asylbewerberleistungsgesetz, Arbeitsverbot und Residenzpflicht abschaffen!
- Keine Lager für Frauen! Alle Lager abschaffen!
- Dublin III abschaffen!
- Gleiche Rechte für alle!

Im Augenblick werden die Lebensbedingungen nicht besser, sondern schlechter – von den Zentralen Aufnahmeeinrichtungen bis hin zu den Sammelunterkünften. Anstelle einer Unterbringungspolitik im Sinne der Asylsuchenden, wird den Kommunen Geld gegeben, um noch mehr Lager zu schaffen oder heruntergekommene Lager zu renovieren. Und dies, obwohl es kostengünstiger wäre, eine Unterbringung in Wohnungen zu gestatten. In unserer Kampagne fordern wir, dass alle Frauen das Recht haben sollten, sich für eine Wohnungsunterbringung zu entscheiden.

In Brandenburg kennen wir SPD-Innenminister Schröter zu gut. Er war lange Jahre Landrat in Oberhavel. In seiner alten Funktion war er und in seiner neuen Funktion bleibt er verantwortlich für viele asylpolitische Fragen. Unseren Erfahrungen nach hat er meist willkürlich entschieden, eher wie ein König als jemand, der sich um die Rechte von Menschen – und insbesondere auch Asylbewerberinnen – kümmert. Wir sind besorgt, dass er nun noch mehr Macht über unsere Leben hat – wir wissen, dass unsere Bedürfnisse ihm egal sind.

Unser größtes politisches Ziel ist und bleibt eine Gesellschaft ohne Ausschluss und Diskriminierung – sowie die Abschaffung aller Sondergesetze, die Asylsuchende und Migrant_innen diskriminieren.

Anmerkungen

[1] http://womeninexile.blogsport.de/images/broschreblog.pdf.
[2] http://www.proasyl.de/de/themen/basics/basiswissen/rechte-der-fluechtlinge.

Wie in einem Brennglas erscheinen seit den Anschlägen vom 11. 9. 2001 die seit dem Kolonialismus etablierten westlichen Imaginationen über „den Islam" – Geschlecht und Sexualität waren und sind in diesen zentral. Zudem wurden in westlichen Staaten demokratische Grundrechte abgebaut und Kriege begonnen – oft begründet mit Argumentationen über Geschlecht und Sexualität.
Dieser Sammelband mit Beiträgen von Wissenschaftler_innen, Publizist_innen und Aktivist_innen blickt zurück auf die letzte Dekade und schaut auf Überlappungen von feministischen und lesbisch-schwulen Debatten mit Entwicklungen in der Mehrheitsgesellschaft. Er geht der Frage nach, ob/wie die relativen Erfolge der Frauen- und Homosexuellen-Emanzipation auch durch rassistische Rückschritte erkauft wurden.

Koray Yılmaz-Günay (Hg.)
Karriere eines konstruierten Gegensatzes: Zehn Jahre „Muslime versus Schwule"
Sexualpolitiken seit dem 11. September 2001
216 Seiten | 18,00 Euro | ISBN 978-3-942885-53-9

Wer MACHT Demo_kratie? lautet die zentrale Frage des Sammelbandes. Die Autor_innen setzen sich in ihren Beiträgen u.a. mit Migrations- und Flüchtlingspolitiken, Demokratie, Kapitalismus, Rassismus, Homonationalismus, Kolonialismus, Feminismus, sozialen Kämpfen und migrationsbezogener Sozialer Arbeit auseinander. Sozialwissenschaftler_innen, Aktivist_innen und andere politischen Akteur_innen kommen hier zu Wort und bringen Alternativen für politisch-wissenschaftliche Auseinandersetzungen zum Ausdruck.
Das Buch ist ein Versuch, kritische Gesellschaftstheorie und Praxis vereinbar zu machen, und möchte weitere Projekte dieser Art anregen.

Duygu Gürsel, Zülfukar Çetin & Allmende e.V. (Hg.)
Wer Macht Demo_kratie?
Kritische Beiträge zu Migration und Machtverhältnissen
256 Seiten | 16,80 Euro | ISBN 978-3-942885-34-8

Begleiterscheinungen emanzipatorischer Theorie und Praxis

Alle Bücher der edition assemblage gibt es in guten Buchhandlungen und unter
www.edition-assemblage.de.

«In einem ganz bestimmten Sinn ist eine poetische Betrachtung stets antirassistisch»

Koray Yılmaz-Günay im Gespräch mit Deniz Utlu

Koray Yılmaz-Günay: In dem autobiographischen Essay Die Migranten, die Nation und ich für den Berliner Tagesspiegel hast du davon geschrieben, dass der Mauerfall – von Hannover aus betrachtet – nicht mehr als «eine Sequenz in der Tagesschau» war. In deinem Roman Die Ungehaltenen kommt das westberliner Urgestein Onkel Cemal mehrmals auf dasselbe Ereignis zu sprechen, einmal sagt er allerdings: «Der Mauerfall hat uns fertiggemacht.» Ist dieser gravierende Unterschied in der Einschätzung tatsächlich bloß abhängig vom Wohnort oder eine Generationen-Frage?

Deniz Utlu: Der Ort meiner Sozialisation und mein Alter sind wesentlich für meine Perspektive auf den Mauerfall. Allerdings sind das nur die *äußerlichen*, unabänderlichen Achsen meiner Position. Schicht («Klasse») und «Ethnos» («Rasse») sind weitere, in diesem Fall sozial *zugeschriebene* Achsen. Sie bleiben veränderbar, in Abhängigkeit von gesellschaftlichem Wandel und einer brüchigen, variablen Erzählung von der Nation. Wenn ich die *äußerlichen Achsen* anschaue, fällt mir auf, dass die Erfahrung und Wahrnehmung dieses historischen Ereignisses variiert, je nachdem, ob jemand in Westdeutschland, Westberlin oder Ostdeutschland aufgewachsen ist. Der Mauerfall hat mit rascher Wirkung existenzielle Folgen für die Bürger_innen der DDR und Westberlins gehabt. Eine Erzählung der Befreiung dürfte nicht unterschlagen, wie sehr der Regimewechsel für viele auch mit einer Entwertung ihres Status (ihrer Abschlüsse, Errungenschaften, Forderungen, et cetera) und ihres Widerstandes gegen das Unterdrückungsregime einherging. Zivilgesellschaftliche Bemühungen für eine Verbesserung der Situation *in* der DDR wurden innerhalb weniger Monate hinfällig, weil es keine DDR mehr gab – das BRD-System weitete sich aus und machte jede noch so emanzipatorische Agenda obsolet. Nicht nur politische Bewegungen, auch viele Künstlerinnen und Autoren sahen ihren Wirkungsraum verpuffen. Die Treuhand verscherbelte wortwörtlich die DDR-Industrie: Was vorher Staatseigentum war und wenigstens offiziell der Gemeinschaft gehörte, wurde zerlegt, abgebaut, verkauft, stillgelegt. Innerhalb kürzester Zeit verloren Millionen Menschen ihre Arbeitsplätze.

Wenn ich mir diese Entwicklungen anschaue, komme ich nicht zu dem Ergebnis, dass der Mauerfall zu plötzlich oder – absurder – falsch war. Vielmehr komme ich zu dem Schluss, dass ich mir als jemand, der in Westdeutschland sozialisiert wurde, meiner Privilegien bewusst sein sollte, bevor ich es mir anmaße, über die Entwicklungen in Ostdeutschland und in Westberlin zu urteilen. In Westdeutschland existierten lediglich diffuse Befürchtungen, und für ein sechsjähriges Kind war der Mauerfall nicht aufregender als «Wetten dass…?» oder das Neujahrsprogramm der Privatsender. Die Macht, etwas als bedeutungslos einzustufen – und sei es auch nur im eigenen Wohnzimmer –, *verweist* auf Privilegien (*beweisen* tut es sie nicht). Dass die nationale Einheitsfeier jedes Jahr vor allem eine BRD-Veranstaltung ist, also eine Veranstaltung derjenigen, die am wenigsten unter dem Regime der DDR und an einigen Nebenfolgen der «Wiedervereinigung» leiden mussten, stellt für mich die Glaubwürdigkeit der Veranstaltung stark in Frage. Ich weiß zum Beispiel von einigen DDR-sozialisierten Kolleg_innen, dass für sie der 9. Oktober ein viel bedeutenderer Gedenktag wäre als der

9. November. Von einigen Westberliner_innen weiß ich, dass ihnen ihre Sicht, die Veränderungen auf ihrer Insel, in der Erzählung zu kurz kommen. Die DDR und Westberlin gibt es nicht mehr, die BRD schon.

Onkel Cemal in meinen *Ungehaltenen* ist ein solches Westberliner Urgestein, er hat in den 1960er Jahren in den Trümmerwohnungen Kreuzbergs gewohnt, er hat dazu beigetragen, dass die graue Trostlosigkeit dieses Randbezirks zu einem Biotop wurde, und dann beobachten müssen, wie sein Biotop erst von rassistischer Gewalt und später von Immobilienhaien und vom Partytourismus bedroht wird. Auf dieser *äußeren Achse* sind meine Erfahrungen nicht vergleichbar mit der von Onkel Cemal.

Auf der *zugeschriebenen Achse* teilen wir aber eine Erfahrung. Ich möchte das über einen Umweg erklären: Eine Anerkennung und Würdigung des zivilen Widerstandes in der DDR hätte zur Folge gehabt, dass der 9. November weiterhin in erster Linie der Gedenktag für die Reichspogromnacht bliebe. Diese wird zwar nach wie vor in der Tagesschau vom 9. November erwähnt, nimmt aber im Verhältnis zur «Einheit» wenig Raum ein, den zweiten Platz, wenn du so willst. Diese Degradierung eines historischen Schlüsselereignisses zugunsten eines anderen bringt mich zu den beiden *zugeschriebenen Achsen* meiner Position: «Rasse» und «Schicht». Das Verhältnis von Mehrheitsgesellschaft und Minderheiten scheint neu verhandelt zu werden. Was bedeutet das für die Minderheiten in Deutschland, wenn nicht mehr die Ereignisse von 1938, sondern die von 1989 als zentral gesetzt werden? Ich meine damit nicht: «Was heißt es für die Minderheiten, wenn eine Schuld- und Bürde-Identität fallengelassen wird?» Diese Abgrenzung ist wichtig, weil der Schulddiskurs oft schnell eine Auseinandersetzung mit Nazi-Deutschland überlagert. Hier geht es aber nicht um die Schuld von Täter_innen oder ihrer Nachfahren, sondern um die Verortung von Minderheiten in einer gesellschaftlichen Konstellation, die sich mit der Wiedervereinigung zu verschieben scheint.

In dem Film «Duvarlar – Mauern – Walls» von Can Candan, in dem er Anfang der 1990er deutschtürkische Menschen in Berlin interviewt, sagt eine junge Pädagogin, dass die Teilung vielleicht die letzte offensichtliche Spur des Zweiten Weltkrieges war. Sie fragt, was jetzt geschehen werde, wenn mit dem Ende der Teilung in gewisser Weise eine neue Zeitrechnung beginnt? In ihrer Frage klingt die Befürchtung mit, dass mit dem Verschwinden der Vergangenheit die Gesellschaft womöglich nicht in der Lage sein wird, ihrer Verantwortung gegenüber Minderheiten gerecht zu werden. Das ist die Befürchtung, es könnte neue Pogrome geben. Hatte sie angesichts der Anschläge auf Migrant_innenfamilien und Flüchtlingsunterkünfte Anfang der 1990er bis hin zu nationalsozialistisch ideologisierten Terroranschlägen in den nächsten zwanzig Jahren so Unrecht?

Im April 2006 haben die Angehörigen des NSU-Opfers Halit Yozgat gemeinsam mit Freund_innen einen Schweigemarsch in Kassel organisiert. Auf dem Transparent ist zu lesen: «Kein 10. Opfer». Das eine ist: Fünf Jahre vor der Selbst-Enttarnung des NSU gab es öffentlich schon das Wissen um ihn. Das andere ist aber: Neben den Angehörigen anderer NSU-Opfer waren es vor allem Migrant_innen, die auf der Kundgebung in Kassel und auch zwei Monate später in Dortmund, wo die Familie Kubaşık einen weiteren Schweigemarsch organisierte, im Wesentlichen unter sich blieben...

Ja, es ist nicht entscheidend, dass Gewalttäter und (Nazi-) Terrorist_innen existieren, sondern, dass der Staat – im Sinne aller drei Gewalten – und die Gesellschaft, einschließlich der vierten Gewalt, nicht fähig oder willens sind, ihre Minderheiten zu schützen. Das neue Selbstverständnis Deutschlands, dessen Formulierung mit dem Mauerfall bis heute anhält und das versucht, ein tragfähiges Nationalgefühl zu installieren, schreibt (vermeintlichen) Migrant_innen eine spezifische Rolle in diesem Prozess zu. Sie sind nicht bloß ein Störfaktor, sondern – so scheint mir – bitter und mehr denn je nötig als Abgrenzungsfläche für die Konsolidierung einer doppelt gebrochenen nationalen Identität. Und das paradoxerweise in einer Zeit, in der die ökonomischen Bedingungen immer stärker transnationale Verknüpfungen verlangen.

Welchen Stellenwert nimmt eine solche nationale Identität heute ein? Ich denke an die Mobilisierungskraft der «Patriotischen Europäer gegen die Islamisierung des Abendlandes» (Pegida), Kriege, die im Namen von «westlichen Werten» geführt werden oder Bedingungen wie «Demokratisierung» für die Zahlung von Entwicklungshilfegeldern. Mir scheint, das sind keine nationalstaatlich verhandelten Identitätskonstruktionen mehr. Vieles läuft über «Westen gegen Morgenland» oder «Menschenrechte»...

Sind binäre Oppositionen, wie Abendland-Morgenland, Westen-Osten, Okzident-Orient nicht immer genau Teil von nationalen Identitätsvorstellungen? Ich stelle mir letztere als lokale Spielart einer umfassenderen Ordnung vor. Umgekehrt lässt sich die umfassendere Ordnung nur halten, weil die lokalen Spielarten auf sie verweisen. Daran lässt sich auch zeigen, wie sehr es sich bei nationalen Identitäten um Konstruktionen handelt: Wenn von allem abstrahiert wird, was nicht für genau *diese* Nation gilt, bleibt kaum noch etwas übrig: Religion, «Rasse», Sprache, das sind alles übergreifende Kategorien. Es gibt keine Essenz für Nationen, das ist nun wirklich eine alte Kamelle, aber beantwortet in der Umkehrung vielleicht die Frage: Wenn es keine Essenz der Nation gibt, muss sie sich aus externen Faktoren kreieren – das Abendländische, Westliche et cetera. Gerade der «Orient» als Erfindung des «Okzidents», zur Abgrenzung, ist doch exemplarisch dafür. Etwas, das den Menschen Halt gibt, auf das sie stolz sein können und das ihnen ein positives Selbstbild ermöglicht. Ob das dann «deutsch» ist oder «europäisch», scheint mir zweitrangig.

Kommen wir zu den «westlichen Werten»: Was soll das sein? Wir brauchen nicht zum alt-persischen Kyros-Zylinder, fast sechshundert Jahre vor unserer Zeitrechnung, zurückzudenken, um einen europäischen Anspruch auf die Urheberschaft der Menschenrechte zu widerlegen: Leben, arbeiten, sich entfalten, nicht gefoltert werden – das wollen alle Menschen unabhängig von Epoche, Kultur und Region. Wenn «Entwicklungspolitik» also etwa die Umsetzung des Rechts auf Leben in ihren Projekten mit verankert, dann heißt das für mich nicht, dass sich hier eine «westliche Identität» über andere stellt. Dass sich Strukturen, die der Kolonialismus vererbt hat, durch sämtliche multilateralen Organisationen und die internationalen Beziehungen im Allgemeinen ziehen, widerspricht dieser Aussage nicht. Aber wir dürfen das nicht vermischen. Das Label «freie Welt» hindert uns daran, Unfreiheiten in den Ländern, die dazugezählt werden, zu bekämpfen. Sie hindert uns aber auch daran, den gleichrangigen Anspruch auf universelle Werte in anderen Ländern als selbstverständlich zu begreifen.

Die Strukturen des Kolonialismus ziehen sich bis heute ja nicht nur durch zwischenstaatliche Beziehungen.

Natürlich sind es nicht nur die internationalen Beziehungen, die von kolonialen Strukturen durchzogen sind. Wichtig ist mir, dass wir gesellschaftliche Identitätsdiskurse und mikro-rassistische Realitäten nicht mit der Machtausübung über staatliche Beziehungen und internationale Organisationen, einschließlich Unternehmen, vermischen – aber sehr wohl in einen Zusammenhang stellen. Postkoloniale Theorien haben sich ja zunächst in den Literaturwissenschaften entwickelt, mit Bezügen zur Philosophie, Psychoanalyse und Soziologie. Eine postkoloniale Überholung der Ökonomie und des Rechts – in Lehre und Praxis – steht noch aus. Auf der anderen Seite verwendet der Antirassismus kaum rassismuskritische Instrumente aus diesen Disziplinen. Deshalb neigen wir manchmal dazu, Rassismus auf ein Problem zu reduzieren, das mit Bildung gelöst werden kann.

Ich will auf deine Schriftstellerei zurückkommen und fragen, wie du aus (d)einer künstlerischen Perspektive damit umgehst, dass Literatur ohne Sprache nicht funktioniert, Sprache aber zugleich auch Struktur gewordener Kolonialismus, also geronnene Ungleichheit ist. Wir hatten in den letzten Jahren nicht nur die hartnäckige Debatte über rassistische Bezeichnungen in Kinderbüchern, sondern auch eine permanente Debatte darüber, was «Integration» sein soll, wie lange ein «Migrationshintergrund» bestehen bleibt und ob die Bezeichnung «Flüchtling» benutzt werden soll oder nicht. Wie gehst du bei der Charakterisierung literarischer Figuren mit solchen Schwierigkeiten um?

Wenn Rassismus in einer seiner Erscheinungsformen ein Zum-Schweigen-Bringen der Anderen bedeutet, dann bedeutet die Sprache der Anderen unabhängig davon, was sie ausdrückt, allein schon dadurch, dass es sie gibt, ein Aufbegehren. Dieser Aspekt ist für mich in diesem Zusammenhang von größerer Bedeutung als die Fallen, in die ich tappen kann. Wenn jemand, der nie dazu vorgesehen war zu sprechen, spricht, stellt er sich gegen die Herrschaftsverhältnisse. Auch dann, wenn er seine eigene Unterwerfung bejaht. Das vor Augen, sind größere Solidaritätsräume möglich. Wir sollten nicht vergessen, dass politische Korrektheit einmal ein Mittel gewesen ist, um verbale Gewalt gegen die Ausgeschlossenen zu verringern. Es geht also um eine Beschränkung von dominierenden Teilen der Gesellschaft zum Schutz von marginalisierten Gruppen. Diesen äußeren Schutzmechanismus auf Diskriminierung innerhalb und zwischen Communities anzuwenden, kann negative Auswirkungen auf Koalitionsarbeit haben. Das heißt nicht, dass wir nichts gegen (auch sprachliche) Hierarchien in den Communities tun sollten, sondern lediglich dass wir uns genau überlegen müssen, wie wir mit unserer Energie umgehen – wir neigen nämlich dazu, uns zu zermürben.

Über rassistische Bezeichnungen möchte ich hier eigentlich nicht so viel sagen, weil das schon sehr intensiv diskutiert wurde. Mein Eindruck ist, dass wir manchmal vergessen, dass Rassismus ein Regulator des Ressourcenzugangs ist. Durch den Austausch von Begriffen werden wir das Problem nicht lösen. Die Verwendung von «Migrationshintergrund» oder «Migrationsgeschichte» ändert wenig an den Zugangsbarrieren zum Arbeitsmarkt. Ob «Flüchtlinge» oder «Geflüchtete», ändert nichts daran, was diese Menschen auf ihrer Flucht und, wenn sie diese überleben, schließlich in Deutschland durchmachen müssen. Ich sage nicht, dass die Sprachverwendung unwichtig ist. Ich sage lediglich, dass Rassismus, einschließlich seiner Wirkung in die Sprache hinein, in höchstem Maße komplex ist und einem permanenten Wandel unterliegt, der uns abhängt, wenn wir zu verbissen an Wahrheiten festhalten.

Der künstlerischen Sprachverwendung könnte hier eine wichtige Funktion zu kommen, wenn sich Kunst nicht jeglicher Funktionalisierung widersetzen würde. Kunst, also auch literarisches Schreiben, muss keine Aufgabe erfüllen, sie hat keine Funktion – und das ist gut so. Trotzdem bin ich beim Schreiben methodisch mit Herausforderungen konfrontiert, etwa wenn ich Personen oder Milieus beschreibe. Das sind aber *literarische* Herausforderungen und selten politische. Denn Beschreibungen sind nie einfach, sie erzählen immer viel mehr als die Gegenstände oder Merkmale, die in ihnen aufgezählt werden. In einem ganz bestimmten Sinn ist eine poetische Betrachtung stets antirassistisch, ohne dies jemals zu behaupten oder auch nur anzustreben, weil sie das Wesen der Dinge sucht, etwa nach «dem» Menschen und nicht nach der Projektion. Dass es dieses Wesen der Dinge gar nicht gibt, bestärkt die Literatur nur in ihrem Unterfangen.

Der Moderator einer offiziösen Feier zum Jahrestag der Einwanderung aus der Türkei sagt in den «Ungehaltenen» zur Ärztin Aylin: «Sie sind doch der lebende Beweis dafür, wie bereichernd Einwanderung sein kann.» Aylin antwortet – und das meines Erachtens nicht nur aus poetischer Betrachtung – stellvertretend für eine ganze Reihe von Leuten: «Sehe ich so aus, als wäre ich hier, um Sie zu bereichern?» In der Antwort steckt Poesie drin, aber auch eine Menge Gesellschaft...

Gesellschaft und Poesie schließen sich nicht aus. Denn der Poet steht nicht außerhalb der Gesellschaft bzw. steht er ebenso außerhalb wie innerhalb. Er selbst ist durchzogen von Gesellschaft, infiziert von ihren Krankheiten, stärker noch als andere verletzt von ihren Hieben. Diese Verletztheit trägt er in jeden Liebesvers, in jede Komödie. In seinem persönlichsten Text noch ist er nicht entkoppelt von der Gesellschaft. Er schafft aber auch eine eigene Welt mit eigenen Zeichen, Dynamiken, Regeln, die sich aus sich selbst generiert. Gerade diese durchdrungene Loslösung oder losgelöste Durchdringung macht die poetische Kraft aus.

Das soll keine Erklärung der zitierten Stelle sein, sondern eine Überlegung zur Beziehung von Gesellschaft und Poesie. In der Szene, in der Aylin interviewt wird, hat mich vor allem Aylin als Person interessiert, ihr Winkel zur Welt. Dazu gehört der erkrankte Vater, die Arbeit als Ärztin, Schikanen am Arbeitsplatz, die Distanz zur Mutter und viele Dinge, die sich nicht benennen lassen, das Unausgesprochene, das ihre Art ausmacht. Dass diese schlagfertige, unaufgeregt wütende Frau Antworten gibt, mit denen sich vielleicht viele identifizieren, sieht ihr ähnlich, aber das ist nicht ihre Motivation.

Literatur hat aber auch die Seite der Lesenden zur Bedingung. Wie sehr fließt das Publikum in deinen Produktionsprozess hinein?

Nun gut, ich wollte die Antwort auf die Publikumsfrage nicht unterschlagen. Der Begriff der «Zielgruppe» gehört in das Register von Marketing und Vertrieb und ist für mich im Schreibprozess irrelevant. Die anonyme Leserin, die irgendwo und irgendwann meine Worte empfängt, ist von hoher Relevanz. Ich kenne sie nicht. Aber alles, was ich schreibe, schreibe ich für sie. Ein Roman ist wie eine Flaschenpost, du weißt nicht, ob und wo der Text ankommt und wie er aufgenommen wird. In einer Welt, in der so viel zwischen den Menschen steht – Vorurteile, Geld, aber auch Verletzungen und Panzer, die sie angelegen, um sich zu schützen –, scheint der verlängerte Weg über niedergeschriebene Worte eher eine Begegnung zu ermöglichen, weil hier Raum und Zeit und andere Formen der Distanz überbrückt werden können. Für diese Form der Begegnung gibt es keine Kategorien wie Alter oder Herkunft.

Du hast als öffentliche Figur selbst eine Menge Medienpräsenz. Wie siehst du dein Verhältnis zu sogenannten Communities und sozialen Bewegungen, die sich um sie herum ranken?

Ich habe zuerst «zanken» verstanden statt «ranken». Empowerment finde ich wichtig. Das heißt auch, Erfahrungen anderer und Umgänge damit zuzulassen, die meinen Vorstellungen widersprechen.

Ich will dir zum Abschluss eine Frage zur Erinnerungspolitik stellen. Du hast in deinem Essay Für Trauer und Zorn. Plädoyer gegen eine Ökonomie des Gedenkens *dafür plädiert, «emotionale Trauer» angesichts rassistischer Morde als politische Ressource zu verstehen. Statt Trauer und Zorn von Angehörigen zuzulassen, etwa im Fall der NSU-Opfer oder aber von Schwarzen und Muslimen, die ins Visier staatlicher Ermittlungsbehörden geraten, erleben wir überall – auch im Zusammenhang mit den Pegida-Demonstrationen –, wie schnell Formulierungen wie «Schande für Deutschland» oder «unser Ansehen im Ausland» um sich greifen. Die Sorge um den Wirtschaftsstandort obsiegt also – und die Opfer von rassistischen*

Bürger_innen-Mobs, Polizei- und anderen Behörden treten in den Hintergrund, um es mal gelinde zu sagen. Wie kriegen wir in diesem Land eine Erinnerungs- und Gedenkpolitik hin, die sich der Instrumentalisierung von Leid verweigert und diejenigen sprechen lässt, die gelitten haben oder weiterhin leiden?

Wichtig ist, dass «emotionale Trauer» für die Gesellschaft eine politische Ressource *darstellt*. Etwas anderes wäre es zu sagen: «Emotionale Trauer» soll als politische Ressource verwendet werden. Dem würde ich vehement widersprechen. Denn mit Trauer soll die Politik gar nichts machen, außer die Rahmenbedingungen für ihre Zulässigkeit zu schaffen. Trauer konfrontiert die Gesellschaft mit einer intentionslosen, unmaskierten Ehrlichkeit und stößt so, wenn sie einfach nur zugelassen wird, bereits Veränderungen an. Der Pleonasmus «emotionale Trauer», den ich von Judith Butler übernommen habe, weist auf eine paradoxe Trennung von Trauer und Emotion hin. Wenn Trauer doch per Definition einen emotionalen Zustand beschreibt, ist das Adjektiv «emotional» hier nur eine Wiederholung. In der Politik beobachte ich aber nicht selten eine emotionslose Trauer in verschiedenen Facetten, zum Beispiel eben auch eine «ökonomische Trauer». Hier wird abgewogen, wann, wie viel und in welcher Art Trauer eingesetzt werden kann, um bestimmten politischen und ökonomischen Zielen zu dienen. Wo wir Trauer ernst nehmen, gibt es aber nichts abzuwägen, da gibt es nur ein aufmerksames Zuhören. Und Zuhören ist etwas, das wir hier alle noch lernen müssen.

Fordern, überfordern, verweigern.
Bild- und Raumpolitik(en) in der Migrationsgesellschaft

Ayşe Güleç

Unter Einsatz mehrerer Mannschaftswagen und Gefangenentransporter ließ Anfang Juni 2014 in Berlin das Landeskriminalamt aus einem Wandbild den Satz «Staat und Nazis Hand in Hand» entfernen.[1] Mit diesem Wandbild erinnerte ein Berliner Bündnis gegen Rassismus an den zehnten Jahrestag eines Anschlags, bei dem durch eine Nagelbombe in der Kölner Keupstraße mehrere Menschen verletzt wurden – eine der Taten des Nationalsozialistischen Untergrunds (NSU), der ab 2000 bis zum Zeitpunkt seiner Selbstenttarnung Anfang November 2011 mindestens zehn Morde und zwei Bombenanschläge begangen hat.

Kassel ist der Ort, an dem Halit Yozgat als das neunte Opfer durch den NSU ermordet wurde. In der aktuellen Auseinandersetzung, bei der es um eine Straßenumbenennung nach Halit Yozgat geht, sind ebenfalls Bild- und Raumpolitiken[2] wahrnehmbar und miteinander verbunden. Seit der Gründung der Initiative 6. April, die das Gedenken an Halit Yozgat wachhält und den Diskurs über Rassismus in Kassel stärker öffnen will, stehe ich als Teil der Initiative

Bild 1 und 2: Die Zerstörung eines Wandbilds

mit İsmail Yozgat – dem Vater des Ermordeten – in Kontakt. Seit bekannt wurde, dass die Mordserie auf das Konto des NSU geht, fordert İsmail Yozgat, die Holländische Straße, in der Halit Yozgat ermordet wurde, in Halitstraße umzubenennen. In der Auseinandersetzung, den Opfern von rassistischen Taten einen Ort des Gedenkens zu geben, spielen Bilder, Bildräume und konkrete, physische Räume und deren Raumqualitäten eine zentrale Rolle. Sowohl mit Bildern als auch mit und in Räumen finden visuelle und praktische Politiken, Handlungen und Interaktionen statt, die zu Orten der politischen Intervention, der Argumente und Gegenargumente werden. Daher spielen im Folgenden Bilder, getragene Bilder[3] und ihre Bildträger_innen sowie die konkret geforderten und verweigerten Räume eine Rolle. Ausgehend von diesem Beispiel interessieren mich prinzipiell folgende Fragen:

- Welche politischen Handlungen/Haltungen werden visuell, ästhetisch in/mit Bildern und in/mit Räumen verhandelt?
- Wie schreiben sich Kämpfe und Auseinandersetzungen in Bilder und Räume ein?
- Welche Argumente und Forderungen (auch bildliche) werden in der Interaktion zwischen minorisierten und hegemonialen Positionen benutzt und bemüht?

Das lokale und konkrete Beispiel aus Kassel nutze ich exemplarisch. Am Beispiel des neunten Opfers Halit Yozgat werden die Verstrickungen des Verfassungsschutzes und die rassistischen Vorgehensweisen der staatlichen Stellen während der Ermittlungen vor dem Auffliegen des NSU und danach deutlich. In groben Zügen berichte ich über die Geschehnisse und befrage dabei die Bild- und Raumpolitiken in der Auseinandersetzung zur Frage der Straßenumbenennung in Kassel. Hieraus lassen sich unterschiedliche Argumentationslinien ablesen, die auf andere Themen, Fragestellungen und Kämpfe zwischen majorisierten und minorisierten Kontexten und Positionen in der Migrationsgesellschaft[4] übertragbar sind.[5]

Bild 3: Schild «Halitplatz»

Was geschah in Kassel?

Die Stadt Kassel reagierte auf den Mord an Halit Yozgat am 6. April 2006 erst, nachdem der NSU und seine Taten Anfang November 2011 aufgeflogen waren. Sie rief gemeinsam mit zahlreichen Organisationen zu einer Menschenkette am 6. April 2012 auf. Einige Monate später schon – am 1. Oktober 2012 – benannte die Stadt Kassel einen bis dahin namenlosen Platz offiziell als Halitplatz und stellte eine Stele mit einer Gedenktafel mit den Namen aller Opfer auf. Gedenktafeln gibt es jetzt in Dortmund, Nürnberg, Hamburg, München, Rostock, Kassel und Heilbronn.[6] Schräg gegenüber vom Halitplatz auf der anderen Straßenseite befand sich das Internetcafé von Halit Yozgat – nur drei Häuser vom örtlichen Polizeirevier entfernt.

Die Straßenbahnhaltestelle Phillip-Scheidemann-Platz, die sich in direkter Nähe des Platzes befindet, wurde in Halitplatz umbenannt. Sie wurde mit dem neunen Namen «Halitplatz» und im kleinerem Schriftzug «Philipp-Scheidemann-Platz» ausgeschildert. In der Straßenbahn werden beide Namen durchgesagt. Auf dem Display in der Straßenbahn wird nur «Halitplatz» angezeigt.

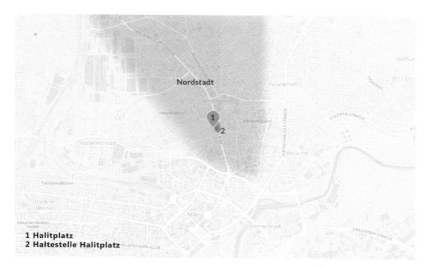

Bild 4: Karte Halitplatz

Der Halitplatz befindet sich im Stadtteil Nord-Holland – auch Nordstadt genannt. Für die Geschichte der Arbeitsmigration ist dieser traditionelle Arbeiter_innen-Stadtteil ein wichtiger Ort des Ankommens, des Sich-Niederlassens und der Transformation. Geprägt durch eine dichte Ansiedlung von Betrieben der metallverarbeitenden Industrie und der Rüstungsindustrie bot der Stadtteil leerstehende werksnahe Wohnungen. Viele Arbeitsmigrant_innen waren zunächst in «Arbeitsbaracken» der Werke, unter anderem in der Nordstadt, untergebracht.[7] Nach der Ölkrise 1973 und dem damit einhergehenden Anwerbestopp für Arbeitsmigrant_innen wurden Familien nachgeholt, die den benötigten Wohnraum hier im Stadtteil Nord-Holland fanden. Noch heute gilt der Stadtteil mit einem Anteil von rund 60 Prozent als migrantisch geprägt. In den Medien und in der Öffentlichkeit, vor allem außerhalb des Stadtteils, wird Nord-Holland als «Ghetto» marginalisiert. Dass der Stadtteil, in dem sich auch die Kasseler Universität befindet, in seiner Bevölkerungszusammensetzung sehr heterogen und ebenso studentisch geprägt ist, wird meist nicht erwähnt. Stattdessen wird – wie auch für migrantisch geprägte Stadtteile in anderen Städte zu beobachten – das Bild eines «fremdkulturell homogenen», gefährlichen, kriminellen Stadtteils aufrechterhalten.

1980 wurde Halit Yozgat in der Holländischen Straße geboren und am 6. April 2006 in seinem Internetcafé ermordet. Am Nachmittag des 6. April 2006 waren sechs Kunden im Laden. Kurz nach 17 Uhr kam der Vater İsmail Yozgat in den Laden, um seinen Sohn abzulösen, damit dieser zum Abendgymnasium gehen konnte. Er fand seinen Sohn mit zwei Kopfschüssen schwer verletzt hinter dem Tresen liegend. Wenige Minuten später starb Halit Yozgat in den Armen seines Vaters.

Wie später ermittelt wurde, befand sich zur Tatzeit der Mitarbeiter des hessischen Landesamtes für Verfassungsschutz Andreas Temme im Laden. Er ist ein so genannter «Quellenführer», und zwar für fünf Quellen im Bereich Islamismus und für eine im Bereich Rechtsextremismus. Als Halit Yozgat zwischen 17 Uhr 01 und 17 Uhr 03 erschossen wurde, loggte sich dieser Verfassungsschutzmitarbeiter – um genau 17 Uhr 01 – aus der Kontaktbörse iLove aus. Er legte das Geld auf den Tresen und verließ den Laden, während Halit Yozgat bereits schwer verletzt hinter dem Tresen auf dem Boden lag.

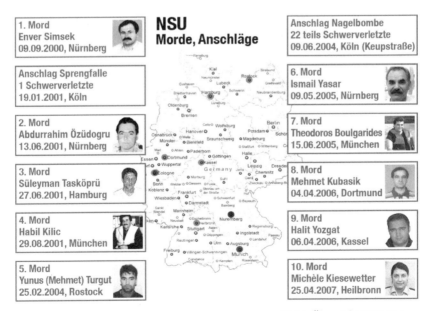

Bild 5: Übersicht NSU-Taten

Nach dem dritten Mord gingen die ermittelnden Behörden von einer Serie aus. Und sie gingen von Anfang an von der Grundannahme aus, dass die Mörder in migrantischen Kreisen und im familiären Umfeld der Betroffenen zu suchen seien. Rassismus als relevantes Verdachtsmoment wurde nicht nur ignoriert, sondern war von Anfang kein Analysekriterium und wurde auch im weiteren Verlauf – trotz deutlicher Hinweise und Indizien – nicht berücksichtigt. Und das, obwohl es Gutachten gab, die «Hate Crime», also Hass-Verbrechen aufgrund von «Ausländerfeindlichkeit», für die Mordserie in Erwägung zogen. Denn neun Opfer hatten einen migrantischen Hintergrund und wurden mit ein und derselben Tatwaffe (Ceska-Pistole in Nürnberg, München, Hamburg, Rostock, Dortmund und Kassel) umgebracht. Deutliche Anzeichen für Rassismus und Hinweise auf Neonazi-Szenen wurden nicht gesehen. Stattdessen wurden Gegengutachten erstellt, um die These von einer migrantischen «Milieu-Kriminalität mit Mafia-Strukturen» weiterzuverfolgen (wegen dieser Mutmaßung hatte der Verfassungsschutz in Nürnberg eigens eine Imbissbude eröffnet, um in den Kreisen der Dönerzulieferfirmen zu recherchieren). Die Medien und Tageszeitungen folgten diesen Mutmaßungen der ermittelnden Behörden und berichteten entsprechend von «Mafiamorden», «Drogenkriminalität» und «Dönermorden».

Für die Familienangehörigen der Opfer und Betroffenen der Bombenanschläge war das eine lange Zeit der unvorstellbaren Belastung, da sie bis zur Selbstenttarnung des NSU im Jahr 2011 selbst verdächtigt und die Täter ausschließlich in migrantischen und familiären Kreisen gesucht wurden. In den Ermittlungen wurden auch Bilder bewusst eingesetzt: Um in den betroffenen Familien zu ermitteln, wurde zum Beispiel die Fotografie einer blonden Frau gleich in zwei Familien benutzt, um die Hinterbliebenen der Opfer – Witwen und Kinder – mit der konstruierten Geschichte von einer Geliebten zu konfrontieren. Die Geschichte der Ermittlungen vor und nach dem Bekenntnis des NSU zu seinen Taten strotzt von groben, skandalösen Fehlern und dem Fehlverhalten der ermittelnden Beamten. Damit meine ich nicht nur das Schreddern wichtiger Akten, sondern das rassistische Ermittlungsverfahren und das Verhalten der Beamten und der staatlichen Behörden selbst.

Nur einen Monat nach dem Mord an Halit Yozgat fanden 2006 Demonstrationen zuerst in Kassel und dann in Dortmund unter dem Motto «Kein 10. Opfer» statt. Organisiert wurde der Trauerzug von drei Familien, deren Angehörige ermordet worden waren. Zu einer Zeit, als alle Behörden die Täter und die Mordmotive noch im familiären Umkreis der Angehörigen suchten, hatten die Angehörigen der Opfer bereits ein anderes Wissen, eine andere Erklärung und Analyse für die Mordserie. Sie gingen auf die Straße, um gemeinsam darauf aufmerksam zu machen.

Bild 6 bis 9: Getragene Bilder auf der Demo «Kein 10. Opfer»

Auf den Bildern aus dokumentarischem Filmmaterial tragen die Demonstrant_innen ein Banner mit der Aufschrift «Kein 10. Opfer». An der Demonstration in Kassel nahmen ca. 4000 Personen teil. Die Route führte vom Internetcafé in der Holländischen Straße durch die Innenstadt bis zum Kasseler Rathaus. Von der kritischen Öffentlichkeit und verschiedenen linken und antirassistischen Gruppen wurde diese Demonstration kaum bis gar nicht wahrgenommen. So blieb sie eine fast inner-migrantische Angelegenheit. Auf den Videoaufnahmen und weiteren Bildern der Demonstration in Kassel und Dortmund sind neben dem Banner «Kein 10. Opfer» Plakate mit der Forderung nach der Aufklärung der «rassistischen Morde» sichtbar[8] (und ein Jahr später wurde die zehnte Person umgebracht). An der Spitze des Demonstrationszuges tragen Angehörige der Opfer großformatige Bilder. Es sind Porträts der damals noch neun Opfer.

Nach Tom Holert[9] erinnern uns getragene Bilder – wie bei der Demonstration und dem Trauerzug «Kein 10. Opfer» – an das Tragen von Heiligenbildern bei Prozessionen oder an religiöse und politische Märtyrerbildnisse. Wichtiger aber erscheint mir in diesem Zusammenhang, dass hier eher die Verbundenheit zwischen den Bildträger_innen und dem getragenen Bild gezeigt wird. Getragene Bilder von Personen haben immer eine besondere Wirkung. Mir fallen Bilder von kurdischen, argentinischen, chilenischen oder mexikanischen Frauen ein, die Porträts ihrer verschleppten und verschwundenen Töchter, Söhne oder Partner der Öffentlichkeit zeigen und vorhalten. Beim Betrachten solcher Bilder denke ich über die Verbindung zwischen Träger_in und por-trätierter Person nach. Die Bilderträger_innen argumentieren mit den Bildern, und vielleicht glauben sie an deren Wirkung und Macht. Die Angehörigen der Opfer und die übrigen Teilnehmer_innen des Trauerzuges «Kein 10. Opfer» tragen die Bilder vor sich, sie zeigen, dass sie hinter den Ermordeten stehen und somit für sie einstehen. Eine dichte Körperlichkeit, bei der die Porträts am eigenen Körper, auf Brusthöhe und dicht am eigenen Herzen getragen werden. Das dichte Halten und Tragen der Bilder am eigenen Körper[10] steht noch für etwas anderes: Durch das getragene Bild werden die Träger_innen auch zu Handelnden und somit zu Handlungsträger_innen.[11] So findet mein Blick auch schnell İsmail Yozgat. Er und ein kleiner Junge tragen das Porträt von Halit. Zu sehen sind beide in der zweite Reihe der Bildmitte (Bild 6).

Bild 10 bis 13:
Bildträger İsmail Yozgat

Fordern und überfordern

Die Wohnung, in der Halit geboren wurde, befindet sich in der Holländischen Straße direkt über dem Internetcafé. In diesem Haus wurde er geboren, da wurde er ermordet. Im Februar 2012 wurden die betroffenen Familienangehörigen von Bundeskanzlerin Angela Merkel bei einer offiziellen Veranstaltung zum Gedenken an die Opfer des NSU-Terrors empfangen. Damals forderte İsmail Yozgat, wie alle anderen Familienangehörigen, die lückenlose Aufklärung der Morde und äußerte zum ersten Mal den Wunsch nach der Umbenennung der Holländischen Straße in Halitstraße. Seither verleiht er seiner Forderung Nachdruck, und zwar mit einem Bildplakat. Das folgende Pressefoto anlässlich des Empfangs der Opferfamilien beim Bundespräsidenten vom 17. Februar 2013 zeigt (von rechts nach links) in der ersten Reihe Bundespräsident Gauck, İsmail Yozgat und Ayşe Yozgat, die Mutter des Ermordeten. Zu diesem Anlass trug İsmail Yozgat das erste Mal dieses Schild mit dem Foto von Halit und der Forderung nach der Straßenumbenennung. Ab diesem Zeitpunkt nutzt er dieses Bildplakat bei allen öffentlichen Auftritten: im Gerichtssaal beim NSU-Prozess, bei Empfängen und Veranstaltungen – auch bei den jährlichen Gedenkveranstaltungen für Halit am 6. April in Kassel.

Warum macht er das?

Diese Frage ist berechtigt, und ich stellte sie mir oft: Das Bildplakat, das İsmail Yozgat bei solchen Gelegenheiten am Körper trägt, besteht in der oberen Hälfte aus dem Porträt von Halit als lachendem Jungen im Alter von etwa zehn Jahren. Der zweite, untere Teil des Bildplakates besteht aus seiner Forderung nach der Umbenennung: Holländische Straße ist mit einem roten Strich durchgestrichen. Darunter steht: «Halitstraße oder ich will meinen Sohn zurück.»[12]

Wenn İsmail Yozgat dieses Bildplakat trägt, dann situiert er sich in diesem Moment als Vater, dessen Kind ermordet wurde. Gleichzeitig sind einige Verkehrungen, Brüche und Paradoxien eingebaut: Die Unmöglichkeit spielt in diesem Bild eine zentrale Rolle – unmöglich ist es, dass er seinen Sohn zurückbekommt. Ist die Forderung nach der

Straßenumbenennung ebenso unmöglich? Oder ist ihm nicht das für unmöglich Geglaubte, für unmöglich Gehaltene passiert? Oder noch mal anders: Ist es nicht eher im Bereich des Möglichen, den Namen der Holländischen Straße zu verändern als ihm den ermordeten Sohn lebendig zurückzugeben?

Warum wollen die das nicht?

Auch diese Frage ist berechtigt und bringt interessante Argumentationen und Logiken gegen die Umbenennung bei städtischen Vertreter_innen, Kommunalpolitiker_innen und Bürger_innen hervor: In den Gesprächen und Interviews, die ich zur Recherche zu Bild- und Raumpolitiken führte, werden oft wiederkehrende Argumente genannt. Wie Loops tauchen die gleichen Argumente in fast gleicher Abfolge auf: Die Holländische Straße – einst der Handelsweg Richtung Holland – habe eine wichtige historische Bedeutung für die Stadt und den Stadtteil. Halit Yozgat habe keine besondere Stellung gehabt oder eine besondere Leistung erbracht wie andere Namensgeber_innen für die Kasseler Straßen.[13] Zudem sei ein auf eine so alte Tradition und Geschichte verweisender Straßenname nicht einfach veränderbar. Ein anderes und fast beängstigendes Argument ist das des Gleichgewichts: Die Stimmung könne kippen und auch Yozgat[14] gegenüber noch Gutgesinnte könnten ihre Haltung ändern. Der soziale Frieden im Stadtteil könne damit ins Wanken geraten. Der NSU-Prozess läuft und das Bedürfnis nach einem Schlussstrich liegt fast überall in der Luft.

Warum nervt İsmail Yozgat?

Mit seiner immer gleichen Forderung und vor allem mit dem getragenen Bildplakat löst İsmail Yozgat – bewusst oder unbewusst – affekthafte, unreflektierte, diskriminierende und offen rassistische Reaktionen aus. Bei der Gedenkveranstaltung am 6. April 2014 wurde er von einem städtischen Vertreter gar aufgefordert, in seiner Rede nicht über die Forderung nach der Straßenumbenennung zu sprechen. Sobald er über die Forderung spricht und dabei visuell im Raum mit dem Bildplakat handelt, gibt es Reaktionen der Überforderung und der Abwehr

(Genervt-Sein, Augenrollen/-verdrehen). Kurz nach der Gedenkveranstaltung am 6. April 2014 häuften sich rassistische Leserbriefe in der Onlineausgabe der lokalen Presse, so dass die Kommentierfunktion zwischenzeitlich abgestellt wurde. Auf die Gedenktafel gab es 2014 direkt nach der Gedenkveranstaltung einen Farbanschlag. Im Jahr zuvor wurde die Gedenktafel drei Tage vorher beschädigt. Anfangs wurde die Forderung von İsmail Yozgat falsch übersetzt: nur «Halit-», nicht «Halit-Yozgat-Straße» soll die Straße heißen. Der Nachname als Verbindung zur Familie ist nicht zentral, sondern Halit als Metapher und Symbol für alle Opfer. Das kleinformatige Bild «Wir gedenken aller Halits», das die Initiative 6. April zur Mobilisierung breiterer Bevölkerungsgruppen 2013 und 2014 nutzte, ist deshalb als visuelles Zeichen von allen angenommen worden.

Bild 14: «Wir gedenken aller Halits!»

Bild 15: Die Bilder der Opfer

Warum sollten wir das nicht wollen?

Der NSU-Prozess ist das bedeutendste Gerichtsverfahren gegen organisierte Neonazis mit Verbindungen zu staatlichen Behörden seit 1945. Allerdings sind insbesondere die Betroffenen, migrantische Bevölkerungsgruppen und kritische Prozessbeobachter_innen von diesem Prozess enttäuscht, da darin nicht über das Staatsversagen und die Rolle des Verfassungsschutzes verhandelt wird. Die skandalösen, rassistischen Ermittlungsverfahren werden nicht zum Gegenstand gemacht. Mit dem NSU-Prozess wird die Narration und Darstellung einer «extremistischen» Dreiergruppe verfestigt, wodurch die «Mitte der Gesellschaft» per se als demokratisch und «rechtsstaatlich» entlastet wird.[15] Somit wird nicht offengelegt, wer zum «NSU-Komplex» gehör(t)e. Gefragt wird nicht nach den Verstrickungen des Staates, nicht nach den Voraussetzungen, den Bedingungen und dem gesellschaftlichen Klima, das ihn ermöglichen konnte.

Wie Opferbilder zu Täterbildern werden

Die in den Medien und im Internet zirkulierenden Bilder der Opfer, die auch von der kritischen Öffentlichkeit unhinterfragt oder mangels anderer Bilder benutzt wurden, erinnern durch die Bearbeitungs- und

Darstellungsform merkwürdigerweise an Fahndungsfotos. Es sind Kopfporträts. Beim genauen Betrachten ist auffällig, dass hier der Kopfbereich einiger der Opfer aus Fotografien ausgeschnitten wurde.[16] Vielleicht waren die Bilder, aus denen die Köpfe ausgeschnitten wurden, zur Erinnerung an Familie, Freunde, Urlaube, Feste, das Berufsleben oder an den ersten eigenen Laden entstanden. Waren es die Angehörigen selbst, die statt Passfotos den Ermittlern solche Bilder zur Verfügung stellten, aus denen dann die «Köpfe» aus ihrem sozialen Umfeld herausgeschnitten wurden? In vielen Medien fand zudem ein Ausschneiden und Reduzieren auf «türkische» Opfer statt.

İsmail Yozgat scheint in einem Aufruf, den er in diversen Geschäften in Kassel-Nordstadt aushängte, fast bewusst Bezug auf die Reduktion der Opfer zu nehmen. Er fordert darin in türkischer Sprache dazu auf, zur Gedenkfeier zu kommen. Sowohl auf dem Plakat als auch in seinen Ansprachen bei den Gedenkveranstaltungen am Halitplatz verwendet er den Begriff Märtyrer im Sinne eines politischen Opfers:

Bild 16: Aushang in Geschäften

Übersetzung des Aufrufs durch die Autorin

AUFRUF

Verehrte Freund_innen,
Nazis haben in der Umgebung Kassels ein Opfer gesucht. Es traf meinen einzigen Sohn Halit. Mein 21-jähriger Sohn Halit ist zum Märtyrer geworden. Es war den Nazis egal, wen es traf. Unter den Märtyrern/Opfern waren TÜRKEN, KURDEN, SUNNITEN, ALIVITEN, GRIECHEN und eine DEUTSCHE POLIZISTIN.

Ich möchte es nicht betonen, aber dieses Opfer hätte auch Ihr Kind oder Angehöriger sein können. Wenn Sie so etwas Schmerzvolles nicht wieder erleben wollen, dann müssen Sie am
6. APRIL ZUM HALIT-TAG
kommen und Ihre Kinder mitbringen.
SCHWEIGEN Sie nicht. Wenn Sie schweigen – Gott behüte –, kann es auch Sie treffen.

VERGESSEN SIE NICHT.
DIESE SACHE IST UNSER ALLER SACHE.

Datum: Sonntag, 6. April 2014
Uhrzeit: 15.30
Ort: Halit-Platz

Vater des Kasseler Opfers Halit

Bild 17: Blick auf den Halitplatz

Die schwierige Aufgabe des Stadtteilparlaments

Der Ortsbeirat Nord-Holland hat als Gremium die Funktion eines Stadtteilparlaments. In vielen Themen hat er keine Entscheidungsfunktion, soll aber angehört werden. Nach der hessischen Gemeindeordnung haben die gewählten Mitglieder des Gremiums bei Straßenbenennungen oder -umbenennungen, wenn sich die betreffende Straße im Gebiet ihres Stadtteils befindet, eine Entscheidungsbefugnis. Doch der Ortsbeirat Nord-Holland kam bei der Frage der Platzbenennung erst gar nicht zum Zug. Das Büro des Oberbürgermeisters machte diese Frage zur Chefsache. Es gab mehrere Besuche bei und Gespräche mit der Familie Yozgat, um einen Kompromiss zu finden. Oberbürgermeister Bertram Hilgen setzte sich vehement dafür ein, der Ausländerbeirat der Stadt Kassel wurde aktiv und im Magistrat wurden Vorschläge für mögliche Orte diskutiert, es wurde abgewogen und ausgewählt.

Im Ortsbeirat wurde die Umbenennung der Holländischen Straße als Forderung diskutiert, deren Umsetzung unter anderem wegen der damit verbundenen Kosten als unrealistisch und unmöglich gesehen wurde. Diese Position kanonisierte sich auch außerhalb des Ortsbeirates sehr schnell, so dass die gewählten Mitglieder des Gremiums wie auch Vertreter_innen des Ausländerbeirates, die eine beratende Stimme in diesem Gremium haben, den Vorschlag für den Platz und die Haltestelle begrüßten.

Ein Platz, der kein Platz ist

Im architektonischen und soziologischen Sinne ist der Platz, der zum Gedenken an Halit ausgewählt wurde, kein Platz. Als einer der Haupteingänge zum Kasseler Hauptfriedhof hat er eher den Charakter einer Transitfläche. Verstärkt wird dieser Aspekt zusätzlich durch die Lage des Platzes, da die Fläche zwischen der stark befahrenen Mombachstraße und der Holländischen Straße liegt.

In der Achse zum Halitplatz befindet sich der direkt am Kulturzentrum Schlachthof gelegene Kemal-Altun-Platz. Cemal Kemal Altun war ein politischer Flüchtling, der sich 1982 in Berlin während seines Asylverfahrens gezwungen sah, aus dem Fenster des Gerichtes in den Freitod zu springen, da er abgeschoben werden sollte. Weil Cemal Kemal Altun das erste Todesopfer des Asylverfahrens war, wurde damals eine Gruppe aktiv, die einen öffentlichen Platz für Altun und diesen Teil der deutschen (Flüchtlings-) Geschichte erkämpfen wollte. Diese

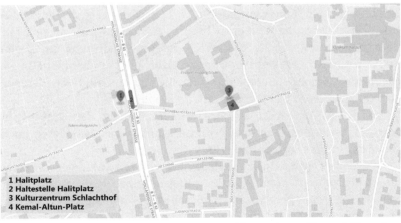

Bild 18: Achse Halit- und Altunplatz

Idee ließ sich mit den damaligen Mitgliedern des Ortsbeirates nicht realisieren. Auch in dieser Frage tauchten damals bei den Gesprächen mit dem Ortsbeirat die gleichen Argumente wie heute auf. Die damalige Initiative entschied sich Mitte der 1980er Jahre daher für einen Weg der nicht-offiziellen Platzbenennung.

Was darf (nicht) gezeigt und (nicht) erinnert werden?

Mahnmale an einschneidende politische Ereignisse für die Gesellschaft sind wichtige Erinnungs- und Gedächtnisorte. Wenn es um Rassismus geht, können solche Orte erst nach einem langen, zähen Kampf erwirkt werden. Bezüglich der staatlichen Erinnerungspolitik zu Rassismus offenbaren sich nicht nur Machtverhältnisse zwischen majorisierten und minorisierten Positionen, sondern ausgrenzende, rassistische Argumente, mit denen die «fremden Anderen» konstruiert werden.

Mit der Mordserie des NSU sollte das Leben von Migrant_innen verletzt und migrantische Communities verunsichert werden. Zudem wollte der NSU symbolisch «Bilder» treffen, die für Stadtteile stehen, die sich durch Migrationsprozesse gewandelt haben und noch weiter verändern werden.

Auch innerhalb der migrantischen Communities gibt es ein Nichtvergessen und Formen des Speicherns von Erinnerung, weil Rassismus nicht nur eine persönliche, sondern immer auch eine kollektive Erfahrung bleibt. Somit wird er Teil des Gedächtnisses der gesamten Bevölkerung. Gerade deswegen braucht Rassismus, wie er sich mit dem NSU-Komplex äußerte, Markierungen im Stadtraum, um diesen Teil der Wirklichkeit nicht zu leugnen. Dabei geht es aber nicht um *irgendwelche* Räume. Vielmehr sind auch die Raumqualität von Plätzen/Straßen und deren Sichtbarkeit entscheidend.

Das (Um-) Benennen von Straßen/Plätzen nach den Opfern von rassistischen Morden scheint grundsätzlich an den Mordorten noch viel weniger durchsetzbar zu sein.[17]

Würden Gremien, Interessengruppen und Verwaltungen entsprechend daran mitwirken, könnte ein gesellschaftlicher Dialog über diesen Teil der gemeinsamen Geschichtserfahrungen entstehen. Durch die Nichtbeachtung und das Negieren dieser gemeinsamen Wirklichkeit wird – auch getragen von politischen Vertretungen und kommunalpolitischen Gremien – dagegen eine hegemoniale Geschichte fortgeschrieben, die bewusst blinde Flecken produziert und auf Verleugnungen basiert. Dabei werden Erfahrungen breiter migrantischer Bevölkerungsgruppen ausgeblendet, die es gilt, als Teil der deutschen Geschichte und ihrer Migrationspolitik sichtbar zu machen.

So bleibt diese Auseinandersetzung – wie auch die Demonstration «Kein 10.Opfer» – eine tägliche Angelegenheit von Migrant_innen im Bündnis mit Initiativen, die daran mitwirken. Über den anderen Teil der Geschichte werden die Betroffenen des NSU-Komplexes wie İsmail Yozgat und andere weiter sprechen und streiten. So tun es beispielsweise überlebende Familienmitglieder des Brandanschlages von Mölln seit 1992 bis heute.

Im Zusammenhang der alltäglichen Diskriminierung und Benachteiligung und der Ausblendung von migrantischen Perspektiven ist an dieser Stelle ein anderer Bildträger zu erwähnen: Aydın Alkın ist – mit Pfeife, Plakat und Megafon ausgestattet – im gesamten Stadtraum Berlins als Bildträger mit seinem Fahrrad aktiv. Er macht das Thema «Wahlrecht für Ausländer und für mehr Demokratie» seit 2005 täglich, unermüdlich und allein zum Thema. Gleiche Rechte für alle sind seit den 1990er Jahren kein Thema der öffentlichen Diskussionen und Forderungen. Das Foto zeigt Herrn Alkın im Jahr 2013.

Bild 19: Bildträger Alkın im Stadtraum

Bild 20: Aktion Straßenumbenennung

212 | Am 8. Mai 2012 wurde die Holländische Straße im Rahmen einer Aktion von einer Gruppe für einen Tag zur Halit-Yozgat-Straße umbenannt. Auch wenn die Reaktionen sehr unterschiedlich waren, bleiben die Erfahrungen mit dem NSU-Komplex und mit den ermittelnden Behörden einschneidend: Warum sollten wir nicht eine Halitstraße als Gedenken an alle Opfer wollen? Das wäre eine Narbe, die sich durch den ganzen Stadtteil ziehen und sichtbar bleiben würde. Kassel verfügt über viele Narben: Als eine der ersten Gemeinden erprobte es 1938 die Novemberpogrome. Als deutlich wurde, dass die Kasseler Bevölkerung mitmachte, folgten andere Städte und die Pogrome wurden flächendeckend umgesetzt. Kassel hat eine lange Tradition in der Rüstungsindustrie. Genau dies führte auch zu seiner starken Zerstörung Ende des Zweiten Weltkriegs.

Eine weitere Narbe in einer zerstörten und wiederaufgebauten Stadt, die so viel Praxis im Symbolisieren von Verlust und Gewalt einüben musste. Welche Narben dürfen gezeigt werden – und welche nicht?

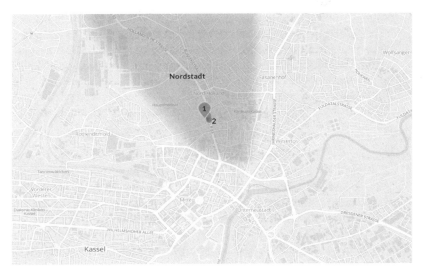

Bild 21 und 22: Bedeutungsverschiebung von Halitplatz zu Halitstraße

Anmerkungen

1. Wegen Verunglimpfung des Staates und Verstoßes gegen § 90a des Strafgesetzbuches (StGB) wurde eine Strafanzeige gegen das Bündnis gegen Rassismus eingeleitet. Einen Monat später hat die Staatsanwaltschaft das Verfahren eingestellt, da diese Äußerung zwar provokant, aber angesichts des Münchener Prozesses zulässig sei. Ende Juni 2014 hat das Bündnis gegen den rechtswidrigen Polizeieinsatz geklagt und fordert, dass die Polizei den entfernten Satz wieder in das Wandbild einfügt.

2. Dieser Text ist die erweiterte Fassung eines Vortrags, den ich am 6. Juni 2014 in Wien anlässlich der internationalen Konferenz «Orte, Räume und das Gedächtnis der Migration» des Instituts für Stadt- und Regionalforschung der Universität Wien und des Instituts für Zeitgeschichte der Universität Innsbruck gehalten habe.

3. Ich beziehe ich mich auch auf Bilder und Assemblagen wie in Wandbildern, Flyern und Plakaten.

4. Ich verwende den Begriff Migrationsgesellschaft, da Begriffe wie interkulturell, transkulturell oder auch postmigrantisch als Beschreibungen einer heterogen konstituierten Gesellschaft die darin enthaltenen gesellschaftlichen Unterschiede homogenisieren und somit Privilegien und Differenzen depolitisieren. Mit dem Begriff Migrationsgesellschaft will ich darauf verweisen, dass Migration ein konstitutiv-dauerhaftes wie auch prägendes und transformatives Element darstellt.

5. In vielen Auseinandersetzungen um politische Rechte – zum Beispiel bei den aktuellen Refugee-Widerständen in Berlin – spielten konkrete Räume und Plätze eine zentrale Rolle. Als zum Beispiel das Camp in Berlin mit Gewalt aufgelöst wurde, zogen die Refugees auf den sichtbaren Platz gegenüber in den Hungerstreik. Der geräumte, leere Platz – abgezäunt und mit frischem Rollrasen ausgelegt – erinnerte an die gewaltsame Räumung.

⁶ Auf den Gedenktafeln einiger Städte hatte sich zunächst ein falsches Todesdatum für İsmail Yaşar eingeschlichen. Er wurde am 9. Juni 2005 ermordet. Der Fehler ist inzwischen auf allen Gedenktafeln korrigiert worden.

⁷ Die Unterkünfte für Zwangsarbeiter in der NS-Zeit wurden etwa 15 Jahre später meist zur Unterbringung der ersten Gastarbeiter genutzt.

⁸ In den Redebeiträgen der Demonstration «Kein 10. Opfer» in Kassel wurde gefordert, das Morden zu beenden und die Täter zu nennen. Die Redebeiträge werden übersetzt und die getragenen Transparente sind in deutscher Sprache. Adressiert werden der Staat und die politisch Verantwortlichen. Link zum Film http://www.nsu-watch.info/2014/01/kein-10-opfer-kurzfilm-ueber-die-schweigemaerschein-kassel-und-dortmund-im-maijuni-2006.

⁹ Tom Holert, Regieren im Bildraum, Berlin 2008: b_books/Polypen.

¹⁰ Hingegen werden bei Demonstrationen die Porträts von politischen Führern in der Regel – entfernt vom eigenen Körper – hochgehalten.

¹¹ Bei den Betroffenen führten die Erfahrungen während der Ermittlungszeit zu starker Verunsicherung und Einschüchterung. Erst mit Bekanntwerden des NSU entstanden Initiativen, die die Betroffenen vor Ort unterstützen. Durch die Veröffentlichung der rassistischen Tatmotive und der Zusammenhänge in München erfahren die Betroffenen, dass sie mit ihrem Wissen und ihren Analysen richtiglagen.

¹² Wie bei der Demo «Kein 10. Opfer» ist auch hier der Text in deutscher Sprache gehalten.

¹³ In Kassel tragen 400 Straßen Namen von Personen, darunter sind einige Namen von hugenottischen Flüchtlingen, die vom Landgrafen großzügig eingeladen und aufgenommen wurden. Nach dem Dreißigjährigen Krieg passten sie als Handwerker und Architekten gut in die Verwertungslogik des Landgrafen (siehe dazu http://www.stadt-kassel.de/stadtplan/strassenverzeichnis).

[14] Eine Opfer-Täter-Umkehr, wie sie auch Überlebende der Brandanschläge der 1990er Jahre in Solingen, Hattingen und Mölln erfahren mussten.

[15] Vorsichtigen Einschätzungen nach zählen mindestens 150 Helfer_innen und Unterstützer_innen zum NSU-Netzwerk.

[16] Ausgeschnitten aus anderen Fotografien sind die Kopfporträts zum Beispiel bei den Bildern von Theodor Boulgarides, Abdurrahim Taşköprü, Habil Kılıç und İsmail Yaşar (Übersichtsfoto ist im Internet unter dem Begriff «Übersicht NSU-Opfer» auffindbar).

[17] Der Hülya-Platz, benannt nach Hülya Genç, einem der Opfer des Brandanschlages vom 29. Mai 1993 in Solingen, befindet sich in Frankfurt a. M. Bahide Arslan wurde ein Opfer des Brandanschlages in der Nacht vom 22. auf den 23. November 1992 in Mölln, doch der Bahide-Arslan-Platz liegt in Kiel. Erst im Herbst 2015 wird in Mölln eine Straße nach Bahide Arslan benannt. In vielen Orten finden weiterhin Auseinandersetzungen statt, wie zum Beispiel um eine Amadeu-Antonio-Straße in Eberswalde.

Bildquellen

Bild 1, 2: Bündnis gegen Rassismus Berlin
Bild 3, 17: Ayşe Güleç
Bild 4, 18, 21, 22: Fritz Lazlo Weber
Bild 5: apabiz - antifaschistisches pressearchiv und bildungszentrum e.V., Berlin
Bild 6, 7, 8, 9: Sefa Defterli
Bild 10: picture alliance/AP Images/Fabrizio Bensch
Bild 11: picture-alliance/dpa/Andreas Gebert
Bild 12, 13: Hakan Yılmaz – Kassel Magazin
Bild 14, 15, 20: Initiative 6. April
Bild 16: Marko Perels
Bild 19: İlker Ataç

Herausgebende und Beitragende

aktualisierte Informationen auf www.yilmaz-gunay.de

Prof. Dr. Iman Attia ist Professorin an der Alice-Salomon-Hochschule Berlin. Sie lehrt und forscht zu Rassismus und Migration. Ihre Schwerpunkte sind dabei antimuslimischer Rassismus im Verhältnis zu anderen Rassismen und anderen gesellschaftlichen Machtverhältnissen, historisch-politische Bildung in postnazistischen und postkolonialen Kontexten. Aktuelles Drittmittelprojekt: *Erinnerungsorte – vergessene und verwobene Geschichten*. Letzte Buchpublikation: *Antimuslimischer Rassismus am rechten Rand* (2014, zusammen mit Alexander Häusler und Yasemin Shooman).

Markus Bernhardt engagiert sich in der antifaschistischen Bewegung und arbeitet als freier Journalist und Autor unter anderem für die Tageszeitung *junge Welt* und die Wochenzeitung *Unsere Zeit* (UZ). 2012 veröffentlichte er im PapyRossa Verlag *Das braune Netz: Naziterror, Hintergründe, Verharmloser und Förderer* über Verstrickungen staatlicher Stellen in den Terror des neofaschistischen Netzwerkes «Nationalsozialistischer Untergrund» (NSU).

Halil Can ist Politikwissenschaftler und promoviert am Institut für Europäische Ethnologie der Humboldt-Universität zu Berlin zu Identitätsaushandlungsprozessen und Empowermentstrategien bei Mehrgenerationenfamilien im transnationalen Migrationskontext Türkei-Deutschland. Er lehrt an der Alice-Salomon-Hochschule Berlin im Studienbereich Diversity Studies. Er arbeitet, forscht und publiziert zu den Schwerpunkten Migration und Diversität, Biografie, Familie und Erinnerung, Diskriminierung und Intersektionalität, Rassismus und Kolonialität, Empowerment sowie soziale Bewegungen in transnationalen und transkulturellen Kontexten und Perspektiven.

Prof. Dr. María do Mar Castro Varela ist Professorin für Pädagogik und Soziale Arbeit mit Schwerpunkt Gender und Queer Studies an der Alice-Salomon-Hochschule Berlin. Sie ist Diplom-Psychologin, Diplom-Pädagogin und promovierte Politologin. Ihre Arbeits- und Forschungsschwerpunkte sind neben der kritischen Migrationsforschung die postkoloniale Theorie und Critical Education. Publikationen unter anderen: *Unzeitgemäße Utopien. Migrantinnen zwischen Selbsterfindung und Gelehrter Hoffnung* (2007); *Postkoloniale Theorie. Eine kritische Einführung* (2015, gemeinsam mit Nikita Dhawan).

Dr. Zülfukar Çetin lehrt an der Alice-Salomon-Hochschule in Berlin im Bereich Soziale Arbeit. Seine Doktorarbeit *Homophobie und Islamophobie* wurde 2014 im Rahmen des Deutsch-Türkischen Wissenschaftsjahrs mit dem Wissenschaftspreis ausgezeichnet. Seit Oktober 2014 arbeitet er an seinem Post-Doc-Projekt als Mercator-IPC-Fellow bei der Stiftung Wissenschaft und Politik. Er ist Vorstandsmitglied des Türkischen Bundes in Berlin-Brandenburg (TBB). Er ist Co-Autor des Buches: *Interventionen gegen die deutsche «Beschneidungsdebatte»* (2013, gemeinsam mit Salih Alexander Wolter und Heinz-Jürgen Voß).

Prof. Dr. Maureen Maisha Eggers ist Erziehungswissenschaftlerin und Geschlechterforscherin. Seit April 2008 ist sie Professorin für Kindheit und Differenz (Diversity Studies) an der Hochschule

Magdeburg-Stendal. 2005–2008 war sie Lehrbeauftragte und wissenschaftliche Mitarbeiterin am Zentrum für transdisziplinäre Geschlechterstudien und am Institut für Erziehungswissenschaften der Humboldt-Universität zu Berlin. Zurzeit (Oktober 2014–April 2016) ist sie Gastprofessorin an der Humboldt-Universität, Institut für Erziehungswissenschaften, Abteilung «Historische Bildungsforschung». Ihre Forschungsschwerpunkte sind Diversität, Rassismuskritik, Kritische Weißseinsforschung, Kindheitsforschung und Intersektionalität im Kontext von Critical Race Theory. Aktuelles Forschungsprojekt: *Diversität (fehlende, vorhandene, versteckte Heterogenität) in ost- und westdeutschen Schulmaterialien.* Sie ist seit 1993 aktiv bei Adefra, Schwarze Frauen in Deutschland e.V. Ihr Lebensmittelpunkt ist Berlin.

Mutlu Ergün-Hamaz ist Doktorand am Sociology Department der London School of Economics (LSE) und lebt derzeit als Autor, Pädagoge, Sozialforscher und Performer in Berlin. Seit 2001 ist Ergün-Hamaz Mitglied beim antirassistischen Verein Phoenix e.V. und dort als White-Awareness- und Empowerment-Trainer tätig. Ergün-Hamaz organisierte zusammen mit Deniz Utlu zwischen 2004 und 2006 die Lesereihe *tausend worte tief,* die Autor_innen und Musiker_innen of Color eine Plattform für ihre Kunst bot. Seit 2010 ist er auch Mitherausgeber für die Edition *insurrection notes* des Unrast Verlags, wo Autor_innen of Color ihre Prosatexte veröffentlichen können. Er arbeitet seit 2004 als Redakteur beim Kultur- & Gesellschaftsmagazin *freitext*. Zusammen mit Noah Sow entwickelte er die antirassistische politische Satire *Edutainment-Attacke!* Im Mai 2010 erschien sein Buch *Kara Günlük – Die geheimen Tagebücher des Sesperado*. Ergün-Hamaz ist auch als @sesperado auf Twitter zu finden. Ergün-Hamaz' Forschungsschwerpunkte sind Rassifizierung und Empowerment in Deutschland.

Elsa Fernandez hat in der Beratungsarbeit, in Buchhandlungen und in Rromani-Projekten gearbeitet. Sie ist in Südfrankreich aufgewachsen und schreibt in Berlin. Sie beschäftigt sich mit rassistischer Wissensreproduktion, europäischer Gedenkpolitik und den Widersprüchen von Unsichtbarkeiten/Sichtbarkeiten. Sie arbeitet hauptberuflich im feministischen Rromani-Archiv RromaniPhen in Berlin.

Sebastian Friedrich, Jahrgang 1985, lebt, schreibt, diskutiert, arbeitet und schläft in Berlin. Er ist Redakteur des Onlinemagazins *kritisch-lesen.de* und aktiv bei der Kampagne für Opfer rassistischer Polizeigewalt (KOP). Derzeit promoviert er zum Diskurs um Arbeitslose und Arbeitslosigkeit in der BRD 1949–2005. Zu seinen Arbeitsschwerpunkten zählen Migration und Arbeit, Sozialstaatsanalyse sowie Kritische Soziale Arbeit.

María Virginia Gonzalez Romero ist langjährige politische Aktivistin. Sie hat Sozialwissenschaft und Pädagogik in Venezuela studiert. Aus politischen Gründen ging sie ins «freiwillige» Exil nach Rumänien, wo sie an der Cluj-Napoca-Universität Betriebswirtschaft studierte. Sie ist Social-Justice-Trainerin mit Diversitätsansatz und leitet eigene Projekte (zurzeit: *Abriendo puertas*). Ihr Denken ist sehr geprägt von ihrer eigenen Biografie: Educación Popular (Politische Bildungsarbeit), Pädagogik der Unterdrückten, Kommunale Arbeit, Avia-Yala-Weltanschauung, dekolonialistische und Queer Theorien sowie feministisches und antirassistisches Denken.

Ayşe Güleç arbeitet seit 1998 als Diplom-Sozialpädagogin/Sozialarbeiterin im Kulturzentrum Schlachthof in Kassel. Zu den Schwerpunkten ihrer Tätigkeit zählen unter anderen Migration, Bildung und kulturelle Bildung. Zudem ist sie in selbstorganisierten Initiativen und Netzwerken – unter anderem im Kontext von Migration, Anti-Rassismus, in selbstorganisierten Initiativen zu Migrationsfragen sowie in der bundesweiten Vernetzung der Initiativen «Aktionsbündnis NSU-Komplex auflösen» – aktiv. Im Rahmen der documenta 12 entwickelte sie zur lokalen Anbindung ab Ende 2005 bis zur Ausstellung im Jahr 2007 den documenta-12-Beirat und war in der Folge dessen Sprecherin. Für die Vorbereitungen der documenta war sie Mitglied der Maybe Education Group und bildete als Tutorin eine Gruppe von «worldly companions» für die Kunstvermittlung aus. Zudem arbeitete sie mit an dem Konzept für das Studio d (13) für Kids & Teens der dOCUMENTA (13). Veröffentlichungen/Publikationen: *Kunstvermittlung – Arbeit mit dem Publikum, Öffnung der Institutionen. Formate und Methoden der Kunstvermittlung* *auf der documenta 12* (Diaphanes 2009), *Learning from Kassel.* In: *Agency, Ambivalence, Analysis – Approaching the Museum with Migration in Mind* (Mela books 2013, hg. von Ruth Noack).

Duygu Gürsel promoviert am Institut für Sozialwissenschaften der Humboldt-Universität zu Berlin. Sie ist Promotionsstipendiatin der Rosa-Luxemburg-Stiftung und aktiv bei Allmende – Haus alternativer Migrationspolitik und Kultur e.V. Im Jahr 2013 hat sie gemeinsam mit Allmende und Zülfukar Çetin den Sammelband *Wer MACHT Demo_kratie? Kritische Beiträge zu Migration und Machtverhältnissen* herausgegeben.

Dr. Noa Ha ist kritische Stadtforscherin of Color, die sich für die vielschichtigen Prozesse der Raumproduktion interessiert, in die sich die Verflechtungen von Macht, Repräsentation und Subjektivierung einschreiben. Sie ist derzeit wissenschaftliche Mitarbeiterin am Center for Metropolitan Studies. Im Mai 2013 wurde sie in den Vorstand des Migrationsrates Berlin-Brandenburg e.V. gewählt. Weiterhin ist sie aktiv in korientation e.V., im Netzwerk decoloniality europe und in der Critical Ethnic Studies Association (CESA).

Prof. Dr. Nivedita Prasad hat an der FU Berlin Sozialpädagogik studiert und an der Carl-von-Ossietzky-Universität in Oldenburg promoviert. Von 1997 bis 2013 war sie Projektkoordinatorin bei Ban Ying – einer Beratungs- und Koordinationsstelle gegen Menschenhandel. Seit 2010 leitet sie an der Alice-Salomon-Hochschule den Masterstudiengang Soziale Arbeit als Menschenrechtsprofession. 2012 wurde ihr für ihr Engagement gegen Menschenrechtsverletzungen an Migrantinnen der Anne-Klein-Preis der Heinrich-Böll-Stiftung verliehen. Seit April 2013 ist sie Professorin an der Alice-Salomon-Hochschule Berlin. Der Women-of-Color-Frauenbewegung fühlt sie sich seit über 20 Jahren verbunden. So war sie zum Beispiel 2013 die Initiatorin für FEMOCO, einer Konferenz zu Feminismen of Color in Deutschland von und für Frauen, Trans* und Inter*, die sich als Schwarze, of Color, als jüdisch, muslimisch, im Exil lebend, als Sinti, Rroma oder als Migrant_in verstehen.

Isidora Randjelović hat Sozialpädagogik/Soziale Arbeit an der Alice-Salomon-Hochschule Berlin studiert. Seit 2014 arbeitet sie hauptberuflich am Aufbau des feministischen Romani-Archivs RomaniPhen in Berlin. Sie engagiert sich in der IniRromnja, einem Netzwerk Berliner Sinti- und Romafrauen. Zuletzt hat sie 2014 gemeinsam mit Jane Schuch und in Kooperation mit der Heinrich-Böll-Stiftung das Dossier *Perspektiven und Analysen von Sinti und Roma in Deutschland* herausgegeben: http://heimatkunde.boell.de/dossier-sinti-und-roma.

Marianna Salzmann ist freie Autorin und lebt in Berlin. Sie studierte Szenisches Schreiben an der Universität der Künste Berlin. Ihre Gedichte, Essays und Kurztheaterstücke wurden in diversen Magazinen publiziert. Sie ist die Mitbegründerin des Kultur- und Gesellschaftsmagazins *freitext*. 2012 wurde sie mit dem 17. Kleist-Förderpreis für junge Dramatiker für das Stück *Muttermale Fenster Blau* ausgezeichnet. Ihr Stück *Muttersprache Mameloschn* wurde 2013 als bestes Stück des Jahres mit dem Mülheimer Publikumspreis geehrt. Stück und Autorin führten bei Umfragen von Theaterkritiker_innen die Ranglisten in den Sparten Bestes Stück, Beste Nachwuchsautorin und Dramatikerin des Jahres an. Salzmann initiierte zusammen mit Deniz Utlu die Literaturwerkstatt *Neue Deutsche Stücke* in Kooperation mit dem Ballhaus Naunynstraße und dem Maxim-Gorki-Theater Berlin. Seit 2013 ist Marianna Salzmann die Hausautorin des Maxim-Gorki-Theaters und leitet als Kopf der freien Gruppe *Conflict Zine Arts Asylum* dessen Studiobühne.

Dr. Yasemin Shooman leitet die Akademieprogramme des Jüdischen Museums Berlin und verantwortet dort die Programme Migration und Diversität sowie das Jüdisch-Islamische Forum. Sie hat am Zentrum für Antisemitismusforschung der Technischen Universität Berlin promoviert. Zu ihren Forschungsschwerpunkten gehören Rassismus, Islamfeindlichkeit und Medienanalyse. Ihre Dissertation *«... weil ihre Kultur so ist». Narrative des antimuslimischen Rassismus* erschien 2014 im transcript Verlag, Bielefeld.

Dr. Savaş Taş studierte Soziologie an der Ege Universität in İzmir/Türkei und an der Freien Universität Berlin, wo er auch zum Thema *Der ethnische Dominanzanspruch des türkischen Nationalismus. Eine diskursanalytische Studie zur Ideologie des türkischen Staates und der MHP* mit einem Promotionsstipendium der Hans-Böckler-Stiftung promovierte. Taş lehrte an der Hochschule Magdeburg-Stendal, der Evangelischen Hochschule Berlin und der Universität Duisburg-Essen. Aktuell arbeitet er als wissenschaftlicher Mitarbeiter im Rahmen des Projekts *Erinnerungsorte – vergessene und verwobene Geschichten* an der Alice-Salomon-Hochschule Berlin. Seine Forschungsinteressen sind unter anderem Rassismus- und Migrationsanalyse, Nationalismus, soziale Ungleichheit und Genozidforschung.

Dr. Vassilis S. Tsianos ist wissenschaftlicher Mitarbeiter am Institut für Soziologie der Universität Hamburg. Seine Arbeitsbereiche sind Soziologie der postmigrantischen Gesellschaft, Rassismuskritik, Stadt- und Migrationssoziologie und Digitale Grenzen Europas.

Deniz Utlu ist Autor. Er ist geboren in Hannover und lebt in Berlin. 2014 debütierte er mit dem Roman *Die Ungehaltenen*. Seine Essays, Gedichte und Kurzprosa wurden in verschiedenen Medien veröffentlicht. Im Berliner Ballhaus Naunynstraße wurde 2012 das Stück *Fahrräder könnten eine Rolle spielen* (Co-Autorin: Marianna Salzmann) uraufgeführt. Er gab von 2003 bis 2013 das Kultur- und Gesellschaftsmagazin *freitext* heraus und kuratierte verschiedene Lesereihen, so auch seit 2013 *Gegen Sätze* im Studio Я des Maxim-Gorki Theaters Berlin. Für seine literarischen Arbeiten erhielt er diverse Würdigungen, zuletzt wurde seine Erzählung *Jugend mit Gott* im Rahmen des Kranichsteiner Literaturförderpreises ausgezeichnet. Im Sommer 2015 wohnt er als Writer in Residence im Künstlerdorf Schöppingen.

Women in Exile ist eine Initiative von Flüchtlingsfrauen, die sich 2002 in Brandenburg zusammengefunden haben, um für ihre Rechte zu kämpfen. Sie haben entschieden, sich als Flüchtlingsfrauengruppe zu organisieren, weil sie die Erfahrung gemacht haben, dass Flüchtlingsfrauen doppelt Opfer von Diskriminierung sind: Sie werden als Asylbewerberinnen* durch rassistische Gesetze ausgegrenzt und als Frauen* diskriminiert. Der Kampf dagegen wird von geschlechtergemischten Flüchtlingsselbstorganisationen ihrer Erfahrung nach wenig mitgetragen, da diese häufig von Männern dominiert sind, die andere Themen als wichtiger ansehen.

Koray Yılmaz-Günay ist bei der Rosa-Luxemburg-Stiftung verantwortlich für das Themenfeld Migration und engagiert sich seit Jahren in antirassistischen Organisationen. Im Herbst 2011 hat er das Buch *Karriere eines konstruierten Gegensatzes: zehn Jahre «Muslime versus Schwule». Sexualpolitiken seit dem 11. September 2001* herausgegeben. Seit März 2012 ist er Vorstandsmitglied beim Migrationsrat Berlin-Brandenburg, einem Dachverband von knapp 80 Migrantenselbstorganisationen. Ende Januar 2015 gründete er den Verlag Yılmaz-Günay.

Anna-Esther Younes promoviert zum Thema der *Figur des Juden im Neuen Deutschland* als Anthropologin und ehemalige Politikwissenschaftlerin am IHEID (Hochschulinstitut für internationale Studien und Entwicklung) in Genf/Schweiz (Abschluss Sommer 2015). Außerdem arbeitet sie als wissenschaftliche Mitarbeiterin am Institut für Sexualwissenschaften in Merseburg. Sie ist politisch aktiv zu den Themen Rassismus, Israel/Palästina, Kolonialismus (unter anderem auch in Israel/Palästina und Deutschland). Sie publiziert in unterschiedlichen Print- und Online-Medien auf Englisch und Deutsch. Übersetzungen ihrer Interviews – wie zum Beispiel mit Amira Hass, Pınar Selek und Sara Ahmed – lassen sich auch auf Französisch oder Spanisch lesen.